HANGIL
GREAT BOOKS
127

시민사회와 정치이론 [1]

진 L. 코헨 · 앤드루 아라토 지음 | 박형신 · 이혜경 옮김

한길사

Jean L. Cohen·Andrew Arato
Civil Society and Political Theory

Translated by Park Hyong-Shin·Lee Hyeo Gyeong

Copyright ©1992 by Jean L. Cohen·Andrew Arato
All rights reserved.
This Korean edition was published by Hangilsa Publishing Co., Ltd. in 2013
by arrangement with MIT Press through KCC, Seoul.

게오르크 빌헬름 프리드리히 헤겔
Georg Wilhelm Friedrich Hegel, 1770~1831

코헨과 아라토는 헤겔의 시민사회 개념이 최초의 근대적 개념이 아닐 수도 있지만 그의 이론이 최초의 근대 시민사회 이론이며 헤겔의 종합이 지닌 이론적 영감은 아직 다 소진되지 않았다고 믿는다. 그렇다고 그의 이론에 결점이 없는 것은 아니다. 코헨과 아라토는 우리가 헤겔의 국가주의적 편견을 버린다면, 그리고 우리가 시민사회를 헤겔이 그랬던 것보다 더 날카롭게 욕구체계와 구분한다면, 헤겔이 가졌던 이론적 목적에 더욱 기여할 수 있을 것이라고 주장한다.

안토니오 그람시
Antonio Gramsci, 1891~1937

그람시는 시민사회이론에 국가-시민사회-경제라는 삼분 모델을 도입한 인물이다. 그의 독창성은 시민사회에 비경제적 영역인 동시에 비국가적 영역이라는 독자적 지위를 부여했을 뿐만 아니라 시민사회가 지배를 위한 사회통합의 기능에서나 사회변혁의 주체형성의 기능에서 매우 핵심적 역할을 수행한다는 것을 밝혔다는 데 있다.
하지만 코헨과 아라토는 그가 (사회주의적) 시민사회의 규범적 바람직성에 초점을 맞춘 나머지 소련과 같은 시민사회를 억압했던 나라에 대해 진정으로 비판적인 태도를 취할 수 없었다고 비판한다.

한나 아렌트
Hannah Arendt, 1906~75

아렌트는 근대 시민사회에 대해 가장 도전적인 비판을 해온 학자 중의 하나이다. 아렌트의 분석에서 근대 시민사회, 즉 '사회적인 것'의 출현은 공적 영역과 사적 영역의 경계를 허물고 혼성영역을 발생시킴으로써 각각의 자율성을 위협하고 두 영역 모두를 불구화시키고, 결국 대중사회와 전체주의를 낳는다. 코헨과 아라토는 아렌트가 근대 시민사회에 대해 반감을 가진다는 것과 시대착오적인 이분법적 범주를 사용한다는 커다란 결점을 지니지만, 근대 시민사회의 이면에 대해 마르크스와 푸코에 필적하는 인상적인 분석을 하고 있다고 평가한다.

위르겐 하버마스
Jürgen Habermas, 1929~

하버마스는 코헨과 아라토가 자신들의 삼분 모델을 구성하는 데서 가장 의지하고 있는 학자이다. 그러나 그것의 토대가 되는 것은 『공론장의 구조변동』에서 제기한 공론장의 쇠퇴 모델이 아니라 『의사소통행위이론』에서 제시한 체계-생활세계 모델이다. 코헨과 아라토에 따르면, 하버마스의 이 이론틀은 시민사회를 국가와 경제라는 두 개의 하위체계와 분리시킴으로써 원칙적으로 경제적 자유주의냐 국가주의냐라는 양자택일에서 벗어나 있을 뿐만 아니라 경제의 국가영역으로의 침투와 생활세계의 행정적·경제적 식민화를 별개로 취급함으로써 시민사회의 부정성과 융합·탈분화 가능성을 시민사회의 근대성과 동시에 파악할 수 있게 해준다.

HANGIL GREAT BOOKS 127

시민사회와 정치이론[1]
진 L. 코헨 · 앤드루 아라토 지음 | 박형신 · 이혜경 옮김

한길사

'자기제한적 민주주의' 이론으로서의 시민사회 이론 | 박형신·이혜경 · · · · · · · · · · 13
감사의 말 · 57
머리말 · 61
서론 · 77

제1부 시민사회 담론

1 현대 시민사회의 부활 · 121
폴란드의 민주적 대항세력 · 124
프랑스 '제2의 좌파' 이데올로기 · 132
서독 녹색당의 이론 · 140
독재정권으로부터 이행과 시민사회: 라틴아메리카의 경우 · · · · · · · 148
1980년대 말의 동유럽 재고찰 · 165
몇 가지 비교와 몇 가지 문제들 · 184

2 개념사와 이론적 종합 · 207
근대 초기의 개념사: 개관 · 207
헤겔의 종합 · 220
국가를 통한 통합 · 240
시민사회를 통한 사회통합 · 245

3 20세기의 이론적 발전 · 263
파슨스: 전통과 근대성 사이의 시민사회 · 265
그람시와 사회주의적 시민사회 관념 · 300
부연설명: 그람시의 계승자들 — 알튀세, 앤더슨, 보비오 · 328

제2부 시민사회에 대한 불만

4 규범적 비판: 한나 아렌트 · 355

5 역사주의적 비판: 카를 슈미트, 라인하르트 코젤렉 그리고 위르겐 하버마스 · 395
자유주의적 공론장의 기원: 카를 슈미트와 라인하르트 코젤렉 · 395
문학적 공론장에서 정치적 공론장으로: 위르겐 하버마스 · 409
시민사회와 국가의 융합: 카를 슈미트 · 441
하버마스의 『공론장의 구조변동』에서의 융합 주장 · 454

6 계보학적 비판: 미셸 푸코 · 473
마르크스, 일반화되다 · 475
근대 시민사회의 계보학 · 493
시민사회의 부정성과 사회적인 것의 상실 · 521

7 체계이론적 비판: 니클라스 루만 · 539

찾아보기 · 607

시민사회와 정치이론 2

제3부 시민사회의 재구성

8 담론윤리와 시민사회
담론윤리의 대상영역
권위주의라는 비난
담론윤리와 바람직한 삶
하나의 제도적 결함?
담론윤리와 시민사회

9 사회이론과 시민사회
시민사회의 재구성
시민사회의 정치

10 사회운동과 시민사회
새로운 이론적 패러다임과 현대 사회운동
자원동원 패러다임
새로운 사회운동 패러다임
이원론적 사회이론과 현대 사회운동
이원론적 사회이론 비판: 페미니즘의 경우
이중의 정치: 페미니즘운동의 사례
시민사회와 이중의 정치: 이론적 요약

11 시민불복종과 시민사회
현대 자유민주주의 이론과 시민불복종
민주주의 이론과 시민불복종

옮긴이의 말
찾아보기

'자기제한적 민주주의' 이론으로서의 시민사회 이론

박형신 연세대학교 연구교수·사회이론
이혜경 고려대학교 강사·정치사회학

1. 들어가며

코헨과 아라토가 이 책 『시민사회와 정치이론』을 펴낸 1990년대 초반은, 소련 사회주의가 몰락하고 동구의 국가사회주의들이 자본주의로의 전환을 모색하던 정치적 격변의 시기였다. 당시의 상황을 코헨과 아라토는 "마르크스주의, 즉 이 세기의 가장 중요한 유토피아적 해방 프로젝트가 사망했다"(II: 342)[1]고 진단한다. 하지만 당시는 마르크스주의에 기초한 사회주의적 유토피아의 실험에만 사망선고가 내려진 것이 아니었다. 서구의 복지국가 자본주의 또한 신자유주의의 격렬한 비판에 직면해 있었다. 이러한 맥락에서 코헨과 아라토는 서구의 민주주의가 더 민주화될 수 있는 방법은 없는 것인가, 서구의 복지국가 이념을 포기하지 않으면서도 국가의 역기능을 제어할 수 있는 방법은 무엇인가, 자본주의화되고 있는 동구 사회주의 국가들이 과거 실패한 서구 자본주의의 시행착오를 반복하지 않으면서도 권위주의에서 민주주의로 이행할 수 있는 방

---

[1] 괄호 안의 숫자는 이 책 『시민사회와 정치이론』의 쪽수를 가리킨다. 아래에서도 동일한 각주의 반복을 피하기 위해 다른 인용과는 달리 이 책의 쪽수를 본문에 기재한다.

법은 무엇인가라는 질문을 제기한다. 이것이 바로 코헨과 아라토가 말하는 "복지국가와 자유민주주의의 성찰적 지속"이라는 관념의 바탕에 깔린 질문이며, 이 책에서 그들은 '자기제한적 급진주의'의 실천적 장으로서의 시민사회에서 그 답을 찾고 있다.

하지만 주지하다시피 사회과학에서 시민사회라는 개념은 하나의 통일된 정의를 내리는 것이 불가능할 정도로 악명 높은 개념 중 하나이며, 여기에는 다음과 같은 이유가 존재한다.[2] 우선은 시민사회라는 개념이 오랜 역사를 지니고 있는 탓에, 시민사회라는 용어가 지칭하는 역사적 대상이 동일하지 않다는 것이다. 즉 시민사회라는 개념은 그것이 어느 시기에 사용되던 개념이냐에 따라 상이한 실체들과 결부되어 있다. 또한 시민사회 개념은 현실의 사회를 분석하기 위한 분석적 개념도구로 사용될 뿐만 아니라, 규범적 차원에서 현실태가 아닌 미래의 바람직한 사회상으로 제시되기도 한다. 이는 어떤 사회를 바람직하다고 생각하는가라는 가치의 문제와 결부되어 시민사회 개념을 더욱 복잡하게 만든다. 결국 시민사회라는 용어는 그 용어를 사용하는 사람이 어느 시기의 어떤 사회에 살고 있는지, 그리고 어떠한 규범적·정치적 관점과 가치를 지니고 있는지에 따라 다른 의미를 지니게 되며, 이러한 상황이 시민사회라는 개념을 전부이거나 아무것도 아닌 개념으로 만드는 데 일조해왔다.

코헨과 아라토는 이 책의 제1부와 제2부에서 고전적 시민사회 담론에서부터 근대적 시민사회 담론에 등장하는 무수히 다양하고 모순적이기까지 한 시민사회 개념들을 (의도적으로) 비체계적인 방식으로 해체한다. 그 과정에서 그들은 시민사회 개념이 오늘날의 사회를 과학적으로

---

[2] 신광영, 「시민사회 개념과 시민사회 형성」, 유팔무·김호기 편, 『시민사회와 시민운동』, 한울, 1995; 벤저민 바버, 이선향 옮김, 『강한 시민사회 강한 민주주의』, 일신사, 2006; 마이클 에드워즈, 서유경 옮김, 『시민사회: 이론과 역사 그리고 대안적 재구성』, 동아시아, 2005.

해부할 수 있는 이론적·분석적 도구이자, 바람직한 사회에 대한 유토피아적 지평을 그 속에 품고 있는 비판적·실천적 개념임을 증명하고자 한다. 제3부에서 그들은 '포스트마르크스주의적' 입장에서 국가-경제-시민사회라는 삼분 모델을 이론적으로 재구성하고, 자신들이 구성한 자기제한적 민주주의 이론으로서의 시민사회 이론의 실천적 의미를 탐색해 나간다.

그러나 이 책은 그 내용이 너무나도 방대하고, 아주 복잡한 철학적 수준을 유지하고 있어 매우 난해하며, 그들의 해체와 재구성 과정도 매우 난삽하다. 이는 코헨과 아라토가 자신들이 다루는 수많은 학자들의 주장을 독자들을 위해 요약하고 설명하고 비판하기보다는 자신들의 논지를 끌어내기 위해 때로는 너무나도 치밀한 수준에서까지 비판하고 때로는 너무나도 세부적인 수준으로까지 논의를 몰고 나가기 때문이다. 따라서 우리는 이 글에서 독자들의 이해를 돕기 위해 먼저 코헨과 아라토가 해체한 시민사회 담론들을 개념사적으로 요약하고, 그들의 삼분 모델을 구성과정과 그 논거들을 짚어내어 우리식으로 재구성하고자 한다.

2. 시민사회 개념: 분리와 융합의 역사

1) 고전적 시민사회 개념: 국가와 시민사회의 융합

시민사회(civil society)라는 용어는 그 단어의 모양새라는 측면에서 본다면 로마의 키케로가 사용한 societas civilis에 직접적 기원을 두고 있지만, 정치철학의 측면에서 본다면 politike koinonia라는 아리스토텔레스의 개념까지 거슬러 올라가는 유구한 역사를 가지고 있다.

폴리스(polis)와 오이코스(oikos)라는 공적 영역과 사적 영역의 구분에 의거했던 그리스에서는 국가가 곧 시민사회였다. 형식상 시민사회를 시민권을 가진 사람들의 군집상태로 규정할 수 있다면, 폴리스는 이 조건을 완벽하게 만족시키는 사회였다.[3] 누구나 대표자가 될 자격을 가지고 있었던 폴리스의 시민들은 지배자인 동시에 피지배자로서 아고라 광장에 모여 도시국가의 제반 업무를 논의하고 결정했다. 사적 이익이 아닌 공공선, 위대함, 불멸성에 의해 인도되었던 이들 시민은 통치자의 선출과정과 안건의 발의·결정 과정에 오직 치열한 찬반토론과 훌륭한 연설을 통한 설득만을 허용함으로써 심의민주주의의 원형을 보여주었다. 따라서 이런 맥락에서 그리스의 시민사회는 정치공동체이자 윤리공동체로서 그 자체로 국가를 구성했다.

반면 폴리스와 다르게 사적 영역인 오이코스는 가장을 정점으로 한 가부장적 위계질서 아래 생산과 재생산을 수행하던 경제활동 영역이었다.[4] 가장만이 시민권을 가지고 있었기 때문에 오이코스는 그 구조상 시민권자인 가장이 비시민권자들인 여자, 노예, 어린이들을 지배하던 공간이었다. 그러나 이러한 오이코스를 통한 생물학적·경제적 삶의 보장이 폴리스의 정치적 삶을 가능하게 하는 필요조건이었고, 그 결과 폴리스가 정치적 평등을 보장하는 공간이었다면 오이코스는 생산관계에 바탕을 둔 인간불평등의 원형적 공간이 되었다.

공적 영역과 사적 영역의 엄격한 분리에 기초해서 시민사회를 공적 영역에서 이루어지는 정치적 삶과 동일시하는 이러한 시민사회 개념은 인간본성에 기초한 자연사회와 인간들이 인위적으로 만들어놓은 문명사회를 대비시키고자 하는 의도를 지니고 있었다.[5] 이는 자본주의 경제의 출현으로 사적 영역이 경제와 가정으로 분화되기 이전의 역사적 상황을 반영하는 것이었지만, 홉스와 로크, 루소 등의 초기 계몽사상가들에게까

---

3) 존 에렌버그, 김유남 외 옮김, 『시민사회: 사상과 역사』, 아르케, 2002, 47~88쪽.
4) 에드워즈, 앞의 책, 226~227쪽.
5) Krishan Kumar, "Civil Society: An Inquiry into the Usefulness of Historical Term," *British Journal of Sociology* 44(3), p.376; 신광영, 앞의 글, 83~88쪽.

지 계승되어 문명을 추동하고 보장하는 요소로서의 정치와 국가에 대한 강조로 이어졌다.

홉스에 따르면, 권력과 부의 무제한적 추구로 만인에 의한 만인의 전쟁을 야기하는 자연상태에서 벗어나기 위해 인간은 주권이라는 인위적 정신과 그 구현체인 국가를 필요로 하며, 이러한 국가가 없다면 사회도 문명도 존재하지 않는다.[6] 이러한 주장은 국가주권의 제한과 재산소유권에 기초한 사적 영역의 보호를 역설함에도 불구하고, 전(前)정치적 자연권을 보장할 수 있는 유일한 보호적 유기체는 결국 국가뿐이라고 결론짓는 로크에게서도 그리고 정치적 권리와 법치주의가 시민사회의 존재조건이지만 입법에 의해 정치적 권리를 보장하기 위해서는 개명된 시민국가가 필요하다는 루소에 의해서도 그대로 재연된다.

결국 초기 계몽사상가들은 국가와 시민사회가 일정 정도 상이한 실체임을 인식하고 있었지만, 시민사회와 국가의 목적과 이해관계가 동일하다고 파악함으로써 국가와 시민사회를 여전히 동일시하는 고전적 전통을 유지했다. 국가와 시민사회의 분리가 이루어지기 위해서는 사적 영역, 자연의 영역이라 여겨졌던 분화되고 있는 경제영역의 발견과 이를 토대로 하여 정치중심적인 시민사회 관념이 파기될 필요가 있었다.[7] 그리고 이러한 시민사회 개념의 전환과 파열은 19세기의 자유주의 사상가들과 헤겔 그리고 마르크스에 의해 이루어진다.

2) 근대적 시민사회 개념의 출현: 국가와 시민사회의 이분법적 분리
• 자유주의적 시민사회 개념: 긍정적 시민사회와 부정적 국가
산업혁명기인 1750년에서 1850년 사이에 시민사회에 대한 생각들은

---

[6] 존 에렌버그, 앞의 책, 164~195쪽.
[7] John Keane, "Despotism and Democracy," John Keane ed., *Civil Society and the State: New European Perspectives*, London, New York: Verso, 1988, pp.36~39.

지배질서의 위기와 더불어 그것에 대응하는 차원에서 새롭고 근본적인 전환의 순간을 맞이하게 된다. 이 위기는 '낯선 사람들의 공동체들'이 '이웃사촌의 공동체들'을 대체하게 되면서 시장경제가 추동했던 이익집단들의 점증적 분화현상이 초래한 것이었다. 또한 프랑스혁명과 미국혁명의 결과로 전통적 권위의 패러다임이 붕괴된 데에 따른 결과이기도 했다.[8]

스코틀랜드의 계몽사상가들은 고전 사상가들과는 대조적으로 시민사회를 자발적인 결사체들을 통해 새롭게 실현된 개인의 권리와 자유에 대한 국가의 부당한 침입에 맞서는 방어책이라고 보았다. 이들의 사상 속에서 시민사회란 폭압에 대한 저항이라는 역할을 보존하기 위해서라도 국가로부터 보호받을 필요가 있다는 이상을 신념으로 삼고 있었던 결사체들의 자기규제적 세계였다.

토크빌은 이러한 자유주의적 시민사회 개념을 체계화한 대표적인 이론가이다. 토크빌의 주된 관심사는 민주주의혁명이 가져온 사회적·정치적 평등이 전제국가라는 그것의 의도하지 않은 결과를 초래하는 것을 막기 위해 자유를 유지하고 정치권력을 분산시킬 수 있는 제도적 장치들을 마련하는 것이었다.[9] 이는 프랑스혁명을 통해 등장한 중앙집권적 국가가 그것이 붕괴시킨 구체제만큼이나, 아니 어떤 면에서는 평등이라는 이념에 기초하고 있기 때문에 더더욱 절대권력을 등장시켰다는 상황인식에 기초한 것이었다. 토크빌에 따르면, 민주주의는 평등이라는 미명하에 국가기구를 팽창시키고 시민에 대한 국가의 감시와 통제를 강화시킴으로써 시민사회를 질식시키는 경향이 있다. 그는 이러한 상황이 첫째 입법부와 사법부의 독립을 통해 행정부의 권력을 약화시키고 국가조직

---

[8] 에드워즈, 앞의 책, 31~32쪽.
[9] 알렉시스 드 토크빌, 임효선·박지동 옮김, 『미국의 민주주의 1, 2』, 한길사, 1992; 알렉시스 드 토크빌, 이용재 옮김, 『앙시앵 레짐과 프랑스혁명』, 박영률출판사, 2006.

에 대한 시민의 영향력을 유지시킬 수 있는 제도를 마련함으로써, 둘째 국가의 통제를 받지 않는 자율적인 시민결사체들을 발전시킴으로써 저지될 수 있다고 보았다. '강한 사회, 약한 국가'의 미국과 '약한 사회, 강한 국가'의 유럽을 처음으로 구별했던 사람들 중 하나인 토크빌은 "다차원적이고 자율적인 시민결사체들"이야말로 정치적 전제주의, 사회적 부자유와 불평등을 막는 안전판이자 민주적 혁명을 공고히 하는 필수요소라고 보았다.

토크빌의 시민사회 개념은 부정적 국가관에 기초하고 있다.[10] 그는 국가를 전제주의와, 그리고 민주주의를 시민사회와 관련시키고 있기 때문에, 민주주의를 강화하기 위해서 국가권력의 집중을 막고 시민사회를 강화하는 것이 필수적이라고 보았다. 그의 부정적인 국가관은 국가권력을 장악하고 있는 사회세력과 무관하게 국가가 시민적 권리를 제한하는 결과를 가져올 것이라고 보았다.

이처럼 국가와 사회를 대립시키는 이분 모델에 기초한 자유주의적 시민사회 개념은 '국가에 대항하는 사회'라는 자유주의적 전통을 확립하는 계기가 되었다. 하지만 토크빌의 이분법은 사회 내의 경제관계보다는 국가와 사회 간의 정치적 관계에 초점을 맞춤으로써, 절대왕정에 저항했던 초기 자유주의적 전통을 보전한다. 반면 국가와 시민사회의 구분에 더해, 시민사회와 경제를 동일시하는 시민사회 이론의 정식화는 헤겔과 마르크스의 전혀 다른 이분법을 통해 발전한다.

• 헤겔과 마르크스: 부정적 시민사회와 긍정적 보편자

헤겔은 시민사회를 노동하는 개인들에 기초한 욕구체계로 파악함으로써 고전적인 정치적 시민사회 개념을 파열시켰을 뿐만 아니라 욕구체

---

10) 신광영, 앞의 글, 88~89쪽.

계로서의 시민사회가 지닌 특수성이 보편자로서의 국가에 의해 어떻게 지양되어야 하는지를 제시함으로써 시민사회의 부정성과 국가의 긍정성을 구체화한다.

헤겔에게 근대 시민은 추상적이고 일반적인 욕망이 아닌 시장과 교환을 매개로 욕망을 구현하는 부르주아로서의 시민이다.[11] 근대 인간상을 응축하고 있는 이 시민은 자신이 어떻게 전체를 위해 활동하는지 알지 못한 채 오직 자신의 사유재산을 활용하여 부를 더 증가시키는 것에 관심을 가지는 욕망의 덩어리이자 탈정치적 인간이다. 따라서 자신의 특수한 이해관계에 매몰되어 있는 이 시민들의 사회는 사적 이해와 사적 이해가 마주치는 끊임없는 전쟁터이자, 이기적 개인주의의 만연으로 인해 맹목적이고 불안정한 경제적 경쟁의 장이 된다. 그러나 이러한 시민사회에서도 보편성을 구현할 수 있는데, 왜냐하면 그것은 각 개인이 타자와의 관계망에 끼어들지 않으면 자신의 욕망을 충족시키는 것 자체가 불가능하기 때문이다. 따라서 각각의 특수한 인격은 다른 특수자와의 관계 맺음을 통해 '보편성의 형식'을 띤 매개관계 속에 놓이게 된다. 조합과 경찰로 대변되는 이들 '매개제도'는 특수이익을 초월하여 일반이익을 긍정하며 사회적 연대형태 및 사회적 의식형태를 산출하는 집단에 대한 개인들의 귀속을 상징하는 동시에, 부르주아로서의 시민이 공적 시민(citoyen)으로 전환되는 필연적 계기를 형성한다.

그럼에도 불구하고 시민사회의 보편적 계기들은 욕구체계의 특수성을 제어하기에 충분하지 않다.[12] 그리고 이 맥락에서 헤겔은 '보편자로서의 국가'를 불러들인다. 즉 근대 시민사회는 스스로의 힘만으로는 자

---

[11] 헤겔, 임석진 옮김, 『법철학』, 한길사, 2008; 박형준, 「시민사회론의 복원과 비판적 재구성」, 이병천·박형준 편저, 『마르크스주의의 위기와 포스트마르크스주의』 II, 의암출판, 1992, 11~18쪽; 에렌버그, 앞의 책, 242~260쪽.
[12] Keane, 앞의 책, pp.50~55.

신의 특수성과 내적 갈등을 해결하고 극복할 수 없다. 오직 최상의 공적 권위만이 효과적으로 시민사회의 부정의를 치료할 수 있으며 시민사회의 특수이익을 보편적인 정치공동체 안으로 종합할 수 있다. 따라서 헤겔에게 국가는 시민사회 내의 갈등적 요소를 더 높은 윤리적 실체로 담지하고 보존하면서 종합하는 새로운 계기이며, 그에 따라 시민사회는 지양된다.

욕구체계로서의 부정적 시민사회라는 헤겔의 관념은 마르크스로 이어져, 자본주의 경제제도에 관한 분석으로 발전한다. 마르크스는 자유와 민주주의 문제에 초점을 맞춘 자유주의적 시민사회 개념을 착취와 지배에 기초한 자본주의적 생산관계를 은폐하는 부르주아 이데올로기라고 비판하면서, 시민사회를 경제적으로 해부해야 한다고 주장한다.

마르크스에서 부르주아 시민사회는 18세기 유럽 자본주의가 발전하면서 나타난 역사적 구성물이다.[13] 마르크스는 시민사회가 특정한 생산력 발전단계에서 개인들 간의 모든 물질적 교류를 포함할 뿐만 아니라 오직 부르주아와 함께 발전한다고 주장한다. 이는 시민사회가 상부구조로서의 정치적 질서인 국가를 결정하는 토대이자 사적 소유에 기초한 계급사회임을 의미하는 것뿐만 아니라, 그에 따라 국가도 계급적 속성을 드러내게 됨을 의미한다. 즉 시민사회는 생산의 사회적 관계에 의해 규정되고, 국가는 시민사회의 계급적 속성에 의해 규정된다. 따라서 시민사회와 국가는 대립되는 것이 아니라, 국가가 시민사회의 계급관계를 반영한다.

이러한 국가와 시민사회의 관계에 대한 고찰이 자유주의자들의 국가와 시민사회에 대한 관념을 비판하는 것으로 이어지는 것은 당연하다고

---

13) Jean Cohen, *Class and Civil Society: The Limits of Marxian Critical Theory*, Amherst: University of Massachusetts Press, 1982, pp.1~21; 박형준, 앞의 글, 18~21쪽; 신광영, 앞의 글, 89~91쪽.

할 수 있다. 시민사회의 본질적 실체인 경제적 관계는 억압적이고 불평등하며 착취적이다. 그리고 시민사회의 이러한 속성을 반영하는 국가 또한 그러하다. 그럼에도 불구하고 자유주의자들은 자유롭고 평등한 재산소유자들의 합이라는 시민사회의 현상적이고 허구적인 외피만을 파악하여 이를 국가와 대립시킨다.

시민사회-국가라는 자유주의적 이분법이 '국가에 대항하는 사회'라는 허구적 관념을 유포시킨다면, 국가-시민사회라는 헤겔식 이분법은 특수자인 국가에게 보편적 해결을 기대하는 이율배반에 빠진다. 근대 국가는 시민사회로부터 도출되었다는 것 따라서 헤겔이 제시한 국가나 시민사회의 규범적 매개제도들은 결코 보편성을 띨 수 없다는 마르크스의 비판은 자본주의적 국가의 계급적 속성에 대한 분석에 기초한 것이다.[14] 그러나 헤겔의 이분법이 허구적 보편성에 의한 왜곡을 내포한다는 마르크스의 확신은 공동체, 사회, 퍼스낼리티를 화해시킬 수 있는 '진정한' 보편성의 화신에 대한 탐구로 이어짐으로써, 헤겔이 제시했던 보편국가 이론을 모든 계급관계를 철폐하고 모든 적대를 해소한 '비(非)계급인 계급'으로서의 프롤레타리아 보편계급 이론으로 대체한다. 결국 마르크스가 보여준 시민사회에 대한 부정적 견해는 시민사회를 자본주의 경제, 공장과 시장의 영역과 동일시한 것에서 기인하지만, 이 부정적 사회는 자기부정의 보편자를 내포함으로써 유토피아적 지평을 간직한다.

3) 시민사회 개념의 현대적 부활: 국가-경제-시민사회의 삼분법적 분리

• 그람시: 독자적 시민사회 영역의 발견과 부정

그람시는 전통적인 마르크스주의의 토대-상부구조 도식을 국가-시

---

14) 카를 마르크스, 강유원 옮김, 『헤겔 법철학 비판』, 이론과실천, 2011.

민사회-경제라는 삼분 도식으로 변형시킴으로써 토대와 동일시되던 시민사회를 상부구조의 한 계기 또는 상부구조적 토대로 개념화한다.

그람시의 시민사회 해부는 서구에서 혁명이 일어나지 않는 이유는 무엇인가 그리고 어떻게 하면 서구에서 사회주의혁명을 이룩할 수 있는가라는 실천적 목적에서 시작된다.[15] 그람시가 보기에 서구 자본주의체제의 견고성은 노동계급에 대한 국가의 억압이라기보다는 노동자들의 동의에 기인하며, 이러한 동의는 시민사회의 부르주아 헤게모니 장치들을 통해 재생산된다. 따라서 시민사회는 부르주아 계급지배의 재생산 구조인 국가를 이데올로기적으로 재생산하는 수단이며, 국가는 정치사회(물리적 강제)와 시민사회(헤게모니)와의 결합과 다름없다.[16]

그러나 동시에 시민사회는 국가 및 경제와 구분되면서, 정당과 노동조합을 포함하는 다양한 사적 결사체들이 광범한 동의에 기반을 둔 헤게모니를 창출하기 위해 서로 투쟁하는 공간이다. 즉 토대의 물질적 조건을 재생산하고 국가의 계급지배를 유지하려는 세력과 그것을 극복하려는 세력의 헤게모니 투쟁의 장이다. 따라서 시민사회는 단순히 계급지배의 기능적 요소이거나 정치와 무관한 장소로 전락하지 않는다. 그것은 국가와 경제 양자의 구조를 응축하는 공간이자, 양자의 구조적 압력으로부터 시민들이 자율성과 자기규제, 비판적 잠재력을 키우는 실천의 공간이다.

그람시의 독창성은 시민사회에 비경제적 영역인 동시에 비국가적 영역이라는 독자적 지위를 부여했을 뿐만 아니라 시민사회가 지배를 위한 사회통합의 기능에서나 사회변혁의 주체형성의 기능에서나 매우 핵심

---

15) 안토니오 그람시, 이상훈 옮김, 『그람시의 옥중수고 1: 정치편』, 거름, 2006.
16) 김호기, 「그람시적 시민사회론과 비판이론의 시민사회론」, 유팔무·김호기 편, 『시민사회와 시민운동』, 한울, 1995, 124~147쪽; Michael Foley and Virginia Hodgkinson, 2002, "Introduction," Michael Foley, and Virginia Hodgkinson eds., *The Civil Society Reader*, Hanover: University Press of New England, 2002, pp.190~202.

적 역할을 수행한다는 것을 밝혔다는 데 있다.[17] 독자적 영역인 시민사회는 사적인 조직체들의 앙상블로서, 시민들에 의해 운영되는 조직들과 국가의 통제를 받지 않는 의사소통 수단으로 구성된다. 또한 시민사회는 의미와 가치가 형성되고 도전받는 영역인 문화를 포함하는데, 바로 이 문화라는 요소에 의해 시민사회는 사회성원들의 일상적인 의식형성에 결정적인 영향을 미치는 영역으로서의 지위를 부여받는다.

하지만 그람시에게 시민사회는 또한 부정되어야 할 그 무엇이다. 이것은 두 단계로 이루어진 그의 이행론을 통해 설명된다. 그 첫 번째 단계가 진지전을 통한 대항 헤게모니의 확산으로, 시민사회가 국가의 강제적 요소(정치사회)를 흡수함으로써 시민사회의 헤게모니적 지배를 확장하는 것이라면, 두 번째 단계는 무계급사회의 성립에 의한 부르주아 시민사회의 궁극적 소멸이다.[18] '부정의 부정'이라는 이 변증법적 논리는 그람시가 여전히 토대-상부구조의 도식에 머물러 있으며, 시민사회를 도구적이고 기능주의적으로 파악한다는 점을 말해준다. 따라서 그람시 시민사회 이론의 독특성은 그가 시민사회를 부정하기 위해 시민사회의 실체를 인정하고 밝혔다는 사실에 있다고 하겠다.

• 하버마스: 공론장의 쇠퇴와 생활세계의 식민화

하버마스는 근대 이후 출현한 부르주아 공론장의 발전과 쇠퇴과정을 추적함으로써 국가와 사적 생활을 매개하는 공론장의 중요성을 조명할 뿐만 아니라, 의사소통적 생활세계와 체계라는 개념을 도입함으로써 시민사회 이론을 풍부하게 하는 계기를 마련한다.[19]

---

17) 박형준, 앞의 글, 22~25쪽; 신광영, 앞의 글, 92~94쪽; 정태석, 『시민사회의 다원적 적대들과 민주주의』, 후마니타스, 2007, 130~135쪽.
18) 그람시, 앞의 책.
19) 위르겐 하버마스, 한승완 옮김, 『공론장의 구조변동』, 나남, 2001; 위르겐 하버마

하버마스는 공론장을 여론이 형성되는 곳이자, 경제활동이나 통치행위로부터 자유로운 사회성원들이 공개적으로 의견을 표출하는 곳으로 정의한다.[20] 18세기 이후 출현한 부르주아 공론장은 언론·결사·집회의 자유의 보장을 그 내용으로 했다는 점에서 역사적으로 다양한 형태로 존재했던 공론장들과 질적으로 상이했다. 초기의 이 자유주의적 공론장은 한편으로는 인간의 권리에 기초한 시민사회의 영역이었지만, 다른 한편으로는 이러한 권리가 부르주아에게만 한정되어 있었다는 점에서 시민사회의 모순을 반영하는 것이었다. 그러나 의사소통행위에 기초한 공론장이 근대 국가를 대체할 수 있었던 것은 아니지만, 초기 부르주아 공론장의 발전은 여론의 형성을 통해 절대주의를 해체하는 데 중요한 역할을 수행했으며, 부르주아 민주주의의 발전을 가져왔다.

하버마스는 국가와 사적 영역의 엄격한 구분에 기초했던 자유주의 공론장이 국가가 개인들의 사적 영역에 개입하기 시작하면서 재봉건화(refeudalization)되기 시작했고 그에 따라 공론장 또한 구조적 전환을 겪게 되었다고 진단한다. 하버마스는 경제공황과 침체기에 국가가 보여준 정책적 개입과 국가의 복지 서비스 제공이 전통적으로 존재해온 국가와 사적 영역 간의 경계를 허무는 결과를 가져왔다고 본다. 따라서 이제 '사회의 국가화'와 '국가의 사회화'로 인해 순수한 국가영역과 사적 영역을 구분하는 것이 불가능하게 되었다.

하버마스는 후기에 들어 공론장의 재봉건화라는 테제를 체계-생활세계라는 이원적 사회이론에 기초하여 '생활세계의 식민화 테제'로 정교화한다. 식민화 테제가 근대 사회에서 시민사회가 왜곡되는 방식을 조명

스, 장춘익 옮김, 『의사소통행위이론 1, 2』, 나남, 2006; 에드워즈, 앞의 책, 123~127쪽.
20) 하버마스, 『공론장의 구조변동』; 박형준, 앞의 글, 25~29쪽; 신광영, 앞의 글, 94~98쪽.

함으로써 시민사회의 부정성이라는 관념을 유지한다면, 보편화용론에 기초한 '이상적 담화상황'과 의사소통 논리에 대한 탐구는 시민사회의 부정성에도 불구하고 시민사회의 긍정성을 보전할 수 있는 방법을 모색한다. 하지만 하버마스의 식민화 테제는 식민화라는 병폐의 원인이 체계논리의 침투에 의한 것이지, 체계 자체의 문제는 아니라고 전제함으로써, 생활세계와 더불어 국가와 경제라는 하위체계에 대해서도 이분법적 가치평가(긍정성 아니면 부정성)를 배제한다. 그리고 이러한 하버마스의 논의는 이후 자기제한적 급진주의와 결합함으로써, 국가-경제-시민사회라는 삼분법적 시민사회 논의를 활성화하는 데 기여한다.

3. 코헨과 아라토의 시민사회 이론의 재구성

1) 왜 삼분 모델인가?

- 시민사회론 재구성의 필요성: 포스트마르크스주의적 시민사회론을 위하여

코헨과 아라토는 이 책의 서론에서 자신들이 포스트마르크스주의자임을 분명히 밝히는 것으로부터 시작한다(I: 79). 바로 이러한 이들의 입장이 이 책의 전반을 관류하고 있기 때문에, 먼저 그들의 포스트마르크스주의적 입장을 살펴볼 필요가 있다.

서로 다른 용어를 사용함에도 불구하고, 모든 포스트마르크스주의가 지닌 하나의 공통적인 입장은 마르크스가 시민사회와 부르주아 사회를 동일시한 것뿐만 아니라 국가와 사회를 재통합하는 것을 목적으로 한 그의 다양한 정치적 프로젝트들 또한 수정해야 한다는 것이다. 포스트마르크스주의자들은 그람시가 그랬던 것처럼 자본주의적 민주주의 아래에서 시민사회가 영속될 수 있으며 그리하여 고전 마르크스

주의적 의미에서의 혁명을 받아들이기가 어렵다는 점을 지적하는 것만이 아니라, 시민사회의 보존은 규범적으로 바람직하다고 주장한다. 하지만 포스트마르크스주의는 그들이 현존하는 형태의 시민사회를 급진민주주의적으로 또는 급진다원주의적으로 변형시키는 것을 테마로 삼고자 한다는 점에서, 모든 신자유주의(이들 역시 그들 나름의 방식으로 시민사회와 부르주아 사회를 동일시한다)와 구별될 수 있다(I: 187~188).

이와 같은 코헨과 아라토의 입장은 자신들의 시민사회 이론이 민주주의 이론의 일환이라는 것을 분명하게 보여준다. 이러한 맥락에서 그들은 동구와 서구를 막론하고 오늘날의 모든 사회가 더 많이 민주화될 수 있고 더 많이 민주화되어야 하며, 이러한 민주화 프로젝트의 핵심에는 시민사회가 자리하고 있다고 파악한다. 이들이 보기에 시민사회는 현존 자유민주주의 체제하에서 민주주의를 잠재적으로 확대할 수 있는 주된 장소이다. 그러나 시민사회가 이러한 역할을 수행하기 위해서는 시민사회라는 개념 속에 역사적으로 착근되어 온 부르주아와 시민의 동일시, 경제와 시민사회의 동일시에 기초한 시민사회 대 국가라는 이분법을 해체하여 재구성할 필요가 있다.

19세기 자유주의 사상의 전형적 특징인 시민사회 대 국가라는 이분법은 반절대주의 투쟁과 시장사회의 출현이라는 역사적 사건들이 모든 사회세력을 일시적으로 접합시킬 수 있었던 시기 동안에는 나름의 긍정적 역할을 수행할 수 있었다. 하지만 자본주의 시장경제에서 발생하는 힘들이 근대 국가의 행정권력만큼이나 사회연대, 사회정의, 자율성 그리고 민주주의에 커다란 위협이 될 수 있다는 역사적 교훈은 생존 가능한 시장경제의 확립과 민주적 시민사회의 확립이라는 과제가 별개의 분리된 프로젝트라는 사실을 지적해준다(I: 63). 따라서 만약 시민사회 개념이 비판적인 정치·사회 이론과 실천적 민주화 프로젝트의 중심이 되고자 한다면 그리고 만약 시민사회 개념이 독재에서 민주주의로의 이행이라는 반권위주의적 투쟁에서뿐만 아니라 시장경제가 그것 나름의 자율적 논리를 이미 발전시켰거나 발전시키고 있는 사회에서도 여전히 그 비판적 잠재력을 보전하고자 한다면, 시민사회 개념은 국가뿐만 아니라 경제와도 적절히 분리되어야만 한다.

• 시민사회: 사회적 상호작용의 영역

그렇다면 코헨과 아라토에게 시민사회란 무엇인가? 그들은 다음과 같은 작업정의로부터 시작한다.

> 우리는 '시민사회'를 경제와 국가 사이에 존재하는 사회적 상호작용 영역으로, 무엇보다도 친밀한 영역(특히 가족), 결사체(특히 자발적 결사체)의 영역, 사회운동, 공적 의사소통의 형태들로 구성되어 있다고 이해한다. 근대 시민사회는 자기구성과 자기동원의 형식을 통해 창조된다. 근대 시민사회는 사회분화를 안정화하는 법률, 그리고 특히 주관적 권리들을 통해 제도화되고 일반화된다(I: 63~64).

그러나 이러한 문제의식에서 출발한 코헨과 아라토의 국가-경제-시민사회 삼분 모델은 시민사회와 경제를 분리시키는 것이 지닌 이론적·실천적 중요성만큼이나, 이들 세 영역이 고유한 작동논리를 지닌 독자적이고 형식적인 실체임을 인정하는 것이 중요하다는 인식에 기초하고 있다.[21] 근대 사회의 분화된 구성물인 국가, 경제, 시민사회는 권력, 돈, 의

---

21) 앤드루 아라토,「시민사회, 역사 그리고 사회주의: 존 킨에 대한 답변」, 한국정치연구회 편,『국가와 시민사회』, 녹두, 1993, 264쪽, 266쪽.

사소통이라는 상이한 매체들이 작동하는 독자적 영역이다. 그들에 따르면, 자신들이 구상하는 '시민사회의 유토피아적 지평'은 이 세 영역 간의 경계를 보존하는 것에 기초한다. 그렇다면 이것을 가능하게 하는 것은 무엇인가? 코헨과 아라토는 시민사회의 '자기제한적 민주주의'에서 이 질문에 대한 답을 찾고 있다.

- **자기제한적 민주주의**

자기제한적 민주주의라는 관념은 이들 세 영역 간의 관계에 대한 역사적 경험에서 유래한다. 코헨과 아라토에 따르면, 자기조절적 시장과 사회주의의 이름으로 이들의 경계를 허물고자 했던 역사는 각기 경제주의적인 도구적 이성과 국가중심적인 기능주의적 이성을 동력으로 한 탈분화적이고 전체주의적인 유토피아를 추구했을 뿐이며, 그 결과 경제를 축으로 전체 사회를 합리화하는 시장 유토피아와 국가를 축으로 전체 사회를 합리화하는 권력 유토피아 모두는 시민사회를 질식시키고 민주주의를 파괴해왔다.

하지만 시민사회의 의사소통의 유토피아가 그 영역을 허무는 것 역시 자기모순적이고 자기파괴적이다. 왜냐하면 시민사회의 의사소통이라는 매체는 돈과 권력과는 달리 국가와 경제라는 분화된 하위체계에 쉽게 또는 자발적으로 침입하여 그것을 포섭할 수 없으며, 생활세계의 근대화는 근대 경제와 국가의 분화에 의존하기 때문이다(II: 177). 코헨과 아라토에 따르면, 이러한 이중의 제한상황이 국가, 경제, 시민사회의 분화를 요구한다. 즉 근대 시민사회의 재구축은 국가구조 및 경제구조와의 병치를 요구하며, 시민사회는 이들 구조의 변화를 도울 수는 있지만 그것들이 자율적으로 작동할 수 있는 모든 측면들을 폐지시켜서는 안 된다.

그리고 연대를 자원으로 하는 시민사회의 민주주의 유토피아 역시 전체주의화되었거나 전체주의화될 수 있다. 역사적 경험을 통해 볼 때, 시민사회에 뿌리를 두고 있는 민주주의운동들 역시 사회의 조종장치를 파괴하고 생산성을 떨어뜨리고 사회적 다원성을 억압하며, 그것들 모두를 극히 권위주의적인 수단을 통해서 재구성해왔다(I: 102). 즉 근본주의적인 민주주의 프로젝트들은 국가와 경제를 집합행위자와 집합적 운동의 권력에 복속시키려 시도함으로써, 필연적으로 연대를 지향하는 사회적 결사를 전략적 관심을 지향하는 정치조직으로 변형시켰고, 그에 따라 시민사회의 진정한 자기조직력과 방어력을 박탈해왔다. 시민사회의 민주적 의사소통원리가 그것이 지닌 혁명적 원천에도 불구하고 혁명에 의해 위협받는다는 사실은 민주주의혁명조차도 권리에 의해 제한될 필요가 있다는 것을 의미하며, 이것 또한 분화를 기초로 독자적 시민사회가 제도화될 때에만 가능하다.

요컨대 코헨과 아라토에게 시민사회의 민주화 그리고 이를 기초로 한 국가와 경제의 민주적 통제와 민주주의의 확대라는 이상은 시민사회가 자기성찰적일 때, 즉 국가, 경제, 시민사회 간의 경계를 보존하고 의사소통적 행위조정을 시민사회 자체의 핵심에 한정할 때에만 가능하다. 따라서 이들이 시민사회 재구성 모델로 제기하고 있는 삼분 모델은 자기제한적 민주주의를 확립하기 위해 필요한 구체적인 이론적·실천적 응답이라고 할 수 있다.

2) 시민사회 담론의 재구성

• 재구성 전략: 긍정성과 부정성 아우르기

코헨과 아라토는 오늘날의 시민사회 범주가 유용하기 위해서는 그것은 재구성되어야만 한다고 주장한다. 그들에 따르면, 재구성이란 어떤 이론이 설정해온 목적을 보다 완전히 달성하기 위해 그 이론을 분리시켜 하나의 새로운 형태 속에 재결합시키는 것이며, 이것은 많은 점에서 수정을 필요로 하지만 그것이 지니고 있는 자극의 잠재력이 아직 고갈

되지 않은 어떤 이론을 다루는 통상적인 방법이다(Ⅱ: 128~129). 그들은 자신들의 재구성 전략을 다음과 같이 요약한다.

> 이론가는 자신의 개념 속으로 통합될 수 있고 통합되어야 하는 것을 모두 비판적으로 전유하기 위해, 그리고 있을 수 있는 이론적 함정을 피하는 것을 배우기 위해 시민사회를 다루는 중요한 이론들을 복원시켜 재구성할 수 있다. 이 양자의 과제를 적절하게 수행하기 위해서는 헤겔, 토크빌, 그람시, 파슨스, 하버마스와 같이 시민사회에 관해 자신의 이론을 발전시키고자 했던 이들의 저작뿐만 아니라, 해방의 의도를 가지고 시민사회 이론에 관해 심각한 이데올로기적, 비판적, 규범적, 역사적, 체계이론적 또는 계보학적 반론을 폈던 이들의 저작도 재구성해야만 한다. 여기서 마르크스, 슈미트, 아렌트, 루만 및 푸코의 이름은 가장 중요하다. 물론 개념의 역사가 갖는 특수한 방법론의 경우와는 달리, 이론의 역사는 기존의 이론가들이 '시민사회'라는 개념을 실제로 사용하지 않았다는 사실 때문에 방해를 받을 필요가 없다는 것이 불필요한 논쟁을 피하기 위해서 강조되어야 한다.[22]

코헨과 아라토는 시민사회 이론을 재구성하기 위해 이원적 전략을 구사한다. 이들의 전략이 이원적인 까닭은, 위의 인용문이 지적하듯이, 근대 사회에서 시민사회라는 개념이 지니는 분석적·실천적 지위를 긍정하고 발전시키고자 했던 이론들과 정반대의 입장에서 시민사회 개념 자체를 부정하거나 무시했던 이론들 모두를 아우르기 때문이다. 전자의 논의가 시민사회 이론이 발전적으로 계승해야할 지점들이라면(이것이 이 책 제1부에서 다루는 내용이다), 후자의 논의들은 시민사회 이론이 재구

---

22) 아라토, 앞의 글, 248~249쪽.

성되고자 한다면 반드시 답해야만 하는 지점들이다(이것이 이 책의 제2부의 내용을 이루고 있다). 특히 후자에 대한 논의가 코헨과 아라토의 시민사회 이론 재구성에서 지니는 의미는 특별하다. 왜냐하면 그들이 입증하고 싶어 하는 것이 바로 시민사회라는 개념의 근대적 적실성인데 반해, 후자의 논의들은 정반대의 주장을 펼치고 있기 때문이다.

이를테면 아렌트에게서 정치적 평등, 공적 담론, 명예와 같은 공적 가치와 독특함, 차이, 개성이라는 사적 가치들은 공적 영역과 사적 영역의 실제적이고 철저한 제도적 분화를 통해 작동하는 원리들이다. 이들 영역은 서로 보충적이지만 두 원리 자체가 서로를 손상시키고 심지어는 폐지시키고자 하는 강력한 경향을 가지고 있기 때문에, 분화되지 않는 한 작동하지 못한다. 하지만 근대 시민사회, 아렌트의 표현대로라면 '사회적인 것'의 출현은 이러한 경계를 허물고 혼성영역을 발생시킴으로써 각각의 자율성을 위협하고 두 영역 모두를 불구화한다. 이러한 진단은 자유로운 공론장이라는 개념을 복원시키고 싶어 하는 아렌트의 관심에도 불구하고 고대의 폴리티케 코이노니아와 같은 정치사회로서의 시민사회가 근대 사회의 출현과 더불어 몰락했으며 그 규범적 함의를 소진했고 그에 따라 진정한 정치를 박탈당한 사회는 '대중사회'로 전락한다는 결론으로 이어진다(제4장).

코헨과 아라토의 분석에 따르면, 공론장의 쇠퇴, 즉 시민사회의 몰락은 아렌트뿐만 아니라 코젤렉과 하버마스의 역사주의적 분석, 푸코의 계보학적 분석 역시 관통하는 주제이다. 코젤렉이 무력한 도덕법칙에 기초한 자유주의 공론장이 몰도덕적인 국가권력 앞에서 어떻게 그 위선적인 반정치를 정치화하고 부르주아 지배의 토대가 되는지를 해명한다면, 공론장의 '재봉건화'라는 하버마스의 명제는 공적 권위와 거대 기업의 사적 권력이 토론하는 공중을 무비판적이고 수동적인 대중으로 해체하여 근대 부르주아적 자유주의 공론장을 변질시키는 과정을 조명한다(제5장).

푸코의 경우 그의 근대 권력에 대한 계보학은 주권국가, 경제, 사회 간의 분화를 전제로 한다. 하지만 이러한 분화는 어떠한 규범적 차이도 지니지 않는다. 왜냐하면 각 영역이 종국적으로는 권력의 동일한 전략적 상호작용 논리에 의해 구조화되기 때문이다. 근대 개인의 주권이라는 환상은 자율적 연대나 권력원천 부재의 또 다른 표현이며, 법률적 주체란 감시권력의 산물이고, 개성, 주체성, 공적 권리, 다원성 등의 근대적 전개 과정은 권력관계의 효과에 불과하다. 따라서 푸코에게 시민사회는 권력관계, 감시기술, 통제로 만연해 있는 전략적 장으로 용해되며, 결국 그에게서 시민사회는 '감금사회'로 나타난다(제6장).

• 융합 테제에서 분화 테제로

코헨과 아라토에 따르면, 시민사회의 부정성과 몰락 이면에 분화가 아니라 '융합'이 자리잡고 있다는 것을 가장 명시적으로 보여주는 것이 바로 슈미트이다.[23] 슈미트는 공론장의 쇠퇴가 의회제도라는 대의민주주의 제도의 발전에서 기인하고, '국가의 사회화'라는 '사회국가'의 출현에 의해 가능해졌다고 파악한다. 민주화는 행정부에 대한 입법부의 결정적 승리를 상징함으로써 국가를 사회의 진정한 자치조직으로 변화시키고, 국가가 모든 사회영역에 개입하도록 입헌적 압력을 행사한다(제5장).

슈미트가 분화된 영역들의 융합을 통해 시민사회를 제거한다면, 루만은 체계들 간의 분화를 정교화함으로써 근대 사회에서 시민사회를 가능하게 하는 존재조건 자체를 제거한다. 근대의 출현과 더불어 경제적 하

---

23) Jean Cohen and Andrew Arato, "Politics and the Reconstruction of the Concept of Civil Society," Axel Honneth, Thomas McCarthy, Claus Offe, and Albrecht Wellmer(eds.), *Cultural-Political Interventions in the Unfinished Project of Enlightenment*, Cambridge, Mass: The MIT Press, 1992, p.124.

위체계가 기능적 우위를 점하게 되면서 체계는 더 이상 통합을 위한 일반화된 도덕도, 그리고 구체적인 사회적 행위자도 필요로 하지 않게 되었다. 또한 경제체계는 조직들로 하여금 사회의 나머지 부분으로부터 그리고 서로로부터 분화하도록 자극하고, 그 결과 사회 자체는 더 이상 하나의 조직의 요구를 충족시키지 못한다. 루만에게서 증대하는 분화, 규범적 통합의 쇠퇴, 사회(또는 심지어 사회를 대표하는 부분)의 행위능력 소실은 근대 사회, 또는 심지어는 근대 사회의 분화된 하위체계들 중의 하나를 정치사회나 시민사회로 파악하는 것을 정당화할 수 있는 그 어떠한 개념도 불가능하게 만든다(I: 552~553).

하지만 루만은 코헨과 아라토에게 삼분 모델을 구성할 수 있는 중요한 이론적 자원을 제공한다. 루만에 따르면, 분화의 증가는 하위체계의 복잡성을 점차 증대시키는 동시에, 이 증대된 복잡성이 분화를 증대시킴에 따라 그에 상응하여 이 하위체계들의 상호투입-산출 네트워크의 밀도를 점점 더 증가시킨다. 즉 하위체계들 사이에서 상호의존성과 독자성이 동시에 증가한다. 따라서 체계들 간 의사소통은 축소되는 것이 아니라 강화된다. 이렇듯 루만은 우리에게 융합 모델 대신에 분화와 상호의존 모두의 증대에 관한, 즉 다른 체계에 대한 체계의 자기폐쇄와 개방 모두의 증대에 관한 설득력 있는 모델을 제공한다(I: 554). 이는 사회분화의 근대적 조건과 분화를 안정화시키는 다양한 제도적 장치들을 규명하고, 근대적 분화구조 속에서 시민사회가 차지하는 위치를 설정할 수 있게 해준다. 그리고 코헨과 아라토가 볼 때, 이것은 근대 사회와 규범의 관계뿐만 아니라 근대적 분화과정에 의해 출현한 하나의 영역으로서의 근대 시민사회가 규범적 측면에서 여전히 중요한 사회통합적 요소임을 밝힐 것을 요구한다.

또한 코헨과 아라토에게 재구성 전략에서 중요한 사실은 시민사회 속에는 더 많은 민주화와 더 바람직한 사회의 토대와 원동력이 될 수 있는 측면과 원자화되고 파편화된 개인의 집합으로서 권력과 돈의 식민지로 전락하여 통제되고 조작되고 왜곡될 수도 있는 측면이 공존한다는 점이다. 이들이 보기에 시민사회에 대한 부정적 논의들은 이 후자의 측면만을 확대하고 조명함으로써 시민사회를 그것의 부정적 측면과 동일시한다. 그런 면에서 이들 이론은 시민사회 이론이 유토피아 이론으로 전락하지 않게 만드는 중요한 계기로 작용한다. 그러나 시민사회의 이중적 측면 중 어느 하나를 간과해서도 안 되지만 그렇다고 과장할 필요도 없다. 그렇기에 재구성된 시민사회 이론은 희망과 절망, 긍정과 부정 모두를 이론화할 수 있어야 한다.

아래에서 자세히 살펴보듯이, 시민사회 이론을 시민사회의 분화와 부정성에 대한 응답으로 재구성하는 과정에서 코헨과 아라토가 직접적으로 의거하는 사람이 바로 하버마스이다. 후기 하버마스의 체계-생활세계 모델은 그들이 분화와 부정성 모두를 이론적으로 해결할 수 있는 실마리를 제공해준다. 동시에 이러한 해결과정은 코헨과 아라토가 가장 중요한 시민사회의 이론적 전통이라고 평가하는 논의들을 평가하고 재구조화해서 계승하는 과정이기도 하다. 이들에게 헤겔은 국가주의적 편향을 제거한다면 국가와 시민사회, 경제와 시민사회를 매개체의 관점에서 분석할 수 있게 해주는 귀중한 자원이다. 또한 토크빌은 욕구체계로서의 경제를 제외한 채 국가와 시민사회의 관계만을 분석했다는 점에서 근대 시민사회의 전체적인 맥락 가운데 절반만을 분석했다는 한계에도 불구하고 결사체와 참여에 대한 강조를 통해 시민사회와 사회운동 간의 관계를 재정립하는 데 일조한다. 그리고 그람시와 파슨스는 상이한 사상적 기반에서 유래하는 기능주의적 설명방식으로 인해 현존 사회(파슨스)와 미래 사회(그람시)를 시민사회의 유토피아로 삼는다는 이데올로기적 편향을 드러내지만, 국가와 경제 모두로부터 독립적인 시민사회의 고유영역을 발견하고 시민사회에서 작동하는 결사체들과 법체계, 문화적 가치의 중요성을 제기했다는 점에서 시민사회의 삼분 모델을 위한 직접적인 이론적 기초를 마련해준다.

• 하버마스의 체계-생활세계 이론: 재구성의 이론적 자원

코헨과 아라토는 하버마스의 체계와 생활세계라는 방법론적으로 이원론적인 구분이 시민사회의 삼분 모델을 재구성하는 데 가장 유용한 개념적 틀을 제공한다고 본다. 그들에 따르면, 하버마스의 이론틀은 시민사회를 국가와 경제라는 두 개의 하위체계와 분리시킴으로써 적어도 원칙적으로는 경제적 자유주의냐 또는 국가주의냐라는 양자택일에서 벗어나 있다. 그것뿐만 아니라 복잡한 투입-산출 관계로 이루어진 경제의 정치화나 경제의 국가영역으로의 침투를 생활세계의 행정적·경제적 식민화라는 쟁점과 별개로 취급함으로써 시민사회의 부정성과 융합, 탈분화의 가능성을 시민사회의 근대성과 동시적으로 파악하는 것을 가능하게 한다.[24]

하지만 코헨과 아라토는 생활세계 개념과 시민사회 개념은 상이한 방법론적 수준에 있기 때문에 피상적으로라도 동일시할 수 없다고 지적한다. 그럼에도 불구하고 그들은 생활세계를 두 가지 수준으로 구분하는 것이 시민사회의 근대성을 해명할 수 있게 해줄 뿐만 아니라 시민사회의 부정성(식민화)에 맞서 시민사회를 다시 재구성할 수 있는 원천을 보전할 수 있게 해준다고 말한다(II: 140). 한편으로 생활세계는 암묵적으로 알려져 있는 전통, 다시 말해 언어와 문화 속에 뿌리내리고 있고 또 일상적 삶 속에서 개인들이 의지하고 있는 배후가정의 저장소이다. 이 생활세계에 의해 개인들에게 축적된 지식, 누적된 확고한 신념, 그리고 그들의 연대와 능력이 그냥 주어지기 때문에, 개인들은 자신들의 생활

---

24) Cohen and Arato, 앞의 글, p.131.

세계에서 벗어날 수도 없고, 또 생활세계 전체에 대해 의문을 제기할 수도 없다. 다른 한편으로 생활세계는 세 가지 서로 구분되는 구조적 요소들, 즉 문화, 사회, 퍼스낼리티로 구성된다. 이러한 생활세계의 제도적 요소들은 의사소통 매체를 통해 문화를 전수하고 사회통합을 이루어내며 개인을 사회화함으로써 재생산되는데, 이러한 재생산은 전통의 보존과 쇄신, 또 연대와 정체성 개발을 위한 제도를 요구한다. 코헨과 아라토는 바로 이러한 생활세계의 제도적 수준이 자신들의 시민사회 개념과 가장 잘 조응한다고 본다.

• 생활세계의 근대화와 근대 성찰적 시민사회

이러한 생활세계는 두 가지 맞물린 과정을 통해 근대화된다. 하나가 생활세계의 구조적·제도적 구성요소들의 분화와 그 결과 발생하는 생활세계의 내적 합리화라면, 다른 하나는 생활세계의 문화적·언어적 하위층위의 합리화이다(II: 150). 이 두 과정을 분리하기란 쉽지 않은데, 각 과정이 서로를 전제로 할 뿐만 아니라 또 서로를 촉진하기 때문이다. 그러한 과정에서 사회화, 사회통합, 문화적 재생산 제도들의 분화뿐만 아니라 퍼스낼리티, '사회', 문화영역들의 구성요소들 역시 분화한다. 그 과정에서 사회제도는 점차 세계관과 구체적인 사람들로부터 떨어져 나오고, 개인의 정체성과 대인관계를 형성하는 우연성의 영역이 전통적 가치와 제도로부터 해방되고, 문화의 재생과 창조는 문화적 목적 이상의 것을 담고 있는 사회제도의 지배로부터 해방된다. 그 결과 전통에 대한 비판적이고 성찰적인 관계가 출현한다. 이것이 바로 코헨과 아라토가 말하는 자기성찰적 시민사회의 토대를 이룬다.

코헨과 아라토는 근대화·합리화된 생활세계가 전통에 기초한 규범적 합의를 '의사소통'에 기초한 합의로 대체함으로써 다원성을 산출하고 비판을 제도화하고 의사소통적으로 조정된 탈전통적·성찰적 형태의 결사체, 공론장, 연대, 정체성이 발전하는 것을 가능하게 했다고 파악한다(II: 151~152). 여기서 코헨과 아라토가 중요한 개념으로 채택하는 것이 하버마스의 '의사소통행위' 개념이다. 의사소통행위는 언어적으로 매개되는 상호주관적 과정을 포함한다. 행위자들은 그 과정을 통해 자신들의 대인관계를 확립하고, 규범을 의문시하고 재해석하며, 상황정의를 협의하고 동의를 이끌어냄으로써 그들의 상호작용을 조정한다. 코헨과 아라토에 의하면, 이러한 의사소통적으로 조정되는 근대 시민사회의 출현은, 전통적 형태의 연대와 권위의 해체가 그 정의상 자율적 연대를 위한 자원을 결여한 채 오직 전략적·제도적으로만 행위하는 개인들의 일차원적 사회로 귀착될 필요가 없다는 것을 보여준다. 결국 생활세계의 합리화라는 관념은 시민사회에서 통합과 연대의 축을 폐지하지 않으면서도 전통이나 규범과 새롭고 성찰적인 관계를 맺을 수 있게 한다.

생활세계의 근대화는 생활세계로부터 경제적 하위체계와 행정적 하위체계가 분리·출현하는 과정과 더불어 전체로서의 사회를 근대화한다. 이 두 과정은 서로를 전제한다. 왜냐하면 생활세계가 이 두 하위체계의 발전을 통해 의사소통행위의 조정부담을 전략적으로 덜어내지 않고서는 근대화될 수 없다면, 분화된 하위체계는 각각이 생활세계에 제도적으로 정착하기 위해 근대화된 생활세계를 필요로 하기 때문이다(II: 156~157). 그러나 하위체계의 분화는 생활세계 근대화의 조건임과 동시에 근대 생활세계의 가장 큰 잠재적 위협이다(II: 157). 왜냐하면 생활세계의 속박으로부터 벗어난 하위체계의 돈과 권력이라는 매체가 생활세계로 확장되어 의사소통행위의 조정을 대체하는 경향이 있기 때문이다. 이것이 바로 하버마스가 말하는 "체계에 의한 생활세계의 식민화"이다. 그렇다면 무엇이 이들 두 가지 하위체계를 제한하고 통제하여 생활세계의 식민화로부터 생활세계를 보호할 수 있는가? 그러나 코헨과 아라토의 관심은 생활세계의 방어와 탈식민화에 한정되지 않으며, 자기제한성에 기초하여 더 많은 민주화를 진전시키는 것이다. 이것은 코헨과 아라토로 하여금 생활세계를 방어하는 동시에 하위체계를 제한하고 나아가 이들 하위체계에 영향력을 행사할 수 있는 방법은 무엇인가라는 문제를 정치적·실천적으로 모색하게 한다.

3) 시민사회의 규범적 토대: 담론윤리

• 왜 시민사회가 민주주의의 소재지인가?: 시민사회와 담론윤리

앞서 논의했듯이, 코헨과 아라토의 삼분 모델은 시민사회에 대한 다양한 비판에 대한 답변이었다. 그들은 자신들이 옹호한 시민사회 개념의 성격을 다음과 같이 요약하며, 앞서 논의했던 이론들과 자신들의 이론을 차별화한다.

첫째, 우리의 개념은 보다 분화된 사회구조를 전제로 한다. 우리는 그람시와 파슨스에서 단서를 얻어, 시민사회가 국가뿐만 아니라 경제와도 구분된다고 가정한다. 우리의 개념은 헤겔의 개념이 비록 모호하게나마 그랬던 것처럼 국가중심적이지도 않고, 마르크스의 개념이 그랬던 것처럼 경제중심적이지도 않다. 우리의 개념은 사회중심적 모델이다. 둘째, 우리는 토크빌과 초기 하버마스를 따라 사회의 의사소통과 자발적 결사체로 이루어진 공론장을 시민사회의 중추적인 제도로 파악한다. 물론 자율적인 개인의 판단영역으로 이해되는 사적 영역 또한 근대 시민사회에 중요하다. 셋째, 우리는 시민사회의 제도화를 (헤겔에서처럼) 항상 권리('추상적 권리')에 기초하여 사회제도의 안정화를 가져오는 과정이지만 또한 보다 민주적이 될 가능성을 내재하는 과정이며, 그것의 규범들이 민주화를 요구한다고 인식한다(II: 114~115).

논의의 현 시점에서 중요한 것은 인용문의 세 번째 특징, 즉 더 많은 민주주의를 위한 장소로서의 시민사회이다. 이를 정당화하기 위해서는 새롭고 포괄적인 실천적 정치철학이 필요하다. 코헨과 아라토가 이러한 과제를 수행하기 위해 의지하는 것이 바로 하버마스의 담론윤리 이론이다.

코헨과 아라토의 해석에 따르면, 담론은 성찰적 형태의 의사소통적 상호작용이다. 담론윤리의 분석적 출발점은 독립적이고 별개이고 현실에서 유리된 개체라는 개념이 아니라 일상적인 사회적 삶의 상호주관적인 의사소통적 하부구조이다. 이 담론윤리의 기본 틀은 두 가지 차원으로 이루어져 있다. 첫 번째 차원이 정당한 합리적 동의에 도달하는 것을 가능하게 만드는 조건들을 구체화한다면, 두 번째 차원은 이러한 동의의 (형식적 수준에서) 가능한 내용을 구체화한다. 여기서 동의에 도달하기 위한 정당한 또는 합리적 절차를 규정하는 것이 메타규범이다(II: 19~20). 메타규범이란 담론적 갈등해결 과정을 인도하는 조절원리로서, 잠재적으로 영향 받는 모든 사람이 합리적으로 동의할 수 있는 규범이나 원리를 지칭한다(I: 109). 여기서 합리적 동의란 논쟁 중인 규범에 의해 잠재적으로 영향 받는 사람이라면 누구든지 동일한 조건으로 토론에 참여할 수 있어야 하며, 각자가 모두에 의해 자율적인 합리적 주체로 상호인정되어야 하고, 동의에 도달하기 위해 오직 담론기술들만이 사용되어야 한다는 것을 의미한다. 요컨대 특정 규범의 타당성에 대한 합리적 합의에 도달할 수 있기 위해서는 대칭성, 상호성 그리고 성찰성의 원리들이 필요하다.

코헨과 아라토에 의하면, 이러한 특징들이 하버마스가 말하는 '이상적 담화상황'을 구성하지만, 이상적 담화상황은 단지 참여자들이 더 나은 논거에 기초해서만 동의를 획득하고자 노력한다면 따라야만 하는 규칙을 언급할 뿐이다(II: 21~22). 타당성의 원천인 담론규범은 동의에 의해 생산되지 않으며, 오히려 타당한 동의를 가능하게 하는 조건들이다. 따라서 담론규범이 그 규범적 유효성을 획득하는 것은 오직 실제 대화의 맥락에서뿐이다. 오직 실제로 이루어지는 대화만이 각자의 역할을 모든 행위자들과 교환할 수 있게 해주고, 그럼으로써 어느 누구도 배제하지 않는 관점의 진정한 보편화를 가져올 수 있다.

코헨과 아라토는 이 담론윤리를 민주적 정당성과 기본권 이론으로 해석함으로써 이를 자신들의 시민사회 이론의 정치적인 규범적 토대로 삼는다. 그들에 따르면, 실제로 시민사회를 가진 입헌민주주의 사회에서 민주적 정당성과 기본권의 원리들은 정치적 규범과 정치과정들을 정당화할 수 있는 궁극적인 원천이다(II: 39).

• 민주적 정당성 이론과 기본권 이론

민주주의는 각축을 벌이는 정치적 규범들에 관한 공적 논의에 관련 당사자 모두가 평등하게 참여하는 것을 의미한다(II: 15). 바로 이 과정에서 담론윤리는 "용인할 수 있는 규범들의 보편성과 그러한 규범들과 함께 출현하는 타당성 주장에 대한 담론적 재고 가능성을 확인해주는, 독창적이고 반복 가능한 의사소통 과정"을 통해 민주주의의 원리를 정당화한다(II: 30). 민주적 정당성 원리는 정당화의 조건—합리적 동의의 절차와 전제조건들 그 자체—이 정당화하는 힘을 획득하여 정당화의 근거(메타규범)가 됨으로써, 자연이나 신과 같은 구체적 정당화 원리들을 대체한다는 것을 함의한다. 민주적 정당성 원리는 이미 성찰적이 된 정당화 수준과 보편화할 수 있는 절차적인 원리를 포함한다. 이것은 민주적 정당성이라는 근대의 절차적 원리가 우리의 전통과 집합적 정체성의 측면들에 대한 탈관습적·탈전통적 지향을 전제로 한다는 것을 의미한다(II: 53~54).

한편 대의민주주의와 근대 시민사회는 권리를 공통의 전제조건으로

한다. 왜냐하면 권리에 의해 자율성을 보장받는 개인이 없다면, 합리적 담론이 요구하는 전제조건들은 원칙적으로 충족될 수 없기 때문이다(II: 95). 따라서 권리는 사회에 대한 실제 담론에 참여하기 위해 요구되는 규범적 필요조건이다. 시민적 권리와 정치적 권리들은 민주적이라고 주장되는 제도화된 담론의 전제조건을 구성한다. 달리 말해 권리와 민주적 토론 모두는 특정 도덕적 규범이나 가치를 합리적 합의의 가능한 후보들로 주장할 수 있는 자율적인 개인들을 전제로 한다. 하지만 기본권이 제도화되기 위해서는 그것은 개인들이 공적 담론에 참여할 기회뿐만 아니라 담론과정을 통한 법 제정까지 요구한다(II: 93). 이렇듯 공적인 민주적 담론은 권리를 창출하고 유지하는 중요한 역할을 수행한다.

• 고전 자유주의와 급진민주주의를 넘어: 복수의 민주주의

이와 같이 코헨과 아라토는 민주적 정당성 원리와 권리의 원리 모두가 담론윤리에 의해 정당화될 수 있다고 있다고 생각한다. 하지만 그들 역시 자유주의와 민주주의를 대립되는 것으로 보고 서로를 비난하는 또 다른 정치이론의 경향이 존재할 뿐만 아니라 당시에 강화되고 있음을 인식하고 있었다. 코헨과 아라토는 이를 다음과 같이 묘사하고 있다.

> 자유주의 전통에서 민주주의의 도덕적 토대가 권리의 원리 속에 자리 잡고 있다면, 민주주의적 전통에서 그것은 민주적 정당성의 원리에서 파생한다(II: 346).

고전 자유주의의 핵심교의를 옹호하는 사람들은 다수결과 참여를 강조하는 민주주의를 환상으로 보거나, 심지어 더 나쁘게는 그것이 적절하게 통제되거나 제한되지 않는다면 현존하는 자유에 위험한 것으로 보는 경향이 있다. 반면 직접민주주의 또는 급진민주주의의 옹호자

들은 자유주의적 전통 자체가 참여민주주의 사회를 달성하는 데 주된 방해물이라고 비난하기에 이르렀다(II: 15~16).

하지만 코헨과 아라토는 담론윤리에 기초하여 '의사소통의 권리'를 통해 민주적 정당성 이론과 기본권 이론을 연결시킴으로써 이 이원적 대립을 넘어설 뿐만 아니라 한 단계 더 나아가 '복수의 민주주의'를 제기한다.

코헨과 아라토는 자유주의적 권리 개념—이 개념의 핵심에는 소유권이 자리하고 있다—을 넘어 완전히 발전한 시민사회의 기본적인 두 부류의 권리로, 즉 개인의 고결성, 자율성, 퍼스낼리티를 보호하는 권리들과 자유로운 의사소통과 관계가 있는 권리들을 설정한다. 사실 담론윤리는 논리적으로 이 두 부류의 권리 모두를 전제로 한다. 왜냐하면 전자로부터 우리가 제한받지 않는 의사소통적 상호작용이라는 원리를 추론할 수 있다면, 후자로부터는 자율적이고 독특한 개인이라는 원리를 추론할 수 있기 때문이다. 하지만 담론윤리의 관점에서 볼 때, 의사소통 권리들이 가장 기본적이다. 왜냐하면 그것들이 담론 자체를, 따라서 근대 시민사회의 핵심적인 제도, 즉 공론장을 구성하기 때문이다. 하지만 코헨과 아라토가 보기에 의사소통 권리는 국가로부터 시민사회 영역을 보호하는 것 그 이상의 것을 수행한다. 의사소통 권리는 또한 민주적 의지형성의 정치적 전제조건이다. 실제로 민주적 정당성과 참여는 바로 이 영역에서 발생된다(II: 103~104). 이와 같이 의사소통의 권리는 민주적 정당성 원리와 기본권 원리를 잇는 가교의 역할을 한다.

이상의 논의에서 알 수 있듯이, 이러한 의사소통의 권리가 작동하는 시민사회의 장이 바로 '공론장'이다. 그리고 이 공론장은 또한 다양한 도덕적 원칙, 문화적 가치, 삶의 방식들을 위한 공간이다. 코헨과 아라토에 따르면, 고전 자유주의와 급진민주주의가 전체주의화될 수밖에 없었던 까닭은 이 공론장의 복수성이 '일반적 이해관계'의 이론으로 억압되고 배제되었기 때문이다. 하지만 담론윤리에서는 양심의 자율성과 복수의 삶의 방식은 민주적 정당성의 원리와 기본권에 의해 존중받는다. 코헨과 아라토가 볼 때, 여기서 시민사회의 다양성과 차이를 하나로 묶어주는 원리가 바로 '공통의 정체성'이며, 이것을 가능하게 해주는 것이 담론적 의사소통 과정이다. 즉 공적 토론은 우리에게 우리가 공통의 어떤 것을 가지게 된다는 것, 우리가 '하나의 우리'가 된다는 것, 그리고 우리가 우리의 집합적 정체성을 구성하는 특정한 원리들에 동의하거나 그것을 전제로 한다는 것을 보여줌으로써 '집합적 정체성'을 구성한다(Ⅱ: 51~52).

코헨과 아라토에 따르면, 이러한 '집합적 정체성'이 담론윤리와 시민사회의 또 다른 원리인 '연대'의 원천이 된다. 담론윤리는 대등한 것들 간의 합리적 대화의 원칙이 규범적으로 수용 가능한 유일한 갈등해결 형태라는 것을 함의한다. 게다가 이러한 형태의 보편주의가 서로 다른 사람들과의 연대를 가능하게 만드는 유일한 토대이다. 왜냐하면 그것이 공통의 규범이나 원리 그리고 상호인정에 도달할 수 있는 가능성을 열어주기 때문이다(Ⅱ: 77). 담론윤리의 보편화 추동력은 특수성 또는 '공동체'를 억압하기는커녕, 바로 그것의 추상성 덕택에 차이에 정당성을 부여하고 차이와의 연대를 요구할 수 있는 유일한 토대가 된다(Ⅱ: 74). 이러한 연대가 근대 시민사회 성원들의 집합적인 정치적 정체성을 강화하여 서로 다르지만 그 사회의 전반적인 정치문화를 공유하는 사람들을 통합시킨다.

하지만 코헨과 아라토에 따르면, 근대 시민사회는 이상과 같이 대의민주주의의 출현을 논리적으로 전제하고 용이하게 하지만, 동시에 대의민주주의의 민주화를 요구한다. 왜냐하면 민주적 정당성의 원리와 기본권은 차이를 명시적으로 표현할 수 있는 공간을 보호해야만 하고, 현대 시민사회의 복잡성과 그 내적 다양성 모두는 고려 중인 분할축에 따라 다양하게 분화된 과정, 형태, 장소의 측면에서 민주화의 문제를 제기하기 때문이다. 따라서 코헨과 아라토에 따르면, 근대 시민사회는 복수의 특수한 이해관계들 사이에서 이루어지는 타협의 의사소통적 토대가 보다 강고해질 수 있는 동시에(II: 46), 제도화된 복수의 민주주의들이 출현할 수 있는 영역이다(II: 120). 이는 코헨과 아라토로 하여금 민주주의를 하나의 열려 있는 과정이자, 민주주의가 의사소통적 상호작용의 조정 메커니즘이 작동하는 시민사회의 수준에서 훨씬 더 진전될 수 있다고 주장하게 한다.

4) 시민사회의 정치: 자기제한적 급진주의

코헨과 아라토의 삼분 모델은 시민사회의 방어와 시민사회에 의한 국가와 경제의 민주적 통제라는 이원적 정치전략에 기초하고 있다. 그리고 그들은 이 전략을 시민사회를 방어하고 민주화하려 한다는 점에서 '자기제한적 급진주의'라고 명명한다(II: 237). 그들은 또한 단지 시민사회만을 민주화하는 불가피하게 방어적인 전략은 실패할 수밖에 없으며, 비록 그 정도에서는 다르지만, 국가, 경제, 시민사회의 상보적 민주화 전략이 가능하다는 것을 보여주고자 한다(I: 107, 각주 50). 바로 이를 보여주는 것이 시민사회의 비제도정치인 사회운동(집합행위)과 시민불복종에 대한 코헨과 아라토의 논의이다.

• 사회운동: 자원동원 패러다임과 정체성 지향 패러다임을 넘어서

코헨과 아라토의 이러한 논의는 근대 시민사회가 사회운동의 영역이자 표적이기도 하다는 인식에 근거한다. 그들은 이를 기존의 자원동원이론과 새로운 사회운동 이론의 일면성을 비판하고, 그것에 대한 대안을 제시하는 과정에서 입증한다. 그들에 따르면, 우선 틸리로 대표되는 자

원동원 패러다임은 사회운동의 '공격적' 측면을 강조한다. 자원동원 패러다임은 시민사회와 정치사회의 제도가 어떻게 배제된 집단과 상대적으로 무력한 집단들에게 그들이 정체에 진입하기 위해 권력(그리고 돈)을 가진 사람들에게 압력을 행사할 수 있는 수단을 제공하는지를 분석할 수 있는 도구를 제공한다. 하지만 이 패러다임은 '포함'(inclusion)이라는 목적과 권력획득에 초점을 맞춤으로써, 정치사회를 겨냥하고 있는 '영향력 정치'가 갖는 함의를 모호하게 한다. 시민사회의 집합행위자들은 시민사회의 자율성을 확보하고 시민사회의 제도와 사회적 관계를 근대화(민주화·자유화)하기 위해 정치사회의 행위자들에게 영향력을 행사할 수 있다. 즉 그들은 권력과 돈을 획득하는 데뿐만 아니라 권력과 돈이 생활세계에서 수행하는 역할을 제한하는 데 공적 담화를 이용할 수 있다(II: 252~253).

반면 정체성 추구 패러다임은 사회운동의 '방어적' 측면을 강조한다. 이 입장에 따르면, 현대 집합행위자들은 새로운 정체성을 구성하기 위해, 시민사회와 정체 모두 내에 자율적인 사회적 행위를 위한 민주적 공간을 창출하기 위해, 그리고 규범을 재해석하고 제도를 새롭게 고치기 위해 의식적으로 권력투쟁을 한다(II: 262). 하지만 코헨과 아라토는 투렌의 입장을 받아들여, 국가에 대항하는 시민사회의 자율성 또는 심지어 우위성을 확보하는 것만으로는 충분하지 않다고 주장한다. 왜냐하면 그것은 시민사회 내의 지배관계와 불평등을 그대로 남겨둘 것이기 때문이다. 오히려 사회운동은 차별, 불평등, 지배가 가시화되고 각축을 벌이고 있는 시민사회의 모든 제도를 방어하고 민주화하려고 분투해야만 한다(II: 271).

코헨과 아라토는 자신들이 구성한 삼분 모델이 현대 운동의 '방어적' 측면과 '공격적' 측면 모두를 설명해준다고 주장한다(II: 290~291). 방어적 운동은 생활세계의 의사소통적 하부구조를 보전하고 발전시키는 것을 것을 목적으로 하며, 이것은 정체성을 재정의하고 규범을 재해석하고 평등주의적인 민주적 결사체 형태들을 발전시키기 위해 필수적이다. 반면 집합행위의 '공격적' 측면은 정치사회와 경제사회 — 행정국가와 경제라는 하위체계들과 시민사회 간의 '매개'영역들 — 를 표적으로 하며, 분명 이들 영역 내부로 포함되기 위한 압력을 행사하고 그것으로부터 이익을 얻어낼 수 있는 조직의 발전을 포함한다.

종합해 볼 때, 코헨과 아라토가 재구성한 사회운동의 정치는 정체성 정치, 영향력 정치, 포함의 정치, 개혁 정치라는 네 가지 요소로 이루어져 있다. 현대의 사회운동은 무엇보다도 문화적 규범, 개인적·집합적 정체성, 적절한 사회적 역할, 해석양식, 담론의 형태와 내용을 재규정하는 '정체성 정치'를 포함한다. 하지만 권위주의적 제도들이 자주 돈과 권력의 불평등한 통제에 의해 강화되기 때문에, 그리고 그러한 매체에 의한 시민사회 제도들의 식민화가 더 많은 근대화를 가로막기 때문에 현대 집합행위자들은 정치사회에서 맞서야만 한다. 이러한 필요는 새로운 정치적 행위자들이 정치사회의 성원으로 인정받기 위해 그리고 그것이 대변하는 사람들의 이익을 획득하기 위해 정치제도를 표적으로 삼는 '포함의 정치'를 요구한다. 더불어 새로운 욕구해석, 새로운 정체성, 새로운 규범을 조정하기 위해 정치적 담론의 세계를 변경시키는 것을 목적으로 하는 '영향력 정치' 역시 불가피하다. 이 같은 노력들을 결합하는 것만으로도, 사회적 지배관계를 동결하고 새로운 종속을 만들어내는 경향이 있는 시민사회의 행정적·경제적 식민화를 제한하고 통제할 수 있다. 하지만 코헨과 아라토는 정치제도와 경제제도의 더 많은 민주화를 의미하는 '개혁의 정치' 역시 사회운동에서 중심적인 역할을 차지하며, 이러한 제도개혁의 노력이 없다면 시민사회 내의 어떠한 성과도 실제로 보잘것없는 것이 될 것이라고 지적한다(II: 283~284). 요컨대 사회운동의 정치는 시민사회와 정치사회를 표적으로 하는 의사소통적인 담론적 정체성 정치 및 영향력 정치와 정치제도와 경제제도를 겨냥하는 조직화된 그리고 전략적으로 합리적인 포함의 정치와 개혁의 정치를 수반한다(Ⅱ: 319).

그러나 코헨과 아라토는 시민사회 이론의 관점에서 본다면 이들 네 가지 정치형태 중 영향력 정치가 가장 중심적이라고 파악한다(Ⅱ: 340, 343). 왜냐하면 오직 영향력 정치만이 운동근본주의를 대체하고 정치적 엘리트주의로의 길을 봉쇄할 수 있는 유일한 수단인 상황에서, 영향력 정치가 존재하지 않는다면 시민사회의 정치는 반(反)정치로 전환될 것이기 때문이다. 따라서 코헨과 아라토는 그의 책 마지막 장에서 시민불복종을 영향력 정치의 가장 중요한 수단들 중의 하나로 다룬다.

• 시민불복종: 자기제한적 급진주의의 전형적 사례

앞서 살펴본 바와 같이, 코헨과 아라토에 따르면, 사회운동의 자기제한적 급진주의 프로젝트는 권리를 확대하고 제도를 민주화하려는 시도이다. 따라서 사회운동은 불가피하게 항상 내적으로 민주적일 수 없으며, 그것은 영향력을 행사하기 위해 현존하는 정치적 통로를 우회하는 경향이 있다. 코헨과 아라토가 볼 때, 사회운동의 이러한 측면을 가장 잘 보여주는 것이 반란과 제도화된 정치활동의 경계 사이에서, 즉 시민전쟁과 시민사회 사이에서 일어나는 제도 외적 행위로서의 '시민불복종'이다(Ⅱ: 344).

코헨과 아라토는 다음과 같은 시민불복종에 대한 작업정의로부터 자신들의 논의를 시작한다.

시민불복종은 보통 집합행위자 측에서 공적이고 원칙을 따르고 그 성격상 상징적이며 기본적으로 비폭력적인 저항수단을 사용하고 또 대중의 이성능력과 정의의식에 호소하는 불법행위를 포함한다. 시민불복종의 목적은 특정한 법과 정책이 부당하고 따라서 그것이 변경되어야 한다고 시민사회와 정치사회의 여론을 설득하는 것이다. 시민불복종에 참여하는 집합행위자들은 입헌민주주의 유토피아적 원리를 불러내어 기본권 또는 민주적 정당성 관념에 호소한다. 따라서 시민불복종은 시민사회가 정치사회(또는 경제사회)에 대해 영향력을 행사하려는 합법적 시도가 실패하고 다른 수단들도 남김없이 다 썼을 때 시민사회와 정치사회(또는 시민사회와 경제사회) 간의 연계관계를 거듭 주장하기 위한 하나의 수단이다(II: 378~379).

이 정의에서 첫째, 시민불복종이 '불법적'이라는 것은 결코 법의 지배 전체 또는 헌법체계 자체에 의문을 제기할 작정은 아니지만 의도적인 법 위반이 존재한다는 것을 의미한다. 둘째, 그것이 '비폭력적'이라는 것은 저항의 성격이 상징적이고 의사소통적이거나 설득적이라는 것을 의미한다. 폭력을 포함하는 전략적 권력행동은 시민불복종으로 정당화되기 어렵다. 셋째, 주민의 이성능력과 정의의식에 호소한다는 것은 시민불복종이 시민사회와 정치사회 모두의 성원에게 입헌민주주의의 근간을 이루는 기본 원리들을 성찰하고 그러한 원리에 위배되는 법, 정책, 제도적 장치들을 변경시킬 것을 요청한다는 것을 의미한다.

이러한 정의에서 가장 특징적인 것은 시민불복종이 특정 정치문화가 받아들이는 정당한 시민활동의 범위를 확대하지만, 그것이 탈법적·불법적 정치행위라는 것이다. 그렇다면 시민불복종은 어떻게 거의 공정하고 거의 민주적인 입헌체계 내에서 어떻게 정당화되고 어떤 역할을 수행하는가? 코헨과 아라토는 첫 번째 질문에 대한 답변을 시민불복종은 그것을 통해 시민사회의 원리를 침해하지는 않는다는 것에서 찾고 있다. 그들에 따르면, 시민불복종은 오히려 다음과 같은 이유에서 민주적이고 공정한 시민사회의 유토피아적 지평을 활력 있게 유지한다. 첫째, 시민불복종은 적어도 권리와 민주주의의 부분적 제도화를 전제로 하는 집합행위이다. 즉 그것은 대의제적 정치체계뿐만 아니라 시민사회를 확립하고 보호하는 권리를 전제로 한다. 둘째, 완전히 민주적이고 공정한 시민사회는 결코 완전히 실현되거나 완결될 수 있는 것이 아닌 하나의 유토피아로서, 정치적 프로젝트를 인도하는 하나의 규제적 이상으로 작동한다. 따라서 그러한 유토피아를 진지하게 받아들이고 시민사회가 항상 더 공정해지고 더 민주적이 되기를 희망하는 시민불복종은 정당하다(II: 345). 셋째, 시민불복종은 양심적 거부와 달리 그것이 숨어서 또는 은밀하게 이루어지지 않는다는 의미에서 그리고 사람들의 개인적 도덕성, 종교 또는 특수이익이나 집단이익이 아니라 입헌체제 속에서 모든 사람이 공유하는 것으로 추정되는 일반적인 정치적 정의의 원리에 호소한다는 의미에서 이중적으로 공적이다(II: 352~353). 하지만 이러한 민주화를 목적으로 하는 시민불복종 또한 자기제한적이어야만 한다. 왜냐하면 예외적인 수단의 채택은 상황에 적합해야만 하기 때문이다(II: 399~400). 이렇듯 시민불복종은 시민사회의 전반적 틀 내에서 급진정치의 외적 한계를 규정한다.

두 번째 질문에 대한 답변, 즉 이러한 시민불복종의 역할은 우선 영향력 정치로서의 시민불복종으로부터 도출된다. 민주화는 시민사회와 정치사회 간의 의사소통과 영향력의 통로를 열어놓는 것을 의미한다. 시민불복종은 다수에게 영향을 미칠 목적에서 그들에게 호소하지만, 그것은 정치사회의 행위자들에게 영향을 미치는 것을 목적으로 하는 시민사회의 공적 공간 내에서 행해지는 정치적 행위이다(II: 388). 시민불복종은 정치권력을 장악한 다수들에게 호소하는 공개담화의 한 가지 형태로, 정치적 다수가 공적으로 공인된 정의 개념과 사회적 협력의 도덕적 토대를 침해했다는 심원한 양심적인 정치적 확신을 표현한다. 정치문화적 수준에서 볼 때, 정당화된 시민불복종에 기꺼이 참여하는 것은 정의로부터 잠재적으로 이탈하는 것을 막는 예방약으로 기여하고, 그럼으로써 사회를 잘 정돈된 사회로 안정화시킨다(II: 357).

둘째, 시민불복종은 다수결의 원리의 한계를 보충해준다. 다수결의 원리가 그것의 정당한 권력을 유지하기 위해 충족시켜야만 하는 최소한의 필요조건이 바로 영원한 소수가 존재해서는 안 되고 그러한 결정이 철회될 수 있어야 한다는 것이다. 하버마스에 따르면, 시민불복종은 자주 민주적 원리를 실현하는 과정에서 발생하는 오류를 바로잡거나 정치체계에 영향력을 행사할 수 있는 특권 있는 기회를 부여받지 못한 보통 시민들이 혁신을 추진할 수 있는 마지막 기회이다(II: 398).

마지막으로, 시민불복종은 성숙한 시민사회 내에서 사적 시민들에게 열려 있는 참여의 범위와 형태를 확대하는 하나의 학습과정을 시작한다. 코헨과 아라토에 따르면, 시민불복종은 입헌민주주의 내에서 변화를 일으키는 결정적 요소의 하나로 인식될 수 있다. 그것은 권리창조(즉 이전에는 제도화되지 않았던 도덕적 권리의 제도화)의 주요 원천 중의 하나이다. 이것은 권리와 민주주의 모두가 우리로 하여금 민주적 제도들이 보다 민주적이 될 수 있다고 생각하게 만드는 학습과정을 수반한다(II: 370, 402).

이상에서와 같은 논의를 통해 코헨과 아라토는 민주주의는 결코 완전히 제도화될 수 없다는 점에 근거하여 '과정으로서의 민주주의' 이론을 주장한다. 즉 그들에 따르면, 민주주의는 실현해야 할 진리(verité à faire)이자 하나의 학습과정으로 이해되어야만 한다(II: 386). 이것이 바로 그들이 주장하는 자기제한적 민주주의의 논거이며, 그들은 또한 이를 통해 자유민주주의 이론과 급진민주주의 이론의 틀을 넘어설 수 있기를 희망한다.

4. 결론에 대신하여

코헨과 아라토는 국가-경제-시민사회라는 삼분 모델이 오늘날의 분화된 사회구조를 이해하는 데 가장 적절한 개념도구일 뿐만 아니라, 보다 민주적인 사회를 확립하기 위한 정치적·실천적 장치이기도 하다고 주장한다. 그러나 정치이론의 양대 진영을 넘어서고자 한 코헨과 아라토의 시도가 양 진영으로부터 비판의 대상이 되리라는 것은 예견할 수 있는 일이다. 하지만 그들의 삼분 모델은 자기제한적 민주주의라는 개념이 지닌 현실주의적 함의 때문에 주로 마르크스주의 진영으로부터 비판받아왔다. 이 개념은 코헨과 아라토 시민사회 이론의 핵심을 이루는 것이기에, 우리는 이와 관련된 문제에 대해 간략히 논평하는 것으로 결론을 갈음하고자 한다.

존 킨은 자신의 저작『민주주의와 시민사회』에서 이 책이 출간되기도 전에 이 책의 원고를 읽고, 코헨과 아라토의 삼분 모델이 더 많은 민주주의와 시민사회의 민주적 통제를 이야기함에도 불구하고, 결국에는 자유주의적 시민사회 이론과 별반 다르지 않다는 식의 논평을 하며, 자신의 책에서 각주 형태로 이 책을 다음과 같이 요약한다.

> 시민사회에 관한 앤드루 아라토와 진 코헨의 가장 최근의 해석은…… 주로 하버마스에 의존하고 있다. 그들은 행정권력과 돈에 의해 조정되는 정치체계와 경제체계의 논리와…… 연대와 의사소통의 논리에 기반하고 있는 시민사회 또는 생활세계를 구분한다. 이 견해는 생산, 교환, 소비의 문제와 관련하여 두 가지 이론적 문제를 발생시킨다. 첫째, 시민사회가 아주 협소하게 정의되기 때문에, 시민사회는 경제적으로 수동적으로 남게 되고, 그 권력을 방어하거나 강화할 수 있는 물적 자원을 박탈당한다. 둘째, (잠재적) 자유의 영역인 시민사회

는 적극적으로 파악되는 반면, 경제는 오직 돈만이 말을 하는 필요의 영역으로 암묵적으로 소극적으로 파악된다(신보수주의적 견해와 비교해 보라). 시민사회의 삶의 물리적 조건은 (마치 고전 시민사회 개념이 오이코스의 침묵과 부자유에 의존하듯이) 시민사회가 바라는 목적의 단순한 도구로 전락한다.[25]

그러면서 킨은 사회주의적 시민사회 이론은 생산, 교환, 소비라는 그것의 주요 조직원리를 더욱 고려해야만 한다고 주장한다. 국내에서도 이 책에 대한 비판은 같은 맥락 속에서 이루어져왔다. 간헐적으로 언급되는 코헨과 아라토의 논의에서 그들의 시민사회 이론은 사적 유물론의 재구성이 아니라 그와의 단절을 전제로 하는 보수적 사유로 기울어지고 있다거나,[26] 시민사회 내에서 계급, 인종, 성에 따른 분열, 대립, 갈등의 문제를 간과하고 있다고 비판된다.[27] 또한 코헨과 아라토의 모델은 다원주의적 시민사회 이론의 하나인 탓에 시민사회의 핵심적 특징인 계급적 대성을 적절히 다루지 못한다고 비판되기도 한다.[28]

우리의 입장에서 볼 때도 시민사회의 민주화라는 문제는 단순히 체계의 침투로부터 시민사회를 방어하는 문제가 아니라 체계 자체의 모순으로 인한 시민사회의 적대와 갈등을 해결하는 문제이다. 따라서 자기제한적 민주주의가 체계 자체를 급진적 변혁의 대상으로 삼지 않으면서, 효율성의 측면만을 고려해 오직 체계의 자율성을 침해하지 않는 범위에서만 시민사회의 합리화를 추구하고자 한다면 이것은 진정한 의미에서의

---

25) John Keane, *Democracy and Civil society*, London, New York: Verso, 1988, p.86.
26) 서규환, 「'시민사회와 민주주의'에 관한 최근 논쟁」, 『이론』 여름호(통권 제5호), 1993, 260쪽.
27) 신광영, 앞의 글, 98쪽.
28) 정태석, 앞의 책, 2007, 42~43쪽.

민주화가 아니다. 왜냐하면 자기제한적 민주주의로는 체계의 내적 모순에 기인하는 시민사회 내의 적대와 갈등을 생활세계의 식민화와 물화라는 테제처럼 제한적으로만 포착할 수 있을 뿐이기 때문이다. 결국 삼분 모델에 기초하는 자기제한적 민주주의는 시민사회의 적대를 경제에 일괄적으로 양도해버림으로써, 시민사회를 적대적 모순이 부재한 공간으로 또는 모순과 갈등이 존재한다 하더라도 그들 간에는 우선성이나 중심성이 존재하지 않는 "다양한 적대들의 등가적 접합"의 공간으로 만들어버린다.

아라토는 자신들의 논의가 몰역사적이며 지배적 관점을 옹호하고 심지어는 자신들이 신보수주의적 개념의 손 안에서 놀아나고 있다는 킨의 암묵적인 비판은 비판이 아니라 비난과 왜곡, 악담이라고 주장한다. 하지만 우리가 보기에 킨의 비판이 과도한 것임은 사실이지만, 그들의 삼분 모델은 비판의 여지를 스스로 만들어놓고 있는 것으로 보인다. 이것은 그들의 삼분 모델의 '정태성'에서 기인한다. 코헨과 아라토의 삼분 모델은 시민사회를 중앙에 놓고 양 옆에 국가를 배치시키고 시민사회를 자기제한적 민주주의의 소재지로 파악하는 모델이다. 이는 클라우스 오페가 국가를 중심으로 하여 양 옆에 경제와 시민사회를 위치시키고 국가를 양자를 조정하는 영역으로 설정하여 후기 자본주의 국가의 모순을 분석한 것과 세 영역의 배치와 중심영역의 설정에서 다를 뿐 매우 유사하다.[29] 하지만 코헨과 아라토는 국가와 시민사회 사이에 정치사회를, 그리고 경제와 시민사회 사이에 경제사회를 매개영역으로 설정하여 그 모델을 더욱 관계적 모델로 체계화하고 있으며, 이는 코헨과 아라토의

---

29) Offe, Claus, *Contradictions of the Welfare State*, Cambridge: The MIT Press, 1984; 박형신, 「후기 자본주의 사회의 국가와 정치」, 박길성 외, 『현대 사회의 구조와 변동』, 나남, 1996.

'5대 섹터 모델'로 해석되기도 한다.[30] 하지만 코헨과 아라토의 모델은 여전히 관계적 모델을 완성함으로써 세 영역의 '역동적' 관계를 파악하는 데까지는 이르지 못하고 있다. 이를테면 국가와 경제의 관계의 문제를 제기하지 않음으로써 체계들 간의 상호의존 및 대립의 관계를 동시적으로 파악하지 못하고 있다. 바로 이것이 앞서의 비판들의 근원을 이루며, 이를 벗어나기 위해서는 체계들의 관계 및 그것과 시민사회 간의 역동적 관계성을 도출하고 그 동학을 통해 민주주의의 확대 및 안정화 가능성을 타진할 필요가 있다.

  하지만 코헨과 아라토의 시민사회 이론이 몰역사적이라는 비판은 받아들이기 어렵다. 왜냐하면 그들의 자기제한적 민주주의 이론은 혁명이라는 유토피아적 이념의 비현실성과 운동근본주의의 폐해 그리고 자본주의 경제의 강고함이라는 역사적 경험에 근거하고 있기 때문이다. 그럼에도 불구하고 코헨과 아라토는 오늘날에도 유토피아적 이상은 필요하다고 말한다. 왜냐하면 민주주의는 그 어떤 시점이 되더라도 완전히 실현되었다고 말할 수 없다는 점에서 비현실적인 유토피아적 관념이기는 하지만, 그것은 여전히 우리가 추구해야만 하는 이상이기 때문이다. 이러한 맥락에서 그들의 제안하는 자기제한적 민주주의는 현실적 제약상황 하에서 더 많은 민주화를 위한 하나의 실현 가능한 전략이자, 민주주의에 대한 그들의 열망으로 읽을 수도 있다. 따라서 이러한 코헨과 아라토의 대안을 그것이 지닌 현실주의적 성격 때문에 자유주의적이라거나 보수주의적이라고 이론적으로 평가하기보다는 그들의 전략을 하나의 실천적 지침으로 삼아 실행에 옮기는 것이, 그들이 간직하고 있는 민주주의에 대한 꿈에 우리와 그들이 함께 다가가는 것일 수도 있을 것이다.

---

30) 이를테면 주성수, 『NGO와 시민사회: 이론, 모델, 정책』, 한양대학교출판부, 2004.

감사의 말

우리는 초고를 쓰기 전에 이 책 각 장에 대해 많은 의견을 나누었다. 머리말, 서론, 제6장, 제8장, 제10장, 제11장은 주로 진 코헨(Jean L. Cohen)이 집필한 것이고, 제1장, 제2장, 제3장, 제7장은 주로 앤드루 아라토(Andrew Arato)가 집필한 것이다. 그리고 제4장, 제5장, 제9장은 공동노력의 산물이다.

우리는 이 프로젝트를 위해 여기서 언급할 수 있는 것보다 많은 사람들과 기관들로부터 개인적으로 그리고 공동으로 지원을 받았다. 우리는 각자 따로 감사의 말을 전하는 것에서 시작하고자 한다.

진 코헨은 러셀세이지재단에 감사를 표하고자 한다. 나는 그곳에서 1986-87년에 박사 후 연구원으로 체류하는 동안 지적·제도적 지원을 받았다. 나는 또한 이 연구를 수행할 수 있도록 유급휴가를 준 콜롬비아대학교 정치학과에도 감사를 표하고 싶다. 콜롬비아대학교 인문사회과학연구소 연구위원회에는 특히 더 감사를 표한다. 나는 그곳으로부터 1987년과 1988년에 받은 하계 특별연구비로 해외에서 연구를 수행할 수 있었다. 프랑스 사회과학고등연구원 그리고 특히 클로드 르포르(Claude Lefort)와 피에르 로장발롱(Pierre Rosanvallon)은 특별히 언급해야 한다. 나는 이들의 허락으로 1989년 정치사회이론 협동연구 책임자로 일할 수 있었다. 파리에 있는 동안 나는 이 책에 기초하여 몇 번의 강의들을 했고, 매우 유익한 비평을 들었다. 나는 위르겐 하버마스(Jürgen Habermas)가 1981년에 슈타른베르크에 소재한 막스플랑크사회과학연구소에서 2개월간의 특별연구비를 지원받을 수 있게 해준 것에 대해 충심으로 감사한다. 그곳에서 나는 나의 사유와 이 책에 가장 큰 영향을 준 하버마스의 최근 저작들에 정통해질 수 있었다. 나는 미국학술단체협의회에도 감사를 표하고자 한다. 미국학술단체협의회는 내가 1984년과 1985년 철학과 사회과학 강좌 강의를 하기 위해 유고슬라비아의 두브로브니크에 갈 수 있는 경비를 지원해주었다. 그곳에서도 역시 나는 사회운동, 담론윤리, 시민사회에 관한 나의 생각을 발표하고 또 매우 귀중한 의견을 들었다. 끝으로, 빈인간과학연구소 그리고 특히 크르지츠토프 미찰스키(Krzysztof Michalski)와 코르넬리아 클링거(Cornelia Klinger)에게 감사한다. 이들은 1989년과 1990년 이탈리아 코르토나의 여름학교 프로그램에서 강의를 하도록 초대해주었다. 그곳에서 나는 미국, 동유럽 그리고 소련에서 온 일군의 대학원생들과 시민사회를 주제로 흥미로운 세미나들을 열었고, 그들의 답변에서 큰 도움을 받았다.

앤드루 아라토는 1980-81년에 연구를 지원해준 알렉산더 폰 훔볼트 재단과 그 기간 동안 연구실을 제공해준 슈타른베르크 소재 막스플랑크 사회과학연구소에 감사를 표하고자 한다. 나는 이 책에서 종종 활용하는 의사소통행위이론의 틀을 알아 나가는 데서 당시 연구소 소장이었던 하버마스 교수와 그의 동료들로부터 받은 도움에 매우 감사한다. 또한 나는 헝가리과학원 사회학연구소 동료들에게도 또 다른 감사를 표하고 싶다. 그들은 시민사회에 관한 나의 연구에 흥미를 가져주었고 우리는 많은 흥미로운 토론을 공유했다. 나는 이 책의 주제들을 놓고 토론할 수 있는 기회를 가졌던 신사회조사연구소의 대학원 교수 세미나—특히 민주주의 세미나, 사회학 교수 세미나, 철학 콜로키움—에 큰 빚을 지고 있다. 카르도조 법학전문대학원에서 개최된 헤겔과 루만 학술대회는 내 생각을 다듬을 수 있는 최고의 기회를 제공해주었다. 끝으로, 나는 시민사회의 문제들과 관련된 강의에 매우 적극적으로 참여해준 나의 모든 학생들에게 감사의 마음을 전하고 싶다.

많은 친구들과 동료들이 원고의 초고에 대해 유익한 비판을 해주었고, 대화과정에서 흥미로운 제안을 해주었다. 우리는 특히 다음 사람들을 언급하고 싶다. 켄 베인스(Ken Baynes), 로버트 벨라(Robert Bellah), 세일라 벤하비브(Seyla Benhabib), 기요르기 벤스(György Bence), 라즐로 부르스트(László Bruszt), 호세 카사노바(José Casanova), 코르넬리우스 카스토리아디스(Cornelius Castoriadis), 후안 코라디(Juan Corradi), 드루실라 코넬(Drucilla Cornell), 페렌크 페헤르(Ferenc Fehér), 카를로스 포어먼(Carlos Foreman), 알레산드로 페라라(Alessandro Ferrara), 제프리 골드파브(Jeffrey Goldfarb), 클라우스 귄터(Claus Guenter), 위르겐 하버마스, 에레머 핸키스(Elemér Hankiss), 아그네스 헬러(Agnes Heller), 딕 하워드(Dick Howard), 조지 카테브(George Kateb), 야노스 키스(János Kis), 기요르기 마르쿠스(György Márkus), 마리아 마르쿠스(Maria Márkus), 알베르토 멜루치(Alberto Melucci), 지그리트 모이셸(Sigrid Meuschel), 클라우스 오페(Claus Offe), 길레르모 오도넬(Guillermo O'Donnell), 알레산드로 피조르노(Alessandro Pizzorno), 카를라 파스키넬리(Carla Pasquinelli), 울리히 프로이스(Ulrich Preuss), 즈비그니에프 펠친스키(Zbigniew Pelczynski), 피에르 로장발롱, 베른하르트 슐린크(Bernhardt Schlink), 필립 슈미터(Phillippe Schmitter), 알프레드 스테판(Alfred Stepan), 이반 셀레니(Ivan Szelényi), 미할리 바쟈(Mihály Vajda), 제프리 웨인트럽(Jeffrey Weintraub), 알브레히트 벨머(Albrecht Wellmer).

우리는 우리 총서의 편집자인 토머스 매카시(Thomas McCarthy), 그리고 또한 MIT 출판사의 편집자 래리 코헨(Larry Cohen)에게 특별한 감사의 말을 전한다. 그들의 도움이 없었다면 이 책은 분명 가능하지 않았을 것이다.

우리는 이 책을 우리의 아이들, 줄리안 코헨 아라토와 레이첼 아라토에게 바친다.

머리말

이 책은 민주주의 이론에 기여하는 것을 목적으로 한다. 하지만 이 주제에 대한 여타의 접근방식들과는 달리, 우리의 접근방식은 정치제도에 직접 초점을 맞추지 않는다. 또한 우리의 접근방식은 규범적 정치철학의 영역에 한정되지도 않는다. 하지만 제도와 철학 모두는 이 텍스트에서 자신들의 자리를 차지하고 있다. 오히려 우리의 목표는 이중적이다. 하나는 시민사회 개념이 근대 정치이론에 대해 갖는 적합성을 입증하는 것이고, 다른 하나는 적어도 현대의 조건에 적합한 시민사회 이론의 틀을 발전시키는 것이다. 이 과정에서 우리는 민주주의 이론 분야의 최근 연구들에서 드러나는 다소 분명한 공백을 메울 수 있기를 희망한다. 모든 민주주의 이론이 일정한 사회 모델을 전제로 하고 있지만, 그 어느 것도 어떤 유형의 시민사회가 근대 민주주의 정체에 가장 적합한가라는 문제를 다룬 적은 없다.[1] 달리 표현하면, 민주주의에 관한 규범적 모델

---

[1] 물론 다원주의적 정치이론의 전통은 예외이다. 이 접근방식을 평가해 놓은 것으로는 서론을 보라. 민주주의 이론의 최근 연구들로는 다음을 보라. David Held, *Models of Democracy* (Stanford: Stanford University Press, 1987), Robert Dahl, *Democracy and Its Critics* (New Haven: Yale University Press, 1989), and Giovanni Sartori, *The Theory of Democracy Revisited*, 2 vols. (Chatham, NJ: Chatham House, 1987).

또는 민주화 프로젝트와 시민사회의 구조, 제도, 동학 간의 관계는 여전히 불투명한 채로 남아 있다. 이것은 부분적으로는 오늘날 우리가 활용할 수 있을 정도로 충분히 복잡한 시민사회 이론이 존재하지 않기 때문이다. 이 책의 임무는 그러한 이론을 구성하는 일에 착수하는 것이다.

다양한 용도와 정의를 지닌 시민사회 개념은 세계의 많은 지역에서 공산주의 독재 그리고 군부독재에 대항하여 일어난 투쟁들 덕분에 오늘날 매우 유행하게 되었다. 하지만 자유민주주의 하에서 그것은 모호한 지위를 차지하고 있다. 어떤 사람들에게 시민사회 개념은 서구가 이미 성취한 그 무엇을 가리키는 것이며, 따라서 우리의 사회유형이 지닌 역기능과 부정의를 탐구하는 데 어떤 명백한 비판적 잠재력을 지니지 않는 것으로 보인다. 다른 사람들이 보기에는, 시민사회 개념은 오늘날의 복잡한 사회에는 부적절해져버린 근대 초기 형태의 정치철학에 속한다. 하지만 시민사회 개념이 서구에서 행정적·경제적 메커니즘의 논리에 의해 위험에 처해 있지만, 그것은 또한 "실제로 현존하는" 자유민주주의 체제 하에서 민주주의를 잠재적으로 확대할 수 있는 주된 장소이기도 한 어떤 영역을 가리킨다는 것이 우리의 테제이다. 우리는 이 테제를 발전시키면서, 시민사회 개념의 근대성과 이 개념이 모든 유형의 현대 사회에 대해 갖는 규범적/비판적 적실성을 입증할 것이다.

이 세 가지 입장에는 각기 타당한 논거들이 존재한다. 그리고 우리는 그것들을 상세하게 다루고자 한다. 우리는 앞서의 두 주장이 힘을 얻는 까닭은 부적절한 형태의 시민사회 개념이 여전히 라틴아메리카, 동유럽, 서구의 논의 속에서 비성찰적으로 부활해왔기 때문이라는 것을 보여주고자 노력할 것이다. 한 가지 공통적인 모호성은 독일어(bürgerliche Gesellschaft) 또는 몇몇 동유럽 언어에서는 심지어 구분조차 할 수 없는, '시민'사회와 '부르주아' 사회라는 용어 간의 관계와 관련되어 있다. 이 것은 단순히 용어상의 문제가 아니다. 왜냐하면 경제와 다양한 독자적인 사회적 삶의 영역들 모두에 침투하여 그것을 통제하는 국가주의적 독재에 도전하고 있는 "시민사회 대 국가"라는 프로그램은 시민적인 것과 부르주아적인 것 모두의 자율성을 위해 싸우는 것처럼 보이기 때문이다. 분명 동구의 민주주의운동은 새로운 자율적 형태의 담론, 결사체, 연대의 힘에, 즉 시민사회의 요소들에 의존하고 있다. 그러나 이들 운동은 생존 가능한 시장경제(국가소유와 국가통제를 대체하는 소유권 형태가 어떤 것이든 간에)를 확립하는 과제라는 한편과 국가와 자유화된 시장세력에 대해 시민사회를 강화하는 프로젝트라는 다른 한편 간을 충분히 구분하지 않아왔다. 하지만 우리가 서구의 역사를 통해 알고 있듯이, 자본주의 시장경제에서 자연히 발생하는 세력들은 근대 국가의 행정권력만큼이나 사회연대, 사회정의, 그리고 심지어는 자율성에 커다란 위협이 될 수 있다. 우리의 논지는 오직 경제(그리고 따라서 '부르주아 사회')와 적절히 분리된 시민사회 개념만이 시장경제가 그것 나름의 자율적 논리를 이미 발전시켰거나 발전시키고 있는 사회에서 비판적인 정치·사회이론의 중심이 될 수 있다는 것이다. 만약 그렇지 않다면, 독재에서 민주주의로 성공적인 이행이 이루어진 이후에, "사회 대 국가"라는 슬로건 속에 착근되어 있는 미분화된 형태의 시민사회 개념은 그 비판적 잠재력을 상실하게 될 것이다. 따라서 시민사회를 국가와 경제 모두와 구분하는 삼분(三分) 모델로 재구성하는 것만이 시민사회 개념이 권위주의 체제 하에서 극적인 저항역할을 수행하고 또 자유민주주의 하에서 비판적 잠재력을 갱신할 수 있는 기회를 부여한다.

   작업정의를 가지고 논의를 시작해보기로 하자. 우리는 '시민사회'[2]를

---

2) 우리는 오늘날 많은 상이한 맥락들에서 사용되고 있고, 오랫동안 여전히 진화하고 있는 개념사를 가지고 있는 용어를 정의하려고 시도하는 것이 어떤 위험을 가지고 있는지를 알고 있다. 게다가 우리는 만약 우리가 하나의 정의를 가져야만 한다면, 우리가 그것을 획득하게 된 단계들을 통해 그것의 발전과정을 보여주는 것이 최선

경제와 국가 사이에 존재하는 사회적 상호작용 영역으로, 무엇보다도 친밀한 영역(특히 가족), 결사체(특히 자발적 결사체)의 영역, 사회운동, 공적 의사소통의 형태들로 구성되어 있다고 이해한다. 근대 시민사회는 자기구성과 자기동원의 형식을 통해 창조된다. 근대 시민사회는 사회분화를 안정화하는 법률, 그리고 특히 주관적 권리들을 통해 제도화되고 일반화된다. 자기창조적인 차원과 제도화된 차원[3]이 별개로 존재할 수도 있지만, 장기적으로 보면 독자적인 행위와 제도화 모두는 시민사회의 재생산에 필수적이다.

시민사회를 좁은 의미에서의 행정국가와 경제과정 바깥에 존재하는 모든 사회적 삶과 동일시하는 것은 오해를 불러일으킬 수 있다. 첫째, 시민사회를 정당, 정치조직, 정치적 공론장(특히 의회)으로 구성되는 정치사회와 생산과 분배 조직, 즉 통상적으로 기업, 협동조합, 합명회사 등으

일 것이라고 믿는다. (이 텍스트에서 우리의 시민사회 개념은 정치적-해석학적 · 지성사적 · 계통적 고찰을 통해 전개된다.) 그러나 우리는 만약 우리가 적어도 작업 정의를 처음부터 제시하지 않는다면, 오해를 불러일으킬 수도 있다는 위험 또한 알고 있다. 이를테면 A. Kuhlmann, "West-östlich. Der Begriff 'civil society,'" *Frankfurter Allgemeine*, January 9, 1991을 보라. 이 글에서 쿨만은 다소 일부터 동유럽 사회학자들인 샤츠키(J. Szacki)와 샤보(M. Szabo)의 견해를 '미국 사회학자'인 아라토의 견해와 대비시킨다. 쿨만은 전자가 시민사회를 불가피하게 국가입법에 의존할 수밖에 없는 사적 영역을 사법적으로 보호하는 것의 측면에서 이해하는 반면 후자는 시민사회를 정치 외부에서 국가 자체에 압력을 가하는 운동과 그러한 압력의 형태들과 관련하여 해석한다고 주장한다. 실제로 우리의 개념은 이들 수준 모두를 포괄한다. 그리고 그가 문제 삼고 있는 해석자들 사이에서 나타나는 차이는 오직 동유럽 시민사회의 존재와 역할하고만 관계가 있다. 또한 우리가 보기에, 동유럽의 시민사회는 법의 지배와 권리에 의해 보호되는 정착된 제도들 속에서보다는 운동, 원초적 운동, 그리고 아래로부터의 독자적인 시민행동의 형태 속에서 더 많이 존재해왔다. 1989년의 이행에서 정점에 도달하는 과정에서 시민사회가 수행한 역할을 부정하는 것은 새로운 정치사회들에서 나타나고 있는 몇몇 매우 실제적인 과두정치적 경향을 반영한다(그리고 또한 몇몇 경우에서는 그것을 정당화한다).

3) 이들 개념에 대해서는 Cornelius Castoriadis, *The Imaginary Institution of Society* (Cambridge: MIT Press, 1986)를 보라.

로 구성되는 경제사회 모두와 구분하는 것이 필요하고 또 중요하다. 정치사회와 경제사회는 일반적으로 시민사회로부터 발생하고, 조직과 의사소통의 몇몇 형태들을 공유하며, 근대 시민사회를 보호하는 권리의 구조와 연속선상에 있는 권리들(특히 정치적 권리와 재산권들)을 통해 제도화된다. 그러나 정치사회와 경제사회의 행위자들은 국가권력과 경제적 생산을 통제하고 관리하고자 시도하는 등 그것들과 직접적으로 연루되어 있다. 그들은 전략적·도구적 기준들을 시민사회의 특징인 규범적 형태의 통합과 열려 있는 형태의 의사소통에 종속시킬 수 없다. 심지어 의회에 뿌리내리고 있는 정치사회의 공론장조차도 의사소통 과정에서 중요한 형식적·시간적 제약을 받는다. 그 다음으로 시민사회의 정치적 역할은 권력을 통제하거나 정복하는 것과 직접적으로 관련되어 있는 것이 아니라 민주적 결사체의 활동과 문화적 공론장에서 벌이는 자유로운 토의를 통해 영향력을 창출하는 것과 관련되어 있다. 이러한 정치적 역할은 불가피하게 분산적이고 비효율적이다. 따라서 시민사회와 국가 사이에서 정치사회가 수행하는 매개적 역할은 필수불가결하지만, 정치사회가 시민사회에 뿌리를 두는 것 역시 필수불가결하다. 엘리트민주주의 이론의 주장에도 불구하고, 역사적으로 자본주의 하에서는 경제사회가 정치사회보다는 더 성공적으로 시민사회의 영향력을 차단해왔지만, 원칙적으로 비슷한 고찰이 시민사회와 경제사회 간의 관계에도 적용된다. 그렇기는 하지만 노동조합, 단체교섭, 노동자 참여 등의 합법화는 시민사회가 경제사회에 미치는 영향을 입증하는 것이고, 또 경제사회가 시민사회와 시장체계 사이를 매개하는 역할을 수행할 수 있게 해준다.

둘째, 시민사회를 경제사회와 정치사회 모두와 구분하는 것은 이 범주가 국가와 경제에 직접적으로 관련되지는 않는 모든 사회현상을 어쨌든 포함하거나 지칭해야만 한다고 주장하는 것처럼 보인다. 그러나 이것은 오직 우리가 의식적인 결사체, 자기조직화, 그리고 조직화된 의사소통의 관계에 초점을 맞출 경우에만 사실이다. 실제로 시민사회는 규범, 역할, 관행, 관계, 능력, 종속형태들로 구성되는 사회학적 세계의 오직 한 가지 차원 또는 의식적인 결사체 결성과 결사체적 삶의 관점에서 그러한 세계를 관찰하는 하나의 특수한 관점을 상징한다. 시민사회 개념의 범위를 이렇게 제한하는 까닭은 시민사회를 사회문화적 생활세계와 구분하기 위해서이다. '사회적인 것'이라는 보다 광범위한 범주로서의 사회문화적 생활세계는 시민사회를 포함한다. 따라서 여기서 시민사회는 사회화의 구조, 결사체 그리고 생활세계의 조직화된 의사소통 형태들을 지칭한다. 그렇지만 그러한 것들이 제도화되어 있거나 제도화되는 과정에 있는 경우에만 그러하다.

마지막으로, 우리는 자유민주주의 하에서 시민사회를 정의상 경제와 국가에 대립하는 것으로 바라보는 것은 잘못일 수 있다는 점을 강조하고자 한다. 우리는 경제사회와 정치사회(분명 이것이 우리의 삼분 모델을 복잡하게 만든다)를 매개영역들로 바라본다. 시민사회는 이들 매개영역을 통해 정치적-행정적 과정과 경제과정들에 대한 영향력을 획득할 수 있다. 시민사회 또는 그 행위자들이 경제나 국가와 적대적 관계에 있게 되는 경우는 오직 이들 매개체가 실패할 때 또는 경제사회와 정치사회의 제도들이 의사결정과 의사결정자들을 사회조직, 시민단체 그리고 여러 형태의 공적 토론의 영향으로부터 격리하는 데 기여할 때뿐이다.

이 책의 구성

우리는 동구와 서구 모두에서[4] 정치이론과 사회이론을 고무하는 논

---

[4] 그리고 남구에서도 증가하고 있다. 제1장을 보라. 시민사회 개념을 둘러싼 최근의 논쟁과 그 적실성에 관한 논의로는 이 책의 서론을 보라.

쟁들에서 가장 중요한 것은 국가나 경제에 맞서 사회를 방어하는 것뿐만 아니라 또한 어떤 형태의 시민사회가 지배해야 하는가 하는 것이라고 주장할 것이다. 하지만 이 논쟁의 근저를 이루는 또 다른 쟁점이 있다. 우리 근대인들은 탈주술화의 시대를 살아가고 있다는 막스 베버(Max Weber)의 각성된 주장은 그 어느 때보다도 오늘날 더 사실인 것처럼 보인다. 세속적인 정치적 유토피아들은 이전 시대에 커다란 동원력을 가지고 있던 종교적 세계관의 전철을 밟아온 것처럼 보인다. 우리 시대의 가장 중요한 급진민주주의적·사회주의적 유토피아, 즉 마르크스주의의 사망은 이미 사상가들로 하여금 역사의 종언을, 그리고 그리 활력 없는 형태의 자유주의가 전 세계적으로 승리를 거두었다고 선포하게 했다. 공산주의라는 혁명적 수사어가 마침내 (그리고 당연히) 믿을 수 없는 것이 되어버린 지금, 정치이론가들이 직면한 질문은 유토피아적 사상과 그것에 상응하는 급진 정치 프로젝트들이 도대체 있을 법하기나 한가 하는 것이다. 아니면 과거의 유토피아들에 착근되어 동원력을 발휘하던 이상들을 관념의 역사의 쓰레기통에 내던져야 하는가?

　민주주의혁명의 시대에 산출된 위대한 이상들―자유, 정치적·사회적 평등, 연대, 정의―은 각기 전체주의적이고 상호배타적인 유토피아들―무정부주의, 자유지상주의, 급진민주주의, 마르크스주의―속에 착근되어 있었다. 지난 150년의 역사에 대한 냉철한 성찰은 책임감 있는 사람들로 하여금 그러한 유토피아들 중에서 어떤 하나를 원래의 형태로 되살리려는 시도를 단념하게 할 것이다. 그렇지만 행위지향적 규범이 없는 사회, 즉 정치적 프로젝트가 없는 사회는 똑같이 바람직하지 않다. 왜냐하면 그 결과 초래될 시민적 사생활주의 또는 '현실주의'는 실제로 이기주의의 또 다른 이름에 불과할 것이며, 그것에 상응하는 정치문화는 현재의 권리, 민주적 제도, 사회적 연대 또는 정의를 확장시키는 것은 고사하고 유지하는 데 필요한 충분한 동기도 결여하고 있을 것이기 때문이다.

이러한 점에서 시민사회 담론의 부활이 어느 정도 희망을 제공한다는 것이 바로 우리의 테제이다. 왜냐하면 이 담론은 집합행위자들 및 그들에 동감하는 이론가들이 여전히 근대 세계의 유토피아적 이상들—기본권, 자유, 평등, 민주주의, 연대, 정의의 관념들—을 (비록 한때 이러한 이상들을 분명하게 표현했던 근본주의적인 혁명적 수사들이 쇠약해지고 있기는 하지만) 지향하고 있음을 보여주기 때문이다. 실제로 시민사회 자체는 일종의 새로운 유토피아로, 즉 우리가 '자기제한적'이라고 칭하는 유토피아로 출현했다. 이 유토피아는 근대의 사회분화와 양립할 수 있을 것임이 틀림없는, 일련의 보충적 형태의 민주주의와 시민적·사회적·정치적 권리들의 복합체를 포함한다. 이 책의 각 구성부분들뿐만 아니라 전체의 구성에서도 (비록 규제적 역할이기는 하지만) 근본적인 역할을 수행하는 것이 바로 이 유토피아적 이상이다.

제1부와 제2부는 19세기와 20세기에 출현한 시민사회 개념의 주요 이론들과 그 비판들을 분석한다. 서론에서 우리는 시민사회를 현대 정치이론의 세 가지 중심 논쟁—즉 엘리트민주주의와 참여민주주의, 자유주의와 공동체주의 그리고 복지국가의 비판자들과 옹호자들 간의 논쟁—속에 위치시킴으로써, 시민사회의 문제가 갖는 이론적 중요성을 개괄한다. 이 논의의 대부분은 미국의 자료들에 근거한다. 여기서 우리의 의도는 시민사회 개념이 모든 관련 논쟁과 이율배반들을 해소할 수 있음을 증명하는 것이라기보다는 오히려 이 개념이 각각의 경우에서 새롭고 예기치 못한 종합의 가능성들을 열어준다는 것을 보여주는 것이다.

그렇다면 시민사회란 어떤 개념인가? 지금 막 제시한 작업정의를 유보하고, 제1장에서 우리는 다수의 사회운동과 정치운동의 내부에 있거나 그것들과 가까운 관계에 있는 지식인들이 현재 사용하고 있는 이질적인 용례들을 그대로 소개함으로써, 의도적으로 비체계적인 방식으로 시민사회 개념을 소개한다. 우리의 관심이 정치에 있기 때문에, 우리는 우리가 정치에 무언가 기여하기 위해서는 우선 최신의 담론들부터 학습해야만 한다고 생각한다. 우리는 우리의 과제와 관련이 있는 정치적 동기에 관한 탐구를 네 가지 이상형적 담론——폴란드(민주적 대항세력), 프랑스('제2의 좌파'), 독일(현실주의적 녹색당), 라틴아메리카(새로운 민주적 좌파) 담론——을 제시하는 것에서 시작한다. 각각의 경우, 시민사회 개념과 범주들은 자유화와 민주화를 위한 규범적 프로젝트들을 표현하려는 노력들에서 중심을 차지하게 되었다. 우리는 우리가 그대로 소개하는 담론들이 이용 가능한 담론들을 완전히 대표한다고 가정하지는 않는다. 그리고 이들 담론 자체가 네 가지 맥락에 대한 정치적 분석을 제공하거나 대체할 수 있다고는 더더욱 가정하지 않는다. 우리는 오직 동유럽의 경우에서만, 그리고 그때도 다양한 1차 자료와 2차 자료에 기초하여, 복잡한 제약에 직면했던 지적 프로젝트의 운명을 분석하는 데로 다시 돌아갈 것이다. 우리는 시민사회에 대한 네 가지 상이한 담론들을 비교하고 대조함으로써 이 부분에 대한 우리의 분석을 완료한다. 그리고 오직 그런 다음에야 우리는 '비판적 추동력을 지닌 하나의 통일된 시민사회 개념이 현대 행위형태들과 관련된 지적 맥락들로부터 발전될 수 있는가'라는 질문을 제기한다. 이 장은 이들 이질적이고 비체계적인 시도들이 어떻게 다른지, 그것들이 공유하는 것은 무엇인지, 그리고 이들을 하나로 연결하는 것이 왜 의미 있는지를 보여줄 것이다.

 시민사회 개념이 부활하고 있음에도 불구하고, 20세기의 발전들이 이 개념의 핵심적인 차원들을 부적절한 것으로 만들어버린다는 주장이 제기될 수도 있다. 물론 서구 사회에서 시민사회의 규범들——개인의 권리, 사생활, 자발적 결사체, 형식적 합법성, 다원성, 공공성, 자유기업——은 이질적으로 그리고 모순적인 방식으로 제도화되었다. 자본주의적 사적소유와 시장논리는 다원성과 자유로운 결사체와 자주 충돌한다. 그리고 관료제화의 논리는 의회의 의지형성과 충돌한다. 사회에 의해 통제되는 대의제적이고 포함적인 정치적 입법과정의 원리들은 사회, 경제, 국가에서 출현하고 있는 새로운 형태의 배제 또는 지배와 충돌한다. 게다가 지난 세기 동안의 구조적 변동을 감안할 때, '국가'를 '정치적인 것'과 또는 '시민사회'를 '사적인 것'과 등치시키려는 어떠한 시도도 시대착오적인 것처럼 보인다. 만약 이것이 맞다면, 근대 초기 정치철학의 범주가 현대 세계에 대해 어떤 지속적인 적실성을 가질 수 있는가?

제2장에서 우리는 시민사회에 관한 근대 초기 해석들의 간략한 개념사를 제시하고 헤겔의 노련한 종합을 이론적으로 분석한다. 이 단계는 우리가 이론사의 수준에서 시민사회 이론에 없어서는 안 되는 서문으로 여기는 것에 속한다. 실제로 어느 누구도 헤겔이 20세기 시민사회 분석에서 19세기의 가장 중요한 선조이자 영감의 원천으로서의 지위를 지닌다는 것에 심각하게 이의를 제기할 수는 없을 것이다. 시민사회 개념의 범주적 풍부성은 이 개념에 대한 있을 수 있는 모든 해석을 그 속에 결집시켜놓고 있는 헤겔의 틀을 분석하는 것을 통해서만 발견될 수 있다. 물론 우리가 헤겔 정치철학의 진화과정, 그와 관련된 그의 연구 전체 또는 심지어 우리에게 가장 중요한 텍스트인 『법철학』(*The Philosophy of Right*)을 다루는 2차 문헌 모두를 감히 검토하겠다고 나설 수는 없다. 그렇기는 하지만 헤겔식 이론은 결정적이다. 왜냐하면 헤겔식 이론이 시민사회를 합법성, 다원성과 결사체, 그리고 공공성이라는 세 가지 수준에서 재구성하기 때문이며, 또한 헤겔이 시민사회와 국가 간의 관계를 매개와 상호침투라는 측면에서 이해하기 때문이다. 제1장이 보여주듯이, 현대의 어떠한 시민사회 담론도, 사회운동이라는 범주를 제외한다면, 합법성, 사생활, 다원성, 결사체, 공공성, 매개체에 단 하나의 기본적인 범주조차 추가하지 못했다. 그리고 현대의 가장 정교한 저자들—이를테면, 미흐니크(Michnik), 오도넬, 카르도소(Cardoso)—도 이들 수준 모두를 가

지고 연구한다.

　시민사회와 관련된 헤겔 자신의 모호성은, 그리고 어쩌면 욕구체계의 소외와 마주해서도 되풀이되는 그의 국가주의조차도, 그가 경제를 시민사회의 한 가지 수준으로 포함시키기 때문일 수 있다. 그람시와 파슨스가 우리의 틀에서 중요한 것은 그들이 헤겔식의 기본 개념이 시민사회를 경제와 국가 모두와 구분하는 삼분 모델을 도입함으로써 개선될 수 있다는 점을 입증하기 때문이다. 하지만 우리는 제3장에서 그람시와 파슨스의 분석 모두가 그들이 과도하게 일원론적이고 기능주의적인 형태의 이론의 측면에서 이 세 영역을 도입한다는 사실로 인해 고통 받고 있다고 주장한다. 그람시의 경우에 그것은 근대 시민사회와 자유사회주의 사회에서의 시민사회의 미래에 대한 깊은 양가감정으로 이어졌다. 반면 파슨스의 경우 그가 규범적 접근방식과 기능주의적 접근방식을 평면적으로 결합한 것은 우리에게 현대 미국식 시민사회를 노골적으로 변호하는 이론을 남겨놓았다. 우리는 독자들이 이 두 가지 종류의 기능주의가 지닌 위험에 민감해지기를 바란다.

　종합하면 처음 세 개의 장은 시민사회 개념이 현대 사회이론과 정치이론의 주요한 패러다임들에 계속해서 영향을 미치고 있음을 보여준다. 특히 제3장은 만약 우리가 헤겔 자신의 국가주의적 편견을 버린다면, 그리고 만약 우리가 시민사회를 헤겔이 그랬던 것보다 더 날카롭게 욕구체계와 구분한다면, 헤겔 종합의 이론적 목적에 더욱 기여할 수 있을 것이라는 점을 보여준다. 그런 까닭에 그람시와 파슨스는 헤겔식 정치철학의 용어들 내에서 경제주의와 국가주의 그 너머를 지향한다.

　시민사회 개념의 20세기 용법을 비판하는 사람들이 없는 것은 아니다. 실제로 많은 사람들이 시민사회 개념이 시대착오적이거나 규범적으로 수상쩍다거나 또는 둘 다라고 주장해왔다. 따라서 제2부에서 우리는 네 가지 기본적인 유형의 비판을 그대로 소개하고 평가한다. 우리가 보기에, 현재 활용할 수 있는 모든 시민사회 개념은 이들 비판에 다소 취약하다. 분명 비판적 접근방식들을 도식화하는 다른 방식들이 있을 것이고, 또 다른 비판가들을 포함시킬 수도 있을 것이다. 그러나 어떠한 분석도 선택을 피할 수는 없다. 우리는 비판적 시각들을 네 가지 모델, 즉 규범적 비판(제4장), 역사주의적 비판(제5장), 계보학적 비판(제6장) 그리고 체계이론적 비판(제7장)에 따라 나누는 것을 선택했다. 우리가 세 명의 저자들을 언급하는 역사주의적 모델을 제외하면, 각 접근방식은 단 한 명의 이론가에 의해 대표된다. 우리는 이 절차를 사용하여, 각각의 관점에 대해 가능한 한 시종일관한 하나의 주장을 산출한다. 동일한 이유 때문에 우리는 각 사례에 대한 우리의 비판에만 집중하고, 우리의 입장을 표명하는 것은 나중으로 미루어둔다. 하지만 우리는 논의를 진행하면서, 이들 비판가 중 몇몇은 심지어 그들이 시민사회 개념 전체와 싸울 때조차도 헤겔로부터 물려받은 고전적 시민사회 개념의 한 가지 차원만을 재구성해왔다는 것을 지적한다. 게다가 각 비판가는 나머지 비판가들 중에서 적어도 한 사람의 주장을 약화시키는 데 일조해왔다. 여기에 해당하는 것이, 진정으로 정치적인 개념으로서의 공론장이라는 아렌트의 관념(슈미트에 대항하는), 매개 모델 속에서 공론장의 분기(分岐)를 재발견하는 하버마스(아렌트에 대항하는), 근대 권력관계에 대한 푸코의 계보학(모든 기능주의 모델에 대항하는), 그리고 루만의 분화 관념(슈미트와 하버마스에 대항하는)이었다.

    제3부는 제1부와 제2부보다 더 체계적이고 덜 설명적이다. 현대의 정치적 토론과 시민사회 개념에 대한 네 가지 유형의 비판이 야기한 어려움들을 염두에 두면서, 우리는 네 가지 이론적 연구를 수행해왔다. 이 네 가지 연구에서 우리가 의도한 것은 앞의 비판가들이 서로 비판적으로 대결하면서 남겨놓은 가장 중요한 반론들에 응답하고, 재구성된 시민사회 이론의 윤곽을 제시하고, 사회운동과 시민불복종 분석을 통해 이 이

론을 정치에 재연결하는 것이다.

제8장은 하버마스와 그의 동료들이 발전시킨 담론윤리를 이용하여, 시민사회 이론의 규범적 토대를 마련하는 것에서 시작한다. 담론윤리의 제시는 이중의 기능을 수행한다. 첫째, 그것은 오늘날 시민사회를 설득력 있게 정당화하는 것이 어떻게 가능한지를 보여줌으로써 규범적 비판가와 계보학적 비판가들에게 답한다. 둘째, 그것은 담론의 제도화 프로젝트가 오직 근대 시민사회에 기초할 때에만 가능하다는 것을 보여준다. 우리는 바로 이 맥락에서 우리가 서론에서 논의할 권리지향적 자유주의와 공동체주의 간의 이율배반에 대한 보다 포괄적인 해결책을 제시하면서도, 참여민주주의 이론의 주장들 역시 설명할 수 있기를 바란다. 제8장의 테제는 권리와 민주주의 각각을 명시적으로 표현하고 옹호하는 두 가지 이론적 패러다임이 명백히 대조적인 성격을 지니고 있음에도 불구하고, 권리와 민주주의의 설득력은 이 둘의 개념적·규범적 상호관계에 달려 있다는 것이다.

모든 규범적 민주주의 이론과 모든 자유주의적 민주주의 이론이 일정한 사회 모델을 함축하고 있기 때문에, 규범적인 정치철학에 사회구조적 분석의 차원을 추가하는 것은 정치이론가들의 의무이다. 물론 해석학적 방법론의 보편성을 확신하는 사람들은 현대 시민사회 개념의 이론적 용도가 지닌 타당성을 입증하기보다는 현대 시민사회 담론을 규범적으로 일관성 있는 이론으로 재구성할 필요성을 더 크게 느낄 것이다. 이러한 견해에 기초할 때, 시민사회 개념이 사회운동의 자기인식에 영향을 미친다는 사실은 이 개념이 여전히 집합행위가 상징적으로 지향할 수 있는 적절한 토대라는 것을 보여주기에 충분하다. 그러나 시민사회에 대한 최고의 철학적 재정식화까지를 포함하여 '시민사회 담론'은 그저 이데올로기적일 수도 있다. 사회적 행위자들의 의도가 무엇이든 간에, 근대 경제체계와 정치체계의 기능적 필수요건들은 시민사회 개념에 기초한 프로젝트들을 부적절한 것으로 만들고, 그것에 상응하는 정체성을 불안정하게 만들고, 그 해석들을 일방적인 것으로 만들어버릴 수도 있다. 시민사회 담론에서 핵심을 차지하고 있는 분화 모델 자체에 대한 도전들을 감안할 때, 시민사회의 구조적 전제조건들을 체계적으로 재구성하는 것은 필수적이다. 근대 사회의 구조와 동학에 대한 사회과학적 분석이 없이는, 우리는 어떤 특정 정체성이 지닌 일반성을 평가하거나 사회적 행위자들의 등 뒤에서 작용하는 포괄적 제약을 평가할 수 있는 어떠한 방법도 가지지 못할 것이다.

게다가 시민사회, 경제, 국가 간의 관계는 정교화를 필요로 한다. 이것이 제9장의 목표이다. 따라서 제9장은 그람시에 의해 도입된 시민사회 삼분 모델을 하버마스의 생활세계와 경제적·정치적 하위체계들 간의 구분과 관련하여 상세하게 기술하는 것에서 시작한다. 그 다음에 우리는 이 구성물의 근대성을 입증하고자 시도한다. 제9장은 하버마스의 틀을 호의적 입장에서 수정한 것으로 독해되어야만 한다. 우리가 덧붙인 주요 사항은 시민사회 개념을 이 종합적인 모델 속으로 통합하여, 필요한 조정을 가하는 것이다. 의사소통행위이론이 오늘날의 비판 사회이론 중에서도 가장 선진적인 모습을 하고 있다고 확신하기 때문에, 우리는 그것의 전체적인 구상이 함의하는 바를 정치이론의 수준에서 전개하려고 노력할 것이다. 실제로 우리의 시민사회 재구성은 또한 하버마스식 비판이론의 정치적 '번역'의 하나로, 다시 말해 하버마스의 가치와 우리의 가치—즉 자유와 연대—의 후원 아래 우리 시대의 극적인 투쟁들에 의해 인도되어 온 것으로 인식되어야만 한다. 우리는 루만(Luhmann)에 반대하여 분화와 근대화 모델은 궁극적으로는 하나의 문화적 기층, 즉 규범적 행위조정을 합리화하는 장소가 없이는 가능하지 않다고 주장한다. 우리는 또한 우리의 모델이 계보학적 비판에서 제기하는 근대 시민사회와 관련된 부정적 현상들을 조정할 수 있는 장점과 그 이상의 것들을 가지고 있다는 것을 보여줄 것이다. 우리는 시민사회 규범의 모순적 제도화를 논하면서도, 이 모델이 지닌 유토피아적 함의와 그것이 제시하는 대안적 발전의 형태들 모두를 역설한다. 제9장은 삼분 모델에 기초하여 복지국가와 민주주의 혁명 모두를 계속해서 성찰하기 위한 하나의 제안을 개관하는 것으로 논의를 마친다.

마지막 두 장은 사회운동과 그것과 관련한 핵심적 논쟁 형태들 중의 하나, 즉 시민불복종을 언급함으로써 시민사회의 정치를 정식화한다. 우리는 시민사회의 정치가 사회운동의 형태만을 취할 수 있다는 인상을 주고 싶지 않다. 정치참여의 통상적인 제도적 형태들―투표하기, 정당에서 활동하기, 이익집단이나 로비집단 결성하기―도 시민사회 정치의 일부이다. 그러나 급진정치의 유토피아적 차원은 오직 집합행위의 수준에서만 발견될 수 있다. 따라서 제10장에서 우리는 집합행위와 시민사회의 관계를 제1장의 관점과는 약간 다른 관점에서 다룬다. 우리는 행위자들의 담론에 초점을 맞추는 대신에 1960년대 이래로 전개되어온 주요한 이론적 패러다임들을 취해 사회운동을 분석하고, 이들 운동 각각이 시민사회 개념을 전제로 한다(몇몇의 경우에는 암묵적으로, 다른 경우에는 명시적으로)는 것을 보여준다. 게다가 우리는 모든 기능주의적 모델과 다원주의적 모델을 넘어서서, 시민사회가 제도들의 네트워크로 소극적으로 인식되는 것만이 아니라 자기구성적인 집합행위자들의 맥락이자 산물로 적극적으로 인식되어야 할 필요가 있다는 점을 입증한다. 그 다음에 우리는 우리의 삼분구조 모델이 집합행위의 '새로운' 형태와 종래의 형태들에 접근할 수 있는 최고의 틀이라는 점을 입증하기 위해 노력한다.

우리는 사회의 다원성, 개인적 자율성, 사회운동, 자유민주주의 정치체계 간의 관계가 어떠한지, 어떠해야만 하는지, 그리고 어떠할 수 있는지에 관한 질문을 성찰하는 것으로 결론을 맺는다. 사회운동이 항상 내적으로 민주적인 것은 아니며, 사회운동은 어찌 되었건 간에 정당한 정치질서에 의해 창출된 민주적 절차나 법을 위반하는 행위에 자주 참여한다. 어떤 양식의 정치적 목소리, 행위, 표현이 사회와 국가 모두에서 사회적 행위자들에게 정당한가? 정치적 행위의 적절한 소재지는 어디이며, 공적인 것과 사적인 것 간의 경계선은 어떻게 그어져야만 하는가? 항시적인 동원에 따르는 위험은 어떻게 피할 수 있는가? 제11장에서 이루어지는 시민불복종에 관한 우리의 논의는 이러한 질문들에 답한다. 무엇보다도 시민불복종에 관한 우리의 논의는 사회운동과 시민행동이 권력정치의 장에 진입하지 않고도, 그리고 필연적으로 자유주의적 제도 또는 민주적 제도들을 위험에 빠뜨리지 않고도 정책에 영향력을 행사하고 정치문화를 주조할 수 있다는 것을 입증하기 위해 노력한다. 따라서 (암묵적으로 우리가 서론에서 제기할 첫 번째 논쟁으로 되돌아감으로써) 우리는 근본주의적인 참여이론의 덫에 빠지지 않으면서도 엘리트민주주의의 맥락 내에서 민주화의 틀을 마련한다. 우리는 또한 이번에는 시민사회의 비제도화된 정치에 적합한 형태들의 관점에서 다시 한 번 더 권리지향적인 자유주의자들과 참여민주주의자들 간의 논쟁을 다룬다. 우리는 비록 현대 정치이론과 사회이론의 이율배반들에 대한 해결책은 아니지만, 적어도 그것에 대해 재고하기 시작할 수 있는 한 가지 방법을 제시할 수 있기를 바란다.

서론

우리는 근대 사회에 대한 자기인식의 또 다른 거대한 전환의 출발점에 서 있다. 그간 다양한 관점들이 이 과정에 이름을 붙이기 위해 많은 시도를 해왔다. 이를테면 '탈산업'사회와 '탈근대'사회라는 모호한 용어들은 경제적·문화적 관심에 기초한 관점을 반영한다. 우리의 관심사는 정치이다. 그러나 우리의 관점에서 볼 때, 그 접두사가 '후' 또는 '탈'을 함축하는 용어들로는 정치문화와 사회갈등에서 발생하는 변화를 제대로 특징짓지 못한다. 분명 다양한 경험적·이론적 이유로 인해 과거의 헤게모니적 패러다임들은 붕괴되었고, 그 패러다임들과 동행했던 확실성과 담보물들 또한 붕괴되었다. 그러나 사실 우리는 지난 20년 동안 정치사상과 사회사상이 계속해서 주목할 만하게 부활해오고 있는 와중에 있다.

이전 시기를 지배했던 두 가지 패러다임—다원주의와 네오마르크스주의—의 붕괴에 대한 하나의 응답은 "국가를 논의 속으로 되돌려놓음"으로써 정치이론을 부활시키고자 하는 것이었다. 이 접근방식이 흥미로운 이론적·경험적 분석들로 이어지기는 했지만, 그것의 국가중심적 관점은 정치적 논쟁과 사회적 논쟁의 관심사들에서 나타나고 있는 새로운 것 중 한 가지 중요한 차원을 모호하게 만들었다.[1] 국가에 초점을 맞추는 것은 정치체계를 경제적 지배와 선택성의 구조(계급) 또는 사회적 지배와 선택성의 구조(집단)의 확장, 반영 또는 기능적 기관으로 만들어버리던, 많은 네오마르크스주의와 다원주의 패러다임들의 환원론적 기능주의에 대한 유용한 해독제이다. 이런 점에서 그러한 이론적 움직임은 보다 분화된 분석을 낳은 원인으로 작용했다. 그러나 이 새로운 패러다임은 비(非)국가적인 모든 것과 관련해서는, 계급관계와 이해관계를 현대의 집합행위 형태에 핵심적인 것으로 파악함으로써, 마르크스주의와 네오마르크스주의의 환원론적 경향을 계속 이어간다. 게다가 사회의 법적·결사체적·문화적·공적 영역들은 이 분석에서 어떠한 이론적 위치도 차지하지 못한다. 그리하여 그것은 오늘날의 흥미롭고 규범적으로 유익한 형태의 사회적 갈등들 중 상당 부분을 시야에서 놓치고 있다.

 반면에 현재의 '시민사회 담론'은 사회의 법적·결사체적·공적 제도들을 지향하고 또 그것과 연계되어 있지만 일반적으로 계급에 기초하지는 않는 새로운 형태의 집합행위에 정확히 초점을 맞추고 있다. 그러한

---

1) 물론 우리 연구의 주요한 시금석 중 하나인 칼 폴라니의 『대전환』은 1940년대 중반에 국가를 논의 "속으로 되돌려"놓았다. Karl Polànyi, *Great Transformation* [1944] (Boston: Beacon Press, 1957). 그렇지만 Peter Evans et al., eds., *Bringing the State Back In* (Cambridge, England: Cambridge University Press, 1985)도 보라. 하지만 국가에 초점을 맞추는 것은 여성과 복지국가의 관계를 둘러싼 대단히 흥미롭고 중요한 논쟁(그리고 새로운 연구)을 유발했다. 거기서 과거에는 무시되었던 하나의 새로운 차원이 포착되었다. 최근의 연구로는 다음을 보라. Gretchen Ritter and Theda Skocpol, "Gender and the Origins of Modern Social Policies in Britain and the United States," (미출간 원고); Linda Gordon, "What Does Welfare Regulate?," and Frances Fox Piven and Richard Cloward, "Welfare Doesn't Shore up Traditional Family Roles: A Reply to Linda Gordon," both in *Social Research* 55, no.4 (Winter 1988): 609-648; Cynthia Epstein, *Deceptive Distinctions: Sex, Gender and the Social Order* (New Haven: Yale University Press, 1988); Mimi Abramovitz, *Regulating the Lives of Women* (Boston: South End Press, 1988); Nancy Fraser, *Unruly Practices* (Minneapolis: University of Minnesota Press, 1989); and Helga Hernes, *Welfare State and Woman Power: Essays on State Feminism* (Oslo: Norwegian University Press, 1987).

사회제도들은 국가뿐만 아니라 자본주의 시장경제와도 구분된다. 만약 우리가 특히 라틴아메리카와 동유럽에서 발생하고 있는 극적인 변화들을 이해하고자 한다면, 국가와 경제를 고려하지 않으면 안 되겠지만, 만약 우리가 그러한 '민주주의로의 이행'에 얽힌 이해관심뿐만 아니라 관련 행위자들의 자기인식 또한 이해하고자 한다면, 시민사회 개념은 필수불가결하다. 시민사회 개념은 또한 그러한 변화가 서구에 대해 갖는 중요성뿐만 아니라 현대 서구에 고유한 갈등의 형태와 이해관심들을 파악하고자 하는 어떠한 분석에도 필수불가결하다. 마르크스주의의 사망 이후, 비록 기존 자유민주주의 국가 하에서 일어나고 있는 급진적인 사회적 시민행동과 이러한 '이행' 간에 하나의 공통적인 규범적 프로젝트는 아니더라도, 적어도 그것들 간의 유익한 대화를 가능하게 하는 조건들을 발견하기 위해서는 우리는 시민사회 개념의 의미와 가능한 형태들을 탐구해야만 한다.

분명 우리가 원하는 것은 하나의 공통적인 규범적 프로젝트를 상정하는 것이다. 그리고 이러한 의미에서 우리는 포스트마르크스주의자이다. 달리 말해 우리는 우리 프로젝트의 다원주의적 핵심을, 해체라는 상대주의적 지평보다는 오히려 보편주의적 비판이론의 지평 내에 위치시킨다. 문제가 되는 것은 단지 임의적인 이론적 선택만이 아니다. 우리는 선진 자본주의적 민주주의 국가들에서뿐만 아니라 동유럽과 라틴아메리카에서도 목도되는 권리와 권리의 확대를 위한 투쟁, 풀뿌리 결사체들과 시민단체의 수립, 그리고 비판적 공중들이 끝없이 새롭게 구성하는 제도와 포럼들이 갖는 중요성에 진정으로 깊은 감명을 받고 있다. 지리 그리고 심지어는 사회정치적 체계를 초월하는 공통의 지향이라는 한편과 권리, 결사체, 공중을 함께 연결시켜 주는 공통의 규범적 구조라는 다른 한편 모두를 인식하지 않고는, 그 어떠한 해석도 이러한 열망들을 공정하게 평가할 수 없다. 우리는 러시아에서 칠레까지, 그리고 프랑스에서 폴란드까지에서 시민사회―실제로는 그와 관련된 많은 행위자와 그들의

서론 79

대변자들을 포함하는 주요 범주──가 이 두 공통성의 복합물을 이해하는 최상의 해석학적 열쇠라고 믿는다.

따라서 우리는 최근 재출현하고 있는 '시민사회 담론'이 현대 정치문화에서 일어나고 있는 커다란 변화의 중심에 자리하고 있다고 확신한다.[2] 하지만 시민사회 '담론'과 시민사회 개념의 증식에도 불구하고, 그 누구도 체계적인 시민사회 이론을 발전시키지 않았다. 이 책은 바로 이 일을 시작하기 위한 하나의 노력이다. 그렇기는 하지만 체계적인 이론은 행위자들의 자기인식으로부터 직접 구축될 수 있는 것이 아니다. 왜냐하면 체계적인 이론을 수립하기 위해서는 행위자를 넘어 행위의 가능성과 제약을 보다 객관적·비판적으로 고찰할 것이 요구되기 때문이다. 그러한 이론은 관련된 이론적 논쟁들의 발전과 내적 연관성을 지녀야만 한다. 언뜻 보기에 시민사회 이론을 구축하는 작업이 진전되지 못하고 있는 것은 현대 정치이론 논쟁의 이해관심이 사회와 국가라는 19세기적 대비와는 다른 상이한 축들을 중심으로 하고 있기 때문인 것으로 보인다. 하지만 우리는 시민사회의 문제와 시민사회의 민주화가 이들 토론 속에 잠재적으로 존재하며 그것들이 토론의 내적 이율배반들을 해소할 수도 있는 이론적 지형을 구성한다고 확신한다.

지난 15~20년 간 진행된 세 가지 논쟁이 그 밖의 어떤 것보다 뛰어나 보인다. 첫 번째 논쟁은 민주주의 이론의 영역 내에서 엘리트민주주의 모델의 옹호자와 참여민주주의 모델의 옹호자들 간에 이루어진 보다 오래된 논쟁과 연속선상에 있다.[3] 두 번째 논쟁은 대부분 영미세계에 한

---

2) 제1장을 보라.
3) 이 논쟁은 1950년대 중반에 시작되었고, 신좌파의 영향 속에서 재출현했다. 이 논쟁의 연대기를 알기 위해서는 John F. Manley, "Neo-Pluralism: A Class Analysis of Pluralism I and Pluralism II," *American Political Science Review* 77, no. 2 (June 1983): 368-383을 보라. 이 논쟁에 참여한 사람들의 명단은 길다. 각 입장에서 단지 소수의 핵심적인 인물들과 대표자만을 언급해두기로 하자. 엘리트 이론가들로

정된 것으로, '권리지향적 자유주의'와 '공동체주의'라고 불리게 된 것들 간에 이루어진다. 첫 번째 논쟁과 일부 동일한 근거를 포함하고 있기는 하지만, 두 번째 토론의 용어들은 매우 독특하다. 왜냐하면 첫 번째 논쟁과는 달리 두 번째 논쟁은 경험주의자와 규범주의자 간에 발생하기보다는 규범적 정치철학의 영역 안에서 발생하기 때문이다.[4] 신보수

는 다음과 같은 사람들이 있다. Joseph Schumpeter, *Capitalism, Socialism and Democracy* (New York: Harper & Row, 1942); S. M. Lipset, *Political Man* (New York: Doubleday, 1963); Robert Dahl, *Polyarchy* (New Haven: Yale University Press, 1971); William Kornhauser, *The Politics of Mass Society* (New York: Free Press, 1959); G. Almond and S. Verba, *The Civic Culture* (Boston: Little Brown, 1963). 참여민주주의자들로는 다음과 같은 사람들이 있다. Peter Bachrach, *The Theory of Democratic Elitism: A Critique* (Boston: Little Brown, 1967); Carole Pateman, *Participation and Democratic Theory* (Cambridge, England: Cambridge University Press, 1970); Sheldon Wolin, *Politics and Vision* (Boston: Little Brown, 1960). 이 논쟁을 개관하고 있는 것으로는 Quentin Skinner, "The Empirical Theorists of Democracy and Their Critics: A Plague on Both Their Houses," *Political Theory* 1 (1973): 287-306을 보라.

4) 이 논쟁에 참여한 사람들의 명단 또한 너무 길어서 다 언급할 수 없다. 권리지향적 자유주의의 최고의 두 대표작으로는 다음을 보라. John Rawls, *A Theory of Justice* (Cambridge: Harvard University Press, 1971); Ronald Dworkin, *Taking Rights Seriously* (Cambridge: Harvard University Press, 1977). 자유주의적 중립성 개념에 대해서는 다음을 보라. Bruce Ackerman, *Social Justice in the Liberal State* (New Haven: Yale University Press, 1980); Charles Larmore, *Patterns of Moral Complexity* (Cambridge, England: Cambridge University Press, 1987). 이 논쟁보다 시기상 앞서지만 그럼에도 불구하고 이 논쟁에 영향을 미친 가장 뛰어나고 가장 독창적인 '신공동체주의적' 저작은 아렌트의 연구이다. Hannah Arendt, *On Revolution*, (New York: Penguin, 1963)을 보라. 또한 Sheldon Wolin, *Politics and Vision* (Boston: Little Brown, 1960); R. Unger, *Knowledge and Politics* (New York: Macmillan, 1975)도 보라. 자유주의에 대한 현대의 인식론적 비판가들은 다음과 같다. Alisdair MacIntyre, *After Virtue* (South Bend: University of Notre Dame Press, 1984); Michael Sandel, *Liberalism and the Limits of Justice* (Cambridge, England: Cambridge University Press, 1982). 공동체주의적 민주주의자들로는 다음과 같은 인물들이 있다. Charles Taylor, *Hegel* (Cambridge, England: Cambridge University Press, 1975); Charles Taylor, *Philosophical Papers*, vol. 2: *Philosophy and the Human*

주의 자유시장 옹호자들과 복지국가 방어자들이 맞붙어 싸운 세 번째 논쟁은 대서양 양쪽 모두에서 토론을 고무했다.[5] 물론 이 논쟁의 맥락은 1970년대 중반 정치의식에 끼어든 악명 높은 복지국가 위기 논쟁이다. 이 논쟁들은 서로 관련되어 있으며, 이미 지적했듯이 중첩된다. 그렇기는 하지만 이들 논쟁 각각은 일단의 서로 다른 이율배반에서 그 정점에 달했다가 일종의 교착상태로 이어지고 그 내용의 빈곤을 점점 더 증가시켜왔다. 하지만 그 누구도 깨닫지 못한 것으로 보이는 것은 시민

Sciences (Cambridge, England: Cambridge University Press, 1985); Michael Walzer, *Spheres of Justice* (New York: Basic, 1983); Carole Pateman, *The Problem of Political Obligation: A Critique of Liberal Theory* (Berkeley: University of California Press, 1985). 이 논쟁의 양편 모두를 한데 묶어 놓은 책으로는 Michael Sandel, ed., *Liberalism and its Critics* (New York: New York University Press, 1984)을 보라.

이 논쟁은 또한 페미니즘 정치이론과 법이론 내에서 벌어진 가장 중요한 논쟁들 중 몇 가지를 구조화했다. 급진적 페미니스트, 자유주의적 페미니스트, 마르크스주의적/사회주의적 페미니스트들 간에는 항상 논쟁이 있어 왔지만, 오늘날의 싸움은 앞서 묘사한 논쟁들과 유사한 노선을 따라 이루어지고 있다. 젠더 중립성을 강조하는 평등-권리지향적인 자유주의 페미니스트들은 한편으로는 공동체주의 페미니스트들과 다른 한편으로는 해체주의 페미니스트들과 싸우고 있다. 공동체주의 페미니스트와 해체주의 페미니스들 모두는 법이나 정치에서의 중립성과 보편성의 가능성 자체를 부정하면서, 차이, 맥락성 그리고 권리분석의 한계를 강조한다. 자유주의 페미니즘의 입장에 대한 전형적인 두 가지 진술로는 다음을 보라. Wendy Williams, "Equality's Riddle: Pregnancy and the Equal Treatment/ Special Treatment Debate," 13 N.Y.U. Rev. *Law and Social Change* 325 (1984-85); Susan Okin, *Justice, Gender and the Family* (New York: Basic Books, 1989). 공동체주의 페미니즘의 입장에 대한 고전적 진술로는 Carol Gilligan, *In a Different Voice* (Cambridge: Harvard University Press, 1982)를 보라. 해체주의적 접근방식으로는 Joan Scott, "Deconstructing Equality-versus-Difference: Of the Uses of Poststructuralist Theory for Feminism," *Feminist Studies* 14, no. 1 (Spring 1988): 33-50을 보라. 이 문제에 대한 네오마르크스주의적 접근방식으로는 Catherine MacKinnon, *Toward A Feminist Theory of the State* (Cambridge: Harvard University Press, 1989)를 보라.

5) Michel Crozier et al., eds., *The Crisis of Democracy* (New York: New York University Press, 1975); Claus Offe, *Contradictions of the Welfare State* (Cambridge: MIT Press, 1984)를 보라.

사회의 부활이라는 상대적으로 비체계적이고 이질적인 담론이 이들 논쟁에도 영향을 미칠 수 있으며, 실제로 그들을 괴롭히던 이율배반에서 벗어나는 방법을 제공할 수도 있다는 것이다. 따라서 우리는 이 서론에서 이들 논쟁을 간략하게 요약하고, 이 책이 그러한 논쟁들이 제기하는 쟁점들을 숙고하는 데 어떻게 새로운 패러다임을 제공하는지를 보여줄 것이다.

현대 정치이론의 논쟁들

엘리트민주주의 대 참여민주주의

슘페터가 1942년 규범주의자들에게 도전장을 내밀었던 이래로 엘리트민주주의 모델과 참여민주주의 모델 간의 논쟁이 계속해서 제자리를 맴돌고 있다고 말하는 것은 과장이 아닐 것이다.[6] 슘페터의 주장은 그때 이후 늘 엘리트민주주의 모델에서 핵심을 이루어왔다. 그에 따르면, "민주적 방법은 정치적 결정에 도달하기 위한 제도적 장치로, 그 속에서 개인들이 획득하는 권력은 인민의 표를 얻기 위한 경쟁적 투쟁을 통해 결정된다."[7] 민주주의는 일종의 사회로도 또는 일단의 도덕적 목적이나 심지어 정당성의 원리로도 정의되지 않고, 오히려 정치지도자를 선출하고 정부를 조직하는 하나의 방법으로 정의된다. 엘리트민주주의 모델은 그것이 현실주의적이고 기술적(記述的)이며 경험적으로 정확하다고, 그리고 근대 사회조건에 적합한 유일한 모델이라고 주장한다.

이 접근방식은 권력현상 또는 지배자와 피지배자 간의 간극을 제거할 가능성에 대한 유토피아적 환상에 빠지기는커녕, 어떠한 사회도, 그리고

---

6) Joseph Schumpeter, *Capitalism, Socialism, and Democracy* (New York: Harper & Row, 1942), 232-302.
7) Ibid., 269.

분명 어떠한 근대 사회도 권력현상과 지배자와 피지배자의 간극 없이는 작동할 수 없다고 가정한다. 민주주의 사회에 대한 '현실주의적' 평가는 경제의 원동력이 이윤인 것과 마찬가지로 정치체계의 원동력은 권력이라는 것을 인정하지 않을 수 없다. 권력을 획득하고 행사하기 위한 투쟁은 정치적인 것의 핵심이다. 따라서 민주적 사회와 비민주적 사회를 구분하는 것은 권력이 획득되고 결정이 이루어지는 방식이다. 일부 핵심적인 일단의 시민적 권리들이 존중되고 정기적인 경쟁선거가 보편참정권에 기초하여 이루어지는 한, 권력교체가 엘리트들에 의해 수용되고 폭력이나 제도적 단절 없이 순탄하게 이루어지는 한, 그리고 의사결정이 엘리트들 간의 타협과 주민의 (수동적) 수용을 수반하는 한, 특정 정체는 민주적인 것으로 간주될 수 있다. 여기서의 주요한 관심은 분명 결정을 내리고, 결정이 수용되게 만들고, 질서정연한 이행(즉 안정)을 보장할 수 있는 정부의 능력이다.

엘리트민주주의 모델은 그 모델이 민주적이라고 간주되는 정체의 관행들에 대해 조작 가능하고 경험적으로 기술적인 설명을 할 수 있다는 점을 자랑한다. 거기에는 유권자들이 정치적 의제를 설정한다거나 정치적 결정을 내린다는 겉치레는 존재하지 않는다. 즉 그들은 쟁점을 창출하지도 또 정책을 선택하지도 않는다. 오히려 지도자들(정당들)이 이해관계를 결집하고 어떤 것을 정치적으로 부각시킬지를 결정한다.[8] 게다

---

[8] 이 정당 모델이 바로 포괄정당(catch-all party)이다. 이 개념에 대해서는 Otto Kirchheimer, "The Transformation of the Western European Party System," in Frederic S. Burin and Kurt L. Shell, eds., *Politics, Law, and Social Change: Selected Essays of Otto Kirchheimer* (New York: Columbia University Press, 1969), 346-371을 보라. 또한 다원주의자들이기도 한 몇몇 엘리트 이론가들은 이익집단을 정치체계의 행위자로 포함시킨다(Dahl, *Polyarchy*를 보라). 하지만 이해관계가 시민사회에서 자발적·자율적으로 출현하고 그 다음에 정당들에 의해 결집된다는 관념은 마르크스주의자들뿐만 아니라 신조합주의 이론가들에 의해서도 비판받아왔다. 이들 비판을 탁월하게 개관하고 있는 것으로는 Suzanne Berger, *Organizing Interests*

가 그들이 정책을 선택하고 여론을 구조화한다. 투표의 진정한 기능은 그저 엘리트들의 권력획득 노력들 가운데서 선택을 하고 지도부를 받아들이는 것이다. 유권자들은 소비자이고, 정당들은 대안적인 꾸러미와 인물을 제공하는 기업가이다. 즉 바로 이들 정당이 수요를 창출하고, 정당이 소비자 주권에 굴복하는 것은 오직 사전에 선택된 후보자들 중에서 누가 (실제로 후보자들의 용어를 매우 느슨하게 사용하면) 그들의 '대표자'가 될 것인지에 대한 유권자의 예/아니오 결정하고만 관련될 때뿐이다.[9] 요컨대 경험적인 민주주의 이론들(엘리트 모델, 다원주의 모델, 조합주의 모델, 합리적 선택 모델)은 그 용어의 규범적 의미를 초기 시민권 모델보다는 시장에서 더 많이 유래된 거래, 경쟁, 접근, 책임이라는 개념에 입각하여 만들어진 일단의 최소한의 것으로 매우 노골적으로 축소시키는 경향이 있다.

물론 정치권력을 획득하고 정책결정을 내리기 위해서 벌이는 경쟁은 이 민주주의 모델의 핵심이다. 경쟁이라는 요소가 창조성, 생산성, 책임성, 반응성의 원천으로 간주된다. 이 모델은, 엘리트들이 표를 얻기 위해 경쟁해야 할 필요성과 함께 투표라는 궁극적인 재가가 상황을 공정하게 유지하고, 당국으로 하여금 시민들의 다양한 요구에 반응하고 시민에 대해 책임을 지도록 고무하고, 그들이 서로 기꺼이 타협하도록 촉구할 것이라고 상정한다. 분명 이 민주주의 모델은 추측컨대 그것이 재생산할 수 있어야만 하는 특정한 전제조건들, 즉 의견차이를 포용하는 높은 수준의 지도력, 한정된 정치적 결정의 범위,[10] 그리고 민주적인 자기통제

---

    in Western Europe (Cambridge, England: Cambridge University Press, 1981), 1-23 을 보라.
9) 이 모델에 따르면, 사회의 이해관계들은 표현될 수 없다. 여론도 그리고 다듬지 않은 개인적 이해관계도 정치체계 속에서 표현되지 않는다. 대신에 이해관계는 엘리트들에 의해 결집되어 정치적으로 부각된다.
10) 슘페터(*Capitalism, Socialism, and Democracy*, 292-293)에 따르면, 민주주의에서

에 기초한 엘리트 정치문화에 근거한다.[11] 이러한 전제조건들은 다시 현실의 사회적 다원주의 또는 사회적 분열에 기초하며, 민주적 방법은 이러한 다원주의와 분열을 공직과 영향력을 놓고 벌이는 비폭력 경쟁으로 제도화한다. 이 모델이 정치체계가 안정적으로 의사결정을 할 수 있기 위해 필수불가결한 것으로 간주하는 마지막 전제조건은 정치체계가 주민들의 지나친 참여로부터 보호되어야만 한다는 것이다. 즉 시민은 이른바 그들 자신과 그들이 선출한 정치가들 간의 분업을 받아들여만 한다.[12] 따라서 이 민주주의 모델은 복잡한 근대 사회에서 민주주의가 얼마나마 존재하기 위해서는 비밀투표, 시민적 권리, 정권교체, 정기적인 선거, 정당경쟁이 모든 근대 민주주의 개념에서 중심적이어야 한다고 주장한다.

우리는 이 마지막 진술이 어느 정도는 아주 설득력이 있다는 것을 발견한다. 그러나 엘리트민주주의 모델에 대한 규범주의적 비판 또한 설득

모든 것이 민주적 방법에 종속되는 것은 아니다. 이를테면 판사, 연방기구, 관료제는 민주적 방법의 적용범위를 벗어나 있다. 그렇다고 거기서 반민주적 방법에 의해 결정이 이루어지는 것은 아니다. 우리는 이 주장에 동의하지만, 민주주의 원리가 정확히 어디까지 또는 어떤 영역으로 확장되어야만 하는가는 전문가들이 결정할 수 있는 어떤 것이 아니라고 주장할 것이다. 오히려 그것은 이른바 민주적으로 결정되어야만 하는 규범적·경험적 문제이다. (우리는 슘페터의 지적이 '전체주의' 체제에 반대하기 위한 것이었음을 지적해야만 한다. 전체주의 체제는 정치적인 것—비록 그것도 민주주의에서 일컫는 정치적인 것이라고는 거의 말할 수는 없는 것이지만—의 범위를 너무나도 과도하게 확장시킴으로써, 정치적 의사결정의 본래 모습과 효율성을 훼손한다.)

11) Ibid., 289-295.
12) 무엇을 지나치게 많은 참여로 간주하는가가 바로 논쟁거리이다. 엘리트민주주의 학파가 부분적으로 이러한 관념을 받아들이고 행동주의와 무관심의 혼합을 칭찬하기는 하지만(Almond and Verba, *The Civic Culture*; Lipset, *Political Man*을 보라), 시민적 사생활주의와 함께 이러한 방향으로 가장 멀리 나아갔던 사람은 슘페터였다. 슘페터는 명령적 위임(imperative mandate)에 반대하면서, 사람들이 지도자와 추종자 간의 분업을 수용하고, 대표자에게 명령한다는 생각을 포기하고, 심지어는 그들의 대표자들에게 편지나 전보공세를 하는 것조차 그만두어야만 한다고 주장한다.

력이 있다. 그것은 특히 엘리트 모델이 무관심, 시민적 사생활주의, 그리고 정치체계를 주민들의 '과도한' 요구―여기서 과도함의 의미는 오직 엘리트에 의해서만 결정된다―로부터 보호해야 할 필요성을 민주적 원리로 칭찬하는 경향에 강력하게 반대한다.[13] 규범주의자들은 정체의 안정성과 연속성에 도움이 되는 것과 정체를 민주적으로 만드는 것이 일치하지 않는다는 점을 옳게 지적한다. 참여이론의 입장에서 본다면, 엘리트민주주의 모델은 너무나도 광범위한 동시에 너무나도 협소하다. 어떤 종류의 공적 제도 또는 사적 장치가 존재하는지와 무관하게 어떤 정체가 주기적으로 경쟁선거를 실시하고 시민적 권리를 보장할 경우, 그 정체를 민주적이라고 정의한다면, 그것은 민주적 정당성을 엄청나게 광범위한 사회들에게까지 확대하는 동시에, 그러한 사회를 비판적 감시로부터 보호하는 것이다.[14] 그와 동시에 거기에 작동하는 민주주의 개념은 너무나도 협소하다. 왜냐하면 민주주의가 자유로운 동의와 담론적 의지형성을 위한 절차나 전제조건과 거의 관계가 없는 절차들에 의해 정의되기 때문이다.[15] 실제로 참여이론가들은 '현실주의' 모델이 민주주의 개념으로부터 너무나도 많은 민주주의 요소들을 제거함으로써, 민주주의가 그것이 과거에 지녔던 의미와의 어떠한 관련성도 상실해버렸다고 주장한다.[16] 만약 우리가 자결, 참여, 정치적 평등, 동료들 간에 이루

---

13) Bachrach, *Theory of Democratic Elitism*을 보라.
14) 신조합주의 이론가들이 보여주었듯이, 그러한 정체들은 종종 강력한 반(半)공적 조직들을 가지고 있다. 이들 조직은 위계적으로 조직화되어 있고, 서로 그리고 국가와의 막후거래에 참여하고, 내적으로 민주적이지 않고, 민주적 절차의 원리에 따라 상호작용하지도 않는다. P. Schmitter and G. Lehmbruch, eds., *Trends toward Corporatist Intermediation* (London: Sage Publications, 1979)에 실려 있는 글들을 보라.
15) Habermas, "Legitimation Problems in the Modern State," *Communication and the Evolution of Society* (Boston: Beacon Press, 1979), 186-187.
16) Bachrach, *Theory of Democratic Elitism*.

어지는 담론적인 정치적 의지형성 과정, 그리고 의사결정에 대한 자율적 여론의 영향력 같은 관념들을 버린다면, 대체 무엇이 남는가? 요컨대 엘리트 모델의 현실주의는 항상 민주주의 개념의 핵심으로 여겨져왔던 것, 즉 시민권 원리를 상실하는 대가를 치른다. 게다가 이 모델은 민주주의 개념을 지도자 선출방법으로, 그리고 엘리트들의 경쟁과 의사결정을 규제하는 절차로 제한함으로써 민주적 정당성 원리—그렇지만 이 모델 역시 이 원리에 기생한다—자체를 포기한다. 그것은 형식주의적 의례, 체계적 왜곡, 막후 조정된 합의, 그리고 조작된 여론과 실제로 존재하는 것을 구분할 수 있는 모든 기준을 상실한다.[17]

참여민주주의 모델은 좋은 지도자에게 도움이 되는 것은 좋은 시민에게도 도움이 된다고 주장한다. 이를테면 지배와 피지배에(즉 권력행사에), 그리고 또한 공적 의지형성과 여론형성에 적극적으로 참여하는 것이 그러하다. 이러한 의미에서 민주주의는 단지 엘리트들만이 아니라 모든 시민이 민주적인 정치문화를 습득할 수 있게 해준다. 왜냐하면 우리가 시민적 덕성 개념을 발전시키고, 다양성을 용인하는 방법을 학습하고, 근본주의와 에고이즘을 완화하고, 타협할 수 있게 되고 또 기꺼이 타협하게 만들어주는 것은 바로 정치적 경험을 통해서이기 때문이다.[18] 지배와 피지배에 시민들이 적극적으로 참여할 수 있는 공적 공간이 없다면, 즉 지배자와 피지배자들 간의 간극을 그것의 소멸지점까지 결정적으로 좁힐 수 없다면, 정체가 민주적이라는 것은 단지 이름뿐이라는 주장도 바로 여기서 나온다.[19]

---

17) 즉 그것은 동의, 절차 등등이 그들이 주장하는 것인지의 여부를 평가할 수 있는 기준을 상실한다. Phillippe C. Schmitter, "Democratic Theory and Neocorporatist Practice," *Social Research* 50, no. 4 (Winter 1983): 885-891을 보라.
18) Arendt, *On Revolution*; Wolin, *Politics and Vision*을 보라. 또한 Benjamin Barber, *Strong Democracy* (Berkeley: University of California Press, 1984)도 보라.
19) Barber, *Strong Democracy*.

하지만 대부분의 경우, 대안을 개념화하는 것과 관련하여 볼 때, 참여 이론가들은 오늘날 존재하는 이른바 비민주적인 (그리고/또는 부르주아적인) 대의제적 정부의 형태들을 보완하기보다는 오히려 대체하려는 의도를 지닌 제도적 모델을 제시한다.[20] 참여이론가가 이상화된 그리스의 폴리스 모델까지 거슬러 올라가 귀를 기울이든, 중세 후기 도시국가의 공화주의적 전통에 귀를 기울이든 또는 노동자운동이라는 환경 내에서 만들어진 새로운 민주주의 형태들(평의회 공산주의, 혁명적 생디칼리슴)에 귀를 기울이든 간에, 각각의 경우에 대안으로 제시되는 것은 전체로서의 사회에 대한 단일한 조직원리이다. 따라서 이 모델의 근간을 이루는 추동력은 사회, 국가, 경제의 탈분화이다. 그리 놀랄 것도 없이, 이번에는 참여주의자들이 그들의 적에 의해 유토피아주의 그리고/또는 반(反)근대주의라는 비난을 받는다.[21]

요약하면, 이 논쟁은 우리에게 다음과 같은 이율배반을 남겨준다. 즉 현대 민주주의 이론은 "복잡한 산업사회의 긴급상황들"에 대해 다소 비민주적으로 적응함으로써, 민주주의 개념 자체의 규범적 핵심을 포기하거나, 아니면 근대 사회의 제도적 필요조건과 화해할 수 없는 다소 공허한 규범적 전망을 제시한다.[22]

---

20) 이것은 페이트만에게는 해당되지 않는다. Pateman, *Participation and Democratic Theory*.
21) 고전 민주주의 이론이 인륜(Sittlichkeit)이라는 미분화된 개념—즉 만약 떠나지 않을 것이라면, 모든 사람이 지켜야만 하는 바람직한 것과 관련된, 윤리적으로 보다 우위에 있는 합의—에 기초하고 있다는 것을 잊지 말아야만 한다. 가치다원주의와 신들의 전쟁으로 특징지어지는 근대 세계에서 그러한 개념은 시대착오적이다.
22) 엘리트 모델과 참여 모델 모두는 민주적 정당성의 원리를 조직원리로 와해시키는 오류를 범한다. 전자가 규범적 절차주의를 권력획득의 절차로 분해한다면, 후자는 민주적 정당성 원리로부터 조직 모델을 연역하고자 시도한다. 이 문제를 논의하고 있는 것으로는 제8장을 보라. 또한 Habermas, "Legitimation Problems," 186-187도 보라.

권리지향적 자유주의 대 공동체주의

정치적 자유주의자들과 공동체주의자들 간의 논쟁은 앞서 기술한 논의들 중 몇 가지를 다른 영역에서 재연한다. 한 가지 점에서, 이 논쟁의 양측 모두는 엘리트/다원주의적 민주주의 모델에 도전한다.[23] 둘 다 그 모델 속에 존재하는 반규범적·경험주의적·공리주의적 성향을 거부하고, 민주적 정당성 또는 정의에 관한 설득력 있는 규범적 이론을 발전시키고자 노력한다. 논쟁은 그러한 이론을 정식화하는 방식을 둘러싸고 전개된다. 하지만 이러한 강조점의 이전에도 불구하고, 이 논쟁 또한 스스로를 구해낼 수 없는 것처럼 보이는 일단의 이율배반적 입장에서 그 정점에 달한다.

논쟁의 중심에는 두 가지 상호관련된 쟁점이 존재한다. 하나는 인식론적 쟁점이고, 다른 하나는 정치적 쟁점이다. 첫 번째 쟁점은, 바람직한 것에 대한 실제적 (역사적·문화적으로 구체적인) 개념을 전제하지 않고도 정의에 대한 형식적인 보편주의적 (의무론적) 개념을 명확히 표현하는 것이 가능한가 하는 질문을 중심으로 전개된다.[24] 두 번째 쟁점은 자유가 근대 세계에서 어떻게 실현될 수 있는가 하는 질문을 중심으로 전개된다. 여기서 쟁점이 되는 것은 자유라는 관념이 주로 개인의 권리의 관점에서 해석되어야 하는가 아니면 공동체의 공유된 규범의 관점에서 해석되어야 하는가 하는 것이다.[25] 각 입장은 입헌민주주의를 정당

---

23) 어떤 점에서 이 논쟁은 엘리트민주주의 모델과 다원주의적 민주주의 모델의 공리주의적 차원에 대한 하나의 응답이다. 롤스(Rawls)와 드워킨(Dworkin) 모두는 정의의 원칙에 입각한 개념이 없다면 또는 권리이론이 없다면, 공리주의적인 엘리트다원주의적 민주주의 모델은 정당성을 주장할 수 없다고 주장하면서 공리주의에 도전한다. 물론 공동체주의자들도 이 모델에 전적으로 도전하지만, 그들 노력의 초점은 민주적 엘리트주의자들의 공리주의보다는 현대 자유주의의 권리를 강조하는 것에 맞추어져 있다.
24) 각주 4를 보라.
25) Ibid.

화하는 원리를 구성하는 것이 무엇인가에 관해 서로 다른 일단의, 실제로는 정반대의 답변을 제안한다. 하지만 이 과정에서 자유민주주의 개념 그 자체가 그것의 구성부분들로 해체된다.

자유주의 이론가들은 개인의 권리존중과 정치적 중립성의 원리가 입헌민주주의가 갖는 정당성의 기준이라고 본다. 권리지향적 자유주의의 핵심적인 전제는 개인이 개인으로서 도덕적 권리를 가지며, 이 도덕적 권리가 정부와 타자를 제약하는 요인─즉 권리보유자의 통제 하에 있는 제약요인─으로 작용한다는 것이다. 개인은 특정한 사회적 관습, 집합적인 공통의 유용성, 전통 또는 신의 시혜에 근거해서가 아니라 그들을 권리의 담지자로 구성하는 일정한 '속성'(도덕적 자율성, 인간의 존엄성)을 가지고 있는 덕분에 그러한 권리를 가진다.[26] 자유주의자는 개인의 자율성, 도덕적 평등주의, 보편주의가 도덕적 권리의 관념에 내재하는 것으로 본다.[27] 따라서 권리가 정의개념의 핵심을 이루며, 이 정의개념이 모든 근대 정체의 정당성 주장을 설득력 있게 만든다. 법과 정치적 결정은 그것들이 개인의 권리를 존중하는 만큼 구속력을 지닌다.[28]

---

[26] 여기서 초기 자유주의(또는 이 문제에 관해서라면, 엘리트다원주의) 전통과 관련하여 새로운 것은 소유권이 더 이상 권리 개념의 중심에 위치하지 않는다는 것이다. 즉 소유권은 많은 권리들 중 하나의 권리이지만, '조정될' 여지가 있다. 물론 롤스와 드워킨은 복지국가를 강력하게 옹호하는 사람들이다.

[27] 권리 테제는 다음 가정들에 기초한다. (1) 도덕적 주장을 판단하는 유일한 전거는 인간의 이성이다. (2) 권리주장을 역설하고 옹호한다면, 모든 개인이 도덕적 대화의 동등한 상대자로 여겨져야만 한다. 왜냐하면 이들 모두가 도덕적 근거를 부여받고 있기 때문이다. (3) 어떠한 전통, 특권 또는 요구도 비판의 대상이 된다. (4) 권리를 포함하여 개인이 옹호하는 가치들은 타당하다. 왜냐하면 그러한 가치들은 다른 도덕체계들에 대해서도 주장될 수 있기 때문이다. 모든 가치는 개인을 위한 가치이다. 만약 어떤 것이 공동체에 가치 있는 것이라면, 그것은 개인에게도 역시 가치 있는 것으로 보여야만 한다. Janos Kis, *L'Égale dignité. Essai sur les fondements des droits de l'homme* (Paris: Seuil, 1989)를 보라.

[28] 여기서 바람직한 것에 대한 권리 또는 정의의 우선성이 나온다.

권리 테제에 대한 공동체주의의 비판은 그 테제의 개인주의적 전제조건들과 보편주의적 주장에 초점을 맞추고 있다. 전자와 관련하여, 공동체주의자들은 도덕적 자율성과 개인의 자기발전이라는 자유주의적 이상이 권리의 주체라는, 원자론적이고 추상적이고 궁극적으로는 일관성이 없는 자아개념에 기초하고 있다고 주장한다.[29] 이것은 이른바 비정치적 형태의 자유(소극적 자유)와 정치적 정체성, 매개체, 윤리적 삶이라는 메마른 개념들에 초점을 맞추게 한다. 따라서 공동체주의자들은 이러한 가정에 반대하여 일단의 경험적·규범적 주장들에 호소한다. 첫째, 그들은 개인이 역사적·사회적 맥락 내에 위치한다고 주장한다. 즉 개인은 공동체 내로 사회화되고, 공동체를 통해 자신의 개인적 정체성과 집합적 정체성, 언어, 세계관, 도덕범주 등등을 이끌어낸다. 그러므로 개인에 대한 사회적인 것의 경험적 우위가 이른바 사회에 대한 몰사회적 개인의 우선성에 반대하여 주장된다. 둘째, 규범적 수준에서 공동체주의자들은 자유주의자들이 공동체가 가치의 독자적 원천이며 추상적 인간으로서의 타자에 대한 의무와는 별개의 공동체의 의무와 덕성들(충성심, 시민적 덕성)이 존재한다는 것을 간과하지 못한다고 비난한다. 실제로 충성의 의무와 성원으로서의 의무가 우선이며 또 우선이어야만 한다.

보편주의와 관련하여, 공동체주의자들은 자유주의자들이 인간의 보편적 특징(존엄성 또는 도덕적 자율성)에 근거하고 있는 보편적 규범이

---

[29] 즉 이른바 권리 테제의 인간학적 전제는 도구적 이성과 자율성을 전적으로 부여받은, 고립되고 자기충족적이고 원자화된, 사회 밖에 존재하는 개인이라는 전제이다. 이러한 자아들은 그들의 목적과 사회적 맥락으로부터 자유롭다. 이러한 "방해받지 않는" 자아들은 자신들의 목적, 삶의 형태, 프로젝트 등등과 관련된 선택의 자유의 본래 소재지로 간주된다. 샌델(Sandel), 테일러(Taylor), 왈저(Walzer) 모두는 이른바 권리지향적 자유주의의 근간을 이루는 이러한 인식론적 가정들을 비판한다. 구트만은 이 테제를 그릇된 것으로 보고 거부한다. Amy Gutman, "Communitarian Critics of Liberalism," *Philosophy and Public Affairs* 14, no. 4 (1985): 308-322.

라고 보는 것이 사실은 특정 공동체의 공유된 인식 속에 착근된 특수한 규범들이라고 주장한다. 개인이 확고한 도덕적 판단의 토대를 가질 수 있는 것은 그러한 토대를 자신이 속한 공동체로부터 획득할 때뿐이다. 가장 강력한 주장은 의무는 추상적 인간이 아니라 공동체 성원에게만 적용된다는 주장이다. 즉 도덕이론의 적합한 기초는 개인이나 개인의 권리가 아니라 공동체와 공동체의 선(善)이다. 실제로 개인은 권리가 공공선으로부터 나오는 만큼만 권리를 가진다. 따라서 도덕적 권리라는 관념은 도덕적 주장의 유일한 실제적 기초, 즉 공동체로부터 잘못 추상된 공허한 보편주의이다. 오직 바람직한 삶에 관한 공유된 생각에 기초해서만, 즉 오직 (특정한 구체적인 정치문화를 가지고 있는) 실제적인 윤리적 정치공동체의 틀 내에서만, 우리는 의미 있는 도덕적 삶을 영위하고 진정한 자유를 향유할 수 있다.

따라서 스스로를 민주주의자라고 보는 공동체주의자들에게[30] 자유 개념은 도덕적 권리 관념과 관련되어 있는 것이 아니라, 행위자들이 무엇을 하기를 원하고 무엇을 해야만 하는지를 결정하는 구체적인 방식과 관계가 있다. 종합하면, 권리 테제에 대한 경험적·규범적 비판은 자유의 본래 소재지는 고립된 개인이 아니라 개인화의 매체인 사회, 즉 더 큰 사회적 전체의 구조, 제도, 관행들임이 틀림없다는 것을 함축하고 있다. 소극적 자유라기보다는 오히려 시민적 덕성이, 권리와는 별개의 공공선이, 개인적 권리(그리고 그것에 수반하는 적대적 정치문화)와는 다른 민주적 참여가 (사회제도의 모든 수준에 널리 스며들어야만 하고 또 각 시민의 특성, 관행, 도덕감정 속에서 습관화되어야만 하는) 시민권이라는 공동체의 관례를 수반한다. 그 함의상 그리고 이러한 주장들 중 가장 강력한 견해에 입각할 때, 개인의 권리 주장이 급증하는 사회는 연대적 공

---

30) 즉 테일러, 왈저, 그리고 벤자민 바버(Benjamin Barber).

동체일 수 없다. 그보다는 그러한 사회는 소외되고 아노미적 상황에 있고 사사화(私事化)되고 경쟁적이고 도덕적 내용을 결여한 사회일 것임이 틀림없다.

이 논쟁 역시 명백히 해결 불가능한 이율배반으로 이어진다. 한편에서 볼 때, 개인적 권리에 초점을 맞추고 정치적 중립이 가능하다는 환상을 가지고 있는 자유주의적 전통 자체는 현대 사회의 이기적·해체적 경향의 원천이며, 따라서 시민적 덕성에 입각한 민주주의 사회를 이룩하는 데 주된 방해물인 것으로 보인다. 다른 편에서는 근대 사회가 엄격한 의미에서 바람직한 삶이라는 하나의 단일한 개념을 중심으로 통합된 공동체가 아니라는 주장으로 반격한다. 이 입장에서 볼 때 근대 시민사회는 다양한 형태의 삶들로 특징지어진다. 즉 근대 시민사회는 구조적으로 분화되어 있으며 사회적으로 이질적이다. 따라서 도덕적 삶을 영위할 수 있기 위해서는 개인적 자율성과 개인적 권리가 보장되어야만 한다. 이 견해에 입각할 때, 합의 또는 적어도 다수결을 강조하는 민주주의가 헌법적으로 보장되는 기본권—소수자들이 보기에 민주주의를 정당화할 수 있는 유일한 것인—에 의해 적절히 제한되지 않을 경우, 바로 그 민주주의가 자유를 위협한다.

복지국가 옹호 대 신보수주의적 반국가주의

복지국가 옹호자들과 복지국가에 대한 신자유방임주의적 비판가들 간의 논쟁 또한, 비록 민주주의 이론을 괴롭히는 논쟁보다는 짧은 시간 동안이기는 하지만, 제자리를 맴돌고 있다.[31] 복지국가 논쟁은 경제적 이유와 정치적 이유 모두에 기초해왔다.[32] 케인스식의 경제적 교의에

---

31) 1970년대 이후 복지국가에 대한 좌파의 비판으로는 Offe, *Contradictions*, ch. 1과 ch. 6을 보라.
32) 복지국가에 대한 다양한 옹호와 비판에 관한 논의로는 Offe, *Contradictions*,

따르면, 복지국가 정책은 투자를 활성화하고 수요를 안정화함으로써 경제성장의 동력을 자극하고 심각한 경기침체를 예방하는 작용을 한다. 투자자들을 유인하는 재정·금융 정책들은 사회보험, 이전(移轉)지출, 그리고 노동자들을 위한 공공 서비스와 결합하여, 시장 메커니즘의 역기능, 불확실성, 위험을 상쇄하고 전반적인 안정에 기여한다. 높은 성장률, 완전고용, 낮은 인플레이션은 이러한 정책의 결과임이 틀림없다.

복지국가의 정치적 측면 또한 안정성과 생산성을 증가시킬 수 있다. 한편에서 국가 서비스의 법적 수급권과 이전지출은 시장체계가 초래하는 부정적 결과의 영향을 받는 사람들을 돕는 동시에, 산업갈등의 장으로부터 잠재적으로 폭발적인 욕구나 쟁점들을 제거한다. 다른 한편에서 단체교섭과 공공정책 형성에서 노동조합이 수행하는 공식적 역할을 인정하는 것은 노동과 자본 간의 비대칭적 권력관계의 "균형을 유지"하고 계급갈등을 완화한다.[33] 사회정의의 전반적 증가는 더 적은 파업, 더 큰 생산성, 그리고 (자본과 노동이 정치경제체계의 성공에 공통의 이해관계를 가진다는 것, 즉 성장과 생산성은 모두에게 도움이 된다는 것에 대한) 노동과 자본 간의 전반적인 합의로 이어질 수 있다. 결국 복지국가는 최악의 상태에 있는 사람들을 지원하여 그 상태에서 벗어나게 함으로써, 그리고 진정한 기회의 평등을 위한 전제조건들을 창출함으로써 자유자본주의 사회가 평등하고 정당하다는 주장을 할 수 있게 해줄 것이다. 그리고 이것이 바로 복지국가 옹호자들의 눈에는 시민적·정치적 권리들이 보편주의적인 방식으로 작동할 수 있는 유일한 맥락이다. 마셜과 같은 이론가는 이른바 사회적 권리가 차지하는 이례적인 지위에 우려를 표명하기는커녕, 사회적 권리는 시민의 권리의 최상의 그리고 가장 근본

35-206, 252-302를 보라. 오페는 194쪽에서 복지국가에 대해 하나의 정의를 내리고 있다.
33) Ibid., 147.

적인 유형이라고 보았다.[34]

 분명 전후 서구 자본주의 경제에서 나타난 눈부신 성장률, 상대적 안정 그리고 생활수준의 증대는 최근까지도 아주 소수를 제외한 모든 사람에게 국가개입 주장을 설득력 있는 것으로 만들어왔다. 성장 가능성이 더욱 제약된 새로운 상황에서, '자유방임주의'로의 회귀를 옹호하는 신보수주의자들은 복지국가 모델의 경제적 주장과 정치적 주장 모두를 비판한다. 복지국가 모델에게는 유감스럽게도, 이 신보수주의자들의 주장 역시 무게가 있다. 실제로 신보수주의적 비판가들이 1970년대 이래로 서구 자본주의 경제를 괴롭혀온 높은 실업률과 인플레이션 그리고 낮은 성장률을 국가-관료제적 경제규제가 반(反)생산적임을 보여주는 증거라고 지적하고 나서는 것은 어려운 일이 아니었다. 그들은 그들 자신의 정책을 적용해온 영역들에서 거둔 성공 또한 지적한다.

 경제적 측면에 기초해서는, 복지국가 정책에 반대하여 세 가지 주장이 제기된다. 즉 그것은 복지국가 정책이 투자의욕을 저해하고, 노동의욕을 저해하고, 자영 중간계급의 생존능력에 심각한 위협이 된다는 것이다.[35] 이들의 주장에 따르면, 높은 임금을 끌어낼 수 있는 노동조합의 힘과 함께 규제정책과 재정정책이 자본에 가하는 부담은 성장률을 감소시키는 데 기여하고, 격심한 경쟁의 맥락에서 자국시장에서의 투자는 이윤을 내지 못할 것이라는 인식을 가져온다.[36] 광범위한 사회보장과 실

---

34) T. H. Marshall, *Class, Citizenship and Social Development* (New York: Doubleday, 1964).
35) Offe, *Contradictions*, 149-154.
36) 투자자들은 특별 조세혜택을 기대하거나 아니면 특정 규제의 부담이 해제될 것이라는 희망으로 투자를 연기할 것이다. 클라우스 오페가 설득력 있게 주장했듯이, 과잉축적, 경기순환, 또는 통제되지 않는 기술변화(이것들 중 어떠한 것도 복지국가와는 관계가 없다)를 비롯한 자본주의 경제의 내재적 위기경향과 같은 투자실패의 또 다른 이유들이 존재하든 그렇지 않든 간에, 요점은 사적 투자자들이 현실을 규정하는 권력을 지니고 있다는 것, 따라서 그들의 인식이 그 현실을 창조

업급여는 노동자들로 하여금 탐탁지 않은 일자리를 피하고 시장의 힘의 통상적 압력으로부터 벗어날 수 있게 함으로써 노동의욕을 저하시킨다. 노동계급의 전 부문이 복지국가의 수혜자로 전환됨에 따라 가용노동자의 수가 축소되는 반면, 노동자들이 더 많은 것을 요구하면서도 동시에 자신의 노동에 기꺼이 전력을 다하려 하지 않음에 따라 노동윤리는 쇠퇴한다. 마지막으로, 자영 중간계급은 높은 과세율과 인플레이션에 의해 자신들이 경제적으로 압박받고 있음을 발견한다. '신중간계급'의 전문직 공무원들과 고위관료들의 출현은 이러한 문제들을 단지 악화시킬 뿐이다. 왜냐하면 이들 계층은 수혜주민들—자신들의 일자리가 달려 있는—을 재생산하고 확대하는 데 관심이 있기 때문이다. 따라서 복지국가의 경제정책들은 하나 이상의 측면에서 이율배반적이다. 즉 수요의 자극을 꾀하는 정책은 투자의 토대를 침식하고, 노동자들에게 경제적 안전을 제공하는 것을 의도하는 정책들은 자발적 노동의지의 토대를 훼손하고, 규제되지 않는 시장의 힘으로부터 파생되는 바람직하지 못한 부작용을 완화하는 정책은 값비싼 비생산적 국가부문의 방대한 팽창이라는 형태로 훨씬 더 큰 경제문제를 창출한다.

정치적 측면에 의거하여, 신보수주의자들은 갈등을 해소하고 더 큰 기회의 평등을 창출하기 위해 복지국가가 도입한 바로 그 메커니즘, 즉 법적 수급권과 국가부문의 확대가 새로운 갈등을 가져왔고 다른 사람들을 위해 일부 사람들의 권리와 자유를 침해해왔다고 주장한다. 그들에 따르면, 국가개입과 규제는 자유주의 시장체계의 핵심적 권리, 즉 사적 소유를 침해함으로써, 기업가들의 자유와 노동인구의 성취동기 모두의 토대를 침식한다. 복지는 사회정의 또는 기회의 평등을 증대시키기는커녕,

---

한다는 것이다. 그들이 무엇을 감당할 수 없는 부담으로 느끼든 간에 그 과도한 부담은 실제로 투자성향의 감소를 가져오게 될 것이다. Offe, *Contradictions*, 151을 보라.

이들 모두의 전제조건을 훼손한다. 요컨대 복지는 성공보다는 오히려 실패를 보상한다. 게다가 평등의 이름으로 복지수혜자들의 일상적 삶에 국가가 개입하는 것은 자유, 사생활, 자율성을 심각하게 위협한다.

이들의 계속되는 주장에 따르면, 이들 메커니즘은 일단의 기대상승과 요구증대를 낳았고, 이것은 전반적 통치 불가능성의 상황으로 이어진다.[37] 복지국가 대중민주주의는 그간 정치적 갈등을 용인 가능하고 무해한 형태로 전환하고(이데올로기의 종말) 특히 노동자들을 후기 자본주의의 정치·경제 체계 속으로 통합시키겠다(탈급진화)고 약속했다. 하지만 실제로는 그러한 복지국가 대중민주주의 제도들—즉 보편적 참정권, 이익집단 정치, 단체교섭, 광범위한 사회적 권리에 기초하는 경쟁적인 정당(포괄정당)체계—그 자체가 정치체계를 위험한 과부하 상태로 이끌고 권위의 위기를 가져온다.[38] 요컨대 신보수주의적 '국가주의' 비판가들에게는 민주적 공동체주의자들을 그토록 화나게 하는 권리의 폭발이 훨씬 더 걱정스럽다. 국가는 어쩌면 그것이 이행하지도 못할 의무들을 스스로에게 부과함으로써,[39] 충족시킬 수 없을 정도로 기대를 상승시키고, 과도하게 팽창되는 동시에 약해지고, 위험스러울 정도의 권위의 상실로 인해 고통 받는다. 실제로 이러한 견해에 따르면, 복지국가에는 중요한 정치적 모순이 내재한다. 즉 수많은 요구에 맞춰 국가의 실행능력을 향상시키기 위해서는 자유, 참여양식, 그리고 참여와 관련된 일단의 권리들 자체가 축소되어야만 한다.[40]

하지만 신자유방임주의의 경제적·정치적 대안들은 지지될 수 없는

---

37) 특히 Crozier et al., eds., *The Crisis of Democracy*를 보라.
38) Huntington, "The United States," in Crozier et al., eds., *The Crisis of Democracy*, 73.
39) James O'Connor, *The Fiscal Crisis of the State* (New York: St. Martin's Press, 1973); Habermas, *Legitimation Crisis*, Part II; and Offe, *Contradictions*, 35-64을 보라.
40) 이 주장의 근거들에 대해서는 Offe, *Contradictions*, 67-76을 보라.

이율배반 구조의 여러 측면들 가운데 단지 하나가 될 운명에서 벗어나지 못한다. '공급측면' 경제학자들은 투자 '의욕저하'를 제거하기 위해 복지국가를 폐지하고자 하지만, 그렇게 하는 것은 수요를 안정시켰던 바로 그 '완충물들'을 폐지하는 것이 될 것이다.[41] 만약 노동자와 빈민을 위한 사회경제적 지원들이 노동윤리의 쇄신을 명목으로 하여 종결된다면 분명 시장의 강제가 귀환할 것이지만, 복지국가정책 이전의 자본주의 경제를 특징짓던 엄청난 부정의, 불만족, 불안정 그리고 계급대결 역시 귀환할 것이다.

물론 복지국가에 대한 공격을 추동하는 관념은, 시장성 있는 재화와 용역에는 무제한적 성장 잠재력이 존재하며, 일단 국가가 자신의 적절한 최소 영역으로 후퇴하기만 한다면 이 잠재력은 해방될 것이라는 것이다. 그리고 이러한 입장에 따르면, 민영화와 규제완화가 경쟁을 회복하고 정치적 요구의 인플레이션을 종식시킬 것이다. 하지만 이러한 정책을 위한 정치적 전제조건들은 사회평화와 사회정의라는 그 정책의 목표와 상충된다. 결사의 권리와 관련된 억압정책들, 그리고 복지국가는 말할 것도 없이 사회보장에서 실업보상에 이르는 사회적 권리를 폐지하고자 하는 노력들은 합의에 거의 도움이 되지 않는다. "자유를 위협하는" 국가개입의 차원들, 즉 소유자 규제, 복지수혜자들에 대한 감시와 통제 그리고 나선형적인 의존의 순환이 종식되기는 하겠지만, 사회정의, 평등, 권리에서 오는 모든 이익 또한 종식될 것이다. 게다가 국가의 범위를 제한함으로써 그리고 국가를 대중의 요구로부터 보호함으로써 국가권위를 회복하고자 하는 노력들은 국가의 행동주의(state activism)를 축소시키는 것이 아니라 그것을 정치적 영역에서 행정적 영역으로 단지 이동시키는 것에 불과하게 될 것이다. 왜냐하면 만약 우리가 정당체계, 선거, 의회와

---

41) Claus Offe, *Disorganized Capitalism* (Cambridge: MIT Press, 1985), 84.

같은, 정치적 갈등을 표출할 수 있는 민주주의 제도들의 능력을 축소시킨다면, 서유럽에서 번성하고 있는 신조합주의적 장치들과 같은 대안적 경로가 발전할 것이기 때문이다. 그러한 장치들이 과도한 요구들로부터 국가를 성공적으로 보호하기는 하지만, 그렇다고 해서 그것들이 국가에서 시장조절로의 이행을 의미하는 것은 결코 아니다. 따라서 복지국가의 '위기'에 대한 신자유방임주의적 대안은 그것이 치료하고자 하는 질병만큼이나 내적으로 모순적이다.

따라서 우리에게 남는 것은 다음과 같은 이율배반이다. 즉 우리는 평등주의와 사회적 권리의 이름으로 보다 많은 사회공학, 보다 많은 온정주의와 평준화, 요컨대 보다 많은 국가주의를 선택한다. 그게 아니면 우리는 일상적 삶이 더욱 관료화되는 것을 막기 위해 자유시장을 선택하거나, 권위주의적인 사회적·정치적 조직형태들을 재단장하고 우리 정치문화에서 민주적인 평등주의적 요소들을 포기한다. 자유민주주의적 시장사회는 복지국가와 공존할 수도 그리고 복지국가 없이 존재할 수도 없는 것처럼 보인다.

시민사회 개념의 부활

근대 초기의 시민사회 개념이 맨 처음으로 부활한 것은 권위주의적인 사회주의 정당-국가에 저항하는 동유럽의 민주적 대항세력들의 투쟁 속에서였다. 상이한 경제적·지정학적 맥락에도 불구하고, 이 개념을 남유럽과 라틴아메리카에서 일어난 "권위주의적 통치로부터의 이행"에 적용시킨다고 해서, 그것이 크게 문제가 될 것 같지는 않다. 왜냐하면 무엇보다도 그것이 새롭고 안정적인 민주주의를 구성한다는 공통의 과제를 동구의 대항세력들과 공유하기 때문이다. 그렇다면 왜 이러한 개념이 서구에만 유독 적실해야 한다는 말인가? 동구와 남부에서 시민사회 담론이 부활한 것이 단지 선진 자본주의적 민주주의 국가들이 이미 가지고 있는 것, 즉 법의 지배, 시민권, 의회민주주의, 시장경제에 의해 보장되는 시민사회를 획득하기 위한 프로젝트의 일부인 것은 아닐까? 우리가 시민사회와 정치사회의 건설이라는 이름으로 특히 동구에서 일어난 투쟁이 18세기와 19세기의 위대한 민주주의운동의 일종의 반복이라고 주장할 수는 없는가? (이 민주주의운동이 여전히 서구의 민주주의 제도와 자유주의 제도의 토대를 이루고 있는 국가와 시민사회 간의 이중성의 한 가지 유형을 만들어냈다.) 그리고 이것이 엘리트이론가들, 신보수주의자들, 또는 기껏해야 자유주의자들이 어쨌거나 옳다는 것을 인정하는 것은 아닌가? 이런 식으로 표현한다면, 시민사회 담론이 부활한 것은 서구의 자유민주주의 국가들에게는 거의 어떠한 정치적 또는 이론적 의미도 지니지 않는 부활인 것처럼 보인다. 그리고 만약 그러하다면, 시민사회 지향적 관점이 어째서 서구 정치사상과 사회사상을 괴롭히고 있는 이율배반들로부터 벗어나는 한 가지 방법을 제공할 수 있는가?

현재의 시민사회 담론의 부활에서 출현한 몇 가지 상호관련된 쟁점들은 서구에 그 역사적 기원을 두는 시민사회 모델을 넘어서며, 따라서 기존의 자유민주주의 국가에게 중요한 교훈을 준다. 자기제한(self-limitation)이라는 개념, 시민사회가 일단의 제도뿐만 아니라 사회운동들로 구성된다고 보는 관념, 시민사회를 새로운 민주화의 영역으로 바라보는 것,[42] 시민사회가 정치사회와 경제사회에 미치는 영향의 인식, 그리고 마지막으로 시민사회의 해방이 부르주아 사회의 창출과 반드시 동일하지 않으며 오히려 복수의 시민사회 유형들 사이에서 선택을 수반한다는 인식 등이 바로 그러한 것들이다. 이 모든 관념은 시민사회 이론이 단순히 새로운 민주주의의 구성적 단계에 한정되는 것이 아니라는 것을

---

42) 이것은 시민사회에 가족을 포함시킨다. 제2장의 헤겔에 관한 우리의 논의를 보라.

보여준다.

자기제한이라는 관념은 해방운동을 전략적으로 제한하는 것과 너무나도 자주 혼동되지만, 실제로는 학습에 기초하는 것으로, 민주주의 원리에 기여한다. 동구의 후기 혁명적 또는 자기제한적 '혁명'은 더 이상 관료제, 경제적 합리성 또는 사회적 분열을 억제하는 근본주의적 프로젝트에 의해 동기화되지 않는다. 시민사회에 뿌리를 두고 있는 운동들은 이러한 근본주의적 프로젝트들이 사회의 조종장치를 파괴하고 생산성을 떨어뜨리고 사회적 다원성을 억압하며, 그런 다음에 이것들 모두가 치안세력에 의해 오직 극히 권위주의적인 수단을 통해서만 재구성된다는 것을 혁명적 전통으로부터 학습했다. 이러한 결과 많은 경우에 혁명과정의 담지자였던 자기조직화 형태들, 즉 혁명단체, 평의회, 운동이 붕괴되었다. 역설적이게도 바로 그러한 행위자들의 자기제한만이 그들의 사회적 역할과 영향력이 구성단계를 넘어 구성된 이후의 단계에서도 계속될 수 있게 해준다.

시민사회의 역할이 이처럼 이행단계를 넘어 지속되는 것은 순화, 탈동원, 그리고 상대적 원자화와 결부되어 있을 수도 있다. 이것이 서구 엘리트다원주의자들이 말하는 사회로의 수렴을 의미할 수도 있다. 그러나 탈권위주의적 환경에서 근본주의를 거부하고 시민사회를 규범적 원리의 수준까지 끌어올린 행위자들은 우리에게 선택의 여지가 있다는 것을 보여준다. 국가와 경제의 전면적인 민주화가 그들의 목적일 수는 없지만, 알렉시스 드 토크빌(Alexis de Tocqueville)이 제일 먼저 깨달았듯이, 시민사회 자체가 민주화, 즉 민주적 제도구축의 하나의 중요한 영역이다. 그리고 동유럽 대항세력들이 처음에 그러한 서구적 대안에 의지했던 것은 단지 국가조직 영역에 장애물들이 존재했기 때문이었다. 하지만 동유럽에 서구 민주주의의 일반적 관행이 출현하면서, 특히 헝가리, 독일(동독), 체코슬로바키아에서 그러한 관행에 대한 실망이 가시화될 수밖에 없었다. 이러한 상황은 분명 시민사회의 더 많은 민주화라는 관념이 중요성을 얻기에 좋은 기회였다. 따라서 새로운 정치사회의 행위자들이 장기적인 정당성을 중시할 경우, 그들이 시민사회에 민주적 제도를 구축할 것을 촉구하고 나서는 것은 당연할 일일 것이다. 하지만 그것은 그들에게 더 많은 사회적 요구를 하게 만들 것으로 보인다.

시민사회의 민주화 관념은 그것의 단순한 부활 관념과는 달리 현존 서구 사회들에도 극히 적실하다. 실제로 기존 제도들에 더하여 제도 외적 운동과 시민행동들을 시민사회의 본질적 부분들로 파악하는 경향은 동유럽의 경험보다도 서유럽의 경험에서 더 앞서 발견된다. 더욱이 그곳에서 이러한 경향은 새로운 그리고 종래의 사회운동과 시민행동에 의해 급격하게 확대되고 있다. 현재 출현하고 있는 동구의 헌법들 중에서 몇몇은 적극적인 시민사회에 대한 이러한 새로운 감수성을 구체화할 것이며, 이러한 반응이 다시 서구 헌법의 발전에 영향을 미칠 것은 거의 분명하다. 이러한 잠재적인 규범적 이득은 서구에서뿐만 아니라 동구에서도 매우 상이한 시민사회 유형들—즉 다소 제도화된, 다소 민주적인, 다소 능동적인 시민사회—이 존재할 수 있다는 생각을 확고히 해줄 것이다. 폴란드에서 자유노조의 환경 속에서 이루어진 토론들은 1980년에 일찍이 정치적 시민사회 모델 대 반정치적 시민사회 모델 사이에서의 선택과 함께, 이러한 선택지들을 명시적으로 제기했다. 폴란드, 체코슬로바키아, 헝가리에서 일고 있는 최근의 경제자유주의 물결 속에서 경제와 시민사회의 관계, 그리고 경제적인 개인주의적 사회와 (관료제적 국가뿐만 아니라 자기조절적인 시장경제에 맞서 보호되는) 연대에 기초하는 시민사회 간의 선택과 관련한 또 다른 문제가 불가피하게 제기된다. 이 논쟁 역시 라틴아메리카의 경우에서 이미 그랬던 것처럼, 서구의 맥락들에도 직접 관련될 것이다. 그리고 역으로 복지국가와 '새로운 사회운동'을 둘러싼 서구의 논쟁들은 온정주의 없이 연대의 자원을 지켜내고자 하는 동구의 급진민주주의자들에게 많은 지적 전거를 제공할 것이다.

이 책의 목적은 자기제한적 민주화운동의 관념을 중심으로 하여 부분적으로 재고되고 있는 시민사회 관념을 더욱 발전시키고 체계적으로 정당화하는 것이다. 자기제한적 민주화운동은 소극적 자유와 적극적 자유 모두를 위한 공간을 확대하고 보호하며 경제적 자기조절을 손상시키지 않으면서 평등주의적 연대의 형태들을 재창조하기 위해 노력한다. 이 과제로 돌아가기에 앞서, 우리는 우리의 시민사회 이론이 앞서 언급한 세 가지 이론적 이율배반들에 어떻게 중요한 그리고 어쩌면 결정적일 수도 있는 기여를 하는지를 예증하는 것으로 이 서론을 끝마치고자 한다.[43]

시민사회와 현대 정치이론

우리의 입장은 앞서 묘사한 논쟁들 속에 포함된 여섯 가지의 이론적 전통 가운데 하나, 즉 정치이론의 엘리트민주주의 전통에 대한 다원주의적 해석에 의해 이미 예견되는 것처럼 보일 수도 있다.[44] 실제로 엘리트민주주의 모델에 다원주의자들이 덧붙인 것이 바로 경제와 국가와 구분되는 '제3의 영역' 개념(우리가 시민사회라고 부르는 것)이다.[45] 다원주의적 분석에 입각할 때, 교차적 분열, 집단성원권의 중첩, 사회이동을 특징으로 하는 매우 유기적으로 접합된 시민사회는 안정적인 민주적 정체를 가능하게 하는 전제조건, 즉 어떤 특정 집단에 의한 영구적 지배에 대해 그리고 근본주의적인 대중운동과 반민주적 이데올로기의 출현에

---

43) 이러한 토론은 다시 우리의 개념을 발전시키는 데 매우 커다란 도움을 주었다.
44) 각주 8을 보라.
45) 비록 다원주의자들이 이 용어를 사용하지는 않지만, 그들은 경제와 구분되는 사회영역 내에 자발적 결사체, 이익집단, 자유언론, 기본권을 포함시키고 있다. 다원주의 이론에서 발견되는 가장 정교한 삼분 모델은 탤컷 파슨스의 모델이다(제3장을 보라).

대해 저항하는 것을 가능하게 하는 전제조건이다.[46] 더 나아가 이렇게 구성된 시민사회는 정당과 입법부에 의해 '결집된' 이해관계를 표출하여 정치적 의사결정에 영향을 미침으로써 정치체계에 대한 영향력을 획득할 수 있을 것이라고 파악된다. 이처럼 다원주의적 시각은 이 과정을 엘리트민주주의 모델의 노선을 따라 이해한다.

비록 우리가 이러한 분석의 용어들 중에서 많은 것을 우리의 시민사회 연구에 사용하기는 하지만, 우리의 접근방식은 몇 가지 핵심적인 점에서 다원주의자들의 접근방식과 다르다. 첫째, 우리는 근대 시민사회에 가장 적합한 '시민문화'는 시민적 사생활주의와 정치적 무관심에 기초하는 문화라는 견해를 받아들이지 않는다. 잘 알려진 바대로, 다원주의자들은 사람들이 가족, 사적 클럽, 자발적 결사체에 그리고 시민들로 하여금 정치적 참여 또는 행동주의를 피하게 하는 활동들에 참가하는 것을 가치 있는 것으로 여긴다.[47] 일설에 따르면, 안정적인 민주적 정체를 만들어내는 것도 바로 이것이다. 게다가 시민사회의 제도와 조직들의 내적 구조가 어떠한가 하는 것은 이 모델에 어떠한 차이도 만들어내지 않는다.[48] 실제로 다원주의자들은 '유토피아적 (참여민주주의적) 원리들'을 현실주의로 성급하게 대체하면서, 시민사회의 평등주의적 규범을 사회제도에 적용하려는 시도를 순진한 것으로 치부하는 경향이 있다.[49]

우리는 이러한 견해를 공유하지 않는다. 대신에 우리는 다원주의적 접근방식의 가장 중요한 선조들 가운데 한 사람인 토크빌의 테제에 의지한다. 그의 주장에 따르면, 정치관련 조직들뿐만 아니라 **평등주의적인 제**

---

46) Kornhauser, *The Politics of Mass Society*를 보라.
47) 다원주의자들이 토크빌을 자주 자신들의 가장 중요한 선조라고 거론하지만, 이것은 토크빌의 정신과는 크게 상반된다.
48) 핵가족이 가부장제적인지, 또는 이익집단이 실제로도 고도로 관료제화되거나 위계적으로 조직되는지는 그들의 관심사가 아니다.
49) 이들 규범에 관한 분석으로는 제8장을 보라.

도와 시민적 결사체들에 시민들이 **적극적으로** 참여하지 않는다면, 정치문화 또는 사회·정치제도들의 민주적 성격을 유지할 수 있는 방법은 존재하지 않는다. 정치적 의지를 분명히 표현하는 경험과 집합적 의사결정의 경험이 민주주의를 재생산하는 데 결정적인 까닭은 바로 근대 시민사회가 평등주의적인 원리와 보편적 포함(universal inclusion)에 기초하기 때문이다.

물론 이는 참여이론가들이 항상 제기하는 논점이다. 우리의 접근방식은 구조적 분화를 더 적게가 아니라 더 많이 주장한다는 점에서 그들과 다르다. 우리는 급진민주주의자들이 옹호하는 규범적 원리들을 진지하게 받아들이지만, 민주적 정당성의 발생과 직접참여의 기회를 몇몇 이상화되고 탈분화된 정체가 아니라 고도로 분화된 시민사회 모델 자체에 위치시킨다. 이것은 민주주의 이론의 핵심적인 문제영역을 기술적 그리고/또는 사변적 모델로부터 한편으로는 시민사회와 정치사회 간에 그리고 이 둘과 국가 간에 존재하는 관계와 영향력의 통로라는 쟁점으로, 그리고 다른 한편으로는 시민사회 자체의 제도적 구성과 내적 접합으로 이동시킨다. 게다가 우리는 시민사회—가족, 결사체 활동 그리고 공론장—의 민주화가 정당과 대의제도의 틀을 개방하는 데 반드시 도움이 된다고 믿는다.[50]

---

[50] 이러한 의미에서 우리는 노르베르토 보비오(Norberto Bobbio)에 동의하지 않는다. 그는 시민사회의 민주화를 (그가 주어진 것으로, 그리고 변화 불가능하다고 여기는) 엘리트민주주의의 구조에 덧붙이려고 노력한다. 우리는 단지 시민사회만을 민주화하는 불가피하게 방어적인 전략은 실패할 수밖에 없으며, 비록 그 정도에서는 다르지만, 국가, 경제, 시민사회의 상보적 민주화 전략이 가능하다는 것을 보여주고자 노력할 것이다. 실제로 시민사회의 민주화는 그 자체로 정치적 영역을 개방할 것이다. 역으로 엘리트민주주의는 시민사회의 민주화 경향을 억압하거나 그러한 경향에 창의적으로 대응함으로써 스스로를 변화시킬 수밖에 없다. Norberto Bobbio, *The Future of Democracy* (Minneapolis: University of Minnesota Press, 1987)를 보라. 그리고 우리가 보비오를 다루고 있는 제3장을 보라.

실제로 이러한 관심사들은 역동적인 시민사회 개념—대부분의 다원주의적 분석들이 지니고 있는 변명하는 듯한 태도를 취하지 않는 시민사회 개념—에 길을 열어준다. 우리는 사회운동을 민주적 정치체계나 적절하게 조직된 사회영역과 상반되는 것으로 파악하기보다는(다원주의자들의 견해), 그것을 활력 있는 근대 시민사회의 핵심적인 특징이자 공적 삶에 대한 시민참여의 중요한 한 가지 형태로 간주한다. 하지만 우리는 사회운동이 대의민주주의의 제도적 장치를 대체하거나 심지어 대체해야만 하는 시민참여 형태를 예시한다고 보지 않는다(급진민주주의의 입장). 우리가 보기에, 권리를 확대하고 시민사회의 자율성을 방어하고 시민사회를 더더욱 민주화하기 위한 사회운동은 민주적 정치문화의 활력을 유지시켜준다. 다른 무엇보다도 운동은 새로운 쟁점과 가치들을 공론장으로 가지고 들어오고, 엘리트/다원주의 민주주의 모델이 전제하지만 결코 설명하려고 애쓰지는 않는 합의를 재생산하는 데 기여한다.[51] 운동은 경쟁적 정당체계를 보충할 수 있고 또 보충해야만 하지만, 그것을 대체하는 것을 목적으로 해서는 안 된다. 따라서 우리의 시민사회 개념은 민주주의 이론의 규범적 핵심을 보전하면서도, 근대 세계의 구조적 전제조건들과도 여전히 양립할 수 있다. 끝으로, 우리 역시 경제와 시민사회를 구분하기는 하지만, 우리가 이른바 신성불가침한 계약의 자유 또는 재산권에 기초하여 그것들 간의 경계를 봉쇄하지 않는다는 점에서, 우리는 다원주의자들과 다르다. 또한 우리는 경제를 사회 속에 "다시 끼워 넣으려고" 시도하지도 않는다. 대신에 우리의 분석에서 시민

---

51) 슘페터 같은 엘리트이론가들과 달—그는 이익집단이 정당이나 의회의 대표자들에게 영향력을 행사하는 것을 시민과 정치가들 간의 분업에 대한 공격이라고 보지는 않는다—과 같은 다원주의자들 간의 차이에도 불구하고, 이들 모두는 정치체계의 기본 절차와 관련한 합의가 원활하게 작동하는 것이 중요하다는 점을 인정한다. 또한 Dahl, *Democracy and Its Critics*, 221을 보라.

사회의 원리들은 우리가 경제사회라고 부르는 것 내에서 경제제도에 영향력을 행사할 수 있다. 여기서의 질문은 정체의 경우에서와 마찬가지로 어떠한 영향력의 통로와 수신장치들이 존재할 수 있고 또 존재해야만 하는가 하는 것이다.[52] 실제로 우리는 노동자에 기초한 급진민주주의 해석에 너무나도 자주 그리고 당연하게 가해지는 유토피아주의 또는 안티모더니즘이라는 비난의 위험을 무릅쓰지 않고도, 우리 모델에 기초하여 이러한 문제들을 제기할 수 있다.

권리지향적 자유주의와 적어도 민주주의를 지향하는 공동체주의 간의 긴장은 새로운 시민사회 이론에 기초할 때 비록 완전히 극복될 수는 없지만 상당부분 감소될 수 있다는 것이 또한 우리의 테제이다. 권리관념과 민주적 정치공동체 관념이 별개의 정치철학 전통에서 유래하기는 하지만, 오늘날 이것들은 동일한 정치문화에 속한다. 비록 경험적 수준에서 개인의 권리가 이들 양측 간의 균형을 유지하는 데 필요한 다수결 및 '공익'과 충돌할 수도 있지만, 이 두 관념을 정반대의 것으로 해석할 필요는 없다.[53] 또한 이것들이 두 가지 상충하는 일단의 원리나 전제조건들에 기초한다고 볼 필요도 없다. 따라서 우리는 첫 번째 원리들이 두 번째 원리들의 성취나 보존에 도움이 되는 경우, 그것을 수용할 수도 있다. 오히려 우리는 권리지향적 자유주의와 민주주의를 지향하는 공동체주의에서 최선인 것이 둘 다를 서로 강화하고 부분적으로 서로 중첩되는 일단의 원리들을 구성한다고 주장한다. 이 테제를 주장하고 관련된 이율배반들을 넘어서기 위해서는 두 가지 단계가 필요하다. 첫째, 우리는 권리지향적 자유주의와 급진민주주의 모두의 규범적 요구를 회복시

---

52) 제9장을 보라.
53) 우리는 이 문제를 제8장에서는 도덕적 자율성과 정치규범 간의 관계와 관련하여 논의하고, 제11장에서는 "거의 공정하고 거의 민주적인 정체" 속에서 시민불복종 문제와 관련하여 논의한다.

킬 수 있는 정치윤리를 제공하는 하나의 철학적 틀이 존재한다는 것을 보여주어야만 한다. 둘째, 우리는 그러한 윤리의 제도적 함의를 파악하기 위해 두 이론적 패러다임 모두가 공유하는 사적 영역으로서의 시민사회라는 개념을 수정해야만 한다.

우리는 또한 권리 테제와 합체되어 있는 보편성과 자율성의 원리를 옹호하지만, 그러한 원리가 우리를 중립성이라는 자유주의적 관념이나 개인주의적 존재론에 말려들게 한다는 것을 부정한다. 공동체주의자들은 옳다. 즉 자유주의 이론의 많은 부분, 특히 홉스에서 롤스로 이어지는 계약전통은 이들 원리 중 하나 또는 둘 다에 의존해왔다.[54] 하지만 우리가 의지하는 하버마스식의 담론윤리 이론은 그러한 전제조건들로부터 자유로운 보편성과 자율성 개념을 발전시키는 방법을 제공한다. 이 이론에 입각할 때, 보편성은 서로 다른 가치나 삶의 형태들과 관련하여 중립성을 의미하는 것이 아니다. 오히려 그것은 우선은 담론적 갈등해결 과정을 인도하는 조절원리로 작동할 수 있는 대칭적 상호성의 메타규범들[55]을 지칭하며, 그 다음으로는 잠재적으로 영향 받는 모든 사람이 동의할 수 있는 규범이나 원리들을 지칭한다. 여기서 옹호되는 보편화 절차는 가설적인 대화라기보다는 실제적 대화를 수반한다. 그것은 우리가 원리들을 공평하게 도덕적으로 검증하기 위해 우리의 구체적인 상황으로부터 욕구해석이나 이해관계들을 추상화할 것을 요구하지 않는다. 대신에 그것은 욕구해석이나 이해관계들이 자유롭게 분명히 표현될 것을 요구한다. 그것은 또한 제도화된 규범(법 또는 정책)에 의해 잠재적으로 영향 받는

---

54) 홉스도 그리고 로크도 중립성 관념을 전제로 하지는 않았지만, 그들은 확실히 그들의 이론을 방법론적·존재론적 개인주의에 기초하여 전개하고 있다. 반면 롤스와 애커만(Ackerman)과 같은 이론가들은 방법론적 개인주의의 견해뿐만 아니라 중립성 원리도 받아들이지만, 개인주의적 존재론을 전제하지는 않는다.

55) 제8장을 보라.

모든 사람이 다양한 관점에 개방적일 것을 요구한다. 따라서 보편성은 담론과정의 규제원리이며, 참여자들은 담론과정 속에서 담론과정을 통해 어떤 가치, 원리, 욕구해석이 공통의 규범으로 제도화될 만한 가치가 있는지에 관해 함께 논의한다.[56] 따라서 절차적 (의무론적) 윤리가 전제하는 것으로 주장되는, 원자론적인 실체 없는 개인은 단연코 이 접근방식의 기초가 되지 못한다. 이 이론은 개인적 정체성과 집합적 정체성이 사회규범이나 전통을 내면화하는 동시에 규범, 원리, 전통에 대한 성찰적·비판적 능력 또한 발전시키는 복잡한 사회화 과정을 통해 획득된다고 가정하면서, 그것의 중심에 개인성과 자율성 모두에 대한 상호주관적인 상호작용적 개념을 위치시킨다. 따라서 그것은 보편성이나 도덕적 권리 관념을 포기하지 않고도 공동체주의적 통찰을 인간본성의 사회적 핵심 속으로 끌어들일 수 있다. 실제로 담론윤리는 타당한 권리—비록 이들 권리 모두를 담론윤리에서 끌어낼 수 있는 것은 아니지만—를 전제로 하는 민주적 정당성에 철학적 기초를 제공한다.[57]

권리를 가지는 것은 물론 개인이지만 권리 개념이 철학적 또는 방법론적 개인주의에 의거할 필요는 없으며, 또한 이 문제에 관한 한, 오직 소

---

[56] 제8장을 보라. 그것은 대칭적 상호성의 메타규범과 양립할 수 없는 삶의 형태들—즉 사람들을 침묵시키고 지배하고 모독하고 또는 그렇지 않다면 단순한 수단으로 취급하는, 타자에 대한 똑같은 관심과 존중을 거부하는 삶의 형태들—과 욕구해석들만을 배제한다.

[57] 우리는 이 점을 제8장에서 상세히 논의한다. 그러나 소유적 개인주의 이론이나 사적인 개인적 보편화 과정을 전제하지 않으면서도 권리 테제를 옹호할 수 있다고 주장하는 것이 단지 우리만은 아니다. 최근 권리의 대화적 토대와 비결과주의적 중립성 개념에 기초하여 자유주의적 중립성 이론을 옹호하는 두 가지 방식이 제기되었다. 우리가 이러한 이론가들이 중립성을 보장하기 위해 대화에 부과하고자 시도하는 것과 같은 종류의 사전제약들을 받아들이지는 않지만, 흥미로운 것은 둘 다 정치적 정의 또는 권리에 관한 이론의 핵심으로 의사소통적 상호작용 관념에 의거한다는 것이다. Ackerman, *Social Justice in the Liberal State*; Larmore, *Patterns of Moral Complexity*를 보라.

극적 자유의 관념에만 의거할 필요도 없다. 비록 대부분의 자유주의 이론가와 공동체주의 이론가들이 이러한 자유와 개인주의 개념이 권리 개념 자체에 의해 전제된다고 가정해왔지만, 우리는 주로 소극적 자유를 수반하는 권리는 단지 일부에 지나지 않으며, 그 어떠한 권리도 철학적으로 원자론적인 개인성 개념을 요구하지 않는다고 생각한다. 수정된 시민사회 개념이 새로운 권리이론과 함께 분석 속으로 들어와야만 하는 곳도 바로 여기이다. 왜냐하면 모든 권리이론, 모든 민주주의 이론은 특정한 사회 모델을 수반하기 때문이다. 유감스럽게도 공동체주의자들과 자유주의자들 또한 사회에서 권리 테제에 대응하는 것이 시민사회라는 것에 동의한다. 사적 영역으로 해석되는 이 시민사회는 자율적이지만 자기중심적이고 전적으로 이기적이며 경쟁적이고 소유욕이 강한 개인들의 집합체로 구성된다. 그리고 이러한 개인들의 소극적 자유를 보호하는 것이 정체의 임무이다. 그들의 의견이 갈리는 것은 이러한 형태의 사회에 대한 그들의 분석이 아니라 평가이다.

그러나 이것은 시민사회에 대한 단지 하나의 가능한 해석일 뿐이며, 분명 권리 테제로부터 '도출'될 수 있는 유일한 해석도 아니다. 우리가 소유권을 단순히 하나의 핵심적 권리가 아니라 권리 개념의 핵심이라고 해석할 때에만, 즉 우리가 소유적 개인주의 철학을 시민사회 개념의 중심에 위치시키고 그런 다음 시민사회를 부르주아 사회로 축소시키는 경우에만, 권리 테제가 그러한 방식으로 규정되게 된다.[58] 하지만 만약 우리가 시민사회가 사적인 개인적 구성요소들뿐만 아니라 공적·결사체적 구성요소들을 가진다는 것을 인정하는 보다 복잡한 시민사회 모델을 발전시킨다면, 그리고 만약 거기에 덧붙여 우리가 도덕적 자율성이라는

---

58) 실제로 이것은 자유주의적 견해라기보다는 극단적인 자유지상주의적 견해이다. Robert Nozick, *Anarchy, State and Utopia* (New York: Basic Books, 1974)를 보라.

관념이 소유적 개인주의를 전제로 하지 않는다는 것을 이해하게 된다면,[59] 권리 테제가 조금 달리 보이기 시작할 것이다. 요약하면 권리는 소극적 자유, 즉 서로 분리된 사적 개인들의 자율성만을 보장하는 것이 아니다. 권리는 또한 시민사회의 공론장과 사적 영역 속에서 개인들이 서로 간의 자율적인 (국가통제로부터 자유로운) **의사소통적 상호작용**뿐만 아니라 개인들이 사회와 국가의 공론장 및 정치적 영역들과 맺는 (물론 시민권을 포함하여) 새로운 관계도 보장한다. 따라서 도덕적 권리가 정의상 몰정치적이거나 반정치적인 것은 아니며, 또한 전적으로 사적 영역─국가가 스스로를 제한해야만 하는 것과 관련한─만을 구성하는 것도 아니다. 그와는 반대로 다른 무엇보다 의사소통, 집회, 결사의 권리들은 시민사회의 공적·결사체적 영역들을 **적극적 자유**의 영역으로 구성한다. 그리고 그러한 자유의 영역 내에서 행위자들은 공통의 관심사를 이루는 쟁점들을 집합적으로 토론하고, 협력하여 행위하고, 새로운 권리들을 주장하고, 정치사회(그리고 잠재적으로는 경제사회)에 영향력을 행사한다. 자유주의 원리뿐만 아니라 민주주의 원리 또한 여기서 그들의 자리를 차지하고 있다. 따라서 시민사회, 국가, 경제의 일정한 분화 형태는 근대 민주주의 제도와 자유주의 제도 모두의 토대이다. 후자는 원자론적 자아도 공동체적 자아도 전제하지 않는다. 오히려 그것은 연합된 자아를 전제한다. 게다가 이 개념에 입각할 때, 권리지향적 자유주의와 민주주의를 지향하는 공동체주의의 철학적 토대와 사회적 전제조건들 간의 근본적 대립은 해소된다. 물론 이러한 시민사회 개념이 소극적 자유와 적극적 자유 간의 관계 문제를 해결하지는 못하지만, 그것은 이 쟁점을 공통의 사회적·철학적 영역 내에 위치시킨다. 바로 이 영역에서 우리는 타협하는 방식, 타자의 관점을 받아들이기 위해 우리 자신의 관

---

[59] 또 다른 자율성 개념에 대해서는 제8장을 보라.

점으로부터 성찰적 거리를 두는 방식, 차이를 존중하는 것을 배우는 방식, 우리가 공통으로 가지고 있는 것을 인식하거나 새롭게 창출하는 방식, 그리고 우리의 전통 중에서 어떤 차원이 보존할 가치가 있으며 어떤 차원이 버려지거나 변화되어야만 하는지를 알게 되는 방식을 학습한다.

이것은 우리를 우리의 모델과 신보수주의 시민사회 모델 간의 차이의 중심으로 인도한다. 신보수주의의 슬로건인 "국가에 대항하는 사회"는 시민사회가 시장 또는 부르주아 사회와 동일하다고 보는 모델에 자주 근거한다. 하지만 이러한 접근방식의 또 다른 견해는 시민사회의 문화적 차원이 갖는 중요성을 인정한다. 우리는 이 두 번째 견해에조차 심각한 이의를 제기한다. 이 견해가 제시하는 국가부담 축소전략은 부분적으로 문화적 가치(예술, 종교, 과학)의 형성 및 전달과 사회화(가족, 학교)에 관련된 제도들을 겨냥하고 있다. '통치 불가능성'이라는 신보수주의 테제의 중요한 구성요소 중 하나가 시민들이 국가에 바라는 과도한 물질적 요구는 복지제도 자체뿐만 아니라 우리의 근대 정치적·도덕적·심미적 문화에서도 역시 기인한다는 주장이다. 일설에 따르면, 근대 문화는 과거에 쾌락주의를 억제하던 전통적 가치와 사회통제 기구들(가족과 같은) 모두를 약화시킨다.[60] 이러한 입장에서 볼 때, 우리는 우리의 정치문화를 재신성화하고, 자제, 규율, 그리고 권위와 업적의 존중과 같은 그러한 비틀거리는 전통적 가치들을 부활시키고, '비정치적인' 질서원리들(가족, 재산, 종교, 학교)을 강화하여, 의존과 비판의 문화를 자기신뢰와 자제의 문화로 대체할 필요가 있다.[61] 따라서 탈규제와 민영화 정

---

60) Daniel Bell, *The Cultural Contradictions of Capitalism* (New York: Basic Books, 1976)을 보라. 엄밀히 말해 벨은 신보수주의자가 아니다. 왜냐하면 그는 경제영역에서 자유민주주의는 물론 사회주의도 옹호하기 때문이다. 신보수주의의 문화적 가정들을 개관하고 있는 것으로는 Peter Steinfels, *The Neo-Conservatives* (New York: Simon and Schuster, 1979)를 보라.

61) 정치적인 것의 재신성화를 찬성하는 논의로는 Edward Shils, *Tradition* (Chicago:

책들을 수반하는 신보수주의의 문화정치는 전통주의적·권위주의적 생활세계를 방어하거나 재창조하는 것에 기초한다.[62]

우리의 시민사회 개념은 상이한 평가를 제시한다. 첫째, 우리는 의미, 권위, 사회통합의 자원들이 (비판적 성찰, 담론적 갈등해결, 평등, 자율성, 참여, 정의의 원리들에 기초하는) 문화적 또는 정치적 근대성에 의해서가 아니라, 오히려 개입주의적 국가의 행정기구가 사회영역으로 과도하게 확장된 것에 의해서, 그리고 점점 반자유주의적이 되어가고 있는 기업경제의 팽창에 의해서 그 토대가 침식되고 있다는 것을 보여주고자 한다. 우리가 보기에, 시민사회의 많은 제도들이 지니고 있는 '전통적인' 위계적, 가부장제적 또는 배제적 성격을 강화하기 (또는 더 나쁘게는 재창조하기) 위해 경제적·정치적 권력을 사용하는 것은 의존성을 조장하는 것이다. 우리는 복지국가의 일부 측면들[63]이 집합체를 파편화하

University of Chicago Press, 1981)을 보라. 우리의 쾌락주의적 문화를 슬퍼하면서 가족적 삶의 부활을 제창하는 논의로는 Christopher Lasch, *The Culture of Narcissism* (New York: Norton, 1979); *Haven in a Heartless World* (New York: Basic Books, 1977)를 보라. 모더니즘적 비판문화를 비판하고 있는 것으로는 다음을 보라. Bell, *Cultural Contradictions of Capitalism*; Alvin Gouldner, *The Future of Intellectuals and the Rise of the New Class* (New York: Seabury, 1979).

62) 미국기업연구소(American Enterprise Institute)가 후원하고 있는 '매개구조'에 관한 일련의 저서들이 적절한 예이다. 다음을 보라. John Neuhaus and Peter Berger, *To Empower People—The Role of Mediating Structures in Public Policy* (Washington: American Enterprise Institute, 1978); Michael Novak, ed., *Democracy and Mediating Structures* (Washington: American Enterprise Institute, 1990); Nathan Glazer, *The Limits of Social Policy* (Cambridge: Harvard University Press, 1988). 이들 저작에서 드러나는 신보수주의적 입장에 관한 탁월한 논의로는 Robert Devigne, "Recasting Conservatism," unpublished doctoral dissertation, Columbia University, 1990를 보라.

63) 분명 복지국가의 모든 측면이 그런 것은 아니다. 비록 AFDC(아동부양가구부조제도)와 같은 프로그램들의 특별한 행정적 필요조건(아버지 역할을 대리하는 남성과 동거하는 자녀는 복지혜택을 받지 못한다는 규칙과 같은)이 의존성을 창출하고 또 굴욕적이기는 하지만, 우리는 사회보장, 의료보험, 실직자 직업훈련 프로

고, 수평적 연대를 파괴하고, 사적 개인들을 고립시켜 국가기구에 의존하도록 만든다는 것에 동의한다. 하지만 무제한적인 자본주의의 팽창도 동일한 파괴적 결과들을 가져온다. 그러나 가족, 전통, 종교 또는 공동체에 호소하는 것은, 만약 자유주의(권리의 원리), 민주주의(참여와 담론의 원리), 정의(연대의 전제조건)의 성과물들이 먼저 방어되고 그 다음에 시민사회 내의 새로운 민주적·평등주의적 형태의 결사체 형태들에 의해 보충되지 않을 경우, 위로부터 너무나도 쉽게 조작되는 허위 공동체의 파괴적 근본주의를 조장할 수도 있다.

게다가 전통을 보존하고자 한 선택이 문화적·정치적 근대성의 보편주의적 전통을 부정할 경우, 그것은 근본주의를 수반한다. 따라서 우리의 모델로부터 다음과 같은 질문이 제기된다. 어떤 전통, 어떤 가족형태, 어떤 공동체, 어떤 연대가 파괴적인 개입에 맞서 방어되어야 하는가? 비록 문화적 근대성 자체가 많은 것 중에서 단지 하나의 전통일 뿐이기는 하지만, 그것의 보편적 동력은 전통에 대한 성찰적인 비권위주의적 관계—즉 스스로에게도 적용될 수 있고 또 이질성보다는 자율성(신보수주의자들이 소중히 한다고 주장되는)을 수반하는 지향—이다. 실제로 문제가 되어온 전통들은 문화적 근대성의 영역에서만, 즉 원칙에 호소하는 주장들을 통해서만 보전될 수 있다. 그러한 토론이 전통, 연대 또는 의미의 폐지를 의미하지는 않는다. 오히려 그것은 각축하고 있는 전통, 욕구 또는 이해관계들 사이에서 판결을 내리는 것과 관련하여 유일하게 수용할 수 있는 절차이다. 따라서 우리의 모델은, 시민사회의 문화와 제

그램, 실업보험, 그리고 주간보호나 양육휴가와 같은 가족지원 제도들이 어떻게 자율성보다 의존성을 창출하는지를 알지 못한다. 그러나 이것들은 경험적 문제이다. 이러한 질문들 배후에 있는 이론적 쟁점은 사회 서비스와 사회적 지원제도들이 얼마나 '실패'를 위한 복지로 상징적으로 구성되는가, 아니면 공동체의 모든 성원을 위한 지원으로 상징적으로 구성되는가 하는 것이다.

도들을 더욱더 근대화하는 것이야말로 복지국가에 대한 신보수주의적 비판가들이 열망한다고 주장되는 자율성, 자기신뢰, 그리고 동료들 간의 연대에 도달하는 유일한 길이라고 지적한다.[64]

우리의 시민사회 개념은 신보수주의 내에 존재하는 또 다른 경향, 즉 복지국가체계에 전형적인 온정주의, 사회공학, 그리고 우리 삶의 관료제화에 대한 유일한 대안은 조종을 시장의 마법에 되돌려놓는 것(그리고 물론 분배정의와 평등주의를 포기하는 것)뿐이라는 주장을 탈신비화하

---

[64] 이 지적은 또한 포스트모더니즘 이론에 입각하여 정치를 구축하고자 하는 최근의 시도들에 대항해서 제기될 수도 있다. '포스트모더니즘'은 자크 데리다(Jacques Derrida), 자크 라캉(Jacques Lacan), 장-프랑수아 료타르(Jean-François Lyotard)와 같은 프랑스 사상가들의 연구를 지칭한다. 이를 탁월하게 개관하고 있는 것으로는 Peter Dewes, *Logics of Disintegration* (London: Verso, 1987)을 보라. 이 일반적인 접근방식을 따라 정치를 발전시키고자 하는 하나의 시도로는 Chantal Mouffe and Ernesto Laclau, *Hegemony and Socialist Strategy: Toward a Radical Democratic Politics* (London: Verso, 1985)를 보라.

포스트모더니즘은 전적으로 근대 생활세계에 근거하며, 결코 전통주의적이지 않다. 게다가 모더니즘의 '동일시의' 논리와 이 논리의 근간을 이루는 주체철학의 이원론에 대한 비판적 고찰은 매우 통찰력이 있다(비록 포스트모더니즘이 유행하기 수년 전에 비판이론가들이 이미 유사한 탐구들을 하기는 했지만). 하지만 이러한 지향을 정치에 적용한 것은 매우 만족스럽지 못하다. 그것의 주된 이유는 그것이 이원론의 한쪽을 다른 한쪽에 비해 선호하는 경향이 있기 때문이다. 그리하여 평등에 대해 차이를, 보편성에 대해 특수성을, 권리에 대해 책임을, 자율성에 대해 관련성을, 그리고 추상적 성찰에 대해 구체적 사고를 옹호한다. 우리가 보기에 이것은 중요한 것을 필요 없는 것과 함께 버리는 경향이 있다. 오히려 과제는 이 이원론의 두 번째 부류의 원리들을, 차이, 다원성 또는 특수성의 위계를 제거하거나 확립하지 않는 방식으로 정식화하는 것이다. 이를테면 우리는 원자론적 개인주의보다는 의사소통적 상호작용의 철학에 기초하여, 동일성을 주장하지 않으면서도 평등을, 즉 다양성, 자율성, 권리를 제거하지 않으면서도 보편성을 생각하려고 시도해야만 한다. 게다가 근대성의 문화적 원리들 그 자체는 그것들의 일방적 적용이나 해석에 책임이 없다. 이들 원리 모두는 새로운 해석들에 열려 있다. 그러나 차이, 특수성, 상황성 그 자체의 편을 드는 것은 그 자체로 우리에게 왜 우리가 차이 또는 타자를 관용하고 인정하고 또는 그들과 의사소통해야만 하는지를 설명하는 데 필요한 이론적 도구를 마련해주지는 않을 것이다.

고자 한다. 이 신보수주의적 '해결책'은 정치적으로 옹호될 수 없을 뿐만 아니라 규범적으로도 바람직하지 못하다. 이것은 또한 다른 어떤 선택지들도 존재하지 않는다는 잘못된 가정에 기초하고 있다. 하지만 우리의 틀은 원칙적으로 제3의 접근방식을 가능하게 한다. 이 접근방식은 경제의 사회침투 또는 국가의 사회침투를, 이들 두 조종 메커니즘들 사이를 왔다 갔다 하는 식으로 교정하려 하지 않는다. 대신에 그것의 과제는 근대 국가와 경제의 자율성을 보장하는 동시에, 이들 두 영역의 정명(定命)에 의한 파괴적 침투와 기능화로부터 시민사회를 보호하는 것이다. 물론 현재로서는 우리는 시민사회를 국가와 경제로부터 구분하는 것과 시민사회가 정치사회와 경제사회의 제도들을 통해 국가와 경제에 성찰적 영향력을 행사하는 것 모두를 주제로 설정할 수 있는 이론의 단지 몇 가지 요소들만을 가지고 있을 뿐이다. 그러나 우리는 우리의 개념이 미래의 이론적 진보를 위한, 그리고 현재 활용할 수 있는 다양한 개념적 전략들을 통합하기 위한 가장 최선의 전망을 지니고 있다고 믿는다. 그것이 수반하는 프로젝트는 국가온정주의의 결과들을, 사회를 또 다른 형태로 식민화하는 것에 의해, 즉 이번에는 규제되지 않는 시장경제에 의해 교정하는 방식을 피하고자 할 것이다. 그것은 사회정책의 과업을 전통적인 복지국가들에서보다 더 탈중앙집중적이고 자율적인, 시민사회에 기반한 프로그램을 통해 달성하고자 할 것이며, 경제적 규제의 과업을 비관료제적이고 덜 강제적인 입법형태, 즉 결과가 아니라 절차에 초점을 맞추는 '성찰적 법'을 통해 달성하고자 할 것이다.[65] 우리가 보기에 이러한 종합적 프로젝트는 "복지국가의 성찰적 지속"이라는 하버마스의 용어뿐만 아니라 "민주주의혁명의 성찰적 지속"이라는 상보적 관념에 의해서도 묘사되어야 한다. 전자가 서구 복지국가들의 맥락에서 제기된

---

65) 이 개념의 발전에 대해서는 제9장을 보라.

다면, 후자는 권위주의 체제의 민주화라는 맥락에서 제기된다. 이 두 관념은 결합될 수 있고 또 결합되어야만 한다. 지금까지의 시민사회 개념의 부활과 발전은 "민주주의로의 이행"을 경험하는 것으로부터 학습해 온 것이었다. 하지만 복지국가와 자유민주주의의 성찰적 지속이라는 관념은 기존의 복지국가에 대한 비판과 복지국가에 대한 신보수주의적 불만자들에 대한 비판이라는 이중의 비판 속에서 학습되어온 것을 통해 동구 민주주의자들의 지적 자원을 풍부하게 할 수 있는 길을 열어놓을 것이다. 이러한 관념들에 의해 영향받은 시민사회 이론은 또한 자유민주주의 국가의 더 많은 민주화를 추구하는 서구의 모든 사람의 프로젝트들에 영향을 미칠 것이다.

1
시민사회 담론

제1장 현대 시민사회의 부활

오늘날 우리는 시민사회의 소생, 재출현, 재탄생, 재구성 또는 부흥을 포함하는 말들을 거듭해서 듣고 있다. 새로 등장하고 있는 정치 패러다임과 근대 세계 초기의 본질적 추세 간의 연속성을 지적하는 이러한 용어들은 한 가지 중요한 측면에서 오해를 불러일으키기 쉽다. 왜냐하면 그것들은 근대적인 어떤 것뿐만 아니라 아주 새로운 어떤 것을 언급하기 때문이다. 부분적으로는 칼 폴라니(Karl Polànyi)에서 유래하는 이 단순한 연대기는 문제가 되는 것을 극히 임시적으로 지적하는 것일 수도 있다. 폴라니에 따르면, 19세기 대부분의 기간 동안 자기조절적 자본주의 시장경제를 대변하던 세력들은 공세를 취하며, 절대주의적·온정주의적 국가로부터 해방되던 중에 있던 자유사회와 자신들을 동일시하고 나섰다. 하지만 폴라니가 적절히 강조했듯이, 19세기 후반과 20세기 대부분에 걸쳐 반전이 일어났다. 현재 근대 국가의 논리와 목표를 대변하는 엘리트들은 자신들이 자본주의 시장사회의 파괴적 경향에 저항하고 도전하는 풍조와 이질적인 일련의 사회집단의 이해관계를 표현한다고 주장하는 데 성공했다. 하지만 폴라니조차도 국가주의 단계 또한 그 한계를 지닐 수밖에 없었다는 점을 예견하지 못했다. 지금까지 15년이 넘는 기간 동안, 시민행동 단체, 결사체, 운동들은 다양하게 묘사되는 사회영역―그것의 형태와 프로젝트는 국가주의와는 명확히 구별된다――을 방어하고 확장하는 일을 점점 더 지향해왔다.

"국가에 대항하는 사회"라는 인식에는 여전히 두 가지 결정적인 모호함이 존재한다. 첫째, 점점 더 중요성을 획득하고 있는 집합행위자 집단들은 자신들의 강령을 공동체주의의 측면에서 표현하려는 어떠한 시도에 대해서도 거부하지만, 다른 집단들은 이상화된 게마인샤프트(Gemeinschaft) 또는 전(前)근대적인 공동체 네트워크, 전통적 연대, 그리고 근대 세계 그 자체에 대항하는 공동체를 여전히 옹호한다. 둘째, '사회'와 시장경제를 동일시하는 다양한 신보수주의적·신자유주의적·자유지상주의적 행동단체들(거의 운동이라고는 할 수 없지만 그 배후에 중요한 세력을 가지고 있는)이 존재한다. 이 두 경향 모두는 퇴행적 형태의 반국가주의이다. 전자가 근대 국가의 배후로 퇴각하여 근대 세계 자체의 본질적인 전제조건을 제거하기를 원한다면, 후자는 고전 자본주의식의 완전히 자기조절적인 시장경제를 가지고 이미 실패한 실험을 되풀이하고자 한다. 첫 번째 경향은 그것이 비록 대부분의 사회운동 내에서 일정한 역할을 지속적으로 수행한다고 하더라도, 일시적으로나마 성공할 가능성은 전혀 없다. 두 번째 경향은 그것이 성공을 거둔 곳 어디에서도 역사가 경제적 자유주의와 온정주의적 국가주의 사이에서 갈피를 잡지 못하게 할 우려가 있다.

우리는 오늘날 고전 정치이론의 전통으로부터 시민사회라는 범주를 구출하기 위한 제3의 프로젝트에는 중요한 요소들이 존재한다고 믿는다. 이들 요소에는 새로운 전통주의에 빠지지 않으면서도 근대 국가와 자본주의 경제 모두에 맞서 사회적 자율성의 가치와 이해관계를 대변하고자 하는 하나의 프로그램을 주제화하려는 시도들이 포함되어 있다. 국가와 시장, 공적인 것과 사적인 것, 게젤샤프트(Gesellschaft)와 게마인샤프트, 그리고 우리가 앞으로 살펴볼 개혁과 혁명이라는 이율배반을 넘어서서 시민사회를 옹호하고 민주화해야 한다는 관념이야말로 오늘날의 자기조직화와 자기구성 형태들에서 나타나는 진정으로 새롭고 공통적인 요소를 특징짓는 최상의 방식이다.

운동과 시민단체 자체 내에 존재하는 자기성찰과 자기인식의 문제들은 때때로 그것들이 공동체주의 또는 자유지상주의와 자신들 간의 차이를 분명하게 인식하는 것을 방해한다. 기껏해야 그 차이는 내부적으로 논쟁을 벌일 수밖에 없는 어떤 이해관심을 표현할 뿐이다. 시민사회 개념과 결부되어 있는 많은 모호한 의미들 이면에 그러한 갈등들이 자리하고 있다. 논쟁에 참여한 많은 사람들과 더불어 이 책이 이러한 갈등 속에서 분명하게 견지하는 입장은 근대 시민사회가 국가뿐만 아니라 근대 경제에 맞서서 스스로의 자율성과 연대형태를 유지할 수 있다는 것이다.

그러한 프로젝트는 사회적·정치적 갈등의 맥락 그 자체에서 출현한다. 이 장에서 우리는 동구와 서구, 북부와 남부의 정치적 맥락을 비판적으로 해석하기 위하여 (비록 상이한 형태 속에서이기는 하지만) 시민사회 범주를 부활시켰던 몇 가지 담론들을 고찰하는 방식으로 그러한 관념을 제시한다. 우리는 각각의 맥락 내에 존재하는 관련된 논의들을 모두 제시하는 것을 목적으로 하지 않는다. 우리는 다만 각 맥락의 관점들 중에서 다른 맥락의 관점과 비교할 수 있는 것을 의도적으로 강조한다. 우리는 이들 해석 및 자기해석의 형태들 속에서 나타나는 개념적 불명확성뿐만 아니라 공통적 요소, 대안적 모델, 중요한 차이들을 규명하고자 노력할 것이다. 우리는 이 책의 나머지 부분들이 시민사회 담론을 더욱더 발전시키는 데 기여함으로써 이 장에서 우리가 언급하는 행위자들과 해석자들에게 이익이 되기를 희망한다.

폴란드의 민주적 대항세력

시민사회와 국가의 대립은 동유럽에서, 특히 1976년부터 초기 자유노조(Solidarity)의 출현과 그 이후에 이르기까지 폴란드 대항세력의 이데올로기에서 가장 극적으로 재현되었다. 국가에 대항하는 사회, 국가에 대항하는 민족, 정치체계에 대항하는 사회질서, 법적 또는 공식적 국가(pays légal or officiel)에 대항하는 현실적인 국가(pays réel), 국가에 대항하는 공적 생활, 공적 권력에 대항하는 사적 삶 등등의 병치는 이미 잘 알려져 있다. 이러한 병치의 배후에 항상 깔려 있는 관념은 전체주의적 또는 권위주의적 국가에 맞서 사회적 삶을 보호하고/하거나 스스로 조직화해야 한다는 것이었다. 아담 미흐니크(Adam Michnik)는 '신진화주의'(new evolutionism)라는 표제 하에 이 개념을 이론적으로 정교화했다.[1] 그는 또한 그것을 가능하게 하는 역사적 조건—아래로부터의 잠재적인 전면적 혁명의 실패(1956년의 헝가리)와 위로부터의 개혁과정의 소멸(1968년의 체코슬로바키아)—을 규명했다.[2] 미흐니크는 그러한 패배로부터 두 가지 교훈을 이끌어냈다. 첫째, 중동부 유럽의 소비에트식 체계의 변화는 단지 일정한 한계 내에서만, 즉 그 동맹체계를 이탈하지 않을 경우에만(1956년의 헝가리는 그것을 위협했다), 그리고 소비에트식 공산당에 의한 국가기관의 통제가 확실히 보장될 경우에만(상이한 형태로이기는 했지만, 1968년의 헝가리와 체코슬로바키아 모두는 그러한 통제에 도전했다) 가능했다. 둘째, 아래로부터의 혁명도 위로부터의 개혁도 실

---

[1] 그의 논의는 엄밀한 이론적 스타일이 아니라 에세이 스타일이기는 하다. 특히 Adam Michnik, "A New Evolutionism," *Letters from Prison and Other Essays* (Berkeley: University of California Press, 1985)를 보라.
[2] 원칙적으로 후자 또한 집권당 내부의 극적인 민주화 때문에 잠재적으로 무제한적이었다.

제로 가능한 것을 성취하기 위한 전략으로 작동할 수 없었다.

이러한 맥락에서 시민사회를 바라보는 관점은 이중적인 방향전환을 목표로 한다. 첫째, 국가에 대항하는 사회라는 병치는 전선을 지적할 뿐만 아니라 민주화의 표적이 전체 사회체계에서 엄밀한 의미에서의 국가기관 밖에 존재하는 사회로 바뀌었음을 보여준다. 따라서 이 개념은 분명 다양한 차원의 사회적 삶이 국가-행정적 형태의 침투에 반격하는 것을 함의하지만, 그럼에도 불구하고 그것은 애초부터 그것에 내장된 자기제한 관념을 가지고 있다. 그리하여 정당이 국가영역(비록 위축되고 있기는 하지만)에서 차지하는 주도적 역할은 도전받지 않을 것이다.

둘째, 이 개념은 또한 변화의 대행자 또는 주체가 사회혁명이 아니라 아래로부터의 조직화된 압력의 결과 성취되는 구조개혁을 목적으로 하는 독자적 사회, 보다 정확히 말하면 자기조직적인 사회여야 한다고 지적한다. 이 두 가지 측면은 자유노조 시기 야체크 쿠론(Jacek Kuron)이 주조한 '자기제한적 혁명'(self-limiting revolution)이라는 용어에 의해 결합된다. 그 당시에 이 새로운 개념은 새로운 유형의 사회적 행위자의 자기인식을 촉진시키는 데 엄청난 힘을 보여주면서 그 진가를 발휘했다. 그렇기는 하지만 '신진화주의' 또는 '자기제한적 혁명'은, 그 논리가 비민주적이고 사회의 자기조직화와 부합되지 않는다고 이해되던 혁명전통과 전략적으로는 물론 규범적으로도 단절했다는 점을 지적해야만 한다.[3] 프랑스혁명에서부터 러시아혁명과 중국혁명에 이르기까지 모든 주요 혁명들은 그것들이 본래 의존했던 사회세력들을 탈동원했을 뿐만 아니라, 가능한 한 오랫동안 이들 세력이 재출현하는 것을 근원적으로 봉쇄하는 것을 의미하는 독재의 조건을 확립했다. 물론 '자기제한적 혁명' 프로젝트는 정반대의 목표, 즉 고도로 접합되고 조직화되고 자율적이고 동원 가능한 시민사회를

---

3) Michnik, *Letters from Prison*, 86, 88, 95.

아래로부터 건설한다는 목표를 가지고 있다.

여기서는 이 개념이 갖는 전반적인 이론적 설득력에 대해서는 논의하지 않고, 폴란드의 민주적 대항세력을 배경으로 그것을 정교화하는 과정에서 발생한 몇 가지 심각한 모호성만을 지적하고자 한다.[4] '사회'와 '시민사회'라는 용어는 같은 것인가? 결국 이 두 용어는 모두 독자적인 여론과 의사소통의 형태들뿐만 아니라 복수의 독자적인 형태의 집단들(결사체, 제도, 집합체, 이익대표체)을 지칭한다. 달리 표현하면, 시민사회가 어떻게 사회변화의 동인이자 동시에 그 결과가 될 수 있는가? 물론 누군가는 사회와 시민사회를 구분함으로써 이 난제를 해소하고자 시도할 수도 있다. 1980년 8월과 9월의 그단스크 파업과 그 결과 맺어진 협약에서처럼, 시민사회가 사회의 한 형태, 즉 법적 메커니즘이나 권리에 의해 제도화된 형태를 의미할 수도 있다.[5] 그러나 모호성은 여전히 남아 있을 수 있다. 왜냐하면 권위주의적인 국가사회주의적 환경(독립적인 법원의 부재, 분명하고 명확한 법전의 부재, 조직화된 법률전문직의 부재)에서 '권리'는 원칙에서뿐만 아니라 정치적 관행—그것의 폐지 가능성을 부단히 입증하는 것에 의존하는—에서도 쉽게 폐지될 수 있기 때문이다. 게다가 1976년 이후 12년에 걸친 자율적인 문화형태들의 영속성과 성장이 증명하듯이, 심지어는 권리 없이도 공적 계몽과 자기조직화를 통해 제도적 연속성은 분명 달성될 수 있다.[6]

또 다른 일단의 개념적 난점이 사회라는 관념에 대한 해석, 이른바 전체주의적인 상황에서의 사회의 자기조직화에 대한 해석을 둘러싸고 발

---

4) A. Arato, "The Democratic Theory of the Polish Opposition: Normative Intentions and Strategic Ambiguities," *Working Papers of the Helen Kellogg Institute* (Notre Dame, 1984).
5) Michnik, *Letters from Prison*, 111, 124.
6) Ibid., 77.

생한다. 이와 관련하여 한 견해(미흐니크)는 면밀하게 규정된 제도적 복합체(교회)나 역사적 시기(1956년, 1970-71년 그리고 1976년 이후)를 제외하고는, 모든 사회적 연대가 말살되고 그 결과 사회적 원자화가 발생했다고 역설했다. 신진화주의 이론에 보다 부합하는 또 다른 입장은, 그 의도가 무엇이든지 간에 사회를 실제로 원자화하거나 아니면 가족, 대면적 집단, 문화적 네트워크를 완전히 해체하고자 하는 전체주의는 실패하게 되어 있다고 주장한다.[7] 하지만 이 입장이 타당하기 위해서는 전체주의 테제를 '신진화주의'의 이론적 틀로 대체할 하나의 패러다임이 산출되었어야 한다. 그러나 그런 일은 실제로는 결코 시도되어본 적도 없다.

원칙적으로 보다 심각한 것은 구성되거나 아니면 재구성되어야 하는 시민사회의 유형과 관련하여 명확성이 결여되어 있다는 점이다. 무엇보다도 개념적 혼동은 많은 점에서 자유주의적 시민사회 모델과는 양립할 수 없는 연대주의적 노동자운동에 참여함에도 불구하고, 모든 입장이 흔히 이 자유주의적 모델에 대해 공개적으로 비판적인 태도를 취하기를 꺼린다는 데서 기인한다. 1980년대에는 점점 더 많은 사람들(이를테면 『레스푸블리카』(*Respublica*)의 편집자들인 크롤[Krol]이나 스피박[Spievak])이 경제적 개인주의 그리고 중요한 권리로서의 소유와 기업활동의 자유에 기초하는 형태의 자유주의 모델을 옹호하고 나섰다. 심지어 자유노조의 첫 번째 위대한 시기 동안(1980-81년) 자유노조와 긴밀한 관계에 있었던 사람들 주변에서조차 다양한 시민사회 개념을 둘러싸고 의견불일치가 발생했다. 한편에서 문화적 모델(보이치츠키[Wojcicki])이 정치적 구상(노동자권리보호위원회; KOR)과 대치하고 있었다면, 다른 한편에서는 대중운동과 제도에서 필요한 민주주의의 수

---

7) K. Wojcicki, "The Reconstruction of Society," *Telos*, no. 47 (Spring 1981): 98-104.

준을 놓고 뜨거운 논쟁을 벌이고 있었다. 새로운 시민사회가 다원적이어야 한다는 것이 일반적으로 인정되었던 반면,[8] 이러한 다원성에 대한 관심에 부합하는 하나의 단일한 포괄적인 조직이 필요하다는 점은 일시적으로 받아들여졌다.[9] 그렇지만 일단 그러한 조직이 출현하여 '전체주의적' 권력에도 불구하고 어떻게든 살아남게 되면, 과연 그것으로부터 모든 것을 포괄하려는 단일체적 경향을 쉽게 제거할 수 있을까?

특히 현실정치에서 시민사회와 국가의 이원적 틀을 정식화하기란 훨씬 더 어렵다는 것이 입증되었다. 자유노조가 제시한 것처럼 시민사회는 전적으로 몰정치적이며 '권력'에 무관심했는가? 아니면 시민사회가 종래의 의미에서의 국가를 다소 불필요하게 만드는 하나의 자치공화국으로 확대되었어야 했는가? 때로는 심지어 동일한 저자에게서도 이 두 개념의 여러 측면들이 동시에 발견된다.[10] 만약 당-국가가 단지 소비에트 권력의 대리자로서 군대, 경찰, 외교정책을 맡고 있을 뿐이고 그것이 부분적으로 하나의 전문 관료집단으로 전환된다면, 자기조정적 사회체계는 자기제한 관념을 부정하게 되지는 않을까?[11] 다른 한편 만약 이원론적 개념이 사회조직과 당-국가기구 간의 제도적 타협 메커니즘을 요구한다면, 개혁되지 않은 당-국가와 함께 새로운 유형의 사회에 기초한 혼종체계를 건설한다는 관념은 사리에 맞는 것인가? 그리고 만약 공식제도들, 특히 정당 자체의 개혁이 기대되거나 심지어는 추진될 수밖에 없

---

8) "Not to Lure the Wolves out of the Woods: An Interview with Jacek Kuron," *Telos*, no. 47 (Spring 1981): 93-97.
9) 그것은 일부에 의해서는 비판적으로, 그리고 다른 사람들에 의해서는 열광적으로 받아들여졌다. 투렌이 (통일된) 사회운동과 (다원적) 사회의 재구성을 위한 운동 간을 구분한 것은 이와 관련한 모호성을 기술하는 데 도움을 준다. A. Touraine et al., *Solidarity: Poland 1980-1981* (Cambridge, England: Cambridge University Press, 1983)을 보라.
10) 이를테면 Michnik, *Letters from Prison*, 89-90, 129, 158과 비교해보라.
11) 각주 8에서 인용한 야체크 쿠론과의 인터뷰를 보라.

다면, 만약 당내 실용주의자들이 동맹자까지는 아니더라도 협력자로 간주될 수 있다면, 자주 강조되어온 사회운동의 독자적 정체성은 유지될 수 있는가?[12] 만약 많은 쟁점들과 관련하여 당내 실용주의자들과 운동 부문이 잠재적으로 다른 반국가 대항세력의 성원들보다도 서로 더 가깝다면, 이것은 무엇을 의미하는가? 자신의 정체성을 인식하고 있는 조직화된 사회만이 타협할 수 있다고 대답하는 것만으로는 충분하지 못하다. 왜냐하면 바로 그러한 통일성이 당내 잠재적 협력자들을 탈동원화하는 경향이 있었기 때문이다. 조직화된 사회가 모든 정당성에 대항하는 데 성공하는 상황에서 집권당은 자신의 심각한 정체성 문제를 좀처럼 해결할 수 없었다. 새로운 정당정체성이 없을 경우, 당내 실용주의자들은 모든 행동의 자유를 상실했다. 그리고 정당성을 지니지 못한 정당수뇌부에게 유일하게 남은 행동의 자유는 노골적으로 통치권력을 행사하는 것뿐이었다.[13]

여기서 간단히 언급한 많은 난점들이 시민사회 또는 적어도 안정적인 형태의 시민사회를 재건설하는 데 실패하게 했다. 하지만 그러한 실패 그 자체가 국가와 사회 간의 대립에 관한 새로운 모델의 측면에서 다시 재해석할 수 있는 새로운 일련의 사회적 관계를 산출했다. 따라서 '정상화'가 실패한 상황에서도, 원래의 '신진화주의적' 개념은 미흐니크와 같은 이론가이자 활동가인 사람들에게 여전히 기본적인 형태의 정향으로 남아 있었다. 의심할 바 없이 이제는 계엄령 국가가 (내키지는 않더라도) 자기제한을 실행하는 쪽으로 전환했다는 사실이 독자적인 사회가

---

12) Michnik, *Letters from Prison*, 146-147.
13) 1980-1981년 자유노조 초기에 발생한 시민사회 재구성의 문제에 관한 광범위한 분석으로는 다음을 보라. A. Arato, "Civil Society against the State: Poland 1980-1981," *Telos*, no. 47 (Spring 1981): 23-47; "Empire vs. Civil Society: Poland 1981-1982," *Telos*, no. 50 (Winter 1981-1982): 19-48.

어떻게든 방어될 수 있다는 관념을 다시 소생시켰다. 미흐니크에 따르면, '독자적인 시민사회'는 전멸하지 않았다. "이러한 상황은 승전 강화 조약 이후의 공산주의체계보다는 군사쿠데타 이후의 민주주의와 유사하다."14)

"자율성을 획득하기 위한 방법을 모색하는 사회와 전체주의적 권력 간의 극적인 레슬링경기"와 "조직화된 시민사회와 권력기구 간의 교착된 전쟁"과 같은 전쟁 은유들이 재등장했음에도 불구하고,15) 이 새로운 상황은 문화적인 독자적 사회 모델이 진가를 발휘하고 있음을 보여주는 것이었다. 중요한 독자적 활동으로는 출판, 강연, 토론 그리고 교육이 있었다. 여러 해 동안 민주적 구조와 관행의 도덕적 토대, 즉 민주적 정치문화를 구축하는 것만이 희망인 것처럼 보였다. 군대-국가는 이러한 추세에 맞서기에는 무력해 보였지만, 그것은 그것의 중요한 정치적 대항자인 지하 자유노조를 주변화시키는 데 어느 정도 성공했다. 하지만 독자적인 문화 메커니즘과 연계되어 있던 자유노조는 여전히 살아남아서 일정한 역할을 계속해서 수행했다.

그럼에도 불구하고 그러한 상황에서 시민사회 패러다임 속으로 이동하고 있던 민주적 대항세력은 다음과 같은 질문에 직면하지 않을 수 없었다. 이데올로기적으로 점점 더 다원화되고 있는 독자적 문화가 생존하고 그리고 더 나아가 극적으로 팽창하여, 실제적인 요구를 할 수 있는 지상의 정치조직들이 재등장할 수 있는 토대가 되는 것은 언제 그리고 어떤 방식으로 가능한가? 체제가 경제위기에 대처하는 데서 노정한 무능력—1980년과 1981년에는 동일한 위기를 주민의 저항을 부식시키는 데 이용했다—은 대항세력에게 새로운 기회를 제공했다. 상대적으로

---

14) Michnik, *Letters from prison*, 81.
15) Ibid., 57, 79.

자유로운 국민투표를 통해 체제의 정당성을 회복하고 그것을 통해 긴축 프로그램을 강제할 수 있는 조치를 취할 수 있는 기회를 찾고자 했던 전략은 1987년에는 단지 부분적으로만 조직화되었을 뿐인 대항세력에 직면하며 실패했다. 이러한 상황과 1988년 봄과 여름의 파업운동의 상황에서, 체제가 중요한 정책을 시작할 수 있는 협력자들을 필요로 했다는 것, 그리고 오직 복원된 자유노조만이 신뢰할 만한 협력자가 되기에 충분할 만큼의 광범위한 충성심을 강요할 수 있다는 것이 분명해졌다.

자유노조 지도부의 관점에서 보면, 경제위기를 감안할 때 그리고 계속적인 양극화 과정에서 체제와 대항세력 모두가 동시에 약화될 것이라는 전망을 감안할 때, 위로부터의 개혁을 추진하거나 그것을 활용하지 않는다는 것은 분명 비생산적일 수밖에 없었다. 왜냐하면 그동안 이러한 개혁은 진정한 시민사회를 제도화하는 데 실제적인 이득을 가져다주었기 때문이다.[16] 제2의 파업물결이 협상을 통해 '해소'된 후에는 다음과 같은 것이 쟁점이 되었던 것으로 보인다. 과연 체제는 성공적인 경제개혁을 위해 요구되는 강력한 긴축조치를 정당화하기에 적합한 거래가 될 수 있을 정도로 충분한 양보를 할 수 있을 것인가? 그러한 극히 최소한의 양보조차도 시민사회를 합법화하는 요소들을 포함하지 않을 수 없었지만, 주민들에게 충분히 민주적이면서도 여전히 체제의 성원들이 수용할 수 있는 어떤 형태가 발견될 수 있을지는 전혀 확실하지 않았다. 게

---

16) 자유노조 지도부는 노동조합운동의 재합법화를 목적으로 하여 협상에 들어갔다. 1980년 8월의 시민사회지향적 전략의 정신을 따르는 만큼, 지도부는 진정한 권력 없이 책임만 떠맡게 될 수도 있는 권력분담에 대해서는 어떠한 타협도 피하고자 했다. 자유노조가 하원의 1/3석을 통제된 선거로 채우는 안을 받아들여만 했던 것이 체제가 노동조합을 합법화한 것에 대한 대가였다면, 상원의 자유선거 방식은 대항자들도 동의한 타협안이었다. 그것의 실제 결과는 그 어떤 참여자들도 예견할 수 없는 것이었다. 하지만 그것은 무엇보다도 자유노조의 전략과 그것의 정체성 일부를 정치사회 쪽으로 이전시켰다.

다가 상이한 이해관계 그리고 점점 더 분화되는 이데올로기를 가진 사회가 근본적 변화나 사회적 붕괴 말고는 더 이상 다른 어떠한 대안도 존재하지 않는 위급상황에서 최소한의 통일성을 유지할 수 있을지도 확실하지 않았다. 그렇다면 시민사회와 국가를 대치시키는 틀 내에서 근본적 변화를 개념화하는 것이 여전히 가능할 수 있을 것인가?

프랑스 '제2의 좌파' 이데올로기

민주화의 문제가 시민사회의 재구성과 관련하여 제기되는 것은 비단 권위주의 체제 하에서만은 아니다. 1970년대 중반 프랑스의 일부 주요 지식인 집단과 다양한 집합행위자들 사이에서 시민사회라는 범주가 민주적 프로젝트를 지칭하는 최고의 표현으로 소생했다.[17] 물론 전체주의에 대한 비판과 동유럽의 불화에 대한 동정심이 가장 커다란 지적 중요성을 지니고 있던 것도 바로 프랑스였다.[18] 또한 그곳에서는 전체주의

---

17) 이와 가장 깊은 관련이 있는 저자들이 바로 클로드 르포르(Claude Lefort), 앙드레 고르(André Gorz), 알랭 투렌(Alain Touraine), 자크 줄리아르(Jacques Juilliard), 피에르 로장발롱(Pierre Rosanvallon), 파트릭 비브레(Patrick Viveret)이다. 이들 지식인 모두에게 1968년은 좌파정치의 중요한 전환점이었으며, 그들은 그것으로부터 권위주의적 결과가 아닌 민주적이고 자유주의적인 결과를 도출해냈다. 그들은 1970년대 사회당의 로카르(Rocard) 진영과 CFDT 노동조합에 다양한 정도로 관계했다. 특별히 복 받은 용어는 아닌 '제2의 좌파'라는 말이 그 주창자들에 의해 그러한 추세에 붙여진 것이라면, 반대자들은 추측컨대 그들이 새로운 사회운동과 시민사회를 강조한다는 이유에서 그들을 종종 '미국좌파'로 칭했다. CFDT의 역사에 대해서는 Hervé Hamon and Patrick Rotman, *La deuxième gauche* (Paris: Editions Ramsay, 1982)을 보라.
18) 그 이유를 밝히기 위해 하나의 별개의 연구를 진행하는 것도 가치가 있을 것이다. 우리는 개조되지 않은 채 남아 있던 공산당이 1970년대에도 여전히 중요한 지위를 차지하고 있었다는 것과 국가주의적인 자코뱅식 정치문화가 광범위하게 존재했다는 점이 프랑스를 다른 서유럽 국가들과 구별시켜주는 것이라고 강조하고자 한다. 분명 프랑스에서 사회당이 지배적인 좌파전통에 맞서 스스로를 규정하고자

를, 모든 사회적 결속을 국가화된 관계로 대체하는 것을 포함하여 시민사회의 독자적인 사회적 삶이 정당/국가에 의해 흡수되는 것으로 정의했다. 시민사회에 대한 프랑스의 '담론'은 동구에서의 사태전개에 대한 동정적 이해에서 파생된 것이 분명해 보인다. 그렇다면 그렇게 도출된 하나의 범주를 다당제 의회국가를 가지고 있는 서구 자본주의 사회에 그대로 적용할 수 있는가?

프랑스에서는 이러한 이론적 움직임을 정당화하기 위해 세 가지 논거가 사용되어왔다. 첫째 그리고 동유럽과 가장 유사하게, 프랑스 좌파(그리고 공산당만이 아니다)의 정치문화는 전체주의적 현상—즉 분열이나 갈등 없는 사회라는 환상에 기초하고 있는 혁명 관념에서 유래하는 국가주의적 정치문화—과 깊이 관련되어 있는 것으로 인식된다.[19] 역설적이게도 자신의 존재 그 자체가 사회의 다원성, 갈등, 대립을 상징하는 좌파가 바로 그러한 전제들을 거부하고, 국가가 진보의 도구이자 갈등을 벗어난 바람직한 사회를 창조하는 대행자로 이용되기를 바라고 있다.

둘째, 프랑스의 정치생활에서 중앙집권화된 근대 국가가 수행하는 실제적 역할은 전통적으로 대부분의 서구 민주주의 국가들에서보다 더 크다. 이와 관련하여 누군가는 여기서 이를 크게 과장하여 독자적인 '시민사회'의 많은 차원들을 억압하는 '전체주의적인' 국가주의 경향에 대해 거론할 수도 있다.[20] 셋째이자 마지막으로, 헤르베르트 마

노력했던 것과 마찬가지로, 1968년 5월의 유산을 둘러싼 투쟁 또한 중요한 역할을 수행했다.
19) Pierre Rosanvallon and Patrick Viveret, *Pour une nouvelle culture politique* (Paris: Seuil, 1977), 22-24.
20) Ibid., 7, 129. 토크빌이 처음으로 주장한 이 논점은 1960년대 다원주의 정치이론에 의해 프랑스 예외주의와 프랑스 급진주의운동의 존재를 설명하기 위해 채택되었다.

르쿠제(Herbert Marcuse)의 테제 또는 코르넬리우스 카스토리아디스(Cornelius Castoriadis)의 1950년대와 1960년대 초반 저술에서 나타나는 그 테제의 보다 세련된 프랑스판을 상기한다면, 누군가는 (다시 한 번 크게 과장하여) "자본주의는 더욱 '전체주의적'이 되어서 사회활동의 모든 영역을 경제활동이라는 단일 차원 아래로 삼켜버려왔다"고 주장할지도 모른다.[21]

국가와 자본주의에 관한 나중의 이 두 테제는 (자본주의적) 복지국가가 사회에 행정적으로 침투한 결과 모든 자율적 사회연대가 파괴된다고 주장하는 또 다른 테제로 수렴된다. 물론 이러한 노선의 주장이 동유럽의 분석에서 파생한 패러다임에 프랑스를 이론적으로 동화시키는 것은 아니다. 로장발롱(P. Rosanvallon)과 비브레(P. Viveret)가 우리에게 경고하듯이, 심지어 이 세 가지 테제를 하나로 묶는다고 하더라도 그것이 자본주의적 민주주의 국가들을 마르쿠제가 말하는 의미에서 전체주의적인 것으로 보는 개념이 되지는 않는다. 그러나 이러한 제한이 하나의 장점이 된다. 왜냐하면 동구에서는, 즉 철저하게 전체주의적인 사회에서는 어떠한 내부 반대도 가능하지 않다고 주장되는 반면, 프랑스 사회의 전체주의적 경향은 시민사회와 정치사회의 재구성을 포함하는 역경향들과 정면으로 충돌할 수도 있기 때문이다.

프랑스의 논의가 시민사회, 정치사회, 국가라는 토크빌식 삼분 구분을 유지하고 있다는 점은 주목할 만한 가치가 있다. 거기서 시민사회는 계급관계를 가로지르는 사회적 결사체—집합적 서비스를 제공하는 근린집단, 상호부조 네트워크, 지역 기반의 구조들—의 측면에서 정의된다.[22] 보다 역동적으로 시민사회는 새로운 형태의 삶, 새로운 유형의 연

---

21) Ibid., 112.
22) Pierre Rosanvallon, *La crise de l'État-providence*, revised edition (Paris: Seuil, 1981), 117.

대, 그리고 협동과 노동의 사회적 관계를 발전시키기 위한 사회적 실험의 공간으로 인식된다.[23] 다른 한편 정치사회는 집단의 자율성과 집단들 간의 갈등표출이 옹호되고 집합적 선택을 둘러싼 논쟁과 토론이 발생하는 공간으로 이해된다.[24] 따라서 정치사회 개념은 공론장을 그것의 중요한 차원으로 포함한다. 그러나 갈등(그리고 협상과 타협)을 강조하는 것에서 알 수 있듯이, 정치사회가 완전히 공론장으로 환원될 수는 없다.

시민사회와 정치사회는 결코 서로에게로 환원되지 않는다. 개념상 정치사회를 제거하거나 또는 그것을 시민사회로 다루는 것은 시민사회와 국가를 엄격하게 병치하는 것이다. 비브레와 로장발롱은 이 대안을 자유주의, 몰정치적·유토피아적 무정부주의, 또는 국가주의에 대한 대안으로서의 조합주의 중에서 하나를 선택한 것으로 다양하게 (그리고 다소 혼란스럽게) 설명한다.[25] 하지만 정치적 매개체 없이 시민사회가 국가에 직면하여 본연의 모습을 언제까지나 유지할 수 없기 때문에, 이 모델은 하나의 새로운 국가주의적 결과를 예시한다. 하지만 오직 정치사회만을 옹호하고 확장하는 것, 즉 모든 시민적 구조 그 자체를 정치화하고자 하는 것은 과잉정치화된 민주적 또는 자기관리적(autogestionaire) 유토피아주의—정치적 무정부주의와 평의회 공산주의가 이와 관련한 대표적인 역사적 개념들이다—를 낳는다. 하지만 정치사회의 자기조직화 형태들이 독자적이지만 몰정치적인 형태의 연대, 상호작용, 집단생활의 보호와 발전 없이 유지될 수 있는지는 의문스럽다.

프랑스의 논의에서 사용되는 것과 같은 구체적 형태로 시민사회와 정치사회 간의 엄격한 개념적 구분을 유지하기는 어렵다. 공적 의사소통

---

23) Rosanvallon and Viveret, *Pour une nouvelle culture politique*, 113ff.
24) Ibid., 103, 129.
25) Ibid., 129-130.

의 구조뿐만 아니라 연대와 갈등 또한 그러한 분할의 양편 모두에서 발견된다. 하지만 그러한 구분이 정치적으로 충분한 의미를 지니는 까닭은 그것이 사회의 과잉정치화를 조장하지 않으면서도 민주주의 정치가 국가를 떠나 사회로 방향을 전환하는 것을 함의하기 때문이다. 따라서 혁명전통을 민주주의 이론의 용어로 그대로 번역하는 것은 회피된다. 이런 연유에서 비브레와 로장발롱은 민주화와 민주주의의 자기한계 모두를 고려하고자 시도한다. 달리 말해, 권리에 의해 확보되는 사적·자발적 결사체의 영역으로서의 시민사회라는 자유주의적 시민사회 모델의 핵심적 구성요소들은 비전문적인 행위자—즉 시민—의 공공성 및 정치적 영향력이 지닌 '민주적' 차원 또한 포함하는 모델 속에서도 계속 유지된다.[26]

하지만 그 목적은 단지 혁명에서 민주적 개혁주의로의 움직임(사회민주주의에 전형적인)을 권고하는 것만이 아니다. 혁명 아니면 개혁이라는 낡은 이원론의 두 축은 그 요구구조를 통해 각기 국가로[27] 그리고 계급분열의 측면에서 이해되는 사회로 나아갔다. 시민사회와 정치사회로의 방향전환은 민주화의 장소를 국가에서 사회로 재배치하고, 정치사회를 주로 집단, 결사체, 공적 공간의 측면에서 이해한다. 클로드 르포르가 주장했듯이, 그러한 전략이 의지하는 행위자는 계급이 아니라 시민사회 내에서 구성되는 사회운동이다.[28] 비브레와 로장발롱의 개념 속에서 사회운동은 정치사회에서 이용할 수 있는 매개체들을 통해, 즉 (더 이상 이데올로기적이지 않은 포괄정당을 대체하는) 정당을 재구성하고 (기존 미디어의 헤게모니와 그간 비공론(nonpublic opinion)의 측정, 즉 여론

---

26) Ibid., 97-98.
27) Ibid., 112. 또한 Claude Lefort, "Politics and Human Rights," *The Political Forms of Modern Society* (Cambridge: MIT Press, 1986), 266도 보라.
28) Lefort, "Politics and Human Rights."

조사로 축소되어온 정치 커뮤니케이션의 헤게모니를 종식시키는) 토론과 논쟁의 장으로서의 공적 포럼을 부활시킴으로써 정치적 지위를 획득한다.

비브레와 로장발롱의 개념은 프랑스 좌파의 한 분파, 즉 1970년대 사회당 내의 로카르 그룹과 CFDT 노동조합을 지향한 이른바 '제2의 좌파'의 자기인식을 고취하기 위해 고안된 것이었다. 이 독창적 개념이 더욱더 발전함에 따라, 시민사회의 재구성은 사회당의 권력장악이 분수령이 되었던 당시 정치사의 측면에서 훨씬 더 중요한 역할을 부여받았다. 시민사회 본연의 모습은 사회당이 장악한 국가와 정치사회에 마주해서조차 보존되어야만 했다. 하지만 이론적으로 정치사회가 시민사회와 국가 간의 매개체라는 측면에서 이해되었기 때문에, 정치사회의 재조직화는 보다 근본적인 사회적 결속을 재구축하는 것을 전제로 하는 것이었다. 누군가는 이것과 케인스적 국가주의의 관계를 통해 당시 의기양양하던 프랑스 사회주의 내의 한 강력한 분파가 바로 이 수준을 위험에 빠뜨린 것을 쉽게 이해할 수도 있었다. 로장발롱이 강력하게 주장했듯이, 복지국가는 무엇보다도 사회적 네트워크, 결사체, 연대를 해체하여 그것들을 국가-행정적 관계들로 대체한다. 복지국가가 최고로 발전한 나라들에서 복지국가는 점점 더 비효율적이고 비효과적인 사회조종 전략임이 입증되었을 뿐만 아니라, 더욱 중요하게는 그것의 초기 성공 또한 상호성, 자조 그리고 수평적 협력의 형태들을 체계적으로 조직화된 기능들로 대체함으로써 진정한 연대성의 위기를 수반했다. 이를테면 사회국가주의(social statism)의 상황에서 발생한 인간관계의 물화(物化)는 자본주의 시장경제의 효과에 필적했다. 따라서 시민사회지향적 프로그램은 사회국가주의와 신자유주의 사이의 제3의 길만이 아니라 이 둘과는 질적으로 다른 어떤 길을 제시해야만 한다. 왜냐하면 사회국가주의와 신자유주의 간의 대립에도 불구하고,

그 둘은 연대관계에 미치는 영향의 측면에서는 서로 유사한 것으로 인식되기 때문이다.

  이 분석에서 극히 모호한 것이 시민사회에 기초한 대안의 성격이다. 그것은 새로운 네트워크, 새로운 형태의 중재, 그리고 결사체를 지역적·대면적 연대의 원천으로 창조하는 것을 포함하는 '보다 두터운 시민사회'에 대한 요구를 넘어선다. 분명 이러한 일반적 전제는 시민사회의 매우 상이한 형태들과 양립할 수 있다. 로장발롱은 1960년대와 1970년대 공동체주의의 실패를 지적하면서, 조합주의적 형태의 사회로 복귀하는 것을 피하고자 노력한다.[29] 하지만 그는 개인의 자율성과 새로운 자발적 형태의 연대를 화해시키는 문제에 대한 이론적 답변 가능성 그 자체에 대해서는, 즉 국가주의, 신자유주의, 조합주의, 공동체주의를 넘어설 수 있는 어떤 모델이 존재할 수 있는지에 대해서는 회의적이다. 일반적으로 그는 복지국가에 대한 요구의 (점증적) 축소와 새로운 형태의 사회성 구축 간의 상보적 관계를 설득력 있게 주장한다. 하지만 그가 후자와 관련하여 제시하는 목록은 제한적이다. 그는 개인에 기초하는 새로운 형태의 집합적 서비스와 비시장·비국가지향적인 음성적 형태의 경제활동 구조들의 존재와 중요성에 주목한다.[30] 그러나 그는 그것들을, 요구되는 것의 단지 첫 번째이자 가장 원시적인 형태일 뿐으로 이해한다. 그가 국가주의적도 개인주의적도 아닌 사회에 의해 만들어진 새로운 유형의 법적 구조의 필요성을 강력하게 주장하지만, 그와 같은 법의 성격과 관련하여 또는 그것이 현행의 사법 및 공법과 맺고 있는 관계와 관련하여 우리가 발견할 수 있는 것은 거의 없다. 새로운 사회규범, 새로운 문화적 정체성, 새로운 공론장을 확립하기 위한 프로젝트들이 모호하

---

29) Rosanvallon, *La crise de l'État providence*, 120-121, 136.
30) André Gorz, *Farewell to the Working Class* (Boston: South End Press, 1982)를 보라.

게나마 상정되어 있지만, 새로운 사회적 행위자(운동)가 그것들 중 어떤 것과 맺고 있는 관계에 대해서도 우리가 알 수 있는 것은 거의 없다. 게다가 거기에는 새로운 형태의 사회성을 구축하는 데서 나타나는 연대와 갈등의 관계와 관련하여 다소 심각한 모호성이 존재한다.

이 분석이 보다 설득력을 지니는 경우는 그것이 타협의 문제를 다룰 때이다. 로장발롱은 (1) 자본주의 기업가와의 타협(자본이용의 합리성과 이동성을 자주관리과 자유시간과 교환하는 것), (2) 관료제적 국가와의 타협(요구의 축소와 자율적인 집합적 서비스 형태들의 인정을 교환하는 것), 그리고 (3) (새로운 민주적 형태의 공적 토론, 협상, 이해결집을 이루어내는 것을 포함하여) 사회 자체 내에서의 타협이 필요하다고 가정한다. 하지만 두 포스트복지국가 프로젝트, 즉 자주관리적 규제를 내세우는 포스트케인스주의 프로젝트와 사회 내적 규제를 내세우는 포스트사회민주주의 프로젝트가 그러한 형태의 타협 이면에서 강제력을 산출할 수 있는 근본적인 효력을 어떻게 가질 수 있는지는 여전히 불확실하다. 추측컨대 각기 정치사회(자주관리)와 시민사회(사회 내적 규제)를 대변하는 이 두 프로젝트의 관계는 매우 불명확하다. 여기서 정치사회는 시민사회를 정치적으로 재접합시키기 위해서라기보다는 전적으로 하나의 경쟁 모델로서 도입된다. 그러나 공적 토론과 자주관리 사이를 오락가락하는 정치사회 관념은 그 성격이 불확실하다. 왜냐하면 자주관리 개념이 정치사회를 노동세계에 또는 기껏해야 산업민주주의에 순응시킬 우려가 있기 때문이다. 이에 비해 개인주의적인 시민사회 개념과 연대주의적인 시민사회 개념 사이에서 동요하는 사회 내적 규제의 관념은 지금까지 성취해온 것의 일부, 즉 국가주의적인 개인주의 논리에 대한 비판을 포기하게 할 우려가 있다. 산업민주주의가 어쩌면 민주적 정치사회와 유사한 방식으로 재인식될 수 있는 것과 마찬가지로, 개인의 권리를 보호하는 것은 규범적인 근대 시민사회 개념 안에서 그것에 걸

맞는 정당한 자리를 차지하고 있다.[31] 하지만 로장발롱이 인식하듯이, 사회의 국가화와 경제화에 대한 비판의 맥락에서 강조할 필요가 있는 요소는 연대와 공공성이다. 공교롭게도 우리가 '제2의 좌파'라는 용어와 결부시킨 프랑스적 분석전통에 의해 제대로 규정되지 않은 채 남겨진 것이 바로 너무나도 중요한 그것들 간의 관계이다. 이러한 상황에서 종국적으로 여러 형태의 신자유주의가 출현한 원인을 다른 무엇보다도 그 원래 개념의 이론적 취약성, 즉 시민사회와 정치사회 개념 그리고 이들 개념 간의 관계를 적절히 공식화하는 데 따르는 어려움으로까지 거슬러 올라가는 것은 아주 당연한 일일 것이다.

서독 녹색당의 이론

민주주의를 위한 '반전체주의적' 또는 반권위주의적 투쟁과의 직접적인 지적 관계가 서구 민주주의 사회의 정치를 시민사회라는 범주와 관련하여 해석하는 데 반드시 필수적으로 요구되는 것은 아니다. 서독이 바로 좋은 예이다. 서독에서는 프랑스와 달리 동유럽의 반체제 인사들이 단지 사소하고 또 모호한 영향만을 미쳐왔다. 또한 거기에는 레닌주의의 성격을 띤 권위주의적 대중정당 정치와 급진정치를 구별할 필요조차 존재하지 않았다. 분명 서독의 경우조차 누군가는 (특히 고르[Gorz]의 저술을 통해) 프랑스 '제2의 좌파' 사상의 영향을 일부 받았다고 주장할 수도 있고, 또한 누군가는 독일사회민주당의 정치문화가 국가주의적-권위주의적 또는 심지어 억압적이라고 주장하고 나설 수도 있다.[32] 그

---

31) 제9장을 보라.
32) Claus Offe and Volker Gransow, "Political Culture and Social Democratic Administration," in Offe, *Contradictions of the Welfare State* (Cambridge: MIT Press, 1984).

렇기는 하지만 우리가 판단하기에는, 미국을 포함한 모든 서구 민주주의 사회에 공통적인 두 가지 상호연관된 사태의 진전—즉 복지국가의 위기와 '사회국가주의'에 대한 신보수주의적 비판의 출현—이 사람들로 하여금 독일 시민사회의 재발견과 그보다 얼마간 앞선 프랑스의 재발견을 연계시키게 한다.

복지국가는 자주 경제를 재정치화하는 메커니즘일 뿐만 아니라 국가와 사회 간의 날카로운 경계를 해소하는 것으로 이해되어왔다. 하지만 복지국가의 위기는 다양한 시민사회 영역—가족, 학교, 문화제도—에 국가가 개입하는 것뿐만 아니라 자본주의 경제에 국가가 개입하는 것의 지속적 유효성과 정당성에도 의문을 제기한다. 1970년대의 거의 모든 일련의 급진좌파 저술가들이 지적하듯이, 자본주의 경제에의 국가개입이 장기적으로는 해결할 수 없는 재정적 · 행정적 문제를 발생시킨다면, **자본주의 경제를 위한 정치적 개입은** (특히 그 효력이 감소하는 상황에서) 민주적 규범의 맥락에서 쉽게 정당화되지 못한다.[33] 이러한 투영은 매우 정확했다는 것이 입증되었고, 실제로도 생산성 감소, 이윤압박, 전통과 권위의 붕괴, 통치 불가능성과 같은 표제 하에 복지국가에 대한 보수적 반대자들에 의해서도 채택되었다.[34] 하지만 동일한 급진적 저술가들 가운데 몇몇이 제안했던 원래의 정치적 대안, 즉 경제와 사회를 재정치화하지만 사적 자본축적과의 고리는 끊는 민주적 국가주의는, 그간 성장과정을 보장하던 복지국가의 종말과 관련된 진단이 확증될 때쯤 포기되었다. 독일에서는 적어도 클라우스 오페(Claus Offe)라는 한 핵심적 저술가의 자기인식에 따르면, 이 같은 놀라운 사태가 전개된 까닭은 국가에 대항하는 사회의 두 가지 독특한 프로그램—즉 복지국가에 대한 신

---

33) 특히 제임스 오코너(James O'Connor), 위르겐 하버마스, 클라우스 오페.
34) Michel Crozier et al., eds., *The Crisis of Democracy* (New York: New York University Press, 1975).

보수주의와 새로운 사회운동의 도전—이 출현했기 때문이다. 이 두 가지 경향은 복지국가의 실패에 대한 경제적 분석과 많은 측면들을 공유한다. 보다 중요한 것은, 이들의 도전이 비효율과 역기능에 대한 비판을 넘어 규범에 기초한 독특한 비판을 발전시키면서, 복지국가의 (심지어는 그것이 가장 성공적이었을 때까지를 포함하여) 부정적 결과를 탐구하고 있다는 것이었다.

경제적 분석을 논외로 할 경우,[35] 국가에 대항하는 (현재 출현 중인) 두 가지 시민사회 프로그램은 서로 날카롭게 대비된다. 신보수주의적 분석은 비정치적인 사회영역을 정치적으로 조작한 결과 권위의 부식이 일어났으며, 그리하여 정당성의 원천 자체가 갈등과 논쟁의 대상이 되었다고 강조한다. 따라서 오직 **논쟁의 여지가 없는** 경제적·도덕적·인지적 기준이 회복될 때에만, 권위가 쇄신될 수 있다. 이 프로그램에서 시민사회는 회복될 수 있지만, 그 회복은 국가에 대항해서 뿐만 아니라 보다 중요하게는 정치에 대항해서 시민사회를 방어하는 것으로 이해된다. 이렇듯 신보수주의자들은 탈정치화된 시민사회 모델을 염두에 두고 있다.[36] 이처럼 신보수주의적 해석은 시민사회의 자유가 시장의 자유와 동일하다는 것을 강조한다. 시장 외부에 여전히 남아 있는 것은, 보수적으로 재전통화된 문화 모델을 통해, 그리고 그 자체로 시장사회의 통합에 도움이 될 생활세계를 통해 시장에 재통합되어야만 한다. 하지만 그들의 모델이 국가, 그중에서도 특히 권위주의적 형태의 국가를 강화하고자 한다는 것 또한 명백하다.[37] 이 모델은 수적으로는 적지만 훨씬 더 효율적이고 권위주의적인 형태의 조치를 효과적으로 취할 수 있는 작지만 강한 국

---

35) Offe, *Contradictions*, chs 2, 6, 8을 보라.
36) Claus Offe, "The New Social Movements: Challenging the Boundaries of Institutional Politics," *Social Research* 52, no. 4 (1985): 819-820.
37) Offe, *Contradictions*, 289-290.

가를 구축하기 위해, 국가와 사회의 경계를 재설정한다. 그러한 결과를 노골적으로 겨냥했음에도 불구하고, 신보수주의자들은 복지국가가 다양한 삶의 영역들에서 산출한 다양한 결과들이 유발한 상당한 반(反)권위주의적인 정치적 감상을 어떻게 해서든 다른 방향으로 돌리거나 어쩔 수 없이 그것에 초점을 맞추어야 했다.

오페에 따르면, 시민사회의 회복을 위한 대안적 프로그램은 '사회국가주의' 또는 '복지국가주의'가 실제로는 모든 계층, 여러 생활형태, 여러 참여형태, 연대, 자율성에 파괴적 결과를 초래했다는 점을 인정하는 것으로부터 시작해야만 한다. 여기서 그의 분석은 국가주의에 대한 프랑스 '제2의 좌파'의 비판적 분석을 되풀이한다. 오페가 비국가주의적 사회주의[38]의 하나라고 부른, 시민사회를 재구성하기 위한 새로운 사회운동 프로그램은 경제적 사생활주의에도 그리고 국가주의적 권위주의에도 어떠한 양보도 하지 않는다. 이 프로그램은

> 대의제적-관료제적 정치제도의 경로에 의해 강제되지 않는 방식으로 시민사회의 제도들을 정치화하고, 그럼으로써 시민사회를 재구성하여, 시민사회가 더 이상 항상 규제, 통제, 개입에 의존하지 않게 하고자 한다. 국가로부터 시민사회를 해방시키기 위해서는, 시민사회 그 자체—그것의 노동·생산·분배 제도, 가족관계, 자연과의 관계, 합리성과 진보에 관한 그것의 기준들—가 '사적인' 일과 관심사라는 한편과 제도적·국가재가적 정치양식이라는 다른 한편 사이에서 매개영역을 구성하는 관행들을 통해 정치화되어야만 한다.[39]

---

38) Ibid., 250.
39) Offe, "The New Social Movements," 820.

이 개념에 내재하는 전혀 일관되지 않는 두 가지 특징을 강조할 필요가 있다. 이 개념은 참여, 자율성, 연대를 소비, 효율성, 성장과 대비시켰던 1960년대 신좌파로부터 물려받은, 근대적이지만 탈물질적인 가치들을 배후에서 옹호하고 있다. 따라서 이 시민사회 모델은 경제적·정치적 모델과는 달리, 사회적인 것을 문화적인 틀로 규정하는 모델이다. 하지만 다른 측면에서 보면, 이 모델은 대체로 노동세계의 민주화를 포함하는 마르크스적 전통의 반권위주의적 차원을 물려받은 시민사회 모델이다. 이 모델은 프랑스 저술가들이 정치사회 모델이라고 부르곤 했던 모델이다. 그러나 그들과는 달리 오페의 옹호는 양자택일적이고 대립적인 좌파 시나리오와 신보수주의 시나리오의 측면에서 정치사회를 위한 논거와 시민사회를 위한 논거를 구분한다. 로장발롱과 비브레가 제시하는 의미에서의 시민사회는 여기서 사적인 것과 동일시되고, 그리하여 사적인 것에 속하지 않는 모든 것은 정치화된다. 게다가 오페는 새로운 '정치'사회를 자유민주주의 제도를 대신할 하나의 민주주의 모델을 제시하는 것으로 이해한다. 하지만 우리가 이 둘을 대립적인 것으로 보아야 하는지 아니면 잠재적으로 보완적인 것으로 보아야 하는지는 여전히 불분명하다.

오페가 제시하는 시민사회 회복 프로그램은 프랑스 제2의 좌파 저술가들보다도 훨씬 더 강력하게 정치경제를 시민사회 내에 위치시키는 고전 마르크스적 개념과 연결되어 있다. 정치화된 시민사회 모델은 마르크스가 초기에 강조한 바 있던 정치적 민주주의와 일상생활의 재해석을 반복해서 언급한다. 여기서 훨씬 더 중요한 것은, 오페가 자유민주주의에 대한 마르크스식 비판의 틀 내에서 작업하고 있다는 것이다. 그의 개념 속에서는 자유민주주의가 국가와 시민사회를 중재한다. 하지만 이러한 중재는 우리 시대에 실패하기 직전에 있다. 여기서 시민사회는 자본주의적 부르주아 사회를 의미하며, 자유민주주의('정치사회'의 한 특수한 형태) 또한 양립할 수 없는 것으로 상정된 두 가지, 즉 자본주의와 민주주의 간을 중재하는 원리로 규명된다.[40] 맥퍼슨(Macpherson)을 따라, 오페는 경쟁적 정당체계를 국가와 시민사회 사이를 중재하는 구체적인 메커니즘으로 보고, 그것이 그러한 중재과정 속에서 민주주의와 자본주의를 화해시킨다고 지적한다. 하지만 복지국가의 위기와 함께, 현대 경쟁적 정당체계의 주요 제도, 즉 포괄정당은 위기에 빠졌다. 왜냐하면 포괄정당은 (그 전임자들과는 달리) 집합적 정체성을 결코 산출할 수 없고, 또한 제로섬적 사회에서 집합적 정체성이 창출될 때에도 다양한 유권자들의 이해관계를 점점 덜 만족시킬 수밖에 없기 때문이다.

민주적 정당성과 비민주적 경제질서 간의 갈등은 두 가지 '제도 외적인' 방향 중의 하나 속에서 해소될 수 있다.[41] 그중 하나는 (지배 엘리트를 대변하는) 반민주적인 것이고, 다른 하나는 (일반 시민을 대변하는) 급진민주주의적인 것이다. 신조합주의는 자유민주주의적 통로 바깥에서 갈등을 표출하고 해소하는 첫 번째 유형의 해결책을 대표한다. 오페는 신조합주의 속에서는 사적 조직이 공적 기능을 수행하기 때문에, 신조합주의가 국가개입주의 그 자체보다도 훨씬 높은 정도로 국가와 사회,

---

40) Offe, *Contradictions*, 182-183. 이 논의는 이미 언급한 다른 두 논의보다 더 오래된 것으로, 오페의 초기 입장인 민주적 국가주의를 일정 부분 견지하고 있다. 여기서 국가는 보통선거권에 기초하는 한 민주적인 것으로 간주된다. 그런데 매우 기이하게도 자유민주주의 제도들은 웬일인지 국가를 덜 민주적이게 만든다. 이는 카를 슈미트(Carl Schmit)의 입장과 동일하다. 자유민주주의를 시민과 국가 사이의 '가교'로 간주하는, 오페의 또 다른 견해는 이 같은 함의를 지니고 있지 않다. *Contradictions*, 163ff.를 보라.
41) 원칙적으로 이 갈등은 몇몇 명백히 반민주적인 자유주의자들이 생각하는 것처럼, 엘리트민주주의의 엘리트적 측면을 강화하여 "권위를 회복"함으로써 해결될 수도 있다. 하지만 기존의 민주적 정당화 기준을 감안할 때, 그러한 해결책이 의회나 의회 밖의 과다한 요구를 잠시 제거할 수 있는 독재정권을 받아들이지 않고 가능할지는 전혀 확실하지 않다.

공적인 것과 사적인 것을 융합한다고 묘사한다.[42] 이러한 생각은 비브레와 로장발롱의 견해와 유사하다. 그들에 따르면, 신조합주의는 정치사회 그 자체—즉 시민사회와 국가 사이에서 양자의 분화를 안정화시키는 모든 매개체—의 소멸을 의미한다.

자유민주주의의 실패에 대한 급진민주주의의 '제도 외적' 해결책은 융합이 아니라 재분화라는 정반대의 결과를 가져온다. 정치사회를 재활성화하는 것 또는 시민행동과 사회운동 형태 속에서 정치적 유형의 시민사회를 활성화하는 것은 국가와 사회의 분화 모델을 갱신하는 것을 의미한다. 오페는 이러한 선택을 정당의 실패에 대한 대응으로 또는 신조합주의의 성공(그러나 그것의 배제경향)에 대한 대응으로 다양하게, 그리고 다소 일관성 없이 묘사한다. 하지만 어떤 경우든 우리는 모든 독자적 형태의 사회적 삶을 소멸시킬 우려가 있었던 기존의 제도적 틀 외부에 시민(또는 정치)사회를 재구성하는 것에 관해 이야기할 수 있다.

이 분석에서 여전히 불명확한 것은, 만약 국가와 사회 영역 간의 융합이 이미 이루어졌다면, 무엇에 기초하여 (정치적인) 시민사회가 재구성되는가 하는 것이다.[43] 어떠한 혁명적 파열도 기도되고 있지 않기 때문에, 우리는 규범 수준에서 그리고/또는 비국가화된 형태의 결사체 수준에서 새롭고 독자적인 구조의 토대를 낡은 사회 속에서 어떻게든 발견해야만 한다.[44] 오페가 제시하는 시민사회 재구성 모델은 우리가 지금까지 기술했던 다른 두 가지 분석형태들보다 더 단호하게 운동중심적이다. 사회운동은 이들 모두에서 중요한 역할을 수행한다. 그러나 두 가지

---

42) Claus Offe, *Disorganized Capitalism* (Cambridge: MIT Press, 1985), 224-226.
43) 오페 자신도 이를 반복적으로 주장한다. 이를테면 *Contradictions*, 250을 보라.
44) 제9장과 제10장을 보라. 우리는 생활세계와 시민사회라는 두 범주 간의 중요한 중첩이 이 문제에 관한 열쇠를 제공한다고 생각한다. 특히 국가-경제-시민사회라는 삼분 모델에서 특히 그러하다.

방향—즉 한편으로는 비정치적인 결사체, 제도, 생활형태들, 그리고 다른 한편으로는 자유민주주의적 의회정치—에서부터 운동정치로 강조점이 이동한 것은 오직 오페의 모델에서뿐이다. 비록 문제가 되는 것은 누락이라기보다는 강조점과 관련된 것일 수도 있지만, 정치적 형태의 시민사회와 그것의 비정치적인 결사체적 기층토대와의 관계는 거의 탐구되지 않고 있다(하지만 그러한 탐구가 이루어지지 않는다면, 운동의 기원을 주제로 설정할 수 없다). 다만 이 두 정치 패러다임의 관계가 비확정적인 방식으로 탐구되고 있을 뿐이다.

물론 오페는 녹색당 내의 현실주의 분파를 따라 현실정치에서는 정당과 운동형태의 조직 간에, 의회정치와 풀뿌리 형태의 정치 간에 상보성이 있다고 미리 전제하고 있다. 하지만 자유민주주의에 관한 그의 초기 비판은 자유주의와 민주주의 간의 분명한 모순을 주장하는 개념과 자유민주주의를 시민의 의지와 국가 간의 하나의 결함 있는 민주적 가교로 상정하는 또 다른 개념 사이에서 동요했다. 두 견해는 고전 마르크스식 이론의 은밀한 희망, 즉 하나의 단일한 제도적 틀 속에 모든 경제적·정치적 권력을 구현하는 정치사회라는 희망에 여전히 길을 열어두고 있다.[45] 국가와 시민사회의 이원론을 넘어서는 그러한 유토피아는 양축을 연결하는 어떠한 가교도, 특히 자유민주주의라는 가교도 필요로 하지 않는다. 현존하는 형태의 근대 국가를 제한하고자 하기는 하지만 폐지시키려고 하지는 않는 새로운 자기제한적인 현대 사회운동의 영향 하에서, 오페는 더 이상 이러한 특수한 유토피아적 견해를 견지하려고 하지 않는 것처럼 보인다. 다수결 원리에 대한 그의 비판은[46] 그가 새로운 사회운동의 '제도 외적인' 정치적 추동력과 자유민주주의 구조 내에서의 입

---

45) Offe, *Contradictions*, 246.
46) Offe, *Disorganized Capitalism*, ch. 9를 보라.

헌적 변화의 필요성 간의 관계를 주제로 삼을 수 있게 한다. 이 같은 비판이 실제로 목표로 삼는 것은 자유민주주의적 국민국가에 의해 대표되는 중앙집중화된 형태의 다수결 원리이기 때문에, 오페는 다수결 원리가 소수의 보호라는 고전적 자유주의의 형태가 아니라, 연합적 형태, 탈중심적 형태, (대부분 이해당사자들로 구성된 자기선택적 체제라는 의미에서) 유사귀족정치적인 형태에 의해, 그리고 다른 경우에는 또한 직능대표 형태 등 다양한 형태에 의해 보충되어야 한다고 제안한다. 물론 이 모든 민주주의의 보충형태들도 얼마간은 다수결 원리의 형태에 의존할 수밖에 없을 것이다. 이러한 분석에서 여전히 불명확한 것은 두 가지 정치사회 간의 관계 문제이다. 여기서 문제가 되는 것이 중앙집중화된 정치사회와 보충적인 정치사회 간의 관계로, 특히 공식적이고 제도적이며 중앙집중화된 형태가 어떻게 변형되는지 또는 적어도 또 다른 형태들에 수용되거나 그것들에 의해 영향 받는 것이 어떻게 가능한지와 관련된다. 제헌권력(pouvoir constituant)의 재제도화를 통해 다수결 원리가 그것 자체의 한계에 대해 성찰하게 하자는 제안도 중요하기는 하지만, 이 (여전히 모호하고 어쩌면 실행 불가능한) 제안은 의회제 정당민주주의 구조의 문제를 우회하고 있다. 우리에게 남는 인상(지금까지 우리가 제시했던 몇 가지 다른 분석들에서도 역시 남는 인상)은 자유민주주의는 그 탈정치적 속성 때문에 정치적 형태의 시민사회의 자율성에 명백히 위험하지만, 적어도 서구에서 자유민주주의가 수반하는 몇 가지 구조적 가능성이 존재하지 않는다면 시민사회는 장기적으로 제도화될 수 없다는 것이다.

독재정권으로부터 이행과 시민사회: 라틴아메리카의 경우

시민사회 개념은 몇몇 '관료권위주의' 체제들 하에서도 민주주의로의 이행을 분석하는 데 중요한 하나의 변수로서뿐만 아니라 민주적 행위자들의 자기인식에서도 하나의 핵심용어로 등장했다.[47] 이 논의는 지금까지의 논의한 것들 중에서 가장 풍부하고 개방적이며 종합적이다. 물론 우리가 할 수 있는 일은 단지 우리가 보기에 새로운 정치문화의 시작을 나타내는 것이라고 여겨지는 담론형태들을 추적하는 것뿐이다. 그러한 담론을 그것과 관련된 다양한 정치적·사회적 맥락 속으로 통합하는 것은 우리의 능력을 넘어서는 일이다. 그럼에도 불구하고 우리는 뜻밖에도 이 논의가 놀랄 만큼 일관성이 있을 뿐만 아니라 다른 지역에서 발전된 논의들과도 유사하다는 점을 발견하게 된다.

라틴아메리카의 이론가들 그리고 그들의 공동연구자들의 주요 관심사는 새로운 유형의 군부-관료권위주의 통치로부터의 이행이었다. 그것은 첫째로 (개인과 집단의 권리회복 그리고/또는 권리확대로 정의되는) '자유화' 시기와 둘째로 (적어도 "최소한의 절차적" 참여에 기초하는 시민권 원리의 확립과 관련하여 이해되는) 민주화 단계를 포함한다. 그러나 이러한 이행은 시민사회의 부활에 크게 좌우되는 것으로 인식된다.[48] 여기서 시민사회는 (일부 형태들에서 포함하고 있는) 가족과 대면적 집단들이라는 한편과 명백한 국가조직들이라는 다른 한편 사이에서 개인과 국가, 공적인 것과 사적인 것을 매개하는 집단과 결사체들의 네트워크를 의미한다. 일족, 파벌, 도당, 가신집단과는 달리 시민사회의 결사체들은 "존재권리를 인정받았다"는 점과 "정당한 이해관계를 방어하기 위하여…… 공통의 관심사에 대해 공개적으로 협의하고 활동할 수 있는" 능력을 지닌다는 점에서 공적·시민적 속성을 지닌다.[49] 다른 사

---

47) Guillermo O'Donnell and Philippe Schmitter, eds., *Transitions from Authoritarian Rule*, 4 volumes (Baltimore: Johns Hopkins, 1986).
48) O'Donnell and Schmitter, "Tentative Conclusions about Uncertain Democracies," *Transitions*, vol. 4, 48ff.
49) Schmitter, "An Introduction to Southern European Transitions from Authoritarian Rule," *Transitions*, vol. 1, 6-7.

람들은 중요하게도 이해관계의 대변이라는 관념에 자기표현이라는 관념을 덧붙이고, 또 시민사회 개념에 공인된 결사체와 나란히 운동을 포함시키자고 제안한다.[50] 그들은 시민사회의 '부활'은 고도로 동원된 중앙집중적 형태의 '대중동원'과 민중봉기에서 그 정점에 달한다고 주장한다. 왜냐하면 그 속에서 시민사회의 다양한 층위들이 일시적이기는 하지만 하나의 단일한 집합적 정체성을 발전시키기 때문이다.

여기서 대중이라는 범주는 두 가지 이유에서 오해를 불러일으킨다. 첫째, 분석가들은 우리에게 자유화된 권위주의 국가들에서 시민사회는 일반적으로 서로 다르지만 연속적인 층위들—지식인 집단, 중간계급 조직, 인권단체, 전문가협회, 산업노동자 운동 등등(반드시 이 순서대로는 아니지만)—속에서 작동한다고 말한다.[51] 최근의 민주주의로의 이행에서는 높은 수준의 동원상황에서조차 상이한 집단, 결사체, 조직들이 하나의 대중으로 합체—이것은 종종 독재로 이어졌던 초기 '포퓰리즘'의 특징이었다—되지 않는다. 둘째, 부활한 시민사회의 다양한 포럼들—대학, 서점, 카페 등에서 이루어지는 지적 토론에서부터 대중적 형태의 결사체나 모임에까지 이르는—은 일반적으로 '대중적'이기보다는 '공중적'이다. 이것들 모두는 "일상적 관심사가 되는 쟁점들에 관한 심의 속에서 시민권을 행사하고 학습할 수 있게 해주는" 새로운 상황을 상징적으로 보여준다.[52] 최근의 독재정권들에 대항해서 이루어진 높은 수준의 동원은 일반적으로 이러한 공적 포럼을 회피하기보다는 오히려 이용했다. 이것은 쉽게 이해할 수 있다. 왜냐하면 공적 논의가 국가가 통제하는 제한적 "규칙과 조건들"로 권위주의적으로 축소된 이후, 이러한

---

50) Alfred Stepan, *Rethinking Military Politics: Brazil and the Southern Cone* (Princeton: Princeton University Press, 1988), 3-4.
51) O'Donnell and Schmitter, "Tentative Conclusions," 49-52.
52) Ibid., 51, 53.

영역의 회복이 매우 중요해졌고, 적어도 잠시 동안이나마 포퓰리즘적 담론에 포함된 단순화를 덜 매력적이게 만들었기 때문이다. 그렇지만 시민사회 내에 존재하는 통일된 집합적 정체성과 보다 특수화된 집합적 정체성을 구분하는 것뿐만 아니라 높은 수준의 동원과 낮은 수준의 동원을 구분하는 것이 여전히 중요하다.

시민사회 개념의 의미 자체와 상대적 중요성에 관한 관련 저자들 간의 몇몇 차이들을 논외로 하면, 몇 가지 중요한 난제와 모호함이 이 분석노선 전체를 특징짓고 있다. 아르헨티나와 같은 그러한 매우 억압적인 정권들의 특성을 규정하는 하나의 해석에 따르면, 권위주의 체제는 사회를 원자화하고 탈정치화하고 사사화(私事化)하여, 완전히 조작되고 통제된 공론장을 창출한다.[53] 또 다른 해석에 따르면, 적어도 (브라질과 같은 그러한) 몇몇 상황들에서 시민사회 또는 시민사회의 잔여물들은 권위주의적 통치 속에서도 이익단체, 자율적 기구, 지방정부 그리고 종교 활동의 형태로 살아남아 있다.[54] 세 번째 해석노선을 따르면, 민주화 과정을 촉진하는 '시민사회의 부활'은 그 어떤 경우에도, 즉 공인된 결사체의 형태로 살아남든 그렇지 않든 간에, 초기 대중동원의 기억을 가지고 있든 그렇지 않든 간에 가능하다.[55] 브라질 출신인 프란시스쿠 베포르트(Francisco Weffort)의 표현을 빌리면, "우리는 시민사회를 원하며,

---

53) Ibid., 48.
54) Schmitter, "Introduction to Southern European Transitions," 6-7; G. Pasquino, "The Demise of the First Fascist Regime and Italy's Transition to Democracy: 1943-1948"; N. Diamandouros, "Regime Change and the Prospects for Democracy in Greece: 1974-1983," *Transitions* vol. 1, 46, 58, 154; M. A. Garreton, "The Political Evolution of the Chilean Military Regime and Problems of the Transition to Democracy," *Transitions*, vol. 2, 116-117; O'Donnell and Schmitter, "Tentative Conclusions," 21-22. 물론 남부 유럽 사례들은 오도넬이 발전시킨 관료권위주의 모델에 부합하지 않는다.
55) O'Donnell and Schmitter, "Tentative Conclusions," 55.

우리는 우리 앞에 버티고 있는 가공할 만한 국가로부터 우리 스스로를 방어할 필요가 있다. 이것은 만약 시민사회가 존재하지 않는다면, 우리가 그것을 발명할 필요가 있다는 것을 의미한다. 만약 그것이 작다면, 우리가 그것을 확대할 필요가 있다. ……한마디로 말해 우리는 시민사회를 원한다. 왜냐하면 우리가 자유를 원하기 때문이다."[56] 폴란드에서 만들어진 주장을 상기시키는 이러한 해석 속에서, 가족이나 친구에서 시작하여 교회와 함께 지속되어온 시민사회의 사회적 토대는 남부의 어떠한 독재정권 하에서도 결코 소멸되지 않았다.

'발명'과 '확대' 전략은 관료권위주의 체제들이 어떻게 해서도 결코 자신들의 정당성 문제를 해결하지 못한다는 사실에 의해 지지받는다.[57] 공포와 자율적 활동의 비용 모두의 감소가 간접적으로 촉진한 시민사회 요소의 구성 또는 재구성은 이러한 근본적인 문제들을 다루는 수단이 된다.[58] 이러한 위로부터의 노력이 항상 조심스럽게 설정된 한계 내에 머물 것으로 예상되지만, 정당성이라는 목표가 달성될 경우, 그것은 한편의 완벽한 소극(笑劇)에 불과할 수 없다. 또한 이러한 방식으로 확립된 실제적 민주화의 요소들은 정의상 예측 불가능하고, 어떤 미리 정해진 한계 내에서 유지될 수도 없다.[59]

---

56) F. Weffort, "Why Democracy?," in Alfred Stepan, ed., *Democratizing Brazil* (Princeton: Princeton University Press, 1989), 349.
57) 이 지적은 '북부' 신보수주의자들의 엘리트권위주의적 꿈에도 역시 타당하다. 그들 가운데 많은 사람들이 이를테면 칠레와 같은 '남부'의 관료권위주의적인 자유주의적 독재정권의 강력한 지지자들이었다.
58) G. O'Donnell, "Tensions in the Bureaucratic-Authoritarian State and the Problem of Democracy," in D. Collier, ed., *The New Authoritarianism in Latin America* (Princeton: Princeton University Press, 1979), 313ff.; F. H. Cardoso, "Associated-Dependent Development and Democratic Theory," in Stepan, ed., *Democratizing Brazil*, 312ff.
59) O'Donnell, "Tensions in the Bureaucratic-Authoritarian State," 317.

하지만 권위주의적 통치 하에서 시민사회의 발전상태가 이행과정 또는 그 결과의 안정성 및 성격과 관련하여 어떤 차이를 만들어내는지는 여전히 불확실하다. 동원된 시민사회 그 자체의 성격은 두 가지 대안적 유형에 의해 영향 받는 것처럼 보인다. 어떠한 이전의 구조도 존재하지 않거나 보존되지 않는 곳에서는 시민사회가 보다 동질적이었던 반면, 높은 정도의 원자화 이후 시민사회가 창출될 필요가 없었던 곳에서는 시민사회가 보다 다원적이고 구조화되었다. 그리고 이 차이는 많은 잠재적 결과들을 가져온다.

이행과 관련해서는 이행의 **시작, 공고화, 완결**의 과정을 구분하는 것이 유용할 것이다. 이행의 시작과정에서 시민사회가 정확히 어떤 역할을 수행하는지를 놓고는 여전히 상당한 논쟁이 계속되고 있다. 지배적 테제는 많은 비교자료에 기초하여 시작은 주로 권위주의 체제 내의 내부 분열과 함수관계에 있다고 강조한다. 하지만 모든 분석가가 인정하듯이, 이러한 분열이 '개방' 또는 자유화로 이어진다고 하더라도, 그 다음의 모든 연속되는 단계들 속에서 시민사회가 쉽게 부활하여 중요한 역할을 수행하는 것은 아니다.[60] 하지만 몇몇 해석자들은 동원이 권위주의적 체제의 종식에 일정한 역할을 수행하는 곳에서 '전복' 또는 '자기해체'의 전 과정은 애초부터 체제가 시민사회와 맺는 관계와 매우 커다란 함수관계에 있다고 주장하는 듯 보인다.[61] 정당화 문제가 1945년 이후의 권위주의 체제들의 아킬레스건이라는 관념은,[62] 체제 불안정성과 자유화의 추동력은 통치자들이 그들 외부에 존재하는 집단이나 여론과 맺는 관계 속에서 탐구되어야 한다는 것을 의미하는 것으로 보인다.

---

60) O'Donnell and Schmitter, "Tentative Conclusions," 48.
61) Diamandouros, "Regime Change and Prospects for Democracy in Greece," 154. 또 다시 말하지만, 그리스의 경우는 다소 상이한 유형의 정권을 포함하고 있다.
62) O'Donnell and Schmitter, "Tentative Conclusions," 15.

시민사회가 어떤 특징을 가지고 있는가는 시작과 가속화 과정에서만 큼이나 잠재적인 반격, 특히 군사 쿠데타의 반격에서도 중요하다. 일부 분석가들이 과도한 동원이 쿠데타의 구실과 지배 엘리트들의 재통합을 위한 동기로 작동할 수 있음을 우려하지만, 지배적인 입장은 동원된 시민사회와의 갈등이 초래하는 대가—개혁가들이 강경파에 대한 억제책으로 이용할 수 있는—를 강조하는 듯 보인다.[63] 누군가는 여기에다 동원의 수준뿐만 아니라 구조형성의 수준도 중요하다고 덧붙일지도 모른다. 왜냐하면 그 조직적 뿌리가 깊지 못한 사회는 그 사회가 외견상 동원될 때조차도 유기적으로 접합된 사회에 비해 억압하기가 더 쉽기 때문이다.

일단 동원이 이루어지고 나면, 시민사회가 행사하는 압력이 민주적 정치로의 이행과정을 끝까지 밀고 나갈 수 있는가라는 문제 역시 마찬가지로 중요하다. 진화론적 전략에는 자신들의 지배를 완화할 수 있는, 그리고 기꺼이 완화할 의사가 있는 권위주의적 통치자들과 중요한 협상을 하거나 거래하는 과정이 포함되어 있지만, 더 나중의 단계에서는 민주주의로의 어떠한 이행도 선거조직을 필요로 할 수밖에 없다는 것은 분명해 보인다. 하지만 그 어떤 상황에서도 시민결사체, 사회운동, 풀뿌리 조직 또는 심지어 의사소통 매체가 어떻게 전략적으로 중요할 수도 있는 정치적 요소의 분화를 대체할 수 있을지는 명확하지 않다. 실제로 아래로부터의 전략만으로는 그 어떤 곳에도 성공한 적이 없다.

위로부터의 개혁 이데올로기를 논외로 하면, 정치조직이 권위주의적

---

[63] 동일한 문장에서 오도넬과 슈미터는 "이러한 봉기의 상대적 부재는 쿠데타를 유발하는 퇴보의 가능성을 감소시키고," "'권력이 인민과 함께하거나' '이들 인민이 거리로 나서'는 곳에서는 이러한 쿠데타의 주동자들이 내전을 야기할지도 모른다는 전망 앞에서 주저할 가능성이 있다"고 주장한다("Tentative Conclusions," 55).

통치로부터의 이행에서 차지하는 위치를 이해하고자 하는 사람들이 활용할 수 있는 담론에는 두 가지 형태가 있다. 그중 하나는 변증법적이고, 다른 하나는 보다 분석적이다. 전자에 따르면, 관료권위주의 체제는 사적 영역과 국가 사이에 존재하는 (정치적 시민권 제도뿐만 아니라 대중적인 조직까지를 포함하여) 모든 형태의 매개체를 억압하거나 아니면 심각할 정도로 불구로 만들기 때문에, 민주화의 과제는 주로 그것들을 회복하는 것이다.[64] 실제로 변증법적 형태의 시민사회 담론은 민주화와 그러한 매개체의 재구축을 동일시한다. 이 견해에 따르면, 사회와 국가 사이에서 중재할 수 있는 능력을 갖춘 정치적 행위자들은 새로운 사회적 결사체와 운동을 자신들의 유기적 연속체로 조직화하는 과정에서 출현한다. 그러나 정당성 추구과정에서, 체제 자체는 번번히 국가가 구성하는 반(半)정치적인 "관료제적 분파나 집단"—사회의 압력단체의 효과적인 대체물이 되는 데 실패한 '사회세력들'로 이루어진—을 넘어서는 매개체를 재구성하기 시작한다.[65] 그 결과 정부가 일정 정도의 사회적 자율성을 제시하거나 심지어 수용했기 때문에, 대항세력들은 단지 그것을 '어리석게' 거부하는 것과 민주화의 실현 가능성을 검증하지도 않은 채 '기회주의적으로' 제한적 자율성이나마 재빠르게 받아들여서 미리 정해진 매수 게임에 참가하는 것 사이에서 선택할 수밖에 없는 자신들을 발견한다.[66] 이 두 가지 선택지를 넘어서는 하나의 선택지는 매개

---

[64] O'Donnell, "Tensions in the Bureaucratic-Authoritarian State," 287ff. 이 글에서 오도넬은 그가 곧 포기하게 될 초기 마르크스적 용어를 사용하여 오직 사적 영역만을 '시민사회'로 부른다. 하지만 매개체를 그것이 아니었다면 침묵했을 시민사회의 목소리로 강조하는 데서 알 수 있듯이, 분석 자체는 이미 전체 문제에 관한 마르크스적 개념화와 결별하고 암묵적으로 헤겔적인 방향으로 전환하고 있다.

[65] Cardoso, "On the Characterization of Authoritarian Regimes in Latin America," in Collier, ed., *The New Authoritarianism*, 37, 43-44.

[66] O'Donnell, "Tensions in the Bureaucratic-Authoritarian State," 317.

체로서가 아니라 목적 그 자체로서의, 즉 그 자체로 정치적인 것으로서의 새로운 시민사회 영역을 조직하고 방어하고자 하는 시도일 것으로 보인다. "정치가 새로운 의미를 획득하기 위해서는 정치적 행위를 위한 새로운 자유의 영역을 발전시켜야만 한다. 브라질 정치에서는 이전에 무시되거나 무기력한 대중으로 인식된 시민사회가 그러한 자유의 영역을 상징하기 시작했다."[67] 이러한 관점에서 볼 때, 심지어 정당이나 결사체조차도 미분화된 이질적인 자기조직화 장(場)의 일부로 간주되는 것은 당연하다.[68] "범인(凡人)무정부주의(lay anarchism)와 가톨릭의 연대사상(Catholic solidarity thought)"을 결합시키고 있는 브라질의 극단적인 반(反)정치적 견해 속에서 정당은 국가의 게임에 참여하려는 성향 때문에 신뢰라기보다는 공포의 대상이다. 정당이 자신들의 목적을 달성할 수 있었던 것은, 자신들의 유권자들이 강렬한 관심을 보이는 단일 쟁점을 중심으로 조직화된 운동에 직접 참여했기 때문이지만, 그것도 자기조직화가 정책과 입법조치들에 의해 보완되었던 경우에만 그랬다.[69]

하지만 매개체 없는 높은 수준의 동원—시민사회의 인사들은 이를 "개방(abertura)이라는 유명한 정치적 용어"로 상징화했다[70]—은 완연한 권위주의적 권력에 직면할 경우 탈동원화를 초래할 수도 있다. 대립을 극복하지 못한 시민사회가 국가의 주도권을 무력화시킬 수도 있지만, 그럴 경우 그것은 그 나름의 포괄적인 대안을 창출하지는 못한다. 브라질과 칠레 모두의 사례에서처럼 체제에 대한 공포는 사회가 자신에 대해 가지는 공포, 즉 자기자신의 무기력한 권력이 초래할 수 있는 결과에

---

67) Weffort, "Why Democracy?," 329.
68) Cardoso, "Associated-Dependent Development and Democratic Theory," 319. 그가 '남미의 시민사회 개념'과 정치사회를 동일시한 것은 오해의 소지가 있지만, 그것을 하나의 상이한 개념으로의 전환이라 부른 것은 적절했다.
69) Ibid., 313-314; Stepan, *Rethinking Military Politics*, 5.
70) Stepan, *Rethinking Military Politics*, 5.

대한 공포로 쉽게 대체될 수 있다.[71] 이론과 실천 모두에서 두 번째 전략은 민주주의로의 이행을 완성하기 위해서는 정치사회를 지향할 필요가 있다는 점을 강조하게 한다. 이 전략은 정치사회의 제도들—정당, 선거 메커니즘, 교섭형태, 입법기관—을 시민사회의 자기조직화 과정의 일부 또는 유기적 연속체로 파악하지 않는다는 점에서 지적으로 분석적이다.[72]

시민사회를 주로 자유화와 동일시하고 정치사회를 주로 민주화와 동일시하는 것은 오해를 불러일으킬 수 있는 것처럼 보이기는 하지만, "완전한 민주적 이행은 정치사회를 포함해야만 한다"고 주장하는 것은 확실히 옳다.[73] 정치사회 없이는 이행에 필요한 협상도 그리고 탈권위주의적 국가의 사회통제 메커니즘도 확립할 수 없다. 이러한 사실은 선거와 정당에 관한 분석들을 통해 밝혀져왔다. 비록 대단히 제한적이기는 하지만, 선거 메커니즘을 유지해온 독재정권들에서는, 심지어 그 상황이 외부의 힘에 의해 약화된 적이 없는 완전히 권위주의적인 질서 속에서도, 사회적 압력을 점진적이기는 하지만 실제적인 정치변동 쪽으로 돌리는 것("압력을 낮추는 것")이 가능했다.[74] 브라질이 바로 그러한 사례였다. 유사하게도 브라질에서, 우루과이 그리고 (가장 최근에는) 칠레에

---

71) 이 논점은 1987년 봄 신사회사연구소(New School for Social Research)에서 개최된 민주주의에 관한 대학원 교수 세미나의 한 강연에서 후안 코라디(Juan Corradi)가 제기한 것이다.
72) Stepan, *Rethinking Military Politics*, 3-5.
73) 스테판의 책 5쪽 및 6쪽과 비교해보라. 민주화의 목적이자 동시에 민주화 과정을 끌고 나가는 대행자인 시민사회는 스테판 자신이 다른 책들에서 전제로 하고 있는 보다 포괄적인 견해 속에서도 필수불가결하다. 그의 다음 글을 보라. "Paths Toward Redemocratization: Theoretical and Comparative Considerations," in O'Donnell and Schmitter, eds., *Transitions*, vol. 3, 78-79. 또한 *Democratizing Brazil*의 "서론" ix쪽 및 xi쪽과 비교해보라.
74) B. Lamounier, "Authoritarian Brazil Revisited: The Impact of Elections on the Abertura," in Stepan, ed., *Democratizing Brazil*, 55.

이르는 몇몇 국가들에서 비록 제한적이기는 하지만 계속해서 존재했던 정당들이 자연스럽게 협상을 통한 이행의 중심지가 되었다.[75] 실제로 권위주의적 통치에 대한 초기의 도전이 실패한 후 탈동원 현상이 발생했던 몇몇 상황들에서 정당과 선거는 시민사회를 재동원할 수 있는 기회였다.[76] 시민사회의 재동원이 가능했던 곳에서는 어디서든, 정치사회의 활성화가 과거부터 일정한 연속성을 유지해온 권위주의 체제와 조직화된 시민사회 간의 갈등—양극화된 제로섬적인 또는 심지어 네거티브 섬(negative-sum)적이기까지 했던—을 해소하는 열쇠로 작동했던 것처럼 보인다.[77]

많은 참여자와 관찰자들이 지적했듯이, **정치사회로의 전환**은 그 원인이 무엇이든지 간에 시민사회에 대해 잠재적으로는 탈동원화하는 결과를 초래하고 있다. 이러한 맥락에서 카르도소(Cardoso)는 정당의 이중적 성격에 옳게 주의를 기울인다. 그에 따르면, 정당의 중재역할은 그 내부에 존재하는 운동과 행정, 참여와 엘리트주의, 민주적 규범과 전략적 계산 간의 모순에 의해 가능해지지만, 결코 그 모순을 극복할 수는 없다.[78] 하지만 두 가지 점에서는, 즉 협약과 선거라는 점에서는 엘리트적·행정적·전략적 측면이 우위를 점할 수도 있다. 자주 '비민주적' 중간역(中間驛)으로 있음직하고 또 필요하다고 여겨지는 협약은, 많은 이들이 적절히 강조하듯이, 민주주의로의 이행에서 있을 수 있는 폭력이나 그것의 위험을

---

75) Stepan, "Paths Toward Redemocratization," 79-81; O'Donnell and Schmitter, "Tentative Conclusions," 37-39.
76) Cardoso, "Associated-Dependent Development," 45ff.; Lamounier, "Authoritarian Brazil Revisited," 63.
77) Stepan, "State Power and the Strength of Civil Society in the Southern Cone of Latin America," in Peter Evans et al., eds., *Bringing the State Back In* (Cambridge, England: Cambridge University Press, 1985).
78) Cardoso, "Associated-Dependent Development," 319-320. 독일 녹색당에 대한 해석자들은 모두 이와 동일한 문제를 지적해왔다. 제10장을 보라.

피하는 중요한 수단이다.[79] 하지만 협약이 가능한 곳에서, 그리고 특히 협약이 정치체계의 갈등을 극적으로 감소시키는 것을 목적으로 하는 배타적이고 비공개적인 하나의 규칙으로 다소 약삭빠르게 받아들여지는 상황에서 대항세력의 분파들과 정권의 구성집단들의 협약을 바람직한 것으로 보는 주장이 전적으로 정당화되기는 어려울 것으로 보인다. 그들의 민주주의 규범 위반[80]은 장기적으로는 정치문화에 부정적인 결과를 가져올 수도 있다. 내친김에 현재 통치자의 특정 이해관계를 보장하는 협약들은 그 시점에 따라 시민사회에 상이한 결과를 가져올 수도 있다는 점을 추가적으로 언급해야 할 것 같다. 이행과정 초기에 이루어지는 협약은 자유화의 요소들을 확보하여 시민사회를 복원할 수도 있다. 이 경우에 새로운 행위자들의 출현 및 공적 공간의 활성화와 함께 초기 협약을 궁극적으로는 일소할 좋은 기회가 오기도 한다.[81] 하지만 만약 협약이 시민사회의 부활 이후에, 그것도 어쩌면 시민사회가 봉기한 이후에 뒤늦게 이루어진다면, 그리고 특히 만약 그것이 일부 대항세력들을 포함하여 모든 계약당사자의 권력지위를 보장하는 것이라면, 바로 그 협약의 목표에 배제와 탈동원화가 포함되고, 그러한 배제와 탈동원화는 어쩌면 장기간 동안 성공적으로 유지될 수도 있다. 그 결과 더 많은 민주화 과정이 발생하기보다는 자주 포퓰리즘이 부활한다.

이러한 궤적을 피할 수 있어 보이는 유일한 '후기' 협약은 대항집단이 결코 자신들을 위해서가 아니라 오직 전체로서의 사회만을 위해서 양보를 요구하는 경우이다. 무엇보다도 선거나 선거규칙을 조정하는 협약들이 그러한 성격을 지닐 수 있다. 그러나 시민사회의 동원이라는 관점에서 볼 때, 선거는 비록 그것 자체가 강력한 배제규칙을 포함하지 않을 때

---

79) O'Donnell and Schmitter, "Tentative Conclusions," 37ff.
80) Ibid., 42.
81) Ibid., 42, 47.

조차 모호한 것일 수 있다.

몇몇 분석가들은 다음과 같은 부분적으로 수사적인 질문을 던진다. 왜 지배 엘리트들이 자신의 통치를 종식시킬 수도 있는 선거에 동의해야만 하는가? 제시된 답변은 그러한 엘리트들이 정치의 방향을 "시민사회의 활력과는 동떨어진 쪽으로" 돌리거나, 어쩌면 심지어는 대항세력을 분열시키고 유권자로부터 보상을 받음으로써 선거에서 승리하기를 기대한다는 것이다.[82] 브라질에서처럼 선거통제를 오직 점차적으로 해제할 때, 지배 엘리트들이 기대하는 것은 여전히 절차적 정당성을 확보하되 변화의 속도를 늦추는 것이다. 이 경우 승리와 정당성의 희망은 전반적으로 좌절되지만, 탈동원의 희망 그리고 그것이 이루어지는 곳에서는 점진주의의 희망은 좌절되지 않는다.[83] 덜 강렬하지만 더 포괄적이고 더 추상적인 형태의 정치적 동일시가 이루어지고 더 낮은 정도로 직접 참여가 이루어지는 선거정당으로의 전환은, 보다 특수하지만 보다 강렬하고 참여적인 형태의 조직을 갖춘 운동이나 결사체를 평가절하하고 대체하는 경향이 있다. 비록 이것이 법률로 정한 구체적인 선거규칙에 달려 있기는 하지만, 현대의 선거는 선거에 실제로 참여할 수 있는 정당의 수를 감소시키는 경향이 있다. 이것은 다시, 그리고 특히 이행이 쉽지 않은 시기에는 성공잠재력을 지니고 있는 정당들이 자주 선거결과 또는 심지어 선거 가능성도 위태롭게 할 수 있는 시민사회운동을 억제하게 될 것이다.[84] 게다가 주요 정당들은 투표에서 얻은 대의제의 몫 이상으로 권위주의 체제에 가까운 힘을 확보하기 위해 대항세력이 지나치게 큰 승리를 하지 못하게 해야 한다는 이해관계를 공유하고 있다.[85] 따라서 독

---

82) Ibid., 57-58.
83) Lamounier, "Authoritarian Brazil Revisited," 55.
84) O'Donnell and Schmitter, "Tentative Conclusions," 58-59.
85) Ibid., 62.

재를 종식시키는 자유로운 선거경쟁을 가져오는 과정뿐만 아니라 선거 그 자체도, 정권과 야당이 "그들 각자의 역할을 재규정하는" 시간과 공간을 마련하기 위해 맺은 그들 간의 암묵적인 협상이라고 말할 수 있다.[86] 그리고 취약한 정당성과 국민투표가 일부 제한된 선거로 치러질 가능성이 실제로 공식적 틀 바깥에서 사회적 동원과 학습과정을 낳을 수도 있지만, 공개적 대결이라는 자유민주주의의 정당성은 그러한 결과가 발생할 기회를 거의 제공하지 않는다.[87] 시민사회가 저발전되어 있고 수세적인 곳에서나 위축되는 과정에 있는 곳에서는, 선거가 그것이 아니었더라면 포함되지 않았을 계층들을 조직화된 정치 속으로 끌어들일 수도 있다. 반면 고도로 동원된 시민사회의 상황에서는 당연히 정당이 "동원의 유일한 대행자도 아닐 뿐만 아니라 오히려 사회적·정치적인 통제수단"임이 입증되는 정반대 상황이 발생할 수도 있다.[88]

몇몇 국가들의 경험을 통해 볼 때, 어떤 시민사회도 동원을 최고의 수준으로 장기간 유지할 수 없다는 데에는 거의 의문의 여지가 없다.[89] 그렇다면 시민사회란 이러한 동원과 동등한 것인가? 몇몇 나라에서 시민사회가 오직 그러한 형태로만 존재할 수 있었다는 것은 시민사회가 취약하다는 것을 보여주는 하나의 표지(標識)인 것은 아닌가? 탈동원 이후에 발생하는 또는 발생할 수 있는 일과 관련하여 몇 가지 심각한 이론적 불확실성이 존재한다. 문제는 선택적인 억압, 매수, 조작, 내적 갈등, 피로, 환멸 그리고 저항의 방향을 정당과 선거체계로 돌려놓은 것이 '민중봉기'에 타격을 가하고 그것을 탈동원화한 이후에도, '부활된 시민

---

86) Lamounier, "Authoritarian Brazil Revisited," 69, 71.
87) Ibid., 62-63.
88) Ibid., 58.
89) O'Donnell and Schmitter, "Tentative Conclusions," 26, 55-56.

사회'에 여전히 어떤 것이 남아 있을 것인가 하는 것이다.[90] 이와 관련하여 하나의 해석은 탈정치화, 재사사화(再私事化) 그리고 정치적 게토의 출현 모두가 민주주의의 공고화를 위협하고, 사회가 갱신된 권위주의에 저항할 수 있는 능력을 약화시킬 것이라고 강조한다. 일부 나라들의 경우에는 심지어 권위주의 하에서조차 시민결사체적 삶이 살아 있다고 강조하는 것보다는 어떤 나라들, 특히 칠레나 우루과이[91]와 같은 나라들에서는 과도하게 성장한 정당체계가 시민사회의 종속과 저발전에 기여했다는 관념이 이러한 노선의 주장과 더욱 부합한다. 만약 누군가가 탈동원과 시민사회의 원자화를 동일시한다면, 그가 어떻게 민주주의와 독재의 순환으로의 회귀가 아니라 민주주의로의 이행에 관해 말할 수 있는지를 이해하기 어렵다. 민주주의나 독재 그 어떤 것도 부분적으로는 각각의 통치형태 내에서 일어나는 시민사회의 정치화와 탈정치화의 순환 때문에 안정화될 수 없다. 따라서 종국적으로는 이 순환에서 벗어나는 관념[92]이 지향해야만 하는 것은, 완전히 동원된 시민사회 아니면 완전하게 탈정치화·사사화된 시민사회라는 양자택일적 사고를 넘어서는 것이다.

적어도 논리적으로 볼 때, 민중봉기의 탈동원화가 반드시 정치연관적인 시민사회의 종말을 뜻하는 것은 아니다. 또한 그것이 반드시 이전의 순환과정 속에서 학습했던 모든 것을 망각하는 것을 의미하는 것도 아니다. 이 맥락에서 중요한 것은 몇몇 논평자들이 사실상의 사회적 다원주의와 민주적 다원주의 사이에서 출현하고 있는 새로운 형태의 분화를

---

90) A. Hirschman, *Shifting Involvements* (Princeton: Princeton University Press, 1982)와 비교해보라.
91) Garreton, "The Political Evolution of the Chilean Military Regime"을 보라. 또한 C. G. Gillespie, "Uruguay's Transition from Collegial Military-Technocratic Rule," *Transitions*, vol. 2도 보라.
92) O'Donnell, "Introduction to the Latin American Cases," *Transitions*, vol.3, 15-17.

가치의 변화, 즉 집단과 제도의 집합적 정체성의 변화로 파악한다는 점이다.[93] 전자 유형의 다원주의가 문제가 되고 있는 사회들 대부분에서 존재해왔다면, 후자는 혁명의 길(via revolucionaria) 이미지를 민주주의 이데올로기로 대체하는 결과를 가져온, 오직 권위주의 체제에 대항한 최근의 투쟁의 산물이었다.[94] 혁명이라는 환상의 실패와 독재정권의 경험 이후에는 민주주의가 점차 부문적 이해관계의 실현수단이 아니라 그 자체 하나의 목적으로 인식되게 되었다.[95] 그러나 민주주의가 비엘리트 집단에게도 하나의 목적이 되기 위해서는 시민사회로 그 방향을 재설정해야만 했으며 실제로도 그렇게 재설정되었다. "대항세력에게서 민주주의 가치의 발견은 정치적 공간으로서의 시민사회의 발견과 분리될 수 없다."[96] 그렇다면 다음과 같은 질문이 불가피하게 제기될 수밖에 없다. 시민사회 영역이 정치사회를 위한 것으로 축소될 때, 민주주의의 가치에는 어떤 일이 일어날 것인가?

실제로 우리는 다음의 세 가지 가능성을 구분해야만 한다. (1) 민주주의의 회복과 함께 시민사회가 사회적 행위자들에게서 그 가치를 상실하고 그 과정에서 정치사회가 중요한 역할을 수행하게 되는 경우, (2) 과잉 정치화된 시민사회가 은연중에 그것의 다양한 부문들을 위해 사회적 다원성 자체를 완전히 파괴하고/하거나 그것과 국가 간의 매개체들의 가치를 평가절하하고자 하는 경우, (3) 정치사회와 비교하여 시민사회가 자기제한뿐만 아니라 자기주제화, 자기규범화를 통해 스스로 성찰적이

---

93) Ibid.
94) Norbert Lechner, "De la révolution à la democratie(le débat intellectuel en Amérique du Sud)," *Esprit* (July 1986): 1-13; Robert Barros, "The Left and Democracy: Recent Debates in Latin America," *Telos* (Summer 1986): 49-70; José Casanova, "Never Again," unpublished ms.
95) Weffort, "Why Democracy?," 332-333, 335-337.
96) Ibid., 345.

되는 경우.

자기성찰적 시민사회 모델은 시민사회의 자기제한이라는 관념을 포함할 뿐만 아니라 스스로를 강화한다. 이것은 시민사회와 정치사회 모두에게 영향을 미친다. 이 모델은 자유주의적-개인주의적 시민사회 개념과 양립할 수 없다. 왜냐하면 그러한 시민사회 개념은 시민사회의 전면적 탈정치화와 시장경제 세력들에 대한 의존 모두를 함축하고 있고, 그리하여 "사회적 불평등 그리고 기업과 관료제 앞에서의 개인의 허약성"을 초래하기 때문이다. 카르도소는 집합적 주체성과 자기조직화를 강조하는 (그러나 개인의 권리를 포기하지는 않는) 급진민주주의와 국가의 필요성을 받아들이는 개혁민주주의를 결합한 하나의 대안을 제시한다. 이러한 '이원적' 종합은 기업의 관리(管理)와 관료제에게는 더 큰 사회적 책임을 부여하는 한편 이들 과정에 대한 공적 통제는 증가시키자는 제안—확실히 더 발전시킬 필요가 있는—으로 이어진다. 이러한 종합 없이는 시민사회는 무방비 상태로 그리고 "단어의 엄밀한 의미에서 사적인" 상태로 남게 된다.[97]

여전히 창조되고 있는 민주주의 속에서 국가와 시민사회의 관계를 이렇게 재정의하는 것은 정치사회의 모델을 바꾸는 것일 뿐만 아니라 정당의 모델도 변경시킨다. 그들의 임무는 이제 "이율배반의 양편 모두에 가동교(movable bridge)"를 건설하는 것이다.[98] 이러한 인식은 "정당은 '믿을 만하지 못하며' 유권자들의 열망을 위한 여과기로서 기능할 수도 없다는, 널리 퍼져 있는 생각에 반대하는" 관념들과 관련하여 설명하는 것으로 충분하지 못하다.[99] 그 대신에 그러한 인식은 그것이 근대 정당의 양면적 차원들 사이에서, 즉 엘리트주의적 차원과 급진민주주의적 차

---

97) Cardoso, "Associated-Dependent Development," 323-324.
98) Ibid., 319.
99) Ibid., 321.

원, 다시 말해 전략적 차원과 규범적-민주적 차원 사이에서 선택하기를 거부하고 있는 것으로 보인다. 도리어 이러한 양면성의 인식이 시민사회가 전략적 고려의 필요성과 민주적 의사결정의 요소를 국가와 기업에 도입할 필요성 모두에 민감해지게 할 수 있을 것으로 보인다.[100]

비록 개략적일 수도 있지만, 민주주의 이론의 발전에 대한 카르도소의 개요는 몇 가지 장점을 지니고 있다. 그것은 민주주의를 공고화하고 그것을 방어하기 위해 재동원될 수 있는 전제조건들을 시야에서 놓치지 않고 있는, 이행의 목표에 관한 모델이다. 그것은 시민사회에 기반한 민주적 정치문화의 건설이라는 오도넬의 관념이 요구하는 제도적 필요조건과 정확히 부합한다. 마지막으로, 이 모델은 민주주의를 정치영역으로 제한하는 것을 넘어(즉 엘리트민주주의 또는 엘리트다원주의를 넘어), '더 많은 민주주의'라는 문제를 좌파독재를 위한 핑계나 우파독재를 위한 구실이 되지 않는 가운데 제기할 수 있는 방식으로 역사적 순환에서 벗어날 수 있는 가능성을 제시한다.

1980년대 말의 동유럽 재고찰

앞서 지적했듯이, 폴란드에서 시민사회의 재발견은 두 가지 부정적인 학습경험—즉 아래로부터의 전면적인 혁명적 변동의 실패(1956년

---

100) 여기서 우리가 언급하는 것은 시민사회의 영향을 받는, 여러 형태의 정치사회와 경제사회의 발전이다. 오랫동안 이 주제에 관한 우리 자신의 생각은 카르도소가 만들어낸 모델과 차이가 없었다. 다음을 보라. "Social Movements, Civil Society and the Problem of Sovereignty," *Praxis International* 4, no. 5 (October 1985): 266-283; "Civil Society and Social Theory," *Thesis Eleven*, no. 21 (1988): 40-64; "Politics and the Reconstruction of Civil Society," in Axel Honneth et al., eds. *Zwischenbetrachtungen im Prozess der Aufklärung. Jürgen Habermas zum 60. Geburtstag* (Frankfurt: Suhrkamp, 1989). 우리의 현재 생각에 대해서는 제9장과 제10장을 보라.

의 헝가리)와 위로부터의 포괄적인 개혁의 실패(1968년의 체코슬로바키아)—의 결과이다. 폴란드의 개혁가들은 사회의 근본적인 변화는 제3의 노선을 따른다면 여전히 가능하다고 판단했다. 그것은 다음의 두 가지 요소를 포함하는 것이었다. 하나는 그 대행자가 '아래로부터' 사회를 조직화할 수 있다는 것이고, 다른 하나는 자기규제 프로그램 내에서 국가가 아니라 시민사회를 표적으로 설정할 수 있다는 것이다. 이 새로운 전략은 그 자체의 기준상 새로운 학습경험을 스스로 검증하는 것이었다는 점에 주목하라. 1981년 12월 자유노조의 진압 이후, 이 제3의, 그리고 표면적으로는 마지막인 (국가와 시민사회를 엄격하게 병치시키는 이원론적 개념에 기초한다면, 확실히 마지막인) 노선 또한 소비에트 유형의 사회들에서는 불가능한 것으로 판명난 것은 아닌가라는 의문이 불가피하게 제기되었다.

폴란드 내에서 이원론적 정식화는 야드비가 스타니슈키스(Jadwiga Staniszkis)에 의해 신랄한 비판을 받아왔다. 여기서 우리는 그녀의 전반적 공격노선을 개관하고 확장하고자 한다.

1. 폴란드에서 사회 대 국가의 대립은 외국의 세 제국주의 정부가 국가를 대변했던 정치사와 관련되어 있다.
2. 폴란드의 문화는 국가(들)와는 별개로 그 나름의 전통, 심성구조, 관행, 교육제도, 종교를 보전함으로써 분할시대 이후에도 살아남았다.
3. 하지만 전략은 항상 전적으로 수세적인 것이어서, 실제 사회변동에는 적절하지 못했다.
4. 탈전체주의 국가는 과거의 적나라한 억압적 국가에 비해 더 교묘하고 예민하며, 더 은밀하고 사악하다. 따라서 국가와 사회를 분리하는 것은 원칙적으로 불가능하다.
5. 경험적 수준에서 사회의 통일은 환상이며, 따라서 사회에 포퓰리즘

적·연대주의적 획일성을 부가하는 것(이른바 16개월 동안의 자유노조의 경우에서처럼)은 바람직하지 않다.

6. 당-국가의 통일 또한 환상이며, 전략적 관점에서 볼 때 전혀 바람직하지 않다. 사회와 국가 간의 본질적 대립이라는 관념은 국가와 정당 간의 내적 균열과 긴장을 활용하는 것을 불가능하게 만든다. 따라서 위로부터의 그리고 지배구조 내부로부터의 개혁시도는 선험적으로 하나의 환상으로 볼 수밖에 없으며, 타협은 전략적인 것으로, 다시 말해 원칙적으로 불안정한 것으로 이해될 수 있다. 정당 간 대립은 계속해서 정당으로 되돌아온다.

7. 이원론적 개념 하에서 일어나는 대중동원과 갈등은 단지 대립의 방향을 다른 곳으로 돌리는 의례화된 형식들과 매한가지일 수 있다. 그것들은 현존 체계에 어떤 중요한 변화도 산출할 수 없을 것이다.[101]

스타니슈키스는 국가에 대항하는 사회라는 이분법적 개념의 동원능력과 관련하여 잘못 판단했다. 실제로 이 개념은 많은 점에서 자기실현적이었다. 자유노조가 합법적이었던 시기(1980-1981)동안, 폴란드 사회는 적어도 경향적으로는 이원론의 양극 내부에서 일어난 갈등에도 불구하고 시민사회와 (당-)국가라는 이분법적 단층선을 따라 조직되어 있었다. 하지만 되돌아보면, 스타니슈키스의 분석 중 한 가지 함의는 실현

---

101) J. Staniszkis, "On Some Contradictions of Socialist Society," *Soviet Studies* (April 1979): 184-186; *Poland's Self-limiting Revolution* (Princeton: Princeton University Press, 1984), 36-67, 144-145. 부분적으로 중첩되는 아라토의 비판 또한 보라. A. Arato, "The Democratic Theory of the Polish Opposition: Normative Intentions and Strategic Ambiguities," *Working Papers of the Helen Kellogg Institute* (Notre Dame, 1984). 아라토는 이것이 목표로 하는 것은 시민사회 이론의 재구성이지 스타니슈키스처럼 시민사회 이론의 포기가 아니라고 비판한다.

되었다. 즉 레흐 바웬사(Lech Walesa)가 이끌던 자유노조 부문이 그렇게 갈망했음에도 불구하고, 이 이분법적 개념은 대립유형을 강화함으로써 타협적인 해결책을 불가능하게 만들었다. 타협을 위해서는 (아마도 개혁가들일) 협력자들뿐만 아니라 (정치적) 매개제도 또한 필요하다. 정권의 여러 부문들이 적극적으로 조장하고 자유노조의 이데올로기가 지지하던 철저한 대립상황에서는 그 어떤 타협도 이루어질 수 없었다. 따라서 원래의 시민사회의 자기해방 프로젝트라는 이원론적 개념의 규범적·실제적 성공은 결과적으로는 전략적 실패를 가져온 배열태의 일부였다.

1980년대에 이 프로젝트는 매우 놀랍게도 폐기되기는커녕 다른 두 나라, 즉 헝가리와 소련으로 확대되었다. 그 기본적 관념에 내재하는 규범적 타당성과는 별개로, 두 가지 이유가 원인으로 작용했다. 하나는 지정학적인 것으로, 애초부터 그 같은 프로젝트를 교착상태에 빠뜨렸던 국제 경제적·정치적 환경에서 중요한 변화들이 발생했다는 것이다. 그리고 다른 하나는 이론적인 것으로, 정치사회 범주를 도입함으로써 원래 틀이 확대되었다는 것이다.

국제환경의 변화는 소비에트식 경제발전 모델이 제국주의적 체계의 주변부와 심지어 중심부 모두에서 위기에 처함으로써 발생했다. 소련은 원자재와 노동이라는 자원의 지속적인 확장에 기초한 외연적 발전을 이룰 수 있는 가능성을 소진했고, 결정적으로는 미국과의 무제한적인 기술적-군사적 경쟁—소련이 이길 수 없었던 경쟁—이라는 위협에 도전받고 있었다.[102] 경제와는 별개로, 다음의 세 가지 새로운 과정들이 이 새

---

102) 소련은 비록 그 자원들을 비경제적으로 (비합리적이고 낭비적으로) 활용하기는 했지만, 주변부의 핵심적인 물적 자원의 이용을 최종적으로 보증하는 역할을 했다. 이러한 보증은 서로에게 해로운 것이었다. 그것의 기본 모델에 관해서는 J. Kornai, *Contradictions and Dilemmas* (Cambridge: MIT Press, 1986)을 보라. 이

로운 상황을 특징짓고 있었다. 폴란드 정상화의 실패, 소련에서 위로부터의 개혁운동의 출현, 그리고 헝가리의 카다르식 공고화 위기의 시작이 그것이다.

앞서의 소련에 대한 언급이 지적하는 것은, 1970년대 말의 폴란드 반체제인사들의 예상에도 불구하고, 체코의 경험과 브레즈네프 시기의 분위기의 영향을 받아 환경이 변화하자, 위로부터의 개혁뿐만 아니라 아래로부터의 개혁전략 또한 재개되었다는 것이다. 놀랍게도 집권당의 일부 분파들이 시작한 위로부터의 개혁전략이 이제는 독자적인 시민사회의 재구성이라는 또 다른 전략으로 보완되게 되었다. 실제로 자주 **근본적 개혁**과 단순한 개혁 간의 차이를 나타내는 표지로 인식되었던 것이 바로 이러한 상보성이다. 이러한 사고노선을 따르면, 과거 소비에트 경제에서 있었던 변화의 시도들이 실패한 것은 (1) 그것들이 경제만을 목표로 삼았고, (2) 심지어 경제와 관련해서조차 충분히 진척되지 못했고, (3) 위로부터의 통치제도들이 그것의 유일한 대행자였고, 아래로부터의 모든 세력이 배제되었기 때문이다.[103] 이 모든 지적은 하나로 연결되어 있다.

모델의 위기에 대한 분석으로는 다음을 보라. G. Markus, "Planning the Crisis: Remarks on the Economic System of Soviet-type Societies," *Praxis International* 1, no. 3 (October 1981): 240-257; T. Bauer, "From Cycles to Crisis?: Recent Developments in East European Planned Economies and the Theory of Investment Crisis," in A. Arato and F. Feher, eds., *Crisis and Reform* (Transaction Books, forthcoming). 자원제약 모델과 그것의 결과를 철저하게 검토한 것으로는 J. Kis, "Forr a vilàg," *Beszélö*, no. 26 (1989): 5-12을 보라. 소비에트 블록의 '전반적인 경제위기'의 시작을 처음으로 다룬 중요한 이론적 논문은 1982년에 바우어(T. Bauer)에 의해 발표되었다. 이 본문의 번역본으로는 "The Second Economic Reform and Ownership Relations," *Eastern European Economics* 23, nos. 1-2 (1984)을 보라.
103) 1988년 2월 22일 신사회조사연구소에서 행해진 강연의 내용으로, 이는 1988년 2월 28일 『뉴욕 타임스』에 보도되었다. 또한 A. Nove, "What's Happening in Moscow," *National Interest* (Summer, 1987)을 보라.

경제개혁을 최우선적으로 '충분히' 진척시키는 것을 목표로 했던 엘리트개혁가들은 이제 오직 여타 생활영역이 변화될 때에만, 그리고 이 전체 프로젝트에 당-국가가 아닌 여타의 행위자들이 참여할 때에만 그것이 가능하다고 주장했다. 요컨대 시민사회는 새로운 유형의 경제적 협력을 위해 필요한 환경의 일부이고, 이 협력은 시민사회를 위한 운동과 시민사회에서의 운동들 없이는 창출될 수 없다고 주장되었다.

이 테제는 고르바초프 팀이 보수적인 브레즈네프 시기로부터 물려받은 체계—이 체계에서는 명령구조의 공식적 철폐조차 통치기구 바깥에 존재하는 압력을 동원하는 것이 필요했다—에만 적용된 것이 아니었다. 그것은 또한 개혁된 카다르 체계에도 적용되었다. 이 체계의 성공은 명령체계를 비공식적인 관료제적 통제체계로 변형시켰기 때문이라기보다는 부분적인 사유화에 더 기인하는 것이었다.[104] 헝가리의 경제학자, 법학자, 정치학자, 사회학자들의 저술들을 살펴보면, 시민사회가 왜 '근본적 개혁'을 위해 필요한 것으로 상정된 두 가지 수준과 관련되어 있었는지가 분명해진다.

첫째, 우리는 전적으로 위로부터 개혁을 시도하는 것이 보수적-관료제적 저항 때문에 충분히 일관된 방식으로 정식화되거나 이행될 수 없다는 것을 학습해왔다.[105] 또한 그러한 과정은 심지어 아주 사소한 지도부의 재배열 상황에서조차 관료제적 역습에 의해 시작된 반격을 막아내지 못한다. 따라서 보다 일관되고 확고하게 경제개혁을 추진하기 위해서는 독자적인 행위자들이 필요하다. 하지만 사회운동이 (경제개혁이 수반하는 희생으로 인해) 경제개혁의 대행자가 될 수는 없기 때문에, 운동

---

104) 무엇보다도 J. Kornai, "The Hungarian Reform Process: Visions, Hopes, and Realities," *Journal of Economic Literature* 24 (December 1986): 1687-1737을 보라.
105) T. Bauer, "A màsodik gazdasàgi reform és a tulajdonviszonyok," *Mozgó Világ* (November 1982): 17-42.

에게는 정치적 거래(노조, 산업민주주의의 형태, 파업능력)와 집합적인 경제적 행위자들의 제도화(이해관계 대변의 적법성, 새로운 소유형태)가 필요하다.[106]

둘째로, 적절한 거래와 행위자들의 제도화 모두는 이해관계의 대변과 연관된 법률, 권리 그리고 결사체들과 관련되어 있다. 시민사회의 이러한 특징들은 또한 직접적인 경제적 명령의 특권이 없는 경제가 비공식적인 초법적 형태의 관료제적 규제―이것은 물려받은 '결핍경제'의 취약성을 강화한다―를 통해 시민사회에 임의적으로 재침입하거나 재침투하는 것을 막기 위해 필요하다.[107] 경제적 행위자들에게 예측 가능성과 규칙성을 제공하기 위해서는, 그리고 법률적 불일치와 법 내부의 결함이나 허점을 통해 작동하는 현존 기구의 임의적 권력으로부터 그들을 보호하기 위해서는, 독립적인 입법부 및 재판절차와 함께 일관되게 공식화된 그리고 전적으로 공적인 법과 권리가 필요하다.[108] 그러나 법과 권리만으로는 법의 집행 및 실행에 대한 통제권을 통해 모든 공식적 규제를 우회하는 관행을 가지고 있는 행정부에 맞서기에는 무력할 수 있다. 그것들은 기존의 이해결속체와 개방적 공론장에 의해 뒷받침되어야만 한다. 이것들은 또한 현재 투자, 보조금, 세금감면 그리고 심지어는 가격까지 포함하는 거래과정을 통제하고 결핍경제에 내재하는 낭비적 성격과 자원제약을 강화하고 있는 기존의 독점적 로비단체들―이들은 부분적으로는 국가기구에 그리고 부분적으로는 적당히 분산되어 있는 산업구조 속에 뿌리박고 있다―에 맞서는 평형추를 마련하기 위해서도 필요하다.

---

106) 바우어가 이 문제를 가장 분명하게 인식한 것은 적어도 1982년이었다.
107) Kornai, "The Hungarian Reform Process."
108) Tamàs Sàrközy, *Gazdasàgpolitika, Szervezetrendszer, Jogpolitika* (Budapest: Kossuth könyvkiadó, 1987).

특히나 소련에서처럼 시민사회의 재구성이 위로부터의 개혁의 한 가지 구성요소로서 장려되었을 때, 시민사회는 신중하게 규정된 한계 내에 머물러 있을 것으로 가정되었다. 유일하게 재구성된 시민사회 제도들은 경제적 합리성과 가장 긴밀히 관련된 제도들이었으며, 독립적인 행위자들도 매우 필수적인 업무만을 수행했다. 그러나 이 두 가지 목적은 자기 모순적이었다. 경제관련 법과 권리는 (보다 일반적인 의미에서의) 오직 법치주의(Rechtsstaatlichkeit; 입헌주의)의 맥락에서만 재구성된다. 공개적으로 경제적 압력을 행사할 수 있는 진정한 능력을 갖춘 결사체들은 또한 다른 사회적·정치적 쟁점들을 다룰 수 있고 또 다루고자 한다. 경제적 낭비, 부패 그리고 변화에 대한 저항에 대해 비판할 수 있는 하나의 공론장이 다른 쟁점들을 취하는 것을 막기란 쉽지 않다. 이 모든 일이 시작되기 위해서는 사회 속에서 느끼는 공포를 줄여야만 하며, 이러한 공포의 감소는 다시 새로운 시작의 자극제가 된다. 마지막으로, 쉽게 억제될 수 있는 운동은 개혁에 대한 저항을 극복하는 데 중요한 역할을 수행할 수 없는 반면, 그러한 역할을 수행할 수 있는 운동은 통제되지도 않으며 예측할 수도 없다. 미래로 나아가고자 하는 조치들과 과거의 관행을 부활시키고자 하는 조치들 사이에서, 즉 민주화와 권위주의적 중앙집중화 사이에서 끊임없이 동요하는 소련은 바로 이러한 측면에서 가장 잘 설명된다. 이 체제는 근본적 개혁을 원하고, 시민사회에 대한 속박을 풀고, 심지어는 그것의 부활을 촉구하기까지 한다. 그러나 이 체제는 또한 시민사회 자체의 구조와 동학을 포함하여 시민사회의 특권, 즉 변화될 수 있는 것과 변화될 수 없는 것의 한계를 정하는 그것의 특권을 억누르고자 한다.

그럼에도 불구하고 이러한 동요의 와중에도 사회적 동원 과정 그리고 행위자 스스로 시민사회라 부르는 것의 적어도 몇몇 차원을 구축하는 일은 계속된다. 오늘날 사회의 자기조직화 수준은 2-3년 전만 해도 생각할 수조차 없는 일이었다. 그러나 그 결과가 희망 없는 대립과 교착상태가 아니라 근본적 개혁이 될지는 전혀 분명하지 않다.[109] 만약 위로부터의 개혁의 병리가 그러한 개혁이 공식적인 명령체계를 비공식적인 관료제적 규제체계로 대체한 것이라면, 시민사회로의 한 걸음은 그 같은 병리를 치료하는 데 필요한 조건일 뿐 충분한 조건을 제공하지는 못한다. 폴란드인들이 깨달은 것처럼, 조직화되고 동원된 시민사회조차도 특히 자기제한적 상황에서는 변화하지 않는 당-국가에 직접적인 영향을 미칠 수 없고, 또 개조 불가능한 관료제적 경제를 그 최후의 주된 본거지로 삼고 있는 정치-경제적 기구들의 저항을 극복할 수도 없다.

이것이 바로 폴란드의 급진적 개혁 프로젝트를 헝가리에, 특히 계엄령 이후의 헝가리에 들여온 사람들이 얻은 교훈이었다. 헝가리 대항세력의 핵심인사들[110]은 이 프로그램을 급진적 최소주의(radical minimalism)라는 용어로 재정식화했다. 그렇기는 하지만 급진적 최소주의는 사회의 변화가 당-국가 영역에서 필요한 (비록 덜 급진적이기는 하지만) 변화에 의해 보충되어야만 한다는 것을 함의했다. 이것은 처음에는 헝가리 사회에서 이미 용인된 개방성과 분화의 요소들을 권리로 재규정하고, 독단적 국가(Massnahmenstaat)를 적어도 그것이 부여하는 권리와 관련하여 자기제한적인 권위주의적 법치국가(Rechtsstaat)로 재규정하는 것을 의미했다. 위기가 점점 더 심해지고 반체제 활동에 지식인들을 끌어들이는 데 일정 정도 성공했던 시기에 개진된 두 번째 입장은 독자적인 사회세력들에게 사법(시민사회) 영역에서는 다원주의를, 그리고 공법 영역

---

109) 더 나쁜 것은, 이것이 러시아의 중심부에서 그리고 어쩌면 그 밖의 지역에서도 발생하고 있는 민족주의 세력과 민주주의 세력 간의 대립뿐만 아니라 중심부와 주변부 민족들 간의 대립은 물론, 소비에트 사회에서 발생할 수 있는 몇 가지 직접적인 대립들 중 단지 한 가지에 불과할 수도 있다는 것이다.
110) 특히 키스(J. Kis)와 *Beszélö*의 편집자들. Kis, "Gondolatok a közeljövöröl," (Thoughts about the near future), *Beszélö*, no. 3 (June 1982): 7-27을 보라.

에서는 완전히 발전한 법치주의를 요구할 것을 제안했다.[111] 마지막으로, 카다르 체계의 토대가 이미 균열되고 있었던 시기인 1987년에, 세부적인 급진적 개혁 모델이 제안되었다. 사회계약(Social Contract)이라는 이름으로 등장한 이 모델은 모든 차원에서의 시민사회의 회복과 정치체계의 개혁을 포함했다. 특히 정치체계의 개혁에는 진정한 의회주의, 책임 있는 정부, 공산당의 지위와 역할의 재구성—공산당은 오직 헌법적 합법성의 틀 내에서만 몇몇 특권이 보존되도록 했다—이 포함되었다. 우리에게 중요한 것은 그것의 정확한 방법이 아니라 구조이다. 왜냐하면 개혁은 토론, 협상, 타협에 대한 요구를 담고 있었기 때문이다. 사회계약 접근방식의 열렬한 지지자들은 시민사회의 급진적 재구성과 덜 급진적이지만 정치영역의 원칙적 개혁을 연계시키는 모델의 측면에서 폴란드로부터 물려받은 이원론적 프로젝트를 재구성하고자 했다. 이 관념은 의회제 민주주의라는 목표를 포기하는 것이 아니라 두 가지 서로 다른 변화속도—즉 시민사회에서의 변화속도와 정치영역에서의 변화속도—를 화합시킴으로써, 진정한 시장경제를 제도화하는 데 필요한 '환경'변화를 동시에 제공하고자 하는 것이었다.

사회계약은 여전히 체제 또는 그 체제의 개혁주의적 요소를 집중적으로 다루던 당시의 다른 접근방식들에 반대하여,[112] 공식적인 제도 외부에 존재하는 집단, 결사체 그리고 실제로는 운동이 개혁추진의 일차적 임무를 담당해야 할 것이라고 주장함으로써, 폴란드의 '신진화주의' 정치와 중요한 연계를 유지하고 있었다. 하지만 헝가리가 폴란드 수준의

---

111) J. Kis, "Korlàtainkròl és lehetöségeinkröl" (About our limits and possibilities), *A Monori Tanàcskozàs* (an underground publication), 1985.
112) 집단적 연구인 "Fordulat és reform" (Turning point and reform); M. Bihari, "Reform és democracia"를 보라. 두 글 모두 *Medvetànc*, no. 2 (Budapest, 1987): 5-129, 165-225에 실려 있다.

사회의 자기조직화와 유사한 그 어떤 것도 결여하고 있었음을 감안할 때, 헝가리에서 그러한 관념은 역설적인 것이었다.[113]

매우 기묘하게도 헝가리에서의 정치적 결과가 폴란드에서보다도 훨씬 더 급진적이었던 것으로 판명되었다. 실제로 1988년 5월 카다르의 축출 이후, 헝가리 공산당은 수많은 급격한 양보조치들을 취했다. 이를테면 공론장이 사실상 개방되었고, 결사와 파업권에 관한 법률이 제정되었고, 비록 처음부터 선거조직으로서는 아니었지만 정당의 결성을 허용하는 법률들이 제정되었다. 게다가 1989년 2월에 공산당은 가까운 장래에 제한 없는 자유경쟁 선거를 치를 필요가 있음을 인정했으며, 1989년 6월에는 8-9개의 원초적 형태의 정당과 함께 '재야 원탁회의'가 제시했던 선거규칙 및 절차를 둘러싸고 협상에 들어갔다.

이러한 변화의 논리를 독해하는 방식에는 두 가지가 있다. 첫 번째 독해(쾨세그[F. Köszeg])는 독자적인 사회에서 생겨나고 있는 신생조직들의 관점을 채택하여, (소련의 불간섭 정책이 초래한 탈안정화 효과뿐만 아니라 경제위기로 인한) 집권당의 내부적 붕괴가 집권당을 너무나도 취약하게 만든 나머지 심지어 집권당이 상대적으로 작은 정도의 사회적 압력에도 저항할 수 없게 되었다고 지적한다. 확실히 이 테제는 몇 가지

---

113) 1989년 초의 협상에서 사회계약의 타협절차와 놀라울 정도로 유사한 타협절차를 밟은 폴란드에서조차, 그것이 단지 압도적인 풀뿌리 압력의 결과로 일어났다고 말할 수는 없다. 왜냐하면 그러한 압력은 실제로 초기에 교착상태로 이어졌기 때문이다. 1988년의 파업운동이 중요하기는 하지만, 그것은 1980년의 운동보다 훨씬 약했다. 하지만 (자유노조 지도부의 의도와는 달리) 그들은 훨씬 더 포괄적인 결과를 획득했다. 그 결과물이 바로 노동조합의 (재)합법화뿐만 아니라 상당한 정도로 자유로운 경쟁 선거였다. 특히 자유경쟁 선거는 1989년 6월 '국민투표'에서 공산당이 패배하고, 자유노조가 상원을 통제하고, 그리고 화합적인 입법부—야당이 집권당의 공화국 대통령 선출뿐만 아니라 모든 입법조치에 대해 거부권을 행사할 수 있는—가 구성될 수 있는 길을 열어주었다. 그 결과 모든 관계자의 예상과는 달리 자유노조 주도로 연립정부가 형성되었다.

중요한 양보조치들의 역사를 통해 추인되는 것으로 보인다. 그러한 조치들은 처음에는 단지 매수하고자 하는 의도에서 제안하는 것에 시작하여 계속해서 공중의 격렬한 비판을 받더니, 결국에는 정권의 붕괴로 이어졌다.[114] 그러나 이러한 독해에는 대항세력 외부의 중요한 행위자, 즉 몇몇 동일한 양보조치들에서 적극적인 역할을 수행했던 당내의 개혁집단이 자리할 여지가 거의 없다.

두 번째 독해(키스[J. Kis])는 이러한 과소평가를 바로잡기 위해, 점차 우위를 점해가고 있는 개혁파가 새로운 긴축 프로그램과 함께 경제개혁을 제도화하기 위해 그에 합당한 유망한 사회적 협력자를 찾고자 했다는 점을 강조한다. 협력자의 물색 그 자체는 형성 중인 사회세력을 매수하려고 시도하는 것에만 그쳤을 수도 있다. 그러나 체제의 정당성이 약화되는 상황에서 유망한 협력자의 필요성은 공개적인 경쟁적 정치영역에서 진정으로 독자적으로 활동하는 존재들을 요구했다.[115] 이 분석에서 협력자의 물색은 체제 또는 그 체제의 지배적 분파로 하여금 정치사회가 출현할 수 있는 공간을 열어주게 했다.

이 상황과 폴란드의 1980-81년 시기를 비교하는 것은 도움이 된다. 그 당시에 비록 실패했지만 매개제도의 창출을 포함하여 정권과 '역사적 타협'을 시도했던 것은 바로 자유노조였다.[116] '정상화' 가능성과 자

---

114) L. Bruszt, "On the Road to a Constitutional State?," unpublished ms, 1989를 보라.
115) Kis, "Forr a vilàg," 그리고 그의 글 "A visszaszàmlàlàs megkezdödött," *Beszélö*, no. 27 (1989)도 보라. 키스의 주장에 따르면, 하나의 강력한 사회조직이 이미 존재했던 폴란드에서는, 그 조직이 정치적 경쟁과정에 가해지는 제약들을 수용하기만 한다면, 협력자가 될 가능성이 (아래로부터의 도전에도 불구하고) 있었다. 하지만 공개적인 선거를 통해서만 새로운 조직들이 진정으로 대중적이 될 수 있었던 헝가리에서는, 그러한 모든 제약이 잠재적인 협력자들을 위험에 빠뜨렸을 수도 있고, 또한 공산당 개혁가들로 하여금 그들을 무익한 존재로 보게 만들었을 수도 있다.
116) Arato, "Civil Society against the State"; "Empire vs. Civil Society"를 보라.

신의 경제개혁 수행능력에 대한 정권의 확신, 그리고 자유노조 특유의 대립 개념이 타협실패에서 주요한 역할을 했다. 1988년과는 대조적으로 그 시기에는 사회 전체를 등에 업고 있었던 자유노조가 너무나 강력했기 때문에, 정권이 자유노조가 정책형성에서 어떠한 진정한 역할을 하는 것도 허용할 수 없었을지도 모른다. 1990년경에는 헝가리와 폴란드 모두에서 구체제의 중요한 인사들이 상대적으로 취약한 대항세력들과 광범위한 타협을 할 필요가 있다는 생각을 받아들이게 되었고, 이것은 독자적인 행위자들의 참여를 필요로 하는 매개제도의 창출로 이어졌다. 이러한 이유 때문에 그들은 시민사회의 행위자들에게 의존하여 적극적으로 자신들의 변화를 촉구했고, 그 과정에서 (그들이 희망했던) 시민사회에 어떠한 (또는 허약한) 뿌리도 두지 않는 정치적 대행자들의 출현과 공고화를 자극했다. 기존의 대립적인 정치유형 속에서 그러한 변화를 가치 있게 만들기 위해 (선거로 이어지는) 경쟁적 정치절차들이 허용되었다. 선거가 기존 체제의 생존에 위험이 되고 있음을 감안할 때, 마지못해 이 과정을 선택했던 엘리트들은 타협에 제한요소들을 끌어들임으로써 (폴란드), 또는 형성중인 새로운 정치사회에서 성원의 역할을 차지함으로써(헝가리) 그들 자신의 생존을 추구했다.[117]

---

117) 확실히 개혁주의 지도자나 그 집단의 조치들이, 광범위한 엘리트들이 자신들의 기존의 경제적 권력을 유지하거나 그것을 새로운 소유권 및 통제제도로 전환시키기 위한 프로젝트로부터 나왔다고 보는 것은 무리가 있을 수 있다. 한키스(E. Hankiss)의 탁월한 저작과 이 책 제9장을 비교해보라. E. Hankiss,, *Kelet-európai alternatívàk* (Budapest; Közgazdasàgi és jogi kiadó, 1989), 300 and ch. 9. 정당국가(party state)로부터 성공적인 선거정당이나 심지어는 대통령 정당(presidential party)으로의 전환과 같은 소수의 정치 엘리트들에게 적합한 전환도 하나의 정치적 전환이다. 헝가리가 이러한 전환에 실패했다는 것이, 정치적 전환이 주도적 개혁가들의 가장 중요한 동기가 아니었다거나 다른 형태의 (명백히) 보다 성공적인 경제적 전환이 개혁지도부의 동기에 포함되어 있었다는 것을 증명하는 것은 결코 아니다. 이행의 상황에서, 그리고 상이한 일단의 경제규칙이 기대되는 상황에서, 대체로 비조직화된 경제 엘리트들은 전환을 탈중심화하려는 노력을

우리가 관심을 가지는 것은 이러한 계산들이 옳은가가 아니라 그것이 시민사회가 정치사회로 전환하는 데 어떤 영향을 미쳤는가 하는 것이다. 네 가지 중요한 변화의 이상형(ideal type)이 오늘날 동유럽에서 작동하고 있다. 개혁, 아래로부터의 급진적 개혁(또는 '신진화주의'), 새로운 체계로의 정치적 이행, 그리고 최근 들어 '혁명'이라고 불리게 된 것이 그것이다.[118] 각각의 이상형들은 고유한 행위자, 병리 그리고 잠재적

> 기울일 수 있는 기회를 가졌고, 이것이 바로 그들이 비록 이전에는 이행에 저항했지만 당시 진행되던 형태의 이행에 저항하지 않았던 이유였다. 동일한 비판이 살라이(E. Szalai)의 다소 상이한 분석에도 적용된다. E. Szalai, "Elites and System Change in Hungary," *Praxis International* 10, nos. 1-2 (April-July 1990): 74-79. 살라이는 다른 정치적 동맹을 맺고 있는 다소 다른 엘리트에 초점을 맞추고 있으며, 한키스와는 달리, 이미 그렇게 변화된 체계가 제기능을 수행하는 시장경제를 창출할 수 있으리라고 생각하지 않는다. 그녀의 논문 "Az uj elite" (The new elite), *Beszélö*, no. 27 (1989)도 보라.

118) 몇몇 경우에서는 이 이상형들 몇 가지가 결합되어 있기도 하다. 오늘날에는 많은 사람들이 첫 번째 선택지, 즉 위로부터의 개혁을 제외한 모든 것에 대해 '혁명'이라는 용어를 사용한다. 정의(定義)는 항상 역사적 흐름에 영향을 받지만, 우리가 생각하기에 폴란드, 헝가리, 소련의 경우는 적어도 다음의 세 가지 이유에서 '혁명'이 가장 좋은 선택지는 아니다. (1) 점차 그 중요성이 감소하고 있는 지정학적 이유에서뿐만 아니라 원칙적인 이유에서, 모든 행위자가 그 과정의 필연적으로 자기제한적이고 점진적인 성격을 염두에 두고 있다. (2) 대부분의 관련 행위자들이 토크빌에 의해 처음 발견된 근대 혁명의 국가강화 논리를 거부한다. (3) 동유럽의 운동들은 적어도 전통적인 의미에서의 개혁 또는 혁명이라는 양자택일을 넘어서고자 애쓰는 서유럽 그리고 특히 남부 유럽의 운동들과 중요한 연속성을 지닌다. 이에 대한 반론은 단 하나의 모델, 즉 1956년의 헝가리 혁명에 근거를 두고 있다. 1989년까지 13년의 역사를 지닌 민주적 대항세력과 변화하지 않는 스탈린 체제에 저항했던 운동 간의 차이는 명백하다. 하지만 다른 중요한 변화들이 이미 일어난 오늘날에도, 1956년의 많은 목표들이 또다시 의제로 상정되고 있다. (하지만 전부 다가 그렇게 되고 있는 것은 아니다. 이를테면 지금은 급진 산업민주주의에 대해서는 어떠한 논의도 이루어지지 않고 있다.) 1956년의 봉기는 모든 대혁명과 마찬가지로 자기제한적인 성격을 지니지 않았다. 오히려 그것은 오늘날의 운동들이 필사적으로 피하고자 하는 것인 내전의 측면을 지니고 있었다. 이러한 이유 때문에, 동독의 '평화혁명'도 그리고 체코슬로바키아의 '벨벳혁명'도, 1956년 모델의 비폭력적 형태로 이해될 수 없다. 매우 흥미롭게도 이들

자기교정의 형식을 가지고 있다. 그것들 각각은 시민사회의 문제 중에서 서로 다른 차원을 취하고 있다. 여전히 소련에서 지배적인 개혁전략은 근대화하고 있는 국가행위자를 그 대행자로 하고 있다. 이 경로의 병리는 이것이 공식적인 관료제적 재량을 비공식적인 변형태들로 대체하고, 그러한 변형태들이 전반적으로 경제적 기능 수행을 개선하지 못하거나 아니면 현재 소련의 경우처럼 실제로 그것을 악화시킬 수도 있다는 것이다. 상상할 수 있는 교정책은 시민사회로 되돌아가서, 국가영역 외부에 존재하는 집합행위자들(단체, 결사체, 운동, 공중)을 개혁과정 속으로 끌어들이는 것이다. 소련에서는 심지어 정치사회에 전형적인 선거 메커니즘으로 전환하는 것조차 우회했고, 한동안은 심지어 독자적인 정치적 행위자들이 출현하는 것을 봉쇄하기까지 했다. 하지만 그것이 시민사회 비공식적 행위자들의 자기조직화와 동원에 일조했다. 이를테면 1989년 초에 실시된 선거와 모순적이고 일관성이 없는 인민대표자대회의 회의들[119]은 중재가 아니라 특정 형태의 동원으로 이어졌다. 그리고 이미 양극화되고 있던 이러한 동원형태는 경제개혁이 계속해서 정체됨에 따라 더욱더 심화될 것으로 보인다. 폭력적인 진압과 의회적 중재 모두가 부재한 상황에서, 그러한 갈등들은 점점 더 거리에서 발생하게 될 것이다.

우리가 폴란드의 경우에서 살펴보았듯이, 시민사회와 그 행위자에게

'혁명'이 폴란드와 헝가리의 비혁명적인 길보다 다소 급진적인 민주화 모델을 상징하는가의 문제는 여전히 논란거리가 되고 있다. A. Arato, "Revolution, Civil Society and Democracy," *Praxis International* 10, nos. 1-2 (April-July 1990): 24-38을 보라.

119) 우리가 염두에 두고 있는 것은, 한편으로는 그 논쟁의 놀랄 만한 개방성이고, 다른 한편으로는 그 과정의 통제, 특히 소비에트최고회의(Supreme Soviet, 실제적인 입법부) 선출과정이 처음에는 보수적 국가기구에 의해 그리고 나중에는 고르바초프의 소규모 관료집단에 의해 지속적으로 통제되었다는 것이다.

로의 회귀가 사회적 학습과정에 그리고 특히 민주적 정치문화의 구축에 극적인 결과를 가져다줌에도 불구하고, 대립은 그러한 전환이 초래하는 독특한 병리현상이다. 폴란드에서의 대립과 결부되어 있었던 것이 바로 시민사회의 과잉통합이었다. 그러한 상황에서는 하나의 운동만이 이질적이고 심지어는 경쟁적인 사회적 이해관계와 정체성의 전달수단이 되었으며, 이것은 사회적, 그리고 후에는 정치적 다원주의의 출현을 일정 정도 (비록 그 참여자들의 의도에는 반하는 것임에도 불구하고) 봉쇄했다. 소련처럼 민족적으로 분할된 사회에서 나타나는 또 다른 형태의 대립—경쟁하는 인종집단 또는 민족집단들 간의 대립, 또는 민주주의운동과 민족주의운동 간의 대립—은 시민사회 지향전략에 훨씬 더 부정적인 결과를 초래해왔다.[120] 이러한 맥락에서 협상, 타협, 진정한 의회주의를 가능하게 하는 정치집단의 출현은 작으나마 중재의 희망을 상징

---

120) 우리는 민족주의적 동원, 특히 특수주의적이고 공격적인 형태의 민족주의의 동원을 시민사회의 한 가지 병리로 간주한다. 동유럽과 소련에서 그것의 기원은 복잡하며, 소수민족과 식민지 민중의 정당한 민족적·인종적 불만을 논외로 하면, 다음과 같은 요소들을 반영한다. (1) 공산주의 체제의 불충분하고 피상적인 근대화 과정은 전통적 관행, 상징, 이데올로기를 억압할 수는 있었지만, 그것들을 효과적으로 변형시킬 수는 없었다. (2) 마르크스-레닌주의적 형태의 정당화가 쇠퇴하자, 민족주의적·역사주의적 형태의 자기표현과 자기정당화가 점점 더 많이 활용되었다. (3) 이행기의 불안전의 증대와 경기침체는 물질적 이해관계를 방어하는 것을 점점 더 불확실하게 만들었다. 심지어 이러한 변화에 의해 가장 피해를 입은 사람들조차도 그러한 변화가 자신들이 증오하는 체제의 해체를 위해 필요한 것인 만큼, 변화에 저항하기가 어렵다는 점을 알고 있다. 그 결과 물질적 쟁점보다는 상징적 쟁점, 이해관계보다는 정체성을 중심으로 동원이 이루어지는 경향이 있다. (4) 자기조직적인 시민사회에 호소한다는 것은 일반적으로 새로운 정체성의 구성이 가능하다는 것을 의미하지만, 그것은 조직이나 결사체 활동에 열성적으로 참여할 수 있는 사람들에 한해서 그러했다. 그것에 참여하지 않는 사람들에게 시민사회와 그것의 결사체들의 재구성은 단지 원자화 프로그램에 불과하며, 국가 온정주의가 쇠퇴하고 있는 상황에서 더욱더 믿을 수 없는 것으로 보인다. 하지만 민족적 정체성에 대한 호소와 민족주의적 동원은 이들에게 '환상의 공동체'에 대한 기대를 가지게 한다.

한다. 왜냐하면 이들 정치집단을 민족적·경제적·정치적 쟁점들을 둘러싸고 심화되고 있는 사회적 갈등의 분열선과 연결시킬 수 있는 제도적 수단이 구축될 때에만 중개가 이루어질 수 있기 때문이다. 문제는 점점 더 동원되고 있는 시민사회의 집단들이 체제 및 서로 간의 갈등을 어떻게 관리할 수 있을 것인가 하는 것이다. 이러한 상황에서는 법과 다당제 의회제도의 통치가 아니라면, 점점 더 파괴적인 대립 이외에는 대안이 없는 것처럼 보인다. 그리고 결국 이러한 대립은 무너지고 있는 러시아의 절대권력 중심부에서 사회세력과 이들 사회세력이 전복시킬 수 없는 국가 간의 교착상태라는 형태를 취하거나, 아니면 민주주의운동과 보수적-민족주의적 운동 간의 충돌이라는 형태를 취하거나, 그것도 아니면 심지어 이들 모든 결과의 결합이라는 형태를 취할 수도 있다.[121]

폴란드와 헝가리에서는 대립의 교정책으로 상정되었던 것이 정치사회로의 전환이라는 형태로 이미 추진되고 있었다. 이것은 점차 정치사회의 행위자들—적어도 처음에는 공산당 내의 개혁주의자들을 포함하여—이 이행과정의 대행자가 될 것이라는 것을 의미한다. 이 모델도 그

---

[121] 우리가 이 책을 쓰고 있던 당시에는 몇 가지 중요한 사태의 진전을 예견할 수 없었다. 단지 공화국 수준—매우 놀랍게도 러시아 사회주의 연방공화국을 포함하여—에서이기는 하지만, 당시 소련에서 실행 가능한 의회적 중재제도들이 출현했다. 각 공화국별로 다양한 시민사회들의 발전을 반영하는 이러한 상황은 전체 사회의 수준에서 발생하는 중재의 문제를 스스로 해결하지도 또는 (복합적인) 대립의 위험을 피하지도 못한다. 이것은 단지 각 공화국을 그들 자신의 시민사회에 의해 지지받는 공화국 정부들과 그 내적 구조로는 충분한 중재를 수행하지 못하는 중앙정부 사이에 있는 어떤 것으로 대체할 뿐이다. 더 나쁜 것은 현재 경제개혁과 관련하여 중앙정부와 공화국 정부들 간의 (아마도 일시적인) 합의 실패가 정치적·문화적 분열선을 강화할 뿐만 아니라 현재에도 그와 동일한 갈등구조를 경제적 수준에서 재생산하고 있다는 것이다. 연방 또는 연합구조들을 설득력 있는 방식으로 통합할 수 있는, 진정한 의미의 입헌제도와 의회제도를 포함하는 중재제도들이 창출되지 않는 한, 그 결과는 극히 미미하거나 매우 위험한 것뿐일 것이다(이 각주는 1991년 가을에 추가했다).

것 자체의 잠재적 병리들을 지니고 있는가? 그리고 만약 그렇다면 그것의 교정책은 무엇인가?

우리가 라틴아메리카에서 발생한 이행의 사례에서 살펴보았듯이, 정부 엘리트들이 정치사회에 의존하거나 그것을 부활시키는 몇 가지 이유들 중 하나는 그것이 시민사회를 탈동원화하는 데 일조하기 때문이다. 그들이 그렇게 하는 것은 과다한 경제적 요구로부터 그들 자신과 이행을 보호하고, 동시에 자신들을 배제시키는 결과를 가져올 수도 있는 행위자와 동원형태를 정치과정으로부터 배제하기 위해서이다. 옛 집권당 엘리트들, 또는 더 정확히 말하면 집권당의 개혁주의 분파들은 (매우 문젯거리가 되는, 노동조합 관료를 제외하고는) 시민사회 행위자가 될 만한 사회적 지지를 받지는 못하지만, 사회민주주의 이데올로기를 가진 선거정당으로 전향함으로써 새로운 정치사회의 행위자가 될 수 있기를 기대한다. 따라서 정치사회로의 복귀는 분명 병리를 지닌다. 그것은 바로 정치사회로의 복귀가 시민사회를 탈동원화하고 동원된 형태의 시민사회를 제도화된 형태의 시민사회로 대체하는 데 실패한다는 것이다. 이러한 병리는 동유럽에서는 하나의 심각한 문제이다. 동유럽에서는 최근 관료권위주의 체제 하에서조차 사회적 결속·연대·결사체의 붕괴와 원자화가 그 무엇보다 훨씬 심각하다. 그리고 그곳에서는 시민사회가 단지 일시적으로 동원된 형태로만 존재하고, 사회통합의 회복에도 제한적으로만 기여하는 것으로 보인다. 이러한 이유 때문에 시민사회 제도의 구축을 회피하는 배열태는 민주적 정치문화의 발전에 매우 바람직하지 못할 것이며, 역으로 이러한 유형의 문화가 계속해서 진전된다면 새로운 정치 엘리트들에게 심각한 정당화 문제를 초래할 수도 있다.

옛 엘리트 중에서 개혁주의적 인사들이 시민사회를 탈정치화하고 심지어는 파편화하고자 시도하는 것은 분명 이해할 수 있는 일이다. 그들에게 문제가 되는 것은 경제정책의 형성에서 자신들의 자유재량권을 유지하는 것뿐만 아니라 그들이 하나의 정치세력으로 생존하는 것이다. 물론 이 난국의 뿌리는 더욱 깊으며, 그것은 정당과 의회로 구성되어 있는 현대 정치사회와 결부된 기본적 성향과 관련되어 있을 수도 있다. 그럼에도 불구하고 시민사회에서 생겨나서 여전히 자신의 기원의 일부 표지들을 보존하면서 '정당'이라는 이름을 붙이기를 거부해온 헝가리, 폴란드, 체코슬로바키아의 새로운 유력정당들은 자신들이 현대 정당의 '과두제적' 경향에 저항할 수 있을 것이라는 기대를 불러일으켜왔다.[122] 그럼에도 불구하고 (또는 그 결과) 그것들은 자주 하나의 엘리트통치를 또 다른 엘리트통치로 대체하려 하고, 시민단체와 사회운동을 무시하고, 심지어는 지방정부와 공론장에 대한 국가통제를 강화하고, 사회적 자문을 무시한 채 중요한 경제적 결정을 내린다고 비판받는다.[123] 중요한 것은 의회주권에 의거하여 이러한 비난들을 반박하려는 시도들이 의회전제주의라는 새로운 비난 또는 심지어는 다당제적 독재라는 과장된 비난을 초래했을 뿐이었다는 점이다.

---

122) 이를테면 Z. Bujak, "West of Centre," *East European Reporter* 4, no. 3 (Autumn/Winter 1990)을 보라. 이러한 입장은 논쟁의 여지가 있다. 체코슬로바키아에서 우르반(J. Urban)은 시민포럼을 서유럽 형태의 정당으로 전환하자고 강력하게 주장해왔다. J. Urban, "The Crisis of Civil Forum," *Uncaptive Minds* 3, no. 4 (August-October 1990). 이 쟁점은 여타의 이데올로기적 분할을 가로지른다. 이를테면 헝가리에서 자유민주연합(SzDSz)은 '현대적인' 정당형태에 더 만족해 하는 반면, 헝가리시민연합(FIDESZ)은 덜 그런 것으로 보인다. 유력 우파단체인 헝가리민주주의포럼(MDF) 내에는 두 가지 입장 모두가 존재하는 것으로 보인다.

123) Lena Kolarska-Bobinska, "The Changing Face of Civil Society in Eastern Europe," unpublished ms. (1990)을 보라. 헝가리의 경우에 대해서는 F. Miszlivetz, "The Injuries of East Central Europe: Is the Auto-therapy of Civil Society Possible?," unpublished ms. (1990)를 보라. 체코의 경우에 대해서는 다음의 인터뷰를 보라. Ladislav Hejdanek, "Democracy without Opposition Is Nonsense," *East European Reporter* 4, no. 3 (Autumn/Winter 1990): 96. 전반적인 이론적 평가에 대해서는 Arato, "Revolution, Civil Society, and Democracy"를 보라.

대중참여를 주기적인 선거들로만 제한하는 엘리트민주주의가 비록 많은 관련 정당과 단체들의 주요 인사들이 가지고 있는 이상은 아니지만, 현재의 맥락은 많은 점에서 그러한 방향을 가리키고 있다. 또다시 말하지만, 경제적 이행의 필요조건들—일부 사람들은 시민(즉 부르주아)사회에 대한 비연대적인 개인주의적 견해에 입각하여 이행의 조건들을 엄격하게 설정한다—이 부분적으로 그것에 책임이 있다.[124] 그러한 경향은 이른바 웨스트민스터 모델(Westminster model)에 기초한 의회주권 개념—이는 주요 정당 모두에서 제시되고 있다—에 의해 폴란드에서보다는 헝가리에서 훨씬 더 강화되고 있다. 그렇다면 사회보장에 익숙한 주민들이 자신들이 공식적으로 가지고 있는 유권자의 권한과 무관하게 새로운 긴축정책을 포함하여 단지 엘리트들 간의 조정에 기초한 결정의 정당성을 쉽게 받아들일 것인가? 라틴아메리카 포퓰리즘의 역사에서 나온 수많은 경험에 따르면, 선거를 통하든 선거를 통하지 않든 간에, 주민들은 그러한 결정의 정당성을 인정하지 않을 것이다. 거기에는 동유럽에 강력한 뿌리를 두고 있는 포퓰리즘이, 탈동원화되거나 미발전되고 반(半)원자화되고 비연대주의적인 시민사회의 엘리트주의에 대한 응답이 될 수도 있는 위험이 존재한다.

몇 가지 비교와 몇 가지 문제들

지금까지 살펴본 프로젝트들을 등치시키려고 노력하는 것은 합당하지 못할 것이다. 서로 다른 맥락에서 출현해온 시민사회 모델들은 중요

---

[124] 타마스(G. M. Tamas)는 여러 곳에서 이 관점을 옹호해왔다. 이를테면 G. M. Tamas, "Glemp biboros intö szava," *Élet és irodalom* 33, no. 36 (September 1989)을 보라. 동일한 입장이 많은 경제학자들과 경제정책 입안자뿐만 아니라 이 세 유력정당 모두의 주요 분파에서 견지되고 있다.

한 편차를 보여왔다. 실제로 어떤 단일한 해석틀을 가지고 이 다양한 구조적·역사적 배열태들의 의미를 따지고 방향을 설정하려고 시도하는 것은 결코 쉬운 일이 아니다. 하지만 궁극적으로는 경계를 넘어 공통의 논의에 도달할 수 있게 해주는 하나의 이론적 틀이 불가피하게 요구된다. 부적절한 통합은 단지 환상적 해결책만을 제공할 수 있을 뿐이며, 따라서 우리는 현재 가용한 전 범위의 담론들을 탐색해야만 한다. 하지만 그것에 앞서 우리는 적어도 우리가 분명 동일한 용어를 상이한 맥락에서 사용하는 것을 넘어서서 이 상이한 시민사회 재구성 프로젝트들을 마치 하나의 단일체처럼 제시하는 것의 충분한 근거를 밝혀야만 한다. 우리는 이러한 작업을 두 가지 단계를 통해 진행할 것이다.

첫째로, 우리는 현재 통용되고 있는 여러 형태의 담론 수준에 존재하는 공통의 지적 배경에 대해 논의할 것이다. 비판적 사회사상의 환경에서 오늘날 주목할 만한 것은 포스트마르크스주의적 지적 전환이다. 그것은 진정으로 국제적인 시민사회 논의를 산출하고 있다. 둘째로, 우리는 마르크스주의의 위기와 관련은 있지만 그것으로 환원될 수는 없는 두 가지 지적 입장을 제시한다. 이들 입장은 우리의 '사례연구'가 증명하듯이 네 가지 정치적 상황 속에서 사회적 행위자들에 의해 공유되고 있다. 그 두 입장이 바로 (1) 국가비판과 (2) 그 용어의 고전적인 의미에서의 개혁과 혁명이라는 양자택일을 넘어서고자 하는 바람이다.

마르크스주의의 위기는 다양한 지역적·지구적 이유들로 인해 오늘날 하나의 전 세계적인 현상이 되었다. 선진 자본주의 국가들의 경우에 그러한 위기의 하나의 중요한 이유는 마르크스주의 이론이 현존 체계가 상대적으로 안정적이고 그러한 안정성을 반복적으로 재구성하고 있다는 점을 여전히 제대로 설명하지 못한다는 것이다. 또 다른 이유는 노동계급—또는 어떤 다른 단일 사회계층이나 집단—이 전 지구적 사회변동의 주체 역할을 수행하는 것이 (바람직한 것은 말할 것도 없고) 가능한 것처럼 보였던 시대가 의심의 여지없이 끝났다는 것이다. 라틴아메리카에서의 결정적 요인은 마르크스주의와 혁명노선과의 관계였다. 이 혁명노선은 특정 형태의 사회주의 공화국을 창출하는 데 실패했을 뿐만 아니라 직접적으로 그리고 몇몇 경우에는 의도적으로 자유민주주의를 종식시키고 우익독재를 부상시키는 데 기여했다. 이른바 사회주의 혁명이 성공했던 곳에서의 결과들도 모방하고 싶은 마음을 불러일으킬 만한 그런 것이 전혀 아니다. 몰락기에 처한 동구의 소비에트 모델은 현재 비효율적이고 비인간화하고 있는 것으로 거의 일반적으로 인식되고 있다. 반체제인사들의 활동과 지적 견해들 속에 반영되어 있는 이러한 사태의 진전은 마르크스주의의 외피를 물려받은 대부분의 서구와 남부 공산주의 집단 또는 극좌 집단들의 목표에 대한 불신을 촉진시켜왔다. 여기서 중요한 것은, 마르크스주의 이론과 분석형태들이 소비에트 유형의 사회구조를 이해하고 그러한 사회들을 변화시키고자 노력해온 행위자들에게 설득력 있는 방침의 윤곽을 제시하려는 시도들 속에서 실패를 거듭해왔다는 점이다.[125]

물론 마르크스주의를 떠나 자유주의와 신보수주의에서 종교적 근본주의에 이르는 어떤 입장들로 옮겨가는 것은 항상 가능한 일이었다. 그

---

[125] 이들 이론에 관한 한 가장 뛰어난 분석들로는 다음의 논문들을 보라. A. Arato, "Autoritärer Sozialismus und die Frankfurter Schule," in A. Honneth and A. Wellmer, eds., *Die Frankfurter Schule und die Folgen* (Berlin: de Gruyter, 1986); "Bahro's Alternative: from Western to Eastern Marxism," a review of U. Wolter, ed., *Bahro: Critical Responses*, *Telos*, no. 48 (Summer 1981): 153-168; "Critical Sociology and Authoritarian State Socialism," in D. Held and J. Thompson, eds., *Habermas: Critical Debates* (Cambridge: MIT Press, 1982); "Immanent Critique and Authoritarian Socialism," *Canadian Journal of Political and Social Theory* 7, nos. 1-2 (Winter-Spring 1983): 146-162; "The Budapest School and Actually Existing Socialism," *Theory and Society*, no. 16 (1987); "Facing Russia: Castoriadis and Soviet Society," *Revue européenne des sciences sociales* 37, no. 86: 269-291.

러나 만약 우리가 마르크스주의적 교조주의를 반마르크스주의적 교조주의로 대체하는 것을 피하고자 한다면, 즉 하나의 지배형태에 대한 변호를 또 다른 지배형태에 대한 변호로 맞바꾸는 것을 거부한다면, 우리는 자본주의 사회가 존속하는 한 폐기될 수 없는 몇 가지 비판적 관점들을 확립한 사람이 마르크스일 수 있다는 점을 인정해야만 한다. 많은 경우에 이것은 그의 몇몇 주요 개념들을 재해석하거나 재구성하여, 루카치, 그람시, 옛 프랑크푸르트학파의 네오마르크스주의를 포함하여 특정 부류의 고전 마르크스주의 이론이 지니고 있는 규범적·분석적 함의를 넘어설 수 있는 이론적 프로젝트로 나아가는 것을 의미한다. 우리가 **포스트마르크스주의**라는 표제 하에 묘사하고자 하는 것이 바로 이러한 이론적 프로젝트들이다.[126] 서로 다른 용어를 사용함에도 불구하고, 모든 포스트마르크스주의가 지닌 하나의 공통적인 입장은 마르크스가 시민사회와 부르주아 사회를 동일시한 것뿐만 아니라 국가와 사회를 재통합하는 것을 목적으로 한 그의 다양한 정치적 프로젝트들 또한 수정해야 한다는 것이다.[127] 포스트마르크스주의자들은 그람시가 그랬던 것처럼[128] 자본주의적 민주주의 아래에서 시민사회가 영속될 수 있으며 그리하여 고전 마르크스주의적 의미에서의 혁명을 받아들이기가 어렵다는 점을 지적하는 것만이 아니라, 시민사회의 보존은 규범적으로 바람직하다고 주장한다. 하지만 포스트마르크스주의는 그들이 현존하는 형태의 시민사회를 급진민주주의적으로 또는 급진다원주의적으로 변형시키는 것을 테마로 삼고자 한다는 점에서 모든 신자유주의(이들 역시 그들 나름의

---

126) A. Arato, "Marxism in East Europe," in Tom Bottomore, ed., *Dictionary of Marxism* (Oxford: Blackwell, 1983); "Marxism," in J. Eatwell et al., eds., *The New Palgrave: A Dictionary of Economics* (London: Macmillan, 1987)를 보라.

127) Jean L. Cohen, *Class and Civil Society. The Limits of Marx's Critical Theory* (Amherst: University of Massachusetts Press, 1982)를 보라.

128) 제3장을 보라.

방식으로 시민사회와 부르주아 사회를 동일시한다)와 구별될 수 있다.

지금까지의 우리의 다양한 전거들이 그러했듯이, 우리는 시민사회 개념이 포스트마르크스주의(그리고 어쩌면 '포스트그람시주의')의 지적 세계, 그리고 심지어는 정치문화의 일부라고 주장한다. 현재의 시민사회 담론은 적어도 처음에는 포스트마르크스주의적 관념이 보급되면서 국제적으로 유포되었다. 처음에는 우리의 최근 역사에서 광범위하게 수용되었던 그러한 개념이 이제 동구와 서구, 남부와 북부의 사회비평가들 간의 대화에서 이용될 수 있게 된 이유는 그들의 상황이 공통의 문제와 공통의 프로젝트를 지니고 있었기 때문이다.

우리는 그와 같은 문제/프로젝트들 중에서 두 가지를 우리가 이미 인용한 전거들 속에서 발견할 수 있다. 우선 먼저, 거기에는 국가비판과 '탈국가주의적' 정치의 모색이 자리하고 있다. 소비에트 유형의 체제, 라틴아메리카의 독재정권 그리고 심지어는 복지국가조차도 모든 또는 몇몇 핵심적인 사회문제들을 해결하는 데서 무능력을 노정하고 있으며 그간 출현한 해결책 또한 바람직하지 못하다는 것은 모든 관련된 전거에서 테마로 설정되어 있다. 보다 합리적인 국가—프롤레타리아 독재, 즉 우파가 아닌 좌파의 독재—또는 (복지국가의 경우처럼) 보다 많은 생활 영역을 '국가화하는' 단지 더 큰 국가가 유사한 상황진단에 대한 해답이었던 때가 있었다. 우리가 최근 독재와 거대 산업의 국유화를, 그리고 중앙의 관료제가 사회적 삶에 침투함으로써 초래된 결과들을 경험하고 난 후에는, 과거의 어떠한 해답도 예전만큼 영향력을 발휘할 수 없어 보인다. 국가를 복수의 사회세력들의 소극적 통합체로 보는 것도, 그리고 국가를 사회적으로 지배적 위치를 차지한 계급이나 선거를 통해 통치권을 장악한 정당을 가지게 된 계급의 수중에 놓이게 되는 중립적 도구라고 보는 것도 이제 점점 더 불가능해지고 있다. '국가 되돌려놓기'는 근대국가가 그 나름의 논리를 가지고 독자적인 이해관계의 배열태를 만들어내고 있다는 것을 인정하자는 것을 뜻할 것임이 틀림없다.[129] 자기조절적인 자본주의 시장경제에 맞섰던 19세기의 위대한 반란정신과는 대조적으로, 국가는 사회가 자기성찰적으로 스스로 작동할 수 있게 해주는 중립적인 매개체가 될 수 없다.[130]

둘째로, 개혁인가 혁명인가라는 양자택일은, 개혁정당과 혁명정당 모두가 현재 우리의 위기에 한몫을 담당해왔기 때문에 그 신뢰를 상실했다. 우리의 모든 사례연구는 명시적으로든 묵시적으로든 혁명이 꿈꾸던 유토피아—즉 현재와는 완전히 단절되어 갈등도 분열도 없는 좋은 사회를 갈망하던, 강요된 단일 모델이 꿈꾸던 세계—도 마찬가지로 폐기되었다는 것을 보여준다. 그러한 모델은 심지어 그 원리상 어떠한 현대 민주주의 관념과도 양립할 수 없다. 동시에 사례연구들은 점증적 개혁 그 이상을 나타낸다. 즉 적어도 그것들은 구조적 또는 급진적 개혁주의를 함축하고 있다. 하지만 고르가 주조해낸 용어들조차도,[131] 현재 문제가 되고 있는 것을 철저하게 규명하지는 못한다. 오늘날 혁명과 개혁 모두는 일반적으로 그들의 국가주의 논리와 관련하여 이해된다(그리고 비난받는다). 그리고 이제는 '급진개혁주의'라는 용어가 여전히 시사하는 것과 같은, 혁명과 개혁을 일정 정도 결합한 개념 또한 받아들이기 어려워지고 있다. '신진화주의'라는 용어는 너무나도 모호해서 하나의 대체물이 되기는 어렵지만, '자기제한적 혁명' 또는 '자기제한적 급진주의'는 적절해 보인다. 쿠론(J. Kuron), 고르, 보비오(N. Bobbio), 하버마스 같은 다양한 분석가들이 제시한 이 관념은 급진적 재구성의 대상은 물론 그 (다수의 통일되지 않은) 주체 역시 국가에서 사회로 전환시킨다.

---

129) Evans et al., eds., *Bringing the State Back In*을 보라.
130) Jürgen Habermas, "The New Obscurity," *The New Conservatism* (Cambridge: MIT Press, 1989)을 보라.
131) André Gorz, *Strategy for Labor* (Boston: Beacon Press, 1967)를 보라.

이에 상응하여 현존 국가경제(서구에서는 자본주의적 경제)의 구조와 관련해서는 새로운 종류의 자기제한이 이루어져야 할 것이고, 그리고 심지어는 이루어져야만 한다. 이러한 관념은 **사회계약**이 제안했던 국가와 시민사회를 지칭하는 두 가지 세속적 권력의 변화 속에서도, 그리고 심지어는 협상과 선거를 통해 변화의 속도를 의식적으로 비혁명적 상태로 늦추는 정치사회로의 전환 속에서도 살아남아 있다. 이와 동일한 관념이 서구적 형태로 잘 표현되어 있는 것이 바로 로장발롱의 주장이다. 그는 시민사회의 재구축과 그것에 필요한 국가구조 및 경제구조와의 타협을 병치시킨다. 시민사회는 이들 구조를 변화시키는 것을 도울 수는 있지만, 그것들이 자율적으로 작동할 수 있는 모든 측면을 폐지시켜서는 안 된다.

매우 흥미로운 것은 '혁명'이라는 용어를 권위주의적 통치로부터의 이행을 지적하기 위해 가장 빈번히 사용하는 곳이 바로 가장 반마르크스주의적인 우리의 동유럽 3개국이라는 점이다. 하지만 이 용어의 의미가 프랑스혁명과 러시아혁명을 통해 확립된 의미들과는 다르다는 것을 언급해야만 한다. 이들 혁명과 결부되어 있는 완전하고 투명한 사회의 추구는 국가를 강화하는 것으로 그리고 심지어는 불가피하게 테러리즘적인 것으로 인식되어 분명하게 거부된다. 일부 저자들은 이 용어를 보다 보수적인 의미로 재규정하여, 소비에트화에 의해 위협받았으나 여전히 현존하는 (또는 상상 속의) 옛 정치문화나 전통들을 지키고자 노력하거나 또 다른 누군가의 전통(이를테면 고전 자유주의)을 보존하고자 하는 것으로 규정한다.[132] 다른 저자들은 1956년의 좌절된 헝가리혁명 오

---

132) 타마스는 이 관점을 대표한다. 하지만 그는 그것을 '무혈합법'혁명이라는 관념과 관련하여 정교화한다. 그에 따르면, 이 혁명은 정당한 형태의 권력을 구성한 후, 종국적으로는 위로부터의 '개혁'과 결합하게 된다. 어떠한 '사회혁명' 개념도 반대하는 그의 개념은 오늘날의 권력소유자들이 자신의 권력을 경제적 소유

직 한 사례에 근거하여, 현재 진행 중인 이행을 새로운 형태의 민주적 주권, 즉 시대의 새로운 질서(novus ordo seclorum)의 확립으로 이어지는 순수한 '정치혁명'으로 이해하고자 한다.[133] 혁명을 이전의 상태를 재확립하려는 시도로 보는 전근대적 혁명 관념으로 일정 부분 회귀하는 첫 번째 사유노선은 현재의 변동 프로젝트들에서 진정으로 새로운 것이 무엇인지를 놓치는 경향이 있다. 이러한 사고방식은 '복고'나 '반혁명'과 관련된 견해들에 신뢰를 부여할 수도 있다. 두 번째 사유노선은 현재의 프로젝트들이 지니는 명백히 자기제한적이고 진화론적인 성격을 놓치고 있다. 그러한 모습은 타협과 과도기적인 해결방식을 추구하고 변동의 속도를 늦추는 것을 의도적으로 수용하는 데서 반복적으로 등장한다. 이전 정권들의 성격을 감안할 때 매우 놀랍게도, 그 계승자들은 이전 엘리트 성원들에게서 재산을 완전히 몰수하고자 하지도 또 그들을 정치적 또는 전문적 활동에서 전적으로 배제하려고 하지도 않는다. 실제로 이러한 선택지들은 과거의 권력을 미래의 권력으로 전환하려는 반복적인 노

    권으로 전환하게 될 가능성을 신중하게 열어놓는다. "Tájkép csata elött" (Landscape before battle), *Élet és irodalom*, August 4, 1989을 보라. 그리고 SzDSz 공개모임에서 그가 한 연설도 보라. 이 연설은 *Szabad Demokraták*, nos. 4-5 (1989)에 실려 있다.

133) 이 입장은 아그네스 헬러(Agnes Heller)와 페렌크 페헤르(Ferenc Feher)가 다양한 모임과 회의에서 분명하게 제시해왔지만, 우리가 알기로는 아직까지 출판된 적이 없다. 그들은 정치혁명을 통치권 구조의 단절, 즉 특정 통치자 또는 특정 통치권 형태를 또 다른 것으로 대체하는 것으로 정의한다. 보다 설득력 있는 이 두 번째 견해조차도 대부분의 동유럽 국가들의 변동을 설명하기에는 너무나도 광범하거나 너무나도 협소하다. 그것이 너무 광범위한 까닭은 그것이 단지 점차 제거되고 있을 뿐인 정치적 통치구조 속에 존재하는 연속성(특히 오랜 의회통치, 제헌권력을 지닌 집권당 그리고 지속적인 타당성을 지닌 유증된 법체계)을 무시하고 있기 때문이며, 너무 협소한 까닭은 그들에게 변화란 체계의 전면적인 변화를 의미하지 결코 정치적인 것의 영역에 국한되지 않기 때문이다. 매우 흥미롭게도, 그들의 정의는 가장 폭력적이고 가장 덜 급진적인 사례, 즉 루마니아에 가장 잘 부합한다.

력에 직면해서조차 성찰적·의식적으로 기피된다. 자기제한적 혁명은 자신의 적을 전면적으로 파괴하는 것을 피한다. 그렇게 하는 것은 분명 자신을 통치자의 자리로 올려놓지만,[134] 그것을 통해 사회는 자기조직화와 자기방어를 박탈당한다.

'자기제한적 혁명'이라는 용어(이것의 부분적 유의어인 '평화'혁명과 '벨벳'혁명 역시)는 '보수적' 혁명과 '대중'혁명이라는 관념 모두가 지닌 약점을 피한다. 이 관념은 근대적 의미의 혁명 뒤로 피신하거나 그것을 전체주의화하는 추동력을 되풀이하는 대신에, 자기성찰적·자기비판적인 근대성 담론을 그것의 가장 중요한 정치적 개념, 즉 혁명에까지 확장시킨다.[135]

---

[134] 너무 늦게 발표되어 우리의 논의 속에 포함될 수 없었던 한 훌륭한 논문에서 울리히 프로이스(Ulrich Preuss)는 동유럽의 혁명들은 슈미트의 주권 모델에서 벗어나 있음을 보여주었다. 왜냐하면 그가 보기에 슈미트의 모델은 프랑스혁명을 통해, 특히 프랑스혁명의 루소-자코뱅주의적 자기해석에 따라 확립되었기 때문이다("The Influence of Carl Schmitt on the Legal Discourse of the Federal Republic of Germany," paper presented at a conference on the "Challenge of Carl Schmitt and Democratic Theory," spring 1990, Graduate Faculty, New School for Social Research, New York).

[135] 분명 헝가리와 같은 일부 나라들에서는 혁명이라는 용어가 다소 낡은 용법으로 사용되고 있다. 이 용법은 시민사회에 뿌리를 두고 있는 민주적 정당성의 결핍을 벌충하기 위해 전근대적 용법의 요소들(복귀, 회복)과 자코뱅당 및 그 동맹자들이 처음으로 고안해낸 혁명적 의미론의 요소들을 결합시킨다. 이 용법을 (주로 그러나 배타적이지는 않게) 밀어붙이는 MDF의 운동진영은 불행하게도 이 입장의 논리에 따라 어쩔 수 없이 반동적인 초법적 보복을 추구할 뿐만 아니라 적들을 만들어낸다. 다행스런 것은, 우리의 자기제한이라는 개념이 지닌 의미에서 볼 때 여전히 '탈혁명적'인 상황에서, 혁명적 의미론(revolutionary semantics)에 기초한 호소들은 거의 호응을 얻지 못하는 것처럼 보인다는 점이다. 하지만 경제 상황이 개선될 수 있기 전에 사태가 악화될 경우, 우리는 어리석게도 혁명적 민중선동이 가져올 수도 있는 위험들을 부정해버릴 수도 있다. 바웬사가 변화를 '가속화하기'를 바라는 우파의 투사로 부상한 것은 이러한 상황을 경고하기에 충분하다.

우리가 이미 지적했듯이, 우리가 우리의 다양한 전거들 속에서 일정 정도 공통적으로 드러나는 것으로 발견한, 반국가주의적인 자기제한적 혁명의 태도는 시민사회를 재구성하기 위한 하나의 단일한 범주적 틀 또는 단일한 모델 속에서 표현된 것이 아니다. 때때로 우리는 하나의 단일한 문화적-정치적 상황 속에서 몇 가지 변형태들이 제기되고 있음을 발견한다. 서로 다른 상황에서 나온 프로젝트들이 그보다 훨씬 더 큰 차이를 드러내는 것은 물론이다. 하지만 모든 해석에서 공히 핵심을 이루고 있는 것은 시민사회 개념, 보다 정확히 말하면 그 개념의 몇몇 구성요소들이다. 모든 해석은 시민사회가 국가가 아닌 다른 어떤 영역 또는 심지어는 국가에 반하는 어떤 영역을 대표한다는 데에 동의한다. 모든 해석은 비체계적이기는 하지만 거의 항상 법적 보호 네트워크, 자발적 결사체, 그리고 독자적인 공적 표현형태들을 일정 정도 결합하고 있다. 아주 소수의 해석은 가족과 비공식 집단을 포함하고 있는 것으로 보이기도 한다. 몇몇 해석은 운동을 포함하기도 하고, 심지어는 시민사회를 사회운동의 존재와 등치시키기도 한다. 반면에 다른 해석들은 (이를테면 폴란드의 작가인 보이치츠키[Wojcicki] 같은 사람들은) 그러한 가능성을 수용할 수 없는 정치화의 한 형태로 보고 배제하거나 심지어 두려워하기까지 한다. 하지만 우리는 네 가지 정치적 프로젝트와 관련한 텍스트들 속에서 시민사회 범주들 사이의 관계에 관해, 또는 그 문제에 관한 한 운동으로서의 시민사회와 제도로서의 시민사회 간의 관계에 관해 포괄적으로 다루고 있는 어떠한 저작도 발견하지 못했다. 그러나 법, 결사체, 공중과 같은 고전적 목록에 추가된 (또는 그 목록에서 분명히 삭제된) 것이 거의 없기는 하지만, 다양한 상황과 텍스트들 속에서 강조하는 것이 자주 전혀 다르다는 것에는 의문의 여지가 없다.[136]

---

136) 제2장을 보라. 물론 (우리를 포함한) 일부 사람들이 목록에 추가한 것이 바로 가

범주들에 중요한 변화를 가져오는 두 가지 중요한 쟁점이 존재한다. 첫째, 경제는 시민사회 개념에 포함되어야만 하는가 아니면 배제되어야 하는가(헤겔 모델 대 그람시 모델)? 그리고 둘째, 우리는 시민사회와 정치사회를 구별하려고 노력해야 하는가(토크빌 모델 대 헤겔 모델)? 신자유주의자들 그리고 여타의 네오마르크스주의 저술가들은 정반대의 이유에서이기는 하지만 경제영역을 시민사회 내에 포함시키는 것에 동의하는 경향이 있다. 서구에서건 또는 오늘날 점차 그 수가 늘어나고 있는 동구에서건 간에, 신자유주의자들은 시민사회와 부르주아 사회의 동일성을 재확인하고, 재산에 일차적 지위를 부여하지 않는 권리 모델에 우려를 표명하고, 국가에게 경제적 재분배를 요구할 수도 있는 사회의 정치화와 사회운동의 형성을 거부한다. 이러한 지적 경향은 포퓰리즘과 국가주의의 결합이 가져올 수 있는 결과에 대해 정당하게 우려하고 있지만, 칼 폴라니가 너무나도 잘 묘사했던 것, 즉 자기조절적 시장이 사회의 문화적 구조에 미치는 파괴적인 결과를 망각하고 있다. 실제로 모든 형태의 국가개입주의를 증오하기 때문에 이러한 교훈을 잊고 있는 동유럽의 신자유주의자들은, 자본주의 경제가 초래한 생태적·사회적 문제에 직면해 있는 오늘날의 유럽이 아니라 이미 알려진 재앙을 되풀이해서 초래할 과거의 유럽과 재결합하고자 한다.

두 번째 접근방식, 즉 앙드레 고르(André Gorz), 그리고 심지어 일정 정도는 클라우스 오페에 의해 대표되는 또 다른 마르크스주의적 접근방식은 이 파괴적 결과를 전제로 하기는 하지만, 생산과 분배를 정치화하는 과정에서 경제적 합리성을 제거하는 것이 초래하게 될 비참한 결과들을 충분히 고려하지 않는다. 신자유주의자들이 시민사회를 경제사회로 환원한다면, 네오마르크스주의자들은 미래의 (탈자본주의적) 경제

족과 운동이다.

를 정치사회로 환원하거나 아니면 유토피아적 사회주의자들의 방식대로 사회적으로 재착근된 특정한 종류의 경제를 제안한다. 고르의 『노동계급이여 안녕』(*Farewell to the Working Class*)에서는 이 두 가지 처방이 결합된다. 오페와 그의 동료들이 제시한 (우리가 보기에는 차라리 나은) 현실주의적인 녹색당의 공식 속에서는 상보성, 상호성 그리고 자발적 활동(Eigenarbeit)에 기초한 경제영역이 거시경제적으로 조정되기는 하지만, 그럼에도 불구하고 진정한 시장경제와 결합된다. 이 공식 속에서 실제적 의미의 경제활동은 시민사회에 (적어도 부분적으로는) 포함되지만, 하나의 공식적 과정으로서의 경제는 시민사회의 외부에 존재한다.[137]

하지만 사회운동 형태의 시민사회가 자신을 조직하고 제도화하는 과정에 있을 때에는, 거의 어떠한 저자도 시민사회와 경제사회의 통일성 또는 심지어 연속성을 주장하지 않는다. 이를테면 미흐니크와 쿠론의 저술들 속에는 그와 같은 환원주의의 문제는 전혀 존재하지 않는다. 대신에 그들은 연대주의적 시민사회의 전망과 관련하여 마음속에 그리고 있는 법적 구조의 자율성, 자유로운 결사체, 진정한 공적 생활을 일관되게 주장한다. 분명 그들의 논의에서 국가통제로부터 경제가 해방되는 것이 부차적이었지만, 여기서는 그것이 중요한 역할을 수행했다. 1960년대 중반 쿠론이 끊임없이 제기했던 생산의 완전한 민주화라는 유토피아 저편에서 폴란드의 민주적 반체제 저술가들이 직면할 수밖에 없었던 것은, 그 어떤 사회적 재착근 모델도 넘어서서 오직 시장을 회복시키는 것만이 폴란드의 위기를 잠재우고 근대적 자립경제를 창출할 수 있다는 가혹한 현실이었다. 그들의 제안 속에서 산업민주주의가 일정한 역할을 수행할 때조차도, 그들은 산업민주주의와 (합리적 계산이 가능한 환경 속

---

137) 이 구분에 대해서는 폴라니의 위대한 글을 보라. Polànyi, "The Economy as an Instituted Process," in G. Dalton, ed., *Primitive, Archaic and Modern Economies: The Essays of Karl Polànyi* (Boston: Beacon Press, 1968).

에서 이루어질 수 있는) 전문적 관리의 필요성이 양립할 수 있어야만 한다고 인식한다. 주요 민주적 반체제 저술가들이 전적으로 자율적인 자본주의 시장경제가 사회연대에 초래하는 해로운 결과—신자유주의 저술가들에 의해 부정된—를 직접 주제로 설정하지 않은 것은 동유럽의 맥락에서 볼 때 어쩌면 당연했다. 그럼에도 불구하고 자유노조운동은 자신의 사회적 성격은 물론 가톨릭 생디칼리슴 전통과의 유대 때문에 그러한 위험에 일정 정도 민감하게 반응해왔다.

오도넬과 카르도소 같은 라틴아메리카 저술가들의 지적·정치적 여정은 의미심장하게도 많은 점에서 쿠론과 미흐니크의 그것과 유사하다. 1978년 말까지도 오도넬은 여전히 '시민사회'라는 용어를 네오마르크스주의적 의미에서의 부르주아 사회로 사용했다. 게다가 그가 시민사회와 국가 사이에 제안한 매개체들(민족, 종족, 시민권)은 포퓰리즘적 통합과 권위주의적 원자화의 순환으로 고통 받던 사회의 저발전된 구조들에 상응하는 것일 뿐이었다. 그 후 10년 동안 전개된 새로운 형태의 자기조직화와 민주주의 투쟁의 영향으로, 오도넬과 슈미터는 자신들의 용어를 전면적으로 수정하여, '시민사회'를 경제와 국가 사이에 위치하는, 무엇보다도 결사체와 공중에 의해 특징지어지는 영역을 묘사하기 위해 사용하기 시작했다. 더 나아가 포퓰리즘적-권위주의적 노력의 실패는 역포섭, 즉 사회제도나 정치제도에 의한 경제의 포섭을 부적절한 것으로 보고 폐기하게 했다. 카르도소의 미묘한 분석에서 산업민주주의의 역할은 경제적 합리성을 훼손하지 않으면서 사회통제의 관점을 확립하는 데 있는 것으로 보인다.

종합해 볼 때, 라틴아메리카에서도 그리고 동유럽에서도 시민사회와 시장경제의 '접점'은 적절히 분석되지 못했다.[138] 하지만 그러한 분석

---

138) 최근 헝가리의 시민사회 옹호자들은 민영화 과정에서 나타나는 다양한 소유형

은 경제적 자유주의의 위험성과 유토피아적 사회주의의 거짓약속에 대한 진정으로 진지한 개념적 대안을 마련하기 위한 전제조건이다.[139] 그러한 대안을 갖추지 않고는, 사람들은 해방의 대행자들로서의 시장과 국가 사이에서 더욱더 동요하고, 시장과 국가가 사회적 연대와 개인의 자율성에 초래하는 파괴적인 결과들을 되풀이하여 간과하게 될 것으로 생각된다.

시민사회와 국가 사이의 접점에 관한 의견차이 역시 똑같이 중요하다. 우리가 살펴본 프랑스 저술가들은 시민사회와 정치사회를 두 개의 영역으로 간주하고, 후자가 전자와 국가 간의 관계를 매개한다고 보는 경향이 있다. 이러한 개념화 속에서 시민사회와 정치사회 모두는 결사체적 삶의 기초를 유지하고 갱신하고 또 국가에 비해 그것들이 더 효력을 발휘할 수 있게 재구성되어야만 한다. 민주적 대항세력에게서 나온 대부분의 동유럽식 분석들에서 그리고 적어도 몇몇 라틴아메리카 저술가들에게서(이를테면 베포르트) 시민사회 범주는 그 정치적 매개체의 수준을 포함하고 또 포섭한다. 끝으로, 또 다른 모델들에서는 '시민'사회와 '정치'사회라는 두 범주가 바람직한 또는 실현 가능한 시민사회 유형의 두 대안으로 더 많이 등장한다. 이를테면 클라우스 오페의 저술들에서 선

태들을 시민사회가 형성 중에 있는 새로운 경제사회 내에서 발판을 획득할 수 있는 차원이라고 역설해왔다. 이 문제를 설득력 있게 경제적으로 분석할 뿐만 아니라 민주주의 이론의 관점에서 가장 잘 다루고 있는 가장 최근의 글로는 E. Szalai, *Gazdaság és hatalom* (Budapest: Aula Kiado, 1990)을 보라. 우리가 보기에 소유권은 정당이 정치사회와 관련하여 수행하는 것과 유사한 역할을 시민사회와 경제사회 간의 관계를 위해 수행할 수 있을지도 모른다. 정치조직뿐만 아니라 사적 소유가 시민사회로부터 분화된 것이기는 하지만, 시민사회가 경제사회와 정치사회 속에 매개의 발판을 마련하기 위해서는 민주적 정당뿐만 아니라 진정으로 다원적인 소유형태가 필요하다. 이러한 매개체 없이는, 시민사회는 부르주아적이고 원자화되는 반면, 민주주의는 엘리트화된다.

139) 제6장과 A. Arato, "Civil Society, History, and Socialism: Reply to John Keane," *Praxis International* 9, nos. 1-2 (April-July 1989): 133-152를 보라.

택지는 (탈정치화된) 신보수주의적 시민사회와 (정치적인) 급진민주주의적 시민사회 사이에 위치하는 것으로 보인다. 오도넬과 슈미트의 주장 속에는 하나의 연속적인 시간적 국면들이 존재하는데, 탈정치화된 시민사회가 심지어 권위주의적 통치 하에서까지도 살아남을 수 있는 정상적 국면을 대표한다면, 정치사회는 단지 동원이나 봉기의 예외적 국면일 뿐이다. 여기서 시민사회 유형들의 순환은 권위주의 정권과 민주주의 정권의 정치적 순환의 또 다른 형태를 의미한다. 탈동원화된 시민사회에서 동원화된 시민사회로의 이전은 권위주의 정권의 종식을 함의한다. 그리고 탈동원화된 시민사회는 처음에는 민주주의의 안정화를 그리고 결국에는 독재로의 회귀 가능성을 함의한다. 심지어 동유럽의 몇몇 분석들(폴란드의 가톨릭 지식인들)은 이전의 정치화 행태에 몹시 지친 사회에서 대안적인 반정치를 부각시키기 위해 비정치적 해석과 정치적 해석 중에서 하나를 선택할 것을 제안해왔다.

우리가 정치사회와 시민사회 사이에서 둘 중 하나만을 선택하는 관행이 바람직하지 못한 정치적 대립—그간 신보수주의자들이 주도해온—또는 똑같이 바람직하지 못한 순환과정과 밀접한 관계에 있다고 잠시 가정해두자. 하지만 여전히 우리에게는 전(前)정치적 수준의 사회적 삶이라는 한편과 공적인 정치적 권위의 틀(즉 국가) 외부에서 공적인 삶을 제공할 수 있는 정치형태들이라는 다른 한편을 결합할 필요가 있다고 주장하는 두 가지 각축하는 모델이 남아 있다. 그중 하나가 정치적인 공론장을 그것의 범주 가운데에 포함시키는 시민사회 모델이고, 다른 하나는 그 내부에서 시민사회와 정치사회를 분명히 구분하는 틀이다. 여기서 선택은 일정 정도는 어떤 지적 전통을 물려받았는가 하는 문제이다. 헤겔과 마르크스에서 유래하는 독일 전통은 정치사회 또는 시민의 사회(citizen society)라는 고전적인 토포스(topos)를 국가와 탈정치화된 시민사회(civil society)로 구분하는 데서 그 정점에 이른다. 이 전통에서 시민사회와 국가는 각각의 영역 내부에 서로를 매개할 수 있는 여지를 남겨놓고 있지만, 그것들 사이에 별개의 제도와 동학을 가진 독자적인 영역을 위한 자리는 존재하지 않는다. 이와는 대조적으로 토크빌에서 기원하는 프랑스 전통은 정치사회라는 옛 범주를 결코 전면적으로 해체하지는 않지만, 대신에 정치사회를 시민사회와 국가 곁에 나란히 위치시킨다. 마지막으로 그리고 가장 혼란스러운 것으로, 그람시로 거슬러 올라가는 이탈리아 전통은 세 가지 용어 모두를 사용하지만, 전통적인 전근대적 용법을 답습하며 정치사회와 국가를 동일시하는 경향이 있다.

이 두 가지 범주화 유형 사이에서의 선택은 현재의 정치적 필요조건들에서도 마찬가지로 중요하다. 라틴아메리카와 동유럽 모두에서 시민사회와 국가의 병치는 사회의 이원적 자기조직화—이는 민주주의 세력과 권위주의 세력 간의 대립으로 이어진다—의 시기가 개념상으로 초래한 결과이다. 독자적인 사회는 권위주의적 국가 속에서도 살아남고 또 심지어는 그 정당성에 도전할 수 있을 정도로 충분히 강력했다. 그러나 독자적인 사회가 진정한 타협을 강제하거나 권위주의적 통치를 벗어나는 이행을 보증할 수 있을 정도로 충분히 강력하지는 못했다. 선거 시나리오에 기대어 권위주의 정부를 해체하는 것과 관련하여 협상과 타협, 나아가 심지어는 합의의 가능성이 현실화됨에 따라, 많은 저술가들(카르도소, 키스, 스테판[Stepan])에게 시민사회라는 범주가 국가행위자와 정치적 교환과정에 들어가는 조직화된 사회세력들을 서술하기에는 적합하지 않은 것으로 보이게 되었다. 이것은 헤겔, 마르크스, 그람시의 영향력이 강한 곳에서조차 정치사회(또는 그것의 대리인들)라는 범주의 부활을 가져왔다. 일부 저술가들은 이러한 변화에 대해 규범적인 이유를 제시하면서, 정치사회로의 전환이 대항세력에게 바람직한 다원화의 여지를 제공한다고 주장한다. 그들은 이들 대항세력이 시민사회 수준에 자리할 경우, 그것이 하나의 거대한 사회적 움직임 내에서 통일된 단일체

를 만들어낸다고 말한다.[140]

 따라서 이 두 가지 틀 사이에서의 선택은 지적 역사에도, 현재의 정치적 필요조건에도 또는 심지어 이 둘을 합한 것에도 의거할 수 없다. 그것은 또 다른 체계적인 고찰을 필요로 하기 때문에, 이에 대해서는 이 책의 후반부에서 개관할 것이다. 현재 우리가 할 수 있는 것은 지금까지 이들 접근방식 중에서 어느 하나를 선택해야 하는 이유가 충분히 설명된 적이 없다는 것을 지적하는 것뿐이다. 특히 정치사회와 구별되는 것으로서의 시민사회에 부합하는 행위의 구조와 형태는 이 두 영역을 엄격하게 구분하는 사람들에 의해서도 체계적으로 분석된 적도 없다. 자신들의 주장을 입증하기 위해 그러한 구분을 옹호하는 사람들은 영향력과 권력뿐만 아니라 운동과 엘리트 간의 오랜 구분과 같은 어떤 것에 기대어, '시민적인 것'과 '정치적인 것'의 차이를 키워왔을 수도 있다. 하지만 암묵적인 규범적 이유나 이데올로기적 이유 때문에 그들도 그렇게 하기를

---

[140] 이것은 키스의 관점이다. 정치적 '매개체'를 포함하는 다차원적 시민사회라는 관념은 보다 전통적인 의미에서의 정치로 회귀하는 시대에 요구되는 지적 욕구를 원칙적으로는 만족시킬 수 있었다. 시민사회를 열성적으로 지지하는 사람들이 모든 결사체와 조직들을 동일한 수준에 위치시키는 '수평적' 모델을 자주 강조한 것은 사실이지만, '수직적' 차원의 정치사회 개념은 매개에 관한 옛 헤겔적 관념 속에 이미 제시되어 있다. 하지만 정치사회가 단일체적이 될 수 있는 것만큼, 적어도 원칙적으로는 양자택일적인 이해관계와 정체성들로 분할된 시민사회도 다원적으로 조직될 수 있다. 확실한 것은, 폴란드에서처럼 시민사회가 어느 정도 통일된 적대적인 권위주의 국가에 직면하여 정치사회의 기능을 떠맡은 경우, 부단히 예측되어온 시민사회의 다원화가 실제로는 결코 그 초기 단계를 넘어 발전하지 못했다는 것이다. 그러나 그곳에서는 의회제적 형태 속에서조차 정치사회의 다원화가 놀랄 만큼 지체되었던 것으로 보인다. 누군가는 그 이유를 통일된 시민사회의 정치적 매개체로 발전해온 정치사회 속에서 발견할지도 모른다. 하지만 다른 한편으로는 정치사회의 미숙한 과잉다원화—이행 프로젝트가 정치적 갈등을 놓고 볼 때 가능하리라고 생각되는 것보다 더 합의에 기초하고 있는 헝가리에서처럼—가 쓸데없는 정치적 공격과 민중선동에 넌더리가 난 사회를 탈동원화하는 데 더욱 기여하는 불행한 결과를 초래했을 수도 있다.

원하지는 않을지도 모른다.

실제로 이 두 가지 틀은 분석적 고찰 및 규범적 고찰과 서로 다른 관계를 맺고 있는 것처럼 보인다. 분석적 관점에서 볼 때, 시민사회와 정치사회 간의 구분은 전략적 차원의 정치적 활동이 사회적 결사체와 운동에 의해 쉽게 창출된다고 가정하거나 아니면 다소 불필요하다고 가정하는 종류의 환원주의를 피하는 데 도움을 준다. 역설적이게도 미분화된 시민사회 개념은 우리로 하여금 사회의 탈정치화(여기서 정치적인 것은 국가에 귀속된다)와 사회의 과잉정치화(여기서 시민사회의 모든 차원은 정치적이라고 주장되거나 정치화된다) 사이에서 경직적으로 선택하게 한다. 반면에 시민사회와 정치사회 간의 구분은 이 두 영역 중 어떤 것도 다른 것이 재구성될 때 그에 따라 자동적으로 재구성되지는 않는다는 점을 강조한다. 실제로 이 두 프로젝트의 필요조건들 간에는 심지어 대립과 갈등이 존재할 수도 있다.

규범적인 관점에서 볼 때, 정치사회를 다차원적 시민사회 내에 존재하는 하나의 매개체로 간주하는 것은 연대, 결사체, 의사소통이라는 비전략적 영역들의 우위성을 확립시켜줄 수 있다는 이점이 있다. 시민사회와 정치사회를 구분하는 것은 두 영역 모두에게 똑같은 규범적 토대를 마련해주는 것으로 보인다. 후자의 접근방식은 시민사회의 재구성을 정치조직의 존재와 활동의 자동적 기능으로 보지는 않지만, 정치사회의 행위자들을 그들 자신의 행위의 자유를 제한할 수도 있는 시민제도를 확립하거나 강화해야 한다는 규범적인 짐으로부터 해방시키는 경향이 있다. 이것은 하나의 심각한 문제이다. 왜냐하면 시민사회의 행위자들은 정치사회에 의지하지 않고서는 그들 자신의 목표를 달성할 수 없다는 것을 그들의 실패로부터 배우는 것처럼 보이기는 하지만, 엘리트민주주의의 역사가 보여주듯이, 불행하게도 그 역은 사실이 아니기 때문이다.[141] 민주적인 정치사회의 생존 가능성이 독자적인 전(前)정치적 결사체와 공중에 얼마나 깊이 뿌리박고 있는지에 달려 있을 수도 있다는 것은 오직 긴 안목으로 볼 때에 한해서이다.

두 개념—하나는 정치사회를 매개체로 간주하고 다른 하나는 시민사회와 정치사회의 분석적 구분을 강조하는—이 갖는 보완적인 규범적·분석적 이점들을 감안할 때, 우리는 두 개념 모두를 사용할 것을 그리고 때로는 그 두 개념을 결합할 것을 제안한다. 우리가 이것이 적절하다고 생각하는 까닭은, 우리의 방법론이 해석학적 접근방식과 분석적 접근방식을 결합하고 있기 때문이다.

시민사회와 정치사회 간의 관계라는 쟁점은 민주화의 소재지라는 문제와 관련되어 있다. 우리의 모든 관련 전거들은 자유민주주의를 근대국가를 사회적 통제 하에 두기 위한 하나의 필수조건으로 바라본다. 그것들은 또한 자유민주주의가 직접참여에 그 토대를 두고 있는 민주주의 피라미드와 양립할 수 없다고 가정한다. 게다가 그것들은 국가의 폐지라는 낡은 꿈과도 단절했다. 그렇기는 하지만 서구에서 나타나고 있는 이 새로운 강조점은 종래의 그것, 즉 현대 자유민주주의의 엘리트주의적 성격에 대한 인식과 결부되는 경향이 있다. 산업민주주의라는 관념을 (비록 포기하지는 않지만) 다소 덜 강조하는 이러한 부류의 입장들은 서구의 많은 저자들로 하여금 엘리트민주주의의 '민주화' 프로젝트를 국가에서 시민사회로 전환하도록 했다.[142] 오페가 제시했듯이, 이러한 변화

---

141) 타마스가 『자유로운 정신』(Uncaptive Minds)에서 사회의 독자적인 자기조직화를 공격한 것과 비교해보라. 의회제적 절대주의 형태의 새로운 국가주의에 대한 그러한 요구는 헝가리의 두 주요 정당 모두에서 들려온다. 언론독립에 관한 추르커(I. Csurka)의 견해도 동일한 관점을 보여준다. 그는 당이 사실상의 의회권력을 통해 언론을 정치적으로 통제하기를 바란다. 이 두 경우 모두에서 그들의 논의는 사회의 조직화가 권력을 상징한다는 인식 그리고 유일하게 정당한 권력은 국민투표의 결과에 의한 권력이라는 주장에 기초하고 있다.
142) 이것은 한 가지 결정적인 점에서 슘페터적인 엘리트민주주의의 다원주의적 교정책과 다르다. 달(Dahl)과 그의 동료들이 그들의 엘리트민주주의 개념 내에 시

는 그간 조직 차원에서 정당에 기초한 전략과 운동지향적 전략을 결합하고자 시도하는 녹색당의 강령 속에서도 분명하게 드러나왔다. 일반적으로 시민사회를 민주화하고자 노력하는 사람들은 시민사회 영역을 제도뿐만 아니라 운동으로 구성되는 영역으로 이해한다.

이것은 또한 운동이 서구보다 훨씬 더 포괄적이고 그 범위가 넓었던 동유럽과 라틴아메리카에서도 마찬가지였다. 하지만 독재정권 하에서 민주화 프로젝트를 시민사회로 전환하는 데에는 일부 무리가 따르는 부자연스러운 것들이 존재했다. 즉 (경제는 말할 것도 없고) 국가영역과 잠재적인 의회제적 중재영역은 규범적 선택이 아니라 전략적 필요에 의해 제한되었다. 상이한 (경우에 따라서는 결함이 있거나 아니면 우월한) 정치문화와 전통에 호소하는 사람들을 제외하고는, 의회제 민주주의라는 장기적인 목표는 대체로 지지되었다. 체제의 위기가 이 목표를 단기적으로도 실현할 수 있게 했을 때, 많은 사람들이 민주화 프로젝트의 방향을 정치사회로 바꾸었다. 일부 저자들은 시민사회를 지향하는 '자유화'와 그 소재지가 주로 정치사회였던 '민주화'를 병치시키고자 시도하기까지 했다.[143] 동유럽에서 서유럽 자유민주주의에 대한 엘리트이론적 이해는 시민윤리 교과서의 해석에 밀려 잊히거나 폐기되었다. 경제적 자유주의의 부활은 또한 새로운 정치 엘리트들에게 사회의 조직화가 감당하기 어려운 경제적 비용으로 전환될 수도 있는 요구사항들을 만들어

민사회와 그것이 정치사회에 미치는 '영향'을 포함시키고자 노력했지만, 그들이 기대한 것은 시민사회의 전반적 탈동원화, 사회운동의 부재, 시민적 사생활주의의 행동양식, 시민사회 내에서의 최소한의 참여에 대한 합의 그리고 참여를 하나의 구체적인 형태—즉 이익집단의 압력—로 제한하는 것이었다.

143) Stepan, *Rethinking Military Politics*; Stepan, ed., *Democratizing Brazil*의 서론을 보라. 이 주장은 일관성이 없다. 왜냐하면 비록 시민사회의 제도화가 자유화의 결과일 뿐이었다고 하더라도, 시민사회운동은 전반적인 민주화 과정에서 뿐만 아니라 정치사회 자체의 출현에서도 중요할 수 있었기 때문이다.

내지는 않을까 하는 의구심을 증가시켰다. 민주화를 제한하고자 하는 많은 사람들은 자유노조와 같은 사회조직들을 비민주적이라고 공격한다. 일부 사람들은 사회의 민주화가 효과적인 의사결정을 가능하게 하는 진정한 근대 국가의 창출을 방해한다고 주장한다.[144]

물론 폴란드 그리고 또한 부분적으로는 헝가리 대항세력들의 운동에는 그 운동의 성격에서 기인하는 상쇄경향들이 존재한다. 거기에는 시민사회와 정치사회에서 이루어지는 상이한 형태의 민주주의와 민주화는 상보적이며 따라서 '더 많은 민주주의' 프로젝트를 위해서는 이들 모두가 필수불가결하다고 보는 이원론적 전략을 이론보다는 실천 속에서 분명하게 드러내는 경향이 있다. 라틴아메리카에서는 카르도소가 그러한 프로그램을 가장 명시적으로 표명해왔다. 승리를 구가하던 자유노조 운동이 스스로 표명한, 노동조합과 정당의 이원론도 적어도 처음에는 그와 유사한 정식을 지지했다. 심지어는 이 운동정당이 분열되고 난 다음에 출현한 두 개의 새로운 조직, 즉 자유민주주의 단체인 ROAD(민주적 조치를 위한 시민의 운동)와 우파단체인 센터 플랫폼(Center Platform) 역시 헝가리(민주주의포럼[MDF], 자유민주연합[SzDSz], 시민연합[FIDESZ])와 체코슬로바키아(시민포럼[Civic Forum], 폭력에 반대하는 공중[Public Against Violence])의 모든 역동적인 새로운 조직들과 마찬가지로 그러한 이원적 전통을 공유하고 있는 것으로 보인다. 비록 그 어떤 것도 공식적으로는 정당의 이름을 가지고 있지 않았지만, 이들 새로운 정'당'의 조직 모델은 적어도 처음에는 그것들로 하여금 서구의 몇몇 새로운 사회운동, 특히 녹색당이 추구했으나 대체로 성공적이지는 못했던 이원론 모델에 가까이 가게 했다.

그렇기는 하지만 오늘날의 추세는 새로운 정당들을 전문화하고 또

---

144) Tamas, "Tájkép csata elött."

"기존 정당처럼 만드는" 것이다. 하지만 여전히 일부 사람들은 시민사회와는 점점 더 차별되는 틀 내에서도 시민사회의 다양한 형태들과 보다 복합적인 유대를 발전시켜야 한다고 말한다. 그러한 유대는 정치사회를 시민사회에 계획적으로 개방하는 것과 동시에 시민사회를 충분히 강화하여 그것이 제도화된 형태로 기능하도록 만드는 것을 전제로 한다. 달리 말해 필요한 것은 정당정치 영역 바깥의 조직 및 행동단체들과 지속적인 정치적 교환과정을 구축할 뿐만 아니라 형성 중인 새로운 경제사회와 관련하여 시민사회 또한 강화하는 프로그램이다.[145] 오직 그러한 프로그램만이 현재의 서구 정치 모델과 관련하여 진정으로 새로운 어떤 것을 제시할 수 있으며, 그것을 통해 경제적 자유주의와 엘리트민주주의가 아니라면 직접민주주의적 근본주의라는 식의 그릇된 선택을 극복할 수 있을 것이다.

그러나 이 장에서 살펴본 다양한 정치적 담론들 속에서 그 뿌리를 발견할 수 있는 이 같은 새로운 시민사회 지향전략이 출현하고 있기는 하지만, 이것이 왜 (급격히 부상하고 있는) 갱신된 자유주의나 (현재 쇠퇴하고 있는) 급진적인 평등지상주의적 민주주의보다 더 선호되어야 하는지는 아직까지 분명하지 않다. 그리고 만약 이것이 그러한 선택지들보다 규범적으로 더 바람직하다는 것을 보여줄 수 있으려면, 복잡한 이론적 고찰을 통해 시민사회의 정치에서 매력적인 것이 근대성의 발전과 양립

---

145) 이러한 맥락에서 볼 때, 카르도소가 산업민주주의에 대해 강조한 것과 유사한 것을 동유럽의 전거들에서도 많이 발견할 수 있다. 동유럽의 경우는 더 나아가 진정으로 다원주의적인 사적 소유구조—좁은 의미의 사적 소유권뿐만 아니라 피고용인, 비영리조직, 지방정부 그리고 또한 새로운 상호기금에 참여하는 일반 시민의 소유권을 포함하는—의 발전을 통해 무엇보다도 사회적 자율성을 제도화하기를 희망한다. 이러한 장치들은 민주주의 이론에서 나오는 규범적 이유들이기 때문만이 아니라, 그것들이 동유럽 경제의 민영화와 탈독점화를 가속화하는 가장 좋은 방식이라는 점에서도 중요하다. Szalai, *Gazdasàg és hatalom*을 보라.

할 수 없다는 것을 분명하게 제시해야 할 것이라는 것은 너무나 당연할 것이다. 이들 쟁점을 충분히 진지하게 검토하기 위해 이제 우리는 현대의 행위자들에 관한 논의를 떠나 시민사회 개념의 이론적 재구성과 비판으로 나아갈 것이다.

제2장 개념사와 이론적 종합

근대 초기의 개념사: 개관

　시민사회 개념을 사용하는 오늘날의 정치 모델들은 서로 모순적일 뿐만 아니라 그 범주의 측면에서 상대적으로 빈약하기까지 하다. 게다가 그 모델들이 풍부한 해석 전통과 어떠한 관계에 있는지도 분명하지 않다. 이러한 전통이 주제화되지 않고 있기 때문에, 이 개념의 새로운 형태들과 그것들의 역사적 선례들 간의 차이 또한 탐구되지 않은 채 남아 있다. 따라서 과거(또는 심지어 여러 개의 과거들)로부터 물려받은 이론적 도식은 현대의 상황에도 적합하다고 가정될 뿐 입증되지 않고 있다.

　우리가 보기에 '시민사회'라는 용어의 개념사는 이러한 과제를 다루기 시작하는 하나의 중요한 방법이다. 무엇보다도 먼저, 그러한 역사는 오늘날 사용되는 관련 범주들을을 심화하고 확장시켜줄 것이 틀림없다. 둘째, 이것은 우리가 이 개념에서 전근대적 층위와 근대적 층위들을 구분할 수 있게 해줌으로써, 오늘날 어떤 개념 형태들이 문제가 있고 부적절한지를 보여줄 것이다. 개념사가 현재의 용법들 사이에 존재하는 모순을 제거할 수는 없지만, 그것은 이들 모순 가운데 문제가 되는 것이 무엇이고 적어도 역사적으로 볼 때 받아들일 수 없게 된 선택지는 어떤 것인지를 파악하는 데 도움을 줄 수 있다. 끝으로, 개념사는 시민사회 개념의 용법들이 아직까지는 그 동력을 완전히 소진하지 않은 정치문화—즉 민주주의 혁명 시대의 정치문화—속에 뿌리를 내리도록 도와줄 수 있다. 역으로 오늘날의 시민사회 개념의 부활은 이 특수한 정치문화의 유효성을 확인하는 데에도 도움을 준다.

시민사회 개념의 첫 번째 형태는 폴리티케 코이노니아(politike koinonia), 즉 정치사회/정치공동체라는 표제로 아리스토텔레스에서 발견된다. 고대 로마인들은 이 용어를 societas civilis로 번역했다. 이것은 폴리스(polis)를 정의하는 개념이다. 그리고 폴리스는 정치적 동물(zoon politikon)로서의 인간의 텔로스(telos)로 이해된다. 폴리티케 코이노니아는 법적으로 규정된 통치체계 하에 있는 자유롭고 평등한 시민들의 공적인 윤리적-정치적 공동체라고 정의되었다. 하지만 법 그 자체는 하나의 에토스(ethos)—우선적인 덕목과 상호작용 형태들에 대한 상세한 목록에 기초하여 정치적 절차뿐만 아니라 삶의 실제적인 형태 또한 규정하는 일련의 공통적 규범과 가치—를 표현하는 것으로 이해되었다.[1] 오늘날 우리는 폴리티케 코이노니아 개념 속에 포함되어 있는 일련의 차별과 대립이 우리에게는 존재하지 않는다는 점을 지적함으로써, 우리와 그리스인들 간의 거리를 상징적으로 표현할 수도 있다. 무엇보다도 먼저, 아리스토텔레스적 관념은 국가와 사회 간의 우리식 구분을 허용하지 않았다. 폴리스-오이코스(polis-oikos)의 이원성은 서로 상반되는 것을 지시하는 것처럼 보일 수도 있지만, 오이코스, 즉 가계(household)는 원래 하나의 잔여적 범주로, 다시 말해 폴리스의 자연적 배경으로 이해되었다. 논리적으로 볼 때, 폴리티케 코이노니아는 다수의 코이노니

---

[1] Manfred Riedel, "Gesellschaft, bürgerliche," in O. Brunner, W. Conze, and R. Koselleck, eds., *Geschichtliche Grundbegriffe*, vol. 2 (Stuttgart: Klett, 1975).

아(koinonia)—간혹 오이코스도 포함하지만, 보다 일반적으로는 직업집단에서 친구집단 등에 이르는 모든 형태의 인간결사체—가운데 단지 하나일 뿐이다. 하지만 폴리티케 코이노니아는 그것 외부에 자연적 관계 말고는 아무것도 존재하지 않는 모든 사회체계를 포괄하는 것으로 보다 심층적으로 이해되었다.[2] 따라서 폴리스와 오이코스가 두 개의 (상이한) 사회적 또는 정치적 관계의 체계들을 대표한다는 데에는 의문의 여지가 있을 수 없었다. 첫째로, 오이코스는 법적 실체가 아니었다. 즉 그것은 법에 의해서가 아니라 가장의 전제적인 통치와 지배에 의해 통제되었다. 둘째로, 다수의 가계들은 어떠한 체계를 형성하지도 않았다. 즉 그것들은 (이론적으로는) 오직 폴리스를 통해서만 서로와 관계를 맺었으며, 실제로는 가장을 통해 폴리스에 소속되었다. 가계를 넘어서는 경제적 관계는 단지 보충적인 것으로, 그리고 최대한도 점을 넘어서면 병리적인 것으로 간주되었다.[3]

이러한 유래를 지닌 폴리티케 코이노니아라는 개념은 역설적이었다. 그것은 많은 코이노니아들 중에서 하나의 코이노니아를 가리키지만, 동시에 전부, 즉 그것 외부에 존재하는 부분들로 이루어진 하나의 전체를 가리키기도 했다. 이 역설은 두 번째 구분, 즉 사회(society)와 공동체(community) 간의 구분이 없었기 때문에 해소될 수 있었다. 코이노니아는 일반적으로 연대, 친밀성 또는 상호작용 강도의 수준과는 무관한 모든 형태의 결사체를 의미했다. 폴리티케 코이노니아의 경우에 그것은 복수의 상호작용 형태, 결사체, 집단생활의 존재를 이미 전제하는 개념, 즉 우리의 '사회' 개념과 같은 어떤 것을 인정하고 있었다. 하지만 그러한

---

[2] Niklas Luhmann, "Gesellschaft," *Soziologische Aufklärung*, vol. 1 (Opladen: Westdeutscher Verlag, 1970), 138.

[3] K. Polànyi, "Aristotle Discovers the Economy," in G. Dalton, ed., *Primitive, Archaic and Modern Economies. Essays of Karl Polànyi* (Boston: Beacon Press, 1968).

복수성과 분화는 완전히 통일적인 행위를 할 수 있는 시민들로 구성된 하나의 단일하고 동질적인 조직화된 연대집단—우리식으로는 공동체 관념, 즉 '사회들의 공동체'(community of societies)에 더욱 가까운—을 전제로 하는 모델로 극적으로 통합되었다. 적어도 이론적으로는 폴리티케 코이노니아는 하나의 독특한 집합체, 즉 공통의 에토스로부터 끌어낼 수 있는 일단의 단일한 목적을 가지는 하나로 통일된 조직이었다. 하나의 단일한 생활형태에 기초하는 일단의 공유된 목적들을 전제할 때, 모든 시민이 "지배와 피지배에" 참여한다는 것은 이론적으로 별 문제가 되지 않았다.[4]

아리스토텔레스식 개념의 이상화된 성격과 관련해서는 거의 의문이 제기되지 않는다.[5] 그러나 우리에게 중요한 것은 바로 이 개념이 정치철학의 전통 속으로 진입했다는 것이다. 우리는 Politike koinonia의 첫 번째 로마식 번역어인 societas civilis에 대해서는 논의하지 않을 것이다. 왜냐하면 우리가 알고 있는 한, 로마에서 그 개념은 오직 사소한 역할만을 수행했기 때문이다. 보다 중요한 것은 빌헬름 폰 모에르베케(Wilhelm von Moerbeke, William of Moerbeke)와 레오나르도 브루니(Leonardo Bruni)의 아리스토텔레스 번역을 따르는 중세 라틴어 개작물들이었다. 이들보다 앞선 용례들 중에서는 알베르투스 마그누스(Albertus Magnus)와 토마스 아퀴나스(Thomas Aquinas)가 societas civilis를 (고대 폴리스와 가장 가까운 등가물인) 중세 도시국가에 한정하는 경향이 있었지만,[6] 그 개념의 그러한 신중한 용법은 오래 지속될 수 없었다. 아

---

[4] 폴리스가 외국인, 여성 그리고 보통의 육체노동자 역시 배제하는 매우 제한적인 시민권 개념을 지닌 공동체였다는 것을 현재 강조할 필요는 거의 없을 것이다.
[5] M. I. Finley, *Politics in the Ancient World* (Cambridge, England: Cambridge University Press, 1983).
[6] Riedel, "Gesellschaft, bürgerliche."

마도 그 이유는 그 개념에 대한 그리스의 관념 또한 포괄적인 수준의 주권을 지칭하고 있었기 때문이었을 것이다. 하지만 이탈리아에서만 도시국가가 완전한 주권의 지위에 접근하고 있었고, 그곳에서조차도 실제로만 그러했지 법적으로는 그러하지 못했다. 그 결과 그리스의 개념이 보다 일반적으로 사용되었을 때, 분절된 주권 단위들(세습통치자, 조합체, 마을 등)로 구성된 봉건질서는 물론 중세의 왕권국가와 제국 또한 포함하는 온갖 것들이 서로 다른 근거에서 시민사회 또는 공화국(societas civilis sive res publica)이라 묘사되었다.[7] 부지불식간에 이러한 용법은 그 개념을 다원화시킴으로써, 이제 그 개념은 기독교 공화국(respublica Christiana)이라는 관념에도 불구하고, 하나의 조직적인 집합체라는 관념 하에 좀처럼 하나로 통합될 수 없게 되었다.

두 번째 중요한 변화, 즉 이원화는 군주제적 자치와 공법의 동시적 부활이 공화국—시민사회(societas civilis)와 동일시되었던—이라는 고대 관념을 신분제국가(Ständestaat)에 (비록 받아들이긴 힘들지만) 적용하는 것을 가능하게 했을 때 발생했다. 신분제국가는 봉건사회에서 권력과 지위를 가진 모든 사람의 결집체들인 조직화된 조합적 신분집단들(corporate estates)의 권력과 군주의 새로운 권력 사이에서 균형을 유지하고 있었다. 하지만 오토 브루너(Otto Brunner)가 지칠 줄 모르고 주장했듯이,[8] 이때의 이원론은 국가와 사회 사이에 존재하는 것은 아니었다. 즉 시민사회 또는 정치사회는 한쪽에서는 '군주'를 축으로 하고, 그리고 다른 한쪽에서는 '토지'나 '특정한 사람들' 또는 '민족'을 축으로 하여 이원적으로 조직된 형태의 국가로 이해되었다. 그리고 후자의

---

7) O. Brunner, *Land und Herrschaft*, 5th ed. (Darmstadt: Wissenschaftliche Buchgesellschaft, 1973), pt. 2, 115.
8) 그가 기르케(Gierke) 및 힌체(Hintze)와 벌인 논쟁에서 특히 그러했다. *Land und Herrschaft*, 156ff., 161ff.를 보라.

용어들은 특권적 신분집단을 함의하고 있다. 만약 우리가 옛 조합사회(corporate society)는 그 자체로 정치적이었다는 마르크스의 1843년 평가를 받아들인다면, 절대주의 이전의 시민사회 개념의 역사는, 비록 해당 사회구성체들 간의 엄청난 차이에도 불구하고, 적어도 이러한 의미에서 그리스의 원형적 폴리티케 코이노니아가 확립한 기본 유형에 속한다.

절대주의로의 발전은 전통적 의미의 '시민사회'와 근대적 의미의 '시민사회' 간의 분수령에 해당한다. 우리는 그 이유를 두 가지 잘 알려진 상호보완적인 사태의 진전 속에서 발견한다. 첫째, 군주의 권위가 복수의 권력소유자들 중 제1인자(고전적인 봉건제도) 또는 이원적 권위체계의 상위 협력자(신분제국가)에서 정당한 폭력수단의 독점적 소유자로 발전함에 따라, 근대 국가의 토대가 마련되었다. 둘째, 이전의 권력소유자들, 즉 신분집단들과 조합체들의 탈정치화가 그들의 조직화된 조합적 지위를 파괴하지는 않았다. 그 대신에 그것은 진정한 신분사회를 창출했다. 분명 국가와 비정치적 사회라는 이원구조로의 이행은 때때로 또 다른 보완적인 경로들에 의해서도, 즉 중상주의 국가의 정책 바깥에서 새로운 형태의 사적 경제활동이 부상함으로써(대영제국의 경우)뿐만 아니라 보다 세속적인 국가[9])에 의해 용인된 자율적인 종교단체들이 출현함으로써(북아메리카의 경우) 일어날 수 있었으며, 실제로도 그랬다. 하지만 우리가 보기에, 신분제국가의 조합체들이 탈정치화된 신분사회의 조합체로 변화한 것이 역사적으로도 먼저일 뿐만 아니라 적어도 유럽 대륙에서는 더욱 중요했다. 절대주의 국가가 국가라는 주체가 보편적 지위를 갖는다는 것을 구실로 하여 자신의 조합적 경쟁자들을 해체하고 제거하기에 앞서, 이미 국가에 대항하여 '사회'를 재조직화하려는 대항

---

9) G. Jellinek, *The Declaration of the Rights of Man and Citizen* (New York: Henry Holt, 1901).

운동이 여러 결사체들과 공적 삶의 형태들을 통해 시작되었다. 이러한 공적인 삶은 독자적인 신분집단의 자원, 종교적 불만, 경제적 기업가 정신에 의존했을 수도 있지만, 새로운 평등주의적이고 세속적인 조직원리를 구현하고 있었다.[10] 적어도 우리가 아는 한에는, 새로운 형태의 공적 삶을 구성하는 계몽주의 '사회'가 근대 초기 시민사회 개념의 원형이었다는 데에는 의문의 여지가 없다.

물론 시민사회와 정치사회를 동일시하고자 노력해온 정치철학이 새로운 형태의 사회적인 공적 영역의 출현을 즉각 인정하지는 않았다. 서너 가지의 대안이 생겨났다. 첫째, 장 보댕(Jean Bodin)이 결정적인 역사적 변화를 잘 인식하고 있었음에도 불구하고 그랬던 것처럼, 누군가는 공화국이거나 시민사회이거나 정치사회(res publica sive societas civilis sive societas politicus)라는 신분제국가적 개념을 계속해서 견지하고자 노력할 수도 있었다. 이 개념은 절대군주제와 신분사회의 배열태에 재적용되면서, 당시 형성 중에 있던 새로운 형태의 이원성을 왜곡시켰다. 그러한 왜곡이 아니었더라면, 아마 보댕도 그러한 이원성을 옹호했을 것이다. 그럼에도 불구하고 이 모델은 독일에서 18세기까지도 지속되었다.[11]

둘째로, 누군가는 근대 국가 자체를 공화국(commonwealth) 또는 시민/정치사회와 동일시할 수도 있었다. 이것은 홉스의 선택지였다. 그는 물론 오직 주권권력만이 본래 비사회적이지만 합리적인 개인들의 '사회적' 결속을 제공한다고 믿었다.[12] 홉스의 이론에서 사회계약은 사회가 아니라 국가를 창조한다. 사회라는 연합체는 오직 국가권력에 의해서만

---

10) Reinhart Koselleck, *Critique and Crisis: Enlightenment and the Pathogenesis of Modern Society* (Cambridge: MIT Press, 1988). 이 책은 원래는 독일어로 출간되었다. *Kritik und Krise* (Freiburg: Karl Alber Verlag, 1959).
11) Riedel, "Gesellschaft, bürgerliche," 740.
12) Talcott Parsons, *The Structure of Social Action* (New York: Free Press, 1949), 89ff.

완성된다. 홉스가 자칫하면 정치사회 개념을 하나의 분할할 수 없는 권력체계라고 해석한 그리스적 견해에 다가갈 수도 있었지만, 그는 곧 이 고대의 개념이 법령이나 명령에만 한정되는 실정법보다는 에토스에 뿌리를 두고 있는 도덕화된 법이라는 관념에 의지하고 있음을 깨닫게 되었다. 따라서 『리바이어던』(*Leviathan*)의 후반부에서는 정제되지 않은 시민사회 개념(즉 정치체를 구성하는 자유롭고 평등한 시민들이라는 규범적 관념)이 얼마간은 사라져버렸다. 그럼에도 불구하고 국가와 시민사회의 동일시는 오늘날에 이르기까지 몇몇 영미권 문헌들 속에서 유지되고 있다.

세 번째 선택지는 정치사회와 시민사회의 동일시를 유지하지만 이 둘을 국가와 구분함으로써, 시민사회이거나 정치사회이거나 공화국(societas civilis sive politicus sive respublica)이라는 옛 공식과 단절했다. 로크가 "정치사회 또는 시민사회"를 사회계약의 산물로 구체화하는 것[13]은 전통과의 어떠한 단절도 보여주지 않는 초기 홉스의 노선을 따르는 것처럼 보인다. 언뜻 본다면 그의 개념은 정치체와 정부를 분명하게 동일시하기까지 한다. 하지만 로크는 분명 '정부'와 '사회'를 구분하고자 애쓰고 있다.[14] 그는 권력을 사회에 양도하는 것과 권력을 정부— "사회가 자신 위에 설립한"—에 양도하는 것을 구분할 뿐만 아니라,[15] 심지어는 (홉스와는 달리) 보다 단호하게 '사회의 붕괴'와 '정부의 붕괴'를 구분하기까지 한다.[16] 하지만 특이하게도 이 맥락에서 로크가 "하나로 통합되어 하나의 조직체로 행위하기 위한 협약"이라는 측면에서

---

13) John Locke, *The Second Treatise on Government* [1690] (Indianapolis: Hackett, 1980), ch. 7.
14) Ibid., ch. 8.
15) Ibid., ch. 4.
16) Ibid., ch. 19.

'하나의 정치사회'에 대해 말할 때, 그는 여전히 고대의 개념 가까이에 머물고 있다. 하나의 조직체가 되어 하나의 조직체로 행위하는 이러한 능력은 여전히 정부의 입법권력에 할당된다. 로크는 입법권력의 붕괴를 한 사회의 종말로 제시하지만, 또한 입법부가 붕괴될 때 또는 심지어 입법부가 그 자신의 책무에 반하는 행위를 할 때조차 새로운 입법부를 마련할 가능성을 일관성 없이 동일한 사회에 할당한다.

몽테스키외의 개념은 역사에 보다 민감했다. 그것은 18세기의 두 가지 계약(사회계약과 통치계약) 관념을 민법과 공법(여기서는 '정치법')이라는 로마의 법 구분과 결합시켰다.[17] 정치법이 통치자와 피통치자의 관계를 규제하는 반면, 민법은 사회구성원들 서로간의 관계를 규제한다. 따라서 몽테스키외는 이탈리아 저술가 그라비나(Gravina)를 따라 정부(l'etat politique)와 사회(l'etat civile)를 구분한다.[18] 몽테스키외의 사회 개념은 용어가 변화하던 상황에서 출현한다. 군주정(그에게서 이것은 근대 국가를 의미한다!)의 상황에서 사회는 양자택일적으로 '매개권력', 즉 '정치공동체'를 의미하거나 아니면 "사회들 또는 공동체들"을 의미했다. 이는 이원적 신분집단의 시대로부터 물려받은 유산이었다.[19]

따라서 몽테스키외의 반(反)절대주의적 전략은, 적어도 처음에는 지위평등 개념을 포함하고 있던 로크의 관념보다는, 그가 재정치화하기를 원했던 위계적인 전통사회에 의해 구성된 사회에 더 의존했다. 계몽주의 개념과 관련하여 몽테스키외가 비록 일관성은 없지만 논쟁의 소지가 있는 이유들을 거론하며 국가와 사회가 분화될 것이라고 예견한 반면, 로크는 보편적인 자연법에서 파생되는 형식적 평등의 관념과 관련하여 사회개념 자체를 재규정했다. 그러한 개념들의 이데올로기적 특성에도 불

---

17) Montesquieu, *The Spirit of the Laws* [1748] (New York: Harpers, 1949), I(3), 5.
18) Ibid., 6; 누겐트(Nugent)의 영어 번역은 심각한 오해를 불러일으킬 소지가 있다.
19) Ibid., II(4); V(10, 11).

구하고(몽테스키외가 여전히 특권은 있지만 탈정치화된 질서의 세계관을 표현한다면, 로크는 점점 더 사유재산에 기초하고 있는 새로운 신분질서의 세계관을 드러낸다), 이 두 철학자는 시민사회를 근대적으로 재정의하는 데 중요한 개념적 토대를 마련해주었다. 그들의 구성물은 원래의 표현이 지닌 이데올로기적 한계를 넘어섰다.

이 주제에 관한 18세기 후기의 많은 사상을 종합하여, 다소 상이한 '국가' 발전에 관한 다소 다른 입장들은 실제로 하나로 엮어낸 사람이 바로 헤겔이었다. 하지만 시민사회 개념을 재정의한 공로를 헤겔에게만 돌리는 것은 잘못일 것이다.[20] 따라서 그의 종합과 그 종합의 운명에 눈을 돌리기 전에, 우리는 잠시 다른 몇몇 공헌자들에게 주의를 기울이고자 한다.

(1) 우리가 (국가에 대비되는 것으로서의) 계몽주의적 '사회' 관념이라고 언급해온 개념은 그것이 연원한 로크와 몽테스키외를 넘어 급속하게 발전해왔다. 역설적이게도 루소(그 다음에는 칸트)의 경우에서처럼 이 새로운 관념은 종종 보다 전통적인 동일시, 즉 시민사회와 정치사회를 국가와 동일시하는 것과 공존했다.[21] 프랑스에서 이 두 경향 모두는 공히 사회적 다원주의—집단의 권리 또는 집합적 권리를 사회질서와 동일시한다는 의미에서—와 군주제적 절대주의 모두에 대해 점점 더 반대했다. 따라서 누군가는 당시의 살롱, 카페, 비밀결사체의 집회소, 클럽에서 "국가에 대항하는 사회"라는 논쟁적인 개념이 형성되어감에 따라,[22] 반절대주의의 수사(몽테스키외)와 특권에 대한 반대(볼테르) 모두가 국가—그 구성요소는 형식적으로 평등하고 자율적인 개인들이었

---

20) Z. A. Pelczynski, ed., *Hegel's Political Philosophy: Problems and Perspectives* (Cambridge, England: Cambridge University Press, 1971).
21) 루소에서 시민사회는 실제로 시민의 사회이다. 따라서 정치적 자유란 자유롭고 평등한 구성원들이 지배와 피지배 모두에 참여하는 것을 의미한다.
22) Koselleck, *Critique and Crisis*를 보라.

으며, 그 개인들이 권리의 유일한 저장소였다—에 반대되는 것으로서의 (시민)사회라는 하나의 개념 속으로 통합되었다고 말할지도 모른다. 이 개념은 일련의 혁명적 자연법 개념들 속에서 그 진가를 완전히 발휘했다. 토머스 페인(Thomas Paine)의 『상식』(*Common Sense*), 미국의 다양한 권리법안들 그리고 프랑스의 『인간과 시민의 권리선언』은 개인주의적이고 평등주의적인 사회와 정부(심지어 입헌국가까지!)를 명확하게 병치시켰고, 그리하여 사회는 정당한 권위의 유일한 원천이 되었다.[23]

(2) 명예혁명 이후 영국에서는 로크가 제시한 사회와 국가의 모호한 구분이 서서히 부식되었다. '사회'라고 간주되었던 것은 이제 의회제적 대표제도와 행정부를 점차 융합한 국가로 조직되었다.[24] 국가와 구별되는 것으로서의 '사회'라는 용어는 이제 상류사회를 위해 남겨짐으로써, 모종의 정치적 프로젝트를 수행하는 장소가 아니라 매너와 권세를 보관하는 장소가 되었다. 일반적으로 '시민사회'라는 용어는 그것과 정치사회 또는 국가와 동일시하던 전통적 입장을 유지했다. 이러한 동일시에 스코틀랜드 계몽주의 사상가들, 그중에서도 특히 퍼거슨(Ferguson), 흄(Hume) 그리고 스미스(Smith)는 새로운 요소를 추가했다. 이들은 시민

---

23) 이 '사회'는 또한 가족과도 대치되었다. 이것은 불행한 일이었다. 왜냐하면 이러한 대립이 바로 시민사회 안에는 남성만을 위치시키고 여성은 사사화된 가정영역에 격리시키는 것에 기초하는 젠더화된 대립이었기 때문이다. 따라서 새로운 시민사회의 평등주의적 규범들이 위계, 지위, 카스트의 원리와 대립하는 것으로 개념화되었지만, 그것의 전체 구조는 젠더화된 카스트체계의 보존원리에 입각하여 새로운 형태로 구석구석까지 구축되었다. 원칙적으로 누구나 획득할 수 있는 재산, 그리고 로크에 따르면 모든 사람이 가지고 시작하는 재산(자신의 신체라는 재산)과는 달리, 시민사회 성원의 성별 자격조건은 시민사회 자체의 원리들과 상반되는 것이었다.

24) Koselleck, *Kritik und Krise*, 46; Werner Conze, "Die Spannungsfeld von Staat und Gesellschaft im Vormärz," in Conze, ed., *Staat und Gesellschaft im deutschen Vormärz 1815-1848* (Stuttgart: Klett, 1962), 208.

사회 또는 '문명화된' 사회의 본질적 특징을 그것의 정치조직이 아니라 물질문명의 조직 속에서 이해했다. 여기서 새로운 동일시(또는 환원)가 이미 준비되고 있었다. 즉 종래에 아리스토텔레스식으로 폴리티케 코이노니아로부터 경제공동체를 배제하던 것과는 반대로 시민사회와 경제사회가 동일시되기 시작했다.[25]

(3) 프랑스와 영국의 개념들은 독일에서 칸트, 피히테 그리고 그 보다는 못하지만 일련의 모든 학자에게 강력한 영향을 미쳤다. 하지만 독일에서는 지성사뿐만 아니라 정치사에서도 등장하는 일정한 지적 보수주의 역시 헤겔이 그의 이론을 구축하는 데 중요한 역사적 역할을 수행했다. 여기서 우리가 염두에 두는 것은 새로운 신분제적 사회 (neuständische Gesellschaft)라는 관념 속에 매개적 조직체 또는 매개 권력에 대한 몽테스키외식 강조가 보존되고 있다는 것이다. 이 관념 속에서 계급(Stände) 또는 신분집단(특히 부르주아 계급[der bürgerlicher Stand])은 특정 형태의 입헌주의―신분제국가의 이중구조를 폐지하는 것보다는 근대화를 의미했던―뿐만 아니라 (출생과 상속보다는) 직업적 이동과 공과에 기초하기도 했다.[26] 그렇기는 하지만 신분집단 관념을 근대화하고자 하는 시도는 칸트의 시민사회의 재정의에 영향을 받아 퇴색했다. 칸트는 모든 특수주의적인 법적·정치적 질서들을 넘어서는 보편적 인권에 기초하여 시민사회를 정의한다. 칸트의 역사철학에서 법의 지배에 기초하는 보편적 시민사회는 인간발전의 텔로스로 가정되었다. 칸트는 (프랑스혁명의 정신에 따라) 절대주의 시대의 조합권력이나 신분집단 권력과의 어떠한 타협도 분명하게 거부했다.[27] 칸트

---

25) Riedel, "Gesellschaft, bürgerliche," 748-750.
26) Ibid., 740-742; W. Conze, "Sozialgeschichte," in H. U. Wehler, ed., *Moderne Deutsche Sozialgeschichte* (Königstein: Athenëum, 1981).
27) Riedel, "Gesellschaft, bürgerliche," 758-761.

그리고 나중에 피히테는 낡은 개념 대신에 시민의 사회(citizen society, staatsbürgerlicher Gesellschaft)라는 관념을 제시했는데, 그들은 이것을 1789년의 프랑스 인권선언의 정신에 따라 해석했다.[28] 만프레트 리델(Manfred Riedel)에 따르면 특히 피히테에서 본질적으로 근대적인 두 가지 관념이 처음으로 출현했다. 그 하나가 국가와 사회를 명확하게 분리하는 것이고, 다른 하나는 사회 자체를 개인주의적 측면과 보편주의적 측면에서 이해하는 것이다. 이러한 변화의 와중에 젊은 피히테는 자유주의에서 급진민주주의로 옮아갔다.

독일 시민사회 논의의 두 가지 요소—칸트와 피히테의 보편주의, 그리고 보수적 사상노선을 견지했던 보다 많은 사람들의 다원주의—가 헤겔에게서 하나로 결합된다. 그러나 헤겔은 또한 자신의 거대한 종합 속으로 또 다른 입장, 특히 문명화된 사회 또는 경제사회라는 스코틀랜드적 관념을 끌어들였다. 헤겔의 시민사회 개념이 최초의 근대적 개념이 아닐 수도 있지만, 우리는 그의 이론이 최초의 근대 시민사회 이론이라고 믿는다. 게다가 우리가 보기에 헤겔의 종합이 지닌 이론적 영감은 아직 다 소진되지 않았다. 몇몇 반대견해들(리델, 루만)에도 불구하고, 우리는 헤겔 이후에 출현한 몇 가지 중요한 이론적 전통들은 헤겔을 의식적으로 언급하든 그렇지 않든 간에, 헤겔이 결합시킨 분석적 용어들 내에서 계속 움직이고 있었다고 주장할 것이다. 이러한 이유 때문에, 우리는 우리 개념들의 해석학적 구조를 분석하는 개념사의 맥락에서가 아니라, 우리 시대에도 보다 포괄적인 지적 지침들을 여전히 제공할 수 있는 잠재력을 지니고 있는 몇 가지 후속 연구방법들의 가장 중요한 이론적 선구자로 헤겔을 제시하고자 한다.

---

28) Ibid., 764.

헤겔의 종합

우리는 지금까지 살펴본 시민사회 개념의 역사 속에서 제시되어온 모든 종류의 입장들을 헤겔의 『법철학』(*Rechtsphilosophie*) 속에서 만난다. 헤겔은 시민사회의 대표적인 이론가이다. 왜냐하면 그의 연구는 종합적인 성격을 지니고 있을 뿐만 아니라, 더 나아가 그는 이 개념을 고도로 분화된 복잡한 사회질서에 관한 하나의 이론으로 처음으로 그리고 동시에 가장 성공적으로 진전시킨 인물이기 때문이다.

헤겔이 규범적이자 기술적인 도식 속에 고대의 에토스 개념과 근대적 개인의 자유 개념을 결합하고자 했다는 것은 이제는 하나의 상식이다. 그러나 그의 개념 속에서 근대 국가가 고대의 동질적이고 하나로 통합된 정치사회의 차원들과 중세 후기의 다양한 자율적인 사회적 조직체들을 화해시켰거나 화해시킬 수 있었거나 또는 적어도 화해시켜야만 했다는 것 또한 강조해야만 한다. 우리는 그의 개념 속에서 아리스토텔레스나 여타의 고전 사상가들로부터 유래하는 고대 공화주의적 차원을 윤리적 삶(에토스 또는 인륜[Sittlichkeit])과 공적 자유라는 한 쌍의 지주(支柱)에서 찾을 수 있다. 몽테스키외와 일련의 모든 독일 저술들에서 유래하는 중세적 차원은 근대 국가에 직면한 매개적 조직체들을 다시 새롭게 강조하는 데서 발견된다.[29] 본질적으로 근대적인 구성요소들은 다음의 세 가지 주요한 특징들에 의거하고 있었다. 첫째, 헤겔은 자연법 전통과 칸트로부터 권리의 담지자이자 도덕적 양심의 대행자라는 개인에 대한 보편주의적 정의를 물려받았다. 둘째, 그는 국가와 시민사회라는 계몽주의의 구분을 그것들의 상호침투까지를 포함시키는 방식으로 일반

---

29) G. Heiman, "The Sources and Significance of Hegel's Corporate Doctrine," in Pelczynski, ed., *Hegel's Political Philosophy*, 111-135.

화했다. 셋째, 그는 퍼거슨과 정치경제학이라는 새로운 학문으로부터 시민사회를 물질문명의 소재지이자 전달자로 강조하는 입장을 물려받았다. 놀랍게도 그는 이 모든 요소를 하나의 통일된 틀—비록 이율배반으로부터 자유롭지는 못했지만—로 구축하는 데 성공했다.

헤겔의 저작에 스며들어 있는 한 가지 모순은 그의 체계적 철학과 사회이론 간의 모순이다. 이것은 정치적으로는 시민사회 이론과 국가이론 모두를 관통하는 국가주의적 입장과 반(反)국가주의적 입장 간의 이율배반으로 표현된다.[30] 헤겔의 사회이론은 근대 사회를 소외의 세계이자 동시에 무한한 사회통합을 추구하는 세계로 제시한다. 역으로 그의 철학체계는 이러한 탐색이 근대 국가로 귀착되었다고 선언한다. 하지만 그가 말하고자 하는 것이 가능하고 바람직한 국가인지, 아니면 아직 존재하지는 않지만 필요한 국가인지, 아니면 이미 존재하고 있는 국가인지는 전혀 분명하지 않다. 그러나 가장 약한 형태의 주장 속에서조차, 즉 그가 가능하고 바람직한 국가형태와 근대화되고 있는 입헌적 형태의 관료제적 군주제를 동일시할 때조차 헤겔의 체계구축이 지닌 국가주의적 함의는 분명하게 드러난다. 하지만 그와 동시에 군주제적 절대주의와 혁명적 공화주의에 반대하는 헤겔의 반복되는 논의들은 관료제적 주권을 제한하고 공적 자유의 소재지를 제공하는 매개적 조직체들을 강조하는 반국가주의를 소생시킨다. 그의 사상 속에서 나타나는 이러한 경향은, 사회통합의 추구가 결국에는 '우리의 근대 국가'—시민들에게 "국가의 일의 제한된 부분"을 제공할 수 있을 뿐인—와 같은 제도로 귀착될 수 있다는 것을 반복해서 암묵적으로 (그리고 그 어느 곳에서도 체계화되지

---

[30] 어쩌면 정치이론에서 가장 위대한 것일 수도 있는 그의 저작에서 젊은 마르크스는 헤겔의 국가주의 구조와 체계구축을 연결하는 데 커다란 주의를 기울였다. Marx, *Critique of Hegel's Philosophy of Right* (Cambridge, England: Cambridge University Press, 1970)를 보라.

않은 방식으로) 부정하는 것과만 양립할 수 있다.31)

모순은 다음과 같은 두 가지 상호연관된 질문의 형태로 헤겔의 시민사회 분석을 관통하고 있다. (1) 인륜 또는 윤리적 삶은 개별 주체들이 그들 자신의 정체성에 부합하기 위해서는 반드시 따라야만 하는, 상속받은 따라서 의문의 여지가 없는 에토스로서만 가능한가? 아니면 규범적으로 가치 있는 다양한 삶의 형태들만 아니라 윤리적 삶 자체에 대해서도 의문을 제기하고 비판하는 것을 허용하고 또 심지어 요구하기까지 하는 진정한 근대적 형태의 윤리적 삶을 생각하는 것이 가능한가? (2) 시민사회는 인륜이냐 반인륜이냐로 인식되어야 하는가, 아니면 이 두 '요소'의 조합으로 인식되어야 하는가?

물론 이 두 가지 질문은 깊이 관련되어 있으며, 실제로 궁극적으로는 동일한 것일 수도 있다. 이 질문들에 답하기 위해서는 『법철학』의 몇 가지 기본 범주들에서 시작해야만 한다. 헤겔은 제도들 속에 구현되어 있는('객관적인'), 합리적으로 재구성된 상호주관적 의미구조('정신')인 객관정신(objektiver Geist)을 추상적 권리, 도덕 그리고 인륜(윤리적 삶)이라는 세 가지 차원으로 구분했다. 이것들 간의 구분은 (비록 우리가 이들 세 수준을 통해 움직일 때, 그 내용이 점진적으로 점점 더 풍부해짐에도 불구하고) 내용상의 구분이 아니라 세 가지 도덕적 논증의 수준들 간의 구분이다. 추상적 권리는 자연권 이론에서처럼 제1원리라고 교조적으로 가정된 것에 기초한 논증형식을 의미한다. 칸트식의 윤리학과 분명하게 관련되어 있는 수준인 도덕은 보편주의적 실천논법의 토대로 제시된 고독한 도덕적 주체의 자기성찰을 상징한다. 끝으로, 인륜은 자기성

---

31) G. W. F. Hegel, *Grundlinien der Philosophie des Rechts*, in *Werke*, vol. 7 (Frankfurt: Suhrkamp, 1970; 아래에서는 *Rechtsphilosophie*로 인용함), par. 255 addendum. 녹스(T. M. Knox)의 번역본 *Hegel's Philosophy of Right* (New York: Oxford University Press, 1967; 아래에서는 *PR*로 인용함)는 번역이 그다지 정확하지 못하다.

찰을 통해 물려받은 제도와 전통의 규범적 내용과 논리를 보편적 수준까지 끌어올리는 실천이성의 한 형태를 의미한다. 오직 인륜만이 역사적으로 출현한 구체적인 제도와 관행들——적어도 근대 세계에 대한 헤겔의 견해 속에서 자유의 제도화와 실현을 의미하는——의 수준에서 규범적 질문들('권리'와 '도덕'을 포함하여)을 탐구할 수 있게 해준다.[32] 윤리적 삶은 오이코스/폴리스 그리고 국가/사회라는 두 개의 이원성을 가족, 시민사회, 국가의 삼분틀 속에서 결합시키는 (전적으로 헤겔만의 독특한) 방식으로 스스로 분화된다.[33] 시민사회(bürgerliche Gesellschaft)는 다양하게 정의되지만, 윤리적 삶 또는 "그것의 분기(Entzweiung)와 현상(Erscheinung) 속에 존재하는" 내용으로 가장 잘 표현된다.[34]

이러한 시민사회의 정의를 이해하기 위해서는 인륜이라는 개념을 보다 면밀하게 검토해야만 한다. 찰스 테일러(Charles Taylor)가 이 개념의 내용을 "우리의 행위에 의해 지속되면서도 이미 그곳에 존재하고 있던…… 특정 사회의 공적인 삶의 규범들로" 해석할 때, 그는 분명 적어도 헤겔 텍스트의 한 가지 차원에는 확고히 근거하고 있다.[35] 테일러에 따르면, 인륜 속에는 "존재해야만 하는 것과 존재하는 것 간에, 즉 당위(Sollen)와 존재(Sein) 간에 어떠한 간극도 존재하지 않는다."[36] 헤겔의

---

32) *PR*, par. 4, 142.
33) 헤겔은 일정 정도 아리스토텔레스를 좇아 가족(가계)이 시민사회의 자연적 배경이라고 해석하지만, 그는 오이코스를 특징짓는 '확대된' 가계와는 아주 다른 형태의 가족을 염두에 두고 있다. 헤겔은 이전의 가족형태들을 특징짓던 수많은 경제적 기능들이 남아 있지 않은, 그리고 이제는 그 기능을 시장에 양도해버린 부르주아 핵가족을 전제로 하고 있다. 따라서 가계 외적 경제기능이 확대됨에 따라, 가장들은 정체에서만이 아니라 경제에서도 서로 관계를 맺게 되었다.
34) *PR*, par. 33.
35) Charles Taylor, *Hegel* (Cambridge, England: Cambridge University Press, 1975), 382.
36) Ibid., 376.

전반적 도식은 주체의 (합리적) 의지가 법과 제도와 전적으로 일치하므로,[37] 특수의지와 보편의지, 주체와 객체, 권리와 의무 간의 어떠한 충돌도 불가능하거나 아니면 적어도 비합리적이라고 반복적으로 강조한다.[38]

테일러가 도덕과 인륜을 단순히 대립의 형태로 해석할 때, 그는 덜 확고한 근거에 기초하고 있다. 헤겔이 펼쳐 보이는 근대 윤리적 삶은 고대의 모든 에토스와 다르다. 왜냐하면 그것은 보다 높은 수준, 즉 제도화된 수준에서 또 다른 두 가지 윤리적 차원—권리와 보편적 도덕—을 포함하고 있기 때문이다. 실제로 헤겔에 따르면, 하나의 제도적 공간이 결코 '실정법의 제정 문제'가 되어서는 안 되는 사적 도덕을 위해 창출된다.[39] 이것에 기초하여, 헤겔은 이론과 실천, 규범과 현실 간의 제도화된 갈등 가능성을 근대 세계의 가장 위대한 성과로 인식하는 데까지 나아갈 수 있었을지도 모른다. 그러나 그가 그렇게 하지 않았다는 사실이 바로 테일러로 하여금 헤겔 자신의 의도와는 전혀 다르게 헤겔을 기본적으로 '고대적'이라고 해석하게 만든다. 물론 테일러는 헤겔 개념의 이율배반 전반이 아니라 주요 요소에만 초점을 맞추고 있다. 헤겔 자신이 내린 인륜의 정의는 자의식적 행위를 통한 인륜의 생산과 재생산을 보다 더 강조한다.[40] 그러한 행위의 토대는 오직 인륜 속에서만 발견되는가, 아니면 도덕(Moralität)에서도 역시 발견되는가, 아니면 적어도 근대

---

[37] PR, par. 147, 151, 155.
[38] 물론 헤겔은 그러한 전통적인 비성찰적 토대에 기초한 동일시를 받아들일 수 없기에 에토스의 단순한 습관적 수용을 경계한다. 매우 놀라운 것은, 성찰 후에는 현존 에토스가 합리적인 것으로 판명될 것이라는 그의 확신이 항상 확고했다는 점이다. 그러나 만약 매우 철저한 성찰 후에도 그 반대가 사실인 것으로 판명난다면 어떻게 될 것인가? 바로 이 점에서 칸트의 실천철학 개념이 비견할 수 없는 더 큰 근대성을 지니고 있다는 점이 분명하게 드러난다.
[39] PR, par. 213.
[40] PR, par. 142.

세계에서는 존재와 당위의 긴장과 함께 도덕에 편입된 윤리적 삶의 형태 속에서도 발견되는가? 우리가 한 사회의 공적 삶의 규범으로서의 인륜이 이미 거기에 존재한다고 말할 때, 우리가 헤겔의 권위에 의거하는 경우는 문제의 규범이 어쩌면 담론의 형태로만 또는 정당화나 이데올로기로 제도적으로 존재한다고 인정할 때뿐이다. 헤겔 자신은 이를테면 실정법의 원리와 관행의 문제 속에서 인륜이 종종 '반사실적' 성격을 지닌다는 점을 지적한다. 불행하게도 헤겔은 근대 시민사회가 도덕들의 갈등(그는 때때로 이를 지적하는 것처럼 보였다)뿐만 아니라 정치 자체에 대한 규범적 개념들의 갈등에 의해서도 특징지어진다는 것을 깨닫지 못했다. 따라서 그는 다양한 삶의 형태들을 포함하는 새로운 형태의 인륜의 확립이 가능하다는 것을 알지 못했다. 이것은 오직 절차의 수준에서만 합의가 가능하게 하겠지만, 심지어 그러한 합의가 몇몇 공유된 실질적인 전제, 그리고 심지어는 공통의 정체성으로 이어질 수도 있다. 그는 분명 제도화된 규범(즉 도덕적 대립의 현실적 토대)과 제도의 관행 간의 갈등 가능성을 인정한다. 기본적으로 이러한 이유 때문에, 그의 사상과 그가 묘사하는 사회세계는 내재적 비판에 열려 있다.

시민사회는 그 제도적 영역의 내적 분열로 인해 존재와 당위 간 긴장이 발생하는 전형적인 틀이다. 우리의 목적은 이러한 분열이 헤겔의 이론에서, 심지어는 모든 이율배반이 화해하는 곳으로 상정되는 국가영역에서조차도 좀처럼 사라지지 않는다는 점을 보여주는 것이다.[41] 비록 헤겔이 실제로 존재하는 모든 국가는 이미 합리적이라고 간주해서는 안 된다는 점을 주기적으로 암시하기는 하지만, 그는 그럼에도 불구하고 (합

---

[41] 이것이 가족의 수준에도 존재한다. 동등한 사람 간의 상호인정 형식을 전제로 하는 사랑의 공동체로서의 일부일처제 부르주아 가족이라는 규범적 모델과, 법적으로 재생산되는 실제 부르주아 가족의 가부장제적·위계적 구조 간의 긴장은 헤겔의 논의 속에 내재되어 있다.

리적 자기성찰과 현실화된 제도의 일치와 관련하여 정의되는) 윤리(인류)의 실체는 곧 "가족과 민족의 실제 정신"(wirkliche Geist einer familie und eines Volks)이라고 주장한다.[42] 시민사회의 부재와 가족과 국가(오직 국민으로서의)의 존재가 이 인륜 정의에서 눈에 띄는 특징이다. 매우 일관성 있게 그 다음 단락에서 시민사회는 단지 '추상적'이고 '외적인' 형태의 인륜으로 다시 등장한다.[43] 가족과 시민사회 사이의 이행기에 관한 절(節)에서는 '윤리적 삶의 소멸'과 단지 하나의 '윤리적 현상의 세계'(world of ethical appearance)로서의 시민사회의 재현이 논의된다.[44] 계속해서 헤겔은 "그 극단 속에서 윤리적 삶이 상실된 체계"로서의 시민사회에 대해 논의한다.[45]

따라서 시민사회는 인륜의 하나의 수준으로, 그곳에서는 당위/존재, 주체/객체, 권리/의무 그리고 심지어는 합리적인 것/실재하는 것의 대립 모두가 다시 등장한다. 그러나 이 인륜의 수준이 바로 그것의 안티테제, 즉 반인륜(Gegen- 또는 Antisittlichkeit)이라고 주장한다고 해서 곤란할 것 같지는 않다.[46] 헤겔은 시민사회에 대한 논의의 많은 곳에서 가족에 의해 상징되는 이른바 자연적 형태의 윤리적 삶이 자기중심주의와 소외의 세계에서는 해체될 수밖에 없다는 점을 강조한다. 그럼에도 불구하고 그는 국가의 윤리적 뿌리에 관해 말할 때, 가족과 조합

---

42) *PR*, par. 156를 보라.
43) *PR*, par. 157.
44) *PR*, par. 181.
45) *PR*, par. 184. 실제로 헤겔이 보기에 인륜의 수준에서는 존재와 당위, 공동선과 개별 이익, 권리와 의무 간에 어떠한 긴장도 존재하지 않는다. 따라서 테일러의 생각과는 달리, 인륜의 수준은 국가의 수준이 아니라 가족의 수준, 즉 인륜의 '자연적' 수준이다.
46) Z. A. Pelczynski, "The Hegelian Conception of the State," in Pelczynski, ed., *Hegel's Political Philosophy*, 12. 이 논문과 다른 글들에서 펠친스키는 시민사회 내부에서 긍정적 사회통합이 다시 일어나고 있음을 강조한다.

(corporation)에 대해 언급한다. 후자는 "시민사회에서 자라났다."[47] 시민사회가 현실적인 의미에서 '윤리적 삶의 분기'로, 즉 인륜과 반인륜 모두로 파악되는 곳이 바로 여기이며, 따라서 그곳에서의 (시민사회에 관한 헤겔의 최종적 판단에 따르면) 실질적인 윤리적 삶의 통일은 오직 현상 수준에서만 획득된다.

욕구체계와 법체계에서부터 경찰(일반적 권력)과 조합, 그리고 심지어는 신분제의회와 여론에 이르기까지 헤겔이 전개하는 시민사회의 범주들을 따라가다 보면, 우리는 시민사회를 인륜과 반인륜의 변증법으로 묘사하는 것에 도달한다. 그 속에서 국가는 완전히 실현된, 그렇지만 더 이상은 자연적으로 주어지지 않는 윤리적 삶으로 (매우 일관성 없게) 묘사되며, 이러한 변증법적 운동에 종지부를 찍는 것은 오직 체계구축의 환상뿐이다.[48]

---

47) PR, par. 255.
48) 그러나 가족이 인륜의 직접적인 자연적 형태로 등장하는 것, 즉 가족이 시민사회 안에 존재하거나 시민사회를 구성하는 것이 아니라 오히려 시민사회 외부에 시민사회에 앞서 존재한다고 보는 것 역시 체계구축의 환상에서 비롯한다. 윤리적 삶을 삼분하는 헤겔의 독특한 구분법은 설명을 필요로 한다. 헤겔은 가족을 시민사회와 국가 모두와 대치시키지만, 여기서 우리가 관심을 두는 것은 첫 번째 대립이다. 이제 가족과 시민사회—욕구체계로 인식되는—의 구분은 특별히 놀랄 만한 일은 아니다. 왜냐하면 비인격적 관계를 통해 통합된 시장경제 속에서 행위자들이 개별적 자기이익을 배타적으로 지향하는 것은, 헤겔의 일부일처제 가족 개념에 근본적인 감정의 상호성(사랑), 목적의 공동성(아이들), 이해관계 공동체(가족재산)와는 전혀 다른 것처럼 보이기 때문이다. 하지만 마르크스적 개념과 달리, 헤겔의 시민사회 이론은 욕구체계에서 멈추지 않는다. 그와는 대조적으로 시민사회와 관련한 헤겔의 가장 중요한 통찰은 헤겔이 시민사회가 **자발적 결사체**의 원리, 그리고 그것과 함께 새로운 형태의 연대, 평등주의적 참여, 성원자격, 윤리적 삶을 포함한다는 것을 인식하고 있었다는 것이다. 새로운 형태의 연대, 집합적 정체성, 공통의 이해관계가 출현할 수 있는 맥락을 제공하는 것이 바로 시민사회 결사체들(조합, 신분집단)의 기능이다. 그것들의 가장 중요한 기능은 욕구체계의 원심적 경향을 완화하고, 개인들을 하나의 공통의 목적으로 묶고, 자기이익을 추구하는 이기주의를 완화시키는 것이다. 이것이 바로 헤겔이 조합을 '제2의 가족'으로

지칭하는 이유이다(PR par. 252).

그렇다면 헤겔이 가족 자체를 전형적인 자발적 결사체로 보는 대신에 시민사회로부터 가족을 전적으로 배제하면서도, 그와 동시에 자신의 텍스트 전반에 걸쳐 가족을 연대를 위한 은유로 사용하는 이유는 무엇인가? (헤겔은 시민사회를 보편 가족으로, 조합을 개인의 제2의 가족으로[PR, par. 238, 239], 그리고 국가를 "가족 원리와 시민사회 원리를 결합시키는 자의식적인 윤리적 실체"라고 언급한다. "하지만 가족 속에 사랑의 감정으로서 존재하는 것과 동일한 화합이 그 본질상······ 의식적으로 보편성의 형태로 받아들여지고 있다."[*Enzyclopädie der Philosophischen Wissenschaften* (1830) (Hamburg: Meiner Verlag, 1969), par. 595])

우리는 이와 관련하여 두 가지 이유를 식별할 수 있다. 그중 하나는 논리적이고, 다른 하나는 이데올로기적이다. 헤겔 텍스트의 체계적 구조를 감안하여, 추상적인 권리체계에 의해 구성되는 법적 개인—원자화된 개별 소유자—의 존재로부터 논리적으로 추론할 경우, 그것에 앞선 무엇, 즉 그 개인을 말 그대로 창출하는 맥락이 전제되어 있는 것처럼 보인다. 그리고 이 맥락이 욕구체계 자체가 될 수는 없다. 실체적 존재로서의 개인은 '자연적 보편자'(종과 그것의 생식)를 의미하고, 모든 개인은 제일 먼저 가족이라는 맥락 속에 위치하고, 그 속에서 만들어진다. 따라서 헤겔은 가족을 시민사회의 논리적 전제로 본다.

하지만 가족을 전(前)성찰적인 자연적 형태의 윤리적 삶이라고 해석하는 것은 또 다른 이데올로기적 수준을 요구한다. 헤겔은 자연적 요소, 즉 성적 결속이 일부일처제 가족 속에서 정신적 의미—이의 없는 사랑과 신뢰감—로 고양된다고 인식하지만, 그는 감정처럼 전성찰적 형태 속에서 그렇게 된다고 주장한다. 가족은 개인들의 화합이 사랑의 공동체로 실현되는 첫 번째 형태이다. 하지만 일부일처제 결혼제도를 통해 불가분의 개인적 유대가 구성되고, 그 결과 도덕적 애착과 개인적·사적 이해관계의 공동체가 발생한다. 요컨대 일부일처제 가족은 그 성원의 의지와 이해관계를 합체시켜, 그들 간의 상호성을 산출하고 그들을 영원한 사랑이라는 특징에 몰입시킨다.

그러나 일부일처제적인 부르주아 가족형태에 자연스러운 것이란 아무것도 없다. 헤겔도 분명히 알고 있었던 것처럼, 그것은 역사적·제도적·법적 구성물이다. 하지만 그는 이것을 자연적 공동체로 성격규정하는 것처럼 보인다. 왜냐하면 그가 비록 성이라는 육체적 차이가 존재함에도 불구하고(이 차이는 "동시에 지적·도덕적 형태의 차이로 나타난다"[*Enzyclopädie der Philosophischen Wissenschaften*, par. 519]), 가족성원들간에는 이해관계를 둘러싼 어떠한 갈등도 또는 심지어는 차이도 존재하지 않는다고 가정하기 때문이다. 실제로 가족유대, 즉 가족의 화합이 모든 것을 포괄하는 것으로 주장되기 때문에, 가족은 가족의 재산을 대표하는 한 사람을 윤리적 지배력도 획득하는 유일한 인물로 만든다.

헤겔이 아무런 의심 없이 가부장제적인 부르주아 일부일처제 가족형태를 전제하고 있다는 것은 여기서 분명하게 드러난다. 가족을 시민사회에서 배제하는 것의 근거가 되는 그리 분명하지 않은 이론적 동기는, 욕구체계가 전제로 하는 개인이 욕구체계에 의해 생산될 수는 없다는 것과 갈등하는 적대적 이해관계들의 진정으로 중요한 유일한 동력은 경제적 행위자들 사이에서 욕구체계에 의해 구성된다는 이중적 가정이다. 따라서 가족성원들은 그들이 가족 안에 남아 있는 한 어떠한 별개의 이해관계를 가지지 않는 것으로 보일 수도 있었다. 여기서 일부일처제 가족의 확고부동한 유대가 나온다. 그러나 물론 결코 가족을 떠나지 않을 유일한 사람은 아내뿐이다. 아이들은 그들이 성인이 되면 그들의 제2의 가족, 즉 시민사회 속으로 들어가기 위해 가족을 떠난다. 그곳에서 그들은 그들의 바야흐로 독자적인 이해관계에 따라 자유롭게 행위할 수 있다. 그러나 새로운 가족이 형성되면, 다시 한 번 여성은 시민사회로부터 쫓겨나는 것처럼 보일 수도 있다. 물론 헤겔은 오직 남성만이 욕구체계의 행위자라고 명시적으로 말하지는 않는다. 대신에 그는 가장에 대해 언급한다. 그러나 가족 자체를 시민사회로부터 배제하는 것과 가족 내 이해관계의 완벽한 조화를 가정하는 것은, 오직 두 명의 성인 성원들 가운데 한 명이 다른 이해관계를 가지지 않고 법적 개인의 지위를 결코 획득하지 않거나 또는 적어도 결혼을 통해 그 지위를 포기할 때(이것이 당시 전체 유럽에서 기혼여성들의 법적 상황이었다)에만 맞는 것이었다. 그럴 경우, 시민사회에 진입하는 사람과 가족의 재산을 통해 욕구체계 속에서 하나의 개인으로 출현하는 사람은 남성 가장일 수밖에 없다.

하지만 헤겔이 옹호하는 방식으로 시민사회에서 가족을 배제하는 세 번째 이유가 있을 수 있다. 헤겔이 이것을 결코 주제화한 적이 없지만, 이것은 상당한 타당성을 지닐 수도 있다. 가부장제적 가족은 시민사회의 어떤 다른 결사체와도 다르다. 왜냐하면 일설에 따르면, 가부장제적 가족은 그 내부 사람들의 서로 상이한 이해관계를 화해시키는 것이 아니라 그러한 이해관계를 즉각적으로 통일시키기 때문이다. 그러나 가부장제적 가족은 또한 근대 시민사회에 전형적인 두 가지 통합원리, 즉 계약(그리고 시장 메커니즘의 전형적인 체계통합)과 자발적 결사체와도 다르다. 결혼계약이라는 은유에도 불구하고 가족은 일반적인 의미에서의 계약에 입각한 제도가 아니다. 그것은 자유롭게 '계약할' 수 있는 것일 수도 있지만, 일부만을 파기할 수 없으며, 그 성원 중 중요한 일부인 아이들은 결코 계약에 의해 가족이 되지 않는다. 실제로 헤겔은 다른 곳에서 가족을 계약관계로 보는 칸트식 가족 개념을 분명하게 거부한다.

하지만 가부장제적 가족은 다른 어떤 것들처럼 자발적 결사체인 것도 아니다. 왜냐하면 그것의 내적 구조와 통합양식은 자발적 결사체의 상호작용 조정원리인 기본적으로 평등주의적이고 수평적인 사회통합 양식과 상충하기 때문이다. 대신에 가부장제적 가족은 위계의 원리를 통해 통합되고, 여성 성원들에게 평등과 자율성을 부여하지 않는 것에 기초하는 젠더화된 카스트적 신분체계를 유지한다. 가 우리는 잠시 멈춰, 헤겔 시민사회 개념의 양면적 이해가 갖는 엄청난 중요성을 살펴보아야만 한다. 우리가 시민사회를 단지 소외로만 해석하고자 한다면, 사회통합은 오로지 가족과 국가 수준에서 배타적으로 이해될 수밖에 없을 것이다. 그럴 경우, 시민사회와의 관계에서 그 이론의 규정적 또는 비판적 차원들이 전면에 부각될 수는 있겠지만, 선험적 형태의 비판[49]은 대면적 관계를 그것의 규범적 기준으로 삼는 낭만적 공동체주의나 다양한 공화주의적 또는 민족주의적 형태로 스스로를 정당화할 수 있는 국가주의의 형태를 취할 수밖에 없을 것이다. 하지만 만약 시민사회가 전적으로 거기서 출현하는 사회통합 형태의 측면에서만 해석된다면, 그 이론의 기술적이고 그 경향상 체제순응적인 요소들만이 전면으로 부각되고, 헤겔이 부르주아 시민사회의 부정적 측면을 최초로 상세히 지적한 인물임에도 불구하고, 그러한 측면은 시야에서 사라져버리게 될 것이다. 헤겔 사회이론의 풍부함과 설명력은 바로 그가 시민사회

족이 특수한 형태의 자발적 결사체로서 시민사회 내에 위치하기 위해서는, 그 가부장제적 형태를 포기하고 적어도 원칙상으로나마 평등주의적이 되어야만 한다. 물론 아이들과 관련해서는 평등과 자율성이 출발점보다는 목표를 형성하지만, 그 점이 그러한 쟁점에 영향을 미치지는 않는다. 따라서 헤겔이 구성하는 형태의 가족은, 그것의 명백한 사회적・법적・문화적 구성에도 불구하고, 시민사회로부터 배제될 수밖에 없고 또 윤리적 삶의 전성찰적인 자연적 형태로 간주될 수밖에 없다.

그렇기는 하지만 우리는 가족을 시민사회 내에 그것의 제1의 결사체로 포함시키는 것이 더 나았을 것이라고 생각한다. 이론적 관점과 규범적 관점 모두에서 볼 때, 이 대안이 헤겔이 선택했던 대안보다 훨씬 더 나았을 것이다. 왜냐하면 그랬을 경우, 가족은 시민사회 속에 하나의 핵심적 제도로서 그것의 자리를 차지할 수 있었을 것이며, 또한 평등주의적인 측면에서 볼 때 그것은 가족을 구성하는 자율적 개인들에게 수평적 연대, 집합적 정체성, 평등한 참여를 경험할 수 있게 해주었을 것이기 때문이다. 이러한 과제는 시민사회의 다른 결사체들에게도 근본적인 것이지만, 정체와 관련하여 시민적 덕성과 책임감을 궁극적으로 발전시키는 데에도 근본적인 것으로 생각된다.

[49] T. W. Adorno, "Cultural Criticism and Society," *Prisms* (Cambridge: MIT Press, 1981).

에 대한 선험적 비판과 **부르주아** 사회를 위한 변명 모두를 피할 수 있다는 데 있다.

많은 헤겔 해석자들은 근대 사회의 통합을 시민사회와 국가 사이에서 이루어진 일련의 매개의 결과로 파악한다. 하지만 문제를 이런 식으로 처리하는 것은 이미 헤겔 사상의 국가주의적 차원에 볼모가 되는 것이다. 만약 우리가 가장 완벽하고 보편적인 최고 수준의 사회통합을 이루고 있는 존재가 바로 국가(그런데 국가의 어떤 요소?)라는 가정을 헤겔에서 유일하게 중요한 사유노선으로 처음부터 받아들이지 않는다면, 우리는 매개의 문제를 다른 방식으로 제기해야만 한다. 보다 추상적인 수준에서 매개가 반인륜과 인륜 사이에서 이루어진다는 것은 이미 분명하다. 하지만 보다 구체적인 수준에서 만약 우리가 사적 영역을 매개—이 매개가 바로 시민사회를 특징짓는다—가 시작되기에 앞서 가족이 지닌 사회통합의 힘이 상실되는 장소로 이해할 경우, 매개되어야 하는 것은 **사적인 것과 공적인 것** 간의 거리이다. 따라서 반인륜과 인륜의 매개가 공적 삶의 관념 속에서 그 정점에 달한다는 것이 우리의 테제이다. 헤겔은 다만 일관성 없이 공적인 삶과 국가권위를 동일시했다.[50] 헤겔의 국가철학에 대한 마르크스의 초기 비판 이후, 마르크스의 추종자들에 의한 비판을 포함하여 그 다음의 한 세기 반에 걸친 자본주의 시장경제에 대한 비판 속에서 국가주의의 역할에 대한 얼마 되지 않는 상세한 설명을 제외한다면, 이러한 동일시는 별다른 비판을 받지 않았다.[51] 하지만 헤

---

[50] 이러한 모순의 역사적 뿌리와 헤겔 사상의 공화주의적 경향에 대해서는 다음을 보라. K.-H. Ilting, "The Structure of Hegel's *Philosophy of Righs*", in Pelczynski, ed., *Hegel's Political Philosophy*, and "Hegel's Philosophy of the State and Marx's Early Critique," in Z. A. Pelczynski, ed., *The State and Civil Society: Studies in Hegel's Political Philosophy* (Cambridge, England: University Press, 1984).

[51] 폴라니의 『대전환』은 이러한 국가주의 추세의 전조이자 그것에 대한 웅변적인 분석이다. Karl Polànyi, *Great Transformation* [1944] (Boston: Beacon Press, 1957)을 보라.

겔의 저작과 마르크스의 저작 모두에서 국가주의적 경향은 반국가주의적 선택지들과 강력한 긴장관계에 있다.

홉스의 독자라면 누구나 알고 있듯이, 국가주의로 가는 길은 국가 바깥의 사회를 이기적인 경쟁이나 갈등과 동일시하는 것을 통해 마련된다. 우리가 익히 알고 있는 마르크스식으로 시민사회와 부르주아 사회를 동일시하는 것의 결과 역시 그러하다.[52] 시민사회(societas civilis)를 부르주아 사회(bürgerliche Gesellschaft)로 번역하는 독일의 전통이 이러한 이론적 추이의 유일한 근거는 아니다. 헤겔 자신은 거듭 bürgerlich를 bourgeois와 동일시하지만,[53] 그 어떤 곳에서도 이 형용사적 형태를 Bürger 또는 citoyen이라는 고전적 의미로 사용하지 않는다. 그가 시민사회, 즉 '외부 국가'[54]의 시민(Bürger)으로서의 개인을 사적 인간[55]이라고 진술할 때, 그는 시민사회 개념을 시민의 사회라는 본래적 의미로부터 멀리 떨어진 개념으로 근본적으로 변화시키는 데에 가담한다. 동시에 만약 부르주아가 경제적 인간(homo oeconomicus)으로 이해된다면, 부르주아는 분명 헤겔이 시민사회의 주체로 규정한 것, 즉 구체적 인간의 단지 한 가지 차원만을 의미하게 될 것이다.[56] 물론 구체적 인간은 우선 "욕구의 총체이자 자연적 필연성과 자의적인 의지(Willkür)의 혼합물"로 정의된다. 그러나 이것은 헤겔의 출발점에 불과하다. 즉 욕구체계는 시민사회의 첫 번째 수준이다. 논의가 다음 수준— '법의 집행'과 "일반적 권력과 조합"—으로 진전되어 나가면서, 우리는 법적 개인, 일반적 권력의 피보호민, 결사체의 성원과 같은 새로운 표제 하에서 다시 구

---

52) Jean L. Cohen, *Class and Civil Society: The Limits of Marxian Critical Theory* (Amherst: University of Massachusetts Press, 1982).
53) 이를테면 *PR*, par. 190을 보라.
54) *PR*, par. 187.
55) *PR*, par. 183.
56) *PR*, par. 182.

체적 인간과 조우한다.[57] 시민사회를 반인륜으로 급진적으로 기술하는 것이 일관성을 유지할 수 있는 것은 오직 욕구체계—헤겔이 정치경제학에서 도출한 묘사—의 수준에서뿐이다.[58] 이를테면 헤겔이 시민사회를 "그 극단 속에서 분해되어 상실된" 인류의 체계로 정의할 때,[59] 그는 이기적 개인주의—하나의 극단—가 개인의 의지와는 전적으로 무관한 추상적 일반성(보편적 상호의존성)—또 다른 극단—에 의해 통합되는 상황을 염두에 두고 있다. 따라서 "근대 세계의 성과물"[60]로서의 시민사회는, 참여자들에 의해 의도되지도 예측되지도 않은 보편적 결과를 달성하는 객관적이고 '외적인' 과정을 통해 자기이익을 추구하는 경제적 주체들의 '자의적인 의지들'을 통합하는 새로운 유형의 시장경제를 창출한다.[61] 이러한 객관적 과정은 헤겔이 자연과학과 매우 유사한 것으로 간주하는 근대 세계 특유의 과학, 즉 정치경제학에 의해 재구성될 수 있다.[62]

헤겔이 욕구체계 수준에서 제시하는 통합 모델은 자기조절적 시장을 자기이익과 공적 복지를 연결시켜주는 보이지 않는 손으로 묘사한 애덤 스미스로부터 유래한다. 그러나 비록 근대 시장경제가 수반하는 엄청난 경제성장 과정이 그 전체 테제의 근저에 놓여 있기는 하지만, 헤겔의 논의는 경제학적이기보다는 사회학적이다.[63] 그는 이 맥락 속에서 세 가

---

57) "시민사회에서 모든 사람은 스스로에게 하나의 목적이 되며 그 밖의 모든 것은 무(無)이다"라고 헤겔이 주장할 수 있는 것은, 오직 욕구체계 때문이다. *PR*, par. 182, add를 보라.
58) Georg Lukács, *The Young Hegel* (Cambridge: MIT Press, 1975); Shlomo Avineri, *Hegel's Theory of the Modern State* (Cambridge, England: Cambridge University Press, 1972).
59) *PR*, par. 184.
60) Ibid.
61) 이것이 하버마스가 '체계통합'이라고 불렀던 것이다(*PR*, par. 187, 199).
62) *PR*, par. 189 and add.
63) *PR*, par. 243.

지 통합 수준, 즉 욕구, 노동, '신분집단'을 발견해낸다. 근대 사회에서 욕구는 돈의 형태로 점점 더 추상적이 되며, 이는 모든 사람의 욕구를 동일한 잣대로 계산하는 것을 가능하게 만든다. 욕구를 일반적으로 인정하고 또 일반적으로 충족시키는 것을 가능하게 만드는 것이 바로 금전화이다. 헤겔은 이 과정의 이면, 즉 욕구의 추상화가 욕구의 엄청난 팽창을 가져온다는 것 또한 알아차린다. 그리고 욕구의 무제한적 팽창의 결과는 단지 영원한 결핍—즉 기본적인 욕구조차 충족시킬 수 없는 무능력—과 함께 거대한 사치와 낭비뿐일 수도 있다.[64] 근대 사회에서 노동은 (생산품을 창조하는 개인의 특수한 노동이 다른 모든 사람의 생산품과 동일한 잣대로 계산될 수 있는) 가치창출 과정과 ("인간들이 서로에게 그리고 상호관계에 의존"하게 만드는) 분업을 통해 특수성과 보편성을 매개한다.[65] 또다시 헤겔은 이 과정의 이면을 이번에는 점차 일방적이고 제한적인 노동형태들에 속박되고 있는 "계급의 예속과 궁핍에서 발견한다. 이러한 예속과 궁핍은 "시민사회의 보다 광범위한 자유, 그리고 특히 그것의 지적(geistigen) 이익을 느끼고 향유할 수 없게 만든다."[66] 끝으로, 헤겔은 하나의 계층이론을 전개한다. 그 이론에 따르면, 그가 여전히 Stände(신분집단 또는 지위[order])라 부르는 시민사회의 분화된 사회계층들은 개인들을 그 자신의 성실성과 신분적 명예(Standesehre)를 지닌, "시민사회의 요소들 중의 하나"를 담당하는 성원으로 통합시킨다.[67]

헤겔은 자신이 말하는 신분집단이 근대적이어서, 개인은 귀속적으로가 아니라 자기자신의 성과를 통해 자유롭게 신분집단의 일원이 된

---

64) *PR*, par. 195.
65) *PR*, par. 196, 198.
66) *PR*, par. 243. Avineri, *Hegel's Theory*, 108-109, 149과 여러 곳을 보라.
67) *PR*, par. 207.

다고 주장한다.[68] 그렇기는 하지만 그가 근대 특유의 계층원리, 즉 사회경제적 계급에 관해서는 오직 부분적으로만 깨닫고 있었다는 것은 분명하다.[69] (아비네리가 보여주듯이) 그가 유일하게 계급(Klasse)이라는 새로운 용어로 부르는 노동계급은 농업 신분집단, 상공업 신분집단, 보편신분집단(즉 관료신분집단)이라는 그의 도식에는 포함되어 있지 않다.[70] 이는 심각한 누락이다. 왜냐하면 특히 헤겔은 자신의 신분집단이 경제적 분화에 조응한다고 주장하기 때문이다. 하지만 실제로 그는 이해관계의 사회경제적 분열과 갈등노선에 기초한 근대 특유의 계층형태를 발견하지는 못했다. 왜냐하면 그는 분화와 통합을 적절히 구분하지 못했기 때문이다. 따라서 그가 점점 더 분화되는 계급, 빈곤의 희생자, 노동소외에 직면하여, 그것들을 단순히 시민사회 속으로 통합될 수 없고 시민사회의 통합에 기여할 수도 없는 것으로 (비록 틀린 것으로 판명되었지만) 간주했을 때, 그의 이론적 도구들은 그의 기대를 저버렸다.

엄격하게 말하면, 신분집단을 통한 통합은 '욕구체계'의 수준에 속하지 않는다. 욕구체계에서 통합은 객관적인, 의도하지 않은 과정의 기능이다. 그러한 분석이 헤겔이 다른 곳에서 가족(농업계급[71]), 조합(상공업계급[72]), 일반적 권력(관료계급[73])에 할당한 것을 단순히 되풀이하는 것일 뿐이라는 사실은 이를 잘 보여준다. 헤겔의 분석에서 사회경제

---

68) *PR*, par. 206, 207.
69) Cohen, *Class and Civil Society*를 보라.
70) 이것은 마르크스의 정식화를 예견하는 동시에 그것에 영향을 주었던 것으로 보인다. 마르크스에 따르면, 프롤레타리아는 시민사회 "속에 존재하지만" 시민사회를 "구성하지는 않는다."
71) *PR*, par. 203.
72) *PR*, par. 204.
73) *PR*, par. 205.

적 수준에 속하는 것은, 그가 이러한 새로운 비귀속적 신분집단들이 출현하는 과정의 이면을 고찰하는 것뿐이다. 따라서 노동계급은 시민사회가 산출하는 불평등의 한 가지 형태를 대변한다.[74] 시민사회에서 특정 생활형태뿐만 아니라 상속재산이나 여타 불로소득의 부재는 개인들이 신분집단의 성원자격에 접근할 수 없게 만들고, 그들을 자신들의 통제를 벗어나 있는 경제적 우연성이라는 위험에 노출시킨다.[75]

종합해 보면 욕구, 노동, 분화는 오직 막대한 사회적 비용을 치르고 나서야 시민사회에서 보편성의 수준을 획득한다. 헤겔이 이것을 예리하게 인식하기는 하지만, 그는 그것에 상응하는 잠재적 갈등의 수준을 인식하지 못하고 또 인식할 수도 없다. 그가 알고 있던 몇몇 정치경제학자들(특히 리카도[Ricardo])과는 달리, 그는 노동계급과 관련한 갈등문제를 쉽게 주제화하지 못했다.[76] 이것은 아마도 그가 신분집단(즉 새로운 유형의 신분집단)만이 근대 계층원리를 구성한다고 믿었기 때문일 것이다.[77] 그렇기는 하지만 그는 시민사회의 '체계통합'이 매우 불안정하다는 것을 알고 있었다. 하지만 그는 행위이론적 범주와 관련하여 이 문제를 제기하지는 않았다. 그렇다고 하더라도, 그는 시장경제 자체가 기능하기 위해서는 사회통합이 욕구체계 외부에서 발생해야만 한다는 것을 그 어떤 정치경제학자들보다도 더 잘 알고 있었다. 하지만 자연법 전통을 따르는 근대 초기의 정치철학자들과는 달리, 그는 이 통합 수준을 주권의 행사, 국가영역 또는 가족 등 다른 가능한 선택지들에 한정하지 않는다. 그는 이들 이론적 선택지들에 의식적으로 대항하면서 하나의 사회

---

74) *PR*, par. 200.
75) *PR*, par. 241.
76) 하지만 그는 공공기관에 의한 갈등관리의 문제에 대해서는 지적했다(par. 236).
77) 요점은 헤겔의 시민사회 개념 속에는 두 가지 상이한 종류의 통합—체계통합과 사회통합—이 작동하고 있다는 것이다. 파슨스를 다룬 이 책 제3장과 하버마스를 다룬 제9장을 보라.

통합이론을 발전시켰다. 이 사회통합 이론은 근대 사회학 또는 적어도 특히 뒤르켐, 파슨스, 하버마스가 발전시킨 패러다임을 창시한 행위들 중의 하나를 이루는 것이었다.

헤겔의 사회통합 이론은 여섯 단계를 거치며 전개된다. 법적 틀 (Rechtspflege), 일반적 권력(경찰), 조합, (관료제적) 행정부, 신분제의회 또는 입법부, 여론이 그것들이다. 이것들 중에서 처음 세 가지는 시민사회 이론의 일부로서 발전되고, 나중의 세 가지는 국가이론, 더 정확히 말하면 헌법에 속하지만, 이 논의는 본질적으로 연속선상에 있는 것으로 판명된다.[78] 헤겔이 이것들 사이를 왔다 갔다 하기 때문에, 비록 그러한 구분이 잘 드러나지는 않지만, 아마도 우리는 그것들이 두 개의 논증노선으로 이루어져 있다고 보아야 할 것이다. 우리가 앞으로 집중하고자 하는 것이 바로 이 사회통합에 관한 이중적 논의이다.

우리가 이미 살펴보았듯이, 헤겔의 이론에서 욕구체계는 그 자체로 통합되어 있지만, '외적'이고(의지나 의식의 외부에 존재하고) 불완전하고(전적으로 보편주의적이지는 않고) 자기모순적인 방식으로 통합되어 있다. 욕구체계를 넘어서는 통합은 두 개의 상이한 논리—즉 국가의 사회개입 논리와 시민사회 내부에서의 사회적 연대, 집합적 정체성, 공적 의지의 발생논리—에 따라 작동한다. 우리는 헤겔의 텍스트 거의 전반에 걸쳐 전개되고 있는 두 가지 논리를 분명하게 구별할 수 있다. 하나의 계열—보편적 신분, 일반적 권력, 군주, 행정부—이 국가개입의 노선을 표현한다면, 다른 하나의 계열—신분집단, 조합, 신분제의회, 여론—은

---

[78] 국가주의와 반국가주의 사이에서 헤겔이 노정하는 정치적 모순은 설명의 순서에서 드러난다. 그는 273단락에서 제시하는 국가와 관련된 논의의 개요에서는 입법부에서 행정부로, 그리고 마지막으로 가장 높은 수준인 군주로 나아가는 반면, 275-320단락들에서 제시하는 실제 설명에서는 군주에서 행정부로 그리고 마지막으로 입법부 자체(여론에 관한 이론에서 정점을 이루는)로 나아간다. 물론 입법부는 국가 속의 시민사회이다.

연대와 정체성의 자율적 발생노선을 따른다.

이 두 가지 논의노선을 구분하기 어려운 것은 '법의 집행'에서뿐이다. 헤겔의 설명에서 이 수준은 시민사회에서 발생하는 특수자들 간의 충돌을 보편적으로 (또는 적어도 일반적으로) 타당하게 해결할 수 있는 가능성을 표현한다. 특수자와 보편자의 분열로서의 반인륜의 극복이 여기서 시작되지만, 오직 제한된 집합적 정체성을 발생시킬 수 있는 형태로만 극복된다. 법적 인간은 오직 추상적 의무의 형태 속에서만 집합체와 동일시된다. 헤겔은 재산과 계약에 관한 법률 속에 근대적 의미에서의 경제의 비경제적 전제들이 들어 있다는 것을 인지하고 있을 뿐만 아니라,[79] 그것들의 함의가 경제를 훨씬 넘어선다는 것 또한 알고 있다. 특히 법률의 공표 그리고 더 나아가 법적 소송절차의 공개는 보편적 중요성과 타당성을 변화시키고, 이것이 보편주의적 의미의 정의(正義)가 출현할 수 있게 만들어준다.[80] 헤겔이 공공성(Öffentlichkeit)의 개념을 로마법의 공적인 것과 사적인 것의 이분법을 넘어서는 것으로 이해한다는 맥락에 비추어 볼 때, 이러한 논의는 전적으로 이해 가능하다. 우리가 이 개념을 아래에서 자세히 분석할 것이기 때문에, 여기서는 단지 헤겔이 근대 법과 욕구체계 간의 기능적 관계—즉 각각은 서로의 출현과 재생산에 필요하다는 사실—를 알고 있다는 것만 강조하고자 한다. 하지만 그는 또한 주관적 권리와 객관적 법의 제도화가 고립된 개인이 아니라 사적 인간이 공적 과정에 함께 참여하여 서로를 인정할 수 있게 되는 방식으로 근대적 주체의 자유와 존엄을 보호한다고 주장한다.[81] 헤겔에서 권리가 법으로 제도화되기 위해서는 국가행위(그는 판례에 기초한 판결보다는 법령의 성문화를 강력히 선호한다[82])와 자율적인 문화적 과정

---

79) *PR*, par. 213, 218.
80) *PR*, par. 215, 216, 224.
81) *PR*, par. 217.

모두가 요구된다. 그는 법실증주의자도, 자연법 이론가도 그리고 심지어 역사주의자도 아니다. 헤겔에서 보편적 권리는 문화적 발전 속에서 출현하여 오직 교육(Bildung)과정—시민사회 속에서 가능하게 된—을 통해서만 보편적으로 인정받을 수 있지만, 그것이 단지 역사적으로 제한된 타당성만을 지니는 것은 아니다.[83]

하지만 보편적 권리가 공권력(Öffentliche Macht)에 의한 입법, 성문화, 집행을 포함하는 법으로 자리 잡지(gesetzt als Gesetz) 않고서는 그것은 객관적 실체가 되지 못한다. 권리는 그것을 창출하는 자율적인 문화적 과정 없이는 타당성을 획득하거나 인정받을 수 없다. 그러나 국가와 국가기관의 다양한 필수적 행위들이 없다면, 진정한 정의(定義)도 그리고 다른 권리들과의 체계적인 관계도 불가능하다.[84] 오직 이 둘의 결합만이 강제력을 만들어낸다. 헤겔은 현명하게도 이 두 요소[85]—문화적 요소와 정치적 요소—사이에, "법의 내용과 공정성의 원리 사이에" 불일치가 있을 수 있음을 인정한다.[86] 하지만 법의 분석 내에서 그가 제시할 수 있는 것은 입법자들과 판사들이 침해해서는 안 되는 몇몇 형식적·절차적 요구조건들, 특히 법의 공공성과 형식적 보편성이라는 요구조건들뿐이다. 추측컨대 그는 실제적인 법의 지배 속에서 그의 법 창출 이론의 다른 제도적 매개체들의 능력을 통해 권리의 원리와 실정법이 긴밀하게 접합되기를 기대하는 것으로 보인다.

---

82) *PR*, par. 211.
83) *PR*, par. 209.
84) *PR*, par. 211, 216.
85) 이는 테일러의 인륜 개념 해석과는 정반대이다. 그의 해석에 따르면 "최고의 윤리가 추구하는 목적은 이미 실현되어 있다."(*Hegel*, 383).
86) *PR*, par. 212.

국가를 통한 통합

헤겔이 사회통합의 사회적 전략과 국가주의적 전략의 상보성을 주장할 수 있는 곳은 오직 법 집행에 관한 자신의 분석에서뿐이다. 이러한 논지에서 볼 때,[87] 이 두 가지 유형의 전략은 상이한 제도적 복합체와 동일시된다. 헤겔 사상에서 마르크스 그리고 특히 마르크스주의를 예감하게 하는 국가주의적 경향은 분명 욕구체계의 분석에 뿌리를 둔 반인륜으로서의 시민사회 관념과 관련되어 있다.[88] 욕구체계의 병리적 결과들—직접노동계급의 존재 자체와 인간성 모두에 대한 심각한 위협뿐만 아니라 부와 빈곤, 결핍과 사치라는 극단들 또한 포함하는—은 헤겔이 근대 복지국가의 특징들을 예견할 수 있게 하는 조치들을 요구한다.[89] 특히 국가관료제(보편계급, 공직자계급)는 욕구체계의 역기능적 결과를 다음과 같은 두 가지 형태로 다룰 것을 요구받고 있다.

(1) 보편신분은 신분집단들 간의 적대관계를 다루기 위한 핵심 메커니즘으로 요구된다. 여기서의 분석은 헤겔이 근대 경제질서의 산물이자 그 경제질서에 의해 가장 크게 위협받는 사람들로 알고 있는 계급을 언급하지 않음으로써 어려움에 처한다. 그럼에도 불구하고 신분집단이 계층 내 통합과 계층 간 적대관계 모두를 창출한다는 가정은 갈등사회학의 중요한 시발점이 된다. 이러한 맥락에서 헤겔은 공직자 신분이 갖는 지위명예와 경제적 조건은 그들의 특수한 또는 "사적 이해관계가 전체

---

[87] 비록 우리가 욕구체계에 관한 논의의 일부—두 가지 논리 모두가 이미 분명하게 드러나는 신분집단에 관한 절—가 적어도 부분적으로는 체계통합보다는 사회통합에 관한 이후의 논의에 속한다는 것을 인정해야만 하지만, 그리고 논의가 시작되기도 전이기는 하지만, 이것은 사실이다.

[88] 이 시민사회 모델의 발전에 관한 논의로는 Cohen, *Class and Civil Society*를 보라.

[89] 이것이 바로 아비네리가 『헤겔의 근대 국가 이론』(*Hegel's Theory of the Modern State*)에서 강조하는 것이다.

를 위해 일하는 것에서 충족된다"는 것을 함의한다고 주장한다.[90] 공직자의 봉급생활이라는 조건, 공직접근에의 개방성 요구, 그리고 공직을 사적으로 세습되지 못하게 하는 제한들 모두가 전통적인 관료제 대부분의 특징이었던 이기적이고 폐쇄적인 형태의 신분이 형성되는 것을 억제한다. 공무원 교육은 공무 관념을 의식하고 신중하게 행동하게 만든다.[91] 따라서 헤겔에 따르면, 보편신분은 신분집단들의 적대관계를 해소할 수 있는 독특한 위치에 있다.

마르크스는 1843년에 보편신분의 특수한 이해관계와 지위의식을 정확히 지적함으로써, 보편신분에 대한 헤겔의 견해에 담겨 있는 가식을 탁월하게 비판한 바 있다. 여기서 이러한 마르크스의 비판을 반복할 필요는 전혀 없다. 헤겔이 이 점을 착각할 수밖에 없었던 이유는 부분적으로는 그의 사상 속에 존재하는 국가주의적 경향 때문이고, 또 부분적으로는 그가 '직접노동계급'의 존재가 함축하는 사회적 적대관계를 고려해야 할 어떠한 이유도 발견하지 못했기 때문이다. 이 견해에 따르면, 노동자들은 계급 내 통합을 달성할 수 없기 때문에, 계급 간 갈등을 일으킬 수 있을 것으로 보이지 않는다. 이 계급의 곤경이 초래하는 역기능적 결과는 아노미적 대중의 존재 속에서 포착된다. 이 하층민(Pöbel)의 통합을 위해서는 통합된 집단이라기보다는 개개인(즉 피보호민)을 겨냥한 조치가 요구된다. 그러나 가장 빈곤한 계층을 분석영역에서 제거했기 때문에, 관료제가 일반이익을 대변한다는 관념은 그것이 오직 지주계급의 이익에 부합할 것만을 요구한다.[92]

공직자에 관한 헤겔의 논의는 그의 분석 가운데 두 개의 절, 즉 시민사

---

90) *PR*, par. 205.
91) *PR*, par. 296; Avineri, *Hegel's Theory of the Modern State*, 107-108, 158-160.
92) 이것 또한 1843년에 마르크스가 생각했던 것만큼 항상 쉽지는 않다. 『브뤼메르 18일』(*18th Brumaire*)의 저자 역시 우리에게 이러한 교훈을 가르쳐줄 수 있다.

회의 욕구체계를 다루는 절과 국가의 행정부를 다루는 절에서 이루어진다. 이는 관료제가 사회적 계층이자 국가제도라는 사실에 의해 정당화된다.[93] 그러나 헤겔의 이론적 결정은 이 신분집단이 두 가지 점에서 다른 신분집단들과 다르다는 사실을 은폐한다. 첫째, 그것은 사회적 분업이 아니라 국가에 의해 구성된다. 둘째, 국가 속에서 관료제가 자신의 제도적 위치를 발견하는 곳은 신분제의회라기보다는 행정부이다. 따라서 사회적 지위와 심의의회 모두를 지칭하는 복 받은 독일어 용어 Stände[94]의 이중적 의미와 관련된 헤겔의 논의는 거기에 적용되지 않는다. 헤겔은 관료제를 하나의 Stand라 부름으로써, 정치권력을 그 구성원리로 하는 기본적으로 근대적인 두 번째 형태의 계층을 발견할 수 있는 기회를 놓치고 만다. 그러나 훨씬 더 중요한 것은 그가 검토 중인 사회통합 형태가 지닌 국가주의적 원리를 은폐하고 있다는 것이다.

관료제가 적대적인 신분집단들의 통합을 달성하는 방법은 적어도 다음의 몇 가지 결과들을 드러낸다. 국가행정부나 정치적 관료제는 법을 적용함으로써 "보편적인 것 하에 특수한 것을 포섭"하는 역할을 한다. 헤겔은 신분제의회가 공적 의지와 일반의지를 창출할 수 있다는 의회제적 가정을 받아들인다. 그러나 그는 시민사회에서 온갖 특수이익들이 다시 등장할 것이며, 그러한 이유 때문에 엄밀한 의미에서의 국가영역 외부에서는 관료제가 보편성의 대행자이어야만 한다고 믿는다. 하지만 그가 "공직자에게 위임된 권력 속으로 주관적인 변덕이 침입하는 것을 막기 위한 장벽"[95]으로서 지역공동체(Gemeinden)와 조합의 권위가 필요

---

[93] 따라서 확실히 헤겔은 니클라스 루만이 지적하는 문제—국가/사회 이분법 이론가들은 터무니없는 방식으로 현실의 개인을 사회적 분할의 이편 또는 저편으로 깔끔하게 배분하지 않을 수 없다는 지적—로 인해 고통 받지 않는다.
[94] *PR*, par. 303.
[95] *PR*, par. 295.

하다는 것을 인정하지 않을 수 없다고 느낀다는 사실은, 헤겔이 현실은 그의 이상화된 묘사와는 전혀 다를 수도 있다는 것을 인식하고 있음을 보여준다. 따라서 관료제를 시민사회의 하나의 신분집단으로 제시하는 것은 그가 옹호하는 실제 국가개입의 수준을 은폐하는 하나의 방식일 뿐만 아니라 국가의 역기능적 또는 심지어 권위주의적 개입의 책임을 사회집단이나 그 집단성원의 주관적 변덕으로 돌리는 방법이기도 하다.

(2) 국가개입을 통한 통합 모델은 경찰 또는 일반적 권력(Polizei 또는 allgemeine Macht)에 대한 이론 속에서 더욱 진전된다. 불행하게도 근대적 용어인 '경찰'은 여기서 헤겔이 의미하는 바를 다 포괄하지 못한다. 그는 이전의 절대주의적 용법에 따라 이 용어로 범죄와 불법행위의 방지와 공공질서의 유지 그 이상의 것을 의미하고자 한다. 하지만 헤겔은 또한 경찰에 관한 절이 다루지 못한 것을 지칭하기 위해 '일반적 권력'(general authority)이라는 용어를 사용한다. 따라서 그가 실제로 이 개념을 사용한 목록을 나열하는 것이 최선일지도 모른다. (범죄나 불법행위와 연계된) 감시,[96] 가격통제와 주요 산업부문의 규제라는 형태로 이루어지는 경제개입[97] 그리고 교육, 자선,[98] 공공사업[99] 형태의 공적 복지와 식민지 창설[100]이 그것들이다.

매우 다양한 이들 영역을 연결하는 배후의 관념은 전혀 일관성이 없다. 헤겔의 개념에서 욕구체계의 작동은 다음과 같은 다소 상이한 두 가지 요소들과 결부되어 있다. 하나가 개인의 주관적 변덕과 부주의에서

---

96) *PR*, par. 234.
97) *PR*, par. 236.
98) *PR*, par. 239.
99) *PR*, par. 245.
100) *PR*, par. 248.

기인하는 원심적 역기능성이고, 다른 하나는 그 대부분이 전 세계적인 경쟁과 분업으로 인해 체계적으로 유발되는 결과들이다. 경찰은 욕구체계의 역동성 속에 존재하는 이 두 현상 모두를 상쇄시키면서도 그 기본 동력을 제거하지 않는 방식으로 정의와 질서에 기여하기 위해 국가가 시민사회에 침투하는 것을 상징한다. 그 결과 갈등의 원심적이고 아노미적인 결과들은 감소하지만, 완전히 제거되지는 않는다. '범죄예방'과 범죄자의 처벌은 범죄를 제거하지는 못하지만, 그것을 용인할 수 있는 한계 내로 유지시킨다. 사회복지 급여나 공교육이 갈등과 소외를 없애지는 못하지만, 노동계급이 하층민(Pöbel)의 지위로 전락하는 것을 예방할 수는 있다. 이러한 경우에 그리고 또한 가격과 생산을 통제하는 경우에, 헤겔이 지지하는 목표는 근대 시민사회의 핵심적 차원 중의 하나인 새로운 유형의 시장경제가 드러내는 역기능적 부작용을 상쇄시키는 것이다. 그가 분석한 세부항목들을 통해 볼 때, 그가 전자본주의 형태의 온정주의적 개입을 옹호하고 있는지 아니면 근대 복지국가의 특징들을 예견하고 있는지는 여전히 분명하지 않다. 하지만 그의 전반적 개념에 포함되어 있는 것은 시장기능에 대한 사전행동적인 국가주의적 대체라기보다는 실제 시장체계의 결과들에 대한 반발적 상쇄이다.

 경찰 이론의 국가주의적 특징은 다른 곳에도 존재한다. 헤겔은 국가가 경제적 조종형태에 개입하는 것(이를테면 시장가격 체계에서의 가격통제)과 비경제적 생활영역에 개입하는 것(이를테면 감시)을 체계적으로 구분하지 않는다. 시장의 역기능이라는 관점에서 볼 때, 이들 각각의 조치들이 사후적 상쇄를 의미한다면, 비경제적 삶의 형태라는 관점에서 볼 때 감시 및 다른 형태의 사회통제들은 토크빌이 지적했듯이 수평적인 사회적 결속을 국가화된 관계로 대체하는 사전행동적 조치이다.[101] 우

---

101) *The Old Regime and the French Revolution* (1856).

리는 이와 유사한 사전행동적 성격을 후견과 교육을 담당하는 일반적인 공적 조직들의 역할에서도 발견할 수 있다.[102] 물론 문제는 헤겔이 고아와 빈곤아동들이 가난에 빠지는 것을 예방하기를 희망한다는 것이 아니라, 그가 이에 대한 치유책을 관련 개인, 가족, 공동체의 권리보다는 전체로서의 사회의 '권리'와 관련하여 규정한다는 것이다. 다시 한 번 헤겔은 수평적인 사회적 상호작용과 연대를 국가온정주의에 기초한 수직적 결속으로 대체한다. 비록 시민사회가 전근대 사회에서 개인을 보호하던 가족적 결속을 파괴하는 것이 사실이기는 하지만, "빈민을 위해 가족의 역할을 양도받은"[103] 일반적 권력(국가)이라는 관념은 사회적 연대를 창출하는 것이 아니라 대체해버리는 조치들을 신비화한다.

시민사회를 통한 사회통합

헤겔은 이 수준에서 국가가 사회를 완전하게 통합시킨다고 주장하지는 않는다. 게다가 여기서 국가가 달성하는 보편성의 성격은 '외적' 강요와 통제의 한 형태에 해당한다.[104] 시민사회에서 우리는 국가를 오직 외재성의 형태로만 만난다. 그렇기에 '보편가족'으로서의 시민사회라는 은유는 경찰 또는 일반적 권력에 관한 이론 속에 전적으로 잘못 위치하고 있다. 그것보다는 이 은유는 헤겔의 사회통합 개념의 두 번째 요소, 즉 가족에서 조합, 신분제의회, 여론으로 이어지는 연대주의적 요소에 속한다. 그러나 헤겔이 가족의 통합적 역할이 시민사회에서는 부정된다고 (잘못) 생각하기 때문에,[105] 조합이 시민사회의 자기통합의 출

---

102) *PR*, par. 239, 240.
103) *PR*, par. 241 그리고 par. 239도 보라.
104) *PR*, par. 249.
105) *Rechtsphilsophie*, par. 238를 보라. 만약 헤겔의 주요 관심이 통합이 아니라 민주

발점이 된다. 경찰과 신분집단의 경우에서와 마찬가지로, 누군가는 헤겔의 조합이론이 전근대적 형태의 사회적 삶을 부활시키는 것인가 아니면 후기 자유주의적 형태의 사회통합을 예견하는 것인가라는 의문을 정당하게 제기할 수 있다. 우리는 나중에 이 질문으로 돌아갈 것이며, 여기서는 단지 헤겔이 옛 조합적 실체들에 대한 혁명적·자유주의적 공격에 대해 매우 비판적이었고 구체제의 조합조직과는 매우 다른 형태의 조합조직을 지지했다는 것만을 지적하고자 한다.[106] 실제로 그는 가입과 탈퇴가 자유롭고, 귀속적이거나 세습적이지 않은 원리에 기초하며, 자발적이지만 포괄적이지는 않고, 조합체의 측면에서 성원들의 그 어떤 개인적 권리도 정지시키지 않는 형태의 조합을 제안하고 옹호했다. 하지만 근대 노동조합의 경우와는 달리, 경제적 영역에서 고용자와 피고용자 모두가 조합의 성원이 될 수 있었다. 게다가 헤겔은 조합조직을 경제영역으로

화였다면, 아마도 평등주의적 형태의 가족이 시민사회 내에서 그것의 자리를 차지하여, 여타의 자발적 결사체들을 위한 수평적인 연대적 결속의 하나의 중요한 모델로 기여할 수 있었을 것이다. 문제는 헤겔이 자발적 결사체라는 근대적 개념이 지닌 풍부한 함의를 끌어내고 싶어 하지 않았다는 것이다. 물론 그는 그것이 공동체라는 관념과는 다르다는 것을 알고 있었다. 왜냐하면 그것이 전제로 하는 성원들은 공동의 집단이익뿐만 아니라 특수한 이익 또한 지니고 있는 개인들이었기 때문이다. 그는 자발적 결사체가 자유주의적 이익집단 모델 그 이상이었다는 것도 알고 있었다. 왜냐하면 그것은 새로운 결속, 연대 그리고 심지어는 집합적 정체성까지 창출할 수 있기 때문이다. 자발적이기 때문에, 이 결사체는 가입과 탈퇴의 자유를 허용할 것임이 틀림없다. 그것은 동료들로 구성된 결사체이기 때문에, 아마도 그 성원들에게 동등한 목소리를 부여하고 서로 집합적 정체성을 공유하는 성원으로 상호인정할 것임이 틀림없다. 가입과 탈퇴가 보편주의적 기준에 기초하는, 그리고 모두가 동등한 목소리를 내는 민주적인 평등주의적 결사체에서만, 헤겔이 그러할 것이라고 기대했던 방식으로 사회통합이 실제로 일어날 수 있을 것이다. 그러나 그러하기 위해서는, 즉 전적으로 근대적인 토대 위에서 시민사회의 자기통합을 이루기 위해서는, 헤겔이 시민사회의 자발적 결사체들의 수와 유형에 가하는 제한들이 폐기되어야만 할 것이다.

106) Heiman, "Sources and Significance of Hegel's Corporate Doctrine"을 보라.

제한하지 않기 때문에, 학술단체, 교회 그리고 지방의회 또한 이 개념 속에 포함된다.[107]

헤겔의 이론에서 조합의 기본적 기능은 사회화와 교육이다. 특히 기업결사체는 직업훈련과 시민권 교육을 겸하도록 되어 있다. 따라서 이미 언급한 구조적 근대화를 이룩한 조합의 모든 활동은 교육을 통해 개인들에게 공공선을 내면화하고 시민적 덕성을 발전시킴으로써 시민사회가 부르주아와 시민 사이에 만들어내는 간극을 극복하는 데 일조한다. 이 과정에서 연대가 발전하여 개인의 동기구조에 영향을 미침으로써, 집합적인 관심사와 일체감이 이기적인 그것들을 대신할 것으로 기대된다. 이러한 맥락에서 헤겔의 문제는 루소의 문제—즉 근대적 개인성을 전제로 하여 어떻게 특수한 것에서 일반적인 것으로 나아가는가—와 동일했다. 그러나 그의 대답은 크게 다르다. 왜냐하면 헤겔은 대규모의 근대 국가 또는 역동적인 욕구체계를 지닌 근대 시민사회라는 실체가 사라질 수 있다거나 사라질 것이라고 생각하지도, 또는 사적인 삶 속에서 전적으로 이기적인 개인들이 정치적 영역에서 일반적인 것을 획득할 수 있다고 생각하지도 않았기 때문이다. 그가 보기에, 일반성은 법률상으로 사적 영역을 이루는 것에 공적 정신과 같은 어떤 것을 끌어들이는 일련의 단계들을 통해서만 성취될 수 있다. 루소와 그의 자연법철학의 선조들 그리고 그의 혁명적 공화주의의 계승자들은 사회적 삶으로부터 조합을 추방하고자 애썼다. 반면에 헤겔의 이론에서는 조합이 특수성을 제한적 형태의 일반성—재사회화가 실제로 가능한 수준—으로 대체한다.

조합이 사회의 자기통합을 강조하는 헤겔 사상의 발전과정에서 하나의 결정적 단계를 상징하지만, 그럼에도 불구하고 그의 정치적 입장의 이율배반은 그 속에서도 뚜렷하게 드러난다. 그 이전의 몽테스키외나 그

---

107) 녹스의 번역본 *Hegel's Philosophy of Right*, 360쪽에 달려 있는 역자주.

이후의 토크빌과 마찬가지로, 헤겔은 개인과 국가 사이에 존재하는 매개수준의 권력을 추구했다. 즉 그는 원자화된 주체들의 무력함을 우려하여, 국가관료제의 잠재적 독단성을 통제하고자 노력했다.[108] 그러나 그와 동시에 그는 자신이 국가에 대해 가지고 있던 입장에 따라 국가중심적 애국주의로 이행하는 것을 그럴듯하게 만들 수 있는 사회화 모델을 방어하고자 한다. 이 맥락에서 헤겔의 목적은 일상생활에 기초하여, 애국심의 교사(校舍)인 조합의 정신(Geist)으로부터 애국심이 그것의 완전한 '보편성'을 획득하게 될 장소인 국가의 정신(Geist)으로 순조롭게 이행하게 하는 것이다.[109] 물론 많은 것이 여기에 함축된 국가 개념이 공적인 의회제적 정체성의 발생에 기초하는지 아니면 관료제-군주제적인 통일성의 부과에 기초하는지에 달려 있다. 그러나 그러한 이율배반이 국가 수준에서는 해결되지 않기 때문에, 정치교육에서 조합이 수행하는 역할 또한 모호하게 된다. 이것은 다시 조합이 일반적 권력과 맺는 관계에 영향을 미친다. 하이만(Heiman)이 지적하듯이, 헤겔은 조합의 독립성 및 법적 인격을 포함하는 중세식의 이론과 국가의 통제 및 감시를 강조하는 로마법 관념 사이에서 결코 결정을 내릴 수 없었다.[110]

헤겔의 조합이론이 지닌 모호함이 무엇이든지 간에, 경찰 개념과 비교할 때 여기서는 그 무게중심이 다르다는 것을 간과해서는 안 된다. 때때로 경찰과 조합 모두는 개인의 제2의 가족으로 간주된다. 그것들은 또한 교육과 같은 몇 가지 기능을 공히 할당받는다. 게다가 그것들 각각을 위해 만들어진 규범적 정당화들은 똑같이 설득력이 있다. 조합은 그 목적상 그 성원의 진정한 참여를 가능하게 하고자 하는 목적에 적합할 만큼 충분히 작고 한정적인 제2의 가족이다. 하지만 이들 성원은 인구의 일부

---

108) *PR*, par. 295.
109) *PR*, par. 289.
110) Heiman, "Sources and Significance of Hegel's Corporate Doctrine," 125ff.

만을 포함한다. 즉 조합은 그 성원들과 관련해서는 일반적인 것으로 보이지만, 다른 집단 그리고 그것에 "편입되지 못한" 사람들과 관련해서는 불가피하게 특수이익을 대변한다. 그렇기는 하지만 조합은 내적 동기부여를 할 수 있으며, 순응을 보장하기 위해 외적 제재에 의존하지 않는다. 반면 경찰의 규제는 보편주의적이고, 일단의 특수이익이 형성되는 것을 허용해서는 안 된다. 하지만 경찰의 활동은 외적 제재에 의존하며, 관련 당사자들의 어떠한 참여도 포함하지 않고, 자율적인 동기를 형성하지도 않는다.

경찰과 조합의 비교가 보여주듯이, 헤겔 사상에서 국가주의는 모종의 정치적 기회주의뿐만 아니라 보편성 관념—이것 없이는 어떠한 근대적 정의(正義) 개념도 가능하지 않다—과도 결부되어 있다. 헤겔이 경찰과 조합 사이에서, 추상적 보편성과 실제적 특수성 사이에서 명확한 규범적 선택을 하지 못하는 데에는 그럴 만한 충분한 이유가 있다. 이 요소들은 시민사회에서 따로 떨어져서 존재한다. 그리고 그것들이 재통합될 수 있는 유일한 곳이 국가라는 것이 헤겔의 테제이다. 국가의 (가족 다음으로) 두 번째 윤리적 뿌리인 조합이 자신의 보편성을 획득하게 되는 것은 바로 오직 이 수준에서뿐일 것이다.

우리의 헤겔 재구성은 시민사회의 이율배반이 어쩌면 더 높은 수준의 국가에서 해결될지도 모른다고 제시하는 해석들에 이의를 제기한다. 그 대신에 우리는 헤겔 사상이 두 가지 수준에서 이원적이거나 이율배반적이라고 해석하는 것이 보다 더 유익하다고 주장할 것이다. 우리가 조야하게 그의 사상의 '국가주의적' 경향과 '연대주의적' 경향이라고 이름 붙인 것들은 시민사회와 국가 모두의 분석에서도 나타난다. 따라서 국가 이론 자체도 이들 두 가지 경향과 관련하여 분석될 수 있다. 따라서 국가에 대비되는 것으로서의 시민사회가 진정한 규범의 유일한 원천이라고 파악하는 의사자유주의적 개념과 헤겔 사상의 국가주의적 차원을 대비시키는 것은 잘못일 것이다. 그러한 견해는 전혀 옹호될 수 없다. 왜냐하면 시민사회의 중요한 매개조직들은 불가피하게 특수주의적 요소를 지니고 있기 때문이다. 따라서 국가제도가 일정 정도 관여하지 않고는 근대 세계의 하나의 핵심적 규범—보편성—으로 이행하는 일은 일어날 수 없다. 우리가 성원들의 개인적 권리보호를 근대 조합의 강령에 명기할 수 있다고 지적할 수도 있지만, 우리가 이미 살펴보았듯이, 보편적 권리를 실정법으로 확립하는 일은 국가활동을 전제로 한다. 그렇다면 어떤 차원의 국가활동인가? 우리가 고찰해야만 하는 문제는 헤겔의 이론에서 가장 높은 수준의 사회통합과 의지형성이 이루어지는 장소이자 원천이 신분제의회와 **여론**인가 아니면 행정관료제와 **공공행정**인가 하는 것이다.

헤겔의 개념에서 우리가 상기해야만 하는 것은, 경찰은 국가가 시민사회에 침투하는 것을 의미한다는 것이다. 유사하게 신분제의회는 시민사회가 국가에 침투하는 것을 의미한다. 하지만 국가 속에서 신분제의회를 통해 대표되는 시민사회는 이미 조직화되어 있다. 그리고 헤겔에게 국가 속에 원자화된 시민사회가 존재하는 것만큼 유감스러운 것은 없을 것이다. 녹스의 제 멋대로인 그러나 설득력 있는 번역에 따르면,

> 시민사회의 결사체 집단들은 이미 공동체이다. 이들 공동체가 정치영역, 즉 실제적 보편성이 가장 높은 수준에 달한 영역에 진입하자마자 곧바로 그것들이 단순한 개인들의 집합으로 분산된다고 묘사하는 것은, 바로 그 자체로(eo ipso) 시민적 삶과 정치적 삶이 서로 분리되어 있다고 주장하는 것이며, 말하자면 정치적 삶을 허공에 띄워버리는 것이다. 왜냐하면 그럴 경우 오직 변덕과 의견을 가진 추상적 개인만이 정치적 삶의 기초가 될 수 있을 뿐이기 때문이다.[111]

---

111) *PR*, par. 303; 영어 번역본 198쪽을 보라.

이 개념은 시민사회의 신분집단과 조합들을 신분제의회와 직접적으로 연계시킨다. 헤겔이 처음으로 신분집단과 입법부의 연계관계를 강조하지만, 독일어 용어 Stände가 지적하듯이, 실제로 의회의 가장 중요한 이론적 토대는 조합이다. 조합의 존재는 시민사회—조합이 존재하지 않았더라면 원자화되었을—에서 조직과 공동체가 가능하다는 주장을 뒷받침하는 유일한 실제적 증거이다. 시민사회의 대표자는 곧 "다양한 조합들의 대표자들"이다.[112] 초기에 이 진술은 제한적이지만 확장되고 있었다. 격세유전적이게도 (갑자기 귀족계급만을 의미하게 된) 농업신분집단은 신분제국가의 의회에서와 마찬가지로 직접 참여한다. 반면 상공업 신분집단은 협회(Genossenschaften), 공동체(Gemeinden), 조합(Korporationen)—이것들 모두는 통합된 형태의 결사체이다—의 대표자들에 의해 대표된다. 헤겔은 자신이 하나의 계급, 즉 전혀 조직화되지 못하는 것으로 상정된 직접노동계급을 정치적 삶으로부터 배제하는 것에 대해 지적하고 정당화할 필요성을 느끼지도 않는다.[113] 하지만 그의

---

112) PR, par. 311.
113) 헤겔은 오직 시민사회의 모든 성원이 정치에 민주적으로, 즉 보편적으로 참여하는 것에 대한 논박 속에서만 이 문제를 제기한다. 그 자신의 용어로 표현하면, 그가 이미 조직화된 성원들만을 포함하기를 원하는 만큼만, 그는 여기서 정당한 논거를 가진다. 왜 그가 시민사회의 모든 성원이 정치와 대표자 선출에 참여할 수 있도록 하기 위해 그들을 결사체, 공동체, 조합 속에 조직화할 것을 권고하지 않는지(그리고 심지어는 그들을 그것에서 배제하는 것처럼 보이는지)는 분명하지 않다. 게다가 (심지어 헤겔 시대에조차 영국과 미국의 정당들에서 그러했던 것처럼) 비조직화된 사람들이 스스로 조직화된 대표자들을 선출한다고 해서, 그것이 헤겔이 두려워했던 결과— 즉 정치무대에 대한 원자화된 견해의 출현—를 가져오지는 않았다. 카를 슈미트의 견해를 둘러싼 논쟁이 보여준 것처럼, 19세기의 자유주의적 형태의 민주적 유권자의 대표자들이 '비결정'이나 '통치 불가능성'의 문제를 일으키는 것으로 보일 수도 있었다는 것은 별개의 문제이다. 그러한 일이 발생하기 위해서는, 헤겔이 입법의 한 가지 핵심적 구성요소로 이해했던 것이 그것의 능력, 즉 합리적인 공적 논의와 심의를 상실해야만 했다. Carl Schmitt, *The Crisis of Parliamentary Democracy*[1923] (Cambridge: MIT Press,

사상 속에 존재하는 체제순응적이고 보수주의적인 요소들보다 더 중요한 것은, 그가 대의제적 정부에 관한 자신의 독특한 견해를 제시하면서 내세운 이유들이다. 헤겔에 따르면, 시민사회가 자신의 정치적 대표자를 선출할 때, 시민사회는 "원자적 단위들로 분산되어 있다가 단지 단 하나의 일시적 행위만을 수행하기 위해 모여서 그 순간에만 협력하는 것이 아니다."[114] 오히려 사회적 삶의 결사체들과 회합들은 대표자를 심사숙고하여 선택하는 과정에서 정치와의 연관성을 획득하며, 이 동일한 행위를 통해 정치는 조직화된 사회적 삶 속에 자신의 토대를 마련한다. 비록 명시적으로 그렇게 말하지는 않지만, 헤겔이 정치사회라는 고대의 토포스를 재발견하고 통합하는 곳이 바로 이 수준, 즉 시민사회와 국가가 상호침투하는 지점이다.

신분제의회는 조합이 시작한 일을 완성하는 역할을 수행하지만, 그 (그리고 특히 그의 책의 영어본 번역자)가 자주 '보편성'이라고 언급하는 전(全) 사회적인 일반성의 수준에서 그렇게 한다. 그러한 일이 공적 업무 그리고 더 나아가 공적 정체성을 성립시킨다.[115] 다시 조합 이론과 유사하게 여기서는 입법부가 정부(Regierung)와 국민—개인과 결사체들로 분화되어 있는 국민—간을 매개하는 기관으로 간주된다.[116] 따라서 정부는 전제적이 되는 것이 방지되고, 국민은 단순한 집합체, 즉 비조직화된 따라서 위험한 견해를 지닌 대중이 되는 것이 방지된다. 물론 헤겔은 의회가 입법 그리고 심지어는 헌법제정에서 수행하는 역할을 강조한다.[117] 그러나 그의 시종일관한 주요 관심사는 입법대행자의 구성, 그

1985)를 보라.
114) *PR*, par. 308.
115) *PR*, par. 301.
116) *PR*, par. 302.
117) *PR*, par. 298.

리고 더 나아가 그것의 적절한 매체의 구성에 있다. 공공성의 범주는 공중의 진정한 대표자만이 법을 제정할 정당한 자격을 부여받는다는 점을 지적한다. 그들이 제정하는 법은 공적 심의절차가 엄격하게 지켜질 경우에만 정당한 것으로 간주된다. 헤겔이 진정한 그리고 자유로운 토론과 심의를 주장하기 때문에, 그는 전통적 신분제국가의 원리인 **명령적 위임**을 단호하게 거부한다. 의회는 "모든 성원이 공동으로 심의에 참여하고 상호적으로 서로에게 설명하고 서로를 설득하는 하나의 살아 있는 조직체"여야만 한다.[118]

헤겔이 (법원뿐만 아니라) 입법부의 진정한 공공성을 열성적으로 주장하고 나선 데에는 또 다른 중요한 근거들이 있다. 그는 사회의 공적 업무에 대한 이해를 증진시키고 신분제의회가 여론의 영향에 민감하기를 (비록 일관성이 없기는 하지만) 희망한다. 토크빌과 매우 유사하게, 헤겔은 여론에 대해 양면적인 태도를 보인다. 그는 여론을 "개인들이 일반적인 관심사에 대한 자신의 판단, 견해, 권고를 표현하는 형식적인 주관적 자유로서, 그것은 언제든지 집합적으로 표명된다"고 정의한다.[119] 그에 따르면, 이러한 여론은 내적으로 모순적이고 "경멸당하는 것만큼이나 존중받을 만한 가치가 있다(geachtet als verachtet)."[120] 여론이 존중받는 것이 마땅한 까닭은 그것에 숨어 있는 합리성의 성향 때문이다. 하지만 이 합리성은 숨어 있다. 그리고 여론의 구체적인 경험적 표현방식 때문에 사람들은 여론이 여론 자체에 대해 어떤 견해를 가지고 있는지는 알 수 없다. 따라서 여론을 해석하는 일은 지식인과 정치 엘리트의 임무이다.[121] 헤겔은 여론형성을 촉진하기 위해 광범위한 공적 의사소통

---

118) *PR*, par. 309.
119) *PR*, par. 316.
120) *PR*, par. 318.
121) 헤겔이 여론의 변덕스러움과 조작 가능성에 대해 우리의 주의를 환기시킨 것은

의 자유(특히 언론과 출판)를 지지하고, 그것의 과잉 가능성에 대해서는 단지 약간만 우려할 뿐이다. 실제로 그는 입법논쟁이 갖는 진정한 공공성이 여론을 변화시키고, 여론의 피상적이며 임의적인 요소들을 제거하며, 그 과정에서 여론을 무해한 것으로 만들 수 있는 좋은 기회를 제공한다고 믿는다.[122] 그렇기는 하지만 그것은 또한 의회에서의 논쟁이 여론의 본질적 내용과 합리성의 요소들을 더 높은 수준으로 고양시키는 정도만큼만 여론을 변화시킬 수 있다는 점을 함축하고 있다. 이러한 의미에 볼 때, 입법부라는 정치적 공론장이 여론을 통제하는 것만이 아니라 (헤겔은 이를 강조한다), 전정치적인 공론장도 정치적 의미의 공적 삶을 형성하는 데서 중요한 역할을 한다.

헤겔이 발전시킨 여론 개념도 그의 정치사상의 이율배반으로부터 자유롭지 못하다. 이 맥락에서 국가주의적 경향은 여론을 국가관리와 양립할 수 있게 만들기 위해 여론을 통제하고 무력화하고자 하는 데서 드러난다. 반면 연대주의적 경향은 국가와 사회 사이에 존재하는 의회제도의 틀 내에서 여론을 보다 높은 합리성의 수준으로 고양시키고 그것 자체를 공공성의 통제를 받게 하고자 하는 데서 드러난다. 첫 번째 관점에서 볼 때, 여론은 궁극적으로 하나의 위협이며, 정치 엘리트(의회 엘리트를 포함하여)의 입장에서 그들이 여론과 맺는 적절한 관계는 여론을 조작하는 관계이다. 두 번째 관점에서 볼 때, 여론은 정치적인 공적 삶을 가능하게 하는 조건이며 엘리트의 입장에서 그들이 여론과 맺는 적절한

옳지만, 그는 또한 정치의 본질적 진실은 정치가 자신의 전달수단으로 이 여론이라는 매체를 소유한다는 것이라고 주장한다. 불행하게도 그는 또한 이 진실을 해석하는 것은 정치적 지도자와 이론가의 역할이라고 말한다. 그는 삶과 과학 모두에서 여론을 따르는 것이 평범함에 이르는 길이라고 본다. 하지만 그는 여론이 엘리트들의 견해를 수동적으로 받아들이는 것에는 아무런 문제가 없다고 파악한다(PR, par. 318).

[122] PR, par. 319.

관계는 공적 대화의 관계이어야만 한다는 것이었을 것이다. 그러한 공적 대화 속에서 진리는 양측 가운데 어느 하나가 선험적으로 소유하는 것이 아니라 보다 설득력 있는 논증에 의해 결정되는 열려 있는 문제이게 된다. 신분제의회라는 공론장이 여론을 계몽하고 교육하는 데 일정한 역할을 수행하는 까닭은, 진리가 알려져 있는 것이 아니라 논쟁 자체를 통해 출현하기 때문이다.[123] 이것은 보다 많은 청중들에게 본보기로 기여하는 덕목들의 경우도 마찬가지이다. 헤겔 사상의 한 가지 경향은 입법부의 활동이 진정으로 공적인 국가들에서는 여론의 구조 자체가 변화할 것이라는 점을 암시한다. 즉 그러한 국가에서는 "이제 타당하다고 가정되는 것이 더 이상 무력을 통해서 또는 그것보다는 덜하지만 습관과 관행을 통해서가 아니라 통찰과 논증(Einsicht und Gründe)을 통해서 그 타당성을 획득한다."[124] 하지만 일반적인 경우에 대화를 통한 합리적인 정치적 심의 모델은 의회제적 공론장으로만 제한된다. 이러한 맥락에서 볼 때, 정치에서 규범적 진리를 달성하는 것과 과학적 진리를 추구하는 것 간의 잘못된 유추에 기대고 있는 헤겔 사상의 국가주의적 경향이 그가 그 모델을 공론장 전체로까지 확대하는 것을 가로막고 있다.

    헤겔의 정치이론 전체뿐만 아니라 여기서도 쟁점이 되는 문제가 바로 공적 자유의 궁극적 소재지와 성격이다. 우리는 헤겔이 사법과 공법이라는 로마법의 구분을 상대화하는 일련의 온갖 매개체들을 통해 하나의 정치적 학설을 발전시키고자 노력했다는 해석을 받아들인다.[125] 그러나 우리가 그것을 받아들이는 것은 다음의 두 가지 단서조항 하에

---

123) *PR*, par. 315.
124) *PR*, par. 316.
125) Heiman, "Sources and Significance of Hegel's Corporate Doctrine," 129-135를 보라. 헤겔에서 "시민사회와 국가"는 "두 개의 상이한 공적 삶의 영역"이라는 일팅의 본질적으로 유사한 논의는 그리 분명하지 않다(Ilting, "The Structure of Hegel's *Philosophy of Right*," 107).

서이다.

첫째, 우리는 이들 매개체를 두 개의 서로 다른 계열—즉 공직자/경찰/행정부/군주, 그리고 신분집단/조합/신분제의회/여론—로 파악한다. 이들 두 계열은 헤겔 사상에 존재하는 상충하는 경향들을 표현한다. 실제로 각 계열이 사법과 공법에 의해 규제되는 영역들을 매개하는 방식 그 자체는 아주 다르다. 첫 번째 계열은 사적 역할과 공적 역할 모두를 떠맡고 있는 공법의 범주들을 포함한다. 두 번째 계열은 공공성의 구조들을 발전시키고, 그러한 구조들 속에 뿌리박고 있는 공적 기능을 수행하는 사법적 실체들을 가리킨다.[126] 이 두 번째 유형은 헌법적 권리가 사적 주체들의 공법적 권리를 성립시킨다고 보는 모델과 동일하다.[127] 하지만 일단 이 두 개의 유형이 분리되자마자, 헤겔의 공론장이 가지는 의미는 불분명해진다. 공론장의 기본적인 패러다임을 이루는 것은 공적 권위인가 아니면 공적 의사소통인가? 그리고 만약 그가 두 패러다임 모두를 주장한다면, 그들 간의 관계는 어떠한가?

둘째, 우리는 이 해석이 가정하는 국가와 공적인 것의 암묵적인 동일시도 그리고 헤겔의 설명에서 나타나는 각각의 연속적인 단계가 (그 자신의 논지와 관련해서조차) 바로 앞선 단계보다 명백히 더 높은 수준의 공적 삶을 표현한다는 관념도 받아들이지 않는다. 헤겔이 볼 때, 의심할 바 없는 공적 삶의 최고의 목적은 그가 국가의 애국적 에토스와 등치시킨 합리적인 보편적 정체성을 창출하는 것이다. 하지만 헤겔이 이러한 에토스의 창출을 행정부가 지배하는 (그리고 국가를 시민사회에 투사하는 것하고만 관련된) 국가영역에 할당하는지 아니면 조합이나 여론과 같은 자율적인 사회적 자원들에 의지하는 입법부가 지배하는 영역에 할

---

126) Jürgen Habermas, *The Structural Transformation of the Public Sphere*[1962] (Cambridge: MIT Press, 1989)을 보라.
127) Jellinek, *Declaration of the Rights of Man and Citizen*, 2-3, 49를 보라.

당하는지는 여전히 불분명하다. 이 쟁점은 만약 우리가 사적 영역과 공적 영역의 매개문제만을 강조한다면 해결될 수 없다. 욕구체계에서 시작하는 헤겔의 인륜 이론의 대부분의 범주들이 그러한 매개체들을 제시한다. 그러나 만약 우리가 근대적이고 합리적인 집합적 정체성을 창출하는 과정과 공적 자유라는 개념(헤겔은 이 개념을 이 맥락에서 반복적으로 사용한다), 즉 개인이 '우리'라는 의미의 형성에 실제로 자유롭게 참여할 수 있게 하는 과정을 연계시킬 경우, 이 문제는 해결될 수 있다. 분명 공적 자유는 어떠한 집합적 정체성—그것이 무엇이든지 간에—의 형성에도 참여할 수 없는 욕구체계의 대행자가 누릴 수 있는 그러한 종류의 자유보다는 상당히 더 많은 자유이다. 그러나 헤겔 또한 근대 국가 그 자체가 공적 자유의 소재지일 수 있는지에 관해서는 심각한 의문을 제기한다. 이러한 의문은 그의 사상 속에 존재하는 국가주의적 경향에 전적으로 반하는 것이다.

우리는 헤겔이 그 어느 곳에서도 공론장(public sphere, Öffentlichkeit)이라는 개념을 체계화하지는 않았지만 공적 권위, 공적 자유, 공적 정신, 여론, 공공성의 범주들이 그의 연구에서 핵심적인 역할을 수행한다는 것을 또다시 지적하지 않을 수 없다. 『법철학』이 그 무엇보다도 근대 자유주의의 소극적 자유와 고대 공화주의 사상의 적극적 자유를 종합하고자 시도한다는 일팅(Ilting)의 테제를 상기해 보라. 공론장의 범주들은 이른바 그의 보수주의적 전환 이후에도 헤겔 사상에서 공화주의가 유지될 수 있었던 중요한 방식을 보여준다. 그러나 여기서조차 고대 공화주의와는 본질적인 차이가 존재한다. 헤겔은 공적 자유의 형성을 단일한 사회적 수준—정치사회—에 한정하는 대신에, 근대 공화주의 이론을 수립한다. 이 이론에서는 사적 개인의 공적 권리, 법적 과정의 공공성, 조합의 공적 활동 그리고 여론과 입법부의 공적 심의 간의 상호작용을 포함하여 일련의 모든 수준이 핵심적 역할을 수행한다. 이들 과정 모두가 공적인 정치적 목적을 가지는 것은 아니다. 하지만 그것들은 공적 정체성의 형성으로 이어지는 학습단계들이다. 그것들 모두에 공통적인 것은 의사결정 과정과 관련한 당사자의 공적 참여가 자유롭다는 것이다.[128] 때때로 일반적 권력 그리고 심지어는 공권력과 동일시되는 경찰행위가 갖는 공적 목적은 헤겔에서 의문의 여지가 없다. 이것은 행정부의 행위 그리고 법치국가(Rechtsstaat)에서의 군주의 행위에서도 마찬가지이다. 하지만 이 경우에 헤겔은 공적 정신의 형성에 관해서도 그리고 공적 자유의 실현에 관해서도 이야기하지 않는다. 실제로 헤겔은 공적 자유에 관한 명시적인 논의에서 조합─시민사회에 속하는─과 근대 국가를 병치시키고 있다고 지적되어왔다.

> 우리의 근대 국가(modernen Staaten)에서 일반적인(allgemeinen) 국가의 일에 시민이 참여하는 것은 오직 제한적으로만 이루어져왔다. 하지만 사람들─윤리적 실체─에게 그들의 사적인 일을 넘어서는 일반적 성격의 활동을 제공하는 것은 무엇보다 중요하다. 근대 국가가 항상 제공하지 않는 이러한 일반적 활동은 조합 속에서 발견된다.[129]

이 구절에서 헤겔은 근대 국가와 공적 삶 간의 긴장을 드러내는 것만이

---

[128] 자코뱅주의와 공화주의에 대한 헤겔의 비판은 그의 대안적인 시민사회 이론에 기초한다. 자코뱅 사상과 공화주의 사상 속에 존재하는 사적 이기주의와 시민적 덕성 간의 날카로운 대립은 공적인 것/사적인 것 간의 엄격한 이원론에 의해 분할된 사회 모델에 입각한 것이었다. 이 모델에서 특수이익과 사적 관심은 오직 도덕주의적으로만 극복될 수 있었다. 개인과 정치적 공동체 수준들 간의 매개가 부재한 상황에서 그러한 도덕주의의 궁극적 논리는 헤겔이 보기에 공포정치(Terror)였다. 녹스의 번역판 *Hegel's Philosophy of Right*의 서론 22쪽을 보라.
[129] *PR*, par. 255 add., 이 구절은 (우리가 수정하지 않을 수 없었던) 녹스의 번역본에 실린 펠친스키의 논문(Pelczynski, "Political Community and Individual Freedom," 72)에서 인용했다.

아니라 고전 고대 시기와는 다른 공적 자유의 소재지도 밝히고 있다. 그의 표현으로 조합은 "공적 자유(öffentlichen Freiheit)의 지주"이다.[130] 하지만 헤겔에서 상대적으로 높은 수준의 참여를 포함하여 조합에서 가능한 공적 자유가 전체로서의 사회에서도 기본적인 것이 될 수는 없다. 펠친스키와 여타 학자들이 헤겔은 자신이 "[근대] 국가가 구체적 자유의 현실태"임을 입증했다고 믿고 있었다고 주장할 때, 그들은 분명 옳다.[131] 일반적으로 이 주장은 조합들의 진정한 조합인 신분제의회가 불가피하게 특수주의적일 수밖에 없는 사회적 결사체들보다는 더 큰 보편성을 지닌다는 사실에 의해 뒷받침된다. 그러나 이것은 또한 공직의 위계질서, 폭력수단의 독점적 소유자, 강제적 결사체로서의 근대 국가의 실체를 은폐한다. 헤겔은 사회학적으로 보기에 명백한 근대 국가의 위계체계를 역전시켜 입법부를 제1의 그리고 행정부를 제2의 것으로 만듦으로써 권위구조를 반(反)사실적으로 정당화한다는 점에서, 그리고 비판의 여지가 있는 일련의 규범적 주장들을 확립한다는 점에서 하나의 정당화를 구축하고 있다. 이러한 비판적 잠재력이 시야에 들어오는 것은 이를테면 국가에 대한 규범적 주장들의 원천인 의회가 시민사회에 의해 침투된 것으로 묘사될 때이다.

당대의 비할 데 없는 사회이론가인 헤겔은 분명 근대 국가의 사회학을 알고 있었다. 우리는 운이 좋게도 이와 관련한 일팅의 논의를 이용할 수 있다. 일팅은 헤겔이 국가에서의 시민의 자유를 강조하던 초기의 개념으로부터 국가의 자유를 강조하는 개념으로 전환한 것에 대해 면밀하게 재구성해놓았다.[132] 이러한 전환을 하게 된 데에는 당연히 독자적인 지적 동기가 있었고, 이것은 그 후 반동적인 카를스바트 결의(Karlsbad

---

130) *PR*, par. 265.
131) Pelczynski, "Political Community and Individual Freedom," 76쪽에서 인용함.
132) "Hegel's Concept of the State and Marx's Early Critique," 100-103.

decrees)에 대해 헤겔이 반발하면서 더욱 강화되었다. 『법철학』의 그렇게 많은 부분이 입증하는 것처럼, 헤겔은 절대주의적 국가주의와 혁명적 국가주의 모두를 알면서도 거부했다. 프로이센 정치의 반동적 선회가 그로 하여금 일탈적이라고 생각되는 두 가지 근대 국가 형태의 특징들도 실은 근대 국가의 이상형에 속한다는 것을 (곧 이어 토크빌이 그러했듯이) 깨닫게 했다고 가정하는 것은 지나친 억지일까? 만약 이것이 사실이라면, 공적 자유의 지주인 시민사회 제도들로의 이행은 논리적일 뿐만 아니라 의회제적인 국가제도들 속에 그러한 차원을 강화하려는 관점에서 볼 때도 불가피하다. 따라서 헤겔은 자신의 원숙한 텍스트 속에서 시민의 자유의 가능성을 국가 속으로 한정했을 뿐만 아니라, 일팅의 표현으로 시민사회의 자유의 권리(Freiheitsrechte)를 참여의 권리(Teilnehmerrechte)로 확장시켰다.

　우리의 헤겔 독해에 대한 가장 명백한 반론은 헤겔 스스로가 자신의 사상 속에 두 가지 화해 불가능한 경향의 관념들이 존재한다는 것을 인정하지 않았고 또 분명한 이유가 있기 때문에 그것을 거부했을 수도 있다는 것일 것이다. 우리는 이러한 비판에 대해서나(어쨌거나 이것은 일팅의 재구성에 의해 논박된다), 헤겔 연구의 계통적 목적들에 대해서는 특별한 관심을 두지 않는다. 우리는 하나의 새로운 시민사회 이론의 기원을 (우리가 여전히 가르침을 받을 수 있는) 제도적으로 가장 정교한 개념에까지 거슬러 올라가 추적하기 위해, 헤겔 정치철학의 하위텍스트적 이율배반일 수도 있는 것을 축으로 하여 그의 개념을 재구축하는 데에만 관심이 있을 뿐이다. 따라서 우리의 재구성에 대한 보다 심각한 반론은, 1843년 젊은 마르크스가 그랬던 것처럼, 우리가 특별히 부각시키는 차원들이 한편으로는 헤겔의 욕구체계 개념과 다른 한편으로는 관료제 개념이 지닌 근대성과 대비되는, 그의 사상 속에 존재하는 근대적이지 않은 요소들이라고 주장하는 것일 것이다. 이러한 독해에서는 헤겔의

'조합'은 중세 조합 이론을 구하려는 하나의 시도이다. 또한 그의 신분제 의회, 신분제국가의 제도들, 그의 여론 개념, 초기 부르주아 공론장, 그리고 어쩌면 공적 자유라는 그 관념 자체, 그리고 고대 도시국가 모두도 마찬가지일 것이다. 따라서 만약 우리가 헤겔 사회이론의 근대성을 찾고자 한다면, 자본주의 경제에 대한 그의 묘사가 보여주는 비판적 측면들에 초점을 맞추거나(루카치) 아니면 복지국가에 대한 그의 예견에 초점을 맞추는 것(아비네리)이 더 나을 것이다.

물론 헤겔에 우호적인 모든 해석자들은 하나의 특정 개념을 통해 그를 해석하고 심지어 그의 협력을 얻고자 하기까지 한다. 우리가 발전시키고자 하는 시민사회 이론도 이러한 규칙에서 예외는 아니다. 그럼에도 불구하고 우리는 그 이후의 사회사와 지성사 모두의 맥락에서 볼 때 우리가 강조하는 범주들이 헤겔 시대의 단순한 격세유전이 아니었으며, 후기 자유주의 (그리고 또한 오늘날의 후기 국가주의) 시기로 오면서 훨씬 덜 그렇게 되었다고 생각한다. 이러한 맥락에서 사회이론의 역사는 결정적이라고 할 수는 없지만 중요한 증거를 제공한다. 욕구체계 이론이 마르크스적 전통에 의해 비옥한 발전을 이루었고 관료제 이론이 베버와 그의 추종자들의 연구에서 초석이 되었다면, 사회통합과 공적 자유의 중심 영역으로서의 시민사회 관념은 토크빌에서 시작되어 뒤르켐, 영국·프랑스·미국의 다원주의, 그람시로 이어지다가 파슨스와 하버마스에서 그 정점을 이룬 이론적 발전노선에서 마찬가지로 결실을 보게 되었다. 우리는 이러한 해석전통이 최소한 헤겔『법철학』의 기본 범주들이 근대적 용어로 완전하게 번역될 수 있음을 보여주었다고 생각한다. 우리가 서구와 동구, 북부와 남부의 사회적 행위자들의 증언을 들어볼 때, 그러한 재구성된 분석용어들은 아직까지 그것들이 지닌 비판적·구성적 잠재력을 다 소진하지는 않았다.

제3장 20세기의 이론적 발전

헤겔의 종합이 지지될 수 없다는 것과 그것의 체계적 가정들이 와해되었다는 것이 시민사회 이론의 종말을 의미하지는 않는다. 하지만 후속 이론가들은 다층적인 헤겔식 개념 중에서 특정 차원에만 초점을 맞추고 다른 모든 차원을 배제한 채 그것을 발전시키는 경향이 있었다. 마르크스는 시민사회의 부정적 측면들, 즉 그것의 원자적이고 비인간화하는 특징들을 강조했다. 그러나 그는 그렇게 하는 과정에서 욕구체계의 경제적 차원에 관한 분석을 어떻게든 심화시켰고 또 자본주의적 발전의 사회적 결과를 분석하는 데서는 헤겔을 훨씬 능가했다.[1] 토크빌은 비록 그가 근대 사회의 특징적 형태들을 드러내지 않는다고 보았던 (미국이라는) 맥락에서이기는 하지만, **공공성**에 관한 논의에서 모호함을 제거했고, 자발적 결사체 속에서 시대에 뒤진 조합의 근대적 등가물을 발견했으며, 시민사회와 민주주의의 양립 가능성을 입증했다. 그람시는 결사체와 문화적 매개체의 차원에 집중함으로써, 그리고 헤겔의 조합과 신분집단의 근대적 등가물을 발견함으로써, 마르크스식 분석이 지닌 환원주

---

1) 시민사회에 관한 마르크스 견해의 비판과 재구성에 대해서는 Jean L. Cohen, *Class and Civil Society: The Litmits of Marx's Critical Theory* (Amherst: University of Massachusetts Press, 1983)를 보라.

의적 경향을 전도시켰다. 끝으로, 파슨스는 그가 '사회공동체'(societal community)라고 불렀던 것을 구성하는 일련의 모든 제도들의 측면에서 사회통합의 차원에 초점을 맞추었다. 다른 어떤 것들보다도 체계적 열망이라는 점에서 헤겔과 유사한 파슨스는 전통의 규범적 요구와 근대성의 규범적 요구를 종합하고자 시도했다. 다시 한 번 헤겔을 생각나게 하는 이데올로기에 대한 그의 양보는 그가 실패한 시도에 대해 치러야 했던 대가였다.

이 장의 주요한 관심사는 헤겔이 제공한 토대 위에서 시민사회 이론을 발전시키고자 한 20세기의 두 가지 시도이다. 우리가 보기에 이것은 하나의 이론화 형태의 생존 가능성을 검증하는 가장 좋은 전략이다. 이 이론화는 원래 근대 초기 국가와 산업사회의 문제들에 집중하고, 도시국가, 신분제국가, 신분사회와 같은 전근대적 배열태로부터 살아남은 이데올로기와 제도들에 그 설명력을 의지하는 경험적 일반화 양식에 기초해 있다.

파슨스와 그람시를 짝짓는 것은 쉽게 정당화된다. 이들 모두는 헤겔의 영향을 받고 있지만, 둘 다 국가뿐만 아니라 경제로부터도 시민사회를 분리시킴으로써 헤겔을 바로잡는다. 전자는 자유주의적 환원주의를, 그리고 후자는 마르크스주의적 환원주의를 극복한다. 이들 모두는 기능주의적 용어로 시민사회를 전체의 사회통합을 책임지는 영역으로 해석하는 경향이 있다. 동시에 이들 모두는 비록 모호하기는 하지만 근대 시민사회의 규범적 성과를 인식하고 있다. 우리는 상이한 이론적 전통 및 정치적 가정들과 결부되어 있는 이 둘 간의 결정적 차이를 그들이 규범적 이론과 기능적 이론을 결합하는 방식 속에서 발견할 수 있다. 파슨스는 실제로 작동 중에 있는 현재의 시민사회를 규범적으로 바람직한 것과 동일시함으로써 현대 미국 사회에 대한 설득력 없는 변호에 빠지고 만다. 미래의 (사회주의적) 시민사회의 규범적 바람직성에 초점을 맞추는 그람시는 현재의 시민사회를 오직 그가 전적으로 거부하는 지배체계와 관련해서만 다루는 경향이 있다. 그가 결합시킨 과도한 유토피아와 과도한 현실주의는 그로 하여금 소련, 즉 부르주아뿐만 아니라 모든 시민사회를 억압했던 혁명의 나라에 대해 진정으로 비판적인 태도를 취할 수 없게 한다. 그리하여 결국 둘 가운데 누구도 자신의 이데올로기적 전통에 대해 충분히 비판적이지 못하고, 그 결과 누구도 근대 시민사회의 이중성─그것의 해방의 약속은 물론 그것과 타율성과의 연계관계─을 충분히 주제화하지 못한다.

파슨스: 전통과 근대성 사이의 시민사회

탤컷 파슨스가 완결 지은 고전 사회학 전통은 시민사회라는 개념을 거의 사용하지 않았다. 왜냐하면 시민사회가 의문의 여지없이 인간사에 대한 전(前)사회과학적 담론의 잔유물로 여겨졌기 때문이다. 더더욱 놀라운 것은 파슨스의 연구에서 이 개념이 재등장한 것이다. 분명 시민사회는 새로운 겉모습으로 그리고 동시에 새로운 분화 모델이라는 맥락에서 등장한다. 경제, 정체, 문화영역과 구분되는 사회공동체라는 파슨스의 개념은 국가와 구분되는 것으로서의 시민사회라는 자유주의적 개념과 뒤르켐과 퇴니스에서 시작되는 사회학적 전통을 특징짓는 사회통합, 연대, 공동체에 대한 강조를 종합한 것이다. 개별화와 통합 모두가 중심을 차지하고 있는 이 종합은 매우 놀랍게도 헤겔식 시민사회 이론으로 부분적으로 그리고 의식적으로 되돌아간다.[2] (헤겔과는 다르지만 그람시와는 유사하게) 파슨스는 사회공동체를 국가뿐만 아니라 경제와도 구분

---

2) Talcott Parsons, *The System of Modern Societies* (Englewood Cliffs, NJ: Prentice Hall, 1971), 1.

하지만, 사회공동체와 헤겔의 시민사회 간에는 차이보다는 연속성이 훨씬 더 현저하다.

헤겔에서와 마찬가지로 파슨스에서도 근대 사회는 다원성(결사체)과 합법성이라는 규범적 틀에 의해 구조화된다. 공공성과 참여 또한 나타나지만 헤겔의 저작에서와 마찬가지로 중시되지 않는다. 게다가 헤겔과 마찬가지로 파슨스는 하나의 단일한 형태의 근대 사회(그의 경우에 미국)를 근대성의 잠재력이 거의 최고조로 실현된 것이라고 기꺼이 선언한다. 그는 "근대적이라고 불리는…… 사회의 완성"은 그 사회 또는 그러한 유형의 사회의 통합문제가 해결될 때 이룩될 것이라고 본다. 끝으로, 파슨스는 근대 사회가 민주주의혁명 시대의 역사적 프로젝트에 빚지고 있음을 의식하고 있다. 하지만 그는 이 프로젝트가 발전된 서구 선진사회에 의해 완전하게 달성되었다(따라서 하나의 프로젝트로서 그 의미를 상실했다)고 본다. 그는 이렇게 말한다. "20세기 후반의 보다 많은 특권을 누리는 사회들은 당시의 보다 '자유주의적'이고 '진보적인' 가치들을 한 세기 전이라면 예측조차 불가능했을 만큼 인상적일 정도로 성공적으로 제도화했다."[3] 그에 따르면, 이러한 사회들에 관한 한, 민주화를 위한 투쟁은 대체로 19세기에 속하는 일이다.[4]

혁명시대의 가치를 실제로 실현하는 것과 관련된 이 마지막 테제는 파슨스의 근대 사회 개념이 1848년 이후 시민사회를 '유토피아'로 보

---

3) Ibid., 115.
4) Ibid., 84. 파슨스는 『정치와 사회구조』(*Politics and Social Structure* [New York: Free Press, 1969])에 재수록된 탁월한 글 「흑인 미국인을 위한 완전한 시민권?」(Full Citizenship for the Negro American?)에서 이 민주주의혁명 종결 테제의 한 가지 중요한 예외를 제시한다. 그러나 파슨스는 사회운동에 대해 일반적으로 의심스러운 태도를 지니고 있었기 때문에, 결코 이 모델을 일반화하고자 시도하지는 않았다. 물론 그는 또한 여성의 권리와 같이 민주주의혁명이 계속될 수 있고 또 계속되어야만 하는 영역들 대부분을 인식하지 못했다.

는 모든 용례에 쏟아진 비난, 즉 '부르주아 옹호론'이라는 비난을 면하기 어렵게 만든다.[5] 하지만 파슨스는 헤겔이 이데올로기적이었다는 의미에서만, 즉 그가 규범적 통찰과 현존 제도와 관련한 신비화를 혼합하는 만큼만 이데올로기적이다. 하지만 다시 헤겔처럼, 파슨스의 이론도 그것이 그러한 규범적 통찰과 현존 사회의 잠재력을 연계시키는 한에만, 이데올로기를 넘어선다. 그렇지만 파슨스 자신은 그러한 잠재력이 단지 부분적으로 그리고 선택적으로만 실현되고 있다는 점을 인식하지 못한다.

파슨스가 사회체계를 네 가지 기능 또는 하위체계로 분할한 것은 국가와 시민사회의 분화를 낳은 것이 바로 근대적 발전이라는 헤겔의 특정화에 버금갈 만큼 분명히 비역사적인 것으로 보인다. 그러나 파슨스는 또한 초기 사회들에서는 미분화된 제도적 복합체들이 주요한 사회적 기능들 중 하나 이상 또는 어쩌면 모두를 수행했다고 주장한다. 이를테면 부족사회에서 친족은 핵심적인 사회적·문화적·정치적·경제적 제도였다. 중세 전성기에는 봉건적 유대가 사회적·경제적·정치적 관계들을 조직화했다. 그리고 절대주의적-중상주의적 국가는 정치적 실체이자 경제적 실체였다. 따라서 파슨스에서 근대 세계의 발전은 분화(differentiation)로 인식된다. 이 분화는 모든 사회에 내재해온 것이었다. 왜냐하면 모든 사회에서 제도들은 그 제도들과 모든 기능을 연계시켜주는 차원을 가지고 있었지만, 그것의 무게중심은 하나의 단일한 기능과 결부되어 있었기 때문이다. 이러한 목적론적 역사해석은 당연히 근대 서구의 범주들을 전근대 사회와 비서구 사회에 투영하는 것—하지만 인정할 수 없는—을 포함한다. 그렇기에 분화와 같은 범주의 보편적 적용

---

[5] Lothar Gall, "Liberalismus und bürgerliche Gesellschaft. Zu Character und Entwicklung der liberalen Bewegung in Deutschland," in L. Gall, ed., *Liberalismus*, 2d ed. (Königstein: Verlag Anton Hain, 1980)를 보라.

가능성은 의문시될 수밖에 없다.[6] 그렇기는 하지만 이 범주가 근대적 발전 그 자체와 갖는 적실성은 매우 그럴듯하다.[7]

파슨스에서 사회공동체는 사회의 통합적 하위체계이며, 그것의 기능은 문화적 가치를 사회적으로 수용되고 적용되는 규범으로 제도화함으로써 분화된 사회체계를 통합하는 것이다. 파슨스에 따르면, 문화적·경제적·정치적 하위체계들로부터 사회공동체의 분화는 세 가지 근대 혁명, 즉 산업혁명, 민주주의혁명, 교육혁명에 의해 이루어졌다. 이들 혁명 각각은 다른 하위체계로부터의 '사회공동체 독립선언'의 한 단계로 제시되지만, 그 과정에서 또한 각각의 분화된 제도를 획득한다.[8] 실제로 파슨스의 분석에서 사회공동체의 분화는 세 혁명에 앞서 영국에서 일어났던 주요한 사건들 속에서 시작되었다. (1) 종교적 다원성과 관용의 시대가 도래하여, 종교와 국가가 서로 분리되는 한편, 사회공동체가 그것의 전적인 종교적 성원자격 규정으로부터 일정 정도 해방되었다. (2) 아직 정치적 제약까지는 아니지만, 사회적 제약으로부터 해방된 시장경제를 통해 순수하게 경제적인 관계가 확립되었다. (3) 귀족적 형태의 대의제적 정부가 발전하여, 정부와 유권자(주로 귀족과 신사)를 분리시켰으며, 의회대표제를 통해 그들 간의 관계를 안정화시켰다. 그리고 (4) 특정 형태의 법이 발전하여, 국가 자체도 임의적으로 개입하지 못하는 사회영

---

6) 폴라니 학파에 속하는 다음 두 학자의 비판을 보라. Terence K. Hopkins, "Sociology and the Substantive View of the Economy"; Harry W. Pearson, "Parsons and Smelser on the Economy," in K. Polànyi et al., eds., *Trade and Market in the Early Empires* (New York: Free Press, 1957).
7) G. Poggi, *The Development of the Modern State* (Stanford: Stanford University Press, 1978), 13ff.와 비교해 보라. 여기서 그는 파슨스가 분화와 통합—탈분화가 아니라 복잡성으로 이어지는—을 연계시키고 있음을 도외시한 채 다른 주장을 하고 있다.
8) Parsons, *The System*, 99. 하버마스는 파슨스 분석의 비일관성을 지적하고 있다. Jürgen Habermas, *Theorie des kommunikativen Handelns*, vol. 2 (Frankfurt: Suhrkamp, 1981), 423-424 and note 131.

역을 개척하는 데 도움을 주었다. 파슨스는 이러한 선행사건들을 제시하면서, 각 단계가 다른 하위체계들에도 역시 영향을 미침에도 불구하고, 네 가지 하위체계 각각의 분화단계들을 단 하나의 과정에 연결하는 식으로 단순화시킨다. 따라서 이를테면 법의 지배의 발전—그가 법률전문직의 제도화와 독자적인 법원체계의 안정화와 연계시키는—은 또한 분화된 사회공동체를 준비하는 가장 중요한 부분이 된다.

의미심장하게도 파슨스는 사회공동체의 분화과정이 이 세 가지 혁명 모두가 없었다면 불완전했을 것이라고 여긴다. 그의 논의 중 한 가지 견해에 따르면, 이들 혁명은 각각의 경우에 서로 다른 하위체계에서 통합적 하위체계가 분화되는 것을 의미한다.[9] 또 다른 논의에서[10] 파슨스는 각각의 혁명이 실제로 다른 하위체계를 강화했다고 주장한다. 이를테면 하나의 혁명은 경제적 하위체계를, 그리고 다른 혁명은 관료제적인 행정적 하위체계를 강화한다. 하지만 여기에는 불일치가 존재하지는 않는다. 왜냐하면 파슨스는 분화를 모든 관련 영역에서의 제도구축을 포함하는 상보적이고 비제로섬적인 과정으로 보기 때문이다. 그러나 그의 설명에는 한 가지 중요한 불일치가 존재한다. 즉 시장경제로부터 사회공동체가 분화된 것에 대해서는 일반적으로 그와 반대로 주장됨에도 불구하고, 이 세 혁명에 관한 설명 그 어디에서도 제시되지 않는다. 그 결과 이 논의는 그 병렬구조를 포기하지 않을 수 없다. 특히 파슨스가 생생하게 묘사했던 과정인 사회공동체가 국가로부터 독립을 선언하는 극적인 과정은 사회공동체가 새로운 유형의 시장경제와 맺는 관계 속에서 그것에 필적하는 것을 가지지 못한다. 우리는 파슨스가 여기서 그가 강조하고 싶지 않았던 문제, 즉 자본주의와 한 세기에 걸친 그것에 대한 사회주의의 응답

---

9) Parsons, *The System*, 101.
10) Ibid., 87.

이라는 문제—폴라니가 지적했듯이, 경제에 대한 사회의 자기방어를 상징하는 문제—에 부딪친다고 제시할 수도 있다.

파슨스가 보기에, 민주주의혁명—그것의 중심은 프랑스였다—은 분명 절대주의 시대에 처음으로 확립된 국가권력을 엄청나게 강화시키는 결과를 가져왔다. 하지만 사회공동체의 관점에서 볼 때, 이 혁명의 독창적 기여는 그것이 새로운 유형의 연대적인 국민적 집합체를 창출했다는 것이었다. 이 집합체의 성원들은 이미 영국에서의 발전을 통해 확인된 시민적 권리에 더하여 정치적 권리를 요구할 동등한 자격을 가진다.[11] 이 새로운 유형의 집합체의 출현은 절대주의 시대와 비교할 때 우위성을 전도시킨다. 이제 "사회공동체가 자신의 상관이었던 국가로부터 분리되어 정당하게 그것을 통제할 자격을 부여받는다."[12] 또다시 국가권력의 강화와 이 권력에 맞서 스스로를 방어할 수 있는 보다 자율적인 사회의 발전이 동시에 이루어진다고 단언하는 데에는 어떠한 불일치도 존재하지 않는다. 왜냐하면 적절하게도 파슨스는 권력을 제로섬 게임으로 간주하지 않기 때문이다.[13]

분명 파슨스는 산업 '혁명'과 민주주의혁명이 완전히 나란히 진행한다고 생각했다. 하지만 이것은 단지 우리가 정체-경제의 관계를 이해관계의 중심축으로 취할 때에만 사실이다. 따라서 영국이 중심지였던 산업혁명은 (뒤르켐의 의미에서의) 사회적 분업을 엄청나게 확장함으로써, 그리고 국가로부터 (폴라니의 의미에서) 경제적으로 규정된 사회를 분리

---

11) 우리가 보기에 잘못된 것이기는 하지만, 파슨스는 사회적 권리 역시 민주주의혁명이라는 맥락에서 논의한다. 그에 따르면, 민주주의혁명의 중심적인 갈등선은 국가-사회공동체 축에 존재한다. 그와 달리 사회적 권리에 내재하는 평등 관념은 경제-사회공동체 축에서의 방어적 반발을 수반한다.
12) Parsons, *The System*, 84. 제4장에서 논의되는 공론장에 관한 하버마스의 테제와 비교해 보라.
13) Parsons, "On the Concept of Political Power," *Politics and Social Structure*를 보라.

함으로써 초기 자본주의적 발전경향을 완성했으며, 그것은 (뒤르켐과 폴라니 모두 지적했듯이) 두 하위체계의 상보적 성장으로 이어졌다.

그때까지는 이 두 혁명이 병행한다. 그러나 폴라니가 그랬던 것처럼 (파슨스는 다른 점에서도 폴라니에 크게 의존한다) 우리가 우리의 축으로 경제-사회공동체를 선택할 경우, 그 병행은 중단된다. 산업혁명은 분화와 상보적인 팽창 대신에 자율적인 사회적 규범, 관계, 제도들을 포섭하고 축소할 우려가 있는 경제사회(시장경제)를 낳았다. 파슨스가 물화와 상품화에 관한 마르크스식 논의에 주의를 기울일 것이라고 기대할 사람은 거의 없을 것이다. 하지만 그가 실제로도 자기조절적인 시장이 사회의 '경제화'를 낳았고 그것에 대한 반작용으로 사회의 자기방어 프로그램이 19세기에 등장했다는 폴라니의 테제를 고찰하지 않는다는 것은 놀라운 일이다. 실제로 이 프로그램은 파슨스의 민주주의혁명 개념이 일부 언급하는 18세기 사회와 국가의 자유주의적 대결과 많은 유사성을 지니고 있었다.

고전 자본주의의 파괴적 경향에 맞서는 사회의 자기방어에 대한 폴라니의 강조 중 몇 가지 측면은 물론 20세기 복지국가와 노동조합주의의 특징에 관한 파슨스의 논의에서 다시 등장한다.[14] 그러나 과연 그답게 파슨스는 이 쟁점이 복지국가의 발전과 함께 해결되었다고 본다. 실제로 복지국가는 자본주의와 사회주의 모두를 '능가하는' 것으로 인식된다. 하지만 다른 문제들과는 달리 이 문제는 분화 테제의 맥락에서 고려되지 않는다. 사람들은 이 테제를 경제-사회공동체 축에 일관되게 그리고 설득력 있는 방식으로 적용할 수 없었던 것은 아닌가 하고 의심한다.

교육혁명 테제도 동일한 문제를 다루지만, 이번에는 다소 미래학적 관점에서 그렇게 한다. 기묘하게도 우리가 고전 자본주의의 발전과 관련한

---

14) Parsons, *The System*, 106-107.

파슨스의 가장 비판적인 논평들 중 몇 가지를 발견하는 곳도 바로 이 맥락이다.

> 자본주의적 대안은 첫째 귀속적인 과거로부터의 해방, 그 다음으로 정부 '개입'으로부터의 보호를 강조했다. 사회주의적 대안은 경제적 효율이라는 긴박한 문제를 거의 전적으로 무시한 채, 근본적인 평등을 실행에 옮기기 위해 정부권력을 동원하고자 했다. ……두 대안 모두는 적절한 사회공동체 개념과 그것의 연대를 유지하는 데 필요한 조건들의 토대를 마련하는 데 실패했다.[15]

파슨스에 따르면, 이론적으로 문화-사회공동체 축에 위치하는, 미국을 중심지로 한 교육혁명은 사유재산(자본주의)이나 정부기관(사회주의)이 제공할 수 있었던 것보다 훨씬 더 일관된 방식으로 모든 귀속적 형태의 계층화로부터 사회구조를 해방시킴으로써, (비록 결과의 평등을 보장하지는 못하지만) 기회의 평등을 제공한다. 그는 훨씬 더 중요한 것은 이 혁명의 핵심적인 제도적 복합체인 대학이 국가와 시장경제 각각이 조장하는 관료제적 형태 및 개인주의적 형태들과 구분되고 또 대치되는 결사체적 사회조직 유형을 발전시킨다는 것이라고 주장한다. 따라서 매우 놀랍게도 그는 교육혁명이 사회주의와 자본주의뿐만 아니라 민주주의혁명과 산업혁명에 대해서도 하나의 연대주의적인 교정책이 된다고 본다. 요컨대 교육혁명은 통합적 하위체계인 사회공동체(일명 시민사회)의 자율성과 통합을 보장할 수 있는 근대성의 잠재적 완성을 약속한다.

근대 대학이 시장과 관료제 모두에게 대안적인 조직 모델을 제공한다는 파슨스의 주장은, 만약 그것이 당시 미국 사회의 결사체적 성격에 대

---

15) Ibid., 97.

한 그의 일반적 주장의 단지 하나의 특수한 사례일 뿐이 아니었다면, 기이하게 보일 것이다. 하지만 미국 사회의 몇몇 측면에 대한 그의 이데올로기적 신비화로 돌아가기에 앞서, 우리는 그의 개념 속에 존재하는 또 다른 결함을 강조하지 않으면 안 된다.

우리는 파슨스 개념의 적어도 한 가지 요소—다른 요소와 분명하게 모순되는—가 근대 사회공동체의 출현을 세 혁명 속에서 발생한 다른 하위체계들의 자기분화의 잔여적 결과로 만들어버린다는 것을 이미 지적했다. 순수하게 기능주의적 도식 내에서는 이러한 서술은 어떠한 내적 모순으로도 이어지지 않는다. 그러나 그의 진화론적 모델이 행위와 갈등을 포함하는 실제 사회변동 메커니즘을 설명할 수 있는 가능성을 스스로 부정하는 한에서만, 파슨스는 그러한 도식 내에서 계속해서 작업할 수 있다. 그가 그렇게 할 수 있는 것은 오직 사회학자로서만이다. 하지만 그는 역사학자로서 사회운동과 갈등의 문제에 거듭 뛰어든다. 그러나 이 기능주의 사회학자는 답변할 준비가 되어 있다. 즉 그는 급진민주주의 운동, 사회주의자, 신좌파는 세 가지 혁명[16]의 근본주의 진영이라고 묘사한다. 이 세 가지 혁명 프로젝트가 닐 스멜서(Neil Smelser)가 '가치지향적 운동'에 귀속시킨 문제해결 과정을 얼마간 단축시키고 있음은 분명하다.[17] 하지만 파슨스는 스멜서의 다른 운동 유형, 즉 사회변동에 긍정적인 영향력을 행사할 수 있는 '규범지향적 운동'을 망각한다. 파슨스 자신이 미국의 민권운동을 이 패러다임과 관련하여 서술했다는 점을 감안하면, 이러한 이론 차원에서의 누락은 더더욱 이상하다.[18]

---

16) Ibid., 99-100, 117-118.
17) Neil Smelser, *Theory of Collective Behavior* (New York: Free Press, 1963).
18) 심지어 이 유형의 운동에 관한 스멜서의 분석 역시 아주 모호하거나, 아니면 그러한 유형의 운동에 전적으로 동정적이었다. 파슨스의 다소 상이한 개념에 대해서는 "Full Citizenship for the Negro American?"을 보라.

사회운동에 대한 파슨스의 접근방식에서 나타나는 이론적 축약의 결과, 그가 해결하기는커녕 제기조차 할 수 없게 된 두 가지 쟁점이 존재한다. 하나는 그가 기술하는 새로운 유형의 사회공동체의 자기구성 속에 포함되어 있는 대행자의 문제이고, 다른 하나는 점점 더 근대적이 되고 있는 사회공동체가 자신의 분화를 위협하는 경향들에 저항하는 문제이다. 이제 이 문제들을 차례로 다루어보자.

첫 번째 문제와 관련하여, 파슨스의 분석에서 대행자는 분명 객관적 과정에 의해 유발되는 사회변동을 단지 단축할 수 있을 뿐이다. 하지만 다른 하위체계의 경우에 국가형성자와 법학자, 기업가와 경영자, 교육자와 수탁자는 결코 어떤 종류의 근본주의자로도 묘사되지 않는다. 따라서 사회변동에 기여하는 행위가 가능하지만, 그것은 단지 엘리트 측에서만 그리고 사회공동체 이외의 하위체계들을 위해서만 그러하다. 이러한 의미에서 사회공동체의 분화는 잔여적이 된다.

두 번째 쟁점과 관련하여, 민주주의운동, 노동계급운동 그리고 학생운동 모두가 근본주의적인 것으로 묘사되기 때문에, 우리는 각각의 경우에서 그것들의 목표뿐만 아니라 행위형태 역시 탈분화―즉 근대 경제, 국가, 교육체계를 연대주의적 사회공동체 속으로 병합하는 것(이로 인해 사회공동체의 근대성이 의심을 받을 수도 있다)―를 목적으로 했다는 인상을 받는다. 실제로 이들 운동 모두가 정확히 그러한 의미에서 몇몇 근본주의적 요소나 이데올로기들을 가지고 있었다. 하지만 파슨스는 바로 그 동일한 운동의 또 다른 차원들이 그 운동의 규범 및 제도들과 함께 바로 사회적 자율성을 위해, 그러므로 사회공동체의 분화를 위해 투쟁했다는 것을 관찰하는 데에는 실패했다. 이것은 그가 근대 국가, 자본주의 경제, 그리고 심지어는 근대 과학의 탈분화경향―즉 다른 사회영역들의 병합과 침투―을 설명하는 데 실패한 것의 또 다른 측면일 뿐이다. 이러한 추세를 파악하지 못하는 근대 사회에 관한 이론은 필연적으

로 이데올로기적이 되거나 변호론적이 되고 만다.[19]

파슨스의 사회공동체 이론은 내재적 비판의 아주 좋은 대상이다. 왜냐하면 그는 근대성의 규범적 성과를 정교화하는 동시에 그러한 성과들을 마치 이미 제도화된 것처럼 제시하기 때문이다. 실제로 그는 성공적인 제도화라는 주장에 암시적으로 커다란 의문을 던지는 통합의 문제를 제기함으로써, 비판가들이 그들의 일을 용이하게 수행할 수 있게 해준다. 사회공동체 개념은 주권이라는 극적인 해결책(deus ex machina) 없이 규범적 질서의 존재를 주장하며, 홉스와 오스틴에 대한 또 다른 답변을 제시한다.[20] 게마인샤프트/게젤샤프트라는 퇴니스의 유명한 한 쌍의 개념을 한데 결합시킨 사회공동체 개념 자체는 의식적으로 헤겔이 그의 시민사회에 대한 견해에서 그랬던 것과 동일한 종류의 고대 범주와 근대 범주를 종합하는 것을 목적으로 한다. 파슨스의 모델의 경우에는 근대 사회와 전통사회가 공유하는 요소들을 헤겔보다 더 강조하는 것처럼 보인다. 그는 사회공동체를 '규범성'과 '집합성'이라는 두 가지 차원과 관련하여 정의한다. 전자는 문화적 가치의 제도화가 산출한 정당한 질서의 체계이고, 후자는 경계가 있는 하나의 단일한 조직화된 실체로서의 사회의 모습이다. 우리는 헤겔과 마찬가지로 파슨스도 이미 전체를 "정치적으로 조직화된 집합체들의 집합체"로 바라볼 준비가 되어있

---

19) 이를테면 니클라스 루만조차도 근대 국가의 경우에서 그러한 경향을 포착한다. Niklas Luhmann, *Grundrechte als Institution* (Berlin: Duncker & Humblot, 1965)를 보라. 거기서 사회의 분화를 안정화하는 것은 기본권의 기능이다. 루만의 연구가 진척되면서, 이 기능은 또 다른 하위체계, 즉 법체계에 귀속되었다. 법체계에서 권리는 다른 모든 수단과 나란히 위치한다. 하지만 이 접근방식은 법체계가 바로 그 하위체계를 위협하는 탈분화경향에 맞서 어떻게 보호될 수 있는지는 다룰 수 없다. 우리가 체계이론의 한계 내에 머물 경우, 체계이론적인 사회분화 관념은 유지될 수 없을 것으로 보인다. 제7장을 보라.

20) Parsons, *The System*, 12; "The Political Aspect of Social Structure and Process," *Politics and Social Structure*, 345.

다는 것을 지적해야만 한다. 파슨스는 다음과 같이 기술한다. "아마도 결사체의 원형은 기본적으로 규범적 질서에 대한 합의관계를 유지하는 시민들의 조합체인 사회공동체 자체일 것이다."[21] 그러나 근대 사회의 경우에서는 종종 서로 갈등하는 다양한 집단, 계층, 충성심, 역할 역시 똑같이 강조된다. 즉 이 경우 근대 사회공동체는 기껏해야 "집합체들의 집합체"이다. 효과적인 집합행위를 위한 동기뿐만 아니라 역량 또한 충분히 산출할 수 있는 포괄적인 집합적 연대가 가능한 까닭[22]은 합의에 기초한 규범에 대한 충성 때문이다. 여기서도 역시 파슨스는 거의 근대 사회의 특징일 수 없는 종류의 통일성을 가정한다. 즉 궁극적으로 "가치는 주로 종교적 측면에서 정당화된다"는 그의 관념은 그로 하여금 정당한 사회질서는 공유된 실제적 가치에 의존한다는 견해에 집착하게 하는 경향이 있다. 그러나 또다시 그는 (일관성이 없이) '상대적 합의', 즉 '정도의 문제'일 뿐인 합의를 언급함으로써 그 개념을 기꺼이 근대화하고자 한다.[23] 하지만 그러한 합의는 개인들 간의 그리고 심지어는 각각의 개인 내부에서 발생하는 충성 갈등을 해결하는 결정적인 포럼을 재현하는 역할을 거의 수행하지 못한다. 단지 정도의 문제로는 파슨스가 사회공동체 자체에 대한 충성에 부여하고자 한, "어떤 안정적인 충성 위계질서 상의 높은 지위"를 그것에 부여할 수 없다.[24]

비록 이 개념의 전반적인 윤곽이 근대 사회를 적절하게 표현하지 못한다는 비난을 받을 소지가 있기는 하지만, 세부적인 논의는 그러한 반론에 대처할 만한 능력을 가지고 있다. 다시 한 번 더 헤겔과 묘한 유사

---

21) Parsons, *The System*, 24; 이 개념에 대한 루만의 비판에 대해서는 제7장을 보라.
22) Parsons, "On the Concept of Political Power," 355.
23) Parsons, *The System*, 9-10. 그는 집합체들의 집합체에서 이루어지는 합의가 상이한 일단의 가치들과 양립할 수 있는 절차에 대한 것일 뿐이지 그 자체가 실제적 가치들처럼 삶의 형태를 의미하지는 않는다는 것을 인식하지 못하고 있다.
24) Ibid., 13.

성이 존재하는데, 이번에는 바로 표현의 건축학과 관련하여 그렇다. 다시 말해 근대 사회공동체는 무엇보다도 법과 결사체로 이루어진 하나의 틀로 이해된다. 우리가 이미 헤겔과 관련하여 주장했듯이, 거기에는 하나의 주목할 만한 것—욕구체계—이 부재하고, 하나의 주목할 만한 것—시민권 복합체—이 존재한다. 사실 세 가지 권리범주와 관련하여 이해되는 후자는 법체계의 산물이다.

파슨스가 볼 때, 근대 법체계의 출현에서 가장 중요한 단계는 국가정책 수단으로서의 법으로부터 국가와 사회공동체 사이를 '매개하는 접점'으로서의 법으로 이행하는 단계이며, 이것이 그것들의 분화를 공식적으로 구성한다. 이러한 법체계는 국가에 "그 자신의 권력에 대해 법적으로 구체화된 일정한 제한을 규정하고 또 집행하는 이중적인 지위"를 부여한다. 이 역설은 재판의 독립성, 법률전문직 조합의 정직성, 그리고 특히 법체계의 경계의 개방성—"집합적 연대, 도덕적 기준, 그리고 실용성"에 대한 호소에 의거하여 "특정 규범을 완전하게 '법률화'하고 그것을 집행하기에 앞서 잠정적으로 합의에 도달할 수 있게 허용하는 것"—에 기초하여 유지될 수 있었다.[25] 여기서 파슨스가 대륙의 변형태와 관련하여 관습법의 발전에 분명한 우위를 두기는 하지만, '입헌주의'—즉 심지어 국가정책에 반해서조차 헌법을 강제집행할 수 있는 것—의 발전은 아주 분명하게 모든 곳에서 근대 사회공동체와 국가의 분화에 구조적으로 관련되어 있었다.[26]

입헌주의와 법의 지배의 결과인 시민권 복합체는 다음의 세 영역에서 시민권의 추가적 발전을 의미한다. (1) 보편적 규범을 구현하는 근대적 권리는 특정 사회의 전통보다 상위를 차지하는 원리 속에 헌법을 정착

---

25) Ibid., 62-64.
26) Ibid., 18-19.

시킨다. (2) 객관적 법에서 주관적 권리로의 이행을 상징하는 근대 시민권은 개인과 집단이 소송을 제기할 수 있는 헌법적 권리를 창출한다. 그 결과 (3) 시민권 복합체는 사회공동체와 국가를 더욱 분화시킬 뿐만 아니라, 규범적 원리와 정치적 행위 모두의 의미에서 후자에 대한 전자의 우위를 확립한다.

최고 수준의 자족성을 지닌 사회체계로서의 '사회'라는 파슨스의 정의는 정치적으로 경계가 설정된 영토적 단위라는 측면에서 보면 분명 일반적으로는 '국민국가'이다.[27] 따라서 비록 규범의 정당성이 근거하고 있는 문화적 가치질서가 자주 어떤 주어진 사회의 경계를 초월하기는 하지만, 사회의 정체성을 규정하는 규범구조는 결코 특수주의라는 차원으로부터 자유롭지 못하다.[28] 일체의 귀속적 특성으로부터 자유로운 성원자격을 지향하는 평등주의적 경향을 지닌 근대 시민권 복합체는 근대 사회의 규범의 토대를 초사회적일 뿐만 아니라 실제로도 보편적인 가치—이것의 첫 번째 형태가 자연권 교의이다—에 두고자 하는 중요한 시도에 뿌리를 두고 있다. 따라서 보편적 원리를 규범적으로 구현하는 헌법적 권리는 정치적으로 특수하게 조직된 사회의 이해관계와 결합되어 있는 국가권력에 그것보다 상위의 어떤 것의 이름으로 제한을 가하는 것을 의미한다. 파슨스의 개념에 따를 때, 민주주의혁명은 사회공동체, 즉 '국민'의 우위에 대한 그 같은 철학적 주장을 실제의 정치적 우위로 전환시키려는 시도였다. 이 논의 속에서 시민권 복합체는 그러한

---

27) Ibid., 8-10. "하나의 사회의 핵심을 이루는 것은…… 주민의 삶을 집합적으로 조직하는 유형화된 규범적 질서이다. ……규범체계의 집행은 본질적으로 특정 영토 내에 실제로 거주하는 사람들에 의해 그리고 그들에 대해 행사되는 제재의…… 관리와 연계되어 있는 것으로 보인다."(Parsons, *Societies Evolutionary and Comparative Perspectives* [Englewood Cliffs, NJ: Prentice-Hall, 1966])
28) "On the Concept of Influence," 418을 보라. 이 글에서 파슨스는 불가피하게 특수주의적일 수밖에 없는 결사체적 토대와 보편성을 지향하는 규범의 준거 간을 구분한다.

우위의 제도화 프로젝트를 상징하는 세 가지 종류의 요소, 즉 시민적-정치적-사회적 권리로 이루어져 있다. 그는 근대 시민권의 '구조적 윤곽'이 비록 아직 완전하게 제도화되지는 않았지만 완성되었다고 본다.[29]

파슨스에서 근대적 의미의 시민권은 국가에서라기보다는 사회공동체에서의 동등한 성원자격 조건을 의미한다.[30] 그것의 시민적 또는 법적 구성요소는 국가와 관련하여 자율적인 형태의 행위들을 보장하는 평등한 권리들, 달리 말해 '소극적 자유'로 이루어져 있다. 법 앞에서의 실제적·절차적 평등과 함께 재산, 표현, 종교, 결사, 집회, 개인의 안전의 권리를 포함하는 권리들은 자연법 전통에서 처음으로 정식화되었으며, 미국의 권리장전뿐만 아니라 프랑스의 『인권선언』에도 정식으로 기술되어 있다. 파슨스의 표현에 따르면, 그러한 권리들은 사적 개인의 주관적 권리로 재정식화된 입헌주의의 원리를 나타낸다. 따라서 그것들의 기능은 사회공동체와 국가의 분화를 안정화하는 것이다.[31]

정치적 권리들은 '자유'라기보다는 오히려 동등한 참여라는 적극적 권리이다. 여기에는 선거권을 통한 대의제 정부에의 간접적 참여와 정책에 영향력을 행사하는 권리 모두가 포함된다. 파슨스가 적어도 자신의 입장을 처음으로 진술하면서 또다시 거기에 언론자유와 집회의 권리를 포함시켰다는 것이 중요하다.[32] 이러한 중복은 참여의 권리가 특히 소극적 권리와 매우 강력하게 연계될 때에는 탈분화라는 결과가 아니라, 새

---

29) Parsons, *The System*, 93.
30) "Full Citizenship for the Negro American?," 253. 시민권 복합체에 관한 그의 전체 분석은 마셜의 연구에 반복적으로 의존하고 있다. T. H. Marshall, *Class, Citizenship and Social Developmen* (New York: Doubleday, 1964). 또한 *The System*, 20-22, 82-83도 보라.
31) Parsons, *The System*, 21. 또한 Luhmann, *Grundrechte*의 여러 곳도 보라.
32) "Full Citizenship for the Negro American?," 260, 그리고 *The System*, 21과 비교해보라.

로운 형태의 통합뿐만 아니라 상호침투를 통해 분화에 간접적으로 기여하는 새로운 매개구조의 출현[33]이라는 결과를 낳는다는 것을 의미한다. 소극적 권리에 의해 이미 확립된 입헌국가를 넘어서 사회공동체의 우위를 확립할 것으로 상정되는 것도 바로 이들 구조이다.

마지막으로, 시민권―파슨스는 이를 '권리'라고 부르지 않는다―의 사회적 구성요소들은 권리를 행사하기 위해 요청되는, 즉 권리의 동등한 이용을 위한 단순한 '형식적' 기회라기보다는 '실제적' 기회를 위해 요청되는 "자원과 역량"으로 이루어진다. 여기서 문제가 되는 것은 "'생계', 의료, 교육의 적정 최저 기준"이다. 비록 여기서 파슨스가 모종의 '조건의 평등'을 언급하기는 하지만, 그의 실제 관심은 '공허한' 형태의 '기회의 평등'에 대비되는 것으로서의 진정한 형태의 '기회의 평등'을 변호하는 것이다. 그가 설득력 있는 방식으로 그렇게 하는지는 이제 우리가 따져봐야 할 문제이다.

파슨스에 따르면, "어떤 의미에서는 시민권의 '사회적' 구성요소가 그것의 세 가지 구성요소 중에서 가장 근본적이다."[34] 그는 어떤 의미에서 시간적으로 가장 늦게 시민권 복합체에 추가된 이 부분이 가장 중요한지에 대해서는 정확히 말하지 않는다. 어쨌든 파슨스는 다른 곳에서 '시민'과 복지 '수혜자'의 권리가 병행하여 발전하지 않는다고 지적한다.[35] 그가 사회적 권리에 대해 말하지 않는다는 사실, 즉 그가 이 부분에서는

---

33) 바로 이 용어의 헤겔적 의미에서 그렇다. "Full Citizenship for the Negro American?," 260을 보라. 우리는 분화된 시민사회를 제도화할 뿐만 아니라 (정치사회를 통해) 국가에 대해 영향력을 행사하기도 하는 것으로 파악되는 이 권리 개념에 동의한다. 그러나 우리는 (단체교섭과 같은) 특정한 종류의 사회적 권리도 경제와 관련하여 이와 동일한 역할을 수행한다고 믿는다.
34) Parsons, *The System*, 83.
35) Parsons, "Polity and Society: Some General Considerations," *Politics and Social Structure*, 507.

정치적 권리와 시민적 권리의 경우에서처럼 시민권 복합체가 다른 부분들과 중첩됨을 지적하지 않는다는 사실은 그가 그 구성요소들이 근본적으로 대칭적이지 않다고 인식하고 있음을 보여준다. 그는 시민권의 사회적 구성요소의 필요성에 대해 설득력 있게 주장한다. 여기서 이론적으로 문제가 되는 것은 본래 이 주장이 사회공동체와 국가의 분화 및 이 분화의 안정화라는 문제복합체에 속하지 않는다는 것뿐이다. 누군가는 사회공동체의 자율성은 그 성원들의 자원과 역량에 달려 있다고 주장할 수도 있지만, 그러한 자원과 역량에 가해지는 위협은 근대 국가뿐만 아니라 근대 자본주의 경제질서로부터도 나온다. 그리고 파슨스가 적어도 하나의 맥락에서는 시민권의 '사회적' 구성요소를 경제와 사회공동체의 분화와 관련하여 언급하기는 하지만,[36] 이 논의는 어느 곳으로도 더 이상 진전되지 않는다. 왜냐하면 파슨스는 근대 경제질서와 관련하여 권리와 참여형태 모두의 기능적 필요성 또는 심지어 그것의 타당성조차 부정하고 싶어 하기 때문이다.[37] 이러한 꺼려함은 그로 하여금 '사회적' 구성요소를 분명하게 수혜자의 역할, 즉 분명 시민권 복합체의 어느 곳에도 속하지 않는 역할과 결부시키게 한다. 더 나아가 이 역할은 실제로 시민권 관념과도 모순된다. 왜냐하면 시민권이란 어떠한 형태의 온정주의와도 양립할 수 없기 때문이다.

파슨스는 전반적으로는 사회공동체가 경제와 국가 모두로부터 분화되는 것에 매우 커다란 관심을 가지고 있다. 그러나 그가 사회공동체 특유의 조직원리에 대해 논의하고 그럼으로써 분화유형을 확립하기는 하지만, 그가 제시하는 매개구조는 오직 사회공동체와 정체 간의 분화만을 안정화시킨다. 우리는 이미 파슨스가 정체의 경우에는 관료제의 원리가

---

36) Parsons, *The System*, 110.
37) 실제로 경제활동에 대한 민주적 참여는 거듭 거부된다. *The System*, 103; "Polity and Society," 500-502를 보라.

그것의 조직형태이고 경제의 경우에는 시장의 원리가 그것의 조직형태인 것처럼, 사회공동체의 경우에는 결사체의 원리가 그것의 조직형태라고 간주한다는 것을 지적했다. 결사체의 심층구조는 성원들의 상호연대와 연계되어 있으며, 이것이 바로 시장과 관료제의 서로 다른 개인주의적 유형들로부터 사회공동체를 구별해주는 것이다. 실제로 시민권 복합체가 상징하는 제3의 개인주의적 유형과 함께, 사회공동체의 연대주의적 차원은 근대성과 전통, 개인주의와 집단주의, 게젤샤프트와 게마인샤프트 사이에서 파슨스가 강조하는 다양한 종합이 이루어지는 비결이다.

파슨스의 개념에서 **결사체**는 그 성원들이 공통의 규범구조와 합의적 관계를 맺고 있다는 의미에서 서로 연대하는 조합체(corporate body)를 의미한다.[38] 파슨스는 일반적으로 위세와 명성에 의해 성립되는 이러한 합의가 결사체의 '정체성'의 원천, 즉 그것이 '우리'가 되게 하는 원천이라고 생각한다. 결사체의 원리는 정체성의 연대주의적 토대뿐만 아니라 집합행위의 상이한 결정 또한 포함한다. 여기서 기본적 결정은 관료제적 원리의 경우에서처럼 조직 그 자체로부터 나오지만 조직에 의해 단순히 적용되기만 하는 것은 아니다. 파슨스에서 모든 조직화된 구조는 결사체적 구성요소들을 지니지만, (근대 기업이나 권위주의적 정부와는 달리) 오직 그러한 요소들이 지배적인 경우에만 그것을 결사체라고 말할 수 있다.[39] 그가 보기에, 현대 조직에서 드러나는 추세는 관료제라기보다는 결사체를 향하고 있다. 그리고 그는 사회공동체에서 시작된 이러한 경향이 정부와 기업들에도 침투한다—비록 이들의 경우(이에 대한 파슨스의 입장은 일관성이 없다)에는 이것이 주요한 구성요소가 되지는

---

[38] Parsons, *The System*, 24-26. 연대와 권력을 적절히 구분하지 못했던 초기에 파슨스가 연대에 대해 내린, 이와 상이한 정의에 대해서는 Talcott Parsons, *Economy and Society* (New York: Free Press, 1956), 49를 보라.

[39] Parsons, "The Political Aspect of Social Structure and Process," 334, 340.

않지만—고 주장한다.

합의가 타당한 논증을 통해서가 아니라 위세와 명성에 호소하는 것을 통해 이루어진다는 것[40]은 결사체가 전적으로 근대적이지는 않다는 것을 말해준다. 실제로 투표에서 결사체의 원리가 일정한 역할을 수행하는 경우와 같은 몇몇 상황에서, 파슨스는 합리적 행위와 대비되는 것으로서의 '전통주의'에 대해 명시적으로 이야기한다.[41] 그렇기는 하지만 그는 현대 사회공동체와 관련해서는 근대 특유의 결사체 유형을 규명하는 데 관심을 가지고 있다. 심지어 투표와 관련해서도 그는 사람들이 결사체 간을 이동할 수 있고 또 복수의 결사체에 소속될 수 있다는 사실이 모든 결사체(가족은 예외일 수도 있다)가 지닌 전통주의적 함의를 부분적으로 상쇄한다고 주장한다.[42] 이러한 특징들이 근대 특유의 결사체의 첫 번째 원리가 수행하는 기능, 즉 **자발성**이다. 이것이 결사의 자유라는 규범적 원리에 기초하여 가입과 탈퇴를 상대적으로 용이하게 해준다. 그것의 두 번째 원리는 성원들의 **평등**으로, 이것은 위계적인 조직형태와 대비되는 것으로서의 수평적인 조직형태를 만들어낸다. 세 번째 원리는 토론을 규제하는 명확한 형식적인 규칙을 제공하고 또한 투표로 결정한다는 의미에서의 **절차주의**이다. 토론과 심의라는 틀이 설득을 통한 합의형성의 장소로 이해되기 때문에, 이들 세 가지 원리는 자유, 평등, 연대라는 위대한 근대의 3요소를 결사체 모델에 적용한 것으로 볼 수 있다.

또다시 이 모델의 근대성은 '합의,' '설득,' '연대', '영향력'이라는 용어의 해석에 있다. 뒤르켐 연구자인 파슨스는 전통적 연대와 근대적 연대의 차이를 확실하게 인식하고 있다. 합의를 통해 성취되는 연대는 어

---

40) Ibid., 336.
41) Parsons, "'Voting' and the Equilibrium of the American Political System," *Politics and Social Structure*, 214, 217-218.
42) Ibid., 220.

떤 맥락에서는 자발적 결사체의 이상형과 본질적으로 동일시된다.[43] 그러나 파슨스는 또한 또 다른 게마인샤프적 유형의 연대, 즉 '공통의 소속감'에 기초한 "널리 확산된 상호연대 관계"가 지닌 중요성을 지적한다.[44] 따라서 이 두 가지 모델은 (1) 개인들이 자유롭게 결사체에 참여하여 토론과 심의를 통해 연대를 달성하는 모델과 (2) 개인들이 문제제기나 주제화가 허용되지 않는, 기존의 널리 확산되어 있는 연대에 기초하여 합의를 창출하는 모델로 보인다. 불행하게도 영향력이라는 핵심 개념은 첫 번째 모델을 두 번째 모델 속으로 침잠시키는 경향이 있으며, 따라서 두 모델은 거의 바꿔 쓸 수 있는 영향력 행사의 토대로 취급된다.

영향력 개념은 파슨스의 사회공동체 분화이론에서 주요한 구조적 역할을 한다. 돈, 권력, 가치헌신과 함께 영향력은 네 가지 일반화된 상징적 교환매체 중 하나이다. 이들 매체는 서로 간의 교환뿐만 아니라 내적 관계까지를 규제하는 네 가지 하위체계에서 직접적 협상 또는 '교환' 관계를 대신한다.[45] 파슨스는 니클라스 루만보다는 매체가 규제하는 형태의 행위의 역사적 진화과정에 덜 집착하지만, 그의 이론 역시 매체의 진정한 중요성은 그러한 매체들이 그것의 구성에 일조하는 분화된 근대사회에서 출현한다고 시사한다. 하지만 하나의 매체로서 영향력이 지닌 근대성과 관련하여, 그의 사상 속에는 결말이 나지 않은 세 가지 경향이 존재한다. 첫째, 돈와 권력의 유비(類比), 그리고 영향력이 이들 매체와 전적으로 교환 가능하다는 관념은 근대의 통합원리를 말해준다. 이 통합원리는 의사소통을 부호의 생산과 수용으로 축소하고, 또 행위를 "행위자가 알지 못하는 사이에" 확립된 상호관계에 적응하는 것으로 축소

---

43) Parsons, "Polity and Society," 503.
44) Parsons, "On the Concept of Influence," 416, 418.
45) Parsons, *The System*, 14, 27. 또한 『정치와 사회구조』(*Politics and Social Structure*)에 실려 있는 권력, 영향력, 가치헌신을 다룬 세 편의 글도 보라.

한다. 이 개념은 사회공동체의 조직원리와 경제 및 정체의 조직원리 간의 차이를 분명하게 구분하지 못하며, 연대를 통한 통합을 통제의 한 형태로 다룬다.[46] 둘째, 영향력은 "설득을 통해 작동해야만 하며, ……그러한 설득 속에서 그 설득 대상자들은 영향력 행사자가 제안하는 대로 결정하는 것이 양자가 연대하고 있는 하나의 집합적 체계를 위해 행위하는 것이라는 점을 확신해야만 한다"는 주장[47]은 명백히 근대적이지만 원칙적으로 돈과 권력과는 크게 다른 하나의 모델을 제기한다. 이 모델들의 차이는 돈이나 권력이 행위자들의 상황을 바꾸는 것을 통해 작동하는 반면, (가치헌신과 함께) 영향력은 어떤 사람의 의도가 다른 사람의 의도에 영향을 미침으로써 작동한다는 관념에서 분명하게 드러난다.[48] 끝으로, 파슨스가 '일반화된 설득매체'로서의 영향력이 실제로 어떻게 작동하는지에 관해 결론을 내리지는 못하지만,[49] 그가 강조하는 것은 분명 영향력 있는 개인들의 논증이 갖는 '실제적' 타당성이 아니라 바로 그들이 가진 명성과 위세이다. 여기서 누군가가 당면 쟁점과 관련된 개인의 명성의 궁극적 토대가 논증의 측면에서 도전받을 수 있을 뿐

---

46) 이러한 견해를 가장 분명하게 드러내고 있는 Parsons, *Economy and Society*, 49를 보라.
47) Parsons, *The System*, 14.
48) Parsons, "On the Concept of Influence," 410; "On the Concept of Value-Commitment," 363.
49) '본질적 설득자'—즉 타자의 이해관계가 어디에 존재하는지를 결정할 수 있는 정보—를 최종적으로 언급하는 것으로 그것을 뒷받침할 수 있는가? ("On the Concept of Influence," 416을 보라.) 후일 거부되는 이 관념(422-423쪽)은 또다시 영향력 모델을 객관화할 수 있는 이해관계와 그와 관련된 제재라는 틀 속에서 작동하는 돈과 권력 모델에 가까이 가게 만들 수도 있다. '자신'과 '타자' 모두에게 구속력을 행사하는 것으로 간주되는 규범과 관련하여 정당화할 수 있다는 것이 그것을 뒷받침할 수 있는가?(417쪽) 그게 아니면 궁극적 준거점이라는 것은 게마인샤프트적 연대에 뿌리박고 있는 영향력 있는 사람들의 명성과 위세를 말하는 것인가?

만 아니라 방어될 수도 있어야만 한다는 것을 파슨스보다 더 일관성 있게 구체화하지 않는다면, 이 모델은 전통적인 행위통합 모델 속으로 쉽게 빠지게 된다. 이러한 관념이 파슨스에게 존재하기는 하지만,[50] 그것은 또 다른 관념, 즉 한 사람이 다른 사람에게 영향력을 행사할 수 있는 능력이 널리 확산된 게마인샤프트적 유형의 연대를 배경으로 하고 있다는 관념과 양립할 수 없다.

물론 파슨스는 자신이 근대 사회공동체를 자신의 결사체와 영향력이라는 범주와 관련하여 국가 및 경제와 구분하는 데 성공하고 있다고 전적으로 가정한다. 따라서 그는 헤겔과 마찬가지로 적절한 매개체를 주제화하는 문제에 직면한다. 사회공동체-국가의 축에서 그 매개체들은 다원주의적 전통이 헤겔과 토크빌로부터 물려받은 고전적 매개체들——즉 사회가 국가행정에 영향력을 행사하는 통로인 공중, 로비집단, 정당, 입법부——의 모습으로 등장한다.[51] 파슨스에 따르면, 그것들의 효과적 작동은 그가 "게마인샤프트적 사회가 갖는 몇몇 특징들의 기능적 등가물"이라고 선언한 매스커뮤니케이션 체계를 전제로 한다. 하지만 이로 인해 모든 것들이 또다시 그의 영향력 이론을 특징짓는 모호함 속에 빠지게 된다. 그는 이러한 논의 내내 사회적 유권자들은 정치체계에서 돈과 권력에 의해 완전히 왜곡되지는 않는 방식으로 사안별로 의사소통하고, '공적 지지'와 '공적 영향력' 간에는 균형적인 교환관계가 존재한다고 전제한다.

사회공동체와 경제의 구분 문제에 대한 파슨스의 탐구가 만족스럽지 못하기 때문에, 그의 이론이 헤겔의 이론과는 달리 이 맥락에서도 역시

---

50) Parsons, "The Political Aspect of Social Structure and Process," 335-336.
51) Parsons, "Full Citizenship for the Negro American?," 260; "'Voting' and the Equilibrium of the American Political System," 208-209; "The Political Aspect of Social Structure and Process," 339.

일련의 매개체들을 필요로 한다는 것을 그가 깨닫지 못한다는 사실은 놀랄 만한 일이 아니다.[52] 그러한 매개체들은 다양한 글들에서 제한적으로 등장한다. 이를테면 우리는 결사체적 추세 또한 전문협회나 신탁위원회의 형태로 경제에 침투한다고 배운다. 하지만 우리는 또한 근대 기업의 경우에서 이사회가 관료제적 관리에 순응하는 데서도 결사체의 성원들(주주들)이 수동적인 역할을 수행한다는 것을 발견한다.[53] 노동자에 관한 한, 파슨스는 어떠한 민주적 경영참여 모델도 거부한다.[54] 그리고 그는 노동조합을 가족과 일터의 사이에 위치시키면서, 그 역할을 노동계급의 경제적 지위를 개선하는 것에 한정시킨다.[55]

사회공동체와 경제의 관계에 관한 파슨스의 논의는 현존 자본주의의 관행을 규범적 수준으로, 또는 적어도 기능적 필요성의 수준으로 끌어올린다. 하지만 전체로서의 사회공동체에 대한 그의 이론은 자본주의적 경제주의와 사회주의적 국가주의로 묘사할 수도 있는 대안들을 넘어서는 하나의 모델을 의식적으로 (비록 성공하지는 못했지만) 겨냥한다. 이 이론의 놀라운 부분은 그러한 탈자본주의적이자 탈사회주의적 모델이 사회-정치적 프로젝트의 반사실적인 규범적 구성물일 뿐만이 아니라 현대 미국 사회에서 아직 완전하게는 아니지만 이미 실현되고 있다는 주장이다. 다시 한 번 더 합리적인 것은 실재하는 것이고, 실재하는 것은

---

52) 파슨스가 그의 체계의 건축학에 기대어 경제를 공중에 의해 대표되는 사회공동체보다는 가계에 의해 대표되는 '잠재성' 하위체계와 연결시킬 때, 그는 이 문제를 착각하여 회피한다. (다른 곳에서는 결사체의 전형적 형태로 간주되는 가족이 사회공동체의 일부가 아닌 것은 무슨 까닭인가?) 물론 경제에 대해 전적으로 개인주의적으로 접근하는 것은 이상적인 자유방임적 시장의 한 가지 경향이지만, 그가 다른 곳에서 끌어들이는 노동조합, 협동조합, 전문협회는 그러한 경향에 반하는 것이다.
53) Parsons, "The Political Aspect of Social Structure and Process," 340.
54) Parsons, *Politics and Social Structure*, 500ff., 512.
55) Parsons, *The System*, 109-111.

합리적인 것이다.

> 그 어떤 다른 단일 요소보다도 미국의 새로운 사회공동체 유형이 우리가 미국을 최후의 근대화 단계의 선두주자로 임명하는 것을 정당화한다. 우리는 미국이 사회주의가 강조하는 기회의 평등을 높은 수준에서 종합하고 있다고 주장해왔다. 미국은 시장체계, 정부로부터 상대적으로 독립적인 강력한 법적 질서, 그리고 특정 종교적·인종적 통제로부터 해방된 '국민국가'를 전제로 한다. ……무엇보다도 미국 사회는 예전의 귀속적 불평등의 해체와 기본적으로 평등주의적인 유형의 제도화라는 점에서 어떤 비교 가능한 대규모 사회보다도 훨씬 앞서 왔다. ……미국 사회는…… 이전의 어떤 사회보다도 훨씬 더 광범위한 자유를 제도화시켜왔다.[56]

파슨스가 보기에, 미국은 '결사체적 형태'를 강조하는 교육혁명의 진정한 고향일 뿐만 아니라 민주주의혁명과 산업혁명의 결과들을 가장 성공적으로 종합한 나라이다. 대의제 정부와 연방주의라는 미국 모델은 가장 높은 수준의 국가와 사회공동체의 분화를 낳는다. 이것이 사실인 까닭은 미국이 귀속적·정치적 성원자격 규정으로부터 가장 자유로운 사회이고, (훨씬 덜 그럴듯하지만) 모든 수준에서 참여에 대한 사회적 제약을 가장 덜 받는 정치체계를 가지고 있기 때문이다. 대의제 정부는 모든 사회성원을 자신의 진정한 유권자로 만들지만, 권력분립은 광범위한 행위의 자유를 지닌 진정한 정치체계를 제공한다. 파슨스에 따르면, 전국적인 그리고 연방수준의 대의제 구조가 국가와 사회공동체를 적절히 매개한다.

파슨스가 사회공동체와 경제에 관해서도 유사한 정도의 분화를 주장

---

56) Ibid., 114.

할 수는 없다(그러나 그의 규범적 개념과의 불일치를 감안할 때, 그는 그러한 주장을 덜 강요받는다). 그는 미국에서 "시민권의 사회적 구성요소"가 유럽의 복지국가들에 비해 뒤지기 때문에[57] 시장경제적 합리성이 사회적 삶에 보다 큰 권력을 행사한다는 점을 인정하는 것으로 보인다. 그럼에도 불구하고 그는 미국 사회가 또한 자본주의와 사회주의―그는 이 둘을 기본적으로 경제에 대한 정부통제의 부재 대 전면적인 정부통제와 관련하여 정의한다―라는 시대에 뒤진 실패한 대안들을 넘어섰다고 주장한다.[58] 공정하게 말하면, 파슨스의 분석은 자본주의도 그리고 사회주의도 "적절한 사회공동체 개념 및 그것의 연대를 유지하는 데 필요한 조건 속에" 근거하고 있지 못하다고 암시하는 견해를 포함하고 있다. 하지만 그는 미국을 탈자본주의적이자 탈사회주의적인 사회로 묘사하면서, 주로 거기에 혼합경제가 출현한 것에 초점을 맞추고 있다. 그리고 그는 분명 근대의 개입주의적 복지국가 또한 사회연대를 위협하고 제거할 수 있다는 것을 인식하지 못하고 있다. 적어도 이 맥락에서 파슨스는 어쩌면 시장경제의 한계 내에서 국가규제와 재분배를 통해 자본주의의 역기능적 결과를 극복하는 것이 경제에 대한 사회적 통제를 확립하는 것이라고 생각했을지도 모른다. 그리고 그는 어쩌면 그러한 통제가 국가를 보다 직접적인 형태로 통제하는 대의제적 정부라는 이차적 매개체를 통해 작동한다고 보고 있을 수도 있다. 하지만 이러한 두 가지 형태의 통제가 비대칭적이라는 것은 분명하다. 사회통제와 국가규제를 어떤 식으로든 동일시하는 것은 파슨스가 이들 영역의 분화를 강조하는 것에 전적으로 위배된다. 게다가 대의제적 정부를 사회통제 매체로 보는 관념은 파슨스 자신이 정치체계의 내적 분화에 관해 묘사했던 것과 그

---

57) Ibid., 93.
58) Ibid., 97, 106-107.

가 엘리트를 실제 통치 메커니즘을 제공하는 존재로 강조했던 것을 부당한 방식으로 우회하는 것일 수도 있다.

공정하게 말하면, 파슨스는 또한 특정한 구조적 위치, 즉 그 위치에서 볼 때 국가와 경제 모두를 유사하게 통제할 수 있다고 생각할 수도 있는 구조적 위치가 존재한다고 확신하다. 그는 미국 사회를 결사체주의(associationism)의 원리에 가장 적절한 지형으로 이해한다. 그리고 그는 결사체주의를 어떠한 사회통제로부터도 자유로운 근대 경제와 근대 국가 각각을 상징하는 자본주의와 국가주의 모두에 대한 대안으로 제시한다. 파슨스는 토크빌에서 시작된 분석노선을 유지하면서, 다원주의적 형태의 결사체의 중요성을 미국 역사 속에 깊이 심어놓는다. 미국의 프로테스탄티즘 조직은 다원주의와 결사체주의 모두——후자는 많은 교회조직의 내적 구조에 의해, 그리고 전자는 복수의 종파와 상대적으로 긴 관용의 역사에 의해——를 촉진해왔다. 그러나 세속적인 경향도 이러한 추세에 크게 기여했다. 특히 미국은 예외적으로 긴 자발적 결사체의 역사를 지니고 있다. 그리고 그 후의 일이지만 훨씬 더 중요한 것이 바로 포함(inclusion)의 경향이다. 미국 사회는 일련의 모든 인종집단을 받아들였다. 그뿐 아니라 이들 인종집단은 자신들의 개별적 정체성을 보존할 수 있었다. 파슨스가 쓴 가장 뛰어난 글 가운데 하나에서 다룬 주제이기도 한 미국 흑인들의 민권투쟁은 그에게 기존 미국 역사의 규범적·조직적 경향이 바로 그 위대한 정점에 도달했다는 것을 의미했다.[59]

바로 이 맥락에서 파슨스는 현대 사회의 운동이 반드시 근본주의를 수

---

[59] Parsons, "Full Citizenship for the Negro American?," 285-288을 보라. 적어도 이 맥락에서 파슨스는 현대 사회의 운동형태가 반드시 근본주의적이기만 한 것이 아니라 특수한 정체성들을 형성할 수 있는 방식으로 보편주의적인 규범적 잠재력(여기서는 민주주의혁명의 전제)을 실현하고자 하는 것일 수도 있다는 점을 인정한다.

반하는 것이 아니라 보편주의적인 규범적 잠재력(여기서는 민주주의혁명의 전제)을 특수한 정체성을 창출하고 유지할 수 있는 방식으로 실현할 수 있다는 점을 인정한다. 하지만 불행하게도 그는 결사체주의가 이러한 유형을 따르는 새로운 운동들에 의해서가 아니라 이른바 교육혁명과 그것이 낳은 것으로 가정되는 대학이라는 유형의 조직이 지닌 사회적 함의를 통해서만 일반화될 수 있을 것으로 기대하는 것처럼 보인다. 하지만 파슨스는 어떻게 대학이라는 결사체 형태가 사회의 나머지 조직의 관료제적 구조를 변화시킬 수 있는지 또는 어떻게 그러한 형태가 경제적 부와 정치권력의 침투에 맞서 보호될 수 있는지를 설명하지 않았다. 파슨스가 분명 당시의 대학을 잘 알고 있었음에도 불구하고 이 문제를 다루지 않은 한 가지 이유는, 그가 그 문제를 이른바 근본주의의 요구와 동일시했기 때문이다. 이를테면 그는 신좌파와 학생운동이 대학의 민주주의(그리고 결사의 권리)는 물론 경제제도와 정치제도와 관련한 자율성과 분화 역시 요구했다는 점을 도외시한 채 오직 신좌파와 학생운동의 근본주의적·공동체주의적 측면만을 바라볼 것을 역설했다. 그는 교조적으로 이들 운동을 거부함으로써 많은 점에서 그 자신과 연속선상에 있는 중요한 담론들을 자신에게서 차단시켰다.[60]

이 문제가 중요한 까닭은 파슨스가 19세기 미국의 소도시—토크빌조차도 이를 일정 정도 격세유전적이라고 보았다—를 기반으로 한 '결사체주의'가 오늘날 방어될 수 없다는 것을 전적으로 인식하고 있었기 때문이다.[61] 그러나 적절한 근대적 대안을 제시하고자 했던 그의 다양한

---

60) 이 맥락에서 알몬드와 버바는 파슨스보다 더 나아가지만, 충분히 멀리 나아가지는 않는다. G. Almond and S. Verba, *The Civic Culture* (Boston: Little Brown, 1965)를 보라. 파시즘적·공산주의적 대중운동의 경험이 모든 전후 다원주의자 세대를 틀 짓고 있다는 것은 분명하다.
61) Parsons, "The Distribution of Power in American Society," *Politics and Social Structure*를 보라.

시도는 모두 실패한다. 왜냐하면 그는 현대 제도들의 부정적 잠재력을 결코 설명하지 않기 때문이다. 파슨스가 엘리트민주주의 이론을 넘어서서 대의제적 제도 속에 내재하는 사회통제 요소를 지적한 것은 옳지만, 그가 대의제적 제도의 과두정치적 경향을 간과하고, 현존 정치 엘리트를 "민주주의가 긴급히 필요로 하는" "귀족정치의 기능적 등가물"이라고 정형화한 것은 잘못이다.[62] 파슨스가 미국 사회의 다원주의적 전통이 지닌 중요한 규범적 함의를 역설한 것은 옳지만, 그가 현존 다원주의적 관행 속에 내장된 특정한 선택성과 비대칭성을 무시한 것은 순진한 짓이자 잘못이다.[63] 마지막으로 파슨스가 대중사회 테제를 진지하게 받아들이지 않은 것뿐만 아니라 "결사체적 활동 및 관계"와 함께 "친족관계와 교우관계"의 지속적 중요성을 역설한 것은 옳지만,[64] 그가 이것이 또 다른 구분, 즉 '공중문화'와 '대중문화' 구분의 근거를 제거한다고 생각한 것은 잘못이다. 실제로 대중문화와 대중매체에 관한 그의 견해는 이 구분과 일치할 수도 있는 두 가지 경향, 즉 조작이라는 한 가지 경향과 민주적 의사소통이라는 또 다른 경향의 존재와 관련된 통찰을 발전시키는 데 토대를 제공했을 수도 있다.[65] 그러나 그 대신에 그는 과도한 집중화, 조작, 문화적 기준의 하락, 정치적 무관심을 근대 대중매체가 유발한 결과일 수 있다고 지적하고 나서, 이러한 경향과 미국 사회와의 관련성을 기각하거나 또는 적어도 그 중요성을 크게 깎아내린다! 그리고 그는 매스커뮤니케이션 체계를 일종의 시장으로 제시하고 나서는,[66] 이 체계가 "게마인샤프트적 사회가 갖는 몇몇 특징들의 기능적 등가물"을 상징

---

62) Parsons, *The System*, 102.
63) Parsons, "The Distribution of Power"를 보라.
64) Ibid., 198; "The Mass Media and the Structure of American Society," *Politics and Social Structure*, 251.
65) Parsons, "The Mass Media," 248-250.
66) Ibid., 244.

한다고 앞뒤가 맞지 않는 선언을 한다.[67]

파슨스가 자신의 결사체 이론을 근대 특유의 경향들에 근거하게 하는 데 따르는 어려움을 감안할 때, 그가 게마인샤프트의 기능적 등가물을 찾아나서는 것은 놀랄 만한 일이 아니다. 하지만 이 맥락에서 그가 대중매체를 선택한 것은 무언으로 실패를 시인하는 것이나 매한가지일 뿐이다. 파슨스의 이론에서 이러한 암묵적 실패는 그가 당시의 미국 사회의 통합문제를 주제화하는 것에서도 드러난다. 그는 이 문제가 해결된다면 근대 세계 자체를 완성하게 될 것이라고 보았다. 실제로 우리는 그가 사회공동체의 분화와 그것의 결사체적 조직형태가 어떤 점에서는 불완전하다는 것을 인정하지 않는다는 점을 지적해야만 한다. 또한 그는 근대 사회의 문화적 가치가 어떤 의미에서는 결함을 가지고 있거나 모순적일 수 있다는 점도 인정하지 않는다. 오히려 그의 테제는 성공적인 분화와 재조직화가 통합의 간극 또는 지체—그 당시까지 성공적으로 처리하지 못했던—를 낳았던 까닭은 충분히 높은 수준의 동기, 정당성, 연대를 창출할 수 있는 규범이 적절하게 제도화되지 못했기 때문이라는 것이다. 그 결과 사회공동체는 돈과 권력의 통제를 통해 다루어질 수 없는 미래 갈등의 '폭풍의 중심'이다. 다른 한편 참여와 공동체를 요구하는 새로운 운동—근본주의적인 입장에서는 전적으로 통합을 압박하는 표시로 간주하는—은 오직 대규모의 탈분화와 퇴행을 대가로 해서만 해결책을 제시할 수 있다. 이들 두 극단 사이에서 파슨스 자신이 어떤 방향에서 해결책을 모색했는지는 여전히 매우 불분명한 채로 남아 있다.

이론적으로 볼 때, 파슨스의 이론은 그로 하여금 오직 새로운 형태의 영향력이 발생하는 것만이 특정한 규범적 합의, 구체적으로는 사회공동체(연대)를 통합하는 것은 물론 사회공동체와 국가(정당성) 및 경제

---

67) Parsons, *The System*, 117.

(동기)와의 교환을 규제할 수 있는 상징적 자원을 제공할 수 있는 규범적 합의를 이룰 수 있을 것이라는 견해에 집착하게 한다. 불행하게도 그의 영향력 이론이 불명확하기 때문에, 그 이론으로부터 사회통합 문제를 해결할 수 있는 방법을 이끌어내기란 어렵다. 이를테면 영향력을 돈 및 권력과 같은 성질의 것으로 해석하는 경우, 그 해결책은 (추정컨대) 대중매체를 통해 영향력의 원천과 영향력 행사조건을 계획하고 조작하는 기술관료제적인 것이 된다. 이와는 달리 영향력이 전통적 연대와 결부된 위세와 명성에 근거하고 있는 것으로 해석할 경우, 그 해결책은 문제제기와 비판을 막는 권위주의적인 그리고 어쩌면 규범의 종교적 토대를 복원하고자 하는 신보수주의적 선택지가 되고 만다. 마지막으로, 영향력을 합리적 논증의 측면에서 '설득의 본질적 수단'으로 이해할 경우, 그 해결책은 민주적 대안으로 귀결된다. 하지만 민주화가 열려 있는 과정—사회운동이 이 과정의 일부를 이끌어간다—으로 지속되지 않는 한, 이 민주적 대안은 실현될 가능성이 거의 존재하지 않으며, 파슨스는 이러한 가능성을 명시적으로 거부했다. 실제로 파슨스는 이 모든 상이한 선택지가 근대 사회가 물려받은 모순적 현실의 가치복합체의 하나 또는 다른 하나와 양립할 수 있다는 점 또는 이들 선택지의 상이한 제도화 형태들이 불가피한 조직변화를 전제로 한다는 점을 인식하지 못하는 것으로 보인다. 무엇보다도 그는 이 선택지들이 근대 사회공동체 또는 시민사회의 세 가지 대안적 형태의 프로젝트들—사회적 행위자들은 실제로 그것들 중에서 하나를 선택할 수도 있다—을 함의하고 있다는 것을 깨닫지 못한다. 사람들은 파슨스가 이들 대안 사이에서 결코 결단을 내리지 못하고, 그것들 모두를 인정하거나, 또는 더 정확히 말하면 각각의 중요성이 불분명한 상태에서 그것들을 조합한 것은 아닌가 하고 의심한다. 따라서 그는 그의 이론 속에 존재하는 민주적 요소들은 이미 불가능해진 전통적 시민사회 모델 또는 부자유 계보의 정점에 있는 기술관료제

적 모델을 정당화하기 위한 단지 하나의 겉치레에 불과할 뿐이라는 반박을 받을 수도 있다.

하지만 실제로 상황은 역전되었을 수도 있다. 어쩌면 파슨스 사상 속의 전통적·변호적 요소들이 근대 사회에서 시민사회가 차지하는 중대한 지위에 대한 그의 진정한 통찰을 방해할 수도 있다. 이러한 독해는 그가 발표한 마지막 두 편의 글에서 암시된다.[68] 그 글들에서 파슨스는 시민사회 개념에 대한 자신의 재구성이 종점에 도달한 것이 아니며, 따라서 더욱 발전할 수도 있었음을 증명했다. 하지만 그것은 체계의 구성이 아니라 내재적 비판, 즉 웅거의 중요한 저작『근대 사회에서의 법』을 비판하는 맥락에서 이루어진 것이었다. 웅거는 연대와 상호인정이라는 위험에 처한 가치들의 관점에서 법의 형식주의적인 시장지향적 구조와 실체론적인 국가개입주의적 구조를 비판한다. 그는 종래의 자유자본주의와 현대 복지국가 자본주의 모델들에 맞서, 대면적 관계에 기초하는 도덕성과 실제적 정의(正義)를 결합시킨 제3의 공동체주의적 형태의 조직을 정당화하고자 한다. 하지만 웅거는 원시주의(primitivism)라는 비난으로부터 자신의 모델을 구할 수 없다. 그는 복지국가가 어떤 의미에서는 이전의 관료제적 형태의 법으로 되돌아갔지만, 그 자신의 대안 또한 관습법으로 되돌아감으로써 역사적 순환을 완성한다는 것을 인정한다. 그러한 움직임이 순환적이 아니라 나선형적이라고 칭하는 것이 그 난점을 조금이나마 해소해주지는 않는다.

사회공동체의 전통적 조직화에 대한 그 자신의 모호한 태도에도 불구하고, 파슨스는 공동체주의와는 결코 어떠한 관계도 맺지 않으려고 한

---

68) Talcott Parsons, "Law as an Intellectual Stepchild," *Sociological Inquiry* 47, nos. 3-4 (1977):11-57. 또한 *Law and Society Review* 12, no. 1 (Fall 1978): 145-149에 실려 있는 웅거의『근대 사회에서의 법』에 대한 그의 논평을 보라. R. M. Unger, *Law in Modern Society* (New York:Free Press, 1976).

다. 그는 이 공동체주의를 사회통합 차원의 절대화(그는 매우 오해를 불러일으키는 방식으로 '법의 절대주의'에 관해 이야기한다)와 동일시한다.[69] 그러나 파슨스는 형식적 법(그리하여 자유자본주의)과 실제적 또는 합목적적 법(그리하여 복지국가)에 대한 비판을 제3의 선택지의 윤곽이 가시화되는 지점까지 밀고 나가는 웅거의 도전을 기꺼이 받아들인다. 비록 그가 지적하지는 않았지만, 우리는 파슨스가 비판한 두 가지 선택지가 그의 초기 저작에서처럼 자유자본주의와 사회주의—복지국가는 이것들의 최종적 종합을 상징한다—가 아니라는 점을 지적해야만 한다. 파슨스는 아무런 언급 없이 비판은 현재의 모든 구성체를 넘어서는 것을 목표로 해야만 한다는 전제를 웅거의 비판이론으로부터 받아들였다.[70] 규범과 결사체에 의거하고 경제와 정체 모두와 대치하는 사회공동체로서의 시민사회라는 그 자신의 개념의 관점에서 볼 때 결정적인 점[71]은, 파슨스가 거기서 역사적으로 시대에 뒤진 법과 사회의 구조로

---

69) 파슨스는 자신의 체계구축 관점에 입각하여 근대 법에 대한 우리의 이해(그리고 어쩌면 근대 법의 생존)를 위협하는 네 가지 '절대주의'—마르크스와 프리드먼의 경제적 절대주의, 베버의 정치적 절대주의, 벨라의 도덕적 절대주의 그리고 웅거의 법적 절대주의—를 규명한다. 그의 분류체계의 내에서 그리고 웅거의 공동체주의적 가정과 관련하여 볼 때, 마지막 사례는 사회통합 차원의 절대화라고 말하는 것이 더 나았을지도 모른다. 왜냐하면 그것은 다시 탈분화, 사회공동체의 전통화, 근대적 의미에서의 법의 소멸로 이어질 수도 있기 때문이다. "Law as an Intellectual Stepchild," 13-15, 16, 26, 31, 33, 44를 보라. 정치적 절대주의 및 경제적 절대주의와 관련된 테제들이 생활세계의 식민화라는 하버마스의 개념을 예기한다면, 도덕적 절대주의와 법적 절대주의와 관련된 테제들은 민주적 근본주의에 대한 우리의 비판을 예기한다(제8장을 보라).
70) 이를테면 그가 웅거가 탈자유주의적 사회에서 법적 자율성이 직면하게 될 어려움을 과장하고 있다고 주장할 때, 그는 실제로 바로 그러한 가능성에 대해 이의를 제기한다(ibid., 40ff.).
71) 파슨스는 국가와 사회라는 이분법적 입장이 웅거에게 법의 경제적·정치적 환원 모두를 비판할 수 있는 발판을 제공하지 않으며 웅거로 하여금 근대성에 맞서 사회의 전통적 요소들을 강조하게 한다는 점을 분명하게 지적하지 않은 채, 웅거가

완전히 되돌아가는 것을 피할 수 있는 용어들을 사용하여 시장과 국가에 대한 양면적 비판을 정식화할 수 있다는 것이다.

파슨스는 법의 탈형식화(재실체화)의 실제적 유형과 절차적 유형을 구분하는 웅거 속에서 아르키메데스 점(Archimedean point)을 발견한다. 실제적 법은 특정 이해관계에 이익이 되는 구체적인 사회적 결과를 발생시키는 것을 목적으로 하는 개입을 포함한다. 하지만 절차적 법('거대한 중재적·매개적 범주')은 협상 상대자들을 평등화하여, 주의 깊게 결정된 절차 하에서 그들의 협상이 수단 및 목적과 관련하여 동의에 도달하게 하는 것만을 목적으로 한다. 수많은 복지국가 옹호자(이를테면 마셜)와 마찬가지로 웅거 또한 실제적 법을 선호한다. 그는 절차적 법이 여전히 형식적 법의 전통 내에 있다고 본다. 왜냐하면 그것이 '메타' 수준의 절차에 입각하여 법의 일반성의 원리를 유지하려고 하기 때문이다. 물론 파슨스가 보기에, 주권자의 권력수단이기보다는 주권자의 권력을 제한하는 것으로서의 법의 지위를 보존하는 이 연속적 요소는 매력적이다. 사회공동체와 정체의 분화는 이것에 의존한다. 게다가 절차적 법은 계약법에 내재하는 가능성—즉 법이 국가가 아닌 사회적 실체에 의해 만들어질 수도 있다는 것—을 보존한다. 이 문제는 법실증주의에 의해서도, 그리고 웅거에 의해서도 인식되지 못했던 것이다.

마찬가지로 중요한 점이 파슨스가 절차적 법과 (관료제와 시장 모두에 대립되는 것으로서의) 결사체주의라는 그 자신의 개념 간의 연계관계를 밝혔다는 것이다. 하지만 그는 여기서 훨씬 더 나아가서, 법원과 의회에서부터 선거와 자발적 결사체에 이르기까지 절차의 지배를 받는 모든 제도를 절차적 법의 영역과 동일시한다. 이러한 방식으로 파슨스는 웅거가 법의 공적·긍정적 특징에 대한 하나의 위협으로 보는 조합주의

이분법적 개념만을 사용하고 있다고 한탄한다(ibid., 37).

까지도 사회의 독자적인 법률형성의 한 가지 사례로 재조명한다. 따라서 그는 자율적인 법의 해체조짐으로 상정되는 것으로부터도 본질적 연속성의 증거를 끌어낸다. 처음에는 전도유망했던 이 분석이 그처럼 맥 빠진 결과를 내놓는다는 것은 유감스러운 일이다.

무엇이 문제인가? 첫째, 파슨스는 절차와 절차적 법을 혼동함으로써 절차적 법과 결사체 간의 연계관계에 대한 그 자신의 중요한 논점을 손상시킨다. 비민주적·위계적 제도들을 포함하여 모든 방식의 제도는 절차에 의해 규제될 수 있지만, 웅거의 도발적인 정의에서 절차적 법은 실제로 성찰적일 뿐만 아니라 여타 절차들을 자신의 대상으로 하는 (평등화의) 절차들을 다룬다. 따라서 웅거도 그리고 파슨스도 쉽게 이해할 수 없는 한 가지 예를 들어보자. 조합주의적 교섭에 참여하는 결사체들이 절차에 의해 규제될 수 있고 또 일반적으로 규제되지만, 절차적 법은 이들 절차가 내부 민주주의와 개인 및 소수집단의 보호를 산출하는 것을 목표로 할 수도 있다. 다른 한편으로는 제한된 수의 결사체들 간의 은밀한 거래가 일정한 절차 하에서 이루어질 수도 있겠지만, 절차적 법은 이 과정을 다른 이해당사자들에게 공개하고 노출시키고자 노력할 수도 있다. 따라서 절차적 법은 파슨스가 주장하는 것처럼 단지 결사체들의 존재를 반영하기만 하는 것이 아니라, 결사체들의 상호관계는 물론 그들의 내적 활동을 민주화하는 것을 목적으로 한다.

파슨스가 분석적 오류를 범한 데에는 두 가지 이유가 있다. 첫째, 그는 절차적 법을 "개인이든 또는 집단이든 간에 모든 '당사자들'이 '참가하여' 하나의 규범적 질서 하에서 각자의 이해관계를 서로 조정하게 만들 수 있는 협력적…… 틀"과 동일시한다.[72] 이 정의는 절차적 법이 의미하는 바의 오직 절반만을 포착한다. 왜냐하면 그것은 절차를 절차의 지배

---

72) Ibid., 42.

가 아니라 더 이상 정의되지 않는 보다 상위의 규범적 질서의 지배 하에 놓아버리기 때문이다. 만약 그 규범적 질서가 법적 규범이라면, 그때의 정의는 그 규범이 수반하는 (형식적, 절차적 또는 실제적인) 법 유형과 관련된 질문을 회피하는 것일 수도 있다. 그러나 우리는 파슨스가 염두에 두는 것이 결코 법이 아니라 사회의 보다 상위의 규범적 (종교적-도덕적) 질서라고 생각할 만한 충분한 근거를 가지고 있다. 따라서 파슨스는 메타수준에서는 분명 절차 자체와 절차를 만들어내거나 규제하는 절차를 구분할 수 있는 어떠한 중요한 근거도 발견하지 못한다. 달리 말해 그는 규범생산이라는 근대 특유의 성찰적·상호주관적 규칙으로서의 절차적 법이 지닌 의미를 발견할 수 없다. 왜냐하면 그에게 협약 그리고 어쩌면 법은 보다 높은 규범적 수준에 이미 존재하는 것을 단지 제도화함으로써만 만들어질 수 있기 때문이다.

둘째, 파슨스가 웅거에 대한 내재적 비판을 통해 자신이 은연중에 현존하는 모든 사회에 대해 비판적인 입장을 취하게 되었다는 것을 인식하지 못하기는 하지만, 그는 분명 보다 구체적인 수준에서는 그러한 함의에서 벗어나려고 노력한다. 항상 그러하듯이, 그는 서둘러 현존 미국 사회가 모든 이율배반에 대한 해답, 이번에는 적어도 법적 관점에서 볼 때 자유자본주의와 복지국가에 대한 해답이라고 선언한다. 그가 웅거의 텍스트 내에서 통찰력 있게 지적한 것처럼, 만약 절차적 법이 이 수수께끼의 해답이라면, 미국 법의 대부분이 절차적 법이어야만 한다. 하지만 이 변호조의 주장은 오직 절차적 법과 절차를 잘못 동일시할 때에만 유지될 수 있다. 또다시 그렇지만 이번에는 그가 법이론의 수준에서 비판적 잠재력을 지닌 시민사회라는 영역을 발견한 것은, 미국 사회를 모종의 '역사의 종언'을 상징하는 것으로 변호조로 취급함으로써 손상된다. 이 점에서 파슨스는 자신의 생애 마지막까지 철두철미한 헤겔주의자로 남아 있게 되었다.

그람시와 사회주의적 시민사회 관념

파슨스가 불가피하게 현대 시민사회를 변호하는 결과를 초래하기는 했지만 그래도 헤겔의 인륜 관념을 사회이론의 용어로 20세기에 복원시켰다고 말할 수 있다면, 그람시는 시민사회에 대한 좌파의 급진적 비판을 근대적으로 소생시켰다고 말할 수 있다. 하지만 이러한 성격규정이 그람시가 시민사회에 대한 고전 마르크스적 분석과 비판을 그저 따를 뿐이라는 것을 의미하는 것으로 받아들여져서는 안 된다. 그람시는 마르크스의 추종자이기는 하지만, 헤겔에서 직접적으로 연원하는 그 자신의 시민사회 개념을 만들어냈다.[73] 그리고 마르크스와는 달리 그는 욕구체계가 아닌 조합이론에 의지하여 자신의 영감을 얻었다. 그람시가 분명 부르주아 사회(bürgerliche Gesellschaft)라는 용어의 마르크스식 용법을 알고 있었기에, 그의 헤겔 해석은 동시에 마르크스와 엥겔스의 해석에 대한 암묵적인 비판이었다. 비록 그람시가 조합개념이 지나치게 중세적이라고 비난했던 마르크스의 텍스트를 알지 못했지만, 그는 그러한 해석을 매우 날카롭게 인식하고 있었다. 그렇기는 하지만 헤겔의 개념을 기본적으로 추상적인 분석적 수준에서 독해했던 그는 구체제의 세계로부

---

[73] 이 세 사람과 관련된 견해를 탁월하게 비교하고 있는 것으로는 Norberto Bobbio, "Gramsci and the Concept of Civil Society," in J. Keane, ed., *Civil Society and the State: New European Perspectives* (London: Verso, 1988)를 보라. 페리 앤더슨이 그랬던 것처럼, 그람시가 마르크스의 『루이 보나파르트의 브뤼메르 18일』(*The 18th Brumaire of Louis Bonaparte*)에서 그의 관념을 도출했다고 주장하는 것이 설득력이 없는 것은 아니다. Perry Anderson, "The Antinomies of Antonio Gramsci," *New Left Review*, no. 100 (November 1976-January 1977): 5-78. 그 책에서 제시된 마르크스의 입장이 마르크스의 전 저작 중에서 다소 특이한 지위를 점하고 있으며 그람시가 헤겔의 조합이론을 변형된 형태로 사용한다는 사실은 그러한 해석과 반대된다. 그러나 『브뤼메르 18일』이 그람시의 개념에 끼친 엄청난 영향을 부정할 수는 없다.

터 끌어낸 내용들이 근대적 대체물이 될 수 있었고 또 근대적 대체물이 되었으며, 근대적 대체물이 되어야만 했다고 확신했다. 따라서 그람시는 근대 교회, 노동조합, 문화제도, 클럽, 근린결사체, 그리고 특히 정당에서 근대 시민사회에 독특한 새로운 형태의 다원성과 결사체를 감지했다.

그람시가 헤겔과 마르크스 모두와 다른 가장 결정적인 부분은 그가 매우 독창적이게도 삼분 개념틀을 선택한다는 것이다. 헤겔의 개념틀에 반대하여 그리고 그보다 훨씬 더 설득력 있게 그람시는 가족과 정치문화 모두를 시민사회 수준에 위치시켰다. 하지만 헤겔과 마르크스와는 달리 그는 자본주의 경제를 이 수준에 포함시키지 않았다. 우리는 이러한 조치들 중 두 번째 것의 이유에 대해서는 단지 추측만 할 수 있을 뿐이다.[74] 그람시는 본래 정치적 지향 때문에 이론에 관심을 보였던 정치사상가였다. 이 점에서 그는 두 가지 거대한, 그리고 그가 보기에는 결정적인 문제—서구에서 혁명의 실패와 러시아에서 혁명의 (가정상의) 성공—에 직면했다. 이 중 어떤 맥락에서도 시민사회를 정치경제로 **경제주의적으로** 환원시키는 것—이는 마르크스주의에 만연되어 있었다—으로는 진정으로 민주적인 사회로의 이행이라는 문제를 진지하게 제기할 수 없었다. 서구에서 그러한 환원은 현존 체계를 방어하는 '참호'—즉 심지어 경제가 위기에 처하고 국가권력이 붕괴되었을 때조차 부르주아 사회를 보호하는 문화와 결사체의 형태들—를 놓치고 마는 결과를 초래했다.[75] 오직 시민사회를 경제와 국가로부터 '방법론적으로'[76] 구분

---

74) 아마도 우리는 기존 경제관계의 변화에 대한 무관심 또는 회의가 이러한 이유들 중의 하나는 분명 아니었다는 점을 지적해야만 할 것이다. A. Arato, "Civil Society, History, and Socialism: Reply to John Keane," *Praxis International* 9, nos. 1-2 (April-July 1989): 133-152를 보라.

75) Antonio Gramsci, *Prison Notebooks* (New York: International Publishers, 1971), 235-238.

76) Ibid., 160.

하는 것만이 문화적·사회적 헤게모니를 통한 동의의 발생을 현존 체계를 재생산하는 독자적인 그리고 때때로 결정적인 변수로 진지하게 주제화할 수 있게 해주었다.

"국가가 모든 것이었고" 시민사회는 '원초적'이고 '안정적'이었던 소련에서는 국가의 붕괴가 혁명을 가능하게 했다. 그러나 이 새로운 혁명권력이 자신을 국가주의('국가숭배')적 형태로, 심지어는 '카이사르적'이거나 '보나파르트적' 형태로 그리고 '전체주의적인' 형태로 구성했다는 사실로 인해, 국가권력을 흡수할 수 있는 자유로운 사회를 창조하겠다는 프로젝트는 의심의 대상이 되었다. 혁명을 가능하게 만들었던 바로 그 배열태가 분명 자유로운 사회를 발전시키는 데 가장 큰 장애물이었다. 따라서 이러한 맥락 역시 그람시로 하여금 경제발전이나 국가권력과 무관한 시민사회의 문제에 초점을 맞추게 했다.

물론 그람시가 시민사회를 강조한 데에는 또 다른 이유들도 존재했다. 그중 하나는 분명 이탈리아 상황의 특수성과 관련되어 있다. 이탈리아의 역사와 사회구조에 관한 날카로운 분석가인 그람시는 자유주의가 이탈리아 국가통일 운동(Risorgimento) 이후에 '헤게모니'를 획득하는 데 실패했음을 알고 있었다. 그러한 평가를 하는 데 그에게 직접 영향을 미친 사람이 이탈리아의 위대한 철학자이자 역사가인 베네데토 크로체(Benedetto Croce)였다. 크로체처럼 그람시도 그 실패의 원인은 부분적으로 이탈리아 문화와 사회적 삶에서 교회가 휘둘렀던 권력에 있다고 보았다. 비록 교회가 더 이상 이탈리아 국가에서 직접적인 정치적 권력을 장악하지는 않았지만, 시민사회 내에서 교회의 권력은 여전히 당당하게 유지되었다. 실제로 가톨릭교회는 교회행사, 교육, 지역축제, 자신의 신문과 같은 '시민'제도 속에서 일상적인 사회적 삶을 조직화하는 것을 통해 시민사회의 참호들 중 많은 부분을 점령하여, 시민사회 영역에서 자유주의적이고 세속적인 부르주아 헤게모니의 형성에 대한 강력한 장벽을 만들어낼 수 있었다. 그리하여 이탈리아 시민사회는 완전하게 근대화되는 것을 방해받았다. 동시에 당대의 그리고 보다 구체적으로는 조르주 소렐(Georges Sorel)의 영향 아래에 있었던 다른 많은 지식인들처럼, 그람시 역시 이탈리아 그리고 서구 전체가 전반적인 문화위기를 겪고 있다고 믿었다. 그는 당시의 '유물론의 물결'을 동의(헤게모니)를 조직하는 데 지배계급이 노정한 무능력과 (그것에 상응하여 발생한) 대중의 전통적 이데올로기부터의 이탈이 초래한 권위의 위기와 연결시켰다. (그리하여 지배계급은 오직 지배할 뿐 헤게모니를 장악하지는 못했다.) "위기는 바로 낡은 것이 죽어가고 있지만 새로운 것이 태어날 수는 없다는 사실에 있다."[77] 달리 말해 자유주의 이데올로기가 승리를 위한 순간을 놓쳤다면, 종래의 행위지향적 세계관은 사회적·구조적 발전에 의해 시대착오적인 것이 되고 점점 더 훼손되고 있었다. 따라서 시민사회 그리고 특히 시민사회의 문화적 제도들이 해방투쟁에서 중심적인 영역을 차지하고 있는 것처럼 보였다.

그람시의 개념은 악명 높을 정도로 혼란스러운 용어들로 제시되어 있다.[78] 시민사회는 국가(이때의 국가는 정치사회 또는 정치사회의 주된

---

[77] (크로체를 경유한) 소렐의 영향 아래 그람시는 태어날 필요가 있는 '새로운 것'은 만약 하나의 신화가 아니라면 집합행위에 의미와 지향을 부여할 수 있는 하나의 통일된 세계관이라고 생각했다. 그람시가 볼 때, 이 새로운 문화는 마르크스주의 이론에서 얻을 수 있는 것이었다. 그러나 그것은 시민사회 영역에 존재하는 일련의 대항제도, 결사체, 문화적 형태들 등등의 조직화를 통해 실천되어야만 했다. 달리 말해 노동계급 헤게모니와 사회주의적 시민사회가 시민사회 영역에서 발전되어, 죽어가고 있는 과거의 자유주의적 모델과 종교적 모델에 반격을 가하고, 대중을 계급의식을 지닌 집합행위자로 만들어내야만 했다. 시민사회에 대한 그람시와 크로체의 입장차이에 대한 논의로는 Walter L. Adamson, "Gramsci and the Politics of Civil Society," *Praxis International* 7, nos. 3-4 (Winter 1987-1988): 322를 보라.

[78] 앤더슨의 논문 「안토니오 그람시의 이율배반」(The Antinomies of Antonio Gramsci)은 그람시가 사용한 용어가 어떻게 변화하는지를 보여줌으로써 이에 대해 가장 믿을 만한 안내를 하고 있는 것으로 보인다. 앤더슨보다는 훨씬 덜 자극적

조직형태들과 동일시되는 것으로 일컬어진다)의 대응물로서 정치사회와 대치하지만 정치사회와 함께 국가의 한 부분을 구성하는 것으로, 그리고 국가와 동일한 것으로 다양하게 정의된다. 이 모든 정의(定義) 시도들을 관류하는 관념은, 경제적인 '토대' 외부에서 이루어지는 기존 체계의 재생산이 두 가지 실천——헤게모니와 지배, 동의와 강제——의 조합을 통해 발생하며, 그것들은 다시 두 가지 제도적 틀——즉 시민사회의 사회적 · 경제적 결사체들 및 문화제도들과 국가 또는 정치사회(용어에 따라 다르겠지만)의 법적 · 관료제적 기구와 경찰 및 군사 기구——을 통해 작동한다는 것이다.[79] 여기서는 그람시가 두 가지 형태의 환원주의——

이기는 하지만 그럼에도 불구하고 매우 그럴듯한 대안적인 접근방식을 제시한 사람이 크리스틴 부시-글룩스만이다. Christine Buci-Glucksmann, *Gramsci and the State* (London: Lawrence and Wishart, 1980). 그녀는 그람시가 '엄격한 의미의 국가'와 '통합국가'(integral state)라는 두 가지 국가 개념을 가지고 작업했으며, 후자가 시민사회와 정치사회를 포함하는 데 반해 전자는 시민사회를 배제한다고 주장한다. 비록 이 제안이 헤겔의 '정치사회'와 '국가' 간의 구분에 상응하기는 하지만, 이것이 모든 용어상의 문제와 이론적 문제들을 해결하지는 못할 것이다. 용어와 관련하여 우리는 여전히 그람시가 언제 시민사회와 국가가 동일하다고 주장하는지를 설명할 수 있는 방법을 가지고 있지 못하다. 이론적으로도 "통합국가라는 의미에서의 국가"의 경계를 확정하기란 여전히 어렵다. 흥미로운 것은 분명 나중의 해석에서는 부시-글룩스만이 역사주의적 해결책을 선택하는 것처럼 보인다는 것이다. 그것에 따르면, 시민사회와 국가의 구분은 자유자본주의(또는 그것에 대한 그람시의 서술)에 상응하는 반면, 통합국가라는 관념은 국가개입주의적 자본주의를 묘사한다. Christine Buci-Glucksmann, "Hegemony and Consent: a Political Strategy," in A. Showstack Sassoon, ed., *Approaches to Gramsci* (London: Writers and Readers Cooperative Society, 1982)를 보라. 앤더슨은 이 주장에 대해 모든 일관성 있는 융합주장과 마찬가지로 자유민주주의 체계와 권위주의적 자본주의 체계 간의 차이를 모호하게 한다고 논박한다.

79) 하지만 문제는 단지 용어적인 것만이 아니다. 만약 시민사회를 국가와 대비되는 것으로 이해한다면, 그람시의 기능적 도식 속에서 헤게모니와 지배 모두는 경제적 토대에 뿌리를 둔 재생산 체계의 기능으로 보이게 될 것이다. 만약 시민사회와 정치사회 모두를 국가 내부에 존재하는 것으로 이해한다면, 헤게모니와 지배는 국가의 기능으로 이해될 것이다. 알튀세의 해석을 이끄는 것은 바로 이 후자의 가

하나는 상부구조를 토대에 환원하고, 다른 하나는 문화적 과정을 강제에 환원한다—와 싸웠다고 보는 노르베르토 보비오(Norberto Bobbio)의 주장을 상기하는 것이 유용할 수 있다. 그람시는 고전 마르크스식의 역사유물론의 틀 내에서 상부구조의 독자성 그리고 심지어는 우위성을 주장하고자 매우 노력했다. 우리는 보비오보다 한층 더 나아가서, 이러한 전환이 그람시의 의도와는 반대로 모든 토대와 상부구조 교의를 부적절한 것으로 만들어버렸다고 주장할 것이다.[80] 하지만 이제는 관념론적 전도의 형태를 하고 있는 이 부적절한 이원론은 때때로 그람시를 편견에 빠뜨려, 상부구조 내에 존재하는 것으로 상정되는 두 차원, 즉 시민사회와 국가를 어떻게 해서든 하나로 취급하거나 또는 적어도 동일한 원리와 논리를 표현하는 것으로 취급하게 할 수도 있었다. 그의 용어법 중의 하나, 즉 시민사회와 정치사회를 국가에 통합시키는 용법은 이 선택지를 표현하는 것처럼 보인다. 그렇기는 하지만 그가 사회통합을 정치적 강제로 환원시킨 것이 초래한 결과에 직면할 수밖에 없었을 때, 그는 시민사회와 정치사회(여기서는 국가를 의미한다)의 대립이 실제로는 두 가지 상이한 원리, 즉 헤게모니와 지배의 대립이었다고 가정했다.[81] 그

능성이다. Althusser, "Ideology and the Ideological State Apparatuses," *Lenin and Philosophy* (New York: Monthly Review Press, 1971).
80) 월터 애덤슨(Walter Adamson)은 보비오의 해석을 거부하면서, 그람시가 상부구조에 우위성을 부여한 것이 아니라, 비록 혁명이론에서 경제적인 것이 수행하는 역할을 변화시키기는 하지만, 오히려 전통 마르크스주의적 방식으로 경제적인 것의 우위성 관념을 견지했다고 주장한다. 물론 그는 관념론이라는 비난에 반격을 가하기 위해 이러한 주장을 한다. 하지만 만약 혁명의 가능성을 파악하는 열쇠가 "시민사회의 상부구조 내의 헤게모니와 대항 헤게모니에 대한 본질적으로 문화적-정치적인 분석"이라고 한다면("Gramsci and the Politics of Civil Society," 323), 경제적인 것의 우위성이 작동하고 있다고 보기는 어렵다. 유물론/관념론의 대립뿐만 아니라 토대/상부구조 모델 또한 부적절하다는 결론이 보다 설득력이 있다(ibid., 320-339).
81) 누군가는 비록 우리가 대체로 그람시가 시민사회와 국가를 구분한다는 관념을 받

러므로 누군가는 그람시가 경제로부터의 독립과 국가로부터의 독립이라는 두 개의 '독립선언'과 관련하여 그의 시민사회 이론을 발전시켰고, 비록 일관성이 없기는 하지만 그것으로부터 나온 삼분개념이 역사유물론의 경계를 무너뜨렸다고 말할지도 모른다.

이론가로서의 그람시는, 비록 그의 정치적 프로젝트가 여전히 마르크스주의적 프로젝트였음에도 불구하고, 분명 마르크스에서 헤겔로 나아가는 길을 따라 여행했다.[82] 물론 『법철학』의 저자 헤겔 또한 그의 목적

> 아들인다고 하더라도, 이것이 동의와 강제, 헤게모니와 지배가 동일한 축을 따라 엄격하게 구분될 수 있다는 것을 의미할 필요는 없다는 주장에 반대할지도 모른다. 일부 해석자들은 그람시가 일반적으로 헤게모니의 창출에 국가를 포함시키고 있다고 주장한다. Carl Boggs, *The Two Revolutions: Antonio Gramsci and the Dilemmas of Western Marxism* (Boston: South End Press, 1984), 191-192를 보라. 앤더슨은 그람시가 (정당한) 강제가 시민사회에는 존재하지 않지만, 국가 그리고 특히 의회는 강제와 동의 모두를 포함한다는 것을 알고 있었다(또는 알고 있었음이 틀림없다)고 주장하는 식으로 이 논점을 세련화한다("The Antinomies of Antonio Gramsci," 31-32, 41). 우리가 보기에, 이러한 관념은 시민사회와 국가 간을 매개하는 제도라는 헤겔식 개념을 강조할 때 가장 잘 드러나는 것 같다. 보그스와 앤더슨 모두는 그람시의 분화이론이 너무 엄격하고 너무 소수의 용어들로 표현되어 있음을 실감하고 있는 듯이 보인다.

82) 이 장에서의 우리의 관심사는 마르크스식 프로젝트의 세부사항이나 궤적이 아니라 그 틀 속에서 가장 개방적이고 가장 덜 교조적 형태로 발전한 시민사회 개념이다. 게다가 그람시의 주된 관심사가 프롤레타리아 혁명과 사회주의 사회의 창조였다는 것을 염두에 두어야만 한다. 따라서 그의 전반적인 분석은 마르크스적 계급분석이라는 일반적 패러다임 내에서 틀 지어지고, 혁명 프로젝트로부터 나온 전략적 질문―즉 어떻게 노동계급의식, 사회주의적 대항 헤게모니, 그리고 궁극적으로는 노동계급의 권력을 발전시켜야 하는가라는 질문―과 맞물려 있다. 실제로 그람시의 정통 마르크스주의적 경향은 이에 가장 많은 관심을 가지고 있던 모든 수정주의자로 하여금 경제와 국가로부터 시민사회를 분리시킨 그의 이중의 '독립선언'의 결과를 발전시키지 못하게 만들었다. 왜냐하면 그람시가 시민사회의 근대적인 결사체적 형태들뿐만 아니라 그것의 조정 메커니즘의 자율성(동의) 또한 발견하고 그것을 통해 오늘날 사회통합과 체계통합이라고 불리는 것을 구별하지만, 전자를 후자에 대한 수단으로 파악하는 것에 집착했기 때문이다. 그는 계급투쟁 이론과 노동계급혁명의 목표에 비추어 사회통합의 동학과 논리를 해석한

에 적합하지 않다는 것이 입증되었다. 그람시는 헤겔과는 다른 삼분개념—경제주의나 국가주의로 되돌아갈 수 없는—을 사용하기를 원했던 것만이 아니다.[83] 그는 또한 자신이 헤겔식 시민사회 이론의 핵심이라고 보았던 조합이론을 그것이 원래 발전한 형태를 놓고 볼 때 어쩔 수 없이 시대에 뒤진 것이 되었다고 파악했다. 그람시는 다음과 같이 지적한다. 헤겔의 "결사체 개념이 정치적인 것과 경제적인 것 사이에서 여전히 모호하고 미숙한 어중간한 상태에 있었기에 도움이 될 수 없었다. 헤겔의 결사체 개념은 당시의 역사적 경험에 부합하는 것으로, 매우 제한적이었으며 완전한 조직형태로는 단 하나—즉 '조합체'(경제에 직접적으로 이식된 정치)—만을 제시했다."[84]

다. 이 접근방식은 그로 하여금 상호작용의 의사소통적 조정과 전략적 조정 간의 차이를 인식하지 못하게 만들었다. 물론 그람시는 시장경제와 국가가 돈과 권력에 의해 조직되는 메커니즘들을 통해 통합되는 반면, 시민사회는 동의를 창출하는 의사소통적 수단들을 통해 조정된다는 것을 알고 있었다. 그러나 그는 의사소통적 상호작용을 주로 전략의 측면에서 이해했다. 이러한 지향은 그가 말하자면 '대중매체'의 이면을 포착하고 지배계급 또는 부상하는 중에 있는 계급이 여론을 자신들의 프로젝트에 유리하게 조작하고 만들어내고자 하는 방식을 정확히 지적할 수 있게 해주었다. 그러나 우리가 앞으로 살펴보듯이, 이것은 그를 의사소통적 상호작용과 시민사회에 관한 기능주의적 분석에 묶어놓음으로써 그의 전반적인 이론적 분석이 심각한 난관에 빠지게 한다.
83) 그람시의 반국가주의와 관련된, 그람시와 헤겔의 또 다른 중요한 차이는 그람시가 헤겔이 국가에 부여한 윤리적 내용을 국가에서 제거한다는 것이다. 그람시에서 국가는 주로 권력과 지배에 기초하여 통합을 달성한다. 즉 국가의 무기는 무엇보다 강제이다. 시민사회는 윤리적 삶의 전형적 영역이 된다. 즉 시민사회는 정치적 정당성의 소재지, 또는 그람시식으로 표현하면 (지배계급의 권력뿐만 아니라) 국가권력의 재생산에 매우 기능적인 헤게모니가 창출되고 공고화되는 곳이다. Adamson, "Gramsci and the Politics of Civil Society," 322를 보라.
84) Gramsci, *Prison Notebooks*, 259. 헤겔과 비교하면, 여기에 시민사회와 경제를 분리하고자 하는 동기가 존재한다. 그람시가 보기에, 근대 결사체가 전적으로 경제적 노선들을 따라 조직될 필요가 없기에, 그것들의 상대적 융합은 헤겔 속에 남아 있는 중세의 잔존물이었다.

따라서 마르크스처럼 그람시도 근대 국가가 중세 후기의 세계에서 (즉 신분제국가에서) '이원적 권력'을 구성하고 있던 종래의 조합적 삶의 형태들을 파괴한다는 것을 충분히 인식하고 있다. 그는 심지어 토크빌과 마찬가지로 매개형태들—즉 절대주의 국가와 탈정치화된 신분사회[85]—의 존재도 인식하고 있다. 헤겔 모델이 그 내용들을 도출해내고 있는 것도 바로 이 매개형태들이다. 하지만 더 중요한 것은 마르크스 그리고 심지어는 토크빌과도 달리 그람시가 자코뱅적·관료제적 국가형성자들의 노력과는 정반대로 과거의 조합형태들이 근대적 대체물이 될 수 있다는 점을 확실히 이해하고 있었다는 것이다. 그는 특히 근대 노동조합주의와 문화적 결사체의 등장을 강조한다.[86] 그리고 국가 속에서 자신들의 이전의 역할을 포기하고 있던 근대 교회 역시 새로운 유형의 시민사회 제도가 된 반면, 근대 정당은 점차 이들 교회를 대신하여 지식인들의 주된 조직형태가 되었다.[87]

그람시는 근대 국가형성자들이 모든 매개적 결사체를 파괴하고자 한 것을 분명하게 인식하고 있다. 하지만 그는 이들 결사체가 근대적 형태로 재등장한 것은 적어도 부분적으로는 국가에 대항한 사회의 투쟁이라 불리곤 했던 것의 결과임이 틀림 없다는 명백한 사실을 강조하지는 않는다. 대신에 그는 다소 기능주의적인 방식으로 국가의 동의 요구와 그러한 동의를 조직하고 교육하고자 하는 국가의 성향이 새로운 유형의 결사체의 출현과 안정화의 주된 이유라고 주장하는 경향이 있다.[88] 물

---

85) Ibid., 268. Alexis de Tocqueville, *The Old Regime and the French Revolution* (New York: Doubleday, 1955)과 비교해 보라.
86) Ibid., 54.
87) Ibid., 245. Bobbio, "Gramsci and the Concept of Civil Society," 95를 보라.
88) 이것이 바로 정치사회와 시민사회를 특징짓는 통제형태인 지배와 헤게모니 모두가 동일한 국가권력의 수단으로 제시하게 하는 맥락들 가운데 하나이다. 기능주의적 논의가 잔여적이고 전도된 역사유물론에 의해 특징지어지는 논의로 분명하

론 그람시는 시민사회의 특정 내용과 형식을 계급투쟁의 결과이자 대상으로 보았다. 이러한 관점에서 볼 때, 그 결과는 어떤 사회집단이 헤게모니를 장악했는지 또는 장악하고 있는지에 달려 있다. 부르주아가 헤게모니를 장악하고 있는 곳에서, 시민사회는 부르주아 사회이고, 시민사회의 헌법상 보장(권리)과 정치적 표현(의회제적 대표제)은 부르주아적 지배를 위한 겉치레이다.

비록 그람시가 이 맥락에서 국가/사회의 대립을 강조하고 있지는 않지만, 그람시에서는 헤겔의 조합을 대신하는 결사체 형태들이 사회운동의 핵심적 매개물이 될 수 있다는 것을 지적할 필요가 있다. 실제로 그는 조합의 근대적 대체물을 발견했을 뿐만 아니라 시민사회 개념에 사회운동의 차원을 추가함으로써, 욕구체계에 더하여 그리고 욕구체계와는 독립적으로 존재하는 역동성을 시민사회에 부여했다. 하지만 한 손이 준 것을 다른 한 손이 빼앗아 간다. 왜냐하면 사회운동의 영역으로서의 시민사회가 지니는 역동성은 노동계급이 대항세력일 때에만 지속되기 때문이다. 일단 시민사회가 사회주의적이 되면, 사회운동, 즉 계급투쟁의 존재이유도 사라져버릴 것이다. 우리가 앞으로 살펴보듯이, 그의 사상 속에 존재하는 한 가지 경향, 즉 정치문화(대의제 민주주의와 권리)와 근대 시민사회의 결사체 형태들(클럽, 이익집단, 부르주아 정치정당)을 부르주아 헤게모니의 재생산 그리고/또는 사회주의적 헤게모니의 창출(노동조합, 공산당)로 기능주의적으로 환원하는 것은 그람시를 지나치게 현실주의적이면서도 동시에 지나치게 유토피아적인, 과도하게 도식화된 개념 속에 가두어버린다.

우리는 이미 그람시가 선진자본주의 국가에서는 시민사회의 결사체와 문화적 제도들이 기존 체계의 내적 '참호들'로서 그러한 지배형태의

게 수렴되고 있다.

안정성을 엄청나게 증가시켰다고 확신하고 있음을 지적했다. 동시에 그는 당시의 독재정권 하에서 그러한 결사체와 제도들이 폐지되었다고 지적한다. 그가 당시의 독재정권들을 '전체주의적'이라고 칭하는 것은 그들 지배의 바로 이러한 측면 때문이다.[89] 따라서 그람시는 국가와 시민사회의 관계를 다음의 다섯 단계로 제시하는 것으로 보인다. (1) 중세의 조합주의와 이중구조(신분제국가) 단계, (2) 국가와 탈정치화된 특권적 신분으로 이루어진 절대주의적 이중구조 단계, (3) 근대 초기 과거의 조합형태들의 해체 단계(엄격하게 말하면 이 단계는 혁명적 공포정치 속에서만 존재한다), (4) 근대 국가와 새로운 형태의 결사체들로 이루어진 이중구조 단계, 그리고 마지막으로 (5) 근대적 결사체와 문화적 형태들의 전체주의적 획일화 단계. 이 시민사회 역사의 유형론적 재구성에서 가장 중요한 것이 바로 초기 국가주의적 형태와 대비되는 것으로서의 '전체주의'이다. 전체주의는 근대적 형태의 사회적·문화적 통합의 해체와 원자화로 묘사된다! 그렇다면 왜 그리고 어떻게 유효한 사회통합 형태, 즉 동의의 조직이 해체되는가? 그리고 만약 그것이 전체주의 하에서 해체된다면, 시민사회는 재구성될 수 있는 제2의 기회를 가지는가?

이들 질문은 그람시의 분석에 등장하는 세 가지 체계적인 모호함 또는 '이율배반' 때문에 답하기가 어렵다. 첫 번째 것은 그가 '전체주의'라는 용어를 '진보적' 형태와 '퇴행적' 형태 모두에 적용하는 데서 발생한다. 두 번째 것은 시민사회의 규범적 지위에 관한 그의 논의로부터 나온다. 그에게서 시민사회는 때로는 동의의 조직화를 통한 지배체계의 공고화를 함축하지만, 다른 때에는 지배의 약화 그리고 심지어는 지배의 궁극적 철폐를 함축한다. 그리고 세 번째 것은 자유로운 사회라는 그의 개념에서 기인한다. 이 사회는 다원적 시민사회와 하나로 통일된 국가-사회

---

[89] Gramsci, *Prison Notebooks*, 54, 265.

를 오락가락한다.[90] 이 세 가지 이율배반 모두는 두 가지 매우 상이한 사회, 즉 소비에트 러시아(그람시는 여전히 그 사회를 지지했다)와 당시의 자본주의 사회 및 그것의 전체주의적 변형태들(그는 변함없이 이들 사회에 반대했다) 모두에 대한 비판이론을 정립하고자 했던 것과 연관되어 있다.

그람시는 소련의 사회조직 형태와 억압적인 정치적 관행들에 관해 그 무엇도 감추려들지 않는다. 그렇기는 하지만 그는 '퇴행적' 형태의 전체주의와 '진보적' 형태의 전체주의를 구분하고자 한다. 이 두 형태 모두는 시민사회 제도들의 독자성을 철폐하고자 한다.

전체주의적 정책의 목표는 바로 (1) 특정 정당의 성원들이 예전에는 여러 조직들 사이에서 발견했던 모든 종류의 만족들을 이제는 바로 그 정당에서 발견하는 것을 보장하는 것, 즉 이들 성원을 외부의 문화적 유기체들과 묶어주던 모든 끈들을 끊어버리는 것과 (2) 여타의 모든 조직들을 파괴하거나 아니면 그것들을 그 정당이 유일한 조정자 역할을 하는 체계 속으로 병합하는 것이다. 이는 다음의 경우에 발생한다. (1) 주어진 정당이 새로운 문화의 담지자일 때—이 경우 그것은 진보적 국면에 있다. (2) 주어진 정당이 또 다른 세력, 즉 새로운 문화의 담지자가 스스로 '전체주의적'이 되는 것을 막고자 할 때—이 경우 그

---

90) 애덤슨은 그람시의 주요한 이율배반이 무제한적인 민주적 경쟁과 자유로운 의사소통으로서의 시민사회라는 개념과, 하나의 단일된 통일된 문화가 또 다른 문화에 의해 대체될 수 있는 공간으로서의 시민사회라는 개념 사이에 존재한다고 본다(Adamson, "Gramsci and the Politics of Civil Society," 331-332). 우리는 그람시의 저작이 의사소통 모델을 포함한다고 확신하지는 않지만, 애덤슨의 이러한 문제제기가 기본적으로 타당하다고 본다. 하지만 우리는 하나의 이율배반을 두 개로, 즉 분석적 수준에서는 기능주의 모델과 갈등지향 모델 간의 이율배반으로, 그리고 규범적 수준에서는 단일한 유토피아와 다원적 유토피아 간의 이율배반으로 나눈다.

것은 객관적으로 퇴행적이며 반동적인 국면에 있다.[91]

이 두 전체주의 정책들은 시민사회와 관련하여 똑같은 결과를 초래하는 것으로 묘사된다. 다시 말해 그 둘 모두는 문화적 의미, 사회적 연대, 그리고 통일된 당-국가 외부에 존재하는 조직형태들을 억압함으로써 사회적 분열을 종식시킨다. 그러나 그것들의 의도는 아마도 전적으로 상이할 것이다. 이 맥락에서 반(反)파시스트인 그람시가 소련을 옹호하는 것은 기이해 보일 것임이 틀림없다. 하지만 그람시의 정치적 헌신을 별개로 하면, 이 전체 논지는 사실 그람시가 선진자본주의 국가의 시민사회 제도들을 동의의 조직화 형태들로 묘사하고 또 이 형태들의 역할은 전적으로 지배—말하자면 그것의 사회통합—를 안정화하는 것이라고 기능주의적으로 묘사하는 것(이는 여전히 고전 마르크스주의와 결부되어 있다)으로부터 나온다. 이러한 해석을 전제로 할 때, 이들 제도를 단일체적인 당-국가에 종속시켜 분쇄해버리는 것은 적어도 부정적인 사회적 해방 작업의 일부로 제시될 수도 있다. (우리는 나중에 그러한 작업의 긍정적 부분으로 상정될 수 있는 것과 관련한 문제로 다시 돌아갈 것이다.) 이러한 독해에서 전체주의가 퇴행적이거나 반동적으로 되는 것은, 시민사회 내부의 참호들을 점진적으로 철폐할 필요가 있다는 전망이 제기될 정도로 이들 참호가 충분히 약화된 상황에서, 새로운 문화를 창조하는 것이 아니라 '진보적' 전체주의를 봉쇄할 때뿐이다. 대체로 그람시는 다음의 세 가지 정치적 입장만이 가능하다고 제시하는 듯이 보인다. (1) 자본주의적 지배를 통한 사회통합을 그것의 기능으로 하는 현존 형태의 시민사회를 보수적으로 방어하는 것, (2) 새로운 문화를 구축하기 위해 그러한 시민사회를 전체주의적-혁명적으로 폐지하는 것, (3) 현

---

91) Gramsci, *Prison Notebooks*, 265.

존 지배구조를 보존하는 것을 목적으로 하여 그러한 시민사회를 전체주의적-혁명적으로 폐지하는 것.

그람시에서 또 다른 형태의 '진보적' 정치, 즉 전체주의적-혁명적 정치가 아니라 급진개혁주의적 정치의 토대(또는 적어도 그 흔적들)를 발견하는 것 또한 가능하다. 보비오는 그람시가 사회주의 정당을 통해 시민사회 속에 새로운 문화적 헤게모니를 구축할 것을 강조했다는 점에 기초하여 그러한 해석을 발전시킨다.[92] 그는 낡은 형태의 동의를 부식시킬 새로운 동의를 구축하는 문화적 작업과 폭력적 수단을 사용하는 혁명적 전복 프로그램 간을 분명하게 대비시킨다.

그람시의 두 번째 '이율배반'—시민사회를 부르주아 지배를 안정화할 헤게모니 생산의 장소로 파악하는 마르크스적-기능주의적 시민사회 개념과 시민사회를 두 개의 대안적인 헤게모니 구축전략들이 서로 경쟁하는 영역으로 보는 갈등이론적 시민사회 개념 간의 이율배반—때문에 그에게서 그러한 전략을 정확히 지적해내기란 어렵다.[93] 첫 번째 입장의 맥락에서 대항 헤게모니 구축전략은 노동계급을 기존 시민사회의 제도적 네트워크—현존 지배체계와의 단절을 위해서는 전면적으로 철폐되어야만 하는—속으로 그저 통합시키는 것이 될 것이다. 하지만 현존 체계와 양립할 수 없는 문화적 헤게모니를 구축하는 것이 가능하다고 가정하는 두 번째 입장의 맥락에서는, 시민사회의 제도들은 그 자체로

---

92) Bobbio, "Gramsci and the Concept of Civil Society," 92를 보라. 칼 보그스 또한 그러한 정치의 토대를 그람시에 두고 싶어 하지만, 그는 도처에서 모호함과 내적 모순을 인정할 수밖에 없었다. *The Two Revolutions*의 마지막 두 장을 보라.
93) 앞서 인용된 논문들에서 앤더슨은 첫 번째 입장을, 그리고 애덤슨은 두 번째 입장을 강조한다. 페미아는 애덤슨의 입장을 지지한다. Femia, *Gramsci's Political Thought* (New York: Oxford University Press, 1981). 우리는 두 입장 모두 그람시의 저작 속에 존재하지만 그람시는 결코 그 둘의 양립 불가능성을 인식하지 못했다고 생각한다.

지배와 해방 모두와 연계된 이중구조를 가지게 될 것이다. 급진개혁주의적 전략은 이 이중구조 위에 구축될 수밖에 없을 것이다.

그람시 이론의 기능주의적 견해의 측면에서 보자면, 부르주아 시민사회의 참호들을 직접적인 혁명적 변동의 길에 위치시키는 데 따르는 어려움을 감안할 때, 헤게모니 구축전략은 전적으로 도구적이었을 수 있으며 또 어쩌면 대부분의 시기에 도구적이었을 것이다. 이러한 해석 속에서 헤게모니 구축의 목적은 현존 사회통합의 형태들을 부식시키고, 대안적 결사체들을 창출하여, 혁명정치의 주체를 준비하는 것이다. 하지만 이 해석 속에서 현존 시민사회가 부정적으로 평가된다는 점을 감안할 때, 대항 헤게모니의 결사체와 형태들은 도구적인 것으로 간주되어야만 할 것이다. 노동계급의 독자적인 정당과 노동조합은 현존 사회통합 형태의 내부에서 역기능을 산출하는 기능을 하고, 그리하여 반대편으로 하여금 오직 지배에 의존할 수밖에 없는 위기를 만들어내는 데 일조하게 될 것이다. 그러므로 이 해석 속에서는 무력에 맞서 무력을 행사하는 혁명적 파괴가 변혁의 내적 작업을 완결시켜야만 한다.[94] 적어도 이 맥락에서 우리의 논의에 보다 중요한 것은 대항 헤게모니 구축에 포함된 독자적 조직들이 혁명 이후에 특정 역할을 수행해야만 할 이유가 전혀 없을 것이라는 점이다. 그람시도 이 견해를 지지하는데, 그가 새로운 사회와 문명을 구성하는 임무를 국가에 부여할 때, 그리고 그가 부르주아 헤게모니를 생산하는 낡은 메커니즘을 일소하는 것이 필수불가결하다고 진

---

[94] Anderson, "The Antinomies of Gramsci," 69를 보라. 그리고 Femia, *Gramsci's Political Thought* 특히 ch. 6을 보라. 이탈리아 밖에서 그람시가 혁명적 권력장악 전략을 대안적인 헤게모니 구축전략, 그리하여 새로운 시민사회 구축전략으로 대체했다고 주장한 사람은 거의 없었다. 하지만 그의 사상의 급진민주주의적 차원에 관심을 기울이는 사람들은 그것이 그들 모두가 알고 있는 레닌주의만이 아니라 자유민주주의 하에서의 혁명적 권력장악 교의와도 모순된다는 것을 좀처럼 인식하지 못하고 있다.

술할 때 특히 그러하다. 기능주의적 해석 내에서 이것은 물론 정당, 노동조합, 교회로 이루어진 다원적 체계의 종말을 의미하게 될 것이다.

시민사회에서의 헤게모니 구축에 대한 대안적인 갈등이론적 견해는 (비록 그람시가 결코 명시적으로는 이러한 결론을 내리지 않았지만) 현존 형태의 시민사회에 대해 또는 좀 더 정확하게 말하면 시민사회의 일부 제도적 차원에 대해 긍정적인 규범적 태도를 함축한다. 분명 원칙적 형태의 급진개혁주의는 그러한 태도에 의거했을 것이다. 그람시가 이러한 개념을 발전시키고 싶어 하지 않았거나 발전시킬 수 없었다는 것은 그의 사상 속에서 보다 발전된 기능주의적-혁명적인 선택지를 마주할 때 분명해진다. 실제로 누군가는 만약 그람시가 급진개혁주의적 선택지를 보다 명시적으로 발전시켰다면, 그것은 그가 결코 하지 않은 정치적 선택—즉 소련식 전체주의에 대한 철저한 비판—을 전제로 했을 것이라고 말할지도 모른다. 새로운 결사체적·문화적 삶의 제도를 현존 사회의 헤게모니에 대한 대안적 토대로, 그리고 또한 새로운 사회의 핵심구조로 구축하면서도 혁명적 국가주의 하에서 낡은 제도와 함께 이들 새로운 제도 역시 무자비하게 근절시키는 것을 전반적으로 받아들이는 전략을 선택한다는 것은 가능하지 않았을 것이다.

지금까지의 논의를 요약해 보면, 그람시는 시민사회의 결사체적·문화적 차원들을 경제와 국가로부터 분리시킴으로써 경제적 환원주의와 정치적 환원주의를 피하지만, 그의 사상 속에 존재하는 기능주의적 경향은 그의 전략적인 정치적 목표와 충성심과 결합하여 그로 하여금 시민사회의 제도들을 일차원적으로 해석하게 한다. 그에 따르면, 시민사회의 결사체적 형태들(정당과 노동조합의 형태들), 문화적 제도들, 가치들은 비록 자율적이기는 하지만, 바로 그것들이 부르주아 헤게모니를 재생산하는 데 그리고 모든 사회계층을 대신하여 동의를 제조해내는 데 가장 적임자들이다. 요컨대 그것들은 이중적이 아니라 철저하게 부르주아적이다. 그러므로 그러한 형태의 시민사회는 궁극적으로는 현재의 부르주아적 형태의 헤게모니를 대신하게 될 프롤레타리아적 대항 헤게모니의 창출에 일조할 수 있는 대안적인 결사체 형태(노동자 클럽, 새로운 프롤레타리아 정당 형태 또는 '근대의 군주'), 지적·문화적 삶(유기적 지식인들의 사상) 그리고 가치들에 의해 파괴되고 대체되어야만 한다. 하지만 심지어 대항 헤게모니 구축전략조차 단지 그러한 전략의 하나일 뿐이다. 그람시는 대항 헤게모니 제도와 문화적 형태들을 결코 수단으로도 그리고 목적으로도 보지 않는다. 왜냐하면 그는 부르주아 시민사회 내에 기존의 지배의 틀을 벗어나 확장될 수 있는 어떤 내재적 가능성이 존재한다는 것을 인정하고 싶어 하지 않기 때문이다. 따라서 국가의 강제적 수단에 대비되는 것으로서의 시민사회의 문화적 수단(동의의 조직화)에 초점을 맞추는 것이 그 자체로 급진개혁주의적 프로젝트가 혁명적 프로젝트를 대체했다는 것을 의미하지는 않는다. 우리는 여전히 하나의 사회형태를 다른 사회형태로 전면적으로 대체하고자 하는 이론을 다루고 있는 중이다.[95]

더 나아가 그람시의 시민사회 이론은 결코 국가주의에 대한 비타협적 적개심을 수반할 수도 있는 용어들로 제시되지 않는다. 이러한 태도 또한 그의 사상 속에 존재하는 기능주의적 경향과 일치한다. 그가 때때로 강제가 국가의 산물인 것처럼 헤게모니를 시민사회의 산물로 인식하기는 하지만, 다른 정식화들에서는 헤게모니/동의 그리고 지배/강제 모두가 국가의 기능이고, 앞의 쌍은 시민사회의 지형에서 그리고 뒤의 쌍은

---

[95] 게다가 비록 그람시가 자유로운 언론, 집회, 결사와 같은 일단의 권리들에 의해 보호되는 '부르주아 시민사회'가 프롤레타리아적 조직형태와 문화적 표현형태들의 출현을 가능하게 하는 조건이라는 것을 알고 있었지만, 그가 볼 때 그것은 단지 국가로부터 사회로 전장(戰場)이 변화했다는 것을 의미할 뿐이지 현존 형태의 시민사회의 제도적 또는 사법적 구조 속에 보존할 만한 가치가 있는 어떤 것이 존재한다는 것을 의미하는 것은 아니었다.

정치사회의 지형에서 작동한다고 본다. 시민사회의 기능주의적 환원과 일치하는 것이 바로 이 두 번째 정식화이다.[96] 이 논리에 따른다면, 헤게모니는 시민사회 내에서 자율적으로 생산되는 것이 아니라 국가권력이 효과적으로 작동하는 형태들 중의 하나로 간주되어야만 한다. 그렇다면 낡은 사회 속에 확립된 대항 헤게모니 형태들은 기본적으로 새로운 국가권력에 이르는 길을 제시하는 것으로 볼 수 있다. 그리고 이 새로운 국가권력은 '문명' 속에 동의의 새로운 토대를 확립하는 것을 포함하여 그 자신의 작동조건과 관련한 전적으로 새로운 토대를 확립해야만 할 것이다. 국가의 '문명화' 임무에 관한 그람시의 논평이 이러한 해석을 뒷받침한다.

그람시는 특히 다음의 두 가지 상황에서 문명화의 대행자로서의 국가라는 관념을 강조한다. 그 하나가 19세기 국가통일 운동의 원인이 된 이탈리아 통일의 역사적 실패이고, 다른 하나는 20세기의 소비에트 발전이 초래한 문제들이다. 우리의 현재의 목적을 위해 우리가 관심을 가지는 것은 소비에트 상황에 대한 그의 분석이다. 그는 또한 이 상황을 이탈리아 파시즘과 비교하기 위해 사용했다. 여타 마르크스주의자들과 마찬가지로, 그람시도 마르크스의 보나파르티즘('카이사르주의') 분석에 기초하여 근대 독재정권들의 구조적 유사성들을 분석한다. 이 분석에 따르면, 이들 독재정권 모두는 다소 자율적인 형태의 국가권력을 이용하여, 그것이 아니었더라면 불안정했을 지배체계를 조직화한다. 하지만 트로츠키와는 달리 그람시는 이른바 진보적인 유형의 보나파르티즘의 사례에서 나타나는 종적 차이(a specific difference)—즉 그러한 보나파르티즘은 어쨌든 지배적이기는 하지만 아직 통치하지는 않는 노동계급에서

---

[96] 이것은 오직 시민사회를 경제적 토대의 재생산 기능에 환원하는 또 다른 기능주의를 피하는 경우에만 사실이다. 우리가 보기에, 그람시는 몇몇 그의 추종자들과는 달리 결코 이러한 종류의 마르크스주의적 기능주의에 빠지지는 않았다.

기원하고 국가권력은 이들 노동계급을 대신하여 행위할 것이라는 점—
를 인정하지 않았다. 대신에 그람시는 그 차이를 새로운 문화의 구축 또
는 옛 문화의 보존이라는 측면에서 설명한다. 그렇다면 이 새로운 문화
란 무엇을 의미하는가? 그람시는 두 가지 해석을 제시하는데, 단지 그중
하나만이 그 자신의 이론의 취지와 부합한다. 첫째, 그는 진보적 형태의
국가주의와 관련하여, "형성 중에 있는 새로운 세계의 준거점"은 "생산
의 세계, 즉 노동," 다시 말해 "생산기구의 최대 산출을 목표로 하는……
개인적·집합적 삶"의 조직이라고 주장한다.[97] 역사유물론의 전제 그리
고 소비에트 사회에 대한 다소 근시안적 옹호론 모두와 부합하는 이 논
의는 '진보적인' 의제라는 미명 아래 현존 형태의 시민사회 유형을 말살
하는 것을 받아들이는 것과 일치한다. 실제로 그람시는 이 맥락에서 국
가의 억압활동, 국가에 의한 사회의 합리화와 테일러주의화, 그리고 국
가의 징벌적 제재에의 의존에 관해 이야기한다.[98] 하지만 이 논의는 그
람시 사회이론의 반(反)경제주의적 전환과 모순된다. 만약 토대가 상부
구조를 결정하지 않는다면, 어떻게 새로운 문화와 새로운 사회의 성격이
단지 경제구조의 변동에 의해 결정될 수 있는가? 그리고 그람시가 어떤
상황에서는 국가행위에 의해 사회영역이 경제변동의 단순한 보완물로
축소될 수밖에 없다고 믿었을 수도 있지만, 그것이 어떻게 새로운 문화
의 원천, 특히 자유로운 사회를 창출하는 원천이 될 수 있는지는 전혀 분
명하지 않다.

이 마지막 논점은 마르크스주의 내에서 그람시가 차지하는 독창적인
입장을 전제로 하는 두 번째 해석에 비추어 볼 때, 특히 부각된다. 여기
서 그람시는 심지어 '국가숭배'조차 정당화할 수 있는, 국가의 긍정적

---

97) Gramsci, *Prison Notebooks*, 242.
98) Ibid., 247.

역할을 언급한다. 즉 그에 따르면, 국가는 "새로운 문명, 새로운 유형의 인간 그리고 심지어는 새로운 시민을 창조하는 운동이자…… 정치사회라는 껍질 내에 잘 접합된 복잡한 시민사회를 구성하고자 하는 의지이다. 이 시민사회 속에서 개인이 스스로를 지배하지만, 그의 자치(自治)는 정치사회와 갈등을 일으키는 것이 아니라 오히려 정치사회의 정상적 연장, 즉 유기적 보완물이 된다."[99] 진보적 형태의 국가주의를 구성하는 것과 관련한 이 기준은 첫 번째 기준, 즉 새로운 문화의 특징으로서의 자치를 행할 수 있는 잘 접합된 복잡한 시민사회를 창출하는 것과는 매우 다르다. 하지만 전체주의의 시민사회 말살을 감안할 때, 이 테제는 매우 역설적이다. 그람시가 염두에 두었던 역사적 경험은 많은 근대 초기 국가가 전통적인 유럽 조합사회를 폐지하고 나서야 근대 시민사회의 구조가 출현할 수 있었고, 심지어는 그것이 촉진되었다는 것이었을 수도 있다. 그러나 그러한 유추는 적절하지 못하다. 옛 신분사회를 폐지시킨 것은 국가권력과의 거리를 유지하고 있던 아래로부터의 민주적 노력과 국가의 공동작업이었다. 따라서 옛 견사체는 사라진 반면 아직 새로운 결사체는 출현하지 않은 그러한 소멸의 순간을 (아마도 공포정치 시대를 제외하고는) 대부분의 서유럽 국가들에 역사적으로 위치시킨다는 것은 거의 불가능하다. 이와는 반대로 전체주의적 정부가 시민사회를 파괴하여 전통적 형태라기보다는 오히려 이미 근대적인 형태의 문화와 결사체들을 해체시켰을 때, 그것은 자신에게서 독립적인 새로운 유형의 결사체가 형성되는 것을 근본적으로 허용하지 않았다. 그러한 결사체에는 심지어 그리고 어쩌면 특히 구체제를 전복시키는 데 일조했던 독자적인 사회조직과 사회운동도 포함되었다. 그렇다면 그 어떤 선조들보다 더 시민활동에 더욱 강경하게 적대적이었던 국가주의의 한 가지 형태가 일정

---

99) Ibid., 268.

정도 독자적으로 스스로를 지배할 수 있는 "잘 접합된 복잡한 시민사회"를 위로부터 창출할 수 있을 것으로 기대하는 것이 얼마나 설득력이 있었을까? 그리고 근대적 형태의 시민사회가 전통적 형태와 달랐던 것만큼이나 이 근대적 형태의 시민사회와는 다른, 이 위로부터 창출될 새로운 형태의 시민사회는 어떠한 형태를 취할 수 있었을까? 이 두 번째 질문이 중요한 이유는, '전체주의'가 자신과 얼마간 동일한 모델 또는 심지어 그 변종들 중 하나를 재창조할 경우, 단지 특정 시민사회 모델을 해체하는 전체주의를 진보적이라고 가정하는 것만으로도, 그람시가 과거의 국가주의를 가지고 구성하고자 하는 유추는 실패하기 때문이다.

그람시는 "숭배 자체에 빠진" 국가숭배 또는 "영원한 것으로 간주되는" 국가숭배는 비판받아야만 한다고 주장한다. 그는 이 비판이 얼마나 강력해야 하는지 그리고 그 비판의 정치적 결과가 어떠할 수 있는지에 대해서는 언급하지 않는다. 하지만 우리는 그가 그 자신의 사상 속에는 하나의 충격적인 함의가 존재할 수밖에 없다는 점을 인식하고 있었다는 인상을 강하게 받는다. 그것은 바로 좌파 전체주의가 시민사회의 재구성에 어떠한 기여도 하지 않는다면, 그것은 우파 전체주의와 규범적으로 다르지 않을 것이라는 점이다. 그리고 물론 오직 바보(비록 그람시는 아니었지만, 1930년대에는 그런 바보들이 많이 있었다)만이 스탈린의 러시아가 여기서 진보적 독재정권에 설정한 규범적 기준을 만족시켰다고 생각할 수 있었을 것이다.

이러한 맥락에서 볼 때, 그람시가 사람들이 새로운 유형의 시민사회를 창조하고자 할 때조차 시민사회를 파괴하는 것은 시민사회를 재구성하는 가장 좋은 방식이 아니라는 것을 적어도 막 인식하는 참이었다는 보비오의 주장은 옳은 것일 수도 있다. 만약 실제로 그람시의 사상 속에 급진개혁주의적 요소가 존재했다면, 그것은 급진적 운동이 자신의 헤게모니를 구축하는 데 활용할 수 있는 제도들은 의미 있게 구상된 근대적 형태의 사회적 자치의 주요한 부분을 이루며, 따라서 그 자체로 가치를 지닌다는 통찰에 기초했을 것이다. 달리 말해 그것은 근대 시민사회의 핵심제도들 중 적어도 일부는 이중적 성격을 지니고 있다는 인식에 기초했을 것이다. 요컨대 그람시는 근대 시민사회의 규범과 조직원리―권리 관념에서부터 자율적인 결사체와 자유롭고 수평적인 의사소통(공공성)의 원리에까지 이르는―가 단지 부르주아적이기만 한 것도, 그리고 자본주의 헤게모니나 여타 헤게모니의 재생산에 기능적이기만 한 것도 아니라는 것을 인정하지 않을 수 없었을 것이다. 오히려 이들 규범과 원리는 노동계급을 포함한 모든 집단의 자기조직화, 영향력 행사, 주장을 가능하게 하는 조건을 성립시킨다. 따라서 급진적 개혁의 과제는 그러한 구조들이 경제권력이나 정치권력의 목적에 기능적이 되는 기회를 축소시키는 방향으로 그러한 구조들을 확대하는 것이 될 것이다. 그러나 이러한 입장은 전체주의적 혁명을 철저하게 거부하는 것으로 이어졌을 수도 있다. 하지만 그람시는 그의 많은 후계자들과는 달리 그러한 조치를 취한 적이 없다.

그람시가 그러한 조치를 취하지 않은 분명한 결정적인 정치적 이유는 차치하더라도, 우리가 그의 세 번째 이율배반이라고 불렀던 것 또한 그가 규범적 관점에서 시민사회 문제를 재평가하는 것을 방해했다. 이 이율배반은 다원적인 민주적 시민사회와 관련한 자유로운 사회 개념과 하나의 통일된 국가-사회와 관련한 자유로운 사회 개념 사이에 존재한다. 그의 사유 속에 존재하는 갈등이론적 경향 그리고 특히 현존 시민사회의 이중구조 개념과 부합하는 첫 번째 모델은 유토피아를 부분적으로 제도적 연속성을 지닌 하나의 상(像)으로 완화시킨다. 여기서 유토피아는, 현존하지만 봉쇄된 규범적 가능성이 실현된 상태를 의미한다. 기능주의(부르주아 시민사회에 대한 일차원적 비판과 전면적인 혁명적 파괴의 요구)와 부합하는 두 번째 모델은 과도한 유토피아주의 및 권위주의와의 잠재적 연관성 때문에 고통 받고 있다. 누군가는 부르주아 시민사회의 제도와 정치문화가 자본주의적 지배관계를 재생산하는 데서 수행하는 역할에 대한 가차 없는 '폭로'를 비롯하여 그람시 사상 속에 나타나는 그러한 경향이 시민사회 일반과 관련하여 권위주의적 입장으로 나아가는 길을 마련하는 데 일조했다고 말할지도 모른다.

우리가 보기에, 그람시의 사상에서 지배적으로 나타나는 것이 바로 이 두 번째 경향이다. 여기서 사람들은 소련에 대한 그람시의 비판이 소심하다고 비난할 수 없다. 왜냐하면 그가 전반적으로 동정심을 드러내면서 자신의 비판을 지나치게 몰고 가는 것을 꺼려함에도 불구하고, 그는 진정으로 자유로운 사회가 그곳에서 창조될 수 있을 것인지에 대해 실제로 의심을 품고 있었을 수도 있기 때문이다. 그러므로 국가가 시민사회를 흡수하는 전체주의적 프로젝트와는 대조적으로, 그람시는 국가를 폐지하고자 하는 마르크스주의적 프로그램으로 돌아간다. 그는 원래의 공식을 일부 수정하여 이를 "정치사회의 시민사회 속으로의 재흡수"라고 부른다.[100] 마르크스는 부르주아 사회(bürgerliche Gesellschaft)에 대한 자신의 가장 명시적인 비판에서(「유대인 문제에 관하여」[Zur Judenfrage]에서) '사회'로의 흡수에 대해서만 서술했다.[101] 이 차이가 더욱 중요해 보이는 까닭은, 그람시가 "국가의 강제적 요소들이 점차 소멸될 것"으로 생각하고 그것에 상응하여 "조절된 사회(regulated society)─또는 윤리적 국가 또는 시민사회─의 요소들이 더욱 부각"될

---

100) Ibid., 253. 이 점에 대해서는 Anne Showstack Sassoon, *Gramsci's Politics* (Minneapolis: University of Minnesota Press, 1987), 224-225를 보라.
101) 실제로 마르크스는 분화된 실체로서의 시민사회와 국가의 존재를 정치적 소외의 원인으로 보거나 그것과 동일시했다. 그는 특정 형태의 시민사회를 재구성하고 민주화하거나 또는 보존하고자 하는 그 어떠한 프로젝트도 결코 제시하지 않았다. Cohen, *Class and Civil Society*를 보라.

것이라고 가정하기 때문이다.[102] 따라서 그가 매우 자주 '조절된 사회'라고 부르는 새로운 사회조직 형태와 적어도 특정 형태의 시민사회를 동일시한 것은 매우 의도적인 것이다.

조절된 사회, 즉 국가 없는 사회는 두 가지 전제, 즉 (1) 평등이라는 전제와 (2) 도덕에 의한 법의 대체라는 전제에 의해 규정되는 것으로 보인다. 달리 말해 새로운 사회는 그것이 어떤 사회이든 간에 어떠한 강제나 제재 없이 자유롭고 평등한 개인에 의한 법의 자발적 수용을 그 특징으로 한다. 이 관념은 위험할 정도로 제도 없는 사회라는 자기현혹적인 마르크스주의적 유토피아에 근접한다.[103] 그러나 그람시가 염두에 두고 있는, 조절된 사회로의 이행은 다른 것으로 보인다. 그는 "지속적으로 확산되는 조절된 사회의 요소들"을 보호한다는 의미에서 그리고 "자신의 권위주의적이고 강제적인 개입"을 점차 축소시켜가는 과정에서 실제로 국가가 야경꾼이 되는 하나의 단계에 대해 언급한다.[104] 이 과정은 "정치사회라는 껍질 안에" 잘 접합된 복합적인 자치적 시민사회를 구성하는 것과 동일한 것으로 상정된다. 따라서 사회주의에 이르는 길과 관련한 그람시의 재정식화가 새로운 유형의 자치적 시민사회로 이루어져 있으며, 이 시민사회가 점차 사회적 삶에 대한 모든 국가통제를 대신할 것이며, 그것이 국가뿐만 아니라 정치사회 또한 소멸시키게 될 것이라고 주장한다고 해도 전혀 과장은 아니다. 그럼에도 불구하고 그리고 매우 놀랍게도, 그는 형성 중에 있는 새로운 유형의 시민사회와 그것의 자치 형태들이 국가—그것이 부식시키고 대체하고자 하는 국가권력—와 어

---

102) Gramsci, *Prison Notebooks*, 263.
103) 이 비판은 코르넬리우스 카스토리아디스가 몇몇 중요한 저작에서 개진한 것이다. 이를테면 Cornelius Castoriadis, *The Imaginary Institution of Society* (Cambridge: MIT Press, 1987)를 보라.
104) Gramsci, *Prison Notebooks*, 263.

면 갈등관계에 들어갈 것으로 믿지 않는다. 그 대신에 시민사회는 그가 '정치사회'라고 부르는 것, 즉 국가의 '정상적 연장'이자 '유기적 보완물'이 된다.[105]

거기에는 혼합되지 않는 두 개의 이미지가 존재한다. 한편에는 이원적 권력의 출현과 같은 관념이 자리하고 있다. 즉 두 개의 사회조직 형태가 나란히 존재한다. 그러다가 민주적인 자치와 사회적 연대에 기초한 하나가 행정적 제재와 강제에 기초한 다른 하나를 대체한다. 다른 한편 그람시는 국가권력이 자신의 지배형태를 시민사회 제도들을 통해 마찬가지로 효과적인 사회통제 형태로 점차 전화시킬 것이라는 관념을 우리에게 전한다. 따라서 지배의 공고화 또는 정상화로서의 시민사회와 지배에 대한 진정으로 대안적인 원리로서의 시민사회 간의 이율배반이 또다시 발생한다. 이번에 이 두 관념은 하나로 등장한다. 왜냐하면 시민사회에 의한 국가의 전면적 흡수라는 유토피아적 관념이 시민사회 제도를 통해 작동하는 국가권력과 이들 제도에 기초하는 자치형태 간의 구분을 논리적으로 제거하기 때문이다. 하지만 사회가 유토피아에 도달할 때까지는 모호한 상태가 지속될 것이고, 이 모델로부터 갈등을 제거하는 것은 분명 그람시가 가정한 자유로운 사회로의 이행이 결국에는 인간의 얼굴을 한 국가주의적 권위주의일 수밖에 없다는 것을 암시하는 것처럼 보인다.

정치사회와 국가를 흡수하는 (근대) 시민사회라는 유토피아, 즉 그람시의 가장 중요한 이율배반을 해결할 것으로 상정된 텔로스는 심지어 그 자체로도 모순적이다. 무엇보다도 시민사회와 정치사회의 관계에서 무엇이 무엇을 흡수하는지가 모호한 채로 남아 있다. 여기서 그람시의 산발적인 기술들은 토크빌이 이해했던 것으로의 '정치사회', 이를테면 (그람시의 용어를 사용하면) 국가라기보다는 정치조직으로서의 '정치

---

[105] Ibid. 268.

사회'를 강조하는 것처럼 보인다. 조절된 사회의 '법'이 외적 제재에 호소할 필요가 없는 내면화된 도덕적 규칙으로 강제되기는 하지만, 조절된 사회는 자치사회이다. 적어도 근대 세계에서는 이 매우 비현실적인 가정은 그것의 옹호자들이 거의 마주친 적이 없는 권위주의적 함의를 지닌다. 비록 우리가 국가주의적 이행기가 종래 형태의 이질성과 다원성을 제거했다고 상정하기는 하지만, 그람시의 조절된 사회는 새로운 소수자들과 다원성으로 인해 대립이 발생할 수 있는 사회적 여지를 전혀 남기지 않을 수도 있다. 그들은 기꺼이 법을 준수하지만 법과 일체감을 느낄 수는 없고, 그리하여 법을 전복시키기 위해 스스로 조직화하기를 원할 수도 있다.[106] 전(前)정치적 결사체 영역을 제거하거나 그것을 정치적 결사체 영역과 융합시키는 조직은 원칙적으로 발생할 수 없을 것이다. 실제로 법적 집행이 아닌 도덕적 집행 모델은 그러한 대립—즉 항상 일정 정도 법과 갈등관계에 있는 자율적 양심—이 발생할 수 있는 여지를 제거해버린다. 도덕에 기초한 법의 수용이라는 가정은 그 자체로 사회적 동질성을 전제로 하며 다원적인 조직을 배제하는 경향이 있다.[107] 그 정의상 '다원주의'는 정책에 대한 일정한 갈등을 수반하며, 그렇기 때문에 다수의 결정의 내면화를 통한 수용과는 양립할 수 없다. 따라서 어떻게 그리고 어떠한 규범적·경험적 근거에서 개인과 집단들이 그람시의 단

---

106) 그람시는 이 문제와 관련하여 자유주의에 의도적으로 어떠한 양보도 하지 않는다. *Prison Notebooks*, 263을 보라.
107) 이 가정은 궁극적으로 그람시가 정통 마르크스주의에 기초하고 있다는 것과 결부되어 있다. 왜냐하면 그의 삼분 모델은 그가 역사유물론을 거부하리만큼 이단적이지만, 그는 결코 계급이론을 포기하지 않기 때문이다. 따라서 그는 다원주의적 집합행위 개념과 광범위한 계급동맹체계(그리고 시민사회의 결사체적 삶에 대한 복잡한 모델)를 사회주의적 헤게모니로 나아가는 도중에 추구되는 전략으로 옹호하지만, 일단 사회주의적 헤게모니가 달성되고 나면, 새로운 시민사회의 결사체, 제도, 규범들은 그것의 부르주아적 선조들만큼이나 단일체적이고 일차원적이고 그리고 기능적이 될 것이라고 묘사한다.

일체적인 조절된 사회에 맞설 권리를 지니게 될 수 있는지는 분명하지 않다.

근대성의 관점에서 볼 때, 조절된 사회라는 그람시의 관념은 다음과 같은 문제를 제기받을 수 있다. 만약 국가권력이 폐지되거나 흡수된다면, 시민사회는 근대 사회일 수 있는가? 시민사회와 경제의 구분은 말할 것도 없이, 시민사회와 국가(그람시는 국가에 관한 중요한 분석가 가운데 한 사람이다)의 이원성이 이 두 용어의 근대성을 구성하는 것 아닌가? 실제로는 불가능하지만 분명 상상할 수 있는 국가의 폐지는 또 다른 방식으로 그것의 근대적 선조와 유사한 자율적인 다원적 시민사회로 이어지는 것이 아니라, 근대적 행정도 없고 또한 정치세계로부터 자율적인 공간을 만들어내는 근대적 구조의 권리와 자유도 없는 전통적인 정치-시민사회의 부활로 이어질 것으로 보인다.[108]

부르주아 모델의 시민사회이기는 하지만 시민사회가 이미 확립된 확고하고 복잡한 구조를 지니고 있음을 감안할 때, 그람시의 조절된 사회는 오직 혁명적인 전체주의적 파괴를 통해서만 성립될 수 있다. 노동계급의 제도를 포함하여 기존 제도 대부분은 다른 방법으로 그러한 파괴를 방해할 것이다. 왜냐하면 사회적 갈등을 내장하는 다양한 형태의 기존의 삶, 문화, 결사체들은 제재와 관련된 법과 권리의 구조를 필요로 하기 때문이다. 또한 그것들은 근대 국가의 중재와 이해결집을 필요로 한다. 어떠한 급진개혁주의적 전략도 그 자체로 이러한 복잡성을 축소할 수 없을 것이며, 실제로 새로운 사회적 행위자들의 조직과 동원은 이질적인 이해관계들을 추가하고 잠재적인 사회적 갈등을 증가시킬 것이다. 그람시의 테제에게는 유감스러운 일이지만, 현존 형태의 시민사회의 혁

---

108) 사회를 시간제약으로부터 해방시키는 전문적 행정 없이 사회가 근대적이면서 동시에 민주적일 수는 없다. 따라서 기능적인 이유에서 국가폐지의 관념은 민주주의와 양립할 수 없다.

명적-국가주의적 파괴가 조절된 사회로 안내할 가능성은 거의 존재하지 않을 것이다. 그람시가 실제로 직면했던 선택은 급진민주주의라는 한편과 전체주의의 시민사회의 폐지에 의해 마련되는 혁명적 민주주의라는 다른 한편 사이에 있는 것이 아니었다.[109] 오히려 그 선택은 시민사회로 약칭되는 한편과 분명 그 자신을 영속화하고자 시도하는 권위주의적 체계라는 다른 한편 사이에 있었다. 그람시는 후일 그러한 체계의 변형들에 호전적으로 도전하게 될 사람들에게 중요한 개념들을 제공했지만, 그것은 그가 의도하지도 그리고 심지어는 예기하지도 못했던 일이었다. 그리고 그러한 도전을 감행하고자 했던 사람들이 독자적인 시민사회의 가치를 상정할 수 있었던 것은, 오직 그들이 근대 시민사회에 대한 증오―마르크스는 알고 있었지만 그람시는 분명 망각한―를 그 깊숙이에 포함하고 있던 조절된 사회라는 급진민주주의적 유토피아를 자신들에게서 완전히 제거했을 때뿐이었다.

---

[109] 이러한 해석의 한 가지 형태를 애덤슨에게서 발견할 수 있다. Adamson, "Gramsci and the Politics of Civil Society," 331을 보라. 애덤슨은 그람시 사상의 주된 이율배반이 (1) 조직들이 민주화될 수 있고 복수의 사회적 파당들 간의 자유로운 의사소통이 존재할 수 있는, 국가 외부의 공적 공간으로서의 시민사회 개념과 (2) 전체주의화하는 단일한 문화 모델 또는 세계관(인류로서의 마르크스주의) 사이에 존재한다고 주장한다. 후자는 아마도 뚜렷이 반(反)다원주의적인 방식으로 문화적 위기를 해결하고 부르주아 사회의 소외와 무의미성을 "전 국민이 공유하는 응집적이고 단일한 삶과 인간 개념"― 즉 하나의 '문화'가 되는 철학―으로 대체할 것이다. 이런 점에서 애덤슨이 옳게 지적하듯이, 시민사회의 정치는 종결될 것이다. 그러나 애덤슨이 그람시 시민사회 재구성의 핵심범주가 공론장이라는 범주라고 주장하는 것은 거의 근거가 없는 것처럼 보인다. 그리고 그는 그람시의 헤게모니, 즉 동의의 조직화라는 개념을 하버마스의 의사소통적 상호작용 개념의 렌즈를 통해 독해하는 오류를 범한다(331-333쪽). 그람시에서 의사소통, 문화, 지적 삶은 항상 몇 가지 전략적 목적과 연관되어 있다. 실제로 그람시가 명시적으로 거부하는 것이 바로 공론장의 규범 그리고 합리적 논증을 지향하는 의사소통과 토론이라는 관념이다. 헤게모니 개념은 중립성이라는 이 '부르주아' 이데올로기에 대한 대안이다.

부연설명: 그람시의 계승자들 – 알튀세, 앤더슨, 보비오

그람시의 이율배반적인 지적 입장은 두 가지 별개의 그리고 대립적인 경로들로 이어질 가능성이 있다. 그의 대안들을 서로 다르게 조합하는 것이 가능하지만, 소련에 대한 변호적 태도, 현존 형태의 시민사회와 관련된 기능주의적 환원론, 그리고 하나의 통일된 국가-사회라는 유토피아적 프로젝트(또는 규범적인 대항 모델) 사이에는 선택적 친화성 그 이상이 존재한다. 기능주의적-환원론적 요소들을 강조하는 이 조합은 마르크스주의적 혁명 프로젝트를 본래대로 유지할 것을 역설하는 루이 알튀세(Louis Althusser)와 그의 추종자들의 경로를 특징짓는다. 유사하게 소련에 대한 비판, 갈등이론적·이원론적 현존 시민사회 개념, 그리고 다원민주주의적인 규범적 시민사회 모델 사이에도 똑같이 강력한 내적 연관이 존재한다. 이 조합은 최근 현대 급진개혁주의적 민주화 프로젝트에 적합한 틀로서의 시민사회에 초점을 맞추어온 노르베르토 보비오가 추구하고 있다.

알튀세는 그람시의 이론 중 국가와 시민사회 간의 대립을 포함하는 해석을 전적으로 무시하고, 시민사회와 정치사회, 헤게모니, 지배 모두가 국가의 기능적 측면들이라는 부차적인 해석에 과감하게 초점을 맞춘다.[110] 여기서 정치사회는 정부, 행정부, 군대, 경찰, 법원, 감옥으로 구성되는 하나의 단일한 구조로 상정되는 것과 관련하여 정의되는 '억압적인 국가장치'가 된다. '시민사회'(이 인용표시는 그가 한 것이다)는 다시 종교, 교육, 가족, 법, 노동조합, 의사소통, 문화의 요소들로 이루어진 '이데올로기적 국가장치들'을 지닌 하나의 분화된 틀이 된다. 알튀세는 이 모든 영역이 국가에 속한다는 것을 보여주기 위해 고군분투한

---

110) Althusser, "Ideology and the Ideological State Apparatuses," 142ff. and note 7.

다.[111] 그가 이데올로기적 국가장치들의 지위가 국가의 공식적인 '억압장치'와는 달리 사적이라는 반박을 제도의 실제 기능을 은폐하는 부르주아적 법률만능주의일 뿐이라고 기각하는 것은 부분적으로는 옳다. 그러나 이 전략은 국가구조로의 포섭이 아니라 사적인 경제적 영역과의 구별만을 정당화할 뿐이다. 지배계급이 국가권력—즉 문제의 다양한 제도들을 통합할 수 있는 이데올로기—을 장악하기 때문에 그러한 제도들이 "광범위하게 그리고 효과적으로 작동한다"고 주장하는 것은 지배계급의 이데올로기이다. 그리고 "이데올로기적 장치"는 그렇기에 국가제도라고 주장하는 것은 논리적으로도 오류일 뿐만 아니라 경험적으로도 의심스럽다. 그것이 논리적으로 오류인 까닭은, 비록 국가가 지배계급의 도구라고 하더라도, 이 두 용어는 여전히 동일한 것일 수 없기 때문이다. 하지만 알튀세의 '삼단논법'은 이러한 동일시를 전제로 하고 있다. 그리고 그것이 경험적으로 오류인 까닭은, 우리가 이를테면 사회민주주의의 역사로부터 알고 있듯이, 많은 비(非)부르주아 계층과 집단도 자본주의 사회에서 국가권력을 장악할 수 있고 또 알튀세가 언급하는 제도들은 내적으로(가톨릭교회 대 프로테스탄트 교회, 기독교 노동조합 대 생디칼리슴적 노동조합 등등) 그리고 서로 간에도 커다란 이데올로기적 다양성에 의해 특징지어지기 때문이다. 이러한 외견상의 명백한 문제들에도 불구하고, 이 주장은 영향력을 확대해왔다.

우리에게 보다 중요한 것은 알튀세 자신이 그러한 기능주의적 입장의 해석을 일관되게 고수할 수는 없었다는 것이다. 그는 "국가의 이데올로기적 장치들에 대해 그리고 그러한 장치들 속에서 헤게모니"를 장악하지 않고는 어떠한 형태의 권력도 오랫동안 안정적일 수 없다는 그람시

---

[111] 심지어 그는 분명 보여줄 수 없는 것—그것들 모두는 '국가장치들'(이를테면 관료제적·행정적 메커니즘)을 표현한다—을 보여주고자 하는 노력조차 마다하지 않는다.

의 주장을 적절하게 되풀이한다.[112] 그러나 그가 이 장치들과 그것들이 생산한다고 가정한 이데올로기의 기능이 현존 생산관계를 재생산하는 것이라고 주장할 때, 이 테제는 그 자신의 기능주의적 견해에 따라 해석되지 않는다.[113] 이 후자의 주장은 시민사회를 국가로부터 분리시키고, 국가의 제도들과 함께 시민사회의 제도들을 자본주의 경제의 재생산과 기능적으로 연결시킨다. 일단 시민사회를 국가의 한 가지 차원으로 만들어야만 한다는 불합리한 부담으로부터 벗어나자마자, 알튀세는 이데올로기적 국가장치, 즉 시민사회의 제도들이 "다수이고, 서로 다르고, '상대적으로 자율적'이며, 또한 자본가의 계급투쟁과 프롤레타리아의 계급투쟁 간의 충돌의 결과 발생하는 모순을 제한적 또는 객관적 형태로 표현하는 객관적 장을 제공할 수 있다"고 선언한다.[114] 이 주장은 그가 그람시에서 작동하고 있는 두 가지 기능주의(국가주의적 기능주의와 자본주의적 기능주의) 사이에서 움직이고 있음을 암시하는 것뿐만 아니라, 또한 그람시 속에서 추적할 수 있는 또 다른 갈등이론적 입장과 다원민주주의적 입장을 막 재발견하고 있음을 의미한다.[115] 하지만 알튀세는 그의 혁명적·국가사회주의적 헌신의 면에서 그람시보다 훨씬 더 교조적·전통적이기 때문에, 그가 이 길로 여행할 가능성은 그의 전임자들보

---

112) Althusser, "Ideology and the Ideological State Apparatuses," 146.
113) Ibid., 148ff. 물론 누군가는 시민사회의 기능이 국가권력을 재생산하는 것이라는 주장(이는 적어도 정치, 법, 교육 제도들에게는 그럴듯한 지적이다)을 버리고, 시민사회가 국가구조에 속하며(이는 교육제도를 제외한 다른 모든 제도들에게는 그럴듯하지 않다) 따라서 그것의 기능은 억압제도와 함께 전체 체계의 재생산을 돕는 것이라고 주장할 수도 있다. 알튀세는 결코 이처럼 경험적으로 의심스러운 개념적 전략을 시도하지 않는다.
114) Ibid., 149.
115) 부시-글룩스만(*Gramsci and the State*, 66)은 알튀세에서 나타나는 갈등이론적 입장과 기능주의적 입장 간의 이율배반을 지적한다. 하지만 알튀세는 관점 전체가 이 이원론적 긴장에 의해 특징지어지는 그람시의 기능주의적 입장을 지적하는 것으로 보일 때 말고는 기능주의적 시각을 좀처럼 드러내지 않는다.

다 더 희박하다. 심지어 매우 수정된 형태 속에서조차 알튀세가 선택한 기능주의적 노선은 시민사회의 이중적인 규범적 성격을 진정하게 재평가하는 것으로 이어질 수 없다.

한때 알튀세의 추종자 가운데 한 사람이었던 페리 앤더슨(Perry Anderson)의 탁월한 그람시 해석도 하나의 적절한 사례이다.[116] 앤더슨은 알튀세의 그람시 재구성을 텍스트적으로도 그리고 정치적으로도 철저하게 파괴한다. 그는 정치적으로 이 재구성을 실패작이라고 본다. 왜냐하면 그것이 파시즘적-권위주의적 형태의 자본주의 사회와 자유민주주의적 형태의 자본주의 사회를 구분할 수 없기 때문이다. 오직 전자만이 문화를 재생산하는 사회제도들을 국가 내로 흡수한다.[117] 그러나 그것이 국가와 시민사회를 구분하는 기본 용법을 무시한 채 그람시의 연구에서 나타나는 부차적인 개념적 전략에 집중하는 한, 그것은 또한 텍스트상으로도 오류를 범하고 있다.

앤더슨은 그람시가 시민사회를 국가 속에 흡수시키는 이 부차적 용법을 발전시킨 까닭은 그의 기본 용법이 지닌 난점 때문이었다고 주장한다. 시민사회만이 문화적 정당성을 행사하는 것은 아니다. 국가 또한 특히 (그람시가 언급한) 교육제도와 법제도를 통해, 그리고 (그람시가 빠뜨렸지만 앤더슨은 강력하게 강조하는) 의회제적 구조를 통해 문화적 정당성을 행사한다. 그람시의 답은 강제와 헤게모니를 시민사회와 국가

---

116) Anderson, "The Antinomies of Antonio Gramsci," 35ff.
117) Ibid., 35-36. 앤더슨은 알튀세가 이러한 조치를 취한 주요한 동기가 무엇일 수 있는지에 대해서는 지적하지 않는다. 모든 국가사회주의 사회에서, 특히 소련과 중국에서 사회제도들은 파시즘 하에서보다 훨씬 더 일관되게 국가화되었으며, 그러한 상황은 그람시로 하여금 일부 비판을 주저하게 했다. 만약 우리가 사회제도가 서구에서 국가장치의 일부라고 선언한다면, 현존 사회주의에 대한 비판적인 관점 또한 포기하지 않을 수 없을 것이며, 유로코뮤니즘적 정당이 아닌 프랑스 공산당의 정치를 긍정하게 될 것이다. 이 맥락에서 앤더슨이 중국의 문화혁명을 언급한 것은 이해가 되지 않는다.

모두의 기능으로 만드는 것이었다. 정당한 폭력의 독점자라는 근대 국가의 정의를 위협하는 이 개념의 난점이 아마도 그람시로 하여금 시민사회를 국가 속에 포함시키거나 또는 심지어 이 두 영역을 서로 동일시하게 했을 것이다.[118]

어떤 점에서는 그람시의 답과 알튀세의 답을 결합시킨 것으로 볼 수 있는 앤더슨 자신의 해법은, 시민사회와 국가의 분리를 유지하면서도 시민사회의 제도들이 오직 문화적 헤게모니와 동의만을 생산하는 반면 (의회제적 제도가 수행하는 매우 중요한 역할 때문에) 국가구조는 강제뿐만 아니라 동의도 생산한다고 주장하는 것이다. 이러한 관념은 이데올로기적 국가장치라는 알튀세적 관념을 받아들이지만, 그람시가 국가 밖에서의 이데올로기 생산을 부차적 생산으로 강조한 것을 유지한다. 앤더슨은 실제로 이러한 개념적 조처를 통해 국가와 시민사회를 과도하게 도식적으로 구분하는 그람시 논의에 대한 주요 해석과 그러한 구분이 전혀 존재하지 않는 부차적 해석 사이에서 그릇된 선택을 하는 것에서 벗어난다. 이 과정에서 그는 시민사회와 국가 사이의 매개제도—즉 시민사회가 국가에 침투하고 동시에 하나의 통일된 정치적 의지가 형성되는 장소—로서의 의회라는 헤겔의 관념에 우연히 근접한다. 그는 그러한 견해에 가까이 가지만, 우리가 앞으로 살펴보듯이, 아주 가까이 다가가지는 않는다.

사실 이 새로운 주장이 마르크스식 기능주의의 한계를 극복하지는 못한다. 앤더슨은 우리가 아는 시민사회는 오직 자본주의 사회를 기능적으로 재생산할 뿐이라는 점을 매우 분명히 한다. 따라서 "시민사회의 '사

---

[118] Ibid., 31-34. 앤더슨은 초기에는 시민사회를 국가에 포함시키는 것과 이 둘을 동일시하는 것 간을 구분한 바 있다(그람시에게서는 이를 전혀 찾아볼 수 없다). 하지만 앤더슨은 애석하게도 나중에 이 두 선택지를 동일시하는 쪽으로 나아간 것으로 보인다. 앤더슨이 알튀세를 가혹하게 비판했던 것은 어느 정도는 이러한 실수와도 관계가 있다.

적' 제도들"은 "노동계급이 집합적 권력을 행사하는 사회구성체" 속에서는 어떠한 자리도 차지하지 못한다.[119] 이러한 가정을 염두에 두고서 그는 현존 형태의 시민사회 내에 대항 헤게모니를 구축하고자 하는 그람시의 전반적 전략에 대해 시종일관 우려를 표명하고 또 거부한다. 그는 그러한 전략을 하나의 통일된 국가-사회를 혁명적으로 수립하는 방법으로 사용하고자 하는 사람들보다 분명 더 일관되게 그렇게 한다. 앤더슨은 통일된 국가-사회의 수립이라는 꿈을 공유하며, 따라서 현존 시민사회의 핵심적 차원들의 보존을 암묵적으로 가정하는 급진개혁주의적 방식을 거부한다. 그에 따르면, 그와 같은 전략은 현존 체계를 궁극적으로 보장하는 장치—폭력과 억압 수단의 소유—에 맞서기에는 무력하기 때문에, 노동계급을 기존 사회 속에 통합시키는 데에만 기여할 수 있다.[120]

폭력과 억압에 대한 언급은 이미 논의가 '국가장치' 수준으로 옮겨갔음을 암시한다. 시민사회 안에 대항 헤게모니를 구축하는 것이 실패할 수밖에 없는 핵심적인 이유는 현존 체계를 이데올로기적으로 재생산해야 한다는 주요한 요구가 의회에 의해 국가영역 내에서 수행되기 때문이다. 하지만 그러한 요구는 그것과 잠재적 폭력과의 연관성으로 인해 강화되고, 그렇기에 대안적인 제도에 의해 그저 우회되거나 대체될 수 없다. 의회제적 제도가 전복되지 않는 한, 동의창출에서 의회제적 제도들이 갖는 우위성에 성공적으로 이의를 제기하기란 불가능하다. 앤더슨에 따르면, 이것이 바로 자유민주주의의 안정성과 관련한 그람시의 수수께끼에 대한 해답이다.

이 해답은 시민사회에 관한 그람시의 두 가지 견해—그 하나가 일원

---

119) Ibid., 22. 그 맥락에서 앤더슨이 준거점으로 삼았던 것이 그가 (불구화된?) 노동자의 나라라고 보았던 소련이었다는 사실은 문제를 더욱 악화시켰다.
120) Ibid., 44-46.

론적-기능주의적 견해이고 다른 하나가 이원론적이고 갈등이론적인 견해이다—사이에 존재하는 이율배반을 벗어날 수 없다. 문제는 헤겔적 의미에서의 매개제도로서의 의회가 지닌 독특성, 즉 의회라는 것이 국가가 시민사회에 의해 '침입받는' 제도로 보인다는 사실에 있다. 앤더슨은 이를 충분히 인식하지 못하고 있기 때문에, 자기자신의 논의가 초래하는 결과들에 의해 기습당한다. 그는 의회가 동의를 창출하는 데에 왜 그렇게 성공하는지를 묻는다. 왜 의회는 자유민주주의 하에서 그렇게 좀처럼 급진적인 도전을 받지 않는가? 칭찬할 만한 것은 앤더슨이 문화적 조작 교의, 작업장이 수동성을 만들어낸다는 교의, 그리고 심지어는 복지국가의 급여가 동의를 매수하는 능력에 관한 교의들에 대해 의구심을 드러낸다는 것이다.[121] 의회는 문화적·사회적·경제적 제도들에 의해 생산되는 동의에 의존하는 것이 아니라 스스로 동의를 창출한다. 의회는 시민사회 속의 불평등하고 부자유한 개인들에게 국가 앞에서의 평등이라는 이미지, 그리고 개인들이 자신들의 대표자를 통해 정치적 의지를 형성하는 데에 적극적으로 참여한다는 이미지를 제시함으로써 그렇게 한다. 이러한 이미지들은 다시 모든 부차적 동의창출 활동이 의지하는 이데올로기적 부호(평등, 자유 등등)를 생산한다.[122]

이데올로기적 통합의 중심지로서의 의회라는 관념은 앤더슨으로 하여금 "이데올로기적 국가장치"라는 알튀세식 교의에 다가서게 한다.[123] 그리고 그는 결국 서로 다른 '장치들'의 이데올로기적 통일성을 생산하는 국가에서 실제로 연원하는 하나의 과정을 지적함으로써 어떻게든 그

---

121) Ibid., 27-29.
122) Ibid., 28.
123) 알튀세 또한 선진자본주의에서 이데올로기적 우위성을 부여받게 될 자신의 후보로 교육제도를 선정하기 전에는 잠시 동안 이런 식으로 의회를 강조할 생각을 했다. "Ideology and the Ideological State Apparatuses," 152-155를 보라.

교의를 일관되게 만든다.[124] 그러나 앤더슨이 기능주의적 양식 내에서 일관성을 유지하는 것은 알튀세보다 훨씬 더 불가능하다. 한편에서 그는 의회로부터 나오는 일반적인 이데올로기적 부호들은 단지 주요 불평등과 부자유의 형태들을 은폐할 뿐이라고 말한다. 그는 다른 한편에서는 다음과 같이 말한다. "이 부호가 더더욱 강력한 까닭은 시민권이라는 법률적 권리가 단순한 신기루가 아니기 때문이다. 그와는 반대로 부르주아 민주주의의 시민적 자유와 참정권은 하나의 명백한 현실이다. 그리고 역사적으로 볼 때, 그것의 완성은 부분적으로는 노동운동 자체의 성과였고, 그것의 상실은 노동계급에게는 중대한 패배가 될 것이다."[125] 앤더슨은 계속해서 의회의 자율성을 묘사한다. 그에 따르면, 의회의 자율성이 모든 의회 조직체를 이중적이게 만든다. 즉 그러한 조직체들은 자본의 문화적 재생산이라는 기능적 필요성을 표현하는 동시에 혁명적 부르주아의 이상을 담고 있는 여전히 유력한 역사적 성과 또한 표현한다.

앤더슨이 그러한 이상에 감탄할 수도 있지만, 그는 자신이 그것을 공유하지는 않는다고 넌지시 비춘다. 그는 분명 그러한 이상을 활용하는 의사(擬似)그람시적 전략과 그러한 이상이 대안 헤게모니의 구축을 위해 제공하는 공간을 거부한다. 하지만 그가 그 자리에 무엇을 위치시킬지, 그리고 그가 어떻게 그 성원들이 현대 의회주의의 의미에서의 평등과 자유에 여전히 분명하게 집착하고 있는 '노동계급'에게 또 다른 '중대한 패배'를 조장하지 않으면서 그러한 이상을 폐지할 수 있을 것인지는 불확실하다. 앤더슨은 오직 프롤레타리아 민주주의라는 혁명 이후의 경험 속에서만, 즉 "부르주아 민주주의의 진정한 한계"가 학습되어 역

---

124) 1969년 1월부터 4월까지의 기간 동안(!), 알튀세가 지적할 수 있었던 것은 오직 지독한 조건에서 지배 이데올로기의 기질에 반하여 어떻게든 가르치고 있었던 소수의 고립된 영웅적인 교사들의 저항뿐이었다(ibid., 157).
125) Anderson, "The Antinomies of Antonio Gramsci," 28.

사적으로 극복될 수 있는 "정당 또는 평의회〔원문대로〕속"에서만 그러한 집착을 깨뜨릴 수 있다고 제시한다.[126] 유감스럽게도 그는 우리에게 이 대안적 민주주의에 관해 거의 아무것도 말해주지 않는다. 하지만 보다 중요한 것은 그의 테제가 기존의 절차를 통해 민주주의를 경험하고 있는 사람들에게 그러한 민주주의의 원리를 설득력 있게 제시할 수조차 없다는 것이다. 따라서 이 두 민주주의의 연계관계는 원칙적으로 반(反)민주적 관계일 수밖에 없으며, 이는 현재 자유민주주의의 이점을 높이 평가하는 사람들에게는 다소 이상한 제안으로 보일 것이다. 우리는 어찌되었든 그것이 질적으로 다르고 아직까지 시도된 적이 없는 그리고 현재의 사회 속에서 시도될 수조차 없는 형태의 민주주의를 가져올 것이라는 신념에 기초하여 특정한 혁명전략을 받아들일 것을 요구받고 있다.

그러한 대안적 형태의 민주주의는 결코 존재하지 않는다는 것이 노르베르토 보비오의 가장 잘 알려진 테제이다. 그렇지만 보비오는 좌파 사회주의 민주화 이론가 가운데 한 사람이다. 그가 그람시의 단순한 추종자는 결코 아니지만, 『옥중수고』(*Prison Notebooks*)에 대한 그의 정확하기로 유명한 해석은 민주주의 문제에 대한 그의 독특한 이론적 입장을 이해하는 열쇠이다. 보비오에 따르면, 그람시는 시민사회(그리고 국가)를 경제에 동화시키고자 했던 사람들(경제결정론자들)과 시민사회를 국가와 무력숭배에 종속시키고자 했던 사람들에 맞서 양면전쟁을 벌였다. 그는 부르주아 사회의 조건들뿐만 아니라 "그러한 조건들을 극복하는 잘못된 방식" 또한 극복하고자 했다.[127] 이런 점에서 보비오는 물론 다소 몰역사적으로 그람시를 사회민주주의적 정치와 레닌주의적 정치 모두와 구분하고자 한다. 우리가 이미 주장했듯이, 보비오가 보기에 그

---

126) Ibid., 71.
127) Bobbio, "Gramsci and the Concept of Civil Society," 88-90.

람시는 정치와 경제뿐만 아니라 "관습과 문화"까지도 변혁시키기를 바란다는 강력한 의미에서 '개혁'전략가였다. 실제로 여기서 모든 강조점은 대안적인 문화적 헤게모니의 구축에 두어진다. 이 대안적 헤게모니는 정당뿐만 아니라 특히 문화의 생산 및 확산과 관련된 모든 시민사회 제도의 활동까지를 포함하여 권력장악에 선행되어 구축되어야만 한다.[128] 따라서 이 해석에서 급진적 전략의 중심지는 국가로부터 문화적 헤게모니의 장악을 위해 연장된 '진지전'이 벌어지게 될 시민사회로 전면적으로 재배치된다.

그람시에 관한 자신의 유명한 논문에서 보비오는 이 급진적인 시민사회중심적 전략과 시민사회가 국가를 흡수하는 조절된 사회의 목표 간의 어떠한 불일치도 지적하지 않으며,[129] 또한 심지어 이 점에서 레닌의 먼 미래관(비록 분명 소비에트의 현실은 아니지만)과 그람시 입장의 요체(비록 전문용어는 아니지만)가 일치한다는 것조차 지적하지 않는 것처럼 보였다. 그럼에도 불구하고 보비오가 1970년대 그리고 특히 1980년대에 개진한 민주주의와 민주화에 관한 이론에서 시민사회가 국가를 흡수하는 단일체적인 조절된 사회에 대한 그람시의 전망은 발견되지 않는다.[130] 그와는 반대로 이 시기에 나온 그의 연구들은 그 어느 때보다 강력한 표현으로 단일체적인 직접민주주의 관념을 거부했다. 보비오는 급진 실체론적 접근방식 대신에 대의제 민주주의의 규범적인 절차적 원리들이 어떤 국가가 민주적인지를 판단하는 데 필요한 기준(비록 분명한

---

128) Ibid., 92-93.
129) Ibid., 94-95.
130) 특히 *Which Socialism?* [1976] (Oxford: Polity Press, 1987)과 *The Future of democracy* [1984] (Oxford: Polity Press, 1987)를 보라. 하지만 여기서조차 우리는 보비오가 그람시의 '조절된 사회'관을 비판하는 것을 발견하지 못한다. 그러한 비판은 보비오 책의 영어판 편집자인 리처드 벨러미(Richard Bellamy)가 『어떤 사회주의인가?』에 쓴 서문에 제시되어 있다.

기준은 아니지만)을 구성한다고 역설한다. 그렇다면 급진민주주의적 개혁의 진정한 문제는 자유민주주의가 스스로의 약속을 지키는 데 성공하지 못했던 이유를 밝히고, 더 많은 민주화를 위한 자신의 프로그램을 명시적으로 제시하는 것이다.

따라서 보비오는 자신이 취하는 민주주의에 관한 규범적 정의와 현실주의적인 (실행 가능한) 정의 각각이 무엇인지에 대해 진술한다. 모든 민주정부는 다음과 같은 세 가지 기본적인 필수조건을 갖추고 있다. (1) 참여(또는 공동체 전체에 적용되는 모든 의사결정에 [비록 매개체를 통해서이기는 하지만] 집합적·전반적으로 관여하는 것), (2) 아래로부터의 통제(이것은 그러한 방식으로 통제되지 않는 모든 권력은 남용되는 경향이 있다는 원칙에 기초한다) 그리고 (3) 반대의 자유.[131] 물론 보비오는 이들 원리가 현존 자유민주주의에서 실현되는 것과 관련하여 어떠한 환상도 가지고 있지 않다. 그는 심지어 민주적 제도들이 가장 완전하게 그리고 가장 공식적으로 발전한 국가들에서조차 그간 그러한 약속들이 지켜지지 않았다고 주장한다. 모든 근대 사회에서와 마찬가지로 이들 국가에서도 그러한 원리들이 적절히 실현되기 어렵게 만드는 적어도 민주주의의 네 가지 역설이 존재한다. "간단히 말해, 이들 민주주의—여기서 나는 민주주의를 집합적인 의사결정을 위한 최적의 방법이라는 의미로 사용한다—의 네 가지 적(敵)은 대규모로 이루어지는 근대의 사회적 삶, 국가장치의 점점 더 증가하는 관료제화, 의사결정행위에 필요한 형식적 절차의 증가, 그리고 시민사회의 대중사회화 경향이다."[132]

요약하면, 우리 근대인들은 점점 더 나빠지는 상황 하에서 점점 더 많

---

131) Bobbio, *Which Socialism?*, 43. 또한 다수결 원리 등에 관한 보다 상세한 논의로는 같은 책, 66쪽을 보라. 매우 이상하게도 이 마지막 글에서 보비오는 그의 정의에서 아래로부터의 통제라는 관념을 빼버린다.
132) Ibid., 99.

은 민주주의를 요구하고 있는 것처럼 보인다. 게다가 이들 역설은 대의제적 의회제도 속에서 악화되고 있는 것으로 보인다. 정치적 무관심 현상과 이데올로기적 권력을 독점하고 있는 엘리트들에 의해 왜곡·조작되고 있는 참여는 참여의 약속을 방해해왔다. 권력의 중심지가 시민들이 성공적으로 통제할 수 있는 제도들로부터 멀리 떨어진 곳으로 이동함에 따라, 아래로부터의 통제는 그 의미를 상실하고 있다. 즉 군대, 관료제, 대기업과 같은 실질적 권력의 중요한 수단과 중심지들이 민주적 통제 하에 있지 않다. 마지막으로, 지배적인 경제체계가 급진적 대안이 성립할 수 있는 여지를 전혀 주지 않는 자본주의 사회에서 반대의 권리는 심각하게 제한된다.

그렇다면 현대 서구사회를 '민주적'이라고 부르는 것은 어떤 의미에서인가? 1970년대 보비오의 연구들은 민주주의를 규정하는 (최소한의) 원리와 민주주의의 고전적 (깨진) 약속들을 동일시함으로써, 이 질문을 답변 불가능한 것으로 만들어버리는 경향이 있었다. 1980년대에 그는 자신의 사상 속에서 최소한의 정의와 규범적 약속을 구분하는 절차적 전환을 통해 이 문제와 맞섰다. 이제 그는 민주주의를 다음과 같은 요소를 포함하는 최소한의 절차라는 측면에서 정의했다. (1) 가능한 한 최대 다수의 관련당사자들의 참여, (2) 다수결에 의한 의사결정, (3) 선택할 수 있는 실질적 대안들(인물과 정책)의 존재, (4) 의견, 표현, 언론, 집회, 결사라는 형태의 기본권 속에서 자유로운 선택을 보장하는 조치들의 존재.[133]

따라서 비록 보비오가 민주주의와, 매우 제한된 정부를 요구하는 그것

---

133) Bobbio, *The Future of Democracy*, 24-25. 물론 훨씬 나중에 제시된 것이기는 하지만 보비오가 같은 책, 19-20쪽에서 제시하는 정의는 다시 한 번 더 덜 절차적이다. 그러나 그 정의 또한 이해결집과 타협에 초점을 맞춤으로써 보비오 초기 저술의 고전적 모델과는 단절하고 있다. 하지만 도대체 왜 이 나중의 모델이 형식적으로 민주적인 제도들과 연계될 필요가 있는지는 확실하지 않다. 따라서 그 모델은 분명 이들 제도를 정의하기 위해 이용될 수 없다.

의 경제적·정치적 활동의 차원 간에 내장된 갈등 역시 존재한다고 생각함에도 불구하고, 근대 민주주의는 정의상 자유민주주의이다.[134] 마찬가지로 중요한 것은 근대 민주주의의가 또한 엘리트적 또는 과두제적, 다원주의적, 특수주의적, 그리고 공중 없는 대중민주주의의 형태를 취하고 있으며, 그것의 민주적 성격은 오직 정치의 공간으로만 제한된다는 사실이다. 보비오가 보기에, 이러한 특징들은 결국 고전 민주주의 모델과 관련된 일련의 깨진 약속들에 해당한다. 근대 초기의 자유주의적 재진술들 속에서조차 이 모든 약속은 개인주의, 보편주의, 공공성, 교육받은 시민을 다양하게 강조하는 가운데 통치자와 피통치자라는 구분을 상대화하는 것을 포함하고 있었다.[135] 근대 정치의 민주적 성격을 감소시키는 일단의 이질적인 원인들—비밀주의적 또는 비가시적인 정치적 관행의 잔존, 근대 경제의 자본주의적 성격, 민주주의와 관료제 사이에 존재하는 선택적 친화성, 민주적 정당정치가 낳는 요구의 과부하, 그리고 근대적 삶에서 기술전문가들이 수행하는 역할의 증대—에도 불구하고, 민주주의의 고전적 약속에 대한 이러한 위반들조차도 다수결, 선거경쟁, 시민적 자유에 의해 절차적으로 규정되는 현존 자유민주주의의 최소한의 민주적 성격을 제거하지는 못한다.[136] 하지만 이 논점은 전도될 수도 있다. 즉 최소한의 절차가 근대 사회에서 엘리트적, 특수주의적, 공중 없는, 그리고 탈정치화된 민주주의의 형태들을 축소시킬 수 없다는 것은

---

134) *The Future of Democracy*, 25-26과 114-116을 비교해 보라.
135) Ibid., 27-36. 애석하게도 이 목록은 다소 이질적이다. 다원주의는 개인주의에 대한 깨진 약속이라기보다는 몽테스키외 그리고 특히 토크빌에게 거슬러 올라가는 하나의 대안적 민주주의의 이론과 약속이다. 그리고 고전적 전통이든 자유주의적 전통이든 그 어디에도 민주주의를 정치 너머로 확대하겠다는 약속은 존재하지 않았다. 이 쟁점이 등장하는 것은 오직 이 민주주의 모델들에 대한 비판가들, 특히 유토피아주의자, 마르크스주의자, 무정부주의자들의 저술들 속에서뿐이다.
136) Ibid., 40.

분명하다.

보비오는 분명 이러한 결론에 만족하지 않는다. 그는 민주주의의 최소한의 절차가 지닌 사회화 측면을 강조한다. 즉 그에 따르면, 그것은 갈등 해결에서 관용과 비폭력의 가치, 그리고 다소 설득력이 떨어지기는 하지만 연대의 가치를 장려하고 급진적인 문화적 학습경험의 기회를 제공한다.[137] 보다 중요한 것은 그가 현존 민주주의의 민주화가 더 진척될 수 있다고 강력하게 믿는다는 것이다. 그는 이 문제를 직접민주주의가 가능한 장소, 대안적 형태의 대의제도의 역할, 그리고 국가에서 시민사회로 민주주의의 공간을 확대할 수 있는 가능성이라는 세 가지 수준에서 다룬다.

1970년대에 이미 보비오는 현존 모델보다 민주주의의 고전적 약속을 더 잘 충족시킬 수 있는 완전하고 실현 가능한 대의제 민주주의의 대안은 존재하지 않는다고 주장했다.[138] 로베르토 미켈스(Roberto Michels)를 매우 생각나게 하는 방식으로, 보비오는 '직접민주주의'의 개별 제도—국민투표, 지역위원회 또는 지방의회, 구속력 있는 위임—들 중 그 어떤 것도 그리고 심지어는 그것들의 어떤 조합조차도 대의제적 체계를 대신할 수 있을 것 같지는 않다고 설득력 있게 제시한다. 복잡한 근대 사회에서 집합적으로 토론하고 해결해야만 하는 모든 쟁점에 대해 국민투표를 실시하는 것은 솔직히 불가능하다. 지역위원회나 집회가 토론을 벌일 만한 능력이 있는지의 문제는 한 나라의 정체가 직면한 문제와는 전혀 다르다. 구속력 있는 위임은 강력한 정당체계가 효력을 발휘하는 곳(정당규율은 강제위임[mandat imperatif]의 기능적 등가물이다)에 이미 존재하고 있다. 그리고 정당체계가 효력을 발휘하지 못하는 곳에서, 위

---

137) Ibid., 41-42.
138) 보비오는 그러한 상황은 현존 '사회주의' 사회들에서 훨씬 더 나쁘다고 주장한다(*Which Socialism?*, 75).

임을 철회할 수 있는 수용 가능한 권위란 무엇인가 하는 문제가 여전히 남아 있다. 마지막으로, 구조개혁과 참여의 확대라는 이중전략에 기초한 대안적인 '사회주의적' 민주주의 모델은 다음의 두 가지 추가적인 어려움에 봉착하게 될 것이다. 첫째, 경제에 결정적인 영향을 미치는 구조개혁이 폭력적 수단—이것은 결코 민주주의의 확대를 가져온 적이 없다—에 의지하지 않은 채로 이루어질 것이라고 상상하기란 어렵다. 둘째, 경제적 권력의 영역에서 민주적 참여의 확대는 자본주의 국가뿐만 아니라 사회주의 국가에서도 공통적으로 나타나는 영원한 특징 또는 역경향으로 보이는 것—즉 아래로부터의 민주적 통제영역에서 경제적 권력을 빼주는 것—에 직면한다. 경제적 영역에서 독재권력에 유리한 조건이 역사적으로 결정되는 것인지 아니면 객관적인 것인지는 논쟁의 여지가 있다. 하지만 보비오는 결국 민주주의의 토대의 점진적 확대는 그것이 공장의 출입문을 통과하고자 시도할 때 결국 극복 불가능한 장벽에 부딪칠 것이라고 생각하기에 충분한 근거가 있다고 (적어도 1970년대에) 주장했다.[139]

그렇다면 대의제 민주주의와 직접민주주의를 배타적인 대안들로 보아야만 하는가? 1980년대에 보비오는 이 둘이 잠재적으로 보완적이라고 보기 시작했다. 첫째로, 구속력 있는 위임을 수반하는 대표제도와 같은 그러한 혼합적 또는 중간적 형태들이 존재할 수 있었다. 둘째로, 사람들은 국민투표, 소환, 지방의회 같은 직접민주주의의 형태들을 대의제적인 민주적 헌법 속에 포함시킬 수도 있었다.[140] 보비오는 자신이 언급하는 중간형태들에 대해 여전히 회의적이고, 또 이미 남용되고 있는 강제위임이 어떠한 식으로든 더 이상 확대되는 것을 거부한다. 게다가 그는

---

139) Ibid., 101.
140) Bobbio, *The Future of Democracy*, 52-54.

보완적인 직접민주주의 장치들의 역할이 중요하기는 하지만, 필연적으로 제한적일 수밖에 없다고 본다. 그는 이를테면 국민투표는 오직 타협할 수 없는 원칙과 관련한 상대적으로 소수의 쟁점이 문제시될 때에만 적절하다고 본다. 따라서 그의 민주화 모델은 직접민주주의 형태라기보다는 새로운 대의제적 민주주의 형태의 확대에 주로 의지하고 있다.

국가제도 영역 내에서는 (가장 유명한 해설자인 에밀 뒤르켐에 따르면) 직능민주주의(functional democracy)라는 관념이 민주주의의 논리를 근대 사회에서 지역 수준보다 더 중요하게 된 수준까지 확대시키는 것으로 자주 제시되어왔다. 그러한 대표제도 중 가장 잘 알려진 제안—그중에서도 특히 길드 사회주의자들과 오스트리아 마르크스주의자들이 제시한—속에는 의회에 정당체계 외부의 전문직 협회를 대표하는 하나의 원(院)을 더 추가하는 안(案)도 들어 있다. 보비오가 볼 때, 그러한 도식은 지역대표제에 대한 빈곤한 그리고 심지어는 위험한 대안을 의미한다. 그러한 이익집단 대표제는 의회를 그저 특수한 이해당사자들의 로비 활동과 그들의 뒷거래에 넘겨주는 것이 될 수도 있다. 이것이 현존 형태의 의회정치가 이미 '타락'하는 경향이 있음을 보여주는 것이라면, 이익집단 대표제가 하나의 원리나 제도로 제기된다고 해서 상황이 더 악화되지는 않을 것이다. 보비오는 현대 의회에서 일반이익과 같은 어떤 것이 출현할 것으로 생각하지 않는다. 그렇기는 하지만 그는 현대 의회구조를 지배하고 있는 정당이 개인과 국가의 매개라는 측면에서 볼 때 이익집단보다 더 우월한 형태의 매개체라고 주장한다. 그는 필연적으로 경직적일 수밖에 없는 유형인 이익집단 대표제와, 일반적인 전망 속에서 다양한 쟁점들을 가능한 한 창조적으로 그리고 유연하게 다루는 정치운동을 대치(對置)시킨다. 반면 정당은 집단성원들의 협소하고 경직적인 이해관계와 대비되는, 서로 다르게 해석되는 시민들의 다면적인 이해관계를 대변한다.[141] 따라서 정당을 선택하는 것은 곧 정치적 견해에 기초하는 일반적인 해석의 틀을 선택하는 것이다. 반면 우리가 우리의 이익집단을 선택하지는 않는다. 즉 우리와 이익집단과의 관계는 대체로 정치적 이해관계가 아니라 공유된 사회적·경제적 이해관계에 의해 규정된다.

우리가 정당체계를 통한 대표제 논리를 그토록 찬미하며 기술할 수 있는 것은 오직 이러한 논쟁상황 속에서뿐이다. 하지만 이상화된 묘사는 보다 차별화된 분석과 제안이 될 수도 있었을 것을 왜곡한다. 보비오가 현재 공식적으로 실행되고 있는 대의제 민주주의를 대체하기보다는 보완할 수 있는 하나의 형태를 강조할 수도 있었다. 그러한 제안을 하는 데에 이용할 수 있는 충분한 논거와 모델이 존재하기도 한다. 보비오가 반복적으로 인정하는 것처럼, 만약 신조합주의적 거래가 이미 현행 정치과정의 특징이라고 한다면, 이러한 협상을 공론장 속으로 끌어들여, 그가 파시즘의 경험에 비추어 당연히 질색할 수밖에 없는, 그러한 조합주의적 성격을 감소시키는 것도 상당한 가치를 지닐 수 있다.[142] 게다가 상원이 하원과의 관계에서 이차적 역할을 떠맡을 수도 있다. 즉 하원에서 가중다수결 제도에 기초하여 상원의 결정을 파기할 수도 있으며, 따라서 상원의 기능은 특정 유형의 쟁점들로 제한될 수도 있다. 이 모든 것이 중

---

141) Ibid., 50-51.
142) 심지어 이익집단의 뒷거래를 공적인 것으로 공식화한다고 하더라도, 실제적인 결정은 비밀의 방, 말하자면 밀실에서 이루어질 수도 있다. 그럴 경우 상원도 하원과 조금도 다르지 않을 것이다. 그러나 또한 양원 모두에서 정당이나 이익집단의 대표자들은 그들이 공적으로 정당화될 수 있는 방식으로 자신들의 입장을 명시적으로 표현하지 않을 수 없게 될 것이다. 우리는 이러한 요구가 그들이 제기할 입장과 거래를 크게 변화시킨다고 생각한다. 물론 보비오는 정당의 대표자들은 자신들의 견해를 전체 사회에 대해 정당화해야 하지만, 이익집단의 대표자들은 오직 그들 자신의 집단을 위해서만 그렇게 할 것이라고 답할지도 모른다. 그러나 정당 역시 특정 유권자들에게 호소한다. 그리고 자기자신의 이익집단에게 결정을 정당화할 필요성도 그 자체로 많은 국가의 현행 제도에 하나의 중요한 이득이 될 수도 있다.

요하다. 왜냐하면 우리가 앞으로 살펴보듯이, 만약 민주적 결사체, 조직, 운동으로 하여금 정치체계에 영향력을 행사할 수 있게 해주는 통로들이 정당정치적 엘리트민주주의의 통상적인 관행 속에서 증가되지 않는다면, 보비오의 대안적인 시민사회 민주화 전략은 무익할 수도 있기 때문이다.

보비오는 전반적인 민주화 프로그램 내에서 대의제적 형태의 민주주의를 정치영역 너머로까지 확장시킬 것을 강조한다. 그는 사실 민주주의에 대한 고전적 모델에도 그리고 자유주의적 모델에도 내재하지 않았던 두 가지 '약속'—즉 민주적 의사결정 영역의 확대와 다원주의의 잠재력 개발—을 회복하고자 한다. 이 맥락에서 그는 아직까지 민주적으로 조직화되고 있지 않은 두 가지 주요 제도들—즉 학교와 (일관성 없이) 작업장—뿐만 아니라 민주화될 수 있는 다양한 역할들(특히 가족, 직업, 교육, 복지수혜자의 역할) 또한 언급한다. 그가 이것들을 선택한 것을 정당화하는 방식은 뒤르켐이 그의 직능대표제 이론을 위해 사용했던 방식, 즉 그곳들이 "근대 사회 구성원의 대부분이 자신의 삶의 대부분을 보내는 곳"이라는 것이다.[143] 여기서 문제가 되는 것은 새로운 직접적 형태의 민주주의를 창안하고 재창조하는 것이 아니라 "대의민주주의와 같은 매우 전통적 형태의 민주주의"가 새로운 공간들, 즉 시민사회의 공간들에 '침투'한다는 것이다.

매우 흥미롭게도 보비오가 경제적 삶의 민주화와 관련하여 이전에 지녔던 의심들이 아직 일소되지 않고 있다. 다시 말해 여기서의 전망 역시 행정영역에서와 마찬가지로 여전히 불확실하게 제시된다. 그럼에도 불구하고 그는 시민사회의 민주화 과정이 겨우 막 시작되었을 뿐이지만, 학교교육과 같은 영역들에서는 이미 상당한 진척이 이루어졌다고 주장

---

143) Bobbio, *The Future of Democracy*, 54-55.

한다. 특히 그는 학교위원회에 부모가 참여하는 것을 강조한다. 이것은 이탈리아에서는 분명히 상대적으로 새로운 경험이다. 이러한 예들에 근거하여, 보비오는 "투표권을 가진 사람들의 수가 아니라 정치 외부에서 투표권을 행사하는 맥락들의 수"가 미래의 민주화의 새로운 지표가 될 것이라고 주장한다.[144]

이러한 결론은 보비오가 제시하는 경험적 증거에 비추어 볼 때 시기상조인 것으로 보이지만, 그는 그것을 뒷받침할 보다 이론적인 논거를 가지고 있다. 보비오는 다원주의가 비록 그 기원에서는 민주적이지 않지만 시민사회의 민주화를 위한 하나의 근거이자 기회를 제공한다고 주장한다. 보비오는 근대 다원주의와 민주주의의 기원을 두 개의 상이한 논쟁적 상황 속에서 통찰력 있게 증명한다. 본래 독재정치가 아니라 독재정치적 형태의 권력에 반대했던 다원주의 또는 다두정치는 그것이 고대적이든 근대적이든 간에 단일체적 민주주의 모델과 상충한다. 달리 말해 근대 초기의 지배적인 민주주의 모델을 전제로 할 때, 다원주의는 반민주적이었다. 하지만 보비오가 옳게 지적하듯이, 상충하는 이해관계 배열태의 이질성에 기초하고 있는 다원주의는 복잡한 사회에서 제거될 수 없다. 그가 보기에, 이러한 사실은 민주주의의 약속을 위반하는 것이다. 왜냐하면 비민주적으로 조직된 권력중심은 특수한 이해당사자들로 하여금 의사결정 과정에 영향력을 행사하게 하고, 또한 그러한 중요한 권력중심지들을 민주적 통제로부터 제거하기도 하기 때문이다. 하지만 물론 진정으로 근대적인 조건 하에서는 민주주의 쪽에서 이루어지는 반다원주의적인 개인주의적 형태의 저항은 무익할 것이다. 민주주의는 오직 국가 외적인 그리고 심지어는 비정치적인 권력중심지들을 자기자신의 논리 하에 복속시킴으로써만 반격을 가할 수 있다. 다원주의 사회의 맥

---

144) Ibid., 56.

락에서 민주주의의 약속은 오직 완전한 인간결사체의 건설을 통한 민주화 과정의 확대를 통해서만 회복될 수 있다. 그리고 이것은 근본주의적인 직접민주주의 프로그램이 아니라 사회 내의 관련 다두제적 중심지들 속에 대의민주주의를 도입할 것을 요구한다.

지금까지의 논의는 설득력이 있다. 그러나 보비오는 또한 다원주의 자체의 특징인 더 많은 권력배분이 "시민사회의 민주화의 길을 열어준다"고 주장한다.[145] 비록 그가 어떤 곳에서 다원주의적 조직이 이의제기를 촉진하거나 보호한다고 언급하기는 하지만, 그의 텍스트에서 다원주의적 조직이 민주화의 목표를 제시하는 방식 그리고 심지어는 민주화 과정을 용이하게 하는 방식에 관한 설명을 찾아보기는 매우 어렵다. 게다가 이 주장은 암묵적으로 다음의 주장과 모순된다.

> 민주화 과정은 모든 복잡사회에 존재하는 위계적이고 하향적인 두 개의 거대한 권력 블록, 즉 거대 기업과 공공행정의 표면에 상처를 내기 시작하지도 못했다. 그리고 이 두 거대 블록이 아래로부터의 압력에 계속 저항하는 한, 사회의 민주적 변혁이 완성되었다고 말할 수는 없다. 심지어 우리는 이 변화가 가능한지조차 말할 수 없다.[146]

게다가 몇몇 가장 중요한 권력중심지들은 그들 자신의 민주화에 크게 저항하고 있는 것으로 보인다. 그리고 만약 우리가 민주화를 일단의 절차적 기준들이 사회의 상이한 영역들로 확대되는 정도에 의해 측정한다면, 그 결과들은 불가피하게 뒤섞이게 될 것이며, 권력의 비민주적인 공간이나 중심지들이 여전히 "너무나 많고 또 너무나 방대하고 그것들의

---

145) Ibid., 62.
146) Ibid., 57.

중요성이 너무나 커서"[147] 민주화 프로젝트 전체를 크게 의문시하게 만들 것 같다는 것은 불행하게도 사실이다.

우리가 민주화에 관한 보비오의 다소 비관적인 결론을 보다 낙관적인 시나리오로 대체하기를 바라지는 않지만, 우리는 약간의 비판적인 논평이 그의 시민사회중심적 프로그램이 궁지에 몰리게 된 이유를 밝히는 데 도움이 될 수 있을 것이라고 생각한다. 첫째, 보비오는 경제로부터 분화된 시민사회라는 그람시의 관념을 가지고 일관되게 작업하지 않는다.[148] 그 결과 그는 그 내적 논리가 급진민주화를 용이하게 하는 영역과 자신의 재생산이 단지 민주적 참여의 보조적 형태와만 부합하는 영역을 명확히 구분할 수 없다. 그의 과도하게 절차적인 민주주의 정의 역시 이 맥락에서 그에게 도움이 되지 않는다. 이 정의는 그에게 어떤 영역(이를테면 정당)에서는 엘리트들에게 지나칠 정도로 적은 요구를 하게 하고, 또 다른 영역(이를테면 자본주의적 경영)에서는 엘리트들에게 지나치게 많은 것을 요구하게 만든다.

둘째, 보비오는 서로 다른 민주화된 영역들 간의 내적 관계에 관한 질문을 제기하지 않는다. 그 결과 사회영역들의 민주화가 그 영역 간의 일반적인 사회적 중요성 서열을 다소 역전시킬 수도 있다는 그의 예측은 민주화의 이해관심을 부당하게 축소시키는 것처럼 보인다. 새로 민주화된 영역들이 어떻게 그리고 어떤 조건 하에서 덜 민주적인 사회적 공간들에 영향력을 행사할 수 있는지를 증명할 필요가 있다. 이 맥락에서 새로운 구조를 현존 형태의 정치적 민주주의 속으로 도입하는 것과 관련된 그의 전반적 비관주의는 그에게 별 도움이 되지 않는다.

마지막으로, 보비오는 민주화될 수 있고 또 되어야만 하는 제도의 맥

---

147) Ibid.
148) 특히 ibid., 105를 보라. 거기서 그는 분명 마르크스적-자유주의적 이분 모델로 되돌아간다.

락으로서의 다원주의와 민주화 작업을 수행하는 집합행위자들의 다원성을 구분하지 않는다. 사회운동과 시민불복종에 관한 그의 논평은 민주화의 대행자로서의 '제도 외적' 행위자들에게 그다지 신뢰를 표명하지 않는다.[149] 따라서 우리는 보비오가 정치체계의 정당을 포함하여 그와 관련된 다원주의적 제도들 속에 현재 자리 잡고 있는 엘리트들에게 이러한 민주화 과정을 위임한다는 의구심을 지니게 된다. 그러한 입장은 비관주의의 충분한 이유가 될 것이다. 왜냐하면 민주화 작업은 통상적으로 이 덜 민주적인 또는 심지어 반민주적인 제도의 수혜자들에게 맡겨질 수 없기 때문이다.

우리는 보비오가 그람시를 좌파 사회주의적으로 전유하고 있다는 페리 앤더슨의 비판을 공유하지 않는다. 우리는 보비오의 전략이 의회민주주의 제도들과 급진적인 단절을 가져올 수 없다는 것에 근거하여 보비오를 비판하는 것은 타당하지 않다고 생각한다. 왜냐하면 그는 본질적으로 그리고 정당하게 단절이라는 관념을 거부하기 때문이다. 또한 그는 사회주의의 이행을 목적으로 삼지도 않는다. 그럴 경우 민주주의 정치는 단순히 하나의 수단으로 축소될 수도 있다. 일반적으로 볼 때, 사회주의의 의미 자체가 여기서 민주주의의 급진화라는 의미로 바뀌는 것으로 보인다.[150] 우리는 이 모든 것에 동의한다.

우리의 보비오 비판은 그의 민주화 프로그램의 미완성적 속성과 관련되어 있다. 그것은 부분적으로는 그의 시민사회 개념이 지닌 미발전되고 심지어 모호하기까지 한 성격과 연관되어 있다. 그러나 이러한 비판조차

---

149) Ibid., 69, 77.
150) 여기서 전통적 의미의 사회주의와 관련하여 남아 있는 것이라고는 경제적 민주주의를 머뭇거리며 요구하는 것 그리고 롤스가 제기한 노선을 따라 정의의 문제를 해결하고자 하는 새로운 사회계약을 보다 단호하게 주장하는 것뿐이다. *The Future of Democracy*, ch. 6을 보라.

도 우리가 보비오 개념의 가장 중요한 두 가지 특징—즉 그가 민주화의 영역을 국가에서 시민사회로 대체하는 것과 형식적 민주주의와 의회민주주의가 다양한 사회영역들이 따라야만 하는 일반 모델을 제공한다는 비(非)근본주의적 프로그램을 주장하는 것—에는 기본적으로 동의한다는 사실을 숨겨서는 안 된다. 그람시의 특수한 해석에 기초하는 이러한 성과들은 보비오를 1970년대와 1980년대의 가장 중요한 해방전략들과 연결시킨다. 하지만 이 개념이 그러한 시민행동에 적절한 지향과 자기이해의 틀을 제공할 수 있었는지는 여전히 의심스럽다. 여기서 문제가 되는 것은 그가 시민사회 개념과 관련하여 이처럼 모호하다는 점, 다소 지나칠 정도로 엘리트민주주의 이론을 관대하게 용인한다는 점, 그의 다원주의 개념이 일면적이라는 점, 그리고 그가 정당의 편에 서서 사회운동의 중요성을 경시한다는 점이다. 이러한 결점들은 그의 이론적 틀 내에서 수정될 수도 있을 것이다. 보다 심층적인 수준에서 보면(그리고 이것이 그가 사회운동 내의 담론형태들과 공유하는 난점이다), 헤겔과 19세기 다른 저자들로부터 물려받은 시민사회 개념을 단지 약간 수정하는 것만으로 민주화 프로그램을 뒷받침할 수 있는지, 그리고 파슨스 이론에서 그 정점에 이른 이데올로기적 이용을 피할 수 있는지는 전혀 분명하지 않다. 보비오는 이 모든 개념적 전략이 국가와 사회의 '융합'으로 인해 이제는 진부해진 19세기적 조건들과 밀접한 관련을 맺고 있을 수도 있다는 점, 그 전략이 심지어 원래의 용도에서조차 반국가주의뿐만 아니라 탈정치화도 함축하고 있을 수도 있다는 점, 그것이 보다 심층적이고 보다 세련된 권위주의적 전략을 숨기고 있는 일단의 제도적 은폐물을 의미했을 수도 있다는 점, 그리고 끝으로 그것이 전제로 하는 사회분화 모델은 복잡한 사회의 현실에는 부적합한, 그릇되고 정교화되지 못한 모델이라는 점을 결코 고려하지 않는다.

우리가 보기에, 보비오가 발전시키고자 하는 종류의 이론은 이러한 비판들을 면밀하게 고찰하기 전까지는 구성될 수 없다. 나아가 우리는 카를 슈미트, 한나 아렌트, 라인하르트 코젤렉, 위르겐 하버마스, 미셸 푸코, 니클라스 루만과 연관된 몇 가지 시민사회 비판 패러다임들이 우리의 이론구성 시도에 중요한 기여를 할 것이라고 생각한다. 이제부터 우리가 착수하는 것이 바로 그러한 비판들이다.

2
시민사회에 대한 불만

제4장 규범적 비판: 한나 아렌트

한나 아렌트(Hannah Arendt)는 일련의 저서와 논문에서 근대 시민사회에 대한 가장 도전적이고 분명 가장 열정적인 비판 중 하나를 제시해 왔다.[1] 좀처럼 드러내놓고 언급하지는 않지만, 아렌트의 주요 적대자는 헤겔이다. 구체적으로 그녀의 공격은 사적 영역과 공적 영역, 즉 가족과 정치적 삶 간의 매개영역으로서의 '사회' 개념에 집중된다. '사회'는 하나의 매개영역으로서, 그곳에서 사적 이해관계, 활동, 제도가 공적 역할을 떠맡는 반면, 공적 제도들은 사적 '가사' 기능을 떠맡는다. 따라서 아렌트가 볼 때, 헤겔의 조합과 경찰은 공적 영역과 사적 영역의 분화를 안정화시키고 규제하는 것이 아니라 오히려 그것들 간의 날카로운 구분선을 해체하고 둘 모두의 본래의 모습과 자율성을 위협한다. 헤겔과 달리 아렌트는 근대 사회와 고대 공화주의를 종합하고자 하지 않는다. 대신에 그녀는 근대 세계, 특히 근대 국가(관료제)와 근대(대중) 사회에 맞서서,

---

1) 특히 *The Origins of Totalitarianism* [1951], 2d ed. (New York: Meridian Books, 1958; 이하에서는 *OT*로 인용함); *The Human Condition* (Chicago: University of Chicago Press, 1958; 이하에서는 *HC*); *On Revolution* [1963] (New York: Penguin Books, 1977; 이하에서는 *OR*); "The Crisis in Culture" [1960], *Between Past and Future* (New York: Meridian, 1963; 이하에서는 "Crisis").

고전적인 정치사회 모델, 즉 폴리티케 코이노니아를 단호하게 옹호하는 동시에, 그것을 오이코스(oikos, 가계) 또는 사적 영역과 분명하게 구분한다. 그녀의 비판은 자신이 고전적인 공적 삶의 가치(정치적 평등, 공적 담론, 명예)와 사적 삶의 가치(독특함, 차이, 개성)로 여기는 것에 기초한 하나의 규범적 비판이다. 그녀가 많은 점에서 닮아 있는 1843년의 젊은 마르크스의 비판과 달리, 아렌트의 비판은 내재적 비판이 아니다. 그러한 가치들이 실제로 정치적으로 재출현하고 재제도화되기 위해서는 기존의 모든 제도가 거의 전면적으로 파괴될 것이 요구된다. '사회'의 출현에서부터 대중사회로의 쇠퇴로 이어지는, 다소 냉혹해 보이는 역사는 근대 세계로부터 그것이 거둔 하나의 명백한 성과—친밀성의 영역으로서의 사적 영역의 발전과 풍부화—를 박탈한다. 따라서 발터 벤야민(Walter Benjamin)처럼 아렌트는 초기 근대성의 전통을 포함하여 인지된 전통의 해체로부터 과거의 몇몇 가치 있는 측면들을 구해내기 위해 의식적으로 구제(救濟)적 형태로 비판한다.[2]

우리는 다음과 같은 몇 가지 이유에서 아렌트의 비판을 상세하게 검토한다. 첫째, 그녀는 근대 시민사회의 제도화의 어두운 측면에 대한 풍부한 통찰력을 제공함으로써 우리가 파슨스식 개념을 상쇄하는 데 도움을 줄 것이다. 둘째, 그녀의 분석에서 드러나는 내적 모순은 우리가 아렌트조차 시민사회의 폐지에 기초한 근대 자유이론을 정초할 수 없다는 것을 보여주는 데 도움을 줄 것이다. 즉 그녀 역시 내키지는 않지만 시민사회 보존의 필요성을 가정하고 있다. 셋째, 라인하르트 코젤렉(Reinhart Koselleck)의 초기 저작과 위르겐 하버마스와의 비교는 우리에게 근대 세계에서 공론장 개념을 축으로 하여 전개되는 아렌트의 규범에 기초한

---

[2] Jürgen Habermas, "Walter Benjamin: Consciousness Raising or Redemptive Criticism," *Philosophical-Political Profiles* (Cambridge: MIT Press, 1983).

프로젝트가 그녀가 추방하고자 했던 사회적인 것이라는 매개영역을 축으로 하여 재위치지어질 때에만, 사람들이 그 프로젝트를 이해할 수 있다는 것을 보여줄 수 있게 해준다.

아렌트의 저작에서 사회적인 것이라는 개념은 부르주아 사회(bürgerliche Gesellschaft)라는 헤겔식의 토포스에 해당한다. 하지만 그녀는 그것을 실제로는 고대인들의 정치사회와 근대 자유주의자들의 시민사회 모두와 대치시켰다. 이 두 개념화가 고대인의 경우에는 공론장을 강조하고 자유주의의 경우에는 사적 영역을 강조하지만, '사회적 영역'—이 두 정치철학이 폐색시킨 근대 세계의 창조물—은 두 영역과 그것들의 구성원리를 혼합하고 서로 침투시킨다.[3] 우리가 그러한 혼합을 이해하기 위해서는 먼저 그것의 구성요소들을 분석해야만 한다.

아렌트의 공론장 이론이 비록 행위이론을 축으로 하여 체계화되고 있기는 하지만, 그것은 고대 공화국 모델에 대한 그녀의 이해로부터 도출되었다. 그녀는 '폴리스'(polis)를 "사람들이 함께 말하고 행위하는 것에서 발생하는 사람들의 조직"으로 인식한다.[4] 그 다음에 행위(action)는 말(speech)—보고 들을 수 있고 그리하여 주관적 표현의 실체를 확인할 수 있는 타자들이 존재해야만 가능한—이라는 매체를 통한 행위자의 자기폭로 또는 심지어 자기재생으로 이해된다.[5] 그러므로 행위는 항상 다양한 독특한 경험과 퍼스낼리티를 확인하는 동시에 공통의 세계—인

---

[3] 아렌트는 사회적인 것에 대해 매우 상이한 두 가지 개념을 가지고 있다. 하나는 결사체의 자연적 그리고 심지어는 전(前)인간적 성향 개념에 기초해 있고(*HC*, 23-24), 지배적인 견해인 다른 하나는 이미 존재하는 제도적 요소들로부터 만들어낸 근대 특유의 창조물들과 관련되어 있다. 하지만 현재의 맥락에서 이러한 사실은 그리 중요하지 않다. 대부분의 경우 두 개념은 조화될 수 있다. 하지만 때때로 첫 번째 개념의 강조는 근대 사회적 영역을 자연원리가 정치적 삶에 침입한 것으로 보는 독특한 개념으로 이어지기도 한다.

[4] *HC*, 198.

[5] Ibid., 50ff., 176-179.

간행위자들을 동시에 "관련시키고 분리시키는"—를 확립하는 상호작용이다. 이 공통의 세계가 공론장이다.

아렌트의 개념이 지닌 한 가지 현저한 난점은 그것이 인간 삶의 인간학적 구성조건과 역사적으로 특수하고 독특한 배열태—고대 도시공화국(과 그것의 추정적이지만 명백히 예외적인 근대적 부활)—모두를 기술한다는 것이다. 이런 점에서 그녀는 그리스인들의 편견을 따르고 있고, 또 그로부터 초래되는 난점을 그녀의 권력 개념을 통해 벗어나고자 노력한다.

행위, 더 정확히 말하면 상호작용은 공론장을 구성하지만,[6] 공론장을 존재할 수 있게 하는 것은 추정컨대 권력뿐이다.[7] 그 다음으로 권력은 약속을 하고 지키는 것, 즉 서로가 서로를 결속하고 맹약하는 것에 기초하여 협력해서 행위하는 것으로 정의된다.[8] 아렌트의 행위 모델은 ("적절한 순간에 적절한 말을 찾아내는" 수사적 기술에 기초하여 연출적인 자기표현을 통해 성취할 수 있는) 명성 그리고 심지어는 '불멸성'을 추구하는 것을 강조한다.[9] 반면 아렌트의 권력 개념은 상호인정과 연대에 기초한 의사소통 형태의 심층구조로부터 지배력을 끌어내는 규범적 원리를 지향하는 행위를 강조한다.[10] 따라서 행위 개념은 '인간조건'의 일

---

6) Ibid., 198.
7) Ibid., 200.
8) *OR*, 75.
9) *HC*, 26 and note 9.
10) 이 두 가지 강조점은 그녀의 주요 저작들에서 다르게 등장한다. 『인간의 조건』이 주로 수사학적-연출적 모델에 의지한다면, 『혁명론』은 결속과 약속을 강조한다. 하버마스와는 달리, 아렌트는 두 개의 상이한 행위 모델이 문제가 된다는 것을 결코 깨닫지 못했다. 두 모델은 상호인정을 포함하고 있다. 전자가 서로의 독특한 퍼스낼리티를 인정한다면, 후자는 연대적 정치공동체의 동등한 성원으로 서로를 인정한다. 실제로 두 모델은 비록 서로 다른 방식으로이기는 하지만, 평등의 규범을 전제로 하고 있다. 전자가 각 개인의 독특성에 대한 동등한 관심과 존경이라는 의미에서의 평등을 전제로 하고 있다면, 후자는 정치공동체의 동등한 성원자격과

반적인 인간학적 구성요소로 이해될 수 있지만, 권력 개념 그리고 그것과 함께 완전히 제도화된 공론장은 그것의 완전한 실현을 위해 공화주의적 모델을 요구하는 것으로 보인다. 그리고 아렌트는 실제로 권력을 그것의 근본적인 '수사적' 의미에서의 행위보다는 정치적 말과 더 밀접하게 연결시킨다.[11]

아렌트가 보기에 공론장은 자연적으로는 불평등하지만 정치적으로는 평등하게 '구성되는' 복수의 개인들을 전제로 한다. 그녀에 따르면, 이소노미아(isonomia, 말 그대로 법 앞에서의 평등)로서의 폴리스의 의미는 시민조직체 내에 지배자와 피지배자의 분화가 존재하지 않는다는 의미에서 "어떠한 지배도 없다"는 의미이다.[12] 따라서 공론장은 처음부터 진정한 서로 다른 의견들을 가지고 있고 또 자유롭게 교환하는 시민들 사이에서 일어나는 비강제적 담론을 특징으로 하는 상호작용 모델을 확립한다.[13] 이 모델은 다소 제한적인 것으로 판명난다. 아렌트

참여라는 의미에서의 평등을 전제로 하고 있다. 아렌트는 이 행위 모델들 간의 차이를 결코 적절히 구분하지 않았다. 왜냐하면 그녀는 모두를 단일한 공론장, 즉 그리스의 폴리스에 위치시켰기 때문이다.

11) 아렌트에 따르면, 이 둘은 역사적으로 점점 더 분화되어 실제로 두 가지 행위양식을 산출한다(*HC*, 26-27). 하지만 다시 한 번 더 아렌트는 자신이 권력을 모든 안정적인 지배형태의 한 가지 구성조건으로 본다는 비판에 직면한다. *On Violence* (New York: Harcourt Brace Jovanovich, 1969), 41ff.을 보라. 동시에 이 글은 권력을 지배의 한 가지 구성요소—동의를 산출하거나 동의를 산출하여 정당성을 획득하는 것—로 한정시키는 것으로 보인다(Habermas, "Hannah Arendt: On the Concept of Power," *Philosophical-Political Profiles*를 보라). 그러나 아렌트의 일반적인 행위 개념과 권력개념이 무엇이든 간에, 아렌트의 공론장 이론은 분명히 역사적 이론이며, 그것은 이런 점에서 적어도 여전히 최고의 자리를 유지하는 독창적 모델로서의 고대 공화국에 의존하고 있다.

12) 이것은 분명 아리스토텔레스가 상정하고 있는 지배와 피지배 간의 교체에 대한 불가능한 번역은 아니다.

13) 그러나 공론장은 지식보다는 단지 의견들만을 처리할 수 있기 때문에, 그리고 환원할 수 없는 독창적인 서로 다른 의견들이 이미 존재하는 규범적 합의의 가능성

는 자신의 행위(action)와 작업(work), 즉 프락시스(praxis)와 포이에시스(poiesis)의 구분에 기초하여, 그리스가 적절한 공적 정치활동에서 입법, 투표에 의한 결정, 그리고 심지어는 도시건설을 배제한 것—그녀는 이렇게 파악한다—에 때때로 찬성한다.[14] 하지만 아렌트가 『혁명론』(On Revolution)에서 그리스에서부터 로마까지 여행할 때, 그녀는 창건행위—헌법의 제정 또는 제헌권력의 행사—를 특출한 공적 정치활동으로 상정했다. 하지만 그녀는 두 입장 사이에서 하나의 중요한 일관성을 견지했다. 그것이 바로 공적인 삶은 전적으로 그 자체로 하나의 목적으로 인식되어야만 한다는 견해이다. 따라서 후자의 견해에서 진정한 공화주의적인 헌법제정은 공론장 자체를 제도화하는 것 이상의 어떤 다른 목적도 가져서는 안 된다.[15] 그러므로 아렌트는 행위자들이 자신들의 사적인 삶과 가정의 이해관계, 욕구, 관심사들을 공동으로 숙고한다는 관념을 바로 그 공공성의 원칙에 위배되는 것으로 보고, 그러한 관념을 강력하게 거부했다.

아렌트는 공적 영역과 사적 영역의 지극히 중요한 관계를 분화, 상보성, 갈등의 측면에서 기술한다. 그녀는 행위 대 노동과 작업, 구성된 현실 대 자연적 현실, 독특성 대 실제적 차이, 자유 대 필연, 무지배 대 지배

을 배제하기 때문에, 이 모델 속에서 개인들이 어떠한 근거에서 설득될 수 있을지는 분명하지 않다. 이 모델은 수사학의 기술(art of rhetoric)을 넘어서기 어렵다. 이 문제는 공적 삶 및 숙고의 목적과 관련한 또 다른 문제와 연계되어 있다.

14) HC, 194-195.
15) 아렌트에 따르면, 이 목표는 미국에서조차도 결코 충족될 수 없었다. 그녀가 보기에, 입헌정부는 기껏해야 기본권과 법의 지배의 틀 내에서 몰정치적 또는 전정치적인 목적을 추구하는 것에 자신의 임무를 한정해왔다. 그러므로 공론장을 유지하기 위해 필요한 권력을 계속해서 산출하는 것을 제외하고는 이미 제도화된 공론장의 목적이 무엇일 수 있는지는 여전히 불분명하다. 서로를 설득할 수 있는 어떠한 근거도 가지지 않은 개인들이 그러한 목적을 어떻게 충족시킬 것인지는 더더욱 불분명하다.

또는 평등 대 불평등의 측면에서 다양하게 기술되는 분화원리들로부터 시작한다.[16] 아렌트가 볼 때, 사적 영역과 공적 영역의 원리 모두가 작동하기 위해서는 실제적이고 철저한 제도적 분화가 요구된다. 그 이유는 두 가지이다. 첫째, 사적인 것이 공적인 것을 보충하는 역할은 단지 그것들이 분리되어 있는 상황에서만 수행될 수 있다. 둘째, 서로의 영역에서 두 원리는 서로를 손상시키고 심지어는 폐지하고자 하는 강력한 경향을 가지고 있다.

---

[16] 사적 세계를 독특성과 차이의 측면에서 기술할 때, 아렌트는 일관성이 없다. 왜냐하면 그녀의 모델에서 사적 영역의 의견은 동질적이고 통일되어 있기 때문이다. 따라서 이 모델에 입각할 때, 남성가장—이것은 사적 영역의 하나의 산물이다—만이 다른 가장과 비교되는 차이의 원리의 진정한 대표자이다. 그녀는 친밀성을 근대 (부르주아 핵)가족 형태의 독특한 성과로 옹호하면서도 그러한 관계 내에 존재하는 비평등주의적인 가부장제적 관계—진정한 친밀성의 획득과 상충하는—에 대해서는 여전히 침묵하고 있다는 점에서도 일관성이 없다. 이러한 문제는 아렌트가 표준적인 공화주의적 주장—공화주의자들은 사적 영역과 공적 영역의 원리가 가정영역 대 정치영역으로 일대일로 구현된 것으로 상정하고, 사적 영역과 가정영역, 공적 영역과 정치영역을 말 그대로 동일한 것으로 취급한다—을 무비판적으로 받아들이는 데서 기인한다. 이것은 아렌트가 사회의 출현을 사적 영역에서의 욕구, 이해관계, '가정적 관심사'의 폭발과 관련하여 분석하는 것과 함께 페미니즘 이론가들로부터 비판의 대상이 되어왔다. 페미니스트들은 아렌트의 그러한 입장을 시민적 덕성의 유일한 영역일 수도 있는 공론장으로부터 여성과 '그들의' 관심사(자연, 삶, 욕구, 이해관계)를 배제하는 것에 기초한 일단의 젠더화된 가부장제적 이분법이라고 옳게 비판해왔다. 공화주의적 사상의 가부장제적 전제에 대해서는 Jean Elshtain, *Public Man, Private Woman* (Princeton: Princeton University Press, 1981); Joan Landes, *Women and the Public Sphere in the Age of the French Revolution* (Ithaca: Cornell University Press, 1988)을 보라. 여기서의 우리의 논점은 공적 영역과 사적 영역, 자율성과 정치적 자유, 친밀성과 공공성 간의 추상적 구분이 그 자체로 부당하다고 주장하는 것이 아니다. 오히려 우리의 논점은 아렌트가 공화주의적 사상으로부터 채택한 이러한 제도들에 대한 보다 구체적인 제도적·규범적 해석이 젠더화된 하위텍스트에 의존하고 있으며, 그것이 사생활과 사회적인 것에 대한 그녀의 모순적 분석과 공론장의 범위에서 이해관계와 욕구를 배제하는 것과 관련한 그녀의 놀랄 만한 순진함의 중심에 자리하고 있다는 것이다.

이론적으로 볼 때, 공적인 삶의 자유를 위해서는 궁핍을 극복하는 것이 요구된다. 이것은 오이코스로서의 사적인 것이 그것이 지닌 경제적 능력 속에서 수행해야 하는 임무이다.[17] 이를테면 가정이라는 조직은 가장에게 공적 자유를 행사할 수 있는 충분한 시간을 제공하기 위한 것이었다. 그러나 아렌트는 실제적·독자적 의견을 가지고 있는 독자적인 주체로서의 시민이 출현하는 데 요구되는 조건을 강조한다. (유동적인 부에 대비되는 것으로서의) 재산이라는 사적인 것의 제도적 형태는 시민과 가정 사이에 '외적' 경계를 설정함으로써 그러한 독자성을 보장한다. 공공성의 시선으로부터 숨을 장소를 제공하는 그것의 '내부'는 퍼스낼리티의 독특한 측면―이것이 없다면 삶은 전적으로 '천박해'진다―이 성장하기 위한 전제조건이다.[18]

공적 영역에서 분화된 사적 영역이 갖는 중요성에도 불구하고, 공적 영역은 또한 사적 영역에 대한 공포와 의구심을 수반한다. 이것은 사적인 행복 모델에 의해 발생할 수 있는 시민들의 방심에 근거하지만, 폴리스에 오이코스를 특징짓는 전제적 형태의 지배, 불평등, 차별을 강제하고자 하는 유혹에 훨씬 더 많이 근거한다.[19] 이러한 맥락에서 아렌트가

---

[17] *HC*, 30-31.

[18] Ibid., 61-65, 71. 이 텍스트에서조차 아렌트는 사생활의 '비(非)사적인' 측면을 지적한다. 하지만 사람들이 어떤 사람의 독특한 퍼스낼리티(잠재적 가장은 별개로 하고)가 오이코스에서 양육된다고 생각하기는 어려울 것이다.

[19] *OT*, 301. 하버마스와는 달리 아렌트가 사적 영역이 어떤 다른 원리에 입각하여, 이를테면 평등주의적 규범에 따라 조직화되지 않을 수도 있다는 것에 대해 전혀 의문을 제기하지 않는다는 점은 놀랄 만하다. 이것은 근대 가족형태가 '이방인'―하인, 종, 노예―의 존재에 기초하지 않으며 따라서 원칙적으로(그리고 실제로 이것은 비록 근대 가족의 관행은 아니지만 근대 가족의 원칙이다) 평등주의적 방식으로 조직화될 수 있기 때문에 더욱 놀랍다. 아렌트는 자신이 공론장의 독특한 가치로 그렇게 칭찬하는 시민적 덕목의 구체적 내용에 대해서도 의문을 제기하지 않는다. 하지만 공화주의적 사상 속에서 이것은 항상 그들의 핵심 덕목이 명예, 영광, 애국심―공적 이익과 공공선을 위해 기꺼이 싸우고 사적인 것을 희생

사적인 것의 공적인 것에 대한 '영원한 위협'에 대해 말하지만, 다른 곳에서 그녀는 고대 세계에서 더 큰 위험은 "공권력이 확장하여 사적 이익을 침해하려는 경향"이었다고 주장한다. "공화주의적 정부에 내재하는" 이러한 가능성은 사유재산을 제도화함으로써만, 그리고 궁극적으로는 사생활의 '권리'를 공개적으로 보장하는 법을 제정하는 근대적 대안—이는 갱신된 공화주의적 실험 속에서 태어났다—에 의해서만, 즉 헌법적 권리를 창출하는 것을 통해서만 저지될 수 있었다.[20]

아렌트는 항상 자신이 헌법적 권리를 철저하게 지지한다고 주장하지만, 그럼에도 불구하고 그녀는 헌법적 권리들이 근대적 조건 하에서 공적 영역과 사적 영역의 구분을 충분히 보호하지 못한다고 주장한다. 특히 사적인 것이 근대 특유의 형태로 공적인 것에 침입하는 것도 그리고 그로부터 결과하는 새롭고 타락한 형태의 '공적' 삶이 사생활과 친밀성에 습격하는 것도 사적 개인의 공적 권리에 의해 상쇄될 수 없다. 아렌트는 두 경향을 하나의 단일한 현상, 즉 사회적인 것의 등장과 연계시킨다.

따라서 비록 아렌트가 공적인 것과 사적인 것 내에서 그것들이 서로의 영역을 침투하는 경향을 인정하기는 하지만, 그녀는 고대 공화국은 그 자신의 구성조건에 속하는 그러한 구분을 어떻게든 유지했다고 주장한다. 이 둘의 실제적인 상호침투 그리고 심지어 융합은 근대성의 산물, 즉 아렌트의 시민사회 비판의 표적인 사회적 영역이 등장한 결과이다. 그러한 상호침투는 공적 영역과 사적 영역 양자가 지닌 잠재적 성향을 따라 두 가지 방향으로 나아간다. 국가(즉 영토를 갖는 근대의 강제적 결사체)가 물질적 재생산 또는 '가사'의 기능을 떠맡는 반면, 집합적 삶은 **국민**

하는—인 시민-군인 개념으로 번역되었다.
20) *OR*, 252.

의 모습으로 초인간적 가족행동의 구조와 형태를 취한다. 사회적인 것이 등장하는 정치적 형태, 즉 국민국가에 대한 아렌트의 공식은 이러한 양면적인 상호침투를 표현한다.[21]

공적 영역과 사적 영역이 서로 침투함에 따라, 두 영역을 구분하던 모든 견고한 경계가 사라지고 "두 영역은…… 항상 서로에게 흘러들어 간다."[22] 하지만 새로운 토포스 속에서 궁극적으로는 공적 영역과 사적 영역 모두를 사라지게 할 과정의 역동적 중심이 될, 전적으로 새로운 유형의 혼성구조가 출현한다.

이 사회적 영역의 기원은 아렌트의 다양한 저작들에서 매우 다른 측면에서 분석된다. 그것들 사이에서 적어도 그것이 기원한 세 가지 지점을 식별할 수 있다. 근대 초기 정치경제 또는 국민경제, 궁정사회의 탈정치화와 살롱사회의 출현, 그리고 근대 민주주의혁명이 그것들이다. 각각의 경우에서 중심적 역할을 수행한 것이 절대주의가 창출한 초기 근대 국가이다. 마르크스적 전통과 가장 가까운 첫 번째 설명[23]은 (그러한 논

---

[21] *HC*, 28-29. 실제로 그녀의 비판은 『전체주의의 기원』에서 국민국가 모델을 비판하는 것과 함께 시작했다. 아렌트는 이미 이 모델이 법의 지배 하에서 평등을 구현하는 것을 불가능하게 한다는 의미에서 이 모델을 진정한 정치의 쇠퇴의 하나로 파악했다. 이 초기 저작에서 아렌트는 시민사회를 혼합된 사회적 영역의 등장이라는 형태로 비판하지는 않았다. 실제로 그녀는 젊은 마르크스를 회상하는 방식으로 국가와 사회 간의 점증하는 분열을 자신을 거대한 기업체로 조직화하는 절대주의 국가의 또 다른 측면으로 파악했다(*OT*, 17). 아렌트에 따르면, 공적 영역과 사적 영역의 경계를 폐지한 것은 전체주의 운동의 겉으로만 그럴듯한 주장에서 기인하는 것이고(*OT*, 336), 부르주아의 정치의 도구화, 즉 부르주아 사회에서의 모든 계급의 탈정치화―실제로는 사사화―는 대중사회에서 (그리고 전체주의 하에서) 원자화를 준비한다(*OT*, 275). 나중에 제시되는 사회적인 것이라는 개념을 유일하게 예기하는 경우는, 아렌트가 탈정치화의 맥락에서 벼락부자가 되어 평등을 획득한, 당시까지의 유대인 천민 카스트에게 사회적 순응이 행하는 역할을 기술할 때뿐이다(*OT*, 52-56, 64-65).

[22] *HC*, 33.

[23] 『전체주의의 기원』의 틀 내에서 나온 이 설명은 사실은 공적 영역과 사적 영역의

의 중 하나를 따르면) 적절한 계급기반을 찾는 데 실패한 절대군주제가 스스로를 "하나의 거대한 기업체로" 조직화한 것을 역설한다.[24] 이러한 해석에 따르면, 단순한 가사의 문제를 공적 영역으로 고양시키고, 그 과정에서 그 영역을 변질시켜 그것의 기본 원리와는 양립할 수 없는 관심을 가지게 한 것은 바로 국가였다.[25] 이러한 맥락에서 '사회적인 것'이 '정치경제'와 동의어가 되었다는 점은 지적해둘 필요가 있다. 저지할 수 없는 것으로 가정되는 사회적인 것의 팽창은 무한한 경제성장이라는 근대 현상과 연결되어 있다. 여기서 경제중심적인 네오마르크스주의적 주장으로 나아간 것은 다소 사소한 조치이다. 그리고 아렌트가 무한한 경제성장을 공적 영역을 대가로 한 사적 영역의 팽창으로 묘사할 때, 그녀는 실제로 이러한 조치를 취한다.[26]

두 번째 주장의 노선은 부분적으로 토크빌적이다. 이 테제는 절대주의가 신분사회—이 사회는 궁정사회를 자신의 모델로 삼고 있었고 또 그 사회의 주요 제도를 취하고 있었다—형태의 신분제국가를 탈정치화시킴으로써 그 자신의 계급적 토대를 파괴한다는 것이다.[27] 이 주장은 순응, 은밀한 조작, 음모를 '경제화'보다는 '탈정치화'의 결과라고 강조한다. 그중 가장 중요한 결과는 프랑스 귀족계급이 쇠약해져 무의미해진 것이었다. 달리 말해 이러한 사회적인 것의 발전은 정치사회를 희생하여 일어났다.

이 두 주장은 실제로 양립할 수 있지만, 그것들은 하나의 결점을 공유한다. 즉 두 주장은 절대주의적 탈정치화 그리고/또는 경제화 과정에 앞

융합보다는 오히려 분리가 초래하는 탈정치화를 강조하는 마르크스적 전통에 속하는 개념의 용어들로 제시되었다.
24) *OT*, 17.
25) *HC*, 28-29.
26) *OR*, 252.
27) "Crisis," 199ff.

서 이미 분화된 공적 영역과 사적 영역이 존재하고, 각각은 그 자신의 고유의 논리에 따라 작동한다는 것을 함의하고 있는 것으로 보인다. 하지만 아렌트가 고대 도시공화국에서 도출한 규범적 모델에 의지하고 있기 때문에, 그녀는 이러한 암묵적 주장을 단호하게 부정한다. 옳든 그르든 간에, 그녀는 중세 시대에 그리스식의 정치인식을 상실했고 봉건 시대의 세속적 영역에는 공적 영역이 **부재**했다고 상정한다. 아렌트가 중세의 조합적 삶이 가정의 삶에 기초하여 인간의 모든 활동을 유형화하고 있었던 것으로 기술하기 때문에, 그녀가 그것에 기초한 신분제국가를 공적 삶—이 개념에 대해 그녀가 상정한 의미에서의—의 하나의 모델로 고려한다는 것은 거의 있을 수 없는 일이었다.[28]

『혁명론』에서 아렌트가 개진한 세 번째 주장의 노선은 이러한 난점을 피하는 하나의 모델을 제시한다. 그러나 그 과정에서 그녀는 다른 두 테제의 역사적 적합성에 의문을 던진다. 거기서 아렌트는 근대 혁명의 '공화주의적' 요소가 공적인 것에 대한 고전적 모델을 재창출하는 데 기여했다는 식으로 탈정치화에 선행하는 문제를 설명한다. 그렇다면 그러한 공화주의적 요소를 제도화하는 데 실패하고 '사회'문제가 출현한 것이 공적 영역과 사적 영역의 탈분화와 그것들의 쇠퇴를 초래했다고 주장하는 것은 이해할 수 있다. 하지만 프랑스혁명의 경우에 사회의 등장과 관련한 주장은 전적으로 새로운 것이다. 아렌트에 따르면, 프랑스혁명은 급진적 단계에 이르러서 바로 그 성격상 가정이라는 사적인 영역에 속하고 또 공적-정치적 수단이 아니라 행정적 수단에 의해서 해결될 수 있는 문제를 공적으로 만드는 과정에서, 정치적 영역을 빈민, 즉 물질적 욕

---

[28] HC 34-35. 중세 시대의 정치적 삶이 또 다른 공공성의 의미, 즉 하나의 대표 공중(representative public)의 의미와 관련하여 제시될 수 있는지는 전혀 다른 문제이다. Jürgen Habermas, *The Structural Transformation of the Public Sphere* (Cambridge: MIT Press, 1989), 5ff.를 보라.

구에 의해 추동되는 다중에게 개방했다.[29] 따라서 다시 한 번 혁명가들의 공화주의적 에토스에도 불구하고, 통치는 행정이 되었다. 물론 통치가 행정으로 전환되는 것은 군주제적인 절대주의적 근대 국가의 창시자들에 의해 예견된 것이었다. 아렌트는 이제 자신의 초기 주장을 하나의 대비점으로 상기시키며 이렇게 진술한다. 구체제에서 경제적·재정적 문제가 공론장으로 '침입해' 왔다고 말할 수 있다면, '국민'은 공론장에 폭력적으로 갑자기 나타났다.[30] 그리고 '상류사회'가 자신의 관습과 도덕적 기준을 정치에 강요하여 그것을 음모와 배신으로 전락시켰다면, 빈민집단—이것 역시 초창기에 빈민을 사회로부터 배제한 것에 의해 만들어졌다—은 공적인 삶을 바로 그것의 부정—야만성과 폭력—으로 변형시켰다.[31]

그 다음에는 분명하게 그리고 다소 일관성이 없이 아렌트는 정치의 중상주의적 경제화, 귀족정치의 절대주의적 탈정치화, 공적 삶의 혁명적 사회화를 연속해서 점점 더 파괴적인 형태로 등장하는 사회적 영역으로 파악한다. 그리고 그녀는 그러한 사회적 영역이 계속해서 대중사회와 전체주의—공적 영역과 사적 영역 모두를 완전히 일소하는—로 이어질 것으로 본다. 하지만 미국혁명에 대한 아렌트의 분석은 사회적인 것의 등장 테제가 함의하는 전반적 추세가 방금 묘사한 단계들을 요구하지 않는다고 암시한다. 미국 역사는 오직 실패한 중상주의적 경제화 시도만을, 그리고 훨씬 더 많이 실패한 절대주의적 탈정치화 시도만을 경험한다. 특히 아렌트는 사회문제가 미국의 공적인 정치무대에 갑자기 나타나지 않았고, 또 다른 모든 혁명과 달리 미국에서는 헌법적 권리에 의해 보호받는, 분화된 사적 영역의 제도화가 완전히 성공했다고 주장

---

29) *OR*, 48, 90-91.
30) Ibid., 91.
31) Ibid., 105.

한다.32) 하지만 이러한 점들에서 나타나는 예외주의가 미국이 그들 나름의 대중사회 브랜드—실제로 많은 점에서 모범이 되는 모델—를 발전시키는 것을 방해하지는 않았다.

다른 분석가들처럼 아렌트도 미국 연방주의와 다원주의 제도에 숨어 있는 근대 국가의 실체를 인식하는 데 어려움을 겪었다. 하지만 아렌트가 미국이 영구적인 공화주의적 자유제도를 구축하는 데 실패한 것을 분석할 때, 그것의 실체가 드러난다. 그러한 실패의 이유들에는 미국이 소규모의 직접적인 정치참여 구조를 제도화하는 데 실패한 것과 정부의 목적뿐만 아니라 자유를 헌법적 권리에 의해 보호받는 사적 생활의 소극적 자유와 동일시한 것이 포함되어 있었다. 그러나 이러한 지적들은 사회적 영역의 등장을 다루는 논의들과 동일한 수준에서 이루어지지 않고 있다. 실제로 그것들은 공적인 것을 희생하여 사적인 것을 강화하는 것만을 함의한다.

그럼에도 불구하고 미국에서도 정치에서 공리주의적 기준이 등장하고 획일적이고 동질적인 여론이 공적 삶을 지배하는 것과 함께, 공적 행복에 반하는 것으로서의 사적 행복의 가치로 후퇴하고 자유도 오직 시민적 자유로 축소되었다. 그리고 아렌트에 따르면, 미국에서도 역시 이러한 일이 발생한 것은 사회가 공적 영역에 침입한 것과 아주 정확하게 상응한다.33) 이러한 침입과 관련하여, 우리는 다만 두 가지 상호관련된 이유를 제시할 수 있을 뿐이다. 하지만 이것이 아렌트 테제의 나머지 수준을 설명해주는 것은 아니다. 우선 그녀는 "급속하고 부단한 경제성장"에 대해 말하는데, 이는 공적 영역을 희생하여 "사적 영역이 점점 더 부단히 확대된다"는 말과 같은 의미이다.34) 이것은 고전 마르크스적 테제

---

32) Ibid., 115, 218.
33) Ibid., 221.
34) Ibid., 252.

의 단순화된 견해로, 이것 자체로는 새로운 구조적 토포스, 즉 사회적 영역의 출현을 설명하지 못한다. 이 영역에 대해 토크빌[35]과는 달리 아렌트는 단지 유럽적 기원만을 발견할 수 있다. 전혀 설득력 없는 그녀의 한 주장에 따르면, 유럽의 이주빈민들이 경제적 팽창과 기술혁신에 기초한 미국의 부유한 사람들과 대결하면서 유럽 본국에 그 기원을 두고 있는 사회문제들을 들여왔다. 이러한 주장은 '자유의 창설'이라는 아메리칸 드림이 모든 물질적 욕망의 충족이라는 꿈으로 전화된 것은 다른 무엇보다도 이러한 이유 때문이었다[36]고 믿게 한다. 그리하여 그것은 우리에게 미국에서 이주는 프랑스혁명에서 급진적 단계가 수행한 역할과 같은 어떤 것을 수행했을 것으로, 다시 말해 적절하게 마련되어 있던 공화주의적 제도와 관행들을 궁극적으로 사적 영역 본연의 욕구—소비의 욕구—를 충족시키는 데 관심을 두고 있던 여론의 지배로 전화시켰을 것으로 가정하게 한다.

그 기원과는 무관하게 아렌트는 사회적인 것이라는 '혼종'영역을 공적 영역과 사적 영역 모두에 파괴적인 결과를 초래하는 매우 역동적 영역으로 기술한다. 우리처럼 그녀의 분석을 매우 일방적인 것으로 판단하는 사람들에게조차, 그러한 묘사는 근대 시민사회 제도화의 이면에 대한 인상적인 분석—그녀 이전에는 마르크스만이 그리고 그녀 이후에는 푸코만이 필적하는—을 산출한다.[37]

---

[35] 토크빌은 아렌트가 강조한 두 가지 과정, 즉 대량생산과 대량이주가 실제로 발생하기 이전에 미국 대중사회의 기원과 (그가 생각하는) 뿌리를 발견했다.
[36] *OR*, 139.
[37] 그녀는 또한 그들의 분석에서 문제가 되는 특징들 중 일부를 공유하고 있다. 가장 두드러지게는 그녀는 통합과 사회화—개인에게서 모든 자율적인 행위 가능성을 박탈하는 방식으로 규범을 내면화하는 것을 포함하는(*HC*, 40-41)—모델을 묘사하기 위해 '정상화'라는 범주를 사용한다. 비록 이 개념이 사회화 이론의 지배적 (그러나 결코 활용 가능한 유일한 것은 아닌) 패러다임이 사용해온 가정들과 부합하기는 하지만, 그 개념의 사용에서 비롯되는 정치적 행위와 사회통합의 병

공적 영역의 변질에 대한 아렌트의 분석에서 핵심적 측면을 이루는 것들이 관료제, 복지국가, 여론, 정치부패이다. 우리는 앞의 세 가지가 공적 영역과 사적 영역을 매개하는, 국가와 시민사회에 대한 헤겔의 분석범주들—공무원, '경찰', 여론—과 얼마간 정확하게 부합한다는 데 주목한다. 그 다음에 부패의 범주는 제4의 헤겔식 매개체, 즉 조합의 근대적 변형물을 암시하는 정당제도의 이익대표제 비판으로 이어진다.

아렌트에 따르면, 관료제는 탁월한 '사회적' 통치형태이다. 왜냐하면 집합적 복지의 문제라고 말할 수 있는 사회문제는 단지 행정적 해결책들만을 가질 수 있기 때문이다.[38] 사실 아렌트는 근대적 통치형태들 하에서 공무원이나 행정의 필요성을 부정하지 않는다. 그녀는 복지문제가 (사회국가나 복지국가에서처럼) 국가활동에서 주요한 또는 심지어 전적인 문제가 될 때, 그것의 결과가 관료제라고만 주장한다. 아렌트의 용어로 행정의 지배라고 표현되는 관료제는 가장 전제적인 지배형태가 될 수 있다.[39] 관료제는 특히 임의적인 통치형태이다. 왜냐하면 관료제는 법령을 통해 지배하고, 그럼으로써 임의적인 권력의 소유자들이 분명하게 겉으로 드러나는 보다 정치적인 형태의 다른 협의와 의사결정 뒤에 숨어 익명적이고 비가시적이 되게 하기 때문이다. 만약 전제정치가 "스스로에 대해 해명하지 않는 통치"라면, '실체 없는 사람'에 의한 지배로서의 관료제는 지배의 책임을 져야 할 수도 있는 대행자를 숨기기까지

치는 사회적인 것에 대한 아렌트의 비판에서 매우 불행한 확장이다. 그것은 공적 정치행위는 어떤 식으로든 규칙을 지향하지 않으며, 규칙에 대한 지향은 결코 자율적이거나 '탈관습적'일 수 없다는 인상을 준다. 따라서 그로부터 결과하는 고대 사회와 근대 사회의 대비는 근대 세계에서 동시에 발생하는 개인적 자유와 소외에 관한 마르크스적 개념뿐만 아니라 고대 세계에서 전통, 관습, 관례 그리고 심지어는 법이 수행하던 역할까지를 부당하게 무시하는, 받아들이기 어려운 역(逆)근대화 테제를 산출한다.

38) *HC*, 40.
39) *OT*, 43-45.

한다.⁴⁰⁾ 아렌트에 따르면, 그러한 경우가 바로 근대 복지국가이다. 복지국가에서 민주주의의 관념은 공적 참여라는 관념으로부터 가능한 가장 효율적인 행정수단을 통해 공적 복지의 목적을 달성하는 것으로 전화된다.⁴¹⁾

하지만 공적 참여의 절차들은 단지 위로부터 변질된 것만이 아니다. 즉 그것들은 그것 내부로부터도 그 속이 비어져버린다. 그러한 정치의 사회적 형태가 정치부패이다. 즉 그것은 지위, 부, 욕구 각각과 관련된 세 가지 형태를 취하고 있다. 탈정치화된 구체제의 귀족정치적 질서의 성원들은 궁정사회 속에서 자신들의 지위를 향상시키기 위해 함께 행위한다. 그러나 그들은 공개적인 발언에 의지한다는 것이 갖는 적절한 정치적 의미에서 그렇게 할 수 없다. 따라서 공적 협의와 설득은 "연줄, 압력, 파벌들의 속임수"로 대체되었고, 그 결과 음모와 배신을 가능하게 하는 관습과 도덕적 기준이 산출되었다.⁴²⁾ 영향력의 행사가 권력의 산출을 대신했다. 동일한 유형이 살롱사회에서도 발생했다. 실제로 아렌트는 18세기 루소식의 '사회'에 대한 공격을 재생산하여, 궁정과 그와 유사한 것들—즉 귀족주의적 살롱과 위선적이고 부자연스런 여성의 권력—의 위선을 공격했다.⁴³⁾ 그러나 아렌트는 정치부패 관념을 이 명백한 사례에만 한정시키지 않는다. 그녀가 볼 때, 보호받는 사적 영역 출신의 재산소유자가 공무를 수행하는 것은 진정한 공적 삶의 일부이다. 하지만 '부'(富)가 재산을 대체했을 때, 그리고 끊임없이 팽창하는 부의 방

---

40) *On Violence*, 38-39.
41) *OR*, 269.
42) *HC*, 203; *OR*, 105.
43) 여기서 아렌트는 무비판적으로 루소의 사회비판과 그것에 함축되어 있는 여성비판을 재생산하는 경향이 있다. J. J. Rousseau, *Emile* [1762] (New York: Dutton, 1974), book 5, 특히 348ff., 352ff.; "Discourse on the Sciences and the Arts," in R. D. Masters, ed., *The First and Second Discourses* (New York: St. Martin's Press, 1964)를 보라.

어와 산출이 정치적 목적의 추구를 대체했을 때, 귀족주의 사회가 산출한 타락한 형태의 협력행위는 그 본성상 공개적으로 정당화할 수 없는 사적 목적을 추구하는 '부르주아'에게도 역시 최선의 수단이 된다. 마지막으로, 지위와 부의 타락에 대한 대중의 반응, 즉 욕구에 의해 추동되는 사람들의 야수성은 그 자체로 정치를 타락시키고 또 '정치가'에 의해 타락되기 쉽다. 여기서도 역시 정치적 갈등과 경쟁의 적절한 매체들이 그것과 전적으로 부합하지 않는 원리에 의해 대체된다. 즉 파당과 마피아의 비밀스런 상호작용의 자리를 정치적 담화를 이용할 수 없는 사람들의 폭력이 차지한다.[44]

실체 없는 사람에 의한 탈정치화된 관료제적 지배의 맥락에서 이러한 정치부패의 사례들을 한데 묶어주는 것은 무엇인가? 그것은 바로 사적 능력을 갖추고 있으나 시민으로서의 능력을 확립시켜줄 수 있는 공론장 제도들을 결여하고 있는 사람들이 행하는 의사정치적 상호작용이다. 그러한 공론장 제도를 수립하고자 했던 것이 바로 18세기 혁명들이었다는 것이 아렌트 테제의 일부이다. 그러한 혁명의 실패는 관료제와 사적인 부가 공론장에 개입한 결과만은 아니었다. 이는 아렌트도 잘 알고 있듯이, 고대인들도 봉착할 수밖에 없었던 문제였다. 그러므로 근대 특유의 공화주의적 정치의 쇠퇴에 관한 아렌트 테제의 핵심은 사회적인 것이 공적인 것의 구조 자체에 미치는 영향, 즉 공중의 정신을 여론으로 변형시키는 것에 의존한다.

또다시 아렌트는 '상류사회'에, 즉 절대주의적 궁정과 그것의 귀족주의적 살롱으로의 확대에 개척자적 역할을 부여한다.[45] 실제로 관료제와

---

44) *OR*, 105.
45) "Crisis," 199; *HC*, 40-41. 매우 상이한 견해로는 Reinhart Koselleck, *Critique and Crisis: Enlightenment and the Pathogenesis of Modern Society* [1959] (Cambridge: MIT Press, 1988)를 보라.

빈곤의 문제와 달리, 이 문화적 발전은 근대 세계에 독특한 것이며, 그리하여 분석에서 핵심적인 논점을 이룬다. 아렌트에 따르면, 공적인 삶이 하나의 통일되고 순응주의적이고 타락한 집합적 의견을 특징으로 하는 상호작용 형태를 처음으로 획득한 것은 신분의식과 공허한 획일적인 관습에 의해 지배되는, 사적이지도 공적이지도 않은 바로 이 공간 속에서이다. '상류사회' 또는 '사회'에 진입하고자 하는 모든 사람은 순응과 동화를 산출하는 이 논리에 복종해야만 했다.[46] 가장 기본적인 사적 이익의 추구, 음모, 부자연스런 허세, 신분과 스타일에 대한 관심, (국가에 대한 관심이 전혀 없다는 의미에서) 타락을 특징으로 하는 궁정사회와 살롱사회는 사회의 나머지가 모방하는 행동 모델이 되었다.[47]

그렇다면 이러한 논리가 좁은 의미에서의 '사회'를 넘어 극적으로 확장될 수 있는 동력은 무엇인가? 그것은 처음에는 절대주의가 귀족정치 내에서 일고 있던 정치적으로 의미 있는 담화와 서로 다른 정치적 견해를 억압한 것에서 나왔을 수도 있다. 아렌트가 볼 때, 왕에서 인민으로 주권관념이 혁명적으로 전화한 것과 그것에 수반하여 이해관계의 정치가 등장한 것은 관련 추세들을 보여주는 가장 상징적인 표상이다.[48] 프랑스에서 욕구에 의해 추동되는 다중에 대해 급진적 혁명가들이 보인 '동정적' 반응은 그들로 하여금 동의를 의지로, 복수성을 통일성으로, 의견의 충돌을 단일한 의견으로 치환하게 했다. 왜냐하면 동의, 복수성, 충돌을 어떻게 조정하든 간에 그러한 조정이 '사회문제'를 해결하는 데 요구되는 가장 급박하고 필사적인 조치들을 위태롭게 하는 것으로 보였기

---

46) *OT*, 64-65.
47) 아렌트는 살롱사회에 대한 공화주의적 비판—후일 다른 무엇보다도 특히 여성을 침묵시키고 여성에게서 자격을 박탈하는 것을 목적으로 했던 비판—을 재생산하는 경향이 있다.
48) *OR*, 76-78, 226-228.

때문이다. 따라서 하나의 통일된 일반이익을 그것의 유일한 목적으로 하는 집합의지라는 의미에서의 신화적인 인민주권이 여론의 토대가 되었다. 그리고 여론을 위협하는 것이 바로 새로운 탈중심화되고 불가피하게 복수일 수밖에 없는 민중계층들의 제도들을 포함하여 독자적인 공적 삶이었다.[49] 그리고 그러한 이른바 일반의지의 독재적 구현이 실제로 하

---

[49] 아렌트가 단일한 논리로 결합시키는 것으로 보이는 두 개의 사건—왕에서 인민으로 주권관념이 혁명적으로 이전한 것과 이해관계 정치가 등장한 것(즉 빈민과 그들의 요구가 정치무대로 침투한 것)—이 논리적으로 연관되어 있지 않다는 점은 지적할 만한 가치가 있다. 실제로는 심지어 아렌트 자신도 『혁명론』에서 그녀 자신의 서사 속에서 그것들을 구별한다. 사회문제를 다루는 중심적인 장을 포함하여 그 책의 대부분은 상퀼로트(sans-culottes) 또는 인민(le peuple)—로베스피에르는 이들의 의지를 '대변한다'고, 아니 더 정확히 말하면 구현한다고 주장했다—의 압력에 직면하여, 혁명가들이 설립했던 초기의 공화주의적 제도(법의 지배, 국민의회)가 붕괴된 것을 강조한다. 인민들은 대부분 빵을 외치는 가난한 군중으로 등장한다. 동일한 맥락에서 아렌트는 루소를 장황하게 비판하기 시작한다. 자코뱅 당원들은 분할할 수 없는 주권, 일반의지, 그리고 복수성(파벌, 연방주의, 법인체 등등)의 혐오에 관한 관념들에 기초하는 루소의 공화주의 브랜드를 물려받았다. 추정컨대 이것이 바로 프랑스혁명이 정치제도를 창립하는 임무로부터 벗어나서 대신에 필요한 모든 수단을 이용하여 사회문제를 해결—이 과정에서 심지어 혁명의 정당성조차 위반하고 공포정치를 시작한다—하는 데 초점을 맞추었던 이데올로기적 이유이다. 하지만 이 경우에 아렌트는 혁명적 행위자(자코뱅 당원)의 관점에 너무나도 가까이 다가가서, 그들의 이데올로기를 액면 그대로 받아들인다. 루소에게서 주권자인 인민—그들의 의지와 이해관계는 분할되거나 소외될 수 없다—은 결코 비참한 사람들이나 빈민 또는 심지어 임금노동자가 아니라 오히려 자영농민들의 이상화된 공동체였다는 것을 잊어서는 안 된다. 따라서 아렌트가 옳게 비판한 일원론적 논리—왕의 주권에서 분할할 수 없는 인민주권으로 나아간다는 이 논리는 대변될 수 없을 뿐만 아니라 구현될 수 없고, 그 어떤 공회당도 그들 모두를 수용할 수 없기 때문에 하나의 의회 속에 제도화될 수 없고, 대체주의(substitutionalism), 불안정, 그러한 의지를 구현한다고 주장하는 경쟁자들 간의 경쟁, 조작, 국민투표적 갈채, 테러의 논리로 이어진다—는 비참한 절망적 공중의 논리가 아니라, 그것보다는 원칙적으로 대표제도를 거부하는 어떠한 급진민주주의 모델에도 내재하는 딜레마이다. 그녀의 텍스트 뒷부분에서(*OR*, 240-241) 아렌트는 그녀 자신의 역사적 기록을 바로잡으며, 미국에서처럼 프랑스에서도 혁명이 진행되는 동안에 인민들에 의해 실제적인 공화제적 제도들이 창

나로 통일된 또는 획일적인 여론에서 연원하는 것은 아니었지만, 그것은 그러한 여론을 창출하는 위치에 있었다.[50]

출되었다고 주장한다. 여기서 드디어 인민들은 빵을 요구하는 군중이 아니라 그들 자신의 정치제도를 창출하는 집합행위자로 등장한다. 아렌트는 또한 로베스피에르가 인민들이 발전시킨 이 자유로운 공간들—민중단체들, 파리코뮌의 분파들, 혁명적 시의회, 클럽들—을 '전체 프랑스 인민의 위대한 민중협회'의 이름으로 짓밟았다고 지적한다. 이 주장은 긴박한 비참함을 극복하기 위해 필요한 비상조치와는 다르다. 어쩌면 이 두 논리가 역사적으로 함께했을 수도 있지만, 그것들은 별개의 것이며, 로베스피에르의 손에서 양자 간의 경계의 모호함이 하나의 편리한 이데올로기를 만들어냈다. 이 두 논리 모두에 대한 아렌트의 탁월한 비판이 그녀로 하여금 직접민주주의(그녀가 '공화주의'라고 부르는 것)의 정치적 딜레마를 성찰하게 하지는 않는다. 왜냐하면 그녀가 그것의 핵심 전제의 일부—즉 이 익대표제와 의회주의의 거부—를 공유하고 있었기 때문이다. 따라서 그녀 자신의 주의 깊게 다듬어진 다원주의적인 연방제적 평의회 모델은 일부 동일한 딜레마—그녀가 비판하지만 그것이 사회경제적 문제에 기인한다고 봄으로써 모호해진—에 빠져 있다.

50) 상류사회로서의 사회적인 것과 빈곤문제로서의 사회적인 것 간의 관계는 여전히 분명하지 않다. 실제로 우리는 거기에 어떤 관계가 있는지 확신하지 못한다. 하지만 적어도 상징적 수준에서 아렌트는 분명 그것들을 서로 관계되어 있는 것으로 보았다. 그녀가 궁정사회의 음모—그 엘리트들이 실제적인 정치권력을 부정당한—는 18세기 절대군주제에만 독특하다고 생각하지 않은 것은 분명하다. 많은 동양의 전제주의의 궁정적 삶 역시 그와 유사하게 묘사할 수 있었다. 하지만 독특한 것, 그리고 그녀의 사회적인 것에 대한 개념의 두 극단(상류사회와 빈민) 사이에서 그녀가 상징적 수준에서 놓친 연계고리일 수 있는 것이 바로 양자에서 여성이 수행한 주요하고 가시적인 역할이었다. 아무튼 여성은 프랑스혁명 직전에 상류사회의 살롱을 운영했고 그 혁명 동안에 가정의 관심사를 공적 장으로 가져온 사람들이었다. 귀족사회의 비도덕적이고 부정하고 위선적이고 이상하고 경솔한 방식에 대한 공화주의적 혐오는 살롱의 너무나 눈에 띄는 여성(précieux)에 의해 상징되었다. 공화주의의 도덕주의적 담론은 명시적으로 그것을 겨냥하고 있었다. 공화주의 원리(남성을 위한 시민적 덕성과 남성에 의한 책임 있는 공적 행위, 여성을 위한 가정생활과 사적 미덕)의 이름으로 사회의 목소리를 억압할 때가 되자, 그러한 담론은 거리와 단체들에서 점점 더 눈에 띄는, 풍기를 문란하게 하는 혁명적 여성들에 대한 비난으로 쉽게 바뀌었다. 맨 먼저 급진적 클럽과 단체들로부터 배제되고 자코뱅 독재에 의해 맨 먼저 침묵을 강요당한 것은 여성들이었고, 가장 주목해야 할 것은 남성과 시민의 보편적 권리로부터 여성이 제외되었다는

민족주의라는 현실이 아렌트로 하여금 그녀의 주권비판을 포퓰리즘적 독재정권 너머로까지 확대할 수 있게 했지만, 그녀의 논거는 미국에서는 잘 작동하지 않는다. 토크빌과 같은 19세기 비판가들은 미국에서 경쟁자가 없는 획일적인 여론과 권력에의 순응을 폭로했다. 아렌트는 민주주의와 공화정을 대비시키는 토크빌의 주장을 일부 생각나게 한다. 민주주의 사회는 미시정치적 수준에서조차 자유로운 의사소통에 기초한 진정한 공화제적 제도를 창출하는 맥락 속에서만 일종의 사회적 평준화를 수반한다. 이러한 평준화는 새로운 종류의 복수성이 발생할 수 있는, 즉 새로운 종류의 의견이 제시될 수 있는 길을 열어놓을 수 있다. 이러한 노력들이 대부분 실패했지만, 미국의 민주주의는 그 건국자들이 두려워했던 전제주의적 특징들 중 일부를 드러내게 되었다. 즉 다양한 의견들에 기초한 공중의 정신이 하나로 통일된 동질적인 여론에 의해 대체되는 경향을 드러냈다. 아렌트는 이러한 경향이 전국 수준과 주(州) 수준에서 살아남은 공화제적 제도들을 통해 정치적으로 견제될 수 있었다고 주장한다. 그럼에도 불구하고 유럽과 미국 모두에 공통적인, 이해관계의 정치는 파괴적 과정을 완결시키는 경향이 있었다.

(진정한) 의견에 반대되는 것으로서의 이해관계는 단지 하나의 집단, 실제로는 대규모의 집단에 속해 있을 때에만 정치적으로 적절하다. 이해관계의 대변제도는 대표자들을 일정 정도 속박하고 진정한 여론교환과 여론형성을 방해한다. 특히 근대 정당제도는 이해관계의 대변에 초점을 맞춤으로써, 규율된 정당 블록들의 각축하는 집합적 견해들이 의회의 토

점이다. 아렌트가 사회문제에 대한 이러한 '공화주의적' 해결책—물론 곧 공론장에서의 여성배제를 넘어 공화주의 자체의 파괴와 종언으로 넘어가는—을 혐오하면서도, 그녀가 그러한 과정을 정당화하는 공화주의적 담론의 바로 그러한 범주들을 공유한다는 것은 아이러니하다. 자코뱅주의에 대한 그녀의 비판이 이러한 담론을 포함하지 않고 있다는 것은 유감이다. 그러나 그녀의 범주적 틀을 감안할 때, 그러한 비판은 불가능했다. Landes, *Women and The Public Sphere*를 보라.

론을 대신하게 되고 만다. 따라서 정당의 위계적·과두제적 구조가 현대 정치의 모델이 된다. 복지국가는 다수의 이익을 대변한다는 점에서 민주적일 수 있지만, 국가의 최고 수준을 제외하고는 참여를 과감하게 박탈한다는 의미에서 과두제적이다.[51] 따라서 사회적-정치적 매개조직들을 통해 사적 영역과 공적 영역을 매개하려는 헤겔식의 시도는 공적 자유의 공간을 국가구조 내로 축소시키는 것으로 끝난다.

아렌트의 평가 속에서 상황은 더욱 나빠진다. 왜냐하면 공적인 것의 쇠퇴가 사적인 것에 이익이 되지 않기 때문이다. 즉 사회적인 것은 사적 영역 역시 파괴하는 경향이 있다. 이러한 맥락에서 아렌트는 사유재산—사생활 보호의 외피를 구성하는—과 부를 구분한다. 후자는 공적 영역을 변질시키는 수단이지만, 사적 영역을 보호할 수 없다.[52] 부는 유동적이고 안정적인 소재지를 가지지 않기 때문에, 추정컨대 개인들이 어떤 외부의 주시나 침투로부터 자유로운 하나의 영역을 보장할 수 없다. 아렌트는 축적과 소비라는 부의 목적과 그것의 추구는 개인들이 생산과 분배에서뿐만 아니라 일상적 삶에서도 행동과학이 성찰하는 획일적 추세에 몰두하게 한다고 보다 설득력 있게 주장한다. 노동활동이 무심하고 획일적인 과정이 될 뿐만이 아니라, 가정의 삶 역시 어떠한 진정한 사적 삶의 가능성도 파괴하는 동질화와 상품화 과정에 의해 침입받는다. 우리의 무한한 소비충동 속에서, 우리는 종국적으로 사적인 것의 물질적 틀을 소비한다.[53] 대중사회, 즉 일자리 소유자와 소비자의 사회는 무한히 다양한 가족의 삶이 획일적인 동질화된 사회적 영역—하나의 대규모 가족이 되는—으로 흡수되는 것을 전제로 한다.[54]

---

51) *OR*, 268-269.
52) *HC*, 59-61, 64, 67 (note 72), 70-72.
53) Ibid., 126, 133-134.
54) Ibid., 40.

사적 영역은 근대 특유의 창조물—즉 친밀성—을 통해 그러한 흡수에 저항한다. 소규모 대인관계 집단의 수준에서, 친밀성은 "주관적 감정과 사적 느낌"의 강화와 풍부화라는 의미에서의 사적 영역의 엄청난 심화를 수반한다.[55] 이러한 형태의 사생활은 공적인 것이 아니라 사회적인 것과의 대립과 관련하여 구조화된다. 하지만 친밀성이 근대 세계의 문화에 엄청나게 기여함에도 불구하고, 친밀한 영역은 재산이 제공하는 사생활 보호에 대한 하나의 신뢰할 만한 대체물이 되지 못한다. 친밀한 영역은 사회적인 것의 '부자연스런 성장'이라는 근대적 유형에 맞서서 자신을 스스로 방어할 수 없다. 왜냐하면 주관성의 강화가 안정적이고 상호주관적인 또는 제도화된 '세계'를 산출할 수는 없기 때문이다.[56]

공적 영역과 사적 영역의 쇠퇴에 관한 아렌트식 테제—적어도 이상

---

55) Ibid., 38, 50.
56) Ibid., 47, 50, 70. 친밀성에 대한 아렌트의 모델은 과연 그녀답게 막스 호르크하이머(Max Horkheimer)에서 위르겐 하버마스에 이르는 프랑크푸르트학파가 강조한, 의사소통과 연대에 기초한 상호주관적 관계 모델을 가정하지 않는다. 친밀성에도 불구하고 사적 영역과 공론장은 구조적으로 대응하는 방식으로 조직화되지 않는다. 오히려 그것들은 경쟁하는 조직 모델들에 기초한다. 공론장은 대등한 사람들로 구성되고 평등주의적 원리에 기초하여 조직화된다. 반면 사적 영역은 불평등한 사람들로 구성되고 가부장제의 원리에 기초하여 조직화된다. 그 결과 아렌트는 가족의 영역과 공론장 간에 어떠한 연속성도 상정하지 않는다. 아렌트의 친밀성 개념은 그것들을 면밀하게 구분하는 관념을 강화한다. 그녀의 분석틀에서 그러한 구분은 항상 바람직한 것으로 남아 있다. 친밀성이 아렌트에게 중요한 까닭은 그것이 근대적 개성과 근대 문학을 창출하기 때문이다. 하지만 친밀한 영역의 가부장제적 구조를 감안할 때, 완전한 개인이 될 수 있는 것은 분명 남성뿐이다. 즉 그들은 사적인 친밀한 영역에서 자율적인 개인들로 성장하도록 양육되고, 그 다음에는 공론장에서 개인으로 인정받기 위해 친밀한 영역을 떠나는 사람들이다. 따라서 사적 영역의 친밀성이 사회적인 것의 습격—즉 평준화와 국가의 침입—에 저항할 수 없는 주요한 이유 중의 하나는 사적 영역 그 자체가 모순적인 방식으로 제도화된다는 것이다. 즉 근대 가족은 한편에서 평등, 자유, 자발적 결사체, 주관성, 상호인정, 그러므로 친밀성에 기초해 있는 반면, 다른 한편 그것은 위계적으로 구조화되어 있고 여성의 종속에 근거를 두고 있다.

형적으로는 완연한 '대중사회'와 전체주의로 이어지는—를 더 이상 추적하지 않더라도, 우리는 그녀의 근대 사회에 대한 견해의 구조를 지적해야만 한다. 그 이론 속에서 근대 관료제와 정치경제로 구성되는 사회적인 것의 복합체는 진정한 인간적 삶의 재생산이 의존하는 두 가지 영역—공적 영역과 사적 영역—과 마주친다. 비록 그것들의 생존 자체가 위협받는 상황에 있지만, 이들 영역은 근대 사회에서 등장한다. 따라서 인간조건의 어떠한 재구성도 분명 공적 영역과 사적 영역 모두의 새로운 또는 갱신된 제도화에 의존하게 된다. 널리 알려진 아렌트의 근대 혁명이론은 그러한 이중의 재제도화의 기회를 탐구한다. 그 과정에서 그녀는 고대 공산주의의 정신을 소생시키는 것만이 아니라, 분화된 시민사회라는 근대의 토포스를 또 다른 방식으로 고찰할 것을 요구한다.

또 다른 맥락에서 아렌트는 이미 '사회적인 것의 등장'와 연관되어 있는 국가와 사회의 분화관념을 '근대적' 형태의 공화주의의 등장과 연계시킨다. 그녀는 근대 초기 형태의 (특히 로크식의) 사회계약 이론이 두 가지 사회계약과 두 가지 분화된 실체—즉 '사회'와 '정당한 정부'—의 기원에 대해 언급하고 있다고 분명하게 지적한다. 하지만 우리가 오해해서는 안 된다. 즉 아렌트는 상보성, 상호성, 평등에 의거하고 있고 약속과 서약에 뿌리를 두고 있는 첫 번째 계약만을 분명하게 옹호한다. 게다가 그녀는 첫 번째 계약을 권력의 증가로 이어지는 지방 수준, 지역 수준 그리고 궁극적으로는 연방 수준의 정치체의 구성이라는 측면에서 해석한다. 달리 말해 아렌트는 수평적 계약원리가 엄격하게 사적인 것과 (자발적 결사체를 바로 그것의 원리로 삼을 수도 있는) 정치적으로 공적인 것 사이에 매개영역을 확립한다고 파악하지 않는다.[57] 중요하게도 아렌

---

[57] 이 견해는 사실 시민불복종에 관한 아렌트의 나중의 글에서 등장한다. 그러나 그것은 그녀의 범주적 틀에 기초하기보다는 매우 기술적이다(제11장을 보라). 달리 말해 아렌트는 정치사회의 부활에 집중하지만, 근대 사회에 대한 아렌트의 개념

트는 두 번째 계약과 관련해서는 회의적이다. 그녀는 그 계약의 원리를 권력에의 복종과 굴복으로 그리고 단순한 동의에 의해 정당화된 것으로 가정될 뿐인 지배자와 피지배자의 관계의 창출로 이해한다. 실제로 아렌트가 언급하는 자연권 전통과는 달리, 그녀는 두 가지 계약을 상호배타적으로 간주하는 것으로 보인다.[58] 그렇다면 두 번째 계약은 그 존재만으로도 첫 번째 계약을 손상시키는가? 그리고 첫 번째 계약은 그 자체로 정치체를 건설하기에 충분한가? 아렌트가 여기서 주장하는 분화 모델은 사실 정치사회와 국가 간의 분화 모델이며, 우리가 그녀의 분석을 전체적으로 살펴볼 때 이런 식으로 이해된 분화가 근대 정치사회를 부양할지 아니면 그것의 토대를 침식할지는 전혀 분명하지 않다. 그녀가 지적할 수밖에 없었던 근대 공화주의의 딜레마들은 그녀가 분화 모델을 떠나기보다는 오히려 그것으로 되돌아가게 한다.

아렌트가 파리에서부터 부다페스트까지의 근대 혁명의 맥락에서 고대 공화주의, 즉 폴리티케 코이노니아(politike koinonia)로서의 시민사회의 이상을 부활시킨 것은 매우 잘 알려져 있다. 그녀는 직접참여와 대의제, 연방주의와 통일된 주권을 병치시키면서, 우리에게 피라미드식으로 조직화된 '소규모 공화국들', 즉 공적 자유의 틀을 제도화하고 모든 수준에서 의사소통적 권력발생 패러다임과 연계되는 정부형태—하나의 진정한 '위대한 공화국'—를 확립할 수 있는 '시의회'나 '구의회'들을 제시한다.[59] 그녀는 이러한 관념과 고대 폴리티케 코이노니아 모델과의 연계관계를 의식하고 있다. 식민지 아메리카를 언급하며, 그녀

자체가 그녀로 하여금 토크빌의 또 다른 비판적 범주를 발전시키고 시민사회와 정치사회 간의 관계를 검토하는 것을 방해한다. 시민사회는 개인의 권리를 통해 보호받는 사적 영역 또는 대중사회로서만 등장한다. 근대 시민사회의 결사체적 구성요소들은 무시되거나 이익집단의 측면에서 해석된다.

58) *OR*, 169-171.
59) Ibid., 255 and passim.

는 '시민적 정치체'—연방주의는 받아들이지만 하나로 통일된 주권을 가진 중앙집중화된 국가를 수반할 수도 있는 탈정치화에 적대적이었던 '정치사회'—의 자기구성에 대해 말한다.[60] 당시 유럽 구체제에서 구성된 조직체들(의회, 신분집단)과 비교하여 미국의 정치사회는 특권, 출생 또는 직업과 결부되어 있지 않았고, 처음부터 사법보다는 공법 속에서 지위가 결정되었다.[61] 따라서 소규모의 미국 공화국들은 절대주의 시대 또는 심지어 신분제국가의 정치사회와 유사하기보다는 하나로 통합된 시민들의 사회라는 고대 모델, 즉 진정한 공화국으로 의식적으로 돌아갔다. 아렌트의 정치적 프로젝트에서 이 공화국 개념은 여전히 단연코 규범적인 채 남아 있다. 하지만 이 두 가지 정치사회 개념—미국의 공화국과 고대 공화국—을 구별 짓는 매우 평등주의적인 보편주의는 토크빌이 잘 알고 있었던 것처럼 새로운 어떤 것, 즉 시민사회의 구성원리로부터 나왔다.

아렌트는 혁명의 시대로부터 오늘날에 이르기까지 자신의 정치사회 모델의 역사적 연속성을 주장하면서도, 어쩔 수 없이 항구적 제도화의 반복되는 실패를 인정한다. 하지만 토크빌과 달리, 아렌트는 자신이 '민주주의 시대'에 엘리트들의 귀족주의적인 정치적 자기선택 모델이라고 알고 있던 것이 갖는 모순을 인식하지 못하고 있는 것처럼 보인다.[62] 그러나 그녀는 이러한 반복적인 실패의 근원으로 세 가지 영역을 지적한다. (1) 평의회 정부를 건설하고자 하는 역사적 시도의 내적 한계, (2) 권력을 수립하고 구성하는 행위에 기초하는 모델 속에서 수립된 또는 구성된 권력을 안정화하는 데 따르는 어려움, (3) 공화주의와 자유주의, 공적 행복 모델과 사적 행복 모델 간의 충돌이 그것이다.

---

60) Ibid., 168.
61) Ibid., 179. 그녀는 젠더 또는 인종 형태로 출생에 가해지는 제약을 빠뜨리고 있다.
62) Ibid., 275-279.

첫 번째 문제영역은 평의회 모델과 근대 경제 및 근대 국가의 만남을 축으로 하여 전개된다. 아렌트는 미국혁명 이후에 모든 평의회 실험이 사회문제의 수렁에 빠지거나(이를테면 파리식 협회들) 노동세계를 민주화하고자 하는 불가능한 시도에 빠지게 되었다(이를테면 상트페테르부르크에서 부다페스트에 이르는 노동자평의회)고 반복해서 애석해한다. 아렌트가 모든 종류의 산업민주주의를 기각한 것은 그녀의 개념의 교의학(dogmatics)에서, 즉 그녀가 행위(action)와 작업(work)에 대한 자신의 구분을 자동적으로 제도적 차원으로 변환시키는 데서 비롯된다. 단일체 민주주의 개념으로부터 유토피아적인 노동자 통제 모델을 도출하는 것에 대한 그녀의 경고는 물론 충분한 근거에 바탕을 두고 있다. 하지만 그것은 산업민주주의의 문제를 전부 아니면 전무의 문제로 제시한다는 점에서 분명 적절하지 못하다. 게다가 혁명평의회가 새로운 정치체제의 확립과 유지의 문제에만 전적으로 초점을 맞추었어야 했다는 그녀의 생각은, 비록 사람들이 근대 혁명에서 사회적 요소보다는 정치적 요소가 우위에 있다는 그녀의 테제를 받아들인다고 하더라도, 아주 비현실적이다. 이러한 맥락에서 근대 국가가 수반하는 제약요인들과 관련한 그녀의 단호함은 비록 환영할 만하지만 놀랍다. 그녀는 근대 사회에서 근대 행정의 필요성을 인정하고, 평의회 실험이 "근대 사회의 정부기구가 실제로 막대할 정도로 행정기능을 수행해야만 한다"는 것을 받아들이지 못했다고 옳게 비판한다.[63] 따라서 아렌트는 자신이 두 가지 계약에 대한 논의에서 거부했던 바로 그 분화 모델로 돌아갈 수밖에 없었다. 하지만 불행하게도 그녀는 다시 한 번 이 모델의 과도하게 엄격한 형태에 의지하여, 원리상의 분화와 실제 제도들의 관심사의 분화를 혼동한다. 그 결과 그녀가 평의회의 정치적 행위와 공무원의 행정업무 간에 제시한

---

63) Ibid., 273.

엄격한 기능의 분할은 방금 지적한 과업에 대해 어떤 식으로든 어떠한 해결책도 제시하지 못한다.

두 번째 문제를 다루고자 하는 아렌트의 시도 또한 단지 부분적으로만 성공적이다. 아렌트는 혁명정신을 영속적인 제도 속에 구현하는 것을 목적으로 하는 프로젝트에 내재하는 어려움 또는 심지어 자기모순을 충분히 인식하고 있다.[64] 주저함이 없이 그녀는 제헌권력이 계속 작동하는 것에 기초하는 일종의 영구혁명의 정치를 포기한다.[65] 이것은 불가피하게 그것과 정반대의 전제정치를 산출할 수밖에 없다. 그렇다면 혁명정신은 대체 어떻게 구현될 수 있는가? 아렌트에 따르면, 혁명의 목적은 새로운 정치질서, 즉 새로운 헌법의 토대를 창출하는 것이어야만 한다. 아렌트는 어떠한 자유주의적 또는 심지어 '입헌주의적' 해석과도 달리 그러한 헌법은 권력을 제약하기보다는 권력을 확립하는 것이어야만 한다고 주장한다. 하지만 이러한 병치는 오해를 불러일으키기 쉽다. 왜냐하면 무제한적 권력의 확립은 우리로 하여금 불가피하게 영구혁명으로 돌아가게 함으로써 어떠한 안정적인 정치적 토대의 제도화도 산출할 수 없을 것이기 때문이다. 그리고 실제로 아렌트는 이러한 제도화의 차원을 권력의 행사보다는 법의 지배에 속하는 것으로 본다.[66] 그렇다면 만약 우리의 실정법이 헌법 자체에 토대하고 있다면, 헌법에 안정성을 부여할 수 있는 법의 원천은 무엇인가? 헌법제정 그 자체에 내재하는 악순환을 어떻게 피할 수 있는가? 제헌의회의 정당성의 근원은 무엇이고, 만약 그것이 정당하다면, 그것의 자기해체를 정당화할 수 있는 것은 무엇인가? 아렌트는 헌법에 앞서고 헌법보다 위에 있는 절대적 자연법에 관한 18세기 이론으로 복귀할 것을 주장하는 어떤 견해가 오늘날 이 문제에

---

64) Ibid., 232.
65) Ibid., 144.
66) Ibid., 182.

대해 답변할 수 있다고 생각하지 않는다.[67] 그 결과 아렌트는 법의 근원과 권력의 근원을 구분하는 데서 상당한 어려움, 즉 그녀의 분석에서 헌법의 근본적 불안정성으로 이어지는 딜레마에 봉착한다. 고대 그리스인이라기보다는 로마인의 정신에서 끌어낸 그녀의 유일한 답변은, 건국행위로서의 헌법이 만약 그것이 미국에서처럼 하나의 새로운 유형의 전통으로 발전한다면 법의 절대적 원천을 대신할 수 있다는 것이다. 이러한 맥락에서는 헌법의 악순환은 건국의 순간에만 적용된다. 그리고 그 후에는 권력 없는 조직에 의해 권위주의적으로 해석되는 헌법적 전통 그 자체가 권력행사의 틀을 안정화시킬 수 있는 법을 재가한다. 그렇다면 헌법적 권위의 형성은 우리의 최고의 목적인 공적 자유의 추구와 양립할 수 있는 전통의 문제인가? 공적 의사소통과 담론을 그 수단으로 하는 자유는 신성한 것으로 간주된 토대에 의해 구성된 한계 앞에서 멈춰 설 수 있는가? 시민종교와 공적 자유 간의 뿌리 깊은 긴장이 처음부터 이 모델에 내장되어 있다. 이 긴장은 실제적인 역사적 추세에서처럼 단지 공적 자유 개념이 사적 자유의 개념에 의해 대체될 때에만 악화되었다.

아렌트의 분석에서 공적 자유제도들을 확립하는 데 어려움이 따르는 세 번째 이유는 고대 공화주의적 원리와 근대 자유주의적 원리의 충돌에 의해, 즉 사적 행복이라는 목표가 공적 자유에 대해 갖는 전복적 함의에 의해 제시된다. 이러한 맥락에서 아렌트는 가치 있는 사회와 규범 없는 국가의 구분에 기초한 자유주의적 시민사회 모델의 도전에 맞서 자신이 독자적인 공화주의적 답변을 제시할 수 없다는 것을 발견한다. 이런 일이 초래되는 까닭은 기본적으로 그녀가 공적 영역과 사적 영역이 그것들의 분화 속에서 서로를 구성한다는 생각을 견지하고 있기 때문이다. 아렌트는 "[미국]헌법의 실제적 내용은 결코 시민의 자유의 보호가

---

[67] Ibid., 189-190.

아니라 전적으로 새로운 권력체계의 확립이었다"는 점을 인정한다.[68] 그러나 그녀는 또한 적어도 근대 세계에서 시민의 자유를 보호하지 않고는 공적인 정치적 삶은 유지될 수 없다는 점을 반복해서 분명히 한다. 결국 아렌트는 시민적 자유의 확립은 혁명을 통해 얻는 매우 실제적인 이익이지만(그러나 이것은 불행하게도 너무나도 예외적이다), 그것이 확보할 수 있는 권리와 사적 행복에 너무나도 많은 초점을 맞춘 나머지 공적 행복과 공적 자유가 평가절하되는 경향이 있다는 근거 없는 입장을 견지한다.

아렌트는 근대적 의미의 시민적 권리들의 기원을 잘 인식하고 있다. 한쪽 측면에서 근대 주권국가는 개인의 자율성에 대한 전적으로 새로운 유형의 위협을 의미했다. 다른 한쪽 측면에서 전통적·종교적·조합적 형태의 보호가 현대에 얼마간 부식된 것은 개인들을 점점 더 무방비적으로 만들었다. 아렌트의 관점에서 볼 때, '인권'의 역설은 근대 국가에 직면하여 보호가 필요하지만 오직 국가의 틀 내에서만 그러한 보호가 가능할 것이라는 점이다. 가장 근본적인 권리, 즉 공개적으로 권리를 주장하고 방어할 수 있는 능력에 기초하는 권리를 가질 권리는 정치체 외부에서 확보될 수 없다. 따라서 근대의 권리들은 헌법에 의해 보장되는 시민의 권리로 이해되어야만 한다.[69] 아렌트의 초기 주장에서 드러나는 이러한 긴장은 시민적 권리를 근대 국가에 직면하여 확립된 공론장의 기능으로 만드는 것처럼 보인다.

아렌트는 곧 비록 권리가 시민의 권리로서만 안정화될 수 있지만 권리는 시민조직체에 직면해서조차 만약 필요하다면 방어되어야만 한다는 점을 이해하게 되었다. 공권력이 사적 이해관계를 흡수하는 경향—

---

68) Ibid., 147.
69) *OT*, 290-297.

이러한 경향은 항상 존재한다——을 감안할 때, 그리고 시민을 보호할 수 있는 사적 공간을 만들 수 있는 형태의 재산이 근대 시기에 부식하고 있음을 감안할 때 사적 영역을 안정화시키기 위해서는 시민적 권리가 필요하다. 아렌트가 근대 사회에서 시민사회와 국가가 시민적 권리의 메커니즘에 의해 분화되지 않는 한 자유는 불가능하다는 근본적인 자유주의적 주장을 가장 분명하게 용인하는 것도 바로 이 지점이다.

그 다음에 아렌트는 즉각 자유주의적 테제에서 마르크스에 의해 영감을 받은 테제로 이동한다. 시민적 권리는 실제로 근대 국가의 침투로부터 사적 영역을 보호할 수 있지만, 근대 경제에 직면해서는 그렇게 할 수 없다.[70] 아렌트는 이러한 맥락에서 확장되고 인정된 권리목록이 실제로 국가와 경제 모두와 유사한 관계를 맺을 수 있는 가능성에 대해서는 검토하지 않는다. 경제력과 경제성장의 제한 및 통제와 관련하여 아렌트가 가지는 그 어떤 희망도 '정치경제'와는 무관하게 사회적 영역으로부터 재분화된 공적 영역의 존재에 의존한다. 하지만 여기서도 역시 시민적 권리는 분화된 사적 영역이 여전히 공론장 자체에 참여할 수 있는 퍼스낼리티 출현의 필수조건이라는 점에서 일정한 역할을 수행하고 있음이 틀림없다. 미국혁명이 공화제적 제도의 확립에서 거둔 어떤 성공도 시민적 권리의 보존과 관련되어 있는 반면, 이러한 측면에서 다른 대혁명의 실패는 그러한 권리들에 대한 체계적 침해와 연계되어 있다.[71]

따라서 아렌트의 개념에서 권리에 의해 보호되는 시민적 자유와 정치권력의 행사에 의해 확보된 공적 자유의 분화는 각각을 확립하는 데 도움을 준다. 그러나 동시에 그러한 분할선의 부식은 모두를 파괴하는 경향이 있다. 하지만 공적 영역과 사적 영역에 대한 아렌트의 개념을 민주

---

70) Ibid., 252ff.
71) Ibid., 92, 115, 134, 218.

주의와 권리의 측면에서 재진술하는 것은 그녀가 시민적 자유의 문제를 고려하는 목적이 아니다. 그녀는 또한 권리에 기초한 자유 모델은 그것의 확립 순간부터 여전히 권력에 기초한 모델에 대해 하나의 위협이 된다고 주장한다.

아렌트의 해석에 따르면, 미국 권리장전은 프랑스의 『인간과 시민의 권리에 관한 선언』과 마찬가지로 공화주의적 권력의 목적을 비정치적 목적으로 대체하려고 노력하기보다는 공화주의적 권력을 통제하고 제한하려고만 했을 뿐이다.[72] 하지만 거기에서조차 공적 자유가 시민적 자유에 종속되는, 즉 시민이 사적 개인에 종속되는 전도가 발생할 수 있었다. 문제가 되는 것은 '입헌주의'에 대한 두 가지 상이한 이해를 가져오는 두 가지 상이한 행복 모델이다. 아렌트의 전반적인 진단에서 공적 행복, 자유, 시민정신의 가치로부터 사적 행복과 그에 상응하는 소극적 자유 모델로 전환이 일어나는 것은 근본적으로 사회의 등장에서 기인하는 경향이 있다. 그러나 사회의 등장에 대한 그녀의 분석은 특히 미국의 맥락에서 실제로 결코 적절하지 못하기 때문에, 그녀는 때때로 인과적 관계를 전도시키고 싶어 하기도 한다. 달리 말해 그녀는 사적 행복(사람들의 사적 관심의 촉진과 향유)을 삶의 최고의 목적으로 강조하는 자유주의적 구성요소는 (비록 미국혁명이 낳은 관행은 아니지만) 철학적 자기인식 속에서 정치참여에 기초한 공적 행복이 최고의 선이라는 관념과 연관된 공화주의적 구성요소를 처음부터 침식하는 경향이 있었다고 주장한다.[73] 따라서 아렌트가 옹호하는 모델은 공적 영역과 사적 영역을 철저하게 구분할 뿐만 아니라 동기의 측면에서 전자의 우위성을 주장하기까지 한다. 사적인 행복이 우위를 확보함에 따라, 자유가 재정의되었

---

72) *OR*, 108-109.
73) Ibid., 126-127.

다. 즉 그것은 적극적인 행위의 자유를 의미하는 대신에 타자의 행위로부터의 소극적 자유를 의미하게 되었다. 훨씬 더 결정적으로는 헌법―'입헌주의'―의 목적이 진정으로 공적인 새로운 형태의 권력을 확립하는 것으로부터 개인을 권력행사로부터 보호하는 것으로 전환되었다. 정치적 자유는 권력증가와 함수관계에 있는 것이 아니라 권력제한과 함수관계에 있는 것으로 이해되게 되었다. 이러한 입헌주의의 자유주의적 이상은 사적 행복의 보루로서의 시민적 자유(그 자체로 권력은 아닌)가 보호되는 한, 모든 형태의 권력과 관련하여 불신을 초래하고 권력이 행사되는 형식에 대해 무관심을 증대시켰다.[74] 하지만 이러한 형태의 입헌주의는 '사회적인 것의 등장'논리를 표현하는 관료제적 형태의 정부와 전적으로 양립할 수 있는 것으로 입증되었다. 결국 권리중심의 정치는 근대 국가와 사회의 파괴적 추세에 맞서 사적 영역 그 자체조차 방어할 수 없었다.

권리 그 자체에 대한 아렌트의 이해는 분화를 인식하지 못함으로써 고통 받는다. 이는 그녀가 사적 영역과 공적 영역 간의 매개라는 관념을 진지하게 취하기를 내켜하지 않는다는 데서 기인한다. 그녀의 저작에서 집회와 결사의 권리가 차지하는 애매한 지위는 이 점을 입증한다. 한편에서 이러한 권리들은 소극적 자유, 즉 부당한 구속으로부터의 자유로 분류된다. 아렌트에 따르면, 미국의 권리장전에서조차 집회의 권리는 단지 "청원을 위해 회합할 권리"였을 뿐이다. 개인이 그러한 권리로부터 획득하는 것은 '자유'라기보다는 '해방'이다. 즉 기껏해야 집합적으로 청원할 능력은 정부에 일정 정도 제한적 영향력을 행사하는 것으로 이어질 수는 있지만, 결코 정부에 참여하는 것으로 이어질 수는 없다.[75] 다른

---

74) Ibid., 143.
75) Ibid., 32, 108.

한편 집회·결사·언론의 권리는 또한 가장 중요한 진정한 정치적 자유로, 즉 기업활동의 자유처럼 몰정치적인 자유와 대비되는 것으로 언급된다.76) 아렌트는 이러한 지위가 이를테면 권리장전의 한계를 넘어서는 발전을 통해 도달되었다고 주장하지만,77) 이러한 가정된 발전이 여전히 사법상으로 헌법적 자유를 구성하는 것에 대해 새로운 지위를 부여했는지 그리고 어떻게 부여했는지에 대해서는 분명하게 밝히지 않는다. 어쨌든 심지어는 집회의 권리의 지위를 정치적 자유로 인정하는 논의조차도 "정치적 자유는 일반적으로 말하면 '정부에 하나의 참여자가 되는' 권리를 의미하며, 그렇지 않으면 그것은 아무것도 의미하지 않는다"는 선언으로 끝을 맺는다.78) 이 선언은 집회의 권리가 심지어 실제로 그것의 가장 발전된 형태로 보장하는 것에 의해서도 좀처럼 충족될 수 없는 기준을 설정한다.

이 문제는 아렌트의 권리 개념에서 심각하며, 권리의 궁극적 토대와 관련한 그녀의 양면성을 반영한다. 실제로 그녀는 권리체계의 핵심과 관련하여 두 가지 개념을 가지고 있다. 하나는 권리가 주장되고 방어될 수 있는 공론장에 접근할 수 있는 "권리를 가질 권리"와 연결되어 있다.79) 다른 하나는 사유재산과 연계된 사적 영역을 만들어내는 권리를 모든 권리의 기본 모델로 분리시킨다. 따라서 집회의 권리는 그러한 방식 각각에서 정치참여의 하나의 차원으로, 그리고 또한 공적인 것으로부터 보호되는 사적인 것의 일부로 해석된다. 첫 번째 개념은 집회와 발언의 권리를 가장 근본적인 권리로 만들 수 있다. 하지만 두 번째 개념은 그러한 '의사소통의 권리'를 재산권 모델에 동화시키는 경향이 있다. 재산권 모

---

76) Ibid., 217-218.
77) Ibid., 32. 표현에 주목하라.
78) Ibid., 218.
79) *OT*, 295-297.

델은 권리목록에서 의사소통의 권리가 갖는 어떠한 특별한 중요성도 박탈한다. 이러한 애매함은 사실 의사소통의 권리가 갖는 독특한 이중적 본성과 관련한 어떤 것을 드러내준다. 그러나 매우 특이하게도 아렌트의 개념에서 전혀 등장하지 않는 것은 집회의 권리가 시민적 권리이자 정치적 권리이고 사적 권리이자 공적 권리라는 점이다. 달리 말해 아렌트는 사법적으로 사적인 개인들의 권리라는 개념이 자리할 수 있는 어떠한 여지도 남겨놓지 않는다. 사적 개인들은 바로 그러한 권리를 통해 공적-법적 지위를 획득하고, 주요한 공적인 역할을 수행하기도 하며, 그런 식으로 사적 영역과 공적 영역을 매개한다.

아렌트의 저작에서 공적 영역과 사적 영역 간의 매개 가능성 그 자체가 부재한다는 문제는 집회와 결사의 권리행사가 명백히 정치적인 것을 향해 있을 때, 특히 사회운동의 경우에 더욱 심각해진다. 실제로 사회운동은 아렌트의 이론 속에서 그녀가 적절히 다룰 수 없는 문제의 맥락에서 하나의 구성적 역할을 수행할 수도 있었다. 운동은 경험적으로 입증할 수 있는 생애주기를 가지기 때문에, 그녀는 운동을 영구혁명을 수반하지 않는 혁명정신을 구현하고 있는 것으로 조명할 수도 있었다. 실제로 그녀는 운동을 제도화에 개입하기보다는 오히려 장기적으로 그것을 미리 가정하고 촉진하는 권력을 산출하는 초제도적 사례로 해석할 수도 있었다.[80] 아렌트는 물론 평의회-공화주의 실험의 출현 속에서 운동이 수행하는 역할을 인식하고 있다. 무엇보다도 그녀는 "최근 가장 영광스럽고 어쩌면 가장 믿음직한 역사의 장(章)들을 써온" 노동자운동을 검토한다.[81] 경제를 지향하는 노동조합과 사회를 지향하는 '정'당 외부

---

[80] 이것은 아렌트 자신이 그녀의 이론적 틀에 기초해서라기보다는 그것을 무시한 채 『공화국의 위기』에서 시민불복종을 논의하면서 취했던 입장이다. *Crisis in The Republic* (New York: Harcourt Brace Jovanovich, 1969)를 보라.
[81] HC, 215.

에서 움직이는 산업노동계급의 운동은 새로운 공화제적 제도를 구성하는 진정으로 정치적인 프로젝트들을 반복적으로 재발명했다. 아렌트에 따르면, 이것은 사회('계급사회')에 진입하지 못한 노동계급이 갑자기 공적인 정치무대에 등장했을 때마다 가능했다.[82] 하지만 그녀의 주장은 전적으로 허구이다. 왜냐하면 그녀가 언급하는 1848년에서 1956년까지의 운동들은 어떠한 사회적·경제적 이해관계나 요구를 가지지 않는 것으로 제시될 수 없고, 또 사회의 경제적 재생산 속에서 주요한 역할을 수행하지 않은 것으로는 더더욱 제시될 수 없기 때문이다. 그리고 실제로 아렌트 자신도 그녀가 검토 중에 있는 운동들에서 항상 드러나는 노동자들의 산업통제에 대한 관심이 평의회 실험의 몰락을 가져온 한 가지 중요한 이유였다고 주장할 때, 이를 암묵적으로 인정할 수밖에 없었다.[83]

아렌트가 운동형태와 공화주의 실험을 연관 짓는 것은 그녀 자신이 보기에 이미 과거가 된 근대사의 한 단계와 관계가 있다. '대중사회'—노동계급을 포함하여 모든 계급을 흡수하여 동화시킬 수 있는 '사회'의 한 형태—의 출현과 함께, 어떠한 운동도 사회적 또는 경제적이기보다 전적으로 정치적인 어떤 지위를 주장할 것으로 기대할 수 없다. 이제 노동운동은 모든 다른 운동처럼 하나의 압력집단이 된다.[84] 이해관계의 표출과 이해관계의 대변(정당)은 기껏해야 시민사회의 '정치'이기 때문

---

[82] Ibid., 215-220. 이것은 마르크스가 「헤겔『법철학』비판 서문」에서 제시한 "시민사회 '속에서'이지만 시민사회 '의'는 아니다"(in but not of civil society)라는 공식을 가지고 장난친 것이다. "Critique of Hegel's *Philosophy of Right*: An Introduction"(1843), in Karl Marx and Friedrich Engels, *Collected Works*, vol. 2 (New York: International Publishers, 1975). 비록 증명이 필요하기는 하지만, 이러한 연계는 문헌학적으로 아렌트의 사회적인 것에 대한 비판을 시민사회에 대한 비판으로 입증하는 데 도움을 준다.

[83] *OR*, 273-275.

[84] *HC*, 219.

에, 운동이 실제의 정치참여를 대신하고 정치사회와 담론적 의견형성을 협상과 거래로 대체한다. 이익집단과 정당정치는 의회의 공적 공간을 파괴하기 때문에, 그것들은 실제로 이해관계 주장을 행정적으로 처리하는 것보다도 못하다.[85]

이것은 우리 시대에도 여전히 존속하는 운동형태와 어떻게 조화를 이루는가? 새로운 공적 공간을 구성하고 그것을 통해 사적인 것과 공적인 것을 매개하는 운동의 맥락에서 사회적인 것이라는, 멸시되는 영역이 결국 재정치화의 장이 되는 것이 가능할까? 아렌트는 운동형태 그 자체가 고전적인 노동자운동과 함께 사라지지는 않는다고 분명하게 주장한다. 실제로 그녀는 그것의 영역은 사적인 것과 공적인 것이 남겨놓은 것 사이에 있는 사회적 영역이라고 가정한다. 하지만 아렌트는 대중사회에 대한 급진화된 형태의 다원주의적 비판을 채택하고 전체주의적 운동을 그것의 본보기로 사용함으로써 **사회운동**이, 사회적 영역이 공적 영역과 사적 영역을 파괴하는 것을 가속화하고 완결한다고 확신한다. 즉 엄밀한 의미에서의 사회운동은 대중사회를 특징짓는 원자화와 탈정치화를 먹고살며, 그것들을 창출하고 영속화하는 것을 돕는다. 근대 정당제도와 그것이 산출한 뿌리 깊은 불신의 상황에서, 아렌트는 의회 밖에서 초정당적 운동이 출현할 수 있는 비옥한 토양을 발견한다. 정당제도의 실패가 분명해질수록 운동이 발생하여 광범위한 지지자들에게 호소하기가

---

[85] 실제로 마치 아렌트는 정당-의회제도를 연방제적인 노동자평의회 모델과 효율적이지만 크게 축소된 국가행정—전자는 적절한 정치적 공간이고, 후자는 이해관계 주장들이 처리되는 공간이다—으로 대체하기를 원하는 것처럼 보인다. 시민사회는 개인의 권리에 의해 보호될 것이다. 그러나 이 모델에 입각할 때, 시민사회는 분명 국가에 맞서 스스로를 보호할 수 없을 것이다. 왜냐하면 시민사회는 어떠한 정치적 형태, 어떠한 공적 대표체 또는 대변인, 그리고 정치사회를 구성하는 평의회들과 구분되는 어떠한 내적인 공적 공간도 가지지 않을 것이기 때문이다. 요컨대 시민사회는 국가행정에 맞서는 데서뿐만 아니라 정치사회 그 자체와 맞서는 데서도 무력할 것이다.

쉬워진다. 그러나 진정한 공적 제도들이 부재하는 상황에서는 운동이 대중을 조직하거나 아니면 자신이 조직한 사람들을 대중으로 전환시킨다. 사회운동은 대중운동이고, 대중운동은 가족, 교육, 문화를 포함하여 지금까지의 삶의 모든 사적 영역에 침투하여 그것들을 평준화하는 식으로 사회적 원리를 작동시킨다.[86] 따라서 사회운동은 원형적으로 전체주의적이며, 사회의 등장이라는 전체주의의 완결은 사회운동 없이는 불가능하다.

운동이 사회에서 출발하고 그것이 사회적 욕구와 동기를 동원한다는 점을 감안할 때, 운동은 공적 삶의 형태를 재발명할 수 없다. 우리는 이 테제가 집합행동과 대중사회의 이름으로 사회운동을 연구한 제2차 세계대전 이후의 초기 패러다임을 지배한 사회운동 개념과 일치한다는 점을 지적해야만 한다.[87] 아렌트의 급진민주주의적인 정치철학은 그녀의 저작을 이러한 패러다임으로부터 구분시켜주었다. 그러나 어쩌면 전체주의 운동에 대한 그녀 자신의 경험으로 인해 부분적으로 그러한 패러다임을 받아들임으로써, 그녀는 자신의 정치철학에서 어떠한 정치의 가능성도 제거한다.[88] 만약 오늘날 운동이 그것이 출현하고 존재하는 불가피한 사회적 지형 때문에 공론장을 재발명하거나 확장할 수 없다면, 그리고 만약 권리지향적 집합행위가 공적 자유에 대한 사랑에 하나의

---

[86] *OR*, 270.
[87] 제10장을 보라. 전쟁 이전의 블루머의 '집합행동' 학파가 사회운동과 대중운동을 반드시 동일시한 것은 아니었으며, 따라서 실제로 언제든 그것들의 '공적' 차원을 파악할 수 있었다.
[88] 정치적인 것(the political)과 정치(politics)라는 두 개념 간의 구분과 관련해서는 Dick Howard, *The Marxian Legacy*, 2d ed. (Minneapolis: University of Minnesota Press, 1989)를 보라. 하워드는 클로드 르포르 그리고 특히 코넬리우스 카스토리아디스가 근대 정치에 대해 아렌트와는 매우 다른 태도를 지니고 있다는 점을 설득력 있게 입증한다. 이것이 놀라운 까닭은 그들의 저작과 아렌트의 저작 간에는 많은 중요한 유사점이 있기 때문이다.

위협이 된다면, 우리 시대에 정치제도를 창출하고자 하는 노동계급운동의 실험이 계속될 수 있을지는 전혀 분명하지 않다. 만약 사회운동 자체에 대한 아렌트의 견해가 옳다면, 공화주의의 부활이라는 그녀의 꿈은 결국 사망선고를 받고 말 것이다.

제5장 역사주의적 비판: 카를 슈미트, 라인하르트 코젤렉 그리고 위르겐 하버마스

자유주의적 공론장의 기원: 카를 슈미트와 라인하르트 코젤렉

한나 아렌트는 공론장이라는 자신의 규범적 이상이 근대성과 양립할 수 있다는 것을 증명하는 데 실패했다. 우리는 이러한 실패가 그녀가 근대 특유의 제도적 삶의 차원으로 규명한 사회적 매개영역에 대한 그녀의 비타협적인 비판과 강력하게 연계되어 있다고 주장했다. 따라서 공론장의 문제에 초점을 맞추는 대안적 해석전통이 존재한다는 것이 매우 중요하다. 위르겐 하버마스와 그의 추종자들의 접근방식은 사회에 뿌리를 둔 형태의 공론장과, 국가와 동일시되는 고대 모델을 대치시킨다.[1] 주목할 만한 것은 이 두 번째 전통이 카를 슈미트까지 거슬러 올라간다는 것이다. 슈미트는 자신이 공적 토론에 기초하는 몰정치적 개념으로 간주한 것에 반대하는 전쟁 모델—즉 아렌트와 하버마스 모두의 가장 내밀한 충동을 규정하는 모델—에 기초하여 '정치적인 것'의 개념을 옹호하고자 애썼다.[2]

---

1) Jürgen Habermas, *The Structural Transformation of the Public Sphere* [1962] (Cambridge: MIT Press, 1989; 이하에서는 *Public Sphere*로 인용함).
2) 그럼에도 불구하고 공공성(publicity)이라는 토포스—토론과 공개성이 의회주의

슈미트에 따르면, 근대 자유주의를 이해하는 가장 좋은 방식 중 하나는 그것의 '정치적' 표현, 즉 의회주의에 초점을 맞추는 것이다. 의회주의의 원리는 공개적인 공적 토론 또는 심의이다.[3] 슈미트가 염두에 두고 있는 것은 단순한 협상과 거래를 넘어서는 다음과 같은 의미의 토론 모델이다.

> 의견교환은 자신의 반대자에게 어떤 것의 진리 또는 정의(正義)를 설득시키고자 하거나 스스로가 어떤 것이 진리이고 공정하다고 설득당하게 하려는 목적에 의해 지배된다. …… 토론을 하기 위해서는 그것의 전제로서 신념을 공유하고 있어야 하고, 기꺼이 설득되고자 하는 의향이 있어야 하고, 당파적 결속으로부터 독립되어 있어야 하고, 이기적인 이해관계로부터 해방되어 있어야 한다. ……그러므로 의회의 본질은 주장과 반론에 대한 공적 심의, 공적 논쟁, 공적 토론이다.[4]

따라서 공통의 정치적 의지는 서로 다른 의견들이 진정하게 그리고 공개적으로 대결하는 과정에서 나온다. 이 과정은 두 가지 의미에서 공적인 것으로 상정된다. 하나는 그 성원에게 어떠한 외적 강제도 가해지지 않는 상태에서 자유롭게 심의하는 자율적인 공적 조직체의 작동에 의거한다는 의미에서 그렇고, 다른 하나는 진정으로 외부에 공개적이라는 의

의 원리를 상징한다는 주장—를 부활시키고 있는 슈미트의 출발점은 이들 사상가 각각에 이르는 두 가지 길 속에서 해석될 수 있다. 이것들 중 하나는 국가에 관한 모델—공적 토론에 기초하는 의회국가—을 지적하는 것처럼 보이며, 따라서 아렌트로 이어진다. 국가 속에서 사회적·몰정치적 영역이 출현하는 것에 초점을 맞추는 다른 하나는 하버마스로 이어진다.

3) Carl Schmitt, *The Crisis of Parliamentary Democracy* [1923] (Cambridge: MIT Press, 1985; 이하에서는 *Crisis*로 인용함), 2-5.
4) Ibid., 5, 34.

미에서 그렇다. 이 두 가지 의미 모두에서 근대 의회주의는 명령적 위임과 비공개 회의에 기초했던 신분제의회라는 그것의 선조와 확실히 대조된다. 근대 의회주의 하에서는 유권자들이 직접 압력을 가하거나 유권자의 구속을 받는 또는 위임을 받은 대표가 압력을 가하는 대신에, 대표자들의 독립성을 일시 중지시키는 것이 아니라 그것을 전제로 한 설득과 토의를 통해서만 여론이 의원들에게 영향력을 '행사한다'고 가정된다.

슈미트는 이해관계에 맞서 의견을 옹호하는 아렌트식 모델과 진정한 토의를 정치담화의 전략적·수사적 이용과 구분하는 하버마스식 모델 모두를 예견하고, 그것들을 자유주의적 의회주의에 귀속시킨다. 하지만 이 둘과 다르게 슈미트는 토론 모델을 심히 몰정치적인 것으로 간주하고, 지적 영역에서 이루어지는 토론형태로 벌이는 무제한적 경쟁이 조화를 창출한다고 믿는 근본적인 자유주의적 신념과 그 모델을 연결시킨다.[5] 슈미트에 따르면, 의회공론장에 대한 이러한 자유주의 모델은 한편에서는 도덕적·지적 담론으로, 그리고 다른 한편에서는 경제학으로 대체된다. 그것은 정치영역을 탈정치화·탈군사화하여 국가를 사회로 전환시키는 과정에서 "정치적으로 결합한 사람들"을 문화에 흥미를 가지는 공중으로, 또는 시장에서 작동하는 산업적 관심사에 흥미를 가지는 공중으로 전환시킨다.[6]

슈미트는 자신이 말하는 의미에서의 국가와 정치가 그러한 전환에 의해 자유주의 사회에서 소멸하지는 않는다는 것을 예리하게 인식하고 있다. 원리는 실제 관행에 부응하지 않으며 부응할 필요도 없고 또 완전히

---

5) 그는 전략적 계산을 통한 통합과 상호설득을 통한 통합 간의 근본적인 차이를 인식하지 못한다. (이것은 '사상의 시장'에 관해 이야기하는 자유주의자들에게도 그대로 적용된다.) 이 차이를 정교화하고 있는 것으로는 Jürgen Habermas, *Theory of Communicative Action*, vol. 1 (Boston: Beacon Press, 1984), chs. 1, 4를 보라.

6) *Crisis*, 35; Carl Schmitt, *The Concept of the Political* [1932] (New Brunswick, NJ: Rutgers University Press, 1976), 71-72.

부응할 수도 없다. 그가 다소 모호한 용어로 제시하는 바에 따르면, "거기에는 이질적인 목적들이 존재한다. ······그러나 이질적인 원리들은 존재하지 않는다."[7] 공개적인 공적 토론이라는 원리는 실제로 정당화의 원리, 즉 규범적 그리고 심지어는 메타규범적 원리이다. 따라서 그것이 지니는 즉각적인 중요성은 그것이 여타 규범들이 갖는 타당성의 토대라는 것이다. 특히 슈미트는 대표자들의 독립성, 그들의 표현의 자유와 면책특권, 그리고 의사진행의 공개성이라는 규범들 모두가 집합의지를 획득하는 유일하게 정당한 방법인 공적 토론의 원리로부터 그 타당성을 부여받는다고 강조한다.[8] 심지어 의회가 엘리트를 선출하는 '최선의'

---

7) *Crisis*, 3. 게다가 그는 "위대한 정치적 결정은······ 오늘날[1923년] 더 이상 (비록 언젠가는 그랬다고 할지라도) 공적 논쟁 속에서 의견과 반대의견을 견주어 균형을 잡는 것에서 나오지 않는다"고 말한다(49쪽, 강조 첨가). 요점은 슈미트가 공적 토론을 통한 결정이라는 관념을 정당화라는 규범적인 반사실적 원리―하지만 일정한 제도적 토대를 가지고 있는 원리―로 간주한다는 것이다. 따라서 토론원리를 19세기의 현실과 대비시킴으로써 그를 비판하는 것은 전자유주의적인 비담론적 형태의 의회주의를 상기함으로써 그를 비판하는 것만큼이나 이치에 맞지 않는다. 이를테면 John Keane, *Democracy and Civil Society* (London: Verso, 1988), 164-170을 보라. 이들 요소 모두는 슈미트 자신의 테제와 본질적으로 대조된다.

8) *Der Hüter der Verfassung*, 2d ed. (Berlin: Duncker & Humblot, 1931; 이하에서는 *Hüter*로 인용함), 78. 기본적 규범에서 나오는 이들 부차적 규범들이 19세기의 조건 하에서 그 제도적 표현을 부여받았다는 것을 부정하는 것은 무익할 것이다. 슈미트는 이것들이 20세기에도 여전히 중요하다는 것을 간과하지만, 그가 확실한 근거를 가지는 경우는 단지 후자의 맥락에서 정당정치의 관행이 광범하게 발전했을 때뿐이다. 정당정치는 공공성이라는 메타규범에 연계된 규범들의 중요성을 극적으로 축소시키는 경향이 있었다. 막스 베버가 이 정당정치의 뿌리를 19세기에서 찾는 것은 옳다. 하지만 그는 또한 정당정치와 고전적 의회주의를 구별한다. 이를테면 "Parliament and Government in a Reconstructed Germany," *Economy and Society*, vol. 2 (Berkeley: University of California Press, 1978)를 보라. 의회주의의 근본적 변화와 관련한 슈미트의 테제가 진정한 공적 담론의 경험적 존재 또는 부재에 입각하여 항상 반사실적이라고 논박될 수는 없다. 그것은 오직 정당정치의 변화에 대한 베버의 테제를 논박함으로써만 논박될 수 있다. 사실 베버의 테제는 슈미트의 『의회민주주의의 위기』의 주된 원천이었다.

방법이라는 20세기의 주장조차 그것의 정당성을 토론 모델(또는 이 모델이 점점 더 수사적이 되고 있는 상호작용의 틀 속에 남겨놓은 것)로부터 끌어낸다. 왜냐하면 논쟁에서 거둔 성과와 다른 사람들을 성공적으로 설득할 수 있는 능력의 보유 여부를 확인하는 것이 바로 지도자를 검증하는 효과적인 방법이기 때문이다.[9)]

슈미트는 공공성의 원리가 모든 정치를 토론으로 환원하는 것을 포함하여 그 원리가 가정하는 세계와는 상이한 세계 속에서만 작동할 수 있었다는 것을 잘 알고 있다. 적어도 이론적으로 자유주의의 가장 심원한 노력은 경제적 의미에서든 아니면 문화적 의미에서든 국가를 사회로 환원하는 것이었다. 그러나 실제로는 자유주의는 국가 또는 국가와 사회의 이원적 공존을 전제로 하고 있었으며, 또한 국가 없이는 또는 국가와 사회가 공존하지 않고는 살아남을 수도 없었을 것이다. 게다가 그리고 이것은 중요한 지적인데, 아렌트와 달리 슈미트는 토론의 원리가 국가 수준이라기보다는 사회 수준에 속한다는 것을 알고 있다. 따라서 정확히 헤겔의 『법철학』의 정신에 따라, 의회는 사회가 국가에 침투한 것으로, 실제로 사회-국가의 이원론을 국가영역 자체에 재생산하고 그것을 통해 이원론의 양극 간 분열을 '매개하는' 것으로 인식된다.

헤겔식 틀에 대한 슈미트의 근대화된 재구성은 자신이 언급하는 '신분제의회' 개념의 주인의 틀보다 훨씬 더 조잡하다.[10)] 특히 그는 욕구체계와 시민사회의 여타 수준들을 구별하지 않으며, 또한 사회와 국가 사이에서 의회라는 매개체 외에는 어떠한 다른 매개체도 인식하지 못하고 있다. 슈미트가 볼 때, 자신이 고전 자유주의 하에 (일관성이 없이) 포함시킨 입헌군주제 시대의 모든 근본적인 정치적 양극(군주 대 신민, 행정

---

9) *Crisis*, 3-4.
10) Ibid., 47.

부 대 인민대표제, 지배 대 자치)은 하나의 기본적인 이원론, 즉 사회 대 국가라는 이원론을 표현한다.[11] 이 이원론은 다시 절대주의 시대로부터 물려받은, 관료제적으로 통합된 군사적-행정적 국가에 대한 (경제적·지적·종교적) 사회세력들의 '논쟁적' 태도와 함수관계에 있다.[12]

그러나 이 이원론은 그러한 군사적-행정적 국가와도 함수관계에 있었다. 이 국가는 여전히 독립적이었고, 여타의 사회세력들에 대해 우위를 점하기에 충분할 만큼 강력했다. 즉 이 국가는 여타 형태의 사회적 (경제적·종교적·문화적) 대립과 갈등을 상대화하고 또한 그 결과 다소 통합된 '사회'를 스스로 구성하기에 충분할 만큼 강력히 위협적이었다. 동시에 이 국가는 사회영역들에 대해 그러한 영역들(경제, 문화)이 그 자신의 자율적 논리를 펼칠 수 있도록 불개입과 자기중립의 정책을 시행하고도 살아남을 만큼 (그리고 어쩌면 또한 이 정책에 의해 강화될 만큼) 충분히 자기충족적이어야만 했다.

이로부터 나온 국가-사회 이원성의 안정성과 균형은 의회라는 매개체를 통해 달성된다. "인민대표제도, 즉 의회, 다시 말해 입법체는 사회가 국가 앞에 출현하는 무대(Schauplatz)로 인식되었다."[13] 이 무대에서 국가와 사회는 서로에게 '통합된다.' 그 결과 형식의 측면에서 이원적으로 '입법국가'와 '행정국가'가 구성된다. 하지만 19세기가 진전되어 감

---

11) *Hüter*, 73-74.
12) 이 분석은 영국에는 그다지 잘 적용되지 않는다. 왜냐하면 영국에서 절대주의는 의회적 절대주의였고, 국가는 심지어 자유주의 시대에조차 (협소하게 이해된) 사회의 자기조직화의 하나였기 때문이다. Werner Conze, "Die Spannungsfeld von Staat und Gesellschaft im Vormärz," in Werner Conze, ed., *Staat und Gesellschaft im deutschen Vormärz 1815-1848* (Stuttgart: Klett, 1962), 208-210를 보라. 영어사용권에서 일어났던 논쟁적 대립을 가장 잘 밝혀낸 것이 바로 의회제 국가에 대항했던 식민지 '의회들'의 관점을 취하고 있는 Thomas Paine, *Common Sense*이다.
13) *Hüter*, 73-74. 토론에 기초한 공공성 모델에서 연극학적 모델로 이전한 것에 주목하라.

에 따라 전자, 즉 입법국가(Gesetzgebungsstaat)가 점차 우위를 획득한다. 이러한 발전은 이미 논의한 의회주의 이데올로기와 부합한다. 그것에 따르면, "토론과 의견의 갈등"을 통해 획득되는 결정만이 정당하다. 이 관념은 토론의 원리가 사회적이자 실제로도 몰정치적이라는 슈미트의 관념과는 단지 겉으로만 모순된다. 무대의 은유는 실제로 거기에서 발생하는 것은 어딘가 다른 곳에서 또 다른 방식으로 일어나는 실제의 결정을 정당화하고 사회세력을 통합하기 위해 필요한 단순한 연기 또는 쇼에 불과하다고 지적하는 것처럼 보인다.

국가에 대항하는 사회를 둘러싼 논쟁적 태도는 그러한 사태가 받아들여질 수 없다는 것을 함의한다. 그것은 사회의 자기조직화라는 관념이 민주화될 때 특히 그러하다. 의회적 대의제도와 일체감을 느끼는 민주세력에게, 서로 다른 사회적 의견들을 통합하는 대신에 우회하는 행정부의 비의회적인 잔여적 의사결정 권력은 부당한 것으로 보일 것임이 틀림없다. 하지만 입법국가의 완성이라는 목표는 달성될 수 없다. 여기서 문제가 되는 것은 순수한 의회제 국가가 다른 순수한 국가형태들처럼 현실에서 발견될 수 없다는 것이 아니다. 오히려 다른 형태들과는 달리 의회제 국가는 사회의 자기조직화, 즉 토론이라는 사회원리에 따른 국가의 조직화라는 국가의 이상을 표상한다. 슈미트에 따르면, 이 이상이 민주화의 영향으로 거의 현실화되어감에 따라 역설적이게도 의회제적 통합원리는 그 토대를 상실하고, 또 다른 통일원리를 박탈당한 국가 자체는 해체의 위협에 처한다.

슈미트의 개념에서 의회 밖의 사람들이 자신들의 대표자들과 일체감을 느낄 수 있는 능력은 사회의 통합을 보장하는 국가—만약 국가가 없다면, 사회는 의견과 이해관계 모두의 갈등에 의해 잠재적으로 분열될 것이다—를 둘러싼 논쟁적 태도에 달려 있다. 그러나 이것이 이야기의 전부는 아니다. 행정부에 대한 의회의 자기구성 및 자기보호의 형태들은 실제로 사회와 국가를 구분하는 메커니즘과 동일한 것으로 판명된다. 의회의 토론은 대표자들의 면책특권뿐만 아니라 의견과 표현의 자유 또한 없다면 분명 무의미할 것이다. 이것들은 진정한 공적 조직체를 구성하기 위한 전제조건들이다. 그러나 슈미트는 또한 의회제적 공론장이 의회 밖에서 공적 삶의 자유를 수반한다고 지적한다.[14] 그는 기조(Guizot)를 해석하면서, 의견, 표현, 언론의 자유라는 일반적 자유가 존재하지 않는다면, 의회절차의 공개는 무의미해질 것이라고 주장한다. 그러한 자유가 없다면, 의회에 대한 모든 형태의 사회적 통제—이것은 국가 앞에서 사회가 의회를 통해 대표되기 위해 요청된다—는 사라지게 될 것이다. 슈미트의 모델이 자신의 의견을 자유롭게 습득하고 소통할 수 있는 사적 개인의 능력을 전제로 하고 또 요구하기 때문에, 의회 외적 형태를 취하는 집회와 결사의 자유들과 같은 일부 다른 자유들은 또한 "자유주의에게는 사활이 걸린 문제"인 것처럼 보인다.[15] 그러나 슈미트는 이 후자의 자유들이 가져오는 사회적 결과에 주목하지 않는다. 하지만 그러한 자유는 헤겔에게는 개인과 국가 사이에서 의회제도 이상의 매개 가능성을 제공하는 것이었다. 끝으로, (그리고 시종일관) 슈미트는 의회제적 공공성의 원리로부터 도출될 수 없는 어떠한 기본권(이를테면 재산)—그것이 자유주의 시대에 대해 갖는 중요성이 무엇이든지 간에—에 대해서도 전혀 언급하지 않는다. 하지만 이러한 일관성은 단지 그에게 다음과 같은 터무니없는 정식화를 허용할 뿐이다. 즉 의회주의의 쇠퇴와 함께 "표현·집회·언론의 자유, 공적 회합, 의회의 면책특권 그리고 특별대우로 구성된 전체 체계는 그것의 이론적 근거를 상실한다." 왜냐하면 그것이 "정당한 법과 올바른 정치는 신문기사, 시위에서의 연설, 의회의 논쟁

---

14) 하지만 다음 저작에서의 마르크스보다는 덜 분명하다. Marx, *18th Brumaire of Louis Bonaparte*(New York: International Publishers, 1963), 65-66.
15) *Crisis*, 36, 39.

을 통해서 달성될 수 있다"는 신념에 기초하기 때문이다.[16]

슈미트의 분석이 그의 정치적 편애와는 무관하게 이러한 결론에 도달하는 까닭은, 토론 모델의 사회적 토대에 대한 그의 통찰력 있는 인식이 근대적 의미에서의 의회의 존재는 사회와 국가의 분화를 전제로 한다는 주장 그 이상의 것을 역설하는 개념과 결합되어 있기 때문이다. 슈미트는 또한 그 반대도 단언한다. 즉 그는 사회의 통합과 분화는 국가에 맞서는 의회제적 대의제도—그는 헤겔과는 달리 모든 매개의 문제를 이것으로 축소한다—의 존재에 (적어도 장기적으로는) 구조적으로 달려 있다고 본다. 하지만 그는 내친김에 심지어 자유의 정치적 효능이 의심스럽게 되었을 때조차, "종래의 자유주의적 자유들, 특히 표현과 언론의 자유를 포기하기를 원하는" 사람들은 많지 않다고 지적한다.[17] 하지만 자유주의에 대한 슈미트의 전적으로 정치적인 분석과 비판에서, 그러한 자유의 정치적 효능이 사라지고 나서도 왜 누군가는 그러한 규범에 집착할 수밖에 없는지는 아주 불명확하다.

그의 분석 속에는 사회-국가의 대립 그리고 심지어 공론장의 구성조차 의회주의의 쟁점과 동일하지는 않다는 것을 보여주는 단서들이 확실히 존재한다. 실제로 그것들은 의회주의의 쟁점보다 역사적으로 앞서 있었다. 그는 다음과 같이 쓰고 있다.

> 여론이 이 절대적 성격을 최초로 획득한 것은 18세기 계몽주의의 와중이었다. 공중의 계몽이야말로 계몽주의의 계몽, 즉 미신, 광신적 행위, 화려한 술책으로부터의 해방이다. 모든 계몽된 전제정치 체계 속에서 여론은 절대적인 교정책의 역할을 수행한다.[18]

---

16) Ibid., 49-50.
17) Ibid., 50.
18) Ibid., 38.

슈미트 자신의 저작에서는 상대적으로 덜 중요한 이 테제는 그가 강한 영향을 미친 역사가, 즉 라인하르트 코젤렉에 의해 그의 『비판과 위기』 (*Kritik und Krise*, 1959)에서 설득력 있게 확장되었다.[19] 코젤렉에 따르면, 유럽 대륙에서 종교내전에 대한 대응으로 형성된 절대주의 국가는 국가이성(raison d'état)이라는 교의에 부합하게 그 자신을 모든 규범으로부터 해방시킴으로써 정치적 이원론의 토대를 창출했다.[20] 그 결과 발생하는 정치와 도덕의 분리뿐만 아니라 (홉스가 예견한) 사적인 개인적 의식을 통제하는 것에 대한 국가의 점점 증가하는 무관심이 새로운 구성체를 구성할 수 있는 발판을 만들어냈다. 그 구성체가 바로 처음에는 국가로부터 분리되어 나왔으나 그 이후 국가에 대항하게 된 '사회'였다. 물론 구체제가 완벽히 일원론적인 국가화된 사회를 창출한 것은 결코 아니었다. 즉 이제는 탈정치화된 과거의 신분집단들이 자신들의 조합적 생활방식을 유지했다. 게다가 유럽 역사상 국가의 첫 번째 진정한 경제정책의 수혜자들인 신흥 부르주아 계급이 결성한 새로운 조직형태들이 존재했다. 지식 엘리트와 사법 엘리트 집단들과 결합한 이 두 계층으로부터 계몽주의의 사회적 토대, 즉 돈, 사회적 인정, 지적 영향력을 소유하고 있지만 정치권력을 소유하지는 못한 사람들이 생겨났다.

그럼에도 불구하고 계몽주의의 '사회'는 사적 살롱, 카페, 클럽, 도서관, 프리메이슨 지부, 그리고 그 후 그것의 주요 형태가 된 비밀결사체와

---

[19] Reinhart Koselleck, *Kritik und Krise* [1959] (Frankfurt: Suhrkamp, 1973). 이 책은 다음 제목으로 영어로 번역·출간되었다. *Critique and Crisis: Enlightenment and the Pathogenesis of Modern Society* (Cambridge: MIT Press, 1988).

[20] 코젤렉이 홉스와 로크가 절대주의의 이원적 결과를 주제화한 최초의 인물들이었다고 강조하기는 하지만, 그는 영국을 자신의 테제에 포함시키지 않는다. 코젤렉에 따르면, 계몽주의 시대 즈음에 의회를 대표하던 영국의 엘리트사회는 왕립행정부와 논쟁적 대립을 피하는 데 성공했다(46쪽). 또한 Conze, "Die Spannungsfeld," 208를 보라. 콘체도 그리고 코젤렉도 이 영국적 예외가 슈미트가 자유주의적 의회주의의 논쟁적 안정화라고 묘사한 것과 명백히 불일치한다는 것을 지적하지 않는다.

함께 조직되었다. 코젤렉에 따르면, 이들 비정치적인 집회와 결사의 형태들 중 많은 것이 실제로 절대주의 국가의 관리들에 의해 보호받았다.[21] 그러한 보호에도 불구하고, 18세기가 진전됨에 따라 그것들은 반국가적으로 돌아섰다.

계몽된 국가관리들이 이러한 조직을 지원한 것은 상대적으로 설명하기 쉽다. 왜냐하면 프리메이슨 이데올로기가 상징하듯이, 새로운 구성체인 '사회'는 그 에토스에서 평등주의적이었고 그 자체로 "계몽된 절대주의"의 주적(主敵)이었던, 귀족주의적·교회적 질서의 특권화된 사회에 반대했기 때문이다. 게다가 사회는 국가에 대해 하나의 위협이 되는 것으로 여겨지지 않았다. 왜냐하면 사회의 자기이해가 정치적이라기보다는 도덕적이었기 때문이다. 정치를 국가이성으로 이해하는 절대주의적 인식에 정확히 기초하여, 도덕의 덕성은 정치로부터의 해방이라고 정의되었다. 하지만 사적인 개인적 양심의 자유라는 홉스식 자유의 이러한 확대는 더 이상 절대주의적 탈정치화의 내적 논리와 양립할 수 없었다. 슈미트를 따라, 코젤렉은 '사회'이 이진저 요소들이 통합은 유지할 수 있었던 것은 오직 국가와의 대립 속에서였다고 넌지시 비춘다. 실제로 프리메이슨 운동에 대한 그의 분석이 보여주는 것처럼, 이러한 대립을 가능하게 만들었던 것은 기성 권력의 무기가 적어도 처음에는 사회의 자기조직화를 위해 사용되었다는 사실이었다. 절대주의 체제의 비밀성과 그 사회질서의 위계조직은 형제애와 연대 이데올로기 배후에 있는 접착제였다.

물론 계몽주의는 그것이 광범위한 운동이 되어감에 따라, 보다 공적이고 또한 동시에 보다 평등주의적이 되었다. 코젤렉에 따르면, 사회와 국가의 대립을 가져온 이러한 변화는 도덕과 정치의 엄격한 병치에 이미

---

21) *Kritik und Krise*, 46-54.

내재되어 있었다. 도덕에 기초한 '사회'의 구성 그 자체는 국가제도에 대한 어떠한 가시적 공격이 없다고 하더라도 절대주의적 주권에 대한 평가이자 거부를 표현하는 것이었다. 동시에 정치의 거부는 정치를 비판하고 판단하기 위한 도덕적 관점을 확립하는 것이었다. '사회'에서 분출되는 도덕적 압력은 기성 가치들에 대한 하나의 대안적인 전체 가치체계를 창출함으로써, 행위에 대한 영향력의 하나의 원천이 되고, 그리하여 하나의 간접적인 형태의 정치권력이 될 수밖에 없었다. 도덕은 직접적으로는 비정치적이었지만, 바로 그 이유 때문에 그것은 몰도덕적 국가를 문제시할 수 있었고, 따라서 비록 간접적으로이기는 하지만, 결국 정치적이 되었다.[22]

국가에 대항하는 사회 프로그램의 급진화는 그 프로그램의 전적으로 비정치적인 모습을 그리 중시하지 않게 했다. 코젤렉의 표현에 따르면, 이 프로그램은 정치와 거리 두기, 비판, 판단, 실행의 단계를 거쳤다. 절대주의 국가가 제거될 수 없었기 때문에, 자기제한이 이루어져야만 했다. 처음에 이 자기제한은 권력의 압도적인 불균형 때문에 단지 전략적일 수밖에 없었던 한 가지 요소를 포함하고 있었다. 그러나 이것은 또한 원리에 기초한, 규범적으로 타당한 하나의 반정치적 요소를 가지고 있었다. 하지만 실제로 반정치적인 도덕이 정치세계에서 스스로를 부도덕과 화해시키기 어려웠다는 점에서 반정치적 요소는 자기부정적이었다. 그렇기에 급진계몽주의에서 도덕적 영역은 스스로를 은밀하게 또 다른 대안적인 정치적 영역으로 구성했다. 이 정치사회의 목적은 더 이상 국가와 공존하는 것이 아니라 오히려 국가를 해체하고 대체하는 것이었다. 훈육, 학교교육, 선전, 계몽의 방법은 더 이상 새로운 목적에 적합하지 않았다. 그리고 이것은 심지어 전략적인 자기제한조차도 단지 일시적인

---

22) Ibid., 65-68.

것으로 파악되어야만 했다는 것을 함의했다.

코젤렉은 이러한 방식으로 계몽과 구체제의 위기 간의, 그리고 이 위기와 다가오는 혁명 간의 내재적 연관성에 관한 관념을 설득력 있게 부활시킨다. 그는 바로 이 맥락 속에 자유주의적 공론장의 출현—여기서 이것은 국가와의 대립 속에서 사회가 정치적으로 전환하는 것을 의미한다—이라는 슈미트식 토포스를 위치시키고자 한다. 코젤렉에 따르면, 루소식의 급진민주주의 모델인 피에르 베일(Pierre Bayle)의 문학공화국(republic of letters)이라는 관념은 문제가 무엇인지를 지적해준다. 한편으로 이 '공화국'은 여전히 무력한 도덕법칙과 몰도덕적 권력 간의 대립에 기초하고 있다. 다른 한편으로 이 대립은 비판의 지배(règne de la critique)와 국가의 지배의 대결이라고 해석되며, 이는 공론장의 가장 탁월한 무기인 비판이 정치적으로 전환되었음을 보여준다.

이러한 변화는 위험을 수반했다. 국가의 관점을 취하는 코젤렉은 비판의 관념이 사회 자체의 내부로 선회함에 따라, 그것은 하나의 사회통합 수단이 되는 데 실패할 수밖에 없었고, 결국 절대주의에 의해 억제되었던 내전이 사적 영역에서 재등장할 수밖에 없었다고 주장한다. 여기서 슈미트의 교의에서처럼, 자유주의적 공론장 관념은 그것의 심히 몰정치적인 잠재력을 스스로 드러낸다. 동시에 '적'(敵)으로서의 국가가 존재하는 한, 그것의 정당성에 대한 비판적인 논쟁적 주장은 그 대결에서 '아군'을 구성하는 부문, 즉 대안적 정치사회를 응집시켜준다. 그러한 논쟁은 공적 비판의 매체를 통해 이루어진다. 공적 영역에서 비판은 여론을 증폭시키고, 모든 것을 폭로하고, 모든 금기를 파괴하고, 국가를 중심으로 조직된 자신의 정치적 적으로부터 정당성과 단결의 수단을 박탈하는 수단이 된다.[23] 무기에 대한 비판에 반격을 가하기 위해 효과적으로 건

---

23) Ibid., 81-97.

설된 절대주의 국가는 비판이라는 무기에 대항하는 데 실패한다. 그리고 비판은 그것이 상정하고 있는 비정치적 성격 때문에 적절한 호전적인 정치적 대응을 불가능하게 한다.

코젤렉의 분석은 국가와 사회라는 이분법의 등장과 관련되어 있기 때문에, 자유주의적 공론장의 잠재적으로 몰정치적인 함의―이것이 슈미트의 개념에서 관료제적-군사적 국가에 대한 사회의 승리를 특징짓는다―보다는 오히려 그것의 정치적 차원을 강조한다. 그렇기는 하지만 코젤렉의 묘사에서 그러한 몰정치적 잠재력들은 자신의 행위의 정치적 차원을 국가에게뿐만 아니라 자기자신에게 숨기고자 하는 행위자들의 경향 속에서도 드러난다. 역설적이게도 절대주의 국가를 해체할 뿐만 아니라 정치적인 것에 대한 새로운 모델을 확립할 수 없게 하는 것도 바로 이러한 정치적 행위자의 정치거부이다. 심지어 구체제의 붕괴 이전에도, 비판은 그 자신의 도덕적 동기만 인정할 것을 고집함으로써, 위선의 먹이로 전락한다.

계몽의 반(反)정치가 위선이라는 코젤렉의 개념은 국가 그 자체의 관점을 채택하고 있다. 코젤렉은 자신이 고발하기 위해 노력하는 것이 비판이성의 권력에의 의지인지 아니면 내전을 향한 암묵적인 충동인지에 대해 엉거주춤한 채, 권력비판과 권력을 제한하고자 하는 시도를 주저 없이 위선적인 것으로 평가한다. 이러한 모호함은 슈미트에서도 발견할 수 있다. 코젤렉이 자유주의적 의회주의의 계몽주의적 뿌리를 발견한다는 점에서 슈미트를 넘어서고 있기는 하지만, 코젤렉의 슈미트식 분석 속에서 우리가 얻는 것이라고는 혁명으로 이어지는 논리 속에서 정치적 공론장의 등장과 쇠퇴를 예견하는 것뿐이다. 실제로 프랑스의 이러한 전사(前史)를 슈미트가 분석한 의회주의의 역사에 연결하기란 쉽지 않다. 왜냐하면 프랑스에서는 구체제의 붕괴가 처음에는 안정적인 의회제적 결과로 이어지지 않았기 때문이다. 그러한 연결이 이루어질 수 있는 것은 오직 사람들이 다음과 같은 점, 즉 공론장을 중심적 매개체로 하는 계몽주의적 이원론은 맹렬한 권력충동을 가진 정치적으로 취약한 경쟁자들이 국가를 탈권력화하기 위한 하나의 전략이었을 뿐만 아니라 하나의 새로운 정치적 대안으로 제도화될 수도 있었다는 것을 인식할 때뿐이다.[24]

코젤렉이 그답지 않게 본질적으로 슈미트적인 입장을 보강하기 위해 마르크스식 논의를 사용할 때에만, 그는 그러한 테제에 가까이 갈 수 있다. 이를테면 그는 부르주아가 정확히 이원론적 사고방식을 통해 스스로를 하나의 새로운 엘리트로 구성했다고 주장한다. 하지만 여기서조차 그는 권력획득을 위한 준비로서의 이원론적 개념이 모든 이원론의 제거에만 기여했다고 주장한다. 코젤렉에게는 유감스럽게도 자유주의적 공론장의 규범적 성과도, 심지어는 그것의 가능한 그리고 궁극적인 제도화조차도 그러한 주장 속에서는 주제화될 수 없다. 하지만 이 둘 모두는 많은 점에서 코젤렉의 분석에 빚지고 있는, 그렇지만 그의 분석과는 매우 상이한 분석을 하고 있는 위르겐 하버마스에 의해 주장된다.

문학적 공론장에서 정치적 공론장으로: 위르겐 하버마스

사회와 국가의 분화에서 의회제도의 토대를 찾는 슈미트식 테제는 헤겔식 개념을 협소하게 해석한 것이라고 볼 수도 있다. 슈미트에서 특히

---

24) 코젤렉은 민주주의로 가는 여정에서 혁명적 의회주의가 등장하고 붕괴하는 동안에 프랑스에서는 매우 단기간에 발생했던 것이 게르만 국가들에서는 훨씬 더 장기간에 걸쳐 발생한 것은 그곳에서는 단지 관료제적-군사적 국가가 1918년까지 붕괴되지 않았기 때문이라고 대답할 수 있었다. 이것은 설득력이 있을 수는 있지만, 슈미트의 테제와는 상반되는 방식으로 확장되어야만 할 것이다. 실제로 일시적인 것으로 판명되었던 몇 가지 배열태들을 제외하면, 절대주의가 창출한 근대국가는 붕괴하지 않았고, 그것의 의회제적 (사회적-공적) 제한 또한 여전히 매우 적절했다. 의회주의의 쇠퇴는 비록 경험적으로는 그럴듯하지만, 사회에 의한 국가의 포섭이라기보다는 다른 측면에서 분석되어야만 한다.

매개의 문제는 하나의 단일한 구성요소, 즉 정치적 공론장으로 축소된다. 그리고 이 정치적 공론장은 다시 그 자체가 하나의 목적인 공적 토론에 전적으로 무관심하다고 규범적으로 공격받는다. 반면에 하버마스의 개념은 다음의 두 가지 방식으로, 즉 첫째 시민사회와 국가 사이에 존재하는 보다 풍부한 일단의 매개체들을 되찾음으로써, 둘째 공론장에 대한 규범적 주장들을 재강조하고 재평가함으로써 그러한 축소를 넘어서고자 시도한다. 하버마스의 분석은 고대적인 것 그리고 근대적인 것 모두의 규범적 성과들을 한데 아우르는 헤겔식 프로젝트 또한 받아들인다(그리고 한나 아렌트의 분석보다도 더 성공적으로 그렇게 한다).

옛 프랑크푸르트학파의 지적 환경 속에서 산출된 하버마스의 독창적인 공론장 이론은 일종의 쇠퇴의 역사(Verfallsgeschichte)를 대표한다. 아렌트 개념과의 이러한 유사성은 이 두 가지 도식이 역사와 맺고 있는 전적으로 다른 관계를 숨기는 경향이 있다. 우리가 이미 살펴보았듯이 그리스나 아테네식 정치를 이상화하는 개념에 기초하여 만들어진 아렌트의 공론장은, 비록 그녀가 그것의 원래 모델이 사라진 지 오래되었다는 것을 인정하고 있기는 하지만, 역설적이게도 근대 사회, 국가, 경제의 등장과 함께 쇠퇴한다고 언급된다. 게다가 아렌트의 쇠퇴이론은 그녀가 공적 자유 속에서 실험들이 근대의 혁명 동안에 항상 일시적이기는 하지만 반복적으로 재등장했다고 가정하는 것을 결코 방해하지 않는다. 마치 자유와 부자유는 별개의 그리고 오직 이따금씩만 연결될 뿐인 두 개의 세계 속에서 움직이는 것처럼 보인다. 달리 말해 자유는 역사의 변증법이 가만히 멈춰 설 때마다 항상 (그러나 또한 오직 그때에만) 가능하다.[25]

---

[25] 이것이 정지상태의 변증법(Dialektik im Stillstand)이라는 발터 벤야민의 관념과 지니는 유사성은 결코 우연이 아니다. Benjamin, *Illuminations* (New York: Schocken, 1969)에 대한 아렌트의 소개글을 보라.

이에 반해 하버마스는 새로운 유형의 공론장의 출현과 쇠퇴를 근대 사회의 역사 속으로 끌어들인다. 아렌트가 오직 공적인 것의 쇠퇴만을 근대 국가와 경제의 발생에 결부시킨다면, 하버마스의 개념에서는 공론장의 발생, 모순적 제도화 그리고 연이은 쇠퇴 모두가 그러한 사건과 관련되어 있다. 따라서 새로운 공론장은 **부르주아적인** 것으로 보인다. 왜냐하면 그 속에서 가정이라는 범위를 넘어서 방대하게 성장한, 경쟁적인 이기적 경제활동 속에서 분열된 독립적인 재산소유자들이 적어도 원칙적으로는 합리적이고 자유로운 의사소통 매체를 통해 집합의지를 창출할 수 있기 때문이다. 그러나 이 공론장은 또한 **자유주의적**이다. 왜냐하면 이 영역의 자율성을 보호하는 데 필요한 것으로 생각되는 일단의 권리들(표현, 언론, 집회, 의사소통의 자유)은 이 영역이 전제하는 개인의 자율성의 차원들('사생활 권리들')과 함께 시민사회의 공적 영역과 사적 영역들을 구성하는 동시에 국가권력의 범위를 제한하는 데 기여하기 때문이다. 실제로 새로운 공론장은 또한 원칙적으로는 민주적이다. 왜냐하면 새로운 형태의 통일된 비인격적인 관료제적 공적 당국, 즉 근대 국가의 출현은 법의 지배에 의해서뿐만 아니라, 통치의 비밀(arcana imperii)은 물론 국가이성 모두에 도전하는 (사회 내에서 출현하여 의회의 형태로 국가에 침투하는) 두 번째 정치적 공론장에 의해서도 견제되고 감독되고 그리고 심지어는 통제될 수 있기 때문이다. 근대 국가가 예전의 분할된 주권을 가지고 있던 모든 조합조직과 신분집단 조직들을 평준화하고 해체하는 경향은, 정치영역 자체에 침투한 새로운 사회제도들 내에서 (모든 관련자가 지켜보는 가운데 작동하는) 규범에 기초한 하나의 상이한 이성이 출현함으로써 반격당한다.[26]

---

26) 우리는 당시에 하버마스가 근대 국가의 등장이 자본주의 발전과 함수관계에 있었으며 근대 초기 공론장의 자유주의적 요소는 부르주아적 요소에 종속되어 있었다고 보는, 다소 고전적인 마르크스주의자였다는 사실은 고려하지 않는다. 사실 절

새로운 유형의 공적 삶의 제도들의 출현을 절대주의 국가와 특권화된 신분사회 모두에 논쟁적으로 병치시키는 하버마스의 묘사는 계몽의 조직화에 관한 코젤렉의 묘사에 크게 의존하고 있다. 하지만 하버마스의 개념은 세 가지 차원에서 그의 전임자의 것과는 다르다.

첫째, 하버마스는 새로운 공론장의 독특한 논리가 부르주아 가족이라는 새롭고 친밀한 영역, 즉 아렌트가 근대성의 가장 특징적인 산물이라고 파악했던 영역의 상호작용 형태와 연속선상에 있으며, 이 상호작용 형태를 투영한다고 믿는다.

둘째, 그는 문학적 공론장과 정치적 공론장을 구분할 뿐만 아니라(모든 반정치적 주장이 위선이 아닌가 하고 의심하는 코젤렉은 이 구분을 경시한다), 살롱, 카페, 탁상모임, 집회소로 대표되는 소집단 상호작용과 의사소통 매체—그중에서도 특히 언론—를 통한 공적 담론의 확장과 일반화를 구분한다.

마지막으로, 하버마스는 하나의 단일한 정치적 프로젝트, 특히 약자들의 권력에의 의지로 환원하기 어려운 이질적인 일단의 정치적 프로젝트의 맥락에서 공통의 규범이 발전하는 과정을 보여주면서, 정치적 공론장의 제도화와 관련하여 적어도 세 국가(영국, 프랑스, 독일)에서 나타나는 변이를 식별한다.

우리는 먼저 이 세 가지 논점에서 시작하고, 그 다음에 다시 하버마스의 개념에 대한 보다 체계적인 분석을 진행하고자 한다.

1. 개인과 국가 간의 세력장(force field)에 대한 하버마스의 묘사는 슈미트와는 달리 적어도 세 가지 매개체 수준, 즉 가족, 문학적 공론장 그리고 정치적 공론장을 포함한다. 이 수준들은 그것에 상응하는 헤겔식

대주의에 대항한 계몽주의의 투쟁에 초점을 맞추는 그의 풍부한 분석은 많은 점에서 이 단순한 마르크스적 도식을 부정한다.

범주들과 동일하지 않으며, 어떤 수준을 선택하느냐에 따라 '매개체'의 이론적 역할이 달라진다. 이 맥락에서 가족범주는 매우 중요하다. 헤겔의 도식에서 가족은 부르주아적 개인성의 전제조건이며, 따라서 가족은 근대성의 조건 하에서 기본적으로 논리적인 이유—하지만 사회학적으로는 무의미한—때문에 시민사회보다 중요하고 또 시민사회의 외부에 존재한다.[27] 하버마스에서 근대 초기의 소규모 가부장제적 부르주아 가족은 (헤겔에서처럼) 단지 부르주아 사회(bürgerliche Gesellschaft)가 발생한 장소에 불과한 곳이 아니다. 심지어 가족은 사회학적으로 확장된 정통 헤겔식 개념, 즉 이기적 개인을 국가의 문화 속으로 통합하는 여러 수준들 중의 하나라는 개념에 속할 수 있는 어떤 것도 아니다. 하버마스가 볼 때, 소규모 부르주아 가족의 친밀한 영역은 또한 근대 경제와 국가 모두의 원리와 대치되는 하나의 원리의 확립을 의미한다. 그렇다고 그가 가족이 사회화—시민사회에 개인들이 존재할 수 있게 해주는 조건—의 배경이라는 헤겔식 관념을 무시한다는 것은 아니다. 오히려 (그리고 보다 아렌트적인 의미에서) 하버마스는 이 배경을 원점에서부터 하나의 제도—지속적으로 사회적 삶에 참여하며 개인이 자신의 집처럼 계속해서 돌아갈 수 있는—로 전환시킨다. 이러한 이유로 인해 가족은 집합체의 다양한 수준에서 개인성이 해체되는 것을 막아준다. 따라서 아렌트의 이론에서처럼, 가족은 사적 영역을 대표한다. 가족 없이는 자율적 개인에 기초하는 공론장은 가능하지 않을 것이다. 그러나 아렌트가 사적 영역과 공적 영역의 상보성을 폴리스와 오이코스라는 고대적 이원성의 노선을 따르는 것으로 인식되는, 그것들의 근본적으로 서로 다른 원리 때문에만 가능한 것으로 바라보는 반면, 하버마스는 친밀한 것이라는 아렌트의 관념을 사용하여 양자 모두를 위한 하나의 단일 원리, 즉 근대의 이

---

[27] 우리는 이러한 편견의 이유에 대해 제2장에서 이미 논의했다.

상적 가족—그렇지만 실재하지 않는—에 규범적으로 적합한 원리, 다시 말해 지배와 외적인 사회적 제약으로부터 자유로운 상호작용의 원리를 만들어낸다. 새로운 인간성 개념으로 이어지는 이상적 가족은 자발성, 감정공동체, 교양이라는 구성요소들로 더욱 분해된다.[28] 하버마스에 따르면, "가족은 강제되지 않는 자유로운 개인들에 의해 자발적으로 확립되고 유지되는 것처럼 보인다. 가족은 배우자들로 구성된 영속하는 감정공동체에 기초하고 있는 것으로 보인다. 그리고 가족은 모든 능력의 발전—교양인을 그 자체의 목적으로 하는—을 보장하는 것으로 보인다."[29] 이러한 인간성 개념 속에서 자유, 연대, 상호인정, 평등의 관념들에 대한 독특한 해석들을 인지하는 것은 어렵지 않다.

하버마스는 고전 마르크스적 비판노선에 따라, 그가 묘사하는 이 이상적 가족의 반사실적 성격, 그리고 더 나아가서는 그것의 정당화 기능을 재빨리 지적한다. 그는 이 이상적 가족이 가부장제적 형태의 종속뿐만 아니라 새로운 가족유형의 실제 경제적 기능과도 충돌한다고 강조한다. 그리고 이 둘 모두는 부르주아 유토피아의 지적 정교화 속에도 침투한다.[30] 그렇지만 하버마스는 1936년 이후의 호르크하이머(Horkheimer)의 유명한 분석을 따라, 이러한 이상적 가족이 단순한 이데올로기에 불과한 것은 아니라고 주장한다. 경쟁적이고 비연대적인 사적 경제의 제도들을 정당화하는 데 일정한 역할을 수행하는 새로운 연대주의적 규범들은 자유, 연대, 교양과 양립할 수 없는 모든 사태의 세속적 초월을 약속하는 기성의 것들과 항상 긴장관계 속에 있다. 따라서 이들 규범은 이데올로기이자 이데올로기 비판의 토대이다.[31] 게다가 가족은 경제세계의

---

28) *Public Sphere*, 53-55.
29) Ibid., 46 (우리의 번역).
30) Ibid., 55-56.
31) 자유주의적-부르주아적 공론장뿐만 아니라 가족이라는 친밀한 영역에 대한 부

제약을 제거할 수도 없고 심지어는 그 자신의 가부장제적 유산으로부터 스스로 해방될 수도 없음에도 불구하고, 외부 권력에 맞서 인간으로서의 그 성원들의 친밀한 주관적 경험과 상호주관적 결속을 방어한다. 가족이 가족 자체와는 다른 형태의 제도화를 발견할 수 있게 해주는, 열정적 자기반성과 합리적 상호이해를 생생하게 경험하는 원천이라는 점 또한 마찬가지로 중요하다.[32]

하버마스는 부르주아 가족의 사적 세계와 문학적 공론장의 원초적 형태들 간의 경험적 연관성을 주장한다. 살롱이 분명 귀족사회에 그 기원을 두고 있지만, 부르주아 살롱은 그것의 표상적·의례적 기능들을 상실한다. 그것의 의사소통 형태는 더 이상 연극적이지도 그리고 수사적이지도 않다. 그것의 사회적 구조는 더 이상 신분사회의 위계질서를 반영하지 않는다.[33] 가족의 사적 생활영역에 구조적·사회적으로 연결

르주아 모델의 이데올로기에 대한 페미니즘의 비판을 포함하여 그렇다.
[32] 사람들은 그것들이 또한 비가부장제적인 가족형태로 제도화될 수 있기를 희망한다.
[33] 페미니즘 관점에서 이 이행을 논의하고 있는 것으로는 Joan Landes, *Women and the Public Sphere in the Age of the French Revolution* (Ithaca: Cornell University Press, 1988)을 보라. 란데스의 테제는 새로운 담론형태들과 함께 부르주아 공론장이라는 이상 그 자체가 심히 가부장제적인 공화주의 이데올로기—분명 전(前) 부르주아적인 살롱사회에서 여성의 담화와 권력형태들을 둘러싸고 그것에 대항하여 구성된—에 의해 침투되어 있었다는 것이다. 부르주아 공론장의 표적은 위계구조, 특권, 위선, 타락 그리고 신분사회의 배제 메커니즘이었다. 그러나 겉멋 부리는 여성들(precieuses)에 의해 운영되던 살롱사회는 구체제의 잘못된 모든 것을 상징하게 되었다. 따라서 공적 삶의 모든 측면에서 여성을 배제하고 새로 출현하고 있던 가정영역으로 여성을 격리시키는 것과 함께, 살롱을 해체하는 것이 가정영역 외부에서 새로운 형태의 공공성을 발전시키는 데 근본적일 것이라고 생각되었다. 란데스는 부르주아적 공공성—지배로부터 자유로운 상호작용—을 보편성 대 특수성과 객관성 대 감정성과 같은 일단의 이분법의 측면에서 일반 규범으로 표현한 것 자체가 공론장과 사적(가정) 영역 간의 엄격한 젠더 분리를 반영하는 것이었다고 주장한다. 이 명백히 보편적인 유일한 상징적 부호는 사실 남성이었다. 즉 그것은 (부분적으로는 자신들의 이해관계를 표현하고자 하는 여성들

되어 있는 이 새로운 살롱은 각 개인의 주관성을 타인 앞에서 드러냄으로써, 그리하여 사생활과 공공성을 연결시킴으로써 원래의 친밀성의 원리를 확장하고 확대한다. 위세와 지위와 무관하게 열려 있는 추론과 상호설득을 통해 이해를 추구한다는 이상은 유지된다. 하버마스는 다소 더 거리를 두면서, 클럽, 카페, 집회소라는 제도들을 동일한 원리를 확장하고 있는 것으로 파악한다. 하지만 그는 이러한 후자의 계몽제도들에서 여성을 배제한 것을 명시적으로 지적하고, 그러한 배제를 기본적으로 문학적·예술적 문제가 아닌 정치적·경제적 문제에 대한 토론과 연계시킨다.[34] 하지만 예술작품, 특히 문학작품의 청중과 독서 서클로 이루어진 최초의 제도들과 여성이 지배한 살롱 간의 관계는 여전히 긴밀하며, 친밀한 가족을 모델로 한 이성적 공중이 제일 처음으로 보편적인 의미에 접근하기 시작하는 것도 바로 이들 매개체를 통해서이다.[35] 또한 예술수용과의 이러한 연관성은 새로운 친밀한 영역에서 오직 자기성찰과 자기반성의 형태로만 존재하는 문학적 공론장의 한 가지 차원, 즉 일반적으로 받아들여지고 있는 모든 관념과 의미에 대한 비판을 발전시킨다.

  2. 코젤렉은 집회소에서 비밀결사에 이르는 계몽제도를 강조하는 경향이 있다. 그러한 제도들은 역설적이게도 공공성의 원리를 그 원리를 부정함으로써 확립하고자 하고, 또 그 비판은 결국에는 목적 그 자체라기보다는 수단이 되고 만다. 반면 하버마스가 강조하는 제도들은 정치로

    의 시도를 특수주의적이거나 비합리적인 것처럼 보이게 만듦으로써) 여성들을 내쫓고 침묵시켰다. 전반적으로 여성들은 구체제와 비교하여 권력, 특권, 법적 지위의 상실로 고통 받았던 반면, 부르주아 공론장은 고도로 젠더화된 이데올로기—본질적으로 그리고 의도적으로 남성적인 이데올로기—로 출현한 공화주의적 이데올로기에 기초하고 있었다.

34) *Public Sphere*, 33.
35) Ibid., 53, 55.

나아가는 여정이 보다 더디고 덜 완벽하지만, 근본 원리를 놓고 타협하지도 그리고 단지 위선적으로만 권력을 포기하지도 않는다. 그의 개념에서 공론장은 소규모의 대면적인 친밀한 상호작용을 정치화하는 것을 통해서가 아니라 신문, 잡지, 공개공연을 이용하여 문학작품에 비판적으로 접근하는 청중을 만들어내는 것을 통해 등장한다. 오직 이러한 여정만이 친밀성의 원리를 비판적 공공성의 원리로 전환할 수 있게 한다. 그러나 이 더 긴 여정에서조차 문학적 공론장은 정치로 성장한다. 즉 그것은 권력추구에 헌신하는 정치조직의 구조와는 다른 구조를 가진 정치적 공론장으로 성장한다. 비록 이 두 길 모두가 실제로는 살롱이라는 보다 여성적인 세계로부터 분리되었지만, 정치적 공론장은 목적 그 자체로서의 비판이라는 관념 속에 일정 정도 살롱의 정신을 유지시켰다.

비판적인 문학적 공론장에서 정치적 공론장이 출현한 까닭에, 후자가 원래 새로운 유형의 가족이라는 친밀한 영역에서 확립된 강제되지 않는 의사소통 원리를 보존한다는 것이 바로 하버마스의 테제이다. 코젤렉이 대항권력 프로젝트가 위선적이게도 기성 권력을 파괴하고 대체하는 것을 목적으로 한다고 지적하는 것과는 달리, 하버마스는 중요한 것은 권력—그것이 종래의 권력이든 새로운 권력이든 간에—이 작동하는 원리의 변화라고 주장한다.[36] 이 모델에서 비판은 어쩌면 비판이성에 의해 그 자체가 위험에 처했다고 느낄 수도 있는 권력을 새로운 형태로 전환시키고자 하기보다는 오히려 그 자신을 제도화하고자 한다. 심지어 하버마스의 분석에서도 원래의 절대주의적 형태를 하고 있는 근대 국가는 진정한 대항사회, 즉 국가에 대항하는 사회를 수립하도록 자극한다. 그러나 이 대항사회는 그것이 정치적으로 전환될 때조차, 유토피아적으로 국가를 파괴하거나 새로운 국가가 되는 것을 목적으로 하지 않으며, 심

---

36) Ibid., 28, 82.

지어 공포시대처럼 이들 목표 모두를 목적으로 하지도 않으며, 오히려 정치적 공론장이 근대 국가의 공적 권위를 통제하게 될 새로운 형태의 정치적 이원론을 목적으로 한다.

이 주장은 코젤렉의 슈미트식 분석뿐만 아니라 마르크스식의 부르주아 혁명 개념의 성향과도 맞지 않는다. 그럼에도 불구하고 하버마스는 부르주아—정의상 그들의 권력은 사적이다—가 잠재적으로 자의적인 그리고 통제되지 않는 형태의 국가를 통치할 수 없지만 또한 그것을 받아들일 수도 없다고 주장함으로써 일정 정도 부르주아 혁명 개념을 구원하고 싶어 한다. 더욱 복잡한 것은 바로 이 계급이 절대주의의 귀족주의적 반대자들과는 달리 사적인 자본주의 시장경제의 정치적·법적 전제조건들을 개별 국가의 영토 내에 그리고 심지어는 그것을 넘어서까지 보장할 수 있는 통일된 형태의 통치권력을 필요로 하고 또 원한다는 것이다. 역사적 해결책은 절대주의에 의해 창조된 근대 국가를 보존하되, 그것의 작동을 법의 지배라는 측면에서 공식화·합리화하는 것, 근대 국가로 하여금 기본권에 의해 규정되는 형태의 자기제한을 확립하게 강제하는 것, 그리고 그 자체가 의사소통 권리와 참정권 속에 뿌리박고 있는 정치적 공론장의 확립을 통해 근대 국가를 사회적 감시와 통제 하에 놓는 것이었다. 하버마스가 권력작동 원리의 변화를 언급할 때 염두에 두고 있는 것이 바로 이러한 규범적 제한이다.

3. 이 시사적인 이상형이 부르주아 혁명 테제를 구원할 수 있을지는 확실하지 않다. 거의 부르주아적이지 않은 혁명이 발생한 프랑스에서는,[37] 하버마스가 그 윤곽을 그린 유형은 원래 입헌군주제 동안에 과도

---

37) 다음을 보라. Alfred Cobban, *The Social Interpretation of the French Revolution* (Cambridge, England: Cambridge University Press, 1964); François Furet, *Interpreting the French Revolution* (Cambridge, England: Cambridge University Press, 1982).

기적으로만 확립되었다. 게다가 그 결과를 감안할 때, (하버마스가 코젤렉의 분석을 혁명적 시기로 확장한 것으로 묘사하고 있는) 공적 활동의 형태들(잡지, 팸플릿, 클럽, 대중집회)은 기존 엘리트(그리고 곧 서로)를 대체하기를 원하던 대항 엘리트들의 프로젝트였다고 주장하는 것도 어렵지 않다. 하버마스는 대안적 원리가 확립되었을 수도 있다는 것을 보여주기 위해, 자신의 강조점을 혁명과 공포정치(자유주의적 정치이념에 대항하여 보수적 반대자들이 선택하는 상황)에서 정점에 이르는 (코젤렉이 분석한) 프랑스의 정치지형에서부터 의회제적 절대주의로의 진화적 전환이라는 영국의 맥락으로 이전시킬 수밖에 없었다. 이 '모델'은 다시 초기 자유주의 시대의 입헌군주제를 평가하기 위한 기준으로 사용된다. 이 관점에서 볼 때, 고도 절대주의 시기에 프랑스의 발전은 크게 지체되었던 것으로 보인다. 프랑스는 18세기 대부분 동안 더 느리기는 했지만, 기본적으로는 영국의 길을 따른 것으로 보인다. 그러나 당시에 전통적인 신분집단들의 관점에서 볼 때, 절대주의 체제에 반대하는 논쟁과 새로운 공적 형태들이 항상 쉽게 구분되는 것은 아니었다.[38] 혁명기는 공적인 정치형태들을 엄청나게 빠른 속도로 창출하는 과정(신분제의회의 근대 의회로의 변형, 잡지, 클럽, 결사체, 집회, 그리고 무엇보다도 이것들 모두를 보장하는 공식적 헌법제도들의 창출)에서 극적으로 이러한 구분을 강화했다. 하지만 혁명독재와 나폴레옹은 정치적 공론장 제도들을 파괴했으며, 역설적이게도 (그리고 여전히 일관성이 없이 많은 반전을 거듭하면서) 프랑스는 오직 왕정복고와 함께 기본적으로 자유주의적인 발전 모델 속으로 다시 편입되었다. 따라서 자유주의적 공론장의 관점에서 바라본 프랑스의 발전에 대한 이러한 묘사 속에서, 이 가속혁명은 막간극으로 판명된다. 동일한 관점에서 볼 때, 다양한 권위

---

38) *Public Sphere*, 67ff.

주의적 법치국가(Rechtsstaat) 모델들을 통한 게르만 국가들의 발전은 단지 영국 모델의 더 느리고 어쩌면 결코 완성된 적이 없는 형태인 것으로 보인다.

자유주의적 공론장이라는 규범적 구성물의 관점에서 볼 때, 여하튼 적절한 실제 역사적 경로의 윤곽을 그리기 위해 영국을 선택하는 것은 슈미트가 제기한 의문, 즉 사회의 자기조직화 형태로서의 의회제 국가는 그 실현의 순간에 붕괴된다는 의문을 일소하는 데 도움을 준다. 이러한 반론에 맞서, 하버마스는 이원구조의 제도화를 의회와 정치적 공론장과 관련하여 보여줄 수 있는 능력을 가지고 있다. 하지만 그러한 선택은 여전히 코젤렉의 비판에 잠재적으로 노출되어 있다. 왜냐하면 코젤렉이 영국의 상황에서는 자유주의적 공론장의 위선적인 국가주의적 성격보다는 오히려 위선적인 부르주아적 성격에 비판의 초점을 맞추었을 수도 있었기 때문이다. 달리 말해 영국의 경우 자유주의적 공공성 프로젝트는 유산계급의 권력에의 의지의 은폐물이었던 것으로 보인다. 하지만 이러한 비난은 처음에 그렇게 보이는 것만큼 강력하지는 않다. 왜냐하면 명예혁명으로 출현한 의회제적 절대주의가 유산계급의 경제적 이해관계 및 정치적 표상과 이미 완전히 조화를 이루고 있었기 때문이다. 정치적 공론장을 위한 투쟁과 표현·언론·집회·결사의 권리와 그것들을 떠받치게 될 참정권을 위한 투쟁은 부르주아 재산소유자들에게 한정되지 않았으며, 또한 신구빈법(New Poor Law) 프로그램들에서 그들이 획득한 완전한 정치적 승리로 인해 중단되지도 않았다. 이러한 투쟁의 결과가 의회제적 통치를 정당한 것으로 만드는 데 도움이 되었고 따라서 부르주아의 지배를 공고화시켰다고 주장할 수 있지만, 그럼에도 불구하고 그것의 정당성은 온정주의적인 도덕경제가 자기조절적인 자유시장 체계로 이행함에 따라 자신들의 전통적인 삶의 형태들을 침식당한 사회계층들이 성취한 새로운 형태의 보호, 자기조직화, 공적 감시와 함수관계

에 있었다.[39)]

하버마스의 묘사 속에서 영국의 절대주의는 군주가 "의회 내 왕"으로 강등되는 것으로 끝나는 것이 아니라 공론장과 국가 간의 새로운 관계가 수립되는 것으로 끝난다. 그러한 새로운 관계는 의회의 의사진행 절차를 완전히 공개하는 것에서 드러난다.[40)] 하지만 원래 하나의 무기였

---

39) E. P. Thompson, *The Making of the English Working Class* (New York: Random House, 1963).
40) *Public Sphere*, 59-64. 특수한 이해관계와 일반적 규범 간의 관계를 이해하기 위해서는, 하버마스가 영국식 정치적 공론장 모델의 발전에 대해 묘사한 것을 면밀히 살펴볼 필요가 있다. 그에 따르면, '커피하우스' 사회와 일정한 역사적 연관성을 지니고 있는 이러한 발전은 정치적 저널리즘과 '야당'의 등장이 서로를 상호적으로 제약하던 맥락에서 여론을 하나의 제도로 출현시켰다. 처음에는 정부의 하나의 기관으로 설립되었던 정치적 언론은 휘그당의 수중에서 그리고 나중에는 반대파였던 토리당의 수중에서 그 진가를 발휘했다. 이들 정당은 여론을 동원하고 조작함으로써 의회 바깥에서부터 정책에 영향력을 행사하고자 했고, 그것은 때때로 성공하기도 하였다. 실제로 볼링브로크(Bolingbroke)가 이끈 야당이 월폴(Walpole) 하의 장기간에 걸친 휘그당 지배 속에서 스스로를 최초로 제도화했던 것도 정치적 회합이나 조직을 통해서라기보다는 오히려 바로 이 정치적 저널리즘을 통해서였다. 정치적 공론장의 출현은 도구적 측면에서 기술될 수 있으며, 이는 디포(Defoe), 스위프트(Swift), 볼링브로크의 저널리즘에도 적용될 수 있다. 그렇기에 여론은 야당이 일정 정도의 권력을 행사하고 보유할 수 있는 도구, 즉 확실치 않은 선거기반을 가지고 있는 지배정당이 공개적 갈등, 즉 내전의 재발을 피하기 위해서 마지못해 허락한 도구였을 것이다. 하지만 하버마스가 강조한 것은 이러한 도구적인 측면이 아니다. 문학과 예술의 청중이 지닌 비판적 정신에 의해 이미 형성된 여론을 동원하기 위해서는, 심지어 볼링브로크도 타락한 여당에 대한 야당 주장의 정당성과 옳음을 입증하기 위해 노력하지 않을 수 없다. 이보다 훨씬 더 중요한 것은 대항 저널리즘에 의해 조장된, 정부행위에 대한 공적 감시형태들의 제도화가 이 동일 야당이 집권하더라도 그들을 구속하게 될 제도들을 낳는다는 것이다. 의회의 심의가 공개적 심의로 점차 변화한 것, 즉 150년이 걸린 이러한 발전은 원래는 정당의 도구였던 이성적 공중이 정치적 감시를 하는 주요 행위자로 변화하는 것을 가능하게 했다. 하버마스가 첫 번째 개혁법안 이후에 구성된 의회를 '여론기관'이라고 선언한 것은 다소 과장된 것처럼 보인다. 심지어 개혁법안 이후에도 '비판적 공중'은 의회의 대표단보다 사회적으로 더 광범위했다. 따라서 이 비판적 공중을 의회의 심의에 영향력을 행사할 수 있는, 끊임없이 팽창하는 의

던 공개가 추론능력을 지닌 모든 사람의 규범적 경험과 연결된 하나의 원리가 될 때, 그것은 제도적으로 (언론과 정당에) 또는 사회적으로 (중간계급에) 한정시킬 수 없게 된다.[41] 기본적인 정치적 문제들을 점점 더 공개적으로 주제화하고 나선 것은 정치적 회합, 클럽, 결사체, 위원회들[42]을 조직하는 것으로 이어졌고, 이것은 다시 그 세기가 끝날 때까지 정치체계에 공식적으로 포함되지 않던 계급들이 스스로를 조직화할 수 있게 해주었다. 유감스럽게도 하버마스가 다른 곳에서 암시하는 것처럼,[43] 민주화 자체가 공중의 비판적 능력을 쇠퇴시키는 결과를 가져오는 것은 아니다. 사실 첫 번째 개혁법안 이후 정당들이 이전보다 사회적으로 훨씬 더 이질적인 선거공중에 호소해야만 했을 때, 정당들은 그들의 선거 프로그램들을 공표하고 그것들을 슬로건, 퍼스낼리티, 또는 심지어 협소한 부문적 이해관계보다는 논거와 원리의 측면에서 토론하지 않을 수 없었다.[44]

하버마스가 자유주의적 부르주아 공론장의 발전에 대한 자신의 연구를 구체적인 역사적 발전유형에 연결시킨다고 해서, 공론장에 대한 그의 이론적 모델―그것이 아무리 이상형적인 것으로 또는 심지어 혼합적인 것으로 보일지라도―을 우리가 무시해서는 안 된다. 이것이 훨씬 더 중요하다. 왜냐하면 그의 주장에 따르면, 근대 사회에서 규범적, 그리고 심지어는 유토피아적인 지위를 획득한 것은 어떤 특수한 역사적 형태라기보다는 오히려 이 추상적인 모델이기 때문이다. (헤겔의 전통 속에서)

회 심의의 최전면으로 묘사하는 것이 더 적절할지도 모른다.
41) *Public Sphere*, 84-85.
42) Ibid., 65.
43) Ibid., 4. "공론장의 붕괴를 지적하는 의도는 명백하다. 왜냐하면 공론장의 범위가 눈에 띄게 팽창하고 있지만, 그것의 기능은 점차 무의미해졌기 때문이다."
44) Ibid., 66-67.

대략적으로 말하자면, 하버마스는 시민사회와 국가를 구분할 뿐만 아니라 자유주의자들과 마르크스가 새로운 양극성으로 인식했던 공적 영역과 사적 영역이라는 전통적 구분 또한 상대화한다. 그는 공적 영역과 사적 영역 각각을 둘로 나눔으로써 그렇게 한다.

사적 영역:	친밀한 영역(가족)	사적 경제
공적 영역:	공론장	공적 당국(국가)

우리는 이들 영역 각각에 대해 그것에 상응하는 하나의 특정 역할을 기대하지만, 하버마스는 이 점을 단지 사적 영역의 경우에서만 확실히 한다.[45]

사적 영역:	인간('homme')	부르주아
공적 영역:	[시민]	[국민]

하버마스는 이 네 가지 범주적 틀이 시민사회 개념 또는 부르주아 사회(bürgerliche Gesellschaft)와 맺는 관계가 모호하다는 것을 인정한다.[46] 좁은 의미(마르크스의 의미)에서 부르주아 사회는 사적인 부르주아 경제영역을 지칭한다. 이러한 의미로 사용될 때, 공론장은 사회와 국가의 매개체의 하나로 이해된다. 하지만 보다 넓은 의미(헤겔의 의미)에서 시민사회라는 용어는 국가와 병치되는 사회의 모든 영역을 의미한다.[47] 이 경우에 시민사회는 가정영역뿐만 아니라 공론장 또한 포함할 것이며, 따

---

45) Cohen, *Class and Civil Society*, 34를 보라.
46) *Public Sphere*, 30.
47) 나아가 부르주아 경제와 국가로부터 시민사회의 분화 가능성은, 그람시가 처음 제시하고 결국에는 하버마스가 이어받기는 하지만, 『공론장의 구조변동』에서는 아직 제시되지 않는다.

라서 그것은 세 가지 기본적인 역할들, 즉 인간, 부르주아, 시민의 역할들을 지니게 될 것이다(이 세 가지 역할 중에서도 하버마스는 오직 앞의 두 가지만 강조한다).

하버마스가 보다 헤겔적인 이 두 번째 용법을 일관성 있게 채택하지 않는다면, 그것은 그가 청년 마르크스에 의해 비판된 허구적 동일시, 즉 '인간'과 '부르주아'의 동일시를 민감하게 의식하고 있기 때문인 것처럼 보인다.[48] 그는 또한 그러한 동일시가 새로운 공론장의 부르주아적 성격을 은폐하고 또 시민의 영역을 사적 경제의 명령에 종속시키는 이데올로기를 은폐한다고 생각한다. 그 결과 그리고 자유주의 이데올로기와 분석적으로 대비시키기 위하여, 하버마스는 공론장 범주를 단순히 시민사회의 내적 자결이나 매개체로 만드는 것을 거부한다.

그리하여 하버마스는 어떻게 해서든, 심지어는 원칙적으로도 시민행위의 적절한 소재지를 찾아내고자 하지 않는다. 영역들을 구분하고자 하는 그의 열망은 정확히 이 범주에서 갑자기 멈춘다. 하지만 그가 자유주의 이데올로기 속에서 나타나는 두 번째 허구, 즉 문학적 공중과 정치적 공중을 하나의 통일된 여론과 동일시하는 허구를 지적할 때, 그는 그렇게 하고 있는 중이다. 유감스럽게도 그는 이러한 동일시가 단지 첫 번째 허구, 즉 인간과 부르주아의 동일시가 시민에 대한 규범적 우월성을 주장하기 위한 수단에 불과하다고 생각하는 경향이 있다. 따라서 하버마스는 이 경우에 이데올로기가 잘못 동일시하고 있는 것, 즉 인간과 시민에 대해 또 다른 분석적 구분이 필요하다는 것을 깨닫지 못하는 것처럼 보인다. 이러한 누락은 근대 세계에서 시민이라는 지위가 지닌 규범적 원천을 새로운 인간성 개념의 규범에 (비록 부르주아적 형태로는 아니지만) 종속시키는 자유주의적 논지를 용인하는 것처럼 보인다.

---

[48] *Public Sphere*, 55-56.

하버마스는 마치 이들 두 가지 허구적 동일시를 피하고 싶어 하기라도 하는 것처럼, 때때로 기본 모델을 다음과 같이 구분한다.[49]

| 사적 영역: | 친밀한 영역 | | 사적 경제 |
| 공적 영역: | 문학적 공론장 | 정치적 공론장 | 국가 |

이 도식은 정치적 공론장의 역사적 발전에 상응한다. 정치적 공론장이 문학적 공론장에서 출현했을 수도 있지만, 정치적 공론장은 문학적 공론장을 위험에 빠뜨리지 않고서는 그 공론장을 완전히 대체할 수도 또 포섭할 수도 없다. 하버마스는 "문학적 공론장의 인간성은 정치적 공론장의 유효성의 매개체로 기여한다"고 상당히 완곡하게 말한다.[50] 하지만 다른 한편으로 이 논의는 문학적-문화적 공론장 자체가 근대 국가를 통제하거나 또는 그것에 직접 영향력을 행사할 수는 없다는 것을 전제로 한다. 하버마스는 이 두 공론장의 분화를 두 개의 청중이라는 측면에서 간주한다. 그 두 청중의 성원은 상이한 원천에 근거하는데, 하나가 주로 여성들이라면, 다른 하나는 전적으로 남성들로 구성된다.[51] 이 모든 것은 토크빌의 전통에서는 시민사회와 정치사회의 분화를 지적하는 것처럼 보일 수도 있다. 이 둘의 분화는 두 가지 (문학적 그리고 정치적) 공론장과 두 가지 역할(인간 그리고 시민)에 대한 하버마스 자신의 구분에 상응한다. 하지만 정치적 공론장과 전(前)정치적 공론장이라는 보다 뚜렷한 경계를 포함하는 이러한 구분은 바로 하버마스가 피하고 싶어 하는 것이다. 두 공론장이 중요한 연속성 그리고 심지어는 형식적 유사성을 보이는 경우에만, 하버마스는 옳다. 그러나 여기에는 또한 또 다른 동

---

49) 이것은 그러한 도식에 대한 한 가지 수정된 해석이다(ibid., 30).
50) Ibid., 55-56.
51) Ibid.

기가 작동하고 있으며, 이 동기가 특정한 과도한 반응을 유발한다. 하버마스는 고대 시민권 관념에 대한 아렌트의 양식화에 대하여 근대성이라는 자신의 개념을 보호하기 위해, 정치사회의 수준을 포함했던 종래의 시민사회(societas civilis)의 의미와 명확하게 단절하고자 한다. 하지만 그는 분화전략을 선택하기는커녕 정치사회라는 관념을 포기한다. 그의 개념에서 정치사회에 남겨진 것이라고는 문학적 공론장을 경제정책의 문제를 다루는 영역에 투사한 것으로서의 정치적 공론장뿐이다.

하버마스는 자신의 공론장 모델을 구조적 입장에서 매우 신중하게 구성했다. 아렌트는 공론장을 공적 삶의 부정 그 자체, 즉 사적 영역과 국가 사이의 매개영역 또는 혼합적 영역, 다시 말해 그녀가 '사회'라고 부르는 것으로 고려했다.[52] 비록 하버마스가 그리스 모델의 이데올로기적 영감이 우리 자신의 시대에도 이어지고 있다는 것을 인정하기는 하지만, 그는 그것의 제도적 적합성을 일관되게 논박한다. 아렌트와는 달리 하버마스는 정치사회라는 개념을 사용하지 않는다. 이 개념은 분명 18세기 시민사회(societé civile 또는 Zivilsozietät) 개념의 한 가지 구성요소로, 어쨌든 여전히 고대 공화주의적 시민권 관념에서 본질적인 것을 보존하고 있다. 하버마스는 이 시민권 관념을 하나의 통합된 진정한 정치체, 즉 정의와 군사적 안전을 보장하기 위해 집단적으로 행위했던 공화국(res publica)의 성원권으로 이해한다.[53] 이와는 대조적으로 부르주아 공론장의 '정치적' 임무는 시장에서 일어나는 상품교환을 보호한다는 의미에서 부르주아적 시민사회를 규제하는 것이다.[54]

따라서 하버마스는 오이코스의 임무로 설정되었던 가정을 새로운 부르주아 공론장의 기능적 정의로 만드는 것처럼 보인다. 이것이 바로 아

---

52) Ibid., 19.
53) Ibid., 4.
54) Ibid., 51-52.

렌트가 그 자체로 공공성 쇠퇴의 토대로 생각했던 것이다. 그러나 근대 공론장을 고대 시민권 관념과 분리시키는 것은 바로 이 공론장의 부르주아적 차원일 뿐만 아니라 자유주의적 차원이다. 그리스 모델과는 반대로 근대 공론장은 법률상으로도 사적이다. 법적으로 국가와 분리된 근대 공론장과 그 성원들은 국가에 대해 참여적 관계라기보다는 오히려 논쟁적이고 비판적이며 까다로운 관계를 맺는다. 그들은 권력을 감시하고 그것에 영향력을 행사하고 그리고 어쩌면 어떻게든 '통제'할 수도 있다. 그러나 그들은 스스로 국가권력의 한 부분을 소유할 수는 없다.

몇몇 심각한 불일치에도 불구하고, 하버마스의 정치적 공론장 모델은 기본적으로 슈미트의 모델에서처럼 그 성원들이 사실상 공법의 지위를 가지고 있는 의회적 심의체 자체를 가리키지 않는다. 의회심의의 중요성은 오직 심의의 공개성을 통해서만 확립된다. 그리고 이것이 바로 사적인 개인들로 구성된 공중의 시선이 이러한 지배형태 속으로 유일하게 침투할 수 있게 해준다. 만약 의회의 의원들이 정치적 공론장의 일부라면, 그것은 의원들이 공론장을 구성하는 사적인 이성적 개인들로 이루어진 사회와 연속성을 지니기 때문이다. 이러한 지적은 하버마스가 여론이 그 자체로 법의 유일하게 정당한 원천으로 간주되게 되었다고 주장할 때 얼마간 실종된다.[55] 그러나 그는 이 주장을 법의 지배와 사람에 의한 지배의 대비라는 측면에서 해석하면서, 사회가 법의 형태(일반성)와 입법형태(공공성)의 변화를 통해 모든 지배에서 벗어날 수 있는 조건을 획득하는 것으로 상정한다. 따라서 하버마스는 정치적 공론장이 "권력(pouvoir) 그 자체를 논쟁에 붙인다"고 주장한다.[56]

이 주장은 이원론적 개념과 충돌하는 것처럼 보인다. 이원론적 개념에

---

55) Ibid., 54.
56) Ibid., 82-83 (수정된 번역).

따르면, 공론장은 근대 국가와 공존할 수 있다. 왜냐하면 의심받고 있는 것은 근대 국가의 존재가 아니라 근대 국가의 작동원리이기 때문이다. 물론 하버마스는 '공적' 행정과 여타 행정권력 기관들이 공공성의 원리에 저항한다는 것을 잘 알고 있다.[57] 그러나 그는 자유주의적 공론장 개념의 내적 논리를 따라, 논리적으로 볼 때 국가를 사회적으로 통제하는 유일하게 효과적인 형태는 국가의 폐지라고 지적하기까지 한다. 하버마스는 아렌트가 제기한 고대 시민권 관념을 옳게 거부하지만 적어도 자신이 재구성한 전통 내에서 근대의 매개 모델을 지적해낼 수 없었다. 요컨대 포괄적인 인간성 규범과 비판이성을 지닌 자유주의적인 문학적 공론장 모델도 일단 '정치화'되면, 국가권력—실제로는 약칭하여 권력—내부에의 참여가 아니라 국가권력의 폐지와 폐쇄된 법적 규범체계에 의한 그것의 대체를 지적하는 경향이 있다.

헤겔에 대한 하버마스의 심층적 분석이라는 입장에서 볼 때, 매우 흥미롭게도 하버마스는 헤겔의 결사체 개념, 즉 사적 영역 내에서 시민의 참여를 준비할 수도 있는 복수의 결사체라는 관념을 사용하지 않는다. 또한 그는 토크빌에 대한 비판 속에서도 역시 민주적 주권을 효과적으로 그리고 민주적으로 제약하기 위해 요구되는 소규모 자기조직화라는 전정치적 차원에 대해 거의 어떠한 관심 또는 감응도 보이지 않는다.[58] 매개권력의 필요성을 강조하는 이러한 분석 수준은 분명 공론장을 통한 매개라는 자신의 분석을 보완하기 위해서도 등장하지 않았다. 대체로 이들 차원은 부적절한 격세유전을 지적하거나, 아니면 공공성 자체의 조합주의적 변질을 예견하는 것처럼 보였다. 그러나 하버마스가 공론장의 전정치적 차원과 문학적 공론장을 동일시한 것은, 비록 자신이 헤겔의 고

---

57) Ibid., 84.
58) Ibid., 136-138.

전 모델을 일부 변형시킨 것을 정당화하기 위해서는 불가피한 것이었지만, 그것이 정치적 공론장을 국가권력 앞에서 너무나도 취약하게 만든다는 것은 여전히 사실이다. 하버마스도 이러한 약점을 인식하고는 있지만, 그는 그것의 모든 원인도 그리고 이용 가능한 대안도 인식하지 못한다. 따라서 그는 어쩔 수 없이 다소 소극적으로 정치적 공론장의 '개인'은 결국 문학적으로 확장된 친밀한 영역의 '인간'(homme)으로 판명된다고 지적한다. 따라서 그는 정치적인 것에 대한 특정한 개념을 제시하여 "이 두 공론장의 경계에서 특징적으로 나타나는 부식"을 막을 수도 없다.59) 그리고 그러한 부식이 바로 자유주의적 이상에 대해 슈미트가 가한 잔혹한 비판의 대상이었다.60)

하버마스는 이러한 어려움이 규범적 프로젝트가 아니라 공론장의 모순적 제도화와 함수관계에 있다고 본다. 따라서 부르주아와 관리(官吏)의 승리를 막는 데 무력한 것으로 입증되는 것은 바로 새로운 '인간성'

---

59) Ibid., 55.
60) 이러한 사태의 진전은 놀랄 만큼 아이러니하다. 가족이라는 친밀한 영역에서 발생하여 문학적 공론장으로 퍼진 인간성이라는 이상은 물론 도덕적이고 보편주의적이고 반정치적이다. 그리고 그것은 부르주아 시민사회에서 여성이 차지하는 위치를 명확히 반영하고 있다. 여성은 그들의 바로 그 무력함과 '무사무욕' 덕분에 (여성은 현실의 특수한 이해관계를 갖는 강한 자아를 가지고 있지 않다고 가정되는 덕분에), 여성 스스로 보편주의적이고 이성에 근거한 도덕적 관점을 획득할 수 있다고 여겨지지 않고도 '도덕'과 '인간성의 이해관심'을 상징하게 되었다. 즉 문학적 공론장의 청중으로 그리고 도덕적 인간성의 상징으로서의 여성의 존재, 그들이 가족을 제외하고는 시민사회와 정체의 모든 영역으로부터 배제되어 있다는 것과 연관되어 있었다. 이것이 여성이 보편주의적인 도덕적 관점을 획득하기보다는 오히려 그것을 상징할 수 있었던 이유이고, 또 인간성이라는 규범 자체가 여성들의 문제가 되는 지위—즉 무력한 인간—를 반영했던 이유이기도 하다. 제도—그것이 시민사회에 속하든 아니면 국가에 속하든 간에—의 권력을 폐지하고자 하는 그러한 도덕주의적 휴머니즘의 이상은 어떻게 보더라도 모호하다. 따라서 인간(l'homme)과 시민(citoyen)을 동일시하는 것은 이중으로 이데올로기적이다.

규범의 특수한 제도화 형태이다. 하지만 하버마스는 규범과 제도의 이러한 비판적 병치로부터 대안적인 제도화를 위한 철학적 토대를 끌어낼 수 없다. 시민권이라는 가치와 달리 인간성이라는 가치는 자본주의 경제 및 근대 국가와 관련하여 여전히 문제가 될 수밖에 없다.

공론장의 모순적 제도화는 공론장의 원래 모델, 즉 친밀한 영역의 수준에서 이미 분명하게 드러난다. 하버마스는 친밀한 영역을 가족이 지닌 양면성의 측면에서 기술한다. 즉 가족은 "사회의 대표자이지만, 한편에서는 가부장제적 지배에 의해, 다른 한편에서는 인간의 친밀성에 의해 유지됨으로써, 어떤 점에서는 사회로부터 해방되어 있으면서도 사회에 대항"한다.[61] 보다 정확하게 말하면, 부르주아 가족이 직면하는 충동은 자본의 '가치화' 과정에서 그리고 사회화를 통해 법적-정치적 제약을 전달하는 과정에서 그것이 수행하는 특수한 역할과 함수관계에 있다. 법과 정치를 상부구조로 보는 교의를 여전히 전제로 하는 하버마스는 애석하게도 이 두 차원을 기능적으로 동일한 것으로 취급한다. 이러한 개념 속에서 여성과 어린이의 종속에서 표현되는 가부장제적 권위는 경제적·정치적 권력의 전달 벨트이고, 게다가 그러한 권력은 인간성의 구성요소를 변질시킨다. 즉 자율성, 감정공동체, 교양은 권력의 도움을 받아 돈에 종속된다.

자유주의적-부르주아 공론장의 이상이 스스로 가부장제적 권위에 의해 변질되는지 아니면 그러한 변질이 국가와 자본주의 경제가 그들의 논리를 어떻게든 정치적 공론장에 부과할 때 발생하는지는 여전히 미해결의 문제이다. 또한 하버마스가 때때로 이데올로기가 이러한 모호함을 반영한다고 말하기는 하지만, 그는 이들 선택지 중 두 번째 것을 선택하는 것처럼 보인다. 하지만 이 선택은 중대한 실수일 수 있다. 왜냐하면

---

61) *Public Sphere*, 55-56.

하버마스가 강조하는 여성지배적인 살롱에서 출현하는 '인간'(homme) 관념과 코젤렉이 강조하는 남성지배적인 비밀결사체에서 안출된 '시민'(citoyen) 관념은 정치적 영역에서 발생하는 동일한 변질의 정반대 측면들, 즉 무력한 인간과 비인간적인 시민을 표상하는 것처럼 보이기 때문이다.

공론장 그리고 특히 그것의 정치적 차원의 모순적 제도화는 친밀한 영역의 양면성과 유사하다. 하버마스는 이 모순을 부르주아 기능의 관점에서 그리고 그 다음에는 정치적 공론장의 자유주의적 구조의 관점에서 탐구한다. 전자는 마르크스에게서 물려받은 제한적인 또는 협소한 시민사회 개념과 연결되어 있다. 이 시민사회 개념은 (절대주의와 자유주의라는 발전의 두 단계에서) 신분적 위계질서와 국가온정주의로부터 해방된 사적인 경제주체들의 시장지향적 상호작용을 의미한다. 이러한 일련의 유물론적-기능주의적 주장 속에서, 정치적 공론장의 임무는 시민사회 또는 더 정확히 말하면 부르주아 사회와 "그 사회의 욕구에 부응하는 국가권력"을 매개하는 것이다. 무엇보다 중요한 것은 이 국가의 임무가 재산, 계약, 고용, 상속에 관한 법률들을 통해 엄밀한 의미에서의 사적 영역을 수립하는 사법체계를 구축하고 관리하고 보호하는 것이라는 점이다.[62]

그렇다면 역설적이게도 국가개입의 임무는 이러한 개입으로부터 시민사회를 해방시키는 것, 즉 국가와 시민사회를 분리하고 또 이 분화를 유지하는 것이다. 이 역설은 공론장의 매개제도들을 확립하는 법 수준에서 드러난다. 법치국가(Rechtsstaat) 또는 법에 의해 지배되는 국가에서의 국가행위를 일반적 규범과 법 제정 및 법 적용의 공공성과 연계시키는 것은 통치권력의 자기제한뿐만 아니라 이 권력의 소멸이라는 환상

---

[62] Ibid., 74-75.

역시 제공한다. 현재의 논의에서 이 환상의 원인은 경쟁영역의 규칙들이 특정 소유자에 의한 다른 소유자의 지배를 불가능하게 만든다고 생각하는, 상대적으로 동등한 소규모의 재산소유자들 간의 상호작용에까지 거슬러 올라간다. 이 행위자들은 자신들의 일에 국가가 또는 심지어 그들 자신이 어떠한 정치적 지배도 행사하기를 바라지 않지만, 그들의 행위를 위한 법률조항들을 필요로 한다. 정치적 공론장은 의지라기보다는 오직 이성에 기초하는 수단들을 만들어냄으로써, 이 어려움에 대한 해결책이 될 수 있었다.

합리적으로 설득하기보다는 의지를 행사하는 그리고 공론장의 감시에 대해 행정부와 그 행정이 저항하는 가운데서 살아남은 임의적 권력과의 갈등은 차치하더라도, 법 개념 속에 존재하는 의지와 이성 간의 불화는 정치적 공론장 자체로부터 제거될 수 없었다. 한편에서 이 제도는 법의 합리성의 토대라고 간주될 수 있었다. 왜냐하면 그것이 입법부를 이성적 공중의 지속적인 비판적 토론과 연결시켜주기 때문이다. 다른 한 편으로 그러한 의사소통 과정에서 출현하는 법은 법이 적용되는 사람들과의 관계에서 법의 강제적 측면을 유지해야만 했다.[63] 따라서 법의 지배는 지배 그 자체의 폐지가 아니라 입법부의 지배제도를 수반하는 것으로 판명된다. 지배기관으로서의 국가를 오직 공론장에 의해서만 그 타당성을 인정받는 완전한 규범들의 체계로 대체하고자 하는, 국가폐지라는 자유주의적 부르주아 관념은 사리에 맞지 않고 또 실현할 수 없는 것으로 판명되었다.

형식적으로 말한다면, 공론장이라는 자유주의적 관념이 지칭하는 것은 부르주아 사회가 아니라, 헌법적 권리의 수준에서 경제사회를 확립할 뿐만 아니라 임의적인 국가개입으로부터 해방된 공론장 자체 또한 확립

---

[63] Ibid., 81-82.

하는 보다 광범위한 시민사회 개념이다. 하버마스는 공론장(표현, 의견, 언론, 집회, 결사 등등의 자유)과 친밀한 영역(개인의 불가침성, 거주 등등)의 보호가 갖는 중요성을 지적하기 위해 고전적인 기본권 목록을 제시한다. 헌법은 또한 개인들이 공적 영역의 정치활동에 참여할 권리(청원권, 참정권 등등)와 사적 영역에서 경제활동에 참여할 권리(법 앞에서의 평등, 재산권 등등)를 보장한다.[64] 끝으로, 헌법은 정치과정에서 공론장의 중심성을 확립함으로써 사적 개인들의 권리 수준을 넘어선다. 특히 헌법이 절차의 공개성을 보장하는 것은 공중이 의회의 토론에 '영향력'을 행사하고 법원을 '감시'할 수 있게 하기 위한 것이다.

하버마스에 따르면, 입헌주의에 대한 이러한 고전적 해석이 함의하는 시민사회 모델은 "시민사회의 현실과는 전혀 일치하지 않는다."[65] 여기에는 두 가지 이유가 있다. 첫째, 재산에 의해 보장되는 자율성과 교육에 의해 보장되는 교양을 소유하는 사적 개인들의 수는 적다. 실제로 또 하나의 소수집단, 즉 토지소유, 군대, 행정에 뿌리를 두고 있는 전통계급들도 여전히 커다란 권력을 보유하고 있다. 둘째, 부르주아적-자유주의적 헌법은 문학적 공론장과 정치적 공론장에 참여하기 위한 자원을 보유하지 못한 사람들을 고려하지 않으며, 또한 비밀리에 권력을 창출하고 이용할 수 있는 사람들을 막지도 못한다. 또다시 지배의 차원이 재등장한다. 즉 권리의 실천에서 배제된 사람들에 대한 공론장의 지배와 사회의 다른 성원들에게 요구되는 의무로부터 스스로를 배제할 수 있는 사람들의 지배가 그것이다.

그렇지만 공론장의 자유주의적 차원을 단순히 배제를 위한 수단이라고 해석하는 것은 하버마스의 의도가 아니다. "부르주아 공론장은 일반

---

[64] Ibid., 83.
[65] Ibid., 84.

적 접근 가능성의 원리와 운명을 같이한다. 분명하게 규정되는 정치집단을 바로 그것을 이유로 하여(eo ipso) 배제하는 공론장은 불완전할 뿐만 아니라 전혀 공적이지도 않다."[66] 하버마스가 부르주아 공론장이 단지 사기에 불과했다고 주장하지는 않는다. 부르주아 공론장은 그 토대에 계급적 이해관계를 가지고 있지만, 일반적 이해관계와도 일부 중첩된다.[67] 이 교조적인 전통적 공식화를 차치하고 나면, 요점은 배제의 경계가 고정될 수 없는 까닭이 공공성이라는 규범 자체 때문인 것으로 보인다는 것이다. 달리 말해 헌법적·법적 보장을 통해 확립되고 비판적 담론과정에서 실행되는 이 규범이 배제된 사람들의 이해관계를 대변하는 사람들과 테마가 공론장의 경계에 침투할 수 있게 했다. 공론장은 하나의 이데올로기였지만 유토피아적 약속을 포함했기 때문에, 단순한 이데올로기 이상의 것이었다.[68] 따라서 이 지적은 두 가지 방식으로 재정식화된다. 첫째, "원칙적으로 모든 지배와 대립하는" 공공성이라는 관념은 "그 사회적 토대가 지배를 결국 불필요한 것으로 만들지는 못한 정치질서를 수립하는 데 일조했다." 이 정식화는 해방과 연관된 관념과 새로운 형태의 지배를 확립하는 제도들을 병치시킨다. 둘째, 그럼에도 불구하고 이 이데올로기는 하나의 계급이 다른 계급을 지배하는 것에 기초하여 "자신의 폐지라는 이상을 자신의 객관적 목적 중의 하나로 하는" 제도를 발전시켰다. 이 두 번째 정식화는 공공성이라는 해방적 이상이 실제로 얼마간 부르주아 공론장 속에서 제도화되었다는 것을 함의한다.

 자유주의적 공론장의 모순적 제도화라는 관념은 두 번째 독해와 그 방향에서 일치한다. 그러나 규범적 요구조건에 따라 모든 제도복합체를 폐지함으로써 모순이 해소된다는 관념은 첫 번째 독해를 지지한다. 사실

---

66) Ibid., 85.
67) 우리는 젠더 이해관계 또한 덧붙일 것이다.
68) *Public Sphere*, 88.

이 분석에는 몇 가지 논점이 여전히 불명확하게 남아 있다. 첫째, 우리가 앞서 질문했듯이, 공공성 원리의 규범적 표현은 그 원리의 제도화가 지닌 모순으로부터 자유로운가? 둘째, 원래의 이상 또는 그것의 재구성된 형태의 비모순적 제도화로는 어떤 형태가 있을 수 있는가?

 이러한 질문들에 답하면서 하버마스가 봉착하는 어려움들은 마르크스식 유토피아와 자유주의적 유토피아 모두가 그의 해석에 영향을 미친다는 것과 관련되어 있다. 그는 내재적 비판이라는 관념을 통해 두 가지 요소를 함께 유지하고자 시도한다. 따라서 하버마스는 마르크스가 여론을 허위의식이라고 폭로하는 것만 아니라, 철저하게 고수된 자유주의적 공론장의 이상이라는 이름으로 그렇게 했다고 주장한다.[69] 하지만 마르크스식 비판이 내재적 요소와 초월적 요소 모두를 항상 포함하는 한, 하버마스의 주장은 성공할 수 없다. 비록 마르크스가 실제로 민주적 의사소통과 의사결정에 기초하는 정치적 이상을 급진적인 형태로 주장하기를 원하기는 하지만, 그러면서도 그는 그러한 정치가 전제로 하는 공적 영역과 사적 영역의 분리, 국가와 시민사회의 분리라는 이상을 거부한다.[70] 기본권 목록 속에 그 자신의 규범적 함의를 표현하고 있는 분화 모델 없이는, 우리는 분명 자유주의적 공론장의 이상을 방어할 수 없다. 하지만 마르크스는 사적 경제라는 의미에서의 분화된 시민사회가 분화를 통해 공적 통제와 감시의 가능성을 피하는 경우(이 과정은 필연적으로 근대 시민[citoyen]을 부르주아―자신을 인간[homme]으로 위장하는―의 도구로 전락시킨다)에 토대하여 분화에서 변질이 발생하는 비밀을 포착한다. 따라서 이러한 분석노선은 분화에 어떠한 관심도 없는 혁명계급이 탈분화된 국가-사회를 확립하는 것으로 나아간다. 또한 이

---

69) Ibid., 123-124.
70) Ibid., 125.

전략은 새로운 규범적 개인성 모델을 시사한다. 하버마스에 따르면, 마르크스는 인간과 부르주아의 허구적 동일시 대신에 인간과 시민의 진정한 동일시를 상정한다.[71] 하버마스 자신도 이 목표를 받아들이는 것처럼 보인다.[72]

하지만 마르크스식 비판의 초월적 특성과는 반대로, 하버마스 자신은 공론장의 자유주의적 이상을 충실하게 옹호했다. 따라서 그가 마르크스식 탈분화 프로젝트를 거부하지는 않지만, 그는 또 다른 것, 즉 재분화 프로젝트를 나란히 제시한다. 그는 이것을 자신에 대한 내재적 비판을 통해 획득했다. 분화 모델의 관점에서 그는 부르주아 공론장이 불충분하게 분화되었다는 점을 들어 그것을 은연중에 비난한다. 특히 부르주아와 인간의 허구적 동일시는 사적 경제과정이 실제로 친밀한 영역에 침투하고 있다는 바로 그 사실을 표현한다. 그러므로 국가-사회-경제를 공적으로 통제하는 것의 진정한 목적은 친밀한 영역을 경제적 제약과 사회적 개입으로부터 해방시키는 것이다.[73] 엥겔스에서 유래하는 이러한 주장은 하버마스의 해석 속에서 새로운 형태의 사적 자율성을 확립하고자 하는 프로젝트가 된다.[74]

하버마스가 우리에게 말하지 않는 것은 그러한 사적 자율성이 어떻게 권리 없이 제도화될 수 있는가 하는 것이다. 하지만 그가 고전적 권리목록의 몇 가지 형태를 그저 전제하기만 하는 것도 분명 가능하다. 그렇지

---

71) Ibid., 127-128.
72) Ibid., 161.
73) Ibid., 129.
74) 하지만 하버마스는 우리에게 부르주아 가족의 가부장제적 성격에 어떤 일이 일어날 수 있는지를 말해주지 않는다. 1962년에는 하버마스가 일단 가족이 더 이상 부르주아적이지 않다면, 일단 경제적 권력이 더 이상 친밀한 영역에 침투하지 않는다면, 가부장제의 문제는 해결된다고 단순하게 가정하지 않았던가? 이러한 표준적인 마르크스주의적 입장은 설득력이 없다.

만 만약 우리가 그러한 권리목록으로 되돌아간다면, 그러한 권리들이 바로 그러한 권리형태들을 통해 보장하는 규범적인 포괄적 분화 모델을 우리가 어떻게 또다시 확인하지 않고 넘어갈 수 있단 말인가? 하버마스는 어쩌면 물려받은 권리목록 그리고 특히 이들 권리의 내적 위계를 재정의할 필요성을 지적함으로써 이러한 주장에 반격을 가할지도 모른다. 마르크스에서 유래하는 그의 관념, 즉 새로운 모델에서 자율성은 사적 소유라기보다는 오히려 공론장에 기초할 것이라는 그의 관념도 이 방향을 가리키고 있다.75) 그러나 여기서 분화라기보다는 통합에 기초하는 일반 모델의 위험들이 그 모습을 드러낸다. 즉 여기서는 발전시키지 못했으나 권리이론의 맥락에서 중요한 통찰이 될 수 있었던 것이 비자유주의적 민주주의 프로젝트를 실제로 긍정하는 곳에서는 하나의 위험한 통찰이 된다.

사적 자율성은 사회주의적인 방식으로 확대된 공론장의 기능들을 수행하는 사회적-시민들의 집합체가 창출한 독창적인 자율성의 산물이다. 공중이 사적 개인들로 구성되는 공중으로 여겨지기보다는 오히려 사적 개인들이 공중을 구성하는 사적 개인들로 여겨진다. 부르주아(bourgeois)와 인간(homme)이 동일시되던 자리를…… 시민(citoyen)과 인간(homme)의 동일시가 차지한다. 사적 개인들의 자유는 사회적 시민(Gesellschaftsbürger)으로서의 인간의 역할에 따라 규정될 것이다. 그리고 재산소유자로서의 인간의 자유가 더 이상 이 국가의 시민(Staatsbürger)의 역할을 규정하지 않을 것이다.76)

---

75) *Public Sphere*, 129.
76) Ibid.(우리가 번역하고 강조했다.)

이 텍스트에서 분명한 것은 하버마스가 아무런 비판의 흔적도 없이 부르주아적-자유주의적 공론장의 이상과 명시적으로 단절하는 입장을 표명하고 있다는 것이다. 요점은 단지 친밀한 영역의 한 가지 기능화가 또 다른 기능화 프로젝트에 의해 대체된다는 것이 아니다. 보다 일반적으로 이 모델은 하버마스 자신의 논의에서 자유주의적 공론장의 헌법적 규범들을 침해하는 부르주아적 탈분화 도식을, 이들 규범이 유지되거나 재확립될 경우 이들 규범과 똑같이 양립할 수 없는 전도된 탈분화 도식으로 대체한다. 비록 여기서 개관된 프로젝트가 규범적 공론장 모델의 민주적 차원을 유지하고 있다고 주장될 수도 있지만, 이 프로젝트는 그 모델을 구성하는 똑같이 중요한 **자유주의적** 차원과 매우 확실하게 단절하고 있다. 하버마스가 적어도 1962년에는 이러한 결과에 무감각했다는 것은 그가 '자유주의' 사상가인 J. S.밀과 토크빌을 다루는 데서 드러난다.[77]

하버마스가 부르주아 공론장 모델과 이 모델이 드러내는 규범과 제도화 간의 긴장을 비판하기 위해 마르크스를 활용한 것은 확실히 옳다. 하지만 훨씬 더 문제가 될 수 있는 것은 그가 규범 모델을 더욱더 발전시키는 데서 밀과 토크빌보다는 마르크스를 분명하게 선호한다는 것이다. 이를테면 그는 마르크스식 급진민주주의 관점에서 논의하기 때문에, 가장 큰 민주적 권력, 즉 여론권력으로부터 사적 자율성과 소수집단의 자유를 방어하는 것에 대한 밀의 관심—일관되게 분화에 근거하고 있는—을 전혀 활용하지 않는다. 이해할 수 없게도 그는 밀의 이러한 생각—실제로는 공적 심의의 합리성의 전제조건인—을 공론장 자체를 축소시키는 것으로 받아들인다.[78] 게다가 하버마스는 정치권력의 폐지로서의 공론장이라는 관념이 대항권력과 대항조직의 확립이라는 유일하게 가능

---

77) 비록 이들이 마르크스와는 달리 자유주의적 공론장이라는 관념을 충실히 보전하고 있기는 하지만, 하버마스처럼 그들을 자유주의자로 양식화하는 것은 잘못이다.
78) *Public Sphere*, 136.

한 수단을 통해 모든 권력을 제한해야 할 필요가 있다는 점을 부정하게 한다는 것을 이해하지 못하고 있는 것처럼 보인다. 따라서 그는 근대 관료제적 국가의 점증하는 권력에 대항하기에는 무력하다. 끝으로, 민주적 탈분화전략의 관점에서 볼 때, 하버마스는 토크빌이 자발적 결사체를 분화의 안정화와 민주적 매개체의 확립을 위해 요구되는 매개집단으로 강조한 것에 대해 어떠한 공감도 하지 않는다. 그는 근대 사회에서 여전히 참여가 가능한 수준들에서 시민권을 준비하기 위해 요구되는 이 매개집단 모델이 무력한 인간과 비인간적인 시민이라는 불쾌한 대안에서 벗어나는, 인간(homme)과 시민(citoyen) 간의 잠재적 관계를 수반한다는 것을 깨닫지 못한다. 토크빌의 이론에서 시민사회의 결사체들은 사적 개인들이 공적 권력을 행사할 수 있도록 준비시킨다. 그리고 이것은 문학적 공론장이 그 자체만으로는 수행할 수 없는 임무이다. 동시에 이들 결사체는 시민과 (시민에게 배경으로 작용하는) 전정치적인 사회적 네트워크 간의 관계를 보전한다.[79] 따라서 인간과 시민의 마르크스식 동일시 대신에 토크빌은 분화되고 상호의존적인 사회적 존재와 시민이라는 모델을 제안한다.

밀과 토크빌은 분명 인간과 부르주아의 연결이 갖는 탈분화적 함의에는 단지 부분적으로만 관심을 기울이고 있다. 하버마스가 공적 비판과 감시의 과정을 경제영역으로 확장하고자 할 때 마르크스에 호소하는 것

---

[79] 토크빌과 밀에서 시민사회의 평등주의적이고 민주적인 자발적 결사체 및 여타 유형의 심의체들(이를테면 배심)에 참여하는 것은 사적 시민에게 자유를 경험할 수 있게 해준다. 그러한 모델에 입각할 때, 자유를 경험하고 자유를 행사하는 훈련을 할 수 있게 해주는 최고의 결사체는 물론 비부르주아적이고 비가부장제적이고 평등주의적인 형태의 가족이다. 하지만 헤겔과 달리 토크빌과 밀은 개인들이 자신들이 속한 결사체들의 특수한 이해관계를 포기한다고는 결코 가정하지 않는다. 즉 그들은 그 결사체의 (상대적으로) 보다 일반적인 이해관계를 취하게 되지만, 그들 자신의 특수한 관심사와 목적을 상실하지 않으면서 그렇게 한다.

은 옳다.[80] 하지만 그가 제안한 이상이 (하버마스가 사리에 맞지 않고 불가능하다고 판단하는) 자유주의적 유토피아가 정치권력 자체를 폐지하여 그것을 공적 토론으로 대체하고자 시도하는 방식으로 경제를 폐지할지는 분명하지 않다. 한 가지 대안은 경제적 영역과 그것 특유의 역할들의 분화를 확인하고, 경제적 행위자, 사적 개인, 결사체의 성원, 공론장 참여자들 간에 새로운 형태의 상보성과 상호의존성을 상정하는 것이었을지도 모른다.

물론 하버마스는 자신이 초기 저작에서 발견한 몇 가지 긴장에 기초하여 여기서 제안된 마르크스식 비판과 민주적인 자유주의적 규범의 결합을 부적절한 것으로 고려했을 것이다. 왜냐하면 그는 마르크스식 유토피아도 그리고 자유주의적 유토피아도 자유주의 공론장에서 발생했던 것을 탐구하는 데 적절한 지침이 아니라고 믿었기 때문이다. 그의 분석에서는 여기서 묘사한 어떠한 선택지—마르크스식, 자유주의적 또는 심지어 이 둘의 결합조차도—도 실현되지 않았다. 대신에 자유주의적-부르주아 공론장은 원래의 규범적 프로젝트와는 전혀 양립할 수 없는 구조변동을 경험했다. 토크빌과 마르크스 모두는 이 근본적인 변화, 즉 공적 과정과 절차의 침입에 끊임없이 저항했던 근대 행정국가의 권력과 그 범위의 극적인 팽창의 원인을 이해했을 수도 있다. 토크빌도 그리고 마르크스도 상상할 수 없었던 것은, 누군가는 두려워하고 다른 누군가는 열렬히 갈망했던 사회주의 국가-사회와는 별개로, 사회의 포괄적인 재정치화가 발생하여 부르주아 공론장을 구성했던 세력장을 제거하고 시민사회와 국가의 분화—공공성이 이에 대한 안정화 매개체로 작동했다—를 외관상 제거할 수도 있었다는 것이다. 이른바 사회와 국가의 융합이라는 측면에서 공론장의 쇠퇴에 관한 포괄적 이론을 맨 처음 만들

---

[80] *Public Sphere*, 128-129.

어낸 사람이 바로 카를 슈미트였다.

시민사회와 국가의 융합: 카를 슈미트

진정한 공공성의 소재지를 국가(고대 모델)에서 독립적으로 조직되고 법률적으로 사적인 사회의 영역으로 이전하는 것 그 자체가 융합과 쇠퇴의 테제를 피하지는 못한다. 이미 지적했듯이, 카를 슈미트는 이러한 공공성 개념의 변형을 중심으로 의회주의에 대한 그의 해석을 발전시켰다. 따라서 그가 자유주의 시대의 종말을 사회와 국가의 재융합—추측컨대 근대적 조건 하에서 공공성 주장을 유지할 수 있는 유일한 영역을 제거했던 과정—과 연결시킨 최초의 중요한 사상가였다는 것은 더더욱 인상적이다. 따라서 의회의 토론과 그것이 동반한 사회적 의사소통 보호 '체계 전체'가 오늘날 하나의 공허한 형식적 절차가 되어버렸다.[81] 이제 의회는 권력의 실제 소재지, 즉 보이지 않는 지배자들의 사무실이나 위원회에 딸린 대기실에 불과하다.[82] 의회라는 무대는 화합을 추구하는 독립적인 대표자들의 자유로운 심의를 위한 무대(Schauplatz)로부터 "분열되어 있지만 고도로 조직화된 복수의 사회세력들"이 만나고 충돌하는 장(場)으로 변화되었다.[83] 이 과정에서 종래의 모든 공공성 요구들은 붕괴되었다.

의회와 그것의 정당성 위기의 원인은 바로 일단의 복잡한 이유에서 슈미트가 근대 시기의 근본적 경향이라고 파악하는 민주주의 또는 더 정

---

81) 여기서의 '오늘'이란 바이마르 시대를 지칭한다.
82) *Crisis*, 6-7.
83) *Hüter*, 89. 여기서 슈미트는 그러한 통합이 결국에는 실재했다고 가정한다. 하지만 다른 곳에서는 그는 이것이 단순한 쇼에 불과했다고 주장한다. 이러한 모호함은 그의 두 가지 주장, 즉 자유주의 하에서 하나의 국가의지의 출현을 주장하는 것(단순한 쇼)과 두 가지 국가의지의 출현을 주장하는 것(실제)과 병행한다.

확히 말하면 민주화이다. 먼저 그는 민주주의와 자유주의적 의회주의가 전적으로 상이한 원리를 가지고 있다고 주장한다. 민주주의는 사회적 (근대성의 측면에서는 국가적) 동질성, 그리고 "필요할 경우 이질성의 제거와 근절"에 의거하는 지배의 한 형태이다. 지배자와 피지배자들 간의 실제적·구조적 차이를 감안할 때, 민주주의는 동질성에 근거하여 피지배자들이 지배자들과 "일체감을 느낄 수" 있을 때만 가능하다. 슈미트는 민주주의를 명령하는 사람들과 복종하는 사람들 간의 **사실상의** 동일시로 보는 루소식의 관념에서 시작하여,[84] 이 관념을 "어떠한 명백한 실체, ······즉 실제로 법적·정치적·사회학적으로 동일한 어떤 것"이 아니라 단지 '동일성의 인정'에만 의거하는 일련의 동일시로 축소하는 것으로 끝낸다.[85] 게다가 이러한 견지에서 볼 때, 충분한 동일시가 이루어진다면, 특히 교육학적 주장들에 의해 뒷받침될 경우, 독재는 민주주의와 양립할 수 있다. 실제로 슈미트는 급진민주주의가 자치에 대한 대중의 불가피한 준비부족으로 인해 독재로 끝날 수밖에 없다고 믿는다.

슈미트는 자유주의와 민주주의가 매우 다르다고 주장한다. 무엇보다도 자유주의는 동일시보다는 토론에 의거하며, 그에 상응하여 의견의 동질성보다는 다원성을 전제한다는 점에서 심히 비정치적인 모델이다. 슈미트는 여론과 의회적 공공성 간의 구조적 연관성이 지배자와 피지배자 간의 비록 불완전하지만 진정한 동일시를 위한 매체를 확립할 수 있을 것이라는 점을 일순간도 고려하지 않는다. 그가 볼 때, 민주주의는 불완전하지만 실재하는 제도적 일체감이 아니라, 불가피하게 신화적이지만 완전한 동일시에 기초한다. 따라서 자유주의적 의회주의와 민주주의라는 두 가지 원리는 서로 반대이고 양립할 수 없다.

---

84) 슈미트가 볼 때, 이러한 루소식의 모델은 전적으로 불가능하다.
85) *Crisis*, 8-9, 13-14, 26-27.

자유주의와 민주주의가 동맹자처럼 보였던 하나의 역사적 맥락이 존재한다. 슈미트의 난해하고 인상주의적인 노선의 주장 속에서, 이 동맹을 위해 요구되었던 것이 바로 의회 밖의 '사람들'과 그들의 대표자로서의 의회의 공중 간의 '동일시'였다. 의회의 의원들과 바깥의 유권자들 간에 그리고 유권자들 서로 간에 존재하는 매우 실제적인 차이를 감안할 때, 사회 내의 그리고 사회와 의회 간의 동질성과 통일에 필요한 환상이 발생할 수 있는 것은 오직 적(敵), 즉 길들여지지 않은 국가권력과 직면할 때뿐이다. 헤겔식의 어떤 통합적인 국가활동이 아니라 바로 이러한 적과 아군의 관계가 사회를 일시적으로 통합시켜 자유주의와 민주주의가 동일하다는 환영을 불러일으킨다.

하지만 문제는 이 동일시가 환영이라는 것이 아니라 그것이 일시적이라는 것이다. 비록 자유주의와 민주주의가 동맹하기 위해서는 비민주적·비자유주의적 국가가 존재해야 하지만, 이 두 이데올로기는 서로 다른 이유에서 국가를 폐지하거나 아니면 국가를 사회의 자기조직화로서의 국가로 변형시키도록 압박한다. 자유주의적 원리는 군사적-행정적 국가를 용납할 수 없다. 왜냐하면 자유주의적 원리가 결정의 정당성을 인정하는 경우는 결정이 몰정치적인 토론원리를 통해서 이루어졌을 때뿐이기 때문이다. 확실히 자유주의는 어떠한 국가에 대해서도 회의적이며, 축소된 '야경꾼'의 형태를 추구한다. 그것은 군사적-행정적 국가를 완전히 폐지하거나 또는 대체하려고 시도하지 않는다. 하지만 군사적-행정적 국가가 위계적·권위주의적인 시대의 유물인 경우, 민주주의는 훨씬 더 그것을 용납할 수 없다. 게다가 일단 민주세력들이 자유주의적 의회와 일체감을 느끼고 나면, 자유주의 세력들과는 달리 이들은 국가가 의회와 동일하지 않다는 사실을 묵인할 수 없다.

역설적이게도 자유주의와 민주주의의 동맹이라는 위업이 그 목표에 근접하여 (이 동맹의 전제조건인 참정권의 확대를 통해) 사회의 자기조직화를 상징하는 국가가 창출됨에 따라, 논쟁적 태도가 필요하고 또 논쟁이 가능한 국가는 더 이상 존재할 수 없다. (이른바) 국가의 소멸과 더불어 사회적 통일의 조건 또한 소멸하며, 자유주의, 민주주의, 그리고 국가 자체는 위기에 처한다.[86] 슈미트는 민주화 과정과 연계되어 있는 두 가지 발전, 즉 새로운 유형의 대중적-관료제적 정당의 출현과 국가개입주의의 도래를 분석함으로써 이 위기의 성격을 탐구한다. 첫 번째 발전은 비록 반사실적이기는 하지만 자유주의적 토론 모델이 전제했던 제도와 과정의 근본적인 변형을 가져온다. 두 번째 발전은 훨씬 더 근본적인 결과를 초래하는 변화, 즉 사회와 국가의 '기능적 탈분화'를 의미한다. 이러한 정치적인 것과 사회적인 것의 '융합'은 매개라는 공적 담론형태를 위한 공간을 제거하고, 사회와 국가 모두에서 공적 공간을 변형―말하자면 실제로는 해체―시킨다.

슈미트(그는 분명 영국을 자신의 모델로 삼고 있다)에 따르면, 자유주의 정당체계는 원래 교육받은 독립적인 (엘리트)공중의 표를 획득하기 위해 토론과 설득이라는 수단을 가지고 자유롭게 경쟁하는 것에 기초했다. 실제로 자유주의 정당들은 여론영역에서, 즉 의회에서 그 모습을 갖추었다. 이 원리는 그것의 사회학적 상관물을 중요 인물들로 구성된 상대적으로 소규모의 합의제적 정당들에서 발견했다. 이들 정당에 의해 선출된 대표자들은 고정적인 이해관계와 조직구조 모두에 얽매이지 않기 때문에, 의회에서 자유롭게 행위하고 심의할 수 있을 것으로 상정되었다. 그러므로 그들은 하나의 집단으로서 토론과 상호설득을 통해 통일된 국가의지를 창출하는 지위에 있었다고 가정되었다.[87] 하지만 민주화

---

86) Ibid., 15.
87) *Hüter*, 83-88. 이 논점은 의회와 행정부가 논쟁적 관계에 있다는 관념과 모순된다. 문제는 슈미트가 말하는 대로 자유주의적 의회주의에 두 가지 부분적으로 적대적인 국가의지가 존재하는지의 여부이다. 왜냐하면 이것은 그의 다른 주장들,

는 전적으로 새로운 유형의 경쟁정당, 즉 대중당원에 기초하고 사회학적으로 특정 형태의 이해관계에 연결되어 있고 다수의 유급직원을 두고 있는 몹시 관료제화된 정당을 출현시켰다.[88] 그러한 정당은 당원에 대해 가치중립적이지 않으며, 인간 생애주기의 모든 단계에 분포되어 있는 '고객들'의 사회적·경제적·문화적 삶에 깊이 관여하는 경향이 있다. 또한 그러한 정당은 그것의 경쟁자들이 대변하는 삶의 형태들에 대해 관대하지도 않다. 각각의 '민주적' 정당이 자신의 사회적 목표를 수행하기 위한 도구라고 판단되는 국가기구를 전부 소유하고자 할 경우, 그 정당은 그 경향상 전체주의적이다. 다수의 그러한 정당들은 서로를 견제한다. 즉 그것들은 함께 (일당국가에 대립되는 것으로서의) 다원주의적 정당국가, 즉 '불안정한 연립국가'를 구성한다. 슈미트는 이러한 유형의 국가가 그 자체로 전임자에 비해 전체주의적인 성격을 획득했지만, 그것은 실제로는 파편화되거나 분열된 전체를 대변했고, 이 전체 속에서 모든 조직화된 권력복합체는 "스스로 그리고 스스로를 위해" 하나의 전체성을 실현하고자 한다고 예리하게 주장한다.

정치적 민주화의 맥락에서 발생하는 정당의 성격변화에 대한 슈미트의 설명은 그러한 현상에 대한 보수주의적 분석과 사회주의적 분석과는 다르다. 보수주의자들이 교육받지 못한 원자화된 '대중'을 조직화하는 문제를 전제로 하여 이른바 정치의 불가피한 관료제화를 강조했다면, 사회주의자들은 기존의 사회경제적 착취체계의 유지라는 정명(定命)과 착취당하는 사람들의 '참여'를 화해시키는, 새로운 배제 및 탈정

특히 하나의 통일된 충성심의 중심지로서의 국가라는 그의 의사(擬似)헤겔적 주장과는 조화되기 어려운 견해이기 때문이다(*Hüter*, 90을 보라).
88) Weber, "Parliament and Government in a Reconstructed Germany"를 보라. 베버의 분석은 훌륭한 지도자의 출현을 상정하는 자유주의 의회제 모델의 종말을 제시한다는 점에서 슈미트의 분석과 유사하다. 하지만 슈미트와는 달리 베버의 규범적 관심은 관료제적 국가에 대한 평형추를 발견하는 것이었다.

치화 메커니즘을 창출하는 경향에 초점을 맞추었다. 슈미트는 권위주의적 형태의 마르크스주의뿐만 아니라 보수주의 내의 몇몇 변종들과 일단의 기이한 친화성을 드러냄에도 불구하고, 그러한 설명 모두를 우회하고, 그 대신에 민주적 의회주의의 영향 하에서 국가와 사회 간의 논쟁적 관계가 종식된 것에 초점을 맞춘다. 탈정치화된 다양한 사회학적 사회구성체들의 통일은 권위주의적 국가형태의 생존에 달려 있었다. 사회의 자기조직화로서의 국가의 출현과 행정부의 약화는 다수의 이해관계와 신념들에 따라 사회를 파편화시킨다. 사회학적 분할선들을 가로지르는 정치적 호소는 불가능해지고, 이제 정당들은 경화된 범주들 내에서 조직되어야만 한다. 게다가 이제 선거에서 호소가 성공을 거두는 것은 각 부문들의 경제적·문화적·이데올로기적 요구들을 만족시키는 데 달려 있다. 따라서 의회의 장은 다시 한 번 사회 전반을 반영한다. 하지만 이번에는 그것이 반영하는 사회가 다원적으로 조직되고, 따라서 각 부분이 경제적·사회적·문화적 정책에서 특정한 성과를 요구한다. 국가가 의회국가가 되어감에 따라, 의회 자체는 전략적 타협은 가능하지만 진정한 동의에는 이를 수 없는 상호적대적인 사회적 다수들을 대표하게 된다.

게다가 타협은 더 이상 특정 정책의 진리와 정의에 관한 토론을 통해 이루어질 수도 없으며, 공개적으로 그리고 공적으로 도달될 수도 없다. 왜냐하면 타협과 공개토론은 전체주의화하고 있는 새로운 유형의 정당원리들을 침해하기 때문이다. 의회에서 일어나는 토론은 공허한 형식적 절차이자 단지 외양일 뿐이며, 실제의 결정은 "보이지 않는 지배자들의 사무실이나 위원회 앞의 거대한 대기실 속에서……" 내려진다. "정당의 그리고 정당들이 연합한 소규모 배타적 위원회가 닫힌 문 뒤에서 결정을 내리며, 거대 자본주의 이익집단들의 대표자들이 이 소규모 위원회에서 동의한 것이 수백만 명의 운명에는 어쩌면 어떤 정치적 결정보다도 더 중요할 수도 있다."[89]

슈미트가 우려한 것은 다원주의에 대한 마르크스식 비판가들이 우려한 것처럼, 동일한 이해관계가 의회 외부의 압력과 협상을 통해 항상 지배한다는 것이 아니다. 정당의 위원들은 선출된 의회를 통해 일을 해야만 하기 때문에, 그들에 의한 지배는 특정 파벌이나 또 다른 파벌을 강화하는 선거와 연합의 결과에 따라 일관성 없는 결과를 만들어낸다. 슈미트가 두려워한 실제 위험은 과두정치가 아니라 후일 '통치 불가능성'이라고 불리게 되었던 것이다. 왜냐하면 그는 다원주의적 정당국가가 통일의 두 가지 가능한 원천, 즉 국가와 사회를 파편화한다고 확신하기 때문이다.

이러한 파편화는 사실 국가와 사회가 하나가 되어감에 따라 동시에 일어난다. 하지만 슈미트의 융합 테제가 단지 사회의 자기조직화로서의 국가라는 프로그램을 실현하는 것에만 기초하는 것은 아니다. 실제로 바이마르 사례로부터의 손쉬운 일반화에 기초하는 이 관념은 헤겔식 주장의 전도에 포함되어 있는 변증법적 기교에도 불구하고 설득력이 없다. 근대 국가라는 실체는 의회민주주의의 민주적 변형이 완성될 때에도 실제로 사라지지 않는다. 대통령제 하에서 이것은 분명한 사실이다. 그러나 심지어 의회제 하에서조차 행정부 권력의 성장은 역사적으로 민주화를 동반해왔다. 이러한 행정부의 성장은 시민사회 구성의 조건이자 동시에 시민사회의 독립성과 분화에 대한 하나의 위협이다.[90] 따라서 국가와 사회의 융합이 의회공론장 쇠퇴의 전제조건이라면, 이 융합은 형식적인 민주화 과정에 덧붙여 근대 국가의 약화라기보다는 팽창과 연계된 토대를 갖추고 있어야만 한다.

---

89) *Crisis*, 7, 49-50.
90) Claude Lefort, "Politics and Human Rights," *The Political Forms of Modem Society* (Cambridge: MIT Press, 1986)을 보라.

슈미트는 국가와 사회의 융합에 대한 두 번째 일련의 주장을 제시한다. 여기서 그는 융합의 결과가 독자적인 사회적 삶의 기반과 관련하여 훨씬 더 일반적이라고 주장한다. 국가와 사회의 상호침투에 초점을 맞추는 이 주장은 처음에 강조한 국가의 사회화와 잘 구분되지 않는다. 그러나 좀 더 면밀히 고찰해보면, 여기서의 문제는 구체적으로는 양방향적인 기능적 탈분화의 문제라는 것이 밝혀진다. 슈미트에 따르면, 19세기 자유주의 국가는 고정된 사회적 이해관계들의 분절적 배열태와 독립적으로 존재한다는 의미에서뿐만 아니라 사회의 중요한 기능적 영역들—종교, 문화, 경제, 법, 과학—에 대해 중립적이고 그리하여 그러한 영역들이 탈정치화된다는 의미에서도 사회와 구분되었다.[91] 여기서 슈미트의 모델은 무엇보다도 자유방임주의적인 경제질서 모델, 그리고 방해받은 경제적 경쟁조건을 회복하기 위해서만 개입하는 국가 모델이다. 이 관점에서 우리는 자유주의적 기본권과 자유(개인적 자유, 의사표현의 자유, 계약·기업·소유의 자유)에 관한 변경된 목록을 가지게 된다. 하지만 이 목록에는 심지어 의사소통(집회와 결사)이라는 핵심적 자유조차 포함되어 있지 않다.[92] 여기서 권리의 기능은 공적 의사소통의 전제조건들을 보장하는 것이라기보다는 오히려 분화와 탈정치화를 유지하는 것이다.

슈미트에 따르면, 자유주의적인 기능적 분화 모델은 두 방향에서 공격받는다. 후기 자유주의 국가는 "잠재적으로 모든 영역을 포괄하는 전체주의적 국가"이다.[93] 이 진술은 이중적 의미를 지닌다. 첫째, 새로운 유형의 국가는 다양한 사회영역과 관련하여 더 이상 중립적이지 않으며, 실제로도 경제, 복지, 문화, 교육, 과학, 심지어는 '종교' 국가가 된다. 슈

---

91) *Concept of the Political*, 22-23.
92) *Hüter*, 78.
93) *Concept of the Political*, 22.

미트가 이 맥락에서 사용하는 것으로 보이지는 않는 단어로 표현하면, 그것은 사회국가(Sozialstaat)이다.[94] 둘째, 새로운 유형의 국가는 사회의 모든 영역에 개입하고 정치화한다. 여기서 이것이 갖는 함의는, 재산권에 기초하여 설계된 권리들에 의해 안정화되는 사적 영역 자체가 침투당하고 정치화되어 하나의 독립적인 영역이기를 그칠 만큼, 사회-국가의 구분이 철저하게 폐지된다는 것이다. 다원주의적인 분절적 분화의 발생에 관한 모델이 단지 몇몇 권리들——의사소통과 관련된 권리들——만을 정치적으로 부적절한 것으로 만드는 데 반해, 기능적 탈분화 모델은 자유주의적 권리들이 그 자체로 쓸모없는 것이 되어버렸다는 슈미트의 진술을 실제로 뒷받침한다.

슈미트의 논의에서 이 두 모델의 관계는 복잡하다. 그가 기능적 탈분화에 대해 제시하는 유일한 '설명'은 또다시 민주화이다. 그에게서 다소 불확실한 이유에서이기는 하지만, 민주화는 "19세기의 자유주의를 특징짓던 탈정치화의 형태들을…… 일소해야만 한다."[95] 사실 이 논의는 다시 '자유민주주의' 프로그램이 사회의 자기조직화로서의 국가를 확립할 수 있는 정도에 의존하는 것처럼 보인다. 여기서 슈미트는 우리로 하여금 경제국가, 복지국가, 문화국가 등등의 의미에서의 사회국가라는 관념과 국가가 되고 있는 사회(zum Staat gewordene Gesellschaft)라는 관념이 동일한 것이라고 생각하게 하는 것 같다. 그러나 그 자신의 논의에서 사회의 자기조직화로서의 국가의 정점은 오직 국가를 양도받은 사회의 파편화——즉 이해관계와 이데올로기에 따라 이루어지는 분절화——를 낳을 뿐이다. 우리가 살펴보았듯이, 그 결과는 여러 단위들로 주권이 나누어진, 파편화된 다원주의적 정당국가이다. 슈미트가 결코 해명하지 않

---

94) Ibid., 23; *Hüter*, 79.
95) *Concept of the Political*, 23 (강조 첨가).

은 이 주장은 또다시 그 성원의 사회적 삶의 모든 측면에 관여하는 민주적-대중적-이데올로기적 정당형태를 조건으로 하고 있는 것처럼 보인다. 그러한 정당은 추측컨대 자신을 모델로 하여 국가를 만들고, 자신이 대변하는 경제적, 문화적 그리고 여타의 이해관계들을 위하여 사회에 개입하려고 시도할 것이다. 만약 슈미트가 사회민주당과 경제의 관계 또는 가톨릭중심당과 종교의 관계라는 구체적 사례들을 염두에 두고 있는 것이 아니라면, 왜 새로운 정당체계가 국가와 사회 간의 대규모 기능적 탈분화 과정으로 이어져야 하는지는 전적으로 불확실하다. 실제로 심지어 무솔리니의 일당국가조차도 일시적으로는 자유주의 경제질서와 공존할 수 있었다.

다시 한 번 더 우리는 이러한 혼동의 원천이 슈미트가 다음과 같은 점을 인정하기를 꺼려하는 데 있다고 생각한다. 그것은 바로 분절화의 경우에 그것의 원인이 국가를 쟁탈하거나 또는 적어도 분할하고자 시도하는 사회적 복합체에 있는 반면, 기능적 탈분화의 경우에서 우리가 다루는 것은 사회에 침투하고자 시도하는 강력한 행정적-관료제적 국가라는 점이다. 슈미트는 자신이 매우 헌신했던 바이마르의 관점에서 국가개입주의가 아니라 '사회-민주화'가 정치적 위기를 초래하는 동력이라고 파악했다. 그럼에도 불구하고 그는 우리가 그의 사상 속에서 분리할 수밖에 없었던 두 가지 경향과 일치하는 두 가지 가능한 결과를 인식하고 있다. 그가 개관한 '전체주의적' 국가의 두 가지 유형들 중에서 파편화된 다원주의적 형태는 분절화 경향의 산물이다. 반면 권위주의적 형태는 국가 자체의 논리에 의해 추동된 기능적 탈분화의 산물이다.[96]

---

[96] 이 두 가지 분화형태의 혼동은 기능적 분화에 대해 레오 스트라우스(Leo Strauss)가 (실제 이유를 파악하지 못한 채) 지적하는 양가적인 태도로 이어진다. 기능적 분화는 사회적인 것의 우위성을 함축하는 분절화 형태에 대항하여 방어된다. 왜냐하면 사회적인 것의 우위가 주권에는 더 큰 위협이기 때문이다. 그러나 이 기능

슈미트는 전체주의적 국가의 두 가지 형태가 '사회적-국가' 또는 '국가-사회'라는 용어의 상이한 의미에서 나온다는 생각을 부분적으로 가지고 있었던 것처럼 보인다. 그 하나가 사회적인 것의 우위성을 함축한다면, 다른 하나는 정치적인 것의 우위성을 함축한다. 그는 "다원주의적 정당국가는 강하기 때문이 아니라 약하기 때문에 '전체주의적'이 되고, 그것이 삶의 모든 영역에 개입하는 까닭은 그것이 관련 당사자들 모두의 요구를 충족시켜야만 하기 때문"이라고 진술한다.[97] 그럼에도 불구하고 그는 또한 파편화된 형태의 전체주의 국가는 사회의 재정치화의 또 다른 결과가 아니라 정의상 거의 항상 위기에 처해 있는 인위적 산물, 즉 시대에 뒤떨어진 법적·의회제적 제도들의 생존이 초래한 결과라고 믿는다. 특히 슈미트는 국가의 자유주의적 중립화와 사회의 탈정치화에 대항하는 경향이 그것의 정점에서 민주적-국민투표적 정당성에 의거하는 또 다른 권위주의적 형태의 권력토대를 이미 만들어냈다고 믿는다. 실제로 그러한 결과가 심지어 정당체계의 논리적 자기폐지, 즉 다수 정당의 지배가 하나의 단일한 독점적 정당의 지배로 대체되는 것으로 수렴될 수도 있다는 것이 바로 그의 주장에서 언급되지 않은 결과이다. 따라서 융합으로 나아가는 두 가지 경향, 즉 분절화와 기능적 탈분화는 새로운 유형의 민주적 독재 속에서 수렴될 수도 있다.

하지만 바이마르의 경험에 대한 자신의 해석에 기초하여, 슈미트는 비록 의회가 더 이상 입법국가를 만들어내는 위치에 있지는 않지만, 그럼에도 불구하고 의회에서 합법성의 작동은 진정으로 정치적인 (즉 권위주의적인) 국가형태가 출현하는 것을 저지할 수 있다고 확신한

적 분화는 정치적인 것의 우위성을 함축하는 기능적 전체주의화나 탈분화와 관련해서는 포기되고 만다.
97) Carl Schmitt, *Legalität und Legitimität*, 3d ed. (Berlin: Duncker & Humblot, 1932, 1980), 96.

다.⁹⁸⁾ 복수의 정당들의 정치적 권리를 보장하는 의회는 특정한 연립형성의 조건 외부에서 이루어지는 행정부의 결정을 저지할 수 있다. 그리고 누군가는 자유주의적인 법적 보호의 틀이 의회 외부에서도 존속하는 것이 복수의 정당체계가 하나의 단일한 정당체계로 대체되는 것을 거의 불가능하게 만든다고 덧붙일지도 모른다.⁹⁹⁾

슈미트에 따르면, 자유주의와 민주주의의 동맹은 (현재로서는) 회복할 수 있는 범위를 넘어섰다. 고도로 조직화된 정치집단들이 가능한 모든 결과를 예단하고 현직의 불가역적 이점을 확보하고 이미 주어져 있는 다수와 소수의 구조 그리고 심지어는 철저한 정치적 배제구조를 경직화할 때, 의회에서 다수결이라는 수단은 대중적으로 승인받을 수 있는 기회를 상실한다. 따라서 자유주의와 민주주의의 옛 결혼상대자 각각―민주적 정당성과 의회제 원리―이 현재 위기에 처해 있다. 자유주의와 기존의 민주주의 형태를 넘어서는 해결책들이 성공적으로 봉쇄되고 결정의 가능성이 지속적으로 방해받을 경우, 이들 위기는 세 번째 위기, 즉 국가 자체의 위기를 낳는다. 슈미트가 보기에 이러한 상황에는 그것에 내재하는 두 가지 선택지가 존재한다. 하나는 영속적인 위기에 처해 있지만 자유주의 원리들에 의해 보호되고 위장되는 반정치적인 다원주의적 정당국가를 유지하는 것이고, 다른 하나는 새로운 국민투표 형태의 '민주주의'에 의해 정당화되는 진정으로 정치적이고 더 이상 다원주의적이지 않은 권위주의적 국가를 창출하는 것이다. 슈미트가 선택하는 것이 이 두 번째 선택지라는 것을 부정하는 것은 쓸데없는 짓이다. 실제

---

98) Ibid., 89-90. 슈미트는 98쪽에서 실제로 그 결과 하나의 헌법 속에 두 가지 헌법이 존재했다고 주장한다.
99) 오토 키르크하이머는 독일의 권위주의적 국가는 내적 다원화와 파편화를 극복하지 못했다고 주장했다. Otto Kirchheimer, "Changes in the Structure of Political Compromise" [1941], in Andrew Arato and Eike Gebhardt, eds., *The Essential Frankfurt School Reader* (New York: Urizen, 1978), 49-70을 보라.

로 슈미트가 이탈리아 파시즘에 열광하게 했고 또 그가 국가사회주의로 선회하는 것을 불가피하지는 않지만 지적으로는 근거가 있는 것으로 만들었던 것도 바로 이러한 선택이었다. 슈미트가 볼 때, 보수주의적인 비국민투표적 권위주의 체제로의 어떠한 회귀도 국가의 위기에 대한 해결책을 제시할 수 없었다. 왜냐하면 그러한 대안은 이전의 논쟁상대를 복원시킴으로써 자유주의와 민주주의의 동맹을 재구성하고, 다시 국가를 훼손하는 결과를 가져올 것이기 때문이었다. 그가 칭찬했던 좌파와 우파들처럼, 슈미트도 대안적인 결혼, 즉 민주주의와 권위주의의 결혼을 제안했다.

어쨌든 간에 전체주의적 국가가 도래한다면, 이들 두 가지 (다원주의적 또는 권위주의적) 선택지 중 어떠한 것도 국가와 사회라는 이원론 또는 국가와 사회 사이에서 작동하는 의회라는 매개체와 조화를 이루지 못한다. 슈미트의 머리에 떠오르지 않은 것은 미국의 맥락에서는 너무나도 분명한 가능성, 즉 국가주의적 원리와 다원주의적 원리라는 두 가지 원리가 자유주의적인 권리의 틀 속에서 안정화되고 결합하여 새로운 유형의 국가-시민사회 이원론을 구성할 수도 있다는 것이었다. 그의 사상의 다음과 같은 세 가지 특징이 이러한 근시안적 사고에 책임이 있었다. 첫째, 그는 다원주의적 시기에도 그 경향상 권위주의적인 국가가 지속적으로 존재했다는 것을 기꺼이 인정하려 하지 않았다. 둘째로, 그는 특히 경제적인 이유들을 포함하여 국가가 사회에 개입하는 온갖 이유들을 파악하지 못했다. 그리고 셋째로, 그는 또 다른 형태의 새로운 유형의 정당, 즉 잡다한 유권자들에 기초하고 정치체계를 전부 지배하거나 분할하여 지배하는 데에는 관심이 없지만 의회의 장에서 훨씬 더 유연하고 자신의 적과 단순한 전략적 타협 그 이상을 할 수 있는 포괄정당(catch-all party)의 출현을 감지하지 못했다.

슈미트가 자유민주주의를 묘사하면서 국가의 소멸을 논의한 것은 결코 순수하지 않았다. 즉 그는 자신이 약화되었다고 제시했던 권위주의적 행정부를 강화하고자 노력했고, 그렇게 하기 위해 그는 행정부가 바이마르 정치질서의 위기 속에서 수행한 역할을 숨겨야만 했다. 헌법체계에서 대통령의 특권은 말할 것도 없고 군대, 행정부, 그리고 행정부와 동맹한 법체계의 권력에도 불구하고 국가의 권위주의적 요소들이 죽어가고 있는 것처럼 보였던 것은, 그가 민주주의와 자유주의 간의 긴장뿐만 아니라 그것들 간의 새로운 연계관계를 만들어냈던 다원주의적 정당체계를 공격하는 데 일조했다.

하버마스의 『공론장의 구조변동』에서의 융합 주장

슈미트가 제기한 융합 주장이 그 권위주의적 의도를 그리 감추려고 하지 않았다는 점을 감안할 때, 이 주장이 프랑크푸르트학파의 저술가들에 의해 채택되어 실제로 극적으로 쇄신되었다는 것은 매우 놀라운 일이다. 자유주의, 민주주의, 권위주의에 대한 그들의 태도는 슈미트의 그것과는 정반대였다. 하지만 융합 주장은 그들 모두에게 "권위주의 국가 비판"의 한 가지 중요한 특징이 되었다.

프랑크푸르트학파의 분석에서는 자유주의와 민주주의의 동맹도 그리고 이른바 그것들의 적인 권위주의적 행정권력의 쇠퇴도 어떤 일관된 역할을 충분히 수행하지 않는다. 이 논의의 구조는 새로운 구조로 대체된다. 즉 그 구조는 자유주의적 자본주의에서 독점자본주의로 그리고 결국에는 국가조직적 자본주의로 이어지는 자본주의 경제질서의 거대한 변환으로 대체된다. 비록 이 논의가 처음에는 권위주의적 국가의 등장과 관련하여 발전되었음에도 불구하고, 그것은 자유민주주의가 재구성되었던 전후시기에도 역시 적용할 수 있는 것으로 판명되었다.[100] 하버마스의 공론장 쇠퇴 이론은, 비록 슈미트와 아렌트의 이전 테제들로부터 많은 영향을 받았지만, 우선은 무엇보다도 1930년대 프랑크푸르트학파 분석의 다양한 요소들에서 파생한다. 실제로 하버마스는 결국 이들 흐름 거의 모두를 어떻게든 새로운 이론적 틀 속에서 재조명했고, 그 새로운 틀 속에서 그것들은 실천지향적인 민주주의 이론에 매우 유용하게 되었다. 그러나 1962년 『공론장의 구조변동』을 저술하던 시기에 하버마스는 아직 그러한 입장을 획득하지 못한 상태였다. 그 결과 애석하게도 하버마스는 공론장의 변형이라는 관념을 아도르노와 호르크하이머의 부정적 역사철학과 연결시켰고, 그 결과 자신의 스승들과는 달리 비록 제한적이지만 그가 여전히 고전 마르크스주의의 일부 가정들을 기반으로 하고 있었다는 점을 제외하면, 쇠퇴 테제 너머에 있는 많은 것을 볼 수 없었다. 공론장 이론을 현대 정치에 적용하는 것은 기다려야만 했다.

여기서는 우리가 하버마스의 다차원적 종합을 요약하는 것만으로 충분할 것이다. 이 논의는 여섯 가지 수준으로 이루어져 있다.

1. 자본주의 경제에 대한 국가개입주의 테제. 슈미트가 거의 놓치고 있는 이 논의는 마르크스, 토크빌 그리고 자기 나름의 방식으로 아렌트가 강조한 절대주의 시기, 그리고 심지어는 자유주의 시기 동안 이루어진 국가행정 및 정치적 관료제의 팽창과는 질적으로 다른 것을 포함하고 있다. 근대 국가는 내생적 위기경향과 손상된 자기조절 과정에 의해 위험에 빠진 자본주의 구조를 보호하기 위해 그것의 자유주의적 성격을 희생하며 자유주의적 자본주의 경제에 개입한다. 국가는 자기조절적 시장과정과 불완전한 과점적 경쟁현상 모두에 의해 창출되는 불균형을 시정하고(경기순환의 재정적·금융적 규제), 투자, 축적, 기술혁신 과정들

---

100) 프랑크푸르트학파의 저술가들은 프리드리히 폴록이 국가자본주의를 민주적 형태와 권위주의적 형태로 구분한 것에서 그랬던 것처럼, 일찍이 이러한 가능성을 예견했다. Friedrich Pollock, "State Capitalism" [1941], in Arato and Gebhardt, eds., *The Essential Frankfurt School Reader*, 71-94을 보라.

의 비용부담을 떠맡고, 복지국가 지출을 통해 집합적 요구를 지원하고자 한다. 『공론장의 구조변동』에서는 다소 미발전한 상태에 있는 이 테제가 "권위주의적 국가"와 관련하여 프랑크푸르트학파의 전통 속에 완전히 통합된 것은 폴록과 그의 동료들(1932-1941)에 의해서였다. 그것은 1968년 이후 하버마스와 오페의 저술들 속에서 복지국가의 위기관리 비판이라는 형태로 설득력 있게 확장되었다.[101]

2. 사적 결사체들에 의한 공적 권력의 장악 테제(신조합주의). 키르크하이머(Kirchheimer)에 의해[102] 처음으로 프랑크푸르트학파의 논의에 도입된 이 테제는 바이마르 다원주의에 대한 슈미트의 비판에서 유래한다. 하버마스의 1962년 논의에서 이러한 비판은 전정치적 수준까지 확대된다. 과점적 경쟁과정에서 사적 조직들은 자유주의적 자본주의에 대항하여 실제로 공공 경제정책을 이루는 것을 정식화할 수 있다.[103] 사적 결사체들—특히 고용자 협회와 노동조합—간의 집합적 합의는 이전에 공법적 실체들을 위해 마련되었던 규칙창출 형식에 밀려서 그것의 사법적 지위를 상실한다. 현재 중요한 행정영역들이 사법적 실체들의 손에 넘어간 상태이기는 하지만, 국가 자체는 점차로 사법적 계약장치들을 활용하여 자신과 자신의 사회적 파트너의 관계를 규제하고 있다. 이 논의

---

101) Jürgen Habermas, "Technology and Science as Ideology," *Toward a Rational Society* (Boston: Beacon Press, 1970); *Legitimation Crisis* (Boston: Beacon Press, 1975); Claus Offe, *Strukturproblem des kapitalistischen Staates* (Frankfurt: Suhrkamp, 1972). 신보수의가 출현하기 훨씬 전에, 오페는 국가개입주의가 행정적 합리성에 역기능을 낳았다고 강조한 반면('위기관리의 위기'), 하버마스는 문화적 동기부여의 자원이 줄어들고 있는 상황에서 사적인 목적을 위해 공적 개입을 하는 것은 불가피하게 민주적 정당성에 간극을 발생시킨다고 주장했다는 점을 지적할 필요가 있다.

102) Otto Kirchheimer, "Changes in the Structure of Political Compromise"; "In Search of Sovereignty," *Politics, Law and Social Change* (New York: Columbia University Press, 1969).

103) *Public Sphere*, 144.

는 비록 하버마스에 의해 그의 후속연구들에서는 덜 강조되기는 하지만, 1980년대에 오페에 의해 설득력 있게 확대되었다.[104] 하지만 오페가 그렇게 했던 것은, 전반적인 복지국가 구조의 한 가지 구성요소(어쨌든 모든 복지국가에서 똑같이 중요하지는 않은 구성요소)를 지적하기 위해서였을 뿐만 아니라, 신보수주의적 도전의 영향 하에서 개입주의적 국가의 행정적 부담과 정당화 부담들을 경감시켜줄 수 있는 (비록 내적으로 문제가 있고 규범적으로도 매력은 없지만!) 한 가지 잠재적 방법을 강조하기 위해서였다는 점을 지적할 필요가 있다.

3. 가족이라는 친밀한 영역의 쇠퇴 테제. 이 테제는 아렌트의 분석에서 하나의 중요한 구성요소였으며, 하버마스는 바로 그녀의 정식화("사회적 영역과 친밀한 영역의 대립")를 이어받고 있다. 그리고 이 테제는 1930년대에 호르크하이머와 그의 동료들이 사회이론에 기여한 것 중 핵심적인 것의 하나였다. 새로운 문헌에 의존하는 하버마스의 1962년 분석은 친밀성을 축으로 하는 부르주아 재산이라는 사적 보호막의 파괴를 강조한다. 이것은 가족의 경제적 기능 상실과 복지수혜자와 사회보험 제공능력을 갖춘 국가 간의 관계 증대로 인해 발생한 것이었다. 가족은 점차 그것의 "교육·보호·돌봄·관리의 기능, 그리고 심지어는 전통과 방향을 제공하는 기능······ 부르주아 가족성원들의 가장 내밀한 영역으로 여겨지는 분야에서의 권력형성 행위를 상실한다."[105] 이 관점에서 볼 때, 아버지 권위의 쇠퇴는 불분명하다. 왜냐하면 가족은 그것의 억압적 기능뿐만 아니라 방어적 기능 또한 상실하기 때문이다. 아렌트식으로 보면, 심지어 보다 강렬한 새로운 형태의 친밀성은 어찌할 수 없이 방어적인 것으로 보인다. 즉 사적 삶은 점점 더 외부자들의 시선에 노출되어,

---

104) *Contradictions of the Welfare State* (Cambridge: MIT Press, 1984); *Disorganized Capitalism* (Cambridge: MIT Press, 1985)에 실려 있는 글들을 보라.
105) *Public Sphere*, 155.

건축물의 수준까지 영락한다. 아도르노와 아렌트 모두가 강조하는 공적 의사소통의 위조된 친밀성은 하버마스에게는 친밀한 영역의 포섭의 한 형태이자 공중의 대중으로의 타락 모두를 의미한다.[106]

4. 문학적 공론장의 쇠퇴와 대중문화의 등장 테제. 이 논의복합체는 초기 프랑크푸르트학파 이론, 특히 아도르노 이론의 가장 성공적이자 가장 잘 알려진 차원이다. 하버마스가 자신의 해석에서 강조하는 것은 문학적 공론장이 소비와 조작된 여가의 영역으로 성장했다는 것이다. 이것은 의사소통 매체의 산업적-상업적 변형뿐만 아니라 가족에 기초하고 있는 문화의 수용 및 비판 제도들의 쇠퇴와도 결부되어 있다. 시장은 더 이상 자율적 예술의 전제조건이 아니다. 즉 시장성이 산업적인 예술생산의 하나의 원리가 된다. 문화의 '민주화'는 의사민주화이다. 즉 민주화되는 것은 더 이상 문화가 아니다. 문학적 공론장의 극적인 팽창은 그것이 지닌 비판적 성격의 쇠퇴와 동시에 발생한다.[107] 새로운 매체는 단지 수동적 형태의 참여를 조장할 뿐이다. 전위예술과 문화의 생존은 고전적인 문학적 공론장을 "더 이상 공적이지 않은 이성적인 소수의 전문가들과 거대한 공적 소비자 대중"으로 분열시킬 뿐이다.[108]

친밀한 영역과 진정한 문학적 공론장의 부식은 인간(homme)과 부르주아 간의 긴장을 상실시킴으로써, 자율성에 어떤 새로운 공적 토대를 제공하지 않는 채 자율성의 사적 토대를 완전히 파괴한다. 여기서 가족의 쇠퇴와 대중문화의 등장 테제가 개인의 쇠퇴라는 고전 프랑크푸르트학파의 테제와 연결된다.

5. 정치적 공론장의 변형 테제. 이 테제는 공공성의 전정치적 차원들과 관련하여 발전된 논의들을 선택적으로 확장한 것이다. 비록 하버마

---

106) Ibid., 159, 162.
107) Ibid., 169.
108) Ibid., 175.

스가 자유주의 시대에서조차 공공성의 요구에 성공적으로 저항했던 행정부의 성장과 독립성 증대에 대해 언급하기는 하지만, 매우 흥미롭게도 경제에 대한 국가주의적-관료제적 개입—즉 아렌트가 온정주의가 평등주의적인 공적 상호작용을 대체하는 것의 전형으로 보았던 것—은 분석에서 다소 덜 강조된다. 보다 더 중요한 것은 키르크하이머 역시 강조하는 슈미트식 논의이다. 그것에 따르면, 사적 결사체들에 의한 공적 권력의 장악은 협상, 교섭, 타협이라는 조합주의적 과정을 출현시킨다. 이 조합주의적 과정은 공적인 감시과정을 우회하고,[109] 의회의 토론과 심의를 새로운 '비밀'(arcanum)의 보호 하에 도달한 결정을 사후적으로 정당화하는 과정으로 전락시킨다. 대표자들은 더 이상 서로를 설득하고자 시도하지 않으며, 의회에서의 연설도 이제는 의회 바깥에서 국민투표식 여론을 동원하고자 한다. 슈미트가 주장했듯이, 구속적 위임과 유사한 어떤 것이 부활함에 따라 대표자들은 정당규율에 속박되어 그들의 독립성을 상실한다. 하버마스는 정당체계가 공통의 의견으로 묶인 느슨한 합의제적 집단에서 엄격한 사회학적 집단으로서의 정당으로 변형된다는 슈미트의 개념이 더 이상 현실에 부합하지 않는다는 것을 인정한다. 누구보다도 특히 키르크하이머가 강조하는 새로운 유형의 '포괄'정당—이는 정치체계의 '민주화'와 '대중화'가 더욱 진전된 단계에서 등장한다—은 정치적 담론과 논의의 수준을 더욱더 축소시킴으로써 오직 탈정치화를 증가시킬 뿐이다.[110] 물론 여기서 이 새로운 유형의 정당은 더 이상 통치권력을 나누어 가지는 것과는 연관이 없다. 키르크하이머의 표현을 사용하면, 그것의 가장 중요한 결과, 즉 '정치적 반대세력의 소멸'은 막스 베버가 강조했듯이 행정부에 대한 공적 통제를 축소시키는

---

109) Ibid., 198.
110) Ibid., 203-204.

결과를 가져오고, 그럼으로써 권위주의적 수단 없이도 권위주의적 권력을 강화시킨다.

6. 슈미트 테제의 확장. 하버마스는 강화된 관료제와 사적 결사체 간의 매개영역으로서의 의회의 역할은 쇠퇴할 것임이 틀림없다는 슈미트의 테제를 확장했다. 하지만 똑같이 중요한 것은 슈미트가 강조한 바 있는, 새로운 상황에서 이루어지는 국민투표적 요소의 이른바 '민주적' 성격을 탈신비화시키기 위해, 하버마스가 대중문화에 대한 프랑크푸르트학파의 테제를 사용한다는 것이었다. 새로운 대중문화와 그 매체가 지니는 권위주의적인 정치적 잠재력을 강조했던 아도르노와 뢰벤탈(Lowenthal)의 전통 속에서, 하버마스는 현대 정치담론 속에서 선전이 차지하는 위치를 지적한다. 근대의 정치적 조작은 상업광고—이것은 가격경쟁이 시장점유율을 두고 투쟁하는 과점집단들의 조정 메커니즘이 되기를 중단함에 따라 지배적이 되었다—형태를 전제로 한다. 아도르노와 그의 동료들이 잘 알고 있었듯이, 선전—정치지도자, 정당, 정책에 대한 광고와 판매—은 이미 형성된, 수동적이고 무비판적이지만 동원 가능한 청중들을 전제로 한다. 광고 자체가 사적 능력을 갖춘 개인들에 의존하고 따라서 친밀한 영역을 분해하는 데 일조하지만, '홍보'라는 중간적 형태는 '동의창출 공학'(engineering of consent)을 통해 '여론'에 의지하고 여론을 변형시킨다.[111] 의회에서 그리고 특히 선거과정에서 현대적 형태의 정당에 중심적인 것이 바로 이러한 임무이다. 현대 정당들은 광고대행사 식으로 선거지지를 주기적인 간격으로 동원할 수 있는 기구들은 물론 지속적인 대중당원도 필요로 하지 않는다. 선거운동에서 모종의 정치적 공론장을 재구성하는 것은 불가피하지만,[112] 정당들이

---

111) Ibid., 193ff.
112) Ibid., 211, 213.

선호하는 표적은 일반적으로 결사체나 상위 지위집단의 성원들이 아니라 여기서 나머지 형태의 이성적 공중이라고 묘사되는 것에 속하지 않는 개인들이다. 표적이 되는 투표자들은 계몽을 통해서가 아니라 소비주의적 행태에 대한 호소를 통해, 그리고 낡은 유형의 선동가 또는 심지어 '선전가들'에 의해서가 아니라 광고전문가들에 의해 접근된다.[113] 성공하기 위해서는 "선거조직자들은 진정한 정치적 공론장이 소멸되었다는 것을 인정해야 할 뿐 아니라 그러한 결과를 낳는 데도 충분히 의식적으로 일조해야만 한다."[114] 그 결과는 정책에 대한 이해나 동의가 아니라 지도자들과의 '상징적 동일시'이다. 이러한 동일시는 여론이 아닌 원자화된 의견에만 배타적으로 의지하는 인기지수와 '여론'조사를 통해 측정 가능하며 그리고 차후 조작될 여지도 있다. 비록 정당과 정부가 실제로 '비(非)여론'에 반응했다고 하더라도, 여전히 그 결과는 합리적 심의과정을 통해 개인의 의견을 진정한 여론으로 변형시키는 것에 기초하는 진정한 민주적 의지형성보다는 계몽된 절대주의와 더 유사할 것이다.[115]

이 모든 수준에 대한 하버마스의 분석목적은 단지 자유로운 공적 의사소통 원리의 변질과 악화를 입증하는 것만이 아니다. 우리에게 훨씬 더 중요한 것은 그의 보충 테제, 즉 여러 수준의 융합을 통해 시민사회와 국가 간의 분화 모델을 파괴하는 테제이다. 만약 매개제도의 변질 자체가 탈분화를 촉진한다면, 국가와 사회의 융합경향이 자유주의적 공론장이 작동할 수 있는 사회적 공간을 제거한다고 주장할 수도 있다. 어떤 면에서 이 두 과정 간의 차이는 단지 강조의 차이에 불과하다. 그리고 하버마스는 공론장의 쇠퇴와 부활에 관심이 있다. 그는 1962년에도 여전히 그

---

113) Ibid., 215.
114) Ibid., 216.
115) Ibid., 218-219.

러한 쇠퇴와 부활이 국가와 시민사회를 구별하는 모델이 없어도 가능하다고 생각했다. 반면 우리는 분화된 모델을 재구성하는 데 관심이 있다. 그리고 우리는 공론장에 관한 자유민주주의적 프로젝트를 쇄신하지 않는다면 이 분화된 모델은 가능하지도 또 규범적으로 바람직하지도 않다고 생각한다.

그러나 공론장 쇠퇴 모델이 국가와 사회의 새로운 관계에 관한 모델보다 훨씬 더 완전한 하나의 융합과정 그리고 심지어는 '일차원성'을 지칭할 경우, 우리의 두 가지 접근방식 간에는 체계적인 차이가 존재한다. 우리는 이 차이를 하버마스의 논의구조에서 찾아볼 수 있다. 그는 우리에게 국가의 경제개입을 통한 사회의 재정치화 모델은 스스로 융합 주장을 확립할 수 없다고 옳게 말한다. 왜냐하면 광범위한 분야에서 일어나는 개인적 상호작용의 사적 성격에 영향을 미치는 개입이 없이는, 사적인 경제활동이 중요한 방식으로 제약받을 수도 있기 때문이다. 그러나 그가 이 주장이 사적 결사체들에 의한 공적 권력의 보충적 장악을 언급함으로써 완성될 수 있다고 제시하는 것은 잘못이다. 비록 이 두 과정이 공적 영역과 사적 영역, 즉 국가와 사회의 구분이 더 이상 적용되지 않는 매개영역을 산출한다고 할지라도, '국가화하는 사회'와 '사회화하는 국가'라는 용어들이 함의하는 것으로 생각되는 것처럼, 그것들은 그 자체로 그러한 구분이 사라지게 하지는 못한다. 특히 엄밀한 의미에서의 친밀성의 영역과 공공성의 영역은 이 두 과정에 의해 직접적으로 분해되지 않는다. 그러한 일이 발생하기 위해서는 궁극적으로는 문화적인 이 두 영역의 물화와 도구화가 필요하다. 만약 융합을 가져오는 이 두 상보적 과정이 그것들의 목표를 달성하고자 한다면, 그 둘 사이에 존재하는 공간, 즉 문화공간의 물화는 다소 전체주의적이 될 수밖에 없다. 슈미트가 처음 소개한 이 테제가 구원받을 수 있는 것은, 오직 프랑크푸르트학파 문화이론의 도움이 있을 때, 특히 아도르노의 이론 속에서뿐이다. 그러나 이 선택은 하버마스 자신의 테제의 경우도 그러하듯이, 조작된 공중으로 이어지게 될 것이다. 이러한 조작된 공중 속의 행위자들은 전적으로 수동적이고, 그러한 공중의 현재 동력은 결코 원래의 약속을 부활시킬 수 없다.[116]

이러한 배열태에는 여전히 아렌트의 의미에서의 혁명적 파열의 여지가 있을 수도 있다. 그리고 하버마스가 자신의 책 말미에서 자신이 아렌트의 저작을 논의하며 비판했던 고대 공화주의적 공론장 모델로부터 스스로가 어느 정도나 벗어났는가를 묻는 것은 사실 정당하다. 그는 융합 주장의 결과들을 설명하면서 갑자기 우리에게 이렇게 말한다. "부르주아 공론장 모델은 공론장과 사적 영역의 엄격한 분리에 기초했다. 왜냐하면 공중으로 조직화된 사적 개인들의 공론장은 사적인 것으로 간주되기 때문이다."[117] 이 주장은 사법상으로 옳기는 하지만, 보다 헤겔적이었던 하버마스의 초기 주장과는 단절한다. 그는 초기에는 다양한 수준의 매개체들에 의해 상대화된 것이 바로 이 공적 영역과 사적 영역의 엄격한 구분이었다고 주장했다.

게다가 우리는 하버마스가 마르크스에게서 도출한 유토피아—공적인 국가-사회와 친밀한 영역의 이원성과 그중 전자의 우위성을 포함하는—와 아렌트의 공화주의 모델이 일치한다는 점을 지적해야만 한다. 하버마스의 쇠퇴이론 또한 공적이지도 사적이지도 않은 혼합영역이 출현하여 진정한 공공성을 붕괴시킬 것이라고 가정한다. 아렌트에게서 하버마스가 만들어낸 자유주의적 공론장 모델은, 그것이 시장경제의 전제조건들에 대한 규제를 통해 국가와 사회를 매개하는 것과 관련되는 한,

---

116) 이는 특히 사실이었다. 왜냐하면 심지어 1960년대에조차 하버마스는 근대성의 문화적 상황에 내재하는 해방의 가능성에 관한 발터 벤야민의 논의들을 사용하지 않았기 때문이다.

117) *Public Sphere*, 176.

이미 그러한 혼합영역이었고 어떠한 진정한 공적 삶도 그리고 행위도 포함할 수 없었다. 권력을 공유하지 않으면서 국가를 통제하고 또 국가에 영향력을 행사하는 공적 영역이라는 관념은 아렌트에게는 분별없는 것으로 보였을 것이다. 그렇지만 그들의 분석의 유일한 실제적 차이는 하버마스가 아렌트의 쇠퇴 모델에 쇠퇴가 발생할 수 있는, 하나의 역사적으로 독특한 출발점을 부여한 것이라고 주장할 수도 있을 것이다. 그리고 실제로 비록 일관적이지는 않지만, 혼합영역의 출현은 또한 하버마스에게는 "공론장에 새로운 토대를 부여하지 않은 채 공론장으로부터 과거의 토대만을" 박탈하는 것처럼 보였다.[118] 물론 이것은 근대 국가의 등장과 함수관계에 있는 것이 아니라 후기 자유주의적 국가 및 경제 관계와 함수관계에 있었다. 분명 하버마스와 아렌트 모두는 그러한 새로운 토대를 만들어내는 데 관심을 가지고 있었다. 하지만 이 맥락에서 우리는 또한 하버마스가 자신이 고대 공론장 모델이라기보다는 오히려 자유주의적 공론장 모델을 재제도화하고자 한다고 반복해서 주장한다는 것을 상기해야만 한다.

하버마스에서 자유주의적 공론장의 이상은 민주화의 이상을 포함한다. 역설적이게도 민주화의 역사적 과정은, 그것이 정당체계에서의 정치의 민주화든 또는 대중문화에서의 문화의 민주화든 간에 그 이상을 떠받쳤던 제도들의 쇠퇴에 기여함으로써, 비록 모순적인 방식으로이기는 하지만 그 이상을 하나의 추상적인 정당화 원리로 축소시켰다. 하지만 자유주의적 제도의 쇠퇴는 다음의 두 가지 관점에서 파악할 수 있다. 하나는 권리원리에 의해 표현되는 국가와 시민사회 분화의 쇠퇴관점이고, 다른 하나는 합리적 의사소통의 원리에 의해 표현되는 공론장의 쇠퇴관점이다. 따라서 만약 우리가 이 둘 모두를 또는 이 둘 중 단지 하나를 구

---

118) Ibid., 177.

체적으로 지적하지 않을 경우, 자유주의적 원리의 재제도화를 주장하는 것은 모호하다. 하버마스가 드러낸 분명한 성향은 의사소통 원리를 우선적으로 방어하는 것이었다. 분명 고전적인 권리목록들은 일련의 잘 알려진 권리들(표현의 자유, 집회, 참정권 등등)과 관련하여 이 원리를 상정했다. 그러나 다른 경우들에서처럼 이 경우에서도 '권리'의 의미 자체가 그 이상의 어떤 것을 포함하고 있었다. 즉 자유라는 권리는 사적 영역과 공적 권위를 분리시켰고, 국가권력으로부터 매개적 공론장을 보호할 뿐만 아니라 두 공론장들로부터 사적 영역을 보호했다.

하버마스가 이러한 목록들을 포기하고 싶어 하지 않기 때문에, 그는 그것들을 재정의하고 재구성할 것을 주장한다. 이러한 맥락에서 그는 복지국가 법체계의 실제 추세가 소극적이고 방어적인 구조로 되어 있는 유증된 헌법적 권리들을 변형시키고 있을 뿐만 아니라 그러한 발전은 또한 실제로 우리 사회에만 내재하는 공론장의 재제도화 경향을 대변한다고 주장한다.[119] 그렇기에 하버마스는 규범적 수준에서 자유주의적 공론장 원리의 생존에 대해 말할 뿐만 아니라, 자유주의적 법치국가(Rechtsstaat)에서 복지국가로의 이행을 규제하고자 하는 헌법적 규범의 자구(字句)와 정신 모두가 이 원리의 새로운 형태의 재제도화를 예기하며, 따라서 그것들은 현존 복지국가의 제도적 관행들과 모순되게 된다고 주장한다.[120] 하버마스가 이전에 근대 공론장과 친밀한 영역을 그것

---

[119] 이 주장은 또한 하버마스가 복지국가에서 그 어떤 긍정적인 것도 발견할 수 없었던 아렌트와 단절하고 있음을 보여준다. 하버마스는 복지국가가 초래하는 탈정치화를 비판하지만, 복지국가가 마르크스식의 통일된 국가-사회를 예기하는 경우에는 복지국가가 초래하는 국가와 시민사회의 탈분화를 긍정적으로 바라본다. 하버마스가 이 투사된 실체를 비경제적인 친밀한 영역과 병치시키기 때문에, 결국 그는 마르크스와 아렌트의 종합을 만들어낸다. 이것은 마르크스의 유토피아보다는 더 이원론적이지만, 아렌트의 유토피아와는 달리 공적 심의에 경제적인 업무들을 포함시킨다.

[120] *Public Sphere*, 222-225.

들의 해체를 가져오는 경제과정과 정치과정의 수동적 대상으로 간주했다면, 그는 바로 이 지점에서 이들 영역에서 생겨난 규범들이 하나의 대안적 전략을 구성할 수 있게 하는 지향점들이 된다는 것을 갑자기 깨닫는다. 그리하여 하버마스는 재구성 모델을 제안한다. 우리가 헤겔과 그람시 모두에게서 발견했던 이율배반의 새로운 형태—하나는 국가주의적이고 다른 하나는 시민사회를 지향하는 대립적인 지향을 포함하는—와 마주한다고 해도, 그것은 크게 놀랄 만한 일은 아닐 것이다.

우리는 복지국가의 법적 발전에 관한 하버마스의 논의가 그의 분석의 전반적 경향과 갑자기 단절한다는 점을 지적할 필요가 있다. 하버마스는 그간 복지국가를 후기 프랑크푸르트학파의 부정적 역사철학과 사회이론 그리고 또한 이 학파의 법이론과도 나란히 놓고 분석했다. 그런데 하버마스는 이제 프란츠 노이만(Franz Neumann)을 언급하면서, 국가와 사회가 융합된 상태에서는 법규범의 일반성이 유지될 수 없으며 오히려 법과 행정이 점차 탈분화된다고 주장한다.[121] 하지만 노이만이라면, 규범의 일반성 없이는 기본권 원리를 유지하는 것은 불가능하다고 주장할 것이다. 왜냐하면 어떠한 제한도 없다면 기본권은 일관성이 없게 될 것이고, 이 제한이 엄격하게 일반적인 기준에 따라 정의되지 않는다면, 기본권은 불가능할 것이기 때문이다. 반면에 하버마스는 복지국가 입헌주의 하에서는 국가와 관련된 오직 소극적이고 방어적인 측면의 권리들만이 도전받는다고 주장한다.[122]

---

121) Ibid., 178-179.
122) Ibid., 224-225. 이 논의는 또한 오토 키르크하이머에 의해서도 프랑크푸르트학파의 논의 속으로 도입되었다. Otto Kirchheimer, "Weimar und was dann?"을 보라. 이 논문은 영어로 번역되어 있다. "Weimar—and What Then?," *Politics, Law and Social Change*를 보라. 그 후 키르크하이머는 권위주의 국가의 발전과 함께 이러한 입장을 포기했다. 왜냐하면 권위주의 국가는 갑자기 소극적 권리를 철저히 묵살했고, 그는 그것을 용납할 수 없었기 때문이다.

이 맥락에서 국가의 동기는 분명하다. 국가의 사회개입과 함께, 사회적 자율성과 관련한 자기제한은 시대에 뒤진 것처럼 보일 수도 있다. 그리고 보다 중요하게는, 새로운 형태의 국가행위를 정당한 것으로 비준할 수 있는 새로운 정당화가 요구된다. 정당화로서의 자유주의적 규범이 여전히 생존해 있음을 감안할 때, 그러한 정당화 작업은 자유주의적 권리들의 내적 논리에 의거하여 전개될 수 있다. 그리고 개입주의적·재분배적 국가의 맥락에서 경쟁적 경제체계가 쇠퇴하고 있음을 감안할 때, 표현, 집회, 결사의 자유를 행사할 수 있는 실제 능력이라는 측면에서의 소극적인 방어적 권리들은 물론 정치참여 권리의 '적극적 실현'은 더 이상 거의 자동적으로는 뒤따르지 않는다. 그러므로 국가는 새로운 사회적 권리의 측면에서 참여에 대한 적극적이고 실제로도 구체적인 보장책들을 제공해야만 한다. 자유주의적 권리 그 자체의 관점에서 볼 때, 그러한 권리들이 "여전히 그것들의 원래 취지에 충실하고자 한다"면, 그것들의 "규범적 해석이 변화되어야만 한다." '자유의 권리'(Freiheitsrechte)라는 소극적 권리가 복지국가의 헌법 속에서 유지되기는 하지만, 그러한 권리는 이제 참여의 권리(Teilnehmerrechte)로 이해되어야만 한다. 그리고 이 참여의 권리는 국가에 대한 자기방어와 자기분화의 형태라기보다는 국가활동에 대한 적극적인 사회적 권리(Sozialrechte)의 측면에서 해석되어야 할 것이다.[123]

확실히 여기에는 술책이 포함되어 있다. 하버마스는 자신이 가장 선진적이라고 여기는 헌법들조차 소극적 권리, 참여의 권리 그리고 사회적 권리를 서로 나란히 포함하고 있다는 것을 인정한다. 이것은 하버마스 자신이 소극적 권리와 적극적 권리 모두가 필요하다는 것을 확언하는 것인가, 아니면 전자에서 후자로의 이행을 주장하고 있는 것인가 하

---

[123] *Public Sphere*, 226.

는 의문을 제기한다. 이 쟁점이 그의 진술 속에서 분명하게 제시되지는 않지만, 그는 소극적 권리의 생존을 복지국가가 부르주아적 '조세국가'(Steuerstaat)의 성격을 충분하게 극복하지 못하고 있다는 표지, 즉 복지국가가 경제과정을 자신의 관리에 종속시키는 하나의 통일된 국가-사회를 건설한다는 자신의 목표를 완전하게 실현시키지 못하고 있다는 표지로 간주하는 것으로 보인다.[124] 하버마스에 따르면, 이 목표에 비추어 볼 때, 소유권이라는 외피에 의해서는 더 이상은 보호되지 않는 친밀한 영역의 권리들조차 공적인 민주적 참여과정의 기능들 또는 그러한 과정으로부터 파생된 것으로 재정의될 필요가 있다.[125] 이러한 맥락에서 하버마스는 아벤드로트(W. Abendroth)의 주장을 전적으로 긍정하는 것처럼 보인다. 아벤드로트에 따르면, 이러한 모델에 함축된 이른바 권위주의적 성격은 실제로 대부분의 개인들이 특수한 이해관계를 갖는 사적 권력에 의존하던 것에서부터 "국가 자체를 최고의 결정단위로 하는" 집합적인 통제과정에 의존하는 것으로 나아가게 할 뿐이다. 이러한 분명한 국가주의적·권위주의적 모델에 하버마스가 덧붙이는 것은 모든 사회적 과정에 대한 통일된 계획·통제 기관으로서의 국가 그 자체가 통일된 국가-사회 속에서 "시민의 여론과 의지형성" 과정에 종속되어야 한다는 절실한 요구뿐이다.[126] 그는 그 다음에 이 민주적 국가주의가 개인과 집단의 소극적 권리들을 불필요한 것으로 만들 것이라고 가정한다.

하버마스는 또한 복지국가를 지향하는 법체계 내에서 경합하고 있는 하나의 모델을 지적하고 그것을 지지한다. 이 모델에 따르면, 복지국가

---

124) Ibid., 229.
125) Ibid., 229. 분명 하버마스는 Teilhaberrechte(참여의 권리 또는 성원권)라는 모호한 용어를 단순한 수동적 소속의 의미보다는 오히려 적극적인 민주적 '참여'의 의미로 해석한다.
126) Ibid., 229-231.

에서 사회적 이해관계와 국가결정 사이에 존재하는 매개체의 기능은 사라지는 것이 아니라 단지 그것의 공적 성격이 포기될 뿐이다. 부분적으로는 사적 영역(사회적 결사체들과 조직들)에서 출현하고 또 부분적으로는 공론장(정당들)에서 출현하여 그러한 역할을 맡고 있는 사적-공적 조직들은 국가의 행정부와 협력하여 그리고 조작적인 위계적 절차들을 통해 '공적' 승인을 확보하고자 한다.[127] 정치적 공론장에 남겨진 것은 이 실체들에 의해 지배된다. 그리고 그것들의 임무 중 하나는 '사회적 권리'의 배후에서 적극적 보장책들을 의미하는 재분배 활동에 영향력을 행사하는 것이다. 이것이 발생하는 실제 교섭과정은 공적이지 않고, 국가기구를 겨냥한 공공성 요구는 사법적으로 사적인 협상구조를 우회한다. 이 맥락에서 하버마스는 복지국가 입헌주의의 추세, 즉 공공성의 요구가 국가에서 관련 사회적 결사체들과 정당들로 그리고 그것들과 국가의 상호작용 과정들로 확장되는 추세를 강조한다. 오직 이러한 입법만이 "단지 개인으로서만 상호작용하는 사적 개인들로 이루어진, 더 이상 완전하지 않은 공중을 조직화된 사적 개인들로 이루어진 공중으로" 대체함으로써 진정으로 중요한 영역에서 공적 토론을 부활시킬 수 있을 것이다. 하버마스가 현대의 조건에서 비판적 공론장을 확립하는 프로젝트와 동일한 것으로 고려하는 것이 바로 이러한 추세이다. 이 추세는 공공성 조작이라는 현재의 명백히 지배적인 경향과 심각하게 충돌하지만 아직 결정적 충돌은 일어나지 않은 상태이다.[128]

---

127) Ibid., 177-178.
128) Ibid., 232-233. 하버마스에 따르면, 이 갈등은 현재까지도 어떻게 될지 모른다. 우리가 헤겔식의 '이성의 간계'(List der vernunft) 모델에 따르는 그의 낙관적 평가를 너무 진지하게 받아들일 필요는 없다. 그는 이렇게 말한다. "복지국가라는 조건 하에서 작동하는 공론장을 하나의 자기실현 과정으로 보아야 한다. 이 과정은 엄청나게 팽창된 공론장에서 그것에 대항하여 공적인 것의 원리가 지닌 비판적 힘을 축소시키는 또 다른 경향과 경쟁하면서 오직 점증적으로만 확립될 수 있

하버마스는 이러한 다원주의적인 비판적 공론장 모델이 하나의 통일된 국가-사회라는 이상과도 역시 충돌한다는 것을 깨닫지 못하는 것처럼 보인다. 분명 그는 이 두 과정의 동인(국가의 입법활동)과 최종 결과(사회와 관련된 모든 문제에 대한 전적으로 공적인 결정과정) 모두를 규명한다. 그렇지만 국가를 제한하는 소극적 권리들로부터 국가행위를 수반하는 적극적 권리들로의 이행 속에서 표현되는, 하나의 통일된 국가-사회를 확립하겠다는 프로젝트는 하나의 단일한 집합행위자를 지닌 하나의 단일체적 민주주의 사회를 지향한다. 이러한 사회에서는 개인들에게 하나의 단일한 통일된 사회의 공론장에 참여할 것을 촉구한다. 이러한 맥락에서 특수한 이해관계와 정체성을 지닌 소수집단 그리고 심지어 결사체들은 보호받지 못할 것이다. 오직 그들의 개별 성원들만이 전체의 시민으로서 보호받을 것이다. 비록 이러한 모델이 국가주의적인 권위주의적 통치를 가려주는 가면이 되지는 않지만, 그것은 전체주의적 민주주의에 대항할 어떠한 안전장치도 가지고 있지 못하다.

비교해 보면, 현존 결사체들과 정당들을 민주화하려는 프로젝트는 집합주의적이라기보다는 다원주의적이다. 그것의 목표가 공론장을 재확립하는 것이기는 하지만, 그것은 각 결사체에 속해 있고 보다 일반적인 그리고 다시 공적인 상호작용 과정에 함께 연결되어 있는 소규모 공중들을 확립하는 식으로 그렇게 한다. 비록 국가입법이 이 모델을 확립하는 데 일정한 역할을 수행한다고 하더라도, 국가행정의 권위주의적 차원에 대한 과거의 논쟁적 태도는 불가피하게 재현될 것이며, 국가는 새로운 공중을 구체적으로 보장하라는 압력뿐만 아니라 스스로를 제한하라는 압력 역시 받게 될 것이다. 우리가 국가의 행정부가 완전히 사라질 수 있음을 믿지 않는 한, 공중과 국가의 이러한 이중적 관계는 제도화되어

다."(233쪽; 이는 우리가 직접 번역한 것이다.)

야만 할 것이다. 그리고 이러한 요구는 근대 헌법들 속에서 발견되는 전반적 권리구조의 모호성 속에 그대로 반영되어 있다. 새로운 형태의 공공성은 국가로부터의 물질적 투입뿐만 아니라 국가개입으로부터의 보호형태들 역시 분명하게 요구한다. 결사체나 정당의 소규모 공중들은 소극적 권리와 적극적 권리 모두를 가지고 있어야만 한다. 왜냐하면 이들 공중은 자신들의 상호작용을 규제하는 더 큰 공적 과정들에 대해서조차 자율적이어야만 하기 때문이다. 하지만 이러한 요구는 자유주의적 공론장의 두 가지 규범적 토대, 즉 분화와 의사소통을 재확립한다. 하지만 이러한 지적이 의사소통 권리에만 적용되는 것은 아니다. 민주화된 결사체의 성원들 역시 동일한 이중적 보호를 필요로 한다. 그들이 어쨌거나 참여할 수 있기 위해서는, 그들은 적극적인 지원과 보장책들을 필요로 한다. 또한 그들이 자유롭게 직분을 다할 수 있기 위해서는, 그들은 소극적 권리와 자유를 필요로 한다.[129]

하버마스는 그의 두 가지 모델이 융합으로 이어지는 두 가지 별개의 과정, 즉 '사회의 국가화'(국가개입주의)와 '국가의 사회화'(신조합주의)를 민주화하는 것을 목표로 하는 경우에만 두 모델이 서로 경쟁한다고 분명하게 믿고 있었다. 그는 궁극적인 융합을 가정하면서 두 가지 민주화 과정 역시 수렴할 것이라고 가정했다. 그가 깨닫지 못하는 것은 그의 첫 번째 민주화 과정이 '사회적 권리'—계몽된 온정주의적 절대주의와 완전히 양립할 수 있는 사회적 권리—의 형태로 공적 자유를 행사하는 데 필요한 사회적 조건만을 산출한다는 것이다. 오직 두 번째 과정만이 진정한 '참여의 권리'의 형태로 공론장 자체의 구성적 상호작용을 부활시킨다. 이 두 과정이 완전히 수렴하지는 않으며, 실제로 그것들은 국가개입주의와 조합주의 모두를 위태롭게 했던 분화를 재생산한다. 더욱

---

129) 제8장을 보라.

이 그것들은 두 가지 상이한 이론적 전통, 즉 국가-사회라는 마르크스식 유토피아와 시민사회와 정치사회 간의 매개적 결사체들을 민주적 형태로 재확립하고자 했던 토크빌의 프로젝트에서 유래한다.

이 두 가지 모델이 수렴하는 것처럼 보일 수 있는 두 번째 이유는 그것들이 제도화되는 공통의 과정, 즉 복지국가의 입법행위이다. 하버마스는 공공성의 자유주의적 가치가 살아남아 있다고 가정한다. 이것은 증가하는 개입주의의 맥락에서 정당성을 추구하는 국가행위자들에게 규범적 배경으로 기여한다. 그러나 이들 규범이 여타 행위자들에게도 이익이 되는 것은 아니다. 왜냐하면 변질되고 조작된 공론장의 맥락에서 그것은 거의 불가능하기 때문이다.

적어도 논리적으로는 국가행위가 그 자신의 자기제한을 목적으로 할 수도 있다. 그렇지만 국가 외부에 행위자들이 없는 그리고 심지어는 국가에 적대적인 행위자들이 없는, 권리에 기초하는 분화 모델은 결코 확립된 적이 없었다고 믿을 만한 이유도 존재한다. 하지만 변질된 공론장 모델은 대립 없는 사회와 잠재적인 사회적 행위자들의 수동성을 함의한다. 하버마스의 선택은 그의 분석에서 기인한다. 공적 삶을 회복시키기 위해 이 두 모델을 암묵적으로 동일시하는 것은 그의 사회주의적 신념의 결과일 뿐만 아니라 근대 사회의 조직에서 나타나는 불가역적인 국가주의적 전환에 대한 그의 진단의 결과이기도 하다. 따라서 사회의 국가화에 대한 두 가지 모델——공적-민주적 모델과 조작적-민주적 모델——사이에서 이루어지는 선택은 결국 아무런 선택도 하지 않는 것으로 판명난다. 역설적이게도 근대 공론장의 규범적 이상과 국가와 시민사회의 분화를 동일시하기 위해 가장 많은 것을 했던 분석가는 그러한 이상이 이미 발생한 것, 즉 탈분화와 독자적 시민사회의 폐지를 받아들임으로써만 구원될 수 있을 것이라는 결론에 도달했다.

제6장 계보학적 비판: 미셸 푸코

누군가는 푸코의 연구를 상이한 이론적 전통에서 유래하고 상이한 수단을 사용하고 있기는 하지만 아렌트, 슈미트, 하버마스의 연구와 유사하게 복지국가의 또 다른 비판이라고 해석할 수도 있다. 하지만 우리에게 보다 더 중요한 것은 푸코가 그 어떤 그의 전임자들이나 동시대인들보다도 근대 시민사회에 대해 훨씬 더 가차 없는 비판을 하고 있다는 사실이다. 푸코가 사회적인 것의 기원 및 기능과 관련하여 아렌트의 의구심을 공유하고 있기는 하지만, 그리고 근대 권력관계에 대한 그의 계보학적 설명이 슈미트의 역사주의적 비판과 동일한 대상(자유민주주의적인 법 모델과 규범적 시민사회 개념)을 표적으로 삼고 있지만, 그의 분석의 추동력은 결코 반국가주의적이지도 그리고 친국가주의적이지도 않다. 오히려 그의 분석의 표적은 시민사회의 범주들로 구성되어 있다. 이들 범주가 무대의 중심으로 옮겨와서, 근대 권력관계의 탄생, 성장, 동학에 관한 이야기에서 핵심적인 역할을 수행한다. 분명 현대 복지국가가 근대적 지배형태의 전면화와 심화에서 일정한 역할을 수행하고 있지만, 복지국가는 근대적 지배형태의 원천도 그리고 그 드라마의 주연도 아니다.

실제로 푸코가 사회의 권력관계와 국가의 권력관계의 상호침투 테제뿐만 아니라 변질된 공론장이 작동하는 방식에 관한 하버마스의 설명에 대해서도 분명하게 동의하지만, 그는 하버마스가 시민사회 규범의 지속적 적합성과 대치시켰던 기형성(deformity) 관념 그 자체를 거부한다. 적어도 이 점에서 푸코의 분석은 니클라스 루만의 분석과 유사하다. 이 둘은 정당화, 법, 공공성, 권리라는 규범적 개념이 귀족정치적-군주제적 체계의 진부한 유물이라고 주장한다. 이 둘 모두는 18세기 후반과 19세기 초반의 개혁가와 혁명가들이 (민주주의와 함께) 이 개념들을 사용했다는 것을 알고 있다. 하지만 그들은 이 개념들이 근대의 탈집중화된 사회에는 적절하지 않다고 주장한다. 그렇지만 루만과 푸코는 이 테제에 대해 다소 상이한 근거를 제시한다. 우리가 제7장에서 살펴보는 것처럼, 루만의 설명은 사회분화의 근본 원리를 수정하는 데, 즉 사회계층화 체계를 기능적 분화로 재조직화하는 데 초점을 맞추고 있다. 근대의 분화된 사회체계에서 사회의 통일성을 상정한다는 것은 더 이상 가능하지 않다. 그러한 표상과 규범적 시민사회 범주들은 가망 없는 낭만적인 것이 되고 말았다. 하지만 푸코가 볼 때, 규범적 법 모델을 시대착오적인 것으로 만드는 것은 기능적 분화가 아니라 새로운 형태의 계층화와 새로운 권력관계의 출현이다. 지배의 문제가 루만의 저작에서는 배경으로 물러나지만, 푸코에서는 중심을 차지하고 있다. 따라서 그리고 하버마스와는 달리, 근대 시민사회의 등장과 발전에 대한 푸코의 해석은 그 출발부터 명백히 부정적이다. 더욱이 시민사회의 범주들은 근대 권력기술의 산물로 간주되기 때문에, 그것들 중 어떤 것도 우리 사회에 널리 퍼져 있는 지배구조에 도전하고자 하는 그 어떤 프로젝트에도 준거점을 제공할 수 없다. 지금부터 우리가 살펴보는 것이 바로 이 다소 놀라운 시민사회 개념이다.

마르크스, 일반화되다

많은 점에서 시민사회에 대한 푸코의 비판을 이해하기 위한 가장 중요한 시금석은 그의 동시대인들의 저작이라기보다는 마르크스의 저작이다. 만약 마르크스가 근대 시민사회에 대한 19세기의 비할 데 없는 비평가였다고 한다면,[1] 분명 미셸 푸코는 20세기에 그 타이틀을 물려받을 만한 자격이 있다. 마르크스처럼 그의 목적은 근대 특유의 권력양상에서 드러나는 권력형태와 그 기법들을 분석하는 것이다. 또다시 마르크스를 생각나게 하는 그의 분석은 시민사회의 핵심적 범주들—법, 권리, 자율성, 주관성, 공공성, 다원성, 사회적인 것—을 채택하여, 이 범주들이 지배에 제한을 가하기는커녕 오히려 지배를 지원한다는 것을 보여준다. 비록 우리의 의도가 푸코의 분석이 일방적이고, 실제로 그가 자신이 분석하는 권력양상이라는 바로 그 관점(전략적 이성)에 사로잡힌다는 것을 보여주는 것이지만, 그럼에도 불구하고 그 어떤 시민사회 이론도 나중에 해명하고 싶지 않다면 그의 공헌을 무시할 수 없다는 것은 분명하다.

중요한 차이가 있기는 하지만, 근대 사회의 특이성에 관한 푸코의 분석은 마르크스의 핵심적인 통찰, 즉 근대성은 새롭고 널리 퍼져 있는 지배와 계층화 형태의 출현을 포함한다는 통찰에 기초한다. 그렇다고 우리가 푸코가 마르크스주의적 담론의 세계 내에서 작업한다고 주장하는 것은 아니다. 실제로 변증법, 경제결정론, 역사유물론, 토대/상부구조 모델, 이데올로기에 대한 관심, 내재적 비판전략, 계급투쟁에 초점 맞추기 모두가 그의 저작에는 존재하지 않는다.[2] 그는 몇 가지 이유 때문

---

[1] 마르크스주의 시민사회 비판의 장점과 한계에 관한 상세한 분석으로는 Jean L. Cohen, *Class and Civil Society: The Limits of Marxian Critical Theory* (Amherst: University of Massachusetts Press, 1982)를 보라.
[2] 물론 알튀세의 가장 주목할 만한 제자 가운데 한 명인 푸코는 마르크스주의에 정통

에 마르크스주의적 담론을 드러내놓고 포기한다. 첫째, 경제에 대해 마르크스식으로 초점을 맞추는 것은 권력관계에 대해 부적절한 설명을 낳는다. 즉 권력의 형태나 전략 그리고 그것의 실제 작동은 경제 속에 위치할 수 없을 뿐만 아니라 경제와 관련하여 종속적인 위치에 놓일 수도 없다.[3] 둘째, 거대 주체의 해방적 잠재력을 가정하는 변증법적 역사이론은 이 거대 주체가 국지적 저항을 사회의 지배를 일거에 종식시킬 수도 있는 혁명적인 정치운동으로 총화할 수 있다고 본다. 하지만 이는 심히 오도된 것이고 또 위험스러울 정도로 유토피아적이다.[4] 게다가 그 모습이 어떠하든 총체화 이론은 연구에 방해가 될 뿐만 아니라 정치적으로도 불리하다. 푸코에 따르면, 포괄적인 체계화 이론은 권력 메커니즘의 세부사항, 지역적 형태, 특이성들을 그럴싸하게 꾸며내지만, 동시에 우리의 사고를 단단하게 잡아매고 있는 일원론적 담론을 느슨하게 풀어주는 대신 자신의 입장에 모든 것을 붙잡아두는 경향이 있다.[5] 푸코가 근대 시민사회의 긍정적 성과물을 강조하기 위해 마르크스주의를 거부하

해 있다. 하지만 그는 그 이론에 대한 인간주의적 해석과 구조적 해석 모두를 거부하고, 마르크스주의를 근대 (19세기) 사상과의 급진적 단절이 아니라 근대 사상 내의 한 가지 요소라고 본다. 그가 『사물의 질서』(*The Order of Things*, New York: Random House, 1970)에서 표현하는 바와 같이, "마르크스주의는 19세기 사상 속에 물속의 물고기처럼 존재한다. 즉 마르크스주의는 그 밖에 다른 어떤 곳에서는 숨을 쉴 수 없다."(262쪽)

3) Michel Foucault, *Power/Knowledge* (New York: Pantheon, 1972), 89.
4) 유토피아적 사상에 대한 비판으로는 Foucault, *The Order of Things*, 250-263, 367-387을 보라. 「인간과 그 분신」(Man and his doubles)에 관한 장은 "주체의 철학"이라 불리게 된, 데카르트가 시작한 철학전통에 대한 중요한 비판으로 이루어져 있다. 푸코에 따르면, 마르크스주의 이론은 혁명적 자기인식에도 불구하고 이 철학전통에 전형적인 이율배반을 피하지는 못한다. 실제로 마르크스식의 혁명적 거대 주체(프롤레타리아) 이론은 주체에 대한 모든 견해에 전형적인 지배 프로젝트를 공유하며, 이런 점에서 매우 위험하다.
5) Foucault, *Power/Knowledge*, 81, 145.

는 것은 아니다. 그와는 반대로 그는 마르크스가 가능하리라고 상상했던 것보다 훨씬 더 철저하고 광범위하게 사회적 삶에 스며드는 새로운 종류의 권력관계에 대해 더 나은 설명을 하기 위해 그렇게 한다.

푸코는 '시민사회'라는 용어를 사용하지 않으나, 마르크스가 근대성의 표지라고 보았던 국가와 사회의 분화를 전제한다.[6] 게다가 마르크스처럼 푸코도 근대적 권력관계의 소재지가 주권국가와는 구별되고 또 그것과 독립적으로 존재하는 사회라고 주장한다. 푸코는 사회를 그것의 경제적 하부구조로 환원하지 않으며, 또한 계급관계를 근대 사회의 권력관계 또는 권력투쟁의 전형적 형태로 보지도 않는다. 대신에 그는 마르크스주의적 통찰을 가지고 한 걸음 더 나아가 시민사회를 '해부'한다.[7] 마르크스가 공장 내에서 법률적으로 고상한 노동계약에 의해 구성되어 은폐되어 있는 권력관계를 밝혀냈던 것처럼, 푸코는 근대 사회의 여타 핵심적 제도들—병원, 학교, 감옥, 수용소, 군대, 가족 등등—에서 작동하는 불균형한 권력관계를 폭로한다. 실제로 푸코에 따르면, 마르크스가 교환관계와 계약법과 관련하여 주장하는 것은 근대 사회의 모든 법률형태와 모든 주요 제도에도 해당한다. 즉 규범, 합법성, 권리는 규율, 권력관계, 복종과 함께 간다.

역사적으로 볼 때, 부르주아가 18세기를 거치면서 정치적 지배계급이 되었던 과정은 명시적이고 성문화된 그리고 형식적으로 평등주의적인 사법적 틀의 확립에 의해 가려졌다. 그리고 그러한 사법적 틀의 확

---

6) Cohen, *Class and Civil Society*, 23-52를 보라.
7) 시민사회의 해부가 경제적 관계와 노동의 범주 속에서 이루어져야 한다는 마르크스식 테제에 대한 논의로는 Cohen, *Class and Civil Society*, 53-82를 보라. 마르크스의 권리분석에 대한 탁월한 비판으로는 Claude Lefort, "Politics and Human Rights," *The Political Forms of Modern Society* (Cambridge: MIT Press, 1986), 239-272를 보라.

립은 의회제적인 대의제적 체제를 조직함으로써 가능해진 것이었다. 그러나 규율 메커니즘의 발전과 일반화는 이러한 과정의 또 다른 어두운 면을 성립시켰다. 원칙적으로 평등주의적인 권리체계를 보장했던 일반적인 사법형태는 그러한 작은 일상적인 물리적 메커니즘에 의해, 즉 우리가 규율이라고 부르는 본질적으로 평등주의적이지 않고 불균형한 온갖 미시권력 체계들에 의해 뒷받침되었다. 그리고 비록 …… 대의제적 체제가 모두의 의지가 주권의 기본적 권위를 형성하는 것을 …… 가능하게 만들지만, 그 근저에서는 규율이 무력과 신체의 복종을 보장한다. 실제적인 육체적 규율이 형식적인 사법적 자유의 토대를 구성했다.[8] (강조 첨가)

따라서 푸코 또한 자유민주주의 체제의 사법적 관계와 겉으로 보기에는 평등주의적인 시장사회의 이면에 존재하는, 사회 내의 체계적인 (우연적이지 않은) 지배형태에 주목한다. 실제로 푸코 프로젝트의 중심적인 관심사는 그가 '사법적 권력 모델'이라 부르는 것—이 모델은 여전히 우리의 사고를 지배하고 있다—을 분명하게 해명하여, 우리가 사법적 용어로는 분명하게 포착되지 않는, 미묘하지만 근대 사회에 만연한 전형적인 권력형태에 주목하게 (그리고 그것에 저항하게) 하는 것이다.[9] 시민사회 범주들의 운명은 그가 대립시키는 두 가지 권력 모델과 밀접하게 관련되어 있기 때문에, 그것들은 충분히 살펴볼 만한 가치가 있다.

푸코에 따르면, 우리 사회의 사법적 권력 모델과 법적 구성물은 고대 체제로부터 물려받은 것이다. 12세기에 주권, 정당성, 권리에 대한 담론들과 함께 시작된 로마법의 부흥은 군주제의 절대권력과 권위를 확립하

---

8) Michel Foucault, *Discipline and Punish* (New York: Pantheon, 1977), 222.
9) Foucault, *Power/Knowledge*, 95.

는 데 구성적 역할을 수행했다. 푸코에 따르면, 서구에서 권리는 왕의 권리이다. 심지어 (이를테면 국가에 대항하여 봉건적 권리를 수호하거나 개인적 권리를 확립한다는 것을 명분으로 하여) 사법적 담론이 군주의 통제에 반발할 때조차, 문제가 되는 것은 항상 이 통치권력의 범위이며, 도전받는 것은 그 특권이다. 사법적 권리담론이 왕의 권력의 절대적 성격을 제한하는 것을 목적으로 하든 아니면 보장하는 것을 목적으로 하든 간에, 그것의 목적은 권력을 왕의 권리로 구성하는 것이었다. "중세시대 이래로 권리이론의 본질적인 역할은 권력의 정당성을 확고히 하는 것이었다. 즉 그것이 바로 모든 권리와 주권에 관한 이론을 조직화하는 중심적인 문제였다."[10] 요컨대 주권이 사법적 용어로 정의되는 것과 동시에, 법이 권력을 주권의 정당한 권리로 만든다.

물론 이 사법적 구성물은 부분적으로 권력에 내재하는 지배를 눈에 띄지 않게 하는 데 기여함으로써, 지배를 주권자의 정당한 권리인 것처럼 보이게 만들었고 또 그것에 복종해야만 하는 법적 의무를 수반했다. 그것은 또한 부분적으로 대규모의 행정적 군주제를 구축하기 위한 수단으로 작용하고 또 그것을 정당화하는 데 기여했다. 따라서 사법적인 것은 절대군주제 하에서 권력이 행사되던 형태, 즉 주권자와 신민의 관계를 분명하게 보여준다.[11] 실제로 사법적 모델은 권력이 행사되는 방식에 관한 하나의 구체적인 개념을 분명히 표현한다. 즉 사법적 모델은 법, 금기와 검열, 제한, 복종, 위반의 메커니즘을 통해 작동하는 권력 모델에 기초하고 있다.

---

10) Ibid.
11) 푸코는 심지어 절대주의에서조차 사법적-정치적 권력 개념은 권력이 행사되는 방식을 기술하는 데 결코 적합하지 않았다고 주장한다. 그럼에도 불구하고 그것이 바로 권력이 스스로를 드러내는 부호이다.

사람들이 권력을 (권리를 공식화하는) 군주의 형태에 귀속시키든, 금지를 명령하는 아버지의 형태에 귀속시키든, 침묵을 강요하는 검열관의 형태에 귀속시키든 또는 법을 진술하는 지배자의 형태에 귀속시키든 간에, 어쨌든 사람들은 권력을 사법적 형태로 도식화하고 그것의 효과를 복종으로 규정한다. 법이 된 권력에 직면하여 신민으로 구성된 주체—'종속적'이 된 주체—는 복종하는 자가 된다. ……한편에는 입법상의 권력이 있고, 다른 한편에는 순종하는 주체가 있다.[12]

요컨대 사법적인 것에 상응하는 권력 모델은 억압적이다. 따라서 권력은 "이상하게도 구속적인" 것으로 보인다. 권력은 그 자원 면에서는 빈곤하고, 그 방법 면에서는 부족하며, 그것이 사용하는 전술 면에서는 단조롭다. 그것이 지닌 유일한 힘은 부정의 힘, 즉 아니라고 말할 수 있는 권력이다. 그것은 제약을 받아들이지 제약을 만들어내지는 않는다. 이 권력은 그것이 허락받은 것 이외에는 어떤 것을 하지 못하게 막는 것 말고는 아무것도 할 수 없다. 따라서 통치권력이 죽이거나 또는 죽이는 것을 삼가할 권리, 즉 삶을 허락하거나 삶을 빼앗을 권리의 행사와 관련된 생과 사에 대한 권리를 포함하는 경우, 그 권력은 실제로 제한적이다. 그러한 권력의 상징이 칼이라는 것은 결코 우연이 아니다. 왜냐하면 사법적-정치적 권력 모델에서 권력은 실제로 공제의 수단, 즉 차감 메커니즘으로, 다시 말해 부의 일정 부분을 전유하는 권리, 즉 피지배자들에게 생산품, 재화, 서비스, 노동 그리고 피에 대한 세금을 부과하는 것으로 행사되기 때문이었다. 그러한 형태의 권력은 억누르고 억압하고 금지하고 빼앗고 강탈하지만 그게 전부이다.[13]

---

12) Michel Foucault, *The History of Sexuality*, vol. 1 (New York: Pantheon, 1978), 85.
13) Ibid., 136.

말할 것도 없이 푸코의 중심 테제는, 17세기와 18세기에 발전하기 시작하여 19세기와 20세기에 전면화되고 완성된 새로운 유형의 권력은 주권관계와 양립할 수 없으며 모든 측면에서 주권이론에 의해 묘사되는 권력 메커니즘의 안티테제라는 것이다. 부르주아 사회(원문대로)의 위대한 발명품들 가운데 하나인,[14] 이 새로운 유형의 규율권력은 법의 표상으로 환원될 수 없다. 즉 사법적인 것은 법의 표상체계로 기여할 수 없다.[15] 억압 모델 역시 이러한 형태의 권력양식, 권력기법 또는 권력집행을 설명하지 못한다. 그럼에도 불구하고 이 모델은 부분적으로는 19세기에 유럽이 획득한 법적 규약의 조직화 원리로서, 부분적으로는 하나의 권리 이데올로기로서 오늘날에도 지속적으로 지배력을 행사하고 있다.[16] 이 모델은 정치이론의 영역에서 여전히 헤게모니를 행사하면서, 계약이론의 자유민주주의적 해석과 급진민주주의적 해석 모두에 영향을 미치고 있다.

실제로 마르크스(그리고 카를 슈미트)를 매우 생각나게 하는 방식으로, 푸코는 사회의 보편적 법률존중주의 속에서(형식적 평등, 권리, 의회민주주의 속에서) (주권자인 개인들로 구성된) 자유로운 사회공동체가 권력행사에 제한을 가한다고 보는 자유주의 정치이론을 비웃는다. 권력이 가시화되고 지역화되어 정치적 국가—사법적 주체의 권리에 의해 그 경계가 분명하게 설정되는—에 한정될 수 있다는 계약이론적 환상이, 물론 행정적인 권위주의적 절대주의 군주제에 대항하여 의회민주주의 모델을 구성하는 데 일정한 역할을 수행했다. 그러나 의회민주주의 모델은 여전히 이들 군주제에 의해 처음으로 성립된 사법적 권력 모델의 포로이다. 군주제에 대한 18세기의 계약이론적 비판은 사법체계를

---

14) Foucault, *Power/Knowledge*, 104-105.
15) Foucault, *History of Sexuality*, 89.
16) Foucault, *Power/Knowledge*, 105.

겨냥한 것이 아니라 오히려 모든 권력 메커니즘이 따라야 할 보다 순수하고 보다 엄격한 합법성의 이름으로 제기된 것이었다. "그러므로 정치적 비판은 군주제를 비난하기 위해 군주제의 발전이 동반한 모든 사법적 사고를 이용했다. 그러나 그러한 비판은 법이 바로 그 권력의 형태이어야 하며 권력은 항상 법의 형태로 행사되어야만 한다는 원리에 도전하지는 못했다."[17] 왕으로부터 국민으로 주권을 이전시키는 루소식의 급진민주주의도 그리고 권리가 정부에 우선한다는 자유주의적 관념도 사법적 권력 개념, 주권 교의 또는 정당성에 대한 관심을 넘어서지 못한다. 왜냐하면 이 두 관념 모두가 법의 지배와 권리의 성문화가 권력을 정당하고 통제 가능하게 만든다고 가정하기 때문이다. 이 두 관념은 권력을 국가, 주권, 동의, 권리의 측면에서 논함으로써, 권력이 가시적이 되고 하나의 장소로 지역화되고 제한될 수 있으며, 근본적으로 적법한 절차에 따라 행사될 수 있음을 시사한다.

개인들 간의 계약이 법과 권리를 통해 권력을 제한함으로써 정당한 권력을 확립한다는 바로 그 관념이 권력을 정치사회가 확립될 때 인위적인 주권자에게 양도되는 주권이라는 하나의 독특한 권리라고 해석한다. 이 모델은 억압을 계약조건의 한도 위반으로 해석한다. 그 한도를 넘음으로써 또 다른 권리들을 침해하는 권력에 대항하여 반란을 일으킬 권리는 곧 법률에 의해 제약받는 정당한 권력을 재건할 수 있는 권리이다. 따라서

> 권력의 표상은 여전히 군주제의 주문에 묶여 있다. 정치사상과 정치분석에서 우리는 여전히 왕의 머리를 자르지 못했다. 권력이론이 권리와 폭력, 법과 불법, 자유와 의지 그리고 특히 국가와 주권(비록 후자

---

17) Foucault, *History of Sexuality*, 88.

가 더 이상 주권자 개인이 아니라 집합적 존재로 의인화될 경우 그것이 문제가 되기는 하지만)의 문제에 중요성을 부여하는 것도 바로 이런 연유에서이다. 이들 문제에 기초하여 권력을 이해한다는 것은 우리 사회를 특징짓는 하나의 역사적 형태, 즉 사법적 군주제의 측면에서 권력을 인식하는 것이다. 이 형태는 그 나름의 특징을 가지고 있었지만 일시적이었다. 왜냐하면 그것의 많은 형태들이 현재까지도 지속되고 있기는 하지만, 아마도 법의 표상으로 환원될 수 없는 매우 새로운 권력 메커니즘들에 의해 그것이 점차 침투당해왔기 때문이다.[18]

푸코는 물론 이 권력 모델이 시대착오적이라고 지적한다. 그렇다면 왜 그것이 여전히 받아들여지고 있는가? 앞서 언급한 역사적 이유들과는 별개로, 푸코는 근대 사회에서 사법적인 것이 수행하는 세 가지 상이한 역할을 언급한다. 첫 번째 역할은 푸코가 이데올로기 관념을 거부함에도 불구하고 분명 이데올로기적이다. 왜냐하면 그는 여러 번에 걸쳐 법과 권리의 담론이 우리로 하여금 새로이 출현하고 있는 규율담론 자체에 주의를 기울이지 못하게 함으로써, 그리고 법의 외부에서, 이면에서 그리고 법을 통하여 작동하는 규율권력의 메커니즘을 숨김으로써 권력의 작동을 은폐한다고 말하고 있기 때문이다. 달리 말하면 그것은 우리가 투쟁과 복종의 문제보다는 정당성과 부당성의 문제, 즉 지배보다는 주권 관계에 주목하게 한다.

주권이론과 그것을 중심으로 한 법적 규약의 조직화가 규율기법에 내재하는 규율의 실제 절차, 즉 지배요소를 은폐하고 국가의 주권이 모든 사람에게 자신의 고유한 주권자적 권리를 행사할 수 있게 한다고

---

18) Ibid., 88-89.

보이게 만듦으로써 권리체계가 규율 메커니즘에 겹쳐지는 것을 가능하게 했다.[19]

현실에서 규율은 그것 고유의 담론을 가지는데, 그 담론은 규범이 아니라 정상화에 관한 것이다. 권리담론은 그보다 훨씬 더 중요한 규율의 담론성을 숨기고 있다. 여기서 권리담론과 실제 권력관계의 관계는 형식과 내용의 관계이다. 그렇다면 19세기부터 우리 시대에 이르기까지 근대 사회는 한편으로는 사회체와 모든 시민의 위임적 지위를 그 접합원리로 하는 공적 권리에 기초한 입법, 담론, 조직에 의해, 그리고 다른 한편으로는 동일한 이 사회체의 응집을 보장하는 것을 실제적 목적으로 하는, 긴밀하게 연결된 일련의 규율적 강제에 의해 특징지어져왔다. 권리와 주권에 관한 전자의 시대착오적이지만 여전히 유용한 규범적 담론은 근대 세계의 새로운 권력관계를 감추고 있다.[20]

물론 푸코는 법과 권리의 담론과 조직화라는 새로운 근대적 발전에 관해 논의한다. 그러나 하버마스가 지적했듯이, 푸코가 강조하는 권리의 재조직화는 18세기 이래로 법에 내재하여 이루어진 규범적 발전이나 우리 세기에 이루어진 시민적 권리의 폭발과 아무런 관계가 없다.[21] 푸코는 규범구조의 발전과 근대적 권력형성의 관련성을 전적으로 무시할 뿐 아니라, '봉건군주제적' 권력에 필수적인 '사법적인 것'에 관한 그의 논의는 특권이라는 종래의 개념과 권리라는 근대적 개념 간의 차이를 놓치고 있다. 실제로 그는 다양한 시민사회의 영역들을 구성하고 또 시민과 공론장 간의 새로운 관계를 구성하는 근대 권리구조가 절대주의 체

---

19) Foucault, *Power/Knowledge*, 105.
20) Ibid., 106.
21) 이 점에 대한 논의로는 Jürgen Habermas, *The Philosophical Discourse of Modernity* (Cambridge: MIT Press, 1987), 286-293을 보라.

제 하의 그것과 본질적으로는 동일하다고 믿는 것처럼 보인다. 우리는 분명 그의 분석으로부터 민주적 정당성의 절차적 원리—시민적·정치적·사회적 권리—에 대한 관심, 요컨대 입헌주의에 대한 관심이 절대주의 시기의 유물이라는 결론에 도달하게 된다.[22]

우리가 익히 알고 있는 17세기 이전 사회들과 비교할 때, 우리는 사법적 퇴행국면에 접어들었다. 우리는 프랑스혁명 이래로 세계 도처에서 만들어진 헌법들, 성문화되고 개정된 법전들, 부단히 이어진 떠들썩한 모든 입법활동에 현혹되어서는 안 된다. 왜냐하면 그것들은 본질적으로 정상화되고 있는 권력을 받아들일 만한 것으로 만드는 형태들이기 때문이다.[23]

권리가 오직 통치권력의 정당성을 확립하는 동시에 지배를 은폐하는 데 기여할 뿐이라면, 푸코의 전략은 지배를 가시화하기 위해 통치권력을 탈신비화하는 것처럼 보인다.

그러나 권리담론과 사법적 권력 개념은 또 다른 기능을 가지고 있다. 그것은 새로운 형태의 지배에 대한 이데올로기적 엄폐물일 뿐만 아니라 지배의 구성성분이기도 하다. 푸코에 따르면, "권리체계, 즉 법 영역은 그러한 지배관계의 영속적 대행자, 즉 그러한 다양한 형태의 예속화(subjugation) 기법들이다. 나는 확립되어야만 하는 정당성과 관련해서가 아니라 그것이 부추기는 예속화의 방식과 관련하여 권리가 파악되어야만 한다고 본다."[24] 앞서 지적했듯이, 실제적인 신체적 규율이 형식적인 사법적 자유의 토대를 구성한다. 실제로 새롭고 시대착오적이지 않은

---

22) Ibid., 290.
23) Foucault, *History of Sexuality*, 144.
24) Foucault, *Power/Knowledge*, 96.

(비규범적인) 사법담론과 형식의 발전이 수반하는 것은 정상화 절차에 의한, 즉 사회학과 의학에서 심리학에 이르는 경험적 학문에 의한 그것의 '식민화'이다. 개인의 권리, 법의 개별화, 그리고 종래의 규범적 법 구조에 대한 학문의 침투는, 학문과 주권이 작동하는 궁극적 수준이 다름에도 불구하고, 법 자체를 지배를 규율하고 정상화하는 기법의 효과적인 매체이자 하나의 협력자로 전환시킨다.[25] 게다가 법이 근대 권력구조에 관련되게 되는 것은 바로 법과 법적 담론 내에서 일어나는 이러한 비규범적 발전이다. 자신의 주장을 펼치기 위해 의학적·심리학적·사회학적 전문기술, 즉 통계자료를 사용하는 것, 요컨대 법적 담론 내에서 경험적 정보와 비법률적 언어를 사용하는 것은 학문이 사법적 구조에 침투하여 그것을 그 자체로 실증적이고 경험적이고 기능적이고 의사규율적인 것으로 만들어버렸다는 것을 보여주는 증거이다. 따라서 19세기와 20세기에 법이 필연적으로 이면으로 사라지는 것이 아니라 사법제도가 대체로 규제기능을 하는 연속적 기구들(의료기구, 행정기구 등등) 속으로 통합됨에 따라 법은 이제 점점 더 정상화의 부문에서 작동한다.[26]

예속화와 관련한 법의 구성적 역할에 관한 관념은 권리와 사법의 형태에 대한 종래의 마르크스식-기능주의적 비판을 환기시킨다. 여기서도 역시 사법구조는 근대 권력양상의 구성부분이며, 사법의 주제는 권력에 대한 제한이 아니라 권력의 효과로 나타난다. 노동계약을 생산영역에서 발생하는 비대칭적인 권력관계를 부호화하고 은폐하고 구성하는 법적 형태로서 유추하는 것은 실제로 설득력이 있다. 하지만 푸코에서 근대 권력형태는 시민사회의 평등주의적 규범과 모순되거나 그것을 위반하는 것이 아니라 오히려 그 규범의 토대이다. 점점 더 실증주의적·경험

---

[25] Ibid., 107.
[26] Foucault, *History of Sexuality*, 144. 푸코는 분명히 복리와 삶의 안전을 규제하고 통제하고 증진시키는 일을 하는 복지국가의 법적 발전을 염두에 두고 있다.

적이 되고 있는 식민화된 법이라는 개념이 갖는 이러한 정상화 기능은 마르크스에는 결코 존재하지 않는다. 따라서 몇몇 마르크스주의적 견해와는 달리 푸코는 시민사회의 규범적 원리가 지배비판의 준거로 작용하거나 규범적 원리들을 보다 전면적으로 실현하고자 하는 사회운동에 정당한 방침을 제공할 수 없다고 주장한다. 권리의 원리, 법의 지배, 정당성 등등이 여전히 규범적일 경우, 그것들은 시대착오적이다. 그리고 법이 규율에 의해 식민화될 경우, 그리고 말하자면 경험적이 될 경우 그것은 지배에 봉사한다. 요컨대 푸코는 내재적 비판의 길을 명시적으로 거부한다.

푸코가 사법적 권력 모델이 지속되는 이유로 세 번째로 제시한 것은 의사심리학적이다. 계약 모델은 권력을 사람들의 욕망 또는 자유에 대한 단순한 제한으로 해석한다. 정당한 권력은 국민이 보유하고 있는 권리와 자유와 관련하여 스스로를 제한한다. 이 모델에 입각할 때, 우리는 여전히 법이 금지하지 않는 것을 자유롭게 할 수 있다. 자유에 대한 단순한 제한으로서의 권력은 자유(소극적 자유)의 한도는 여전히 원래 그대로라는 것을 함의한다. 실제로 이것이 우리 사회에서 권력이 받아들여지는 일반적인 형태이다. 따라서 사법적 권력 모델의 매력에 대한 사회심리학적 설명은 다음과 같은 사실에 기초한다. "권력은 오직 그 자신의 본질적 부분을 은폐하는 상황에서만 용인될 수 있다. 권력의 성공은 그 자신의 메커니즘을 숨기는 능력에 비례한다. 만약 권력이 전적으로 냉소적이라면, 그것이 받아들여질 수 있을까?"[27]

이러한 설명이 마치 하나의 정당화 이론처럼 들리지만, 푸코는 이러한 해석을 거부했을 것이다. 사법적 권력 모델은 규율권력을 정당화하는 담론이 아니라 하나의 견제전술이다. 즉 규율담론은 사법적 권력 모델과

---

27) Ibid., 86.

전혀 다르다. 푸코가 부인하고는 있지만, 우리가 앞으로 살펴보듯이, 그는 정당화 이론을 필요로 하고 있고 또 앞서와 같은 진술에서 실제로 그 개념을 자신의 틀 속에 다시 끌어들이고 있다. 하지만 이것은 결코 그가 해석되기를 바라던 방식이 아니다. 그는 우리를 정당성, 동의, 주권, 복종의 문제들을 분석하는 데로 이끌기는커녕 우리가 정반대의 방향으로 나아가기를, 즉 우리가 구체적 사례들 속에서, 다시 말해 확실한 실제 형태와 기법들 속에서 나타나는 지배/예속화를 직접적으로 고찰하게 하고자 한다. 실제로 정당한 권력과 부당한 권력 간의 규범적 구분, 정의의 문제, 권리담론 등등에 관한 전적인 몰두는 포기되고 정반대의 분석양식으로, 즉 통치권력, 국가, 정당성이라는 개념보다는 사회의 전혀 다른 국지적 영역들에서 작동하는 미시적 지배기법들로부터 시작하는 분석양식으로 대체되어야만 한다.[28]

하지만 이를 위해서는 상이한 권력 개념이 필요하다. 사법적 모델이 권력을 차감과 죽음을 중심으로 하여 기술하는 데 유용하기는 하지만, 이 모델은 "그것의 작동이 권리가 아니라 기법에 의해, 법이 아니라 정상화에 의해, 처벌이 아니라 통제에 의해, 다시 말해 국가와 국가기구를 넘어서는 모든 수준과 형태에 이용되는 방법들에 의해 보장되는 새로운 권력방법과는 전혀 부합하지 않는다."[29] 푸코는 『규율과 처벌』(*Discipline and Punish*)에서, 그 다음으로는 『권력/지식』(*Power/Knowledge*)에 편집되어 있는 일련의 글들에서, 그리고 끝으로 『섹슈얼리티의 역사』(*The History of Sexuality*) 제1권에서 이 새로운 근대 권력유형을 분석하고 있다. 권력을 개인 또는 집단이 소유하는 어떤 것, 즉 교환할 수 있고 회복 가능한 어떤 것으로, 법적 제한에 종속되고 지식, 진리,

---

28) 푸코 저작의 규범적 모호함에 대한 논의로는 Nancy Fraser, *Unruly Practices* (Minneapolis: University of Minnesota Press, 1989)를 보라.
29) Foucault, *History of Sexuality*, 89.

인증된 담론에 의해 해체되는 것으로 파악하는 사법적 모델과는 달리, 이 정상화하는 규율권력은 무엇보다도 세력관계로 인식된다. 즉 이것은 교환되는 것이 아니라 행사되고, 진리담론 및 진리생산과의 긴밀한 연관을 통해 작동한다. 따라서

> 권력은 순환하는 어떤 것, 보다 정확히 말하면 단지 연쇄의 형태로 기능할 뿐인 어떤 것으로 분석되어야만 한다. 권력은 결코 여기 또는 저기에 배속되지 않으며, 결코 어떤 누군가의 손에도 들어가지 않으며, 결코 하나의 상품이나 부의 일부로 전유되지도 않는다. 권력은 하나의 그물과 같은 조직을 통해 사용되고 행사된다. 그리고 개인이 권력의 그 물망 사이를 단지 여기저기 돌아다니기만 하는 것은 아니다. 즉 개인은 항상 이 권력을 행사하는 동시에 받아들여야만 하는 위치에 있다.[30]

게다가 권력은 국가와 같은 하나의 거시제도 속에 배속되기는커녕 사회체와 같은 공간에 존재한다. 따라서 권력의 그물망 사이에는 기본적인 자유를 위한 어떠한 여지도 존재하지 않는다. 오히려 권력관계는 생산, 친족, 가족, 지식관계, 섹슈얼리티 등을 포함하는 다른 종류의 관계들과 뒤얽힌다. 말하자면 권력관계는 후자들 속에서 발생하는 분할, 불평등, 불균형의 직접적 결과이며, 역으로 그것은 그러한 분화의 내적 조건이다. 권력관계가 분산되고 이질적이고 국지적인 장에서 출현하고 일련의 '미시기법'을 통해 행사되는 그 자체로 독특한 것이지만,[31] 그것은 보다 포괄적인 전략들로 통합되어, 이를테면 경제적 목표나 국가의 목표에 기여할 수도 있다.

---

30) Foucault, *Power/Knowledge*, 98.
31) 푸코가 권력 개념을 실체화하고 있다는 비판으로는 Bernard Flynn, "Foucault and the Body Politic," *Man and World* 20 (1987): 65-84를 보라.

요컨대 푸코는 사법적 권력 개념을 적대적인 불균형한 세력관계에 관한 전략적 모델로 대체한다.[32] 권력은 모든 곳에 존재한다. 왜냐하면 권력이 모든 것을 포괄하기 때문이 아니라 모든 곳에서 나오기 때문이다.[33] 게다가 근대 권력은 금지와 부정을 통해 행사되지 않는다. 오히려 그것은 **생산적인 다양한 통제, 분류, 감시, 심문의 기술들을 통해**—새로운 담론, 지식, 진리를 통해, 새로운 종류의 개인 또는 주체를 통해, 그리고 요구되는 행동과 기능적 결과들을 통해—작동한다. 권력관계는 계산, 그리고 명확하게 해독할 수 있는 논리와 목표들에 기초하는 의도적이고 비주관적인 것이지만, 그럼에도 불구하고 익명적이다.[34] 끝으로, 권력관계가 행사되는 지점에서 저항이 형성되지 않고는 거기에 권력관계는 결코 존재하지 않는다.

확실히 이 권력관계 개념은 자유주의적-법률주의적 모델의 그것보다는 더 심오하지만, 푸코가 이러한 방식으로 권력을 바라보는 유일한 사람은 아니다. 사람들은 탤컷 파슨스와 니클라스 루만 모두의 저작에서도 이와 다르지 않은 포지티브섬적 권력 개념을 발견할 수 있다.[35] 하지만 푸코는 이 권력 모델이 작동하게 되는 두 가지 주요 형태에 관한 감탄하지 않을 수 없는 상세한 분석을 하는 것은 물론 그것들이 수반하는 지식, 권력, 진리 간의 관계와 관련된 독특한 테제도 제시한다. 신체의 예속화와 맞물려 있고 '인간신체의 해부정치학'(anatomo-politics of the human body)을 통해 실현되는 정상화하는 규율권력은 『규율과 처벌』에서도 심도 있게 분석된다. 다른 한편 『섹슈얼리티의 역사』는 '인구의 생체정치학'(biopolitics of the population)를 통해 행사되는, 인구통제—

---

32) Foucault, *Power/Knowledge*, 142; *History of Sexuality*, 92-93.
33) Foucault, *History of Sexuality*, 93.
34) Ibid., 94-95.
35) 제3장과 제7장을 보라.

사람들의 건강, 기대수명, 장수—를 지향하는 규제적-생산적인 생체권력에 초점을 맞추고 있다. 17세기와 18세기에 각각 출현한 이 두 가지 권력형태들이 비록 대등하지는 않지만, 그것들은 생명에 대한 권력을 생산하는 조직을 중심으로 두 개의 축을 구성했다.[36] 각각은 구체적인 일련의 기법들, 담론형태, 지식을 발전시켰고, 그 각각은 독특한 결과, 즉 첫 번째 경우는 영혼, 유순한 신체, 인간을, 그리고 두 번째 경우는 욕망하는 개인과 섹슈얼리티를 낳았다.

범죄학, 의학, 심리학, 사회학, 교육학 등의 새로운 인간과학이 규율을 구성하는 감독, 조사, 분류, 개별화, 정상화의 새로운 기법들과 함께 동시에 생겨났다. 최소한의 비용으로 신체가 하나의 정치적 힘으로 축소되고 하나의 유용한 힘으로 극대화되는 것도 바로 규율/규율하기를 통해서이다.[37] 이러한 형태의 지식과 권력기법으로 인해 또한 영혼은 교사, 의사, 교육자, 감옥의 간수 그리고 사회사업가들이 자신들의 시선을 통해 판단하여 만들어낸 결과물이 된다. 따라서 규율권력/지식의 결과 인간은 인식할 수 있고 계산 가능하고 정상적이고 유용한 존재가 된다.

생체권력 또한 담론성을 통해 작동하며 새로운 유형의 개인들을 만들어내고 결국 권력체제와 연계된 지식으로 귀착된다. 18세기에 분출하여 개인을 욕망하는 주체로 구성했던 섹슈얼리티와 관련된 담론의 폭발 또한 상이한 환경에서 출현했던 기법들을 이용했다. 푸코는 수도원 내에서 발전하여 심리학이 완성시킨 고백기법과 주민의 부, 인력, 생산능력, 건강에 대한 경찰의 통계정보 수집을 언급한다. 그는 또한 그것에 상응하여 출산율과 사망률, 기대수명, 생식력, 식생활과 거주형태에 초점을 맞추고 성행위의 세부사항들에 대해 끊임없이 논의하도록 부추기고 있는

---

[36] Foucault, *History of Sexuality*, 139.
[37] Foucault, *Discipline and Punish*, 221.

인간과학—특히 인구학, 의학, 생물학, 정신병학, 심리학, 윤리학, 교육학 그리고 도시학—에 대해서도 논의한다. 이 새로운 형태의 지식은 사람들을 수명, 생산성, 부, 유용성의 증대라는 미명하에 규제되고 통제되는 하나의 인구집단으로 만들어낸다. 그것은 또한 개인을 욕망하는 성적 존재로 만들고, 그리하여 개인의 내밀한 갈망은 (물론 전문가들의 도움을 받는) 자기심문 과정을 통해 탐색되고 표현되고 적절한 (유익한) 방향으로 나아가야만 하는 것이 된다. 따라서 성은 새로운 삶의 기법에서 중심을 차지한다. 여기서도 역시 문제가 되는 것은 "새로운 기법이 신체와 성에 행사하는 권력유형이다. 실제로 그러한 권력은 법의 형태를 취하지도 않고 금기의 효과를 발하지도 않았다. 반대로 그것은 개개의 섹슈얼리티들의 증식에 의해 작동했다. ……그것은 다양한 형태의 섹슈얼리티를 증가시켰다."[38] 새로운 섹슈얼리티들—유아의 섹슈얼리티, 성도착, 히스테리적 여성—이 출현하여 가정, 학교, 감옥이라는 공간에 출몰하는데, "이 모두는 권력의 엄격한 절차와 관련이 있다."[39] 이 과정에서 성 그 자체가 진리의 문제로, 그리고 우리 자신에 대한 진리를 생산하는 방대한 (의학적/심리학적) 기구들의 표적으로 구성된다.

   근대 권력관계의 형태에 대한 이러한 분석은 교훈적인 동시에 흥미진진하다. 하지만 계보학적 권력분석 방식의 이론적 전제들과 그것이 근대화 이론과 근대 시민사회 이론에 대해 갖는 함의는 의심스럽다. 우리의 주요 관심사가 후자이기 때문에, 우리는 전자에 관해서는 간략하게만 다룰 것이다.

---

38) Foucault, *History of Sexuality*, 47.
39) Ibid., 47–48.

근대 시민사회의 계보학

계보학의 철학적·규범적 모호성

푸코가 인본주의라고 부르는 것의 철학적 전제들은 자신의 계보학적 접근방법에 대한 주요한 대립물로 작용한다. 자율성, 평등, 자유, 생명이라는 기본적 가치들의 토대로 작용할 수 있고 또 공평한 지식이 표현하고 해방시킬 수 있는 보편적인 인간정신이나 자아, 주체성, (욕망하는 성적 존재 또는 자율적인 주권적 주체로서의) 인간의 내적 본성 또는 인간의 본질이 존재한다는 관념은 『사물의 질서』(*The Order of Things*)에서 푸코가 인간이라는 바로 그 개념에 대해 가한 노련한 비판 속에서 거부된다. 주체/객체 이원론과 인본주의의 핵심에 자리하고 있는 토대주의적 가정 모두는 해결할 수 없는 이율배반을 초래한다. 그러나 이것이 전부는 아니다. 『규율과 처벌』에서 제시되는 근대 정신의 계보학은 철학적 비판을 넘어서 주체성, 정신, 자아 그리고 (항상 정상화라고 해석되는) 규범성(normativity)이라는 관념 그 자체들이 규율권력/규율지식의 산물임을 폭로한다.[40] 따라서 푸코는 지식이 권력의 이해관계와 독립적으로 존재할 수 있다거나 또는 오직 권력관계가 그 작동을 멈추는 곳에서만 존재할 수 있다는 그릇된 관념을 우리가 경계하게 한다. 계보학적 분석에 입각할 때, 권력관계를 전제하지 않으면서도 동시에 권력관계를 구성하는 지식은 결코 존재하지 않는다.[41] 인간과학들, 즉 여러 분과학

---

40) "이 실제적이고 비물질적인 정신은 실체가 아니다. 그것은 특정 유형의 권력효과와 특정 유형의 지식준거(즉 특정한 지식의 총체를 발생시키는 기구)를 표현하는 요소이다. ……이 현실준거에 기초하여 다양한 개념들이 구성되어왔으며 분석영역들이 개척되어왔다. 이를테면 프시케(psyche), 주관성, 퍼스낼리티, 의식 등이 그것들이다. 또한 이 준거에 기초하여 과학적 기법과 담론 그리고 인본주의의 도덕적 주장이 구축되어왔다."(*Discipline and Punish*, 29-30) 또한 Fraser, *Unruly Practices*, 35-53도 보라.

문들은 규율권력이 요청하는 인간, 정신, 주체, 개인에 관한 객관적 지식을 산출한다.

동일한 것이 그 등식의 주체의 측면에도, 그리고 담론성에 대해서도 적용된다. 철저하게 자기자신을 심문하는 것 그리고 우리가 다른 사람들과 관련하여 우리 자신에 대해 깨달은 진리를 표현하고 소통하는 것이 자기지배, 진정성, 그리고 억압으로부터의 해방에 도달하는 길이라는 생각은 사욕 없는 객관적 지식이라는 관념만큼이나 순진하다. 자기자신, 자신의 욕망, 욕구, 정체성, 마음속 깊은 곳에 자리하는 관심사에 관한 진실을 말하는 진정한 개인은 권력효과를 해체하는 것이기는커녕 고백이라는 권력기법이 낳은 산물이다. 섹슈얼리티에 관한 계보학적 설명은 해석학적 주체가 담론 속에서 그리고 담론을 통해 작동하는 특정 권력/지식체제의 역사적 산물이라는 점을 보여주는 것을 목표로 한다. 계보학은 (자기심문을 통해) 자기자신의 심층을 면밀히 조사하고 그것을 통해 밝혀진 진실을 말하는/고백하는 주체-자아를 구성하는 담론기법을 분석한다. 고백담론의 의례는 그 고백을 규정하고 평가하고 또 고백하는 사람을 심리하여 처벌하거나 용서하고 위로하는 권위를 지닌 상대방의 실제적 또는 가상적 현존을 포함한다.[42] 따라서 계보학적 분석에 입각할 때, 사회과학 담론의 객관화뿐만 아니라 우리 자신에 의한 그리고 우리 자신과 관련한 담론의 주관화 역시 권력과 깊이 관련되어 있다. 담론은 자유와 친화성을 가지거나 보편성, 이성, 진리와 친화성을 가지기는커녕 권력관계로 물들어 있으며, 항상 역사적으로 특수하다. 따라서 푸코는 자신의 계보학적 탐구를 '진리의 정치사'(political history of truth)의 일부라고 본다.[43] 지식, 진리, 이성, 권력은 서로 뒤얽혀 있으며 맥락

---

[41] *Discipline and Punish*, 27.
[42] Foucault, *History of Sexuality*, 60-61. 물론 그러한 권위 있는 존재가 우리 자신일 수도 있다.

과 연관되어 있다. 그렇기에 지식영역, 규범성의 유형, 주체성의 형태, 개인적·집합적 정체성에 관한 계보학적 탐구는 진리, 지식, 정체성을 생산하는 권력기술을 폭로한다.

규범, 이성, 진리와 관련한 이러한 니체식 입장이 지닌 문제들은 여러 번 지적되어왔다. 우리는 단지 우리의 시민사회 개념의 규범적 차원과 관련하여 가장 빈번하게 제기되는 반론들 중에서 몇 가지만 언급할 것이다.

첫째, 규범성에 관한 푸코의 계보학적 설명에는 규범적 모호성의 문제가 존재한다. 이것은 인본주의적 가치에 대한 토대주의적 메타해석에 대한 많은 비판들 중의 하나인가, 아니면 그러한 가치 자체의 실제적 핵심을 겨냥하고 있는 것인가? 만약 후자가 사실이라면, 그리고 아래에서 탐구하게 될 계보학의 다른 측면들도 그렇다는 것을 보여준다면, 푸코는 그 자신의 비판적 분석들에 대하여 어떠한 규범적 지위도 부정해야만 하거나 또는 자신의 연구가 지니는 규범적인 정치적 함축을 정당화할 수 없게 되는 역설적인 상황에 처한다.[44]

둘째, 만약 누군가가 진리의 권력-관련성과 관련된 푸코의 말을 그대로 받아들인다면, 다음과 같은 빤한 질문이 제기된다. 즉 푸코 자신의 계보학적 탐구가 폭로한 '진리'의 지위는 무엇인가? 푸코는 어떤 이해관계, 어떤 전략, 어떤 형태의 권력관계를 지지하는가?[45]

셋째, 모든 지식과 합리성 그 자체가 권력관행에서 파생한다는 푸코의 주장은 미분화된 권력 개념에 기초한 것 아닌가? 모든 권력관계가 동일한가? 만약 어떤 차이가 존재한다면, 권력과 지배 간의 차이는 정확히 무엇인가?[46] 하버마스에 따르면, 푸코 권력 개념의 난해함은 권력 개

---

43) Ibid., 60.
44) Fraser, *Unruly Practices*, 42-43을 보라.
45) Habermas, *Philosophical Discourse of Modernity*, 270을 보라.
46) Fraser, *Unruly Practices*, 17-54.

념이 앎에의 의지라는 개념에서 연원한다는 점을 감추고 있기 때문이다.[47] 그리고 이 후자의 개념은 다시 '권력'범주의 모호한 사용에 의지한다. 하버마스가 지적하듯이, 푸코가 사용하는 권력 개념은 그가 인본주의적인 인간 개념 속에서 가차 없이 폭로하는 '초월적-경험적 모호성'을 재생산한다. 즉 그에게서 권력 개념은 한편으로는 권력기술에 관한 경험적 분석 속에서 기술적(記述的)으로 사용되지만, 다른 한편으로 그것은 구성이론 내의 기본 개념이다.[48] 전자가 인간에 관한 과학들의 기능적인 사회적 맥락을 설명한다면, 후자는 인간에 관한 과학적 담론을 가능하게 하는 조건을 설명한다. 그렇지만 이 둘 모두를 동시에 설명한다고 주장하는 계보학적 접근방법은 단지 인간과학의 객관주의를 급진적인 역사주의적 주관주의로 대체하는 것 아닌가?[49] 그리고 푸코의 권력개념 속에 존재하는 초월적-경험적 모호성이 그로 하여금 권력관계를 과도하게 일반화 또는 심지어 존재론화하게 하는 것은 아닌가?[50] 게다가 이성, 지식, 담론과 지배합리성을 등치시키는 것은 이러한 권력의 존재론화에서 기인하고 또 이성 자체에 대해 환원주의적이고 일방적인 전략적-도구적 개념을 수반하는 것 아닌가?[51]

계보학적 가정에 대한 네 번째 반론은 (권력)체제에 대한 진리의 상대

---

47) Habermas, *Philosophical Discourse of Modernity*, 270.
48) Ibid.
49) Ibid., 276. 또한 다음도 보라. Charles Taylor, "Foucault on Freedom and Truth," in David Couzens Hoy, ed., *Foucault: A Critical Reader* (Oxford: Blackwell, 1986), 69-102; Thomas McCarthy, "The Critique of Impure Reason: Foucault and the Frankfurt School," *Ideals and Illusions: On Reconstruction and Deconstruction in Contemporary Critical Theory* (Cambridge: MIT Press, 1991), 43-75.
50) 플린은 권력관계에 대한 푸코의 실증주의적 설명을 비판한다. Flynn, "Foucault and the Body Politic"을 보라.
51) Habermas, *Philosophical Discourse of Modernity*, 286-293. 또한 McCarthy, "The Critique of Impure Reason"도 보라.

성 개념이 궁극적으로 일관적이지 못하다는 것이다. 상대성 테제에 의거할 때, 하나의 체제에서 다른 체제로 변화한다고 해서, 그것이 진리의 증대를 낳을 수 없고, 체제 내에서 해방적 변혁이 일어날 수도 없다. 자신의 체제로부터 독립적인 진리와 같은 것은 결코 존재하지 않는다. 왜냐하면 각각의 체제는 그 자신의 진리를 생산하기 때문이다. 그렇다면 권력에 의해 제조된 진리가 권력의 가면, 즉 위장, 다시 말해 거짓이라는 푸코의 주장이 의미하는 것은 무엇인가?[52] 하나의 거짓은 단지 또 다른 거짓을 은폐하는 것뿐인가? 아니면 규율의 담론이 사법적 담론보다 더 진실한 것인가?

다섯째 그리고 마지막으로, 푸코가 항상 '불평등한'이라는 단서를 달아 사용하는 것처럼, 권력관계라는 바로 그 관념이 지배를 함축하는 것은 아닌가? 그리고 이 개념은 그것의 반대개념인 자유 없이는 무의미한 것 아닌가?[53] 게다가 비록 우리가 (포괄적) 주체 없는 권력이라는 관념을 허용한다고 하더라도, 즉 비록 권력관계가 착근되어 있는 그리고 행위자들이 통제할 수 없는 전략적 맥락이 항상 존재한다는 것을 우리가 인정한다고 하더라도, 프로젝트 없는 권력전략에 대해 또는 익명의 세력관계의 측면에서 사회에 대해 말하는 것이 타당한가?[54] 권력관계는 불평등하고 의도적이며 저항 없는 권력은 결코 존재하지 않는다는 푸코의 주장은 적어도 권력의 행사 및 유지와 연루된 특정한 이해관계가 존재하고 권력관계를 전복시키고자 하는 이해관계를 가지고 있는 특정한 희생자가 존재한다는 것을 함축한다. 그렇다면 규율적-규제적인 근대 권력관계의 발전 및 유지와 연루되어 있는 것은 누구의 이해관계인가? 일단 그러한 이해관계들이 제자리를 차지하고 나면, 감금적 시민사회에서

---

52) Taylor, "Foucault on Freedom and Truth," 94.
53) Ibid., 90-91.
54) Foucault, *Power/Knowledge*, 61.

저항은 어떻게 가능하며 그리고 사람들은 무엇을 명분으로 저항하는가? 이제 이러한 질문들에 눈을 돌릴 때이다.

근대화에 대한 계보학적 설명

푸코에 따르면, 근대적 개인이 살고 있는 사회영역을 만들어낸 역사적 과정은 자율적인 주권자적 주체라는 이상에서 진보적인 내용을 일부 박탈했고,[55] 사회제도에서 자율적 연대 또는 수평적 관계들을 일부 제거했다. 개인이라는 개념도 그리고 시민사회의 규범, 구조 또는 동학이라는 개념도 자유의 증대로 이해되거나 해방정치를 위한 준거로 기여할 수 없다. 우리는 이러한 근대적 개인성과 사회성 이론으로 되돌아갈 것이지만, 먼저 근대 사회에 대한 역사적 '계보학'을 간략히 살펴볼 필요가 있다. 이 계보학은 분명 유물론적 역사이론을 대체하고 비판가들에게서 그것을 보증하는 변증법을 박탈할 수밖에 없다.

푸코가 자신의 권력이론을 제시하는 첫 번째 저서인『규율과 처벌』은 또한 근대화, 즉 현재 우리의 '감금적인' '규율'사회의 형성과 연루된 변화에 관한 그의 계보학적 이론을 가장 분명하게 진술하고 있다.[56] 비록

---

[55] 주체 개념은 푸코 저작의 주요 표적들 중 하나이다. 근대 주체성 이론의 딜레마와 함정은『사물의 질서』에서 주요한 초점을 이루고 있다. 근대 주체이론에 대한 푸코의 비판을 분석하고 아도르노와 호르크하이머의 관련 이론들과 비교하고 있는 것으로는 Peter Dewes, *Logics of Disintegration* (London: Verson, 1987), 144-171을 보라. 또한 다음 책들에서 푸코에 관한 장들도 보라. Axel Honneth, *The Critique of Power* (Cambridge: MIT Press, 1991); Habermas, *The Philosophical Discourse of Modernity*, 238-266.

[56] 푸코는『광기와 문명』(*Madness and Civilization* [1961], New York: Random House, 1965)에서 담론과 실천, 지식과 권력의 관계를 이미 분석한 바 있다. 수감자에 대한 감금과 지속적인 감시, 격리, 개인화, 규제, 조작은 인간과학(심리학, 교육학, 사회학, 행형학 등)이라는 새로 출현하던 분과학문과 긴밀한 관계를 지니고 있던 새로운 사회적 기법(관행)을 구성했으며, 이들 과학은 관찰대상을 전문가의 감시의 시선 아래에 종속시켰다. 감금, 감시에 관한 논의와 새로운 전체주의적 시

이 책이 근대 감옥의 계보학에 초점을 맞추고 있기는 하지만, 감옥은 분명 '고전 시대'(절대주의 시대 또는 보다 일반적으로는 구체제)에서 근대 사회(18세기 후반에서 현재까지)로의 이행을 특징짓는 광범위한 일련의 동형적 변화의 전형적 실례로 취해지고 있다.[57] 왜냐하면 감옥에서 완성된 불균형한 권력관계와 신체에 대한 학습 및 규율 기법이 이제는 훨씬 더 광범위한 일련의 현대 사회제도들에 침투하여 모든 사람에게 영향을 미치고 있다는 것이 푸코의 테제이기 때문이다. 실제로 "수용소 군도는 이 기법을 형벌기구로부터 전체 사회체로 옮겨놓았다."[58] 그

설(처음에는 수용소와 진료소, 그리고 다음에는 병영, 학교, 감옥, 공장) 수감자들의 엄격한 구분은 처음부터 어떤 사람들에 의한 다른 사람들의 강제적 규율을 포함하는 관행 개념에 기초했다. 그러나 『임상의학의 탄생』(*The Birth of the Clinic* [1963], New York: Random House, 1973)에서 푸코는 해석학적 접근방식을 포기하고 이를 구조주의적 담론분석으로 대체함으로써, 배제되고 억압된 사람들에게 접근하려는 어떠한 시도도 삼가게 되었다. 『지식의 고고학』(*The Archaeology of Knowledge* [1969], New York: Harper & Row, 1972)은 이러한 지향변화를 푸코가 방법론적으로 진술한 책이다. 하지만 기본적인 권력 개념이 다듬어지고 분명하게 표현되기 시작한 것은 『규율과 처벌』에서부터였다. 동시에 근대 형벌체계의 발전을 특징짓는 시기구분도 푸코의 가장 초기 저작인 『광기와 문명』에서 묘사된 시기구분과 일치하게 된다.

57) 그의 초기 연구들, 특히 『광기와 문명』과 『사물의 질서』에서는 네 가지 역사적 시기—즉 중세 전성기, 르네상스, 고전주의 시대, 근대 세계—가 강조되었다. 우리가 『규율과 처벌』에 나타나는 마지막 두 단계를 선택하는 것은 우리의 관심사 때문이다.

58) Foucault, *Discipline and Punish*, 298. 또한 299-308도 보라. 여기서 푸코의 논점은 비형벌적 제도들(고아원, 소년원, 학교, 자선단체, 작업장, 병원 등에서 이루어지는 공적 지원) 속에서 출현했던 규율권력 및 감시와 통제 기법들이 이제는 연속적인 '정상화' 과정을 구성하고 있다는 것이다(그것은 사회제도 내부와 그것들을 가로질러 나타난다는 점에서, 기준과 기술 모두에 나타난다는 점에서, 그리고 범죄뿐만 아니라 규범으로부터의 모든 이탈을 일탈로 구성한다는 점에서 연속적이다). 실제로 사회체 전역에서의 규율 네트워크가 판단을 정상화하는 사법적 기능을 양도받고 감시와 평가라는 권력을 그 어느 때보다도 훨씬 더 공유함에 따라, 폐쇄된 기관으로서의 감옥 자체가 시대착오적이 될 수도 있다.

렇기에 근대 감옥의 계보학은 근대 시민사회 모두에 퍼져 있는 권력양상을 폭로하는 것이다.

근대 세계에 관한 푸코의 계보학적 설명에서 드러나는 혁신은 그가 추적하는 역사적 궤적 속에서 개관되는 특정 시대들에 있지 않다.[59] 이 시

---

[59] 앞서 지적했듯이, 이 시대들은 문화사와 사회사의 표준적 모델들과 부합한다. 물론 계보학적 역사편찬이라는 푸코의 기획 그 자체도 역사를 다루는 새로운 방식이라고 주장되기도 한다. 우리의 목적에서 볼 때, 계보학과 관련된 개념적·방법론적 혁신과 문제들이 직접적인 문제가 되지는 않지만, 이것들은 우리의 문제제기와 관련이 있기에 간략하게 논평할 필요가 있다. 『사물의 질서』와 『지식의 고고학』에서 이미 푸코는 칸트에서 시작된 새로운 인간과학과 근대 의식철학에 독특한 '담론적 구성물'과 '관행'을 분석했다. 그는 '진리에의 의지'가 자기자신과 외부 세계를 지배하고자 하는 근대적 실체(즉 인지적 주체)가 갖는 불가능한 목표를 향한 냉혹한 투쟁에 전형적이라고 주장했다. 인간과학(범죄학, 교육학, 정신병학, 의학, 심리학 등)은 그것들 특유의 사회적 기법을 사용하여 개별 주체를 창조하고 통제함으로써 그 프로젝트에 참여한다. 그리고 그것들의 사회적 기술은 각각의 관련된 제도들(감옥, 학교, 진료소, 병원)로 구체화되면서 지식과 권력의 연결고리를 만들어낸다. 계보학적 역사편찬으로의 전환은 근대의 담론적 구성물 또는 인간과학의 진리주장 형태뿐만 아니라 모든 사회에 존재하는 모든 담론의 중심에 권력을 위치시킨다. 진리에의 의지라는 표현은 니체에서 따온 것이다. 다음을 보라. Michel Foucault, "Nietzsche, Genealogy, History," *Language, Counter-Memory, Practice: Selected Essays and Interviews* (Ithaca: Cornell University Press, 1977), 139-164; "Introduction" to *The Archaeology of Knowledge*, 3-17. 지식과 권력의 근대적 뒤얽힘은 '권력에의 의지'의 많은 독특한 역사적 형태들 가운데 단지 하나일 뿐이며, 이들 형태 각각은 그 나름의 지식/진리 주장 형태를 가지고 있다. 계보학은 이 관계를 들추어내어, 담론적 구성물의 출현, 형태, 대체, 그리고 하나의 세력관계의 출현과 그 기법 및 이 세력관계의 다른 세력관계로의 전환 사이에 존재하는 연관성을 폭로한다. 『규율과 처벌』은 이를 보여주는 본보기이다. 그것은 과학적 담론과 실천이 정확히 어떤 관계에 있는가 하는 이전의 미해결 질문에 답변한다. 계보학적 연구는 담론을 도구화할 뿐 아니라 담론의 구성적 전제조건이기도 한 권력기술의 생산성을 밝혀낸다. (하지만 하버마스가 지적하듯이, 이 문제는 오직 또 다른 일단의 문제들을 끌어들이는 대가를 치르면서만 해결되는데, 그러한 문제의 적지 않은 부분이 바로 권력범주 자체에 대한 푸코의 '애매한' 사용에서 기인한다.) 모든 것을 포괄하지만 결코 분명하게 정의되지는 않는 권력 개념과 함께, 계보학적 역사편찬은 하나의 이론적·방법론적 세계를 구성한다. 그 속에서 사회관계, 진리주장, 지식형태, 사회적/정치적 프로젝트들은 오직 권력의 형태, 표

대들은 근대화 이론에서 아주 널리 사용된다. 요컨대 근대화 이론은 신분사회와 절대주의 국가로 구성되는 전통사회 또는 '구체제'[60] (17세기에서 19세기까지)와 18세기에 출현하여 20세기 전체에 걸쳐 발전한 근대 사회라는 두 가지 사회유형과 그 두 사회 사이에 존재하는 과도기에 대해 설명한다. 그것은 과도기를 계몽주의 이론, 그리고 프랑스혁명 이전과 혁명 동안의 개혁가들의 담론을 분석하는 식으로 다룬다.

이러한 변화에 관한 푸코의 평가는, 비록 표준적인 자유주의적 설명(계약이론 또는 계몽주의 이론)에 도전하고 있음에도 불구하고, 결코 특정 형태의 지배를 다른 특수한 새로운 또는 충격적인 지배형태로 대체하는 것과 관련하여 이루어지지 않는다. 실제로 언뜻 보면 푸코의 접근방식과 사회학적 근대화 이론 내의 적어도 하나의 중요한 흐름 간에는 현저한 유사성이 존재한다.[61] 푸코 텍스트 속의 홍실은 근대적 개인의 출현을 두 가지 상호연관된 과정을 통해 전개되는 새롭고 널리 퍼진 지배형태의 이야기로 보는 테마이다. 그 하나의 과정이 전통적인 집단연대의 파괴와 민족, 신분, 응집적인 사회집단들의 파편화 또는 평준화이고, 다른 하나의 과정은 신체를 감시하고 통제하는 규율기법의 공고화이다.

현 또는 전략으로서만 명기될 수 있다.

[60] 이 시대는 여타 근대화 이론들이 제시하는 시대들과는 다르며, 그것의 전체 강조점도 한 가지 결정적인 점에서 마르크스주의적 접근방식과 다르다. 즉 다른 사람들이 전통사회라고 부르는 것을 마르크스는 '봉건제'라고 부르며, 절대주의 국가를 무시한다. 절대주의 시기를 전면에서 다루면서 그것을 마르크스주의적 궤적에 짜맞추어 넣고자 하는 네오마르크스식 시도로는 Perry Anderson, *Lineages of the Absolutist State* (London: New Left Books, 1974), 15-59를 보라.

[61] 이 영역의 고전적 연구가 바로 Alexis de Tocqueville, *The Old Regime and the French Revolution* (New York: Doubleday, 1955)이다. 또한 다음도 보라. Robert Nisbet, *The Quest For Community* (New York: Oxford University Press, 1953); *Readings on Social Change* (Englewood Cliffs, NJ: Prentice-Hall, 1967); Theodor Adorno and Max Horkheimer, *Dialectic of Enlightenment* (New York: Herder and Herder 1972).

이중 후자는 새로운 형태의 개인성을 만들어내는데, 그 개인성이 주권에 대해 갖는 환상은 어떠한 자율적인 집단적 삶 또는 집단정체성, 의미 있는 전통, 결사체 형태 또는 권력자원도 부재한 상황에 대한 대응물이다. 이를테면 근대화에 대한 이러한 견해와 토크빌이나 니스벳(Nisbet)의 견해 간에 내용 수준에서 나타나는 유일한 중대한 차이는 후자가 평준화·개별화된 권력형태를 기본적으로 근대 국가의 출현에 기인하는 것으로 보는 반면, 푸코는 그것을 사회, 경제, 정체 속의 다양한 제도적 힘 또는 제도발전의 결과로 파악한다는 것이다. 하지만 그럼에도 불구하고 (마르크스뿐만 아니라) 이들 모두에서 근대 시민사회는 연대, 결사체, 집단 자율성, 자발성이 새로운 형태의 사회통제에 의해 대체되어온 식민화된 영역이다.

푸코가 구체제와 근대 사회를 대립시켜 기술하는 것은 분명 신분제국가의 매개적 정치체들을 이상화하기 위한 것이 아니다. 반면 적어도 토크빌에서 그러한 매개적 정치체들은 국가의 행정권력을 제한하는 정치활동의 핵심적 장소였다.[62] 실제로 푸코의 저작 속에는 의회의 틀 내에서 이루어지는 정치적 행위유형과, 행정적 권력관계에 전형적인 국가행위 간에 어떠한 체계적인 구분도 존재하지 않는다.[63] 하지만 토크빌로 하여금 결사체, 자율성, 대항권력이라는 과거 형태들에 대응하는 근대적 등가물을 찾게 만든 것은 바로 그러한 종류의 구분이었다.[64] 그런데 푸코의 이론에 따른다면, 그러한 노력은 실패할 수밖에 없는 것이었다.

푸코는 또한 (니스벳이 그랬던 것처럼) 옛 매개체들이 보장하던 문화

---

[62] Tocqueville, *The Old Regime and the French Revolution*.
[63] 즉 입법부를 특징짓는 토론, 심의, 논쟁과 관료제적/행정적 의사결정 형태들 간의 구분. 이들 '행위'형태들 간의 체계적인 구분을 분석하고 있는 것으로는 Hannah Arendt, *The Human Condition* (Chicago: University of Chicago Press, 1958)을 보라.
[64] Alexis de Tocqueville, *Democracy in America* (New York: Doubleday, 1969).

적 전통이나 통합적 기능에도 긍정적 가치를 부여하지 않는다.[65] 도리어 푸코가 향수를 가지고 있는 것으로 보이는 것은 절대주의 시대 동안 신분사회의 틈새에서 발생했던 무질서가 주는 기회들이다. 따라서 전통 사회와 근대 사회라는 푸코의 대비가 정확히 지적하고자 하는 것(그리고 다소 이상화하는 것)은 귀족정치의 정치활동도 그리고 공동체적으로 긴밀하게 엮어진 통합된 사회질서의 전통이나 반자율적인 영역도 아니다. 그것이 규명하고자 하는 것은 전근대 시기 사회의 불완전한 통제·규제·조직화·규율과 이것이 창출해냈던 연대와 자발적 반란의 공간이다. 근대 세계의 냉혹한 조직, 규율, 감시기법과 매우 날카롭게 대비되는 것은 바로 이 효율적 통제의 상대적 부재이다. 그리고 푸코 논법의 독창성이 자리하는 곳도 바로 여기이다.[66]

푸코의 테제는 절대주의적 권력의 행사 및 양상의 독특한 성격이 대중 반란의 출현을 고무한다는 것이다. 이 테제는 절대주의 체제에서 이루어진 처벌의 형태와 의미에 관한 분석을 통해 입증된다. 한편으로 범죄자에 대한 '체형' 또는 공개고문과 처형은 주권자의 절대권력을 상징하는 것이자 신민들의 권력결여를 분명하게 표현한다.[67] 공표, 가시성 그리고 현상의 드러냄 모두는 주권자의 배타적 속성—그의 개인적 권력과

---

65) Nisbet, *The Quest for Community*를 보라. 푸코는 어떠한 사회통합 이론도 제시하지 않는다. 그는 분명 사회가 단지 전략적 권력관계와 규율기술을 통해서만 통합될 수 있다고 믿는다. 그는 사회학 이론이 제시하는 다양한 통합 모델(언어, 가치, 규범 또는 상호이해 과정을 통한 사회통합)을 제거하면서도 하나의 대안으로 체계이론이나 교환이론에 의지하지 않기 때문에, 상호작용 형태의 안정화나 권력의 제도화를 설명할 수 없다. Honneth, *The Critique of Power*; Habermas, *The Philosophical Discourse of Modernity*, 287–288을 보라.
66) 물론 두 개의 상이한 권력-진리 체계들을 비교할 수 있는 공통의 척도가 존재할 가능성을 계보학적으로 부정함에도 불구하고 그렇다. 푸코가 분명하게 말하고자 하는 것은 근대 사회의 불균형한 권력관계가 구체제보다 사람들의 일상적 삶에 더 널리 퍼져 있고, 더 침투하여 그것을 더 통제한다는 것이다.
67) Foucault, *Discipline and Punish*, 48.

공적 공간에 대한 그의 독점과 통제를 표현하고 드러내는 수단—이다. 앞서 언급했듯이, 통치권력은 억압과 사법적 통제의 혼합물이며, 주권자는 법을 만드는, 따라서 법 위에 존재하는 사람이다.[68] 여기서 권리담론은 이 권력—사법권과 면책특권—에 관한 담론이다.[69] 주권자의 권력은 그의 법을 위반하는 사람들을 침묵시키고 추방하고 처벌하고 제압하는 권력이다. 범죄는 어디에든 존재하는 주권자의 의지와 신체에 대한 공격, 즉 전쟁 또는 반역으로 해석된다.[70] 범죄자의 신체에 흔적을 남기는 통치권력의 의식(儀式)인 처벌은 주권을 회복하고 재구성한다. 처벌은 개인적이고 임의적인 힘, 공포, 복수를 드러내는 것으로, 주기적인 행사를 통해서 공개적인 것이 되지만 (그리고 이것이 핵심인데) 시공간적으로 불연속적이다.

그것은 두 가지 의미에서 불연속적이다. 첫째, 신분사회의 틀 내에서 권리와 면책특권(푸코의 용어로는 불법행위) 현상은 특권을 지닌 사람들에게 대항권력과 자율적 집단연대의 원천을 이룸으로써, 통치권력이 어디에나 침투하지 않으며 또 불완전하다는 것을 보여준다. 그러나 푸코가 훨씬 더 관심을 보이는 것은 또 다른 유형의 불연속성 또는 '불법행위', 즉 가장 적은 혜택을 받는 계층—인민—의 그것이다. 하위신분들은 그 어떤 긍정적 특권도 가지지 못했지만, "무력과 교활함"에 의해 획

---

[68] 이것이 18세기의 주권에 대한 표준적인 정의였다. 주권 개념의 역사적 이해에 대한 푸코의 논의에 대해서는 *Power/Knowledge*, 92-108을 보라.
[69] 매우 이상하게도 이전에 있었던 별개의 한 강의에서만, 푸코는 주권과 권리가 일반적인 권력체계를 둘러싼 경쟁진영들 간의 투쟁과 관련되어 있다고 주장한다 (*Power/Knowledge*, 103). 이것이 우리가 신분사회와 절대군주의 국가형성 프로젝트 간의 경쟁을 발견할 수 있는 유일한 단서이다.
[70] Foucault, *Discipline and Punish*, 47. 푸코의 설명을 뒤르켐의 『사회분업론』(*The Division of Labor in Society*, New York: Free Press, 1933)에서의 설명과 비교하는 것은 흥미로운 일이다. 실제로 푸코는 고전적인 뒤르켐식 테제를 뒤집고 있는 것처럼 보인다.

득된 관용의 공간으로부터 이득을 얻었다. 이 공간 속에서 불법행위 또는 법과 관습 밖에서 행위하거나 그것들을 무시할 수 있는 가능성이 주기적으로 생겨난다. 푸코에 따르면, "대략적으로 말하면 누군가는 구체제 하에서 상이한 사회계층 각각은 불법행위가 묵인될 여지들을 가지고 있었다고 말할지도 모른다. 즉 규칙의 미적용, 무수히 많은 칙령이나 포고의 위반은 사회가 정치적·경제적으로 작동하기 위한 하나의 조건이었다."[71] 이러한 불법행위의 묵인은 주권자의 덕행이 아니라 군주제적 권력이 지닌 불연속성의 표시였다. 그것은 그러한 권력이 사회체에 상대적으로 취약하게 침투함으로써, 사회 내에 자율적인 연대와 반란이 일어날 수 있는 공간이 존재했다는 것과 연관되어 있었다.

실제로 유일한 실제적 개인, 즉 주권자에 의한 공론장과 행위의 독점에 버금가는, 인민들이 이용할 수 있는 또 다른 형태의 행위와 공론장, 즉 폭동과 반란 역시 존재했다. 이것이 체형의 또 다른 측면이다. 공개 처형 장소에 인민들을 강제로 참석시킨 것이 주권자의 복수의 행사 그 자체를 불법행위의 중심지로 만드는 기회를 제공했다. 달리 말해 구경꾼, 즉 처벌의 보증인이 반란자로 전환되어 처벌권력에 도전할 수 있었다.[72] 푸코가 불법행위―즉 전 주민(부랑자, 빈민, 거지 등)이 참여하는 자발적 연대―와 반란을 결합시키는 곳도 바로 카니발식으로 규칙을 전도하고 권위를 조롱하고 범죄자를 영웅으로 전화시키는 바로 그곳이다.[73] 결집한 민중의 이러한 자발성은 통치권력 그 자체가 통제도 제어도 없이 행사되고 있음을 보여준다. 중앙의 통제에 대한 민중의 저항은 여전히 훼손되지 않은 채로 남아 있는 영역의 자율성, 문화적 전통 그리고 도덕적 자원이 주권자의 권력독점 프로젝트에 반하여 집합적 정체성

---

71) Foucault, *Discipline and Punish*, 82.
72) Ibid., 59.
73) Ibid., 91.

과 연대를 구성할 수 있음을 보여준다. 이러한 민중의 연대는 그것을 폄하하고자 했던 신문과 팸플릿들 속에서 칭송되었다.[74] 이렇게 불연속적 형태의 통치권력에 의해 민중의 불법행동의 공간이 열림에 따라, 그것은 새로운 근대적 양태의 규율과 감시의 표적이 되었다.

통치권력에 관한 푸코의 묘사는 전(前)부르주아적인 대의제적 공론장(repräsentative Öffentlichkeit)에 관한 하버마스의 분석과 매우 유사하다. 둘 다 위엄과 힘의 공개적 표출, 시위 차원에서의 주권의 과잉행사, 권력의 대행자로서의 무력의 과시, 그리고 주권자에 의한 권력독점의 성문화에 초점을 맞추고 있다. 그러나 구체제의 '공적 권력'의 또 다른 측면, 즉 민중계급들의 '불법행위'와 신문에 대한 분석, 그리고 대의제적 공론장과 인민들이 활용 가능한 공론장 간의 상호관계에 관한 분석은 하버마스의 연구에서는 발견되지 않는다. 이것은 중대한 누락이다. 이에 비해 하버마스는 푸코의 설명에서 이상하리만큼 강조되지 않는 절대주의 사회 내 공론장의 두 가지 부가적 차원들—즉 '공직'이라는 용어로 특징지어지는 국가의 새로 생긴 행정기구와 18세기의 카페, 살롱, 문학 클럽, 신문 등에서 나타나는 '부르주아 공론장'의 발전—을 분석한다.[75] 우리가 살펴보았듯이, 하버마스의 연구에서 근대 민주적 정당성의 원리와 (책임을 수반하는) 공적 서비스로서의 공직 개념이 그 기원

---

[74] 따라서 통치권자의 법은 위로부터 강요되는 어떤 것처럼 보일 수도 있었다. 그러므로 법에 대한 범죄자의 도전은 주민의 지원과 연대를 활성화하기도 했다. 범죄자들이 영웅이 될 수 있었던 것은 문제가 되는 것이 지역공동체의 법이 아니라 타자의 법이기 때문이다. 여기서 처벌은 사람들의 마음속에 공포를 심어주지만, 사람들과 주권자 및 그의 법과의 일체감을 창출하지 못한다. 도리어 일체감은 사람들과 그들 자신의 일부로 인식하는 범죄자 사이에서 창출된다. 이것이 바로 인민주권과 자유주의 법학—법을 공동체 전체로부터 나오는 것으로 보고 또 도덕적 주체를 법적 개인의 대응물로 보는 관념에 기초하는—의 주장 하에 범죄자들이 사회의 적으로 창조될 때 변화하는 것이다.

[75] Foucault, *Discipline and Punish*, 27-141.

을 그러한 공론장에 두고 있는 한, 그것들은 근대 사회에서 공적 자유라는 중요한 차원들을 예시해준다.

푸코는 구체제 하에서 일어난 국가형성 과정을 분명하게 인식하고 있지만, 그의 강조점은 하버마스의 그것과 매우 다르다.[76] 푸코는 (국가의 관점에서 볼 때) 점차 평준화되고 있는 주민에 대한 '유용한' 정보—출생, 사망, 건강, 범죄, 빈곤, 복지 등에 관한 인구학적 자료—를 수집하기 시작하여 주권자의 신민을 지식과 권력의 대상으로 전환시킨 것은 바로 새로 출현하고 있던 중앙집중화된 공적 행정기구였다고 지적한다. 이 지식은 주권과 정당성에 관한 사법적 담론과 함께 국가 행정기관들 내에서 출현하고 있던 새로운 형태의 규율권력('생체권력')과 긴밀히 연결되어 있었다.

그럼에도 불구하고 푸코는 새로운 권력기술이 주권자와 신민의 관계라는 사법적 개념을 통해서도 또는 국가와 사회의 대립이라는 측면에서도 이해될 수도 없다고 반복해서 주장한다. 왜냐하면 국가가 새로운 권력기술의 유일한 또는 심지어는 제1차적 원천이 아니기 때문이다. 오히려 그러한 권력기술들은 절대주의 시기 주권의 가시적인 행사와 함께 광범위한 일련의 제도들(수도원, 군대, 진료소, 학교, 공장, 감옥) 속에서 서서히 출현했다. 푸코가 볼 때, 이 과정은 옛 사회의 자궁 내에서 근대적인 것을 탄생시키는 것이었다. 따라서 새로운 형태의 국가를 공직의 위계질서로 강조하거나 그것의 대응물—즉 자유화와 민주화라는 부르주아의 구체적 프로젝트와 함께 시민사회 내에서 출현하는 새로운 형태의 부르주아 공론장—을 언급할 필요는 전혀 없다. 국가관료제의 공적·비인격적·규칙구속적 성격은 행정권력의 범위나 한도를 줄이거나

---

[76] 이 차이에 관한 '친(親)푸코식' 분석으로는 John Rajchman, "Habermas' Complaint," *New German Critique*, no. 45 (Fall 1988): 163-191을 보라. 친하버마스식 설명으로는 Dewes, *Logics of Disintegration*, 144-245를 보라.

제한하는 것과는 전혀 관계가 없다. 도리어 국가관료제는 그것을 보다 효율적으로 만든다. 그리고 추측컨대 부르주아 공론장을 위해 제기된 주장들은 개혁가들의 담론의 일부로 충분히 다루어질 수도 있을 것이다. 하지만 우리가 보기에 이것은 중대한 오류이다. 왜냐하면 국가의 범위와 다른 사회적 형태의 규율권력을 제한하고자 하는 집합행위자들의 손에서 중요한 무기가 되는 것도 바로 근대 시민사회의 영역에서 출현하고 있는 이 새로운 형태의 공론장, 결사체, 권리이기 때문이다.

푸코가 하나의 권력형태로서의 주권이라는 개념을 구체제에 한정시키기로 이론적으로 결정한 결과, 그는 실제로 그 권력형태의 사법적 차원(권력의 본래의 소재지와 권력의 합법성과 정당성)에만 배타적으로 초점을 맞추고 모든 담론을 시대착오적이라고 선언할 뿐인 개혁가들의 의견에 동의한다. 따라서 권리, 계약, 인민주권 및 유사한 주제들에 관한 논의는 왕의 속성을 그저 '인민'에게 전도시키거나 귀속시키는 것에 지나지 않는다. 왕의 권력이라는 대표자의 공공성 대신에 개혁가들이 인민을 위해 주장한 공공성이 그들이 새롭게 획득한 주권과 그들이 국가권력(즉 법)을 제한하는 양식을 표현하게 된다. 하지만 그 담론이 근대 권력관계의 실제 소재지를 벗어나서 발생하는 경우, 그것은 부수현상일 뿐이다.[77] 국가, 주권, 동의, 계약, 권리와 관련한 개혁가들의 권력논의는 권력이 여전히 공적이고, 특정 지역에 한정될 수 있고 제한 가능하다는

---

77) "이 문제를 국가의 측면에서 제기하는 것은 그것을 주권자와 주권의 측면에서, 말하자면 법의 측면에서 계속해서 그것을 제기하겠다는 것을 뜻한다. 만약 누군가가 이 모든 권력현상을 국가기구에 의존하는 것으로 묘사한다면, 그것은 권력현상을 본질적으로 억압적인 것으로 파악한다는 것을 뜻한다. ……내가 국가가 중요하지 않다고 말하고자 하는 것은 아니다. 내가 하고 싶은 말은 권력관계 그리고 따라서 그러한 관계들을 구성할 것이 틀림없는 분석은 국가의 한계를 넘어 확장될 수밖에 없다는 것이다. ……국가는 신체, 섹슈얼리티, 가족, 친족, 지식, 기술 등에 투여되는 일련의 모든 권력 네트워크에 대해 상부구조적이다."(Foucault, *Power/Knowledge*, 122)

것을 함의한다. 달리 말해 자유주의적인 사법적 권력 개념은 새로운 지배양식의 본질을 놓치고 있다. 헌법과 의회에 구현되어 있는 권리와 공공성의 체계에 초점을 맞추는 것, 즉 국가의 발전과 민주화를 강조하는 것은 근대 사회에서 작동하는 권력의 실질적 동학에 현혹당하는 것이다.

따라서 푸코는 이행기의 개혁담론—주권, 동의, 정당성이라는 테마와 함께, 인간의 존엄성 관념 속에서 그 법적 한계를 발견하는, 즉 범죄자들의 본래 모습을 파괴하기보다는 회복하는 것을 지향하는 견해를 가지고 인간적으로 처벌하는 투명한 권력이라는 개념—은 결코 제도화되지 않고 또 제도화될 수도 없었던 유토피아적인 사회 모델을 만들어낸다고 주장한다. 그럼에도 불구하고 이 담론은 의도하지 않았던 일정한 결과들을 가져온다. 그 결과들 중 가장 중요한 것이 처벌 '권리'가 주권자인 군주로부터 '사회'로 이전한 것이다. 그리하여 실제로 처벌이 관대해진다. 그러나 이것은 범죄가 더 이상은 군주(즉 타자)의 주권에 대한 공격이 아니라 전체로서의 사회(우리)에 대한 공격으로 이해되어, 사법적·도덕적 주체를 재출현시키기 위해 위반자를 이전의 상태로 회복시켜야만 하는 '공공의 적' 또는 극악무도한 사람으로 전환시킨 것이 가져온 당연한 결과이다. "자신의 법을 재발견한 사회는 그 법을 위반한 시민을 상실했다."[78] 달리 말해 일단 범죄가 사회 자신의 법을 위반하는 것으로 이해되고 나면, 민중의 불법행위와 범죄자들 간의 연대는 끊어진다. 실제로 주민들과 법을 거부하는 위반자, 반란자, 범죄자 간의 연대의 파괴가 개혁가들의 프로젝트의 실제 표적이라는 것이 입증된다.[79] "심지어 가장 일반적인 정식화 속에서조차 개혁운동의 진정한 목적은 공평한 원칙에 입각하여 새로운 처벌권리를 확립하는 것이 아니라 새로운

---

78) Foucault, *Discipline and Punish*, 110.
79) Ibid., 63.

처벌권력의 경제를 수립하여…… 이 권력이 모든 곳에서 작동할 수 있는 동질적인 회로를 따라 연속적인 방식으로 사회체의 가장 미세한 부분에 이르기까지 분포될 수 있게 하는 것이었다."[80]

처벌권력을 사회체 내로 보다 깊숙이 끌어들이는 것은 두 가지 것을 달성할 수 있었다. 그 하나가 민중의 불법행위―그간 이것을 다루는 데 너무나도 많은 비용이 들었다―를 통제할 수 있게 된 것이고, 다른 하나는 보다 효율적인 권력경제를 발전시킨 것이다. 물론 개혁가들의 프로젝트 중 가장 감탄할 정도로 이 목표에 부합했던 차원은 규율기술의 이점을 발견한 것이었다. 벤담의 파놉티콘은 합법성, 인민주권, 권리, 정당성에 관한 그 어떤 이론보다도 푸코를 더 큰 소리로 대변한다. "자유를 발견했던 '계몽주의'는 규율 또한 발명했다."[81] 따라서 한편에서 개혁가들의 담론이 범죄와 그것에 대한 적절한 처벌을 규정하는 처벌권력과 법의 가시성, (재판과 판결의) 공공성, 투명성과 함께 작동한다. 다른 한편에서는 은밀하고 연속적이고 자율적인 처벌과정을 포함하는 규율기술―요컨대 합법성의 저편에서 사회체와 사법권력 모두와 분리되어 있는 하나의 권력―이 발견된다. 사법적 모델은 사법적 주체를 사회 속으로 재통합한다. 반면 규율기술의 실행은 복종하는 주체와 순종적인 신체를 창조한다. 그렇기에 푸코가 볼 때, 우리가 구체제에서 새로운 체제로 이행하면서 나타나는 근대적인 것의 씨앗을 찾기 위해 살펴보아야만 하는 것은 새로운 형태의 공공성, 입법, 합법성이 아니다. 오히려 우리는 사회제도 속에서 발전하고 개혁 프로젝트 속에서 드러나는 새로운 권력기술을 살펴보아야만 한다. 주의를 기울일 만한 가치가 있는 담론은 인간과학의 담론들이다. 왜냐하면 인간과학은 새로운 규율기술과 함께 근

---

80) Ibid., 80.
81) Ibid., 222.

대적 개인을 구성하고 그러한 개인에 대해 학습하고 통제하는 수단을 제공하기 때문이다. 거기에는 한 가지 주목할 만한 새로운 중요한 형태의 '공공성'이 존재한다. 그러나 그것은 선거, 입법, 권리, 법원 등의 공공성이 아니다. 오히려 그것은 이제는 비가시적이 된 권력의 눈앞에서 나타나는 예속화되고 개별화된 개인들의 가시성—처음에는 폐쇄된 시설의 감독관에 대한 수감자들의 가시성, 그러나 궁극적으로는 전체 사회에 앞에서의 일탈자들의 가시성—이다.

따라서 '근대화'에 대한 계보학적 접근방식은 시민사회의 원리—합법성, 권리, 다원성, 공공성—를 근대 사회 내에서 새로운 형태의 자율적 결사체와 연대가 이루어지는 공간이 출현하는 토대로 보는 그 어떠한 해석도 가망 없는 순진한 것이라고 폄훼한다. 푸코가 근대의 규율권력을 완전하고 연속적인 것으로 보기 때문에, 그리고 그가 권리를 그러한 권력의 정박지로 (때로는 기능주의적으로, 때로는 구성주의적으로) 해석하기 때문에, 그는 근대의 시민적·정치적 자유가 이전 시기의 면책특권처럼 자율성, 결사체, 연대, 그리고 집단적 삶과 새로운 정체성의 자기구성 및 대항권력의 발전을 위한 공간 또한 확보한다는 것을 인식하지 못한다. 그리고 이것이 바로 그럼에도 불구하고 그가 여전히 가능하다고 믿는, 생체권력에 대한 저항이 일어나기 위해서는 필수불가결한 조건이다. 게다가 푸코의 실증주의적 태도와 개혁가 프로젝트의 전략적 차원에 대한 강조는 그로 하여금 새로운 규율기술을 '진정한' 혁신으로 보게 하는 경향이 있다. 이에 비해 근대 시민사회의 규범적·상징적인 원리들은 부차적인 것—기껏해야 규율권력에 기능적이기는 하지만 궁극적으로는 규율권력과 무관한 부속물—으로 나타난다.[82]

---

[82] 심지어 구체제에 관한 분석에서도 나타나는, 사회적 삶의 상징적 차원에 관한 푸코의 실증주의와 환원주의에 대한 비판으로는 Flynn, "Foucault and the Body Politic"을 보라.

이러한 점에도 불구하고, 근대 사회의 출현에 관한 푸코의 분석은 분화를 근대화의 핵심요소로 보는 테제를 전적으로 부정하지는 않는다. 실제로 권력기술의 발생과 현대 사회 내에서 이루어지고 있는 이 기술의 전면화에 관한 그의 논의는 분화를 전제로 하고 있다. 잘 알려진 바와 같이, 푸코는 다양한 프로젝트와 이해관계들이 한데 어우러져 새로운 처벌, 규율, 통제의 정치경제학을 만들어냈다고 주장한다. 그는 계몽주의 철학자들과 그와 관련된 사회집단들이 그러한 변화에 기여했지만, "그것이 그들만으로 가능했던 것은 아니었다"고 주장한다. "왜냐하면 처벌권력과 그 효과를 새로 분배하는 이 전체 프로젝트에서 많은 상이한 이해관계들이 한데 어우러졌기 때문이다."[83] 베버를 따라 푸코는 특정한 규율기법들이 수도원, 군대, 공장, 감옥과 같은 독특한 제도들 속에서 독립적으로 그리고 국지적으로 발견되었다고 주장한다. 물론 다양성이 분화와 동일한 것은 아니다. 그것들 중 일부는 국가제도이고, 다른 것들은 사회제도이다. 하지만 푸코는 근대 권력기술의 발생은 아니지만 그것의 전면화 배후에서 작동하는 이해관계를 밝히는 데에서는 국가와 사회를 분리한다. 실제로 푸코가 마르크스주의 계급이론과 국가권력 이론을 거부함에도 불구하고, 규율-규제권력의 전면화와 관련된 두 가지 부류의 이해관계는 바로 부르주아와 행정국가의 그것으로 판명된다. 이번에는 이들 각각에 대해 살펴보기로 하자.

구체제를 근대화하는 사회 내에서 군주의 임의적인 권력과 신분사회에 대항하는 투쟁 이면에는 주요한 일단의 이해관계가 존재한다. 민중의 불법행위, 특히 재산권과 관련된 불법행위를 제거하고자 하는 부르주아들의 관심이 그것이다.[84] 푸코에 따르면, 민중의 불법행위에 대한 엄격

---

83) Foucault, *Discipline and Punish*, 81.
84) Ibid., 85.

한 진압이 요구되었던 것은 그 어떤 것보다도 더 상업자본과 산업자본의 축적을 보호할 필요 때문이었다.[85]

> 본질적으로 이러한 재산상의 불법행위와 관련하여 지속적인 치안유지의 필요성이 대두되었다. 혼란스럽고 부적절한 다수의 기관에 기초한 종래의 처벌권력의 경제를 제거하는 것이 필요하게 되었다. ……연속성과 항구성의 경제가 소모와 부절제의 경제를 대체할 수 있는 처벌전략과 기법을 정의하는 것이 필요하게 되었다.[86]

요컨대 자본주의 시장경제가 출현하여 작동하기 위해서는 형벌개혁이 필수적이었다. 이로부터 예측할 수 없는 주권자의 '상부권력'에 대항하는, 그리고 특권을 획득하고 불법행위를 묵인받은 '하부권력'에 대항하는 투쟁이 발생했다. 따라서 절대주의에서 근대 세계로 이행하는 과정에서 수반되는 일단의 혼란스런 이해관계와 목표들 중에서 푸코는 새로 분화된 구조, 즉 자본주의 시장체계와 그것을 위해 필요한 특수한 조건들이 갖는 중요성을 강조한다.

부르주아의 계급이해 또한 근대 권력형태의 두 번째 차원, 즉 규제적 생체권력의 발전 속에서 문제에 봉착한다. 여기서 푸코는 중간계급 그리고 특히 하층계급의 섹슈얼리티가 일반적인 그리고 철저한 노동윤리와는 양립할 수 없었기 때문에 억압되어야만 했다는 네오마르크스적 테제를 명백히 거부한다.[87] "우선적인 관심사는 착취당하는 계급의 성을 억압하는 것이 아니라 '지배'계급의 신체, 활력, 수명, 혈통, 계승이었

---

85) Ibid.
86) Ibid., 87.
87) Foucault, *History of Sexuality*, 6. 그러나 다소 모순적인 주장에 대해서는 114쪽을 보라.

다."88) 부르주아 자신이 고안한 권력기술과 지식을 그들 자신의 성(性)에 투자하는 것 속에는 부르주아의 자기확인, 그리고 건강하지 못한 하층신분들과 퇴락한 귀족들로부터 자신들을 하나의 계급으로 구분해야 할 필요성이라는 이해관계가 작동하고 있다. 이것은 부분적으로 신체상의 건강(즉 힘, 활력 등의 무한한 확장)에 초점을 맞추는 생물학적, 의료적 또는 우생학적 법칙을 구실로 하여, 혈연에 기초하는 귀족의 카스트 예절을 부르주아 예절로 치환하는 것을 수반했다. 규제적 생체권력이 인구의 나머지 부분으로 일반화된 것은 오직 그 이후 19세기 후반에 들어서였다. 즉 (학교교육, 주택정책, 공중위생, 구호제도와 보험제도, 전 주민의 보편적 의료화를 통해) 견실하고 유능한 노동력과 안전한 통제기술을 발전시켜야 할 필요성이 제기된 후에야, 프롤레타리아는 신체와 섹슈얼리티를 부여받았고, 중간계급의 가치를 강요받게 되었다. 하지만 이것이 "섹슈얼리티는 원래 역사적으로 부르주아적이다"라는 중심 주장에 이의를 제기하지는 않는다.89)

푸코의 분석에서 국가와 국가의 이해관계가 차지하는 위치는 다소 더 모호하다. 한편에서 주권 모델에 대한 비판이 의도한 것은 우리가 권력의 중심 소재지 또는 규율기법 창출의 핵심 세력으로서의 국가로부터 다른 곳으로 눈을 돌리게 하는 것이었다. 다른 한편으로 규율권력의 기술을 발전시켰던 장소의 대부분은 (푸코의 준거대상인 프랑스에서는) 국가기구, 이를테면 군대, 학교, 진료소, 감옥 등이었다. 게다가 푸코는 "왕권절대주의의 가장 직접적 표현"인 중앙집중화된 경찰조직의 발전에 막대한 중요성을 부여한다.90) 왜냐하면 범죄행위에 대한 감시와 경제적·정치적 감독이라는 이전의 파편화되어 있던 기능을 양도받아, 그

---

88) Ibid., 123.
89) Ibid., 127.
90) Foucault, *Discipline and Punish*, 213.

기능들을 하나의 단일한 행정기관 속으로 통합함으로써 통제의 연속성을 보장하는 것이 바로 국가의 경찰조직이기 때문이다. 그리고 이 국가주권의 차원은 근대 세계로의 이행에도 불구하고 어쨌든 지속된다. 푸코가 국가가 규율권력의 유일한 원천이라고 주장하지는 않지만, 그는 "18세기의 경찰기구라는 조직이 국가 자체와 같은 시공간에 존재하게 된 규율의 일반화를 재가했다"고 인정한다.[91] 사실 국가기구의 주요 기능은 규율이 전체로서의 사회를 지배하도록 보장하는 것이었다.[92] 잠재적 또는 실제적 규율행사의 연속성과 함께 이 규율의 폭이 넓어지는 것이 근대적 지배의 특징이다. 따라서 부르주아에 관해 이야기되어온 것이 또한 국가에 대해서도 이야기될 수 있다. 즉 새로 분화된 중앙집중화된 행정적 국가기구 또한 과거의 예측 불가능하고 값비싼 인격적 형태의 권력을 폐지하고 그것을 새로운 기법들로 대체하는 데 관심을 가졌다. 따라서 규율권력을 일반화하는 핵심적 행위자로서의 국가는 근대 세계로의 이행에 관한 푸코의 설명에서도 중요한 역할을 한다.

국가의 이해관계는 또한 생체권력의 전면화에서도 중심적인 역할을 한다. 18세기의 시작과 함께 우리는 전염병과 기근에 의한 대참사의 종식과 부의 증대가 수반한 인구성장을 목도했다. 그 결과 죽음에 대한 사회의 우선적 관심이 생명을 관리하고 인구를 증가시키는 것에 대한 관심으로 대체된다. 따라서 국가는 국가권력을 증대시키는 하나의 수단으로, '인구'라는 이 새로운 실체의 건강, 부, 인력, 자원, 재생산, 복리에 관한 정보를 수집하고 통제하는 데 관심을 가지게 되었다. 무질서의 억제보다는 집합적·개인적 힘의 극대화를 포함하는 정보수집과 감독이 이제 경찰의 자연스러운 기능이 되었다.

---

91) Ibid., 215.
92) Ibid., 216-217.

우리는 그것[성]의 규제에 대한 지혜를 통해 국가의 내적 권력을 공고화하고 증대시켜야만 한다. 그리고 이 권력이 공화국 일반과 공화국을 구성하는 성원들 각각에 존재할 뿐만 아니라 공화국에 속한 사람들의 능력과 재능 속에도 존재하기 때문에, 경찰은 이들 수단에 관심을 기울여 그것들이 공적 복리에 기여할 수 있도록 만들어야만 한다. 그리고 경찰은 오직 그러한 상이한 자산들에 대해 그들이 가지고 있는 지식을 통해서만 그러한 결과를 달성할 수 있다.[93]

따라서 통제 하에 있는 주민의 생명과 쓸모를 관리하고 최적화하고자 하는 목적에서 새로 출현하고 있는 학문들이 산출해낸 권력-지식에 대한 국가의 관심은 생체권력의 전면화에서 정점에 달한다.[94] 성은 이 인구의 정치경제학에서 중심을 차지하고 있었다. 즉 "국가는 자신의 시민들의 성과 관련하여 어떤 일이 발생하고 있었는지 그리고 시민들이 성을 어떠한 용도로 사용했는지를 아는 것이 반드시 필요했다."[95] 왜냐하면 권력은 생명, 종(種), 인종, 인구라는 대규모 현상의 수준에 위치하고 또 그 수준에서 행사되기 때문이다. 실제로 푸코에 따르면, 국가가 생명과 인구에 기울이는 새로운 관심이야말로 사회가 '근대 세계의 문지방'을 넘은 것을 알려주는 표지이다.[96]

게다가 19세기 후반 무렵 이들 두 가지 권력형태―규율과 인구규제―와 이들 권력의 전면화 이면에 존재하는 두 가지 거대한 이해관계들이 화해하게 되었다는 것이 푸코의 테제인 것처럼 보인다. 이들 기법은 "자신들의 정치적 유용성을 드러내고 경제적 이윤에 자신을 대여하

---

93) Foucault, *History of Sexuality*, 25.
94) Foucault, *Power/Knowledge*, 171.
95) Foucault, *History of Sexuality*, 26.
96) Ibid., 143.

기에 이르렀다. ……갑자기 그 기법들은 포괄적인 메커니즘과 전체 국가 체계에 의해 식민화되고 유지되게 되었다."⁹⁷⁾ 이러한 발전의 정점이 분명 현대 복지국가이다. 복지국가는 규제적 통제를 통해 사회적인 것을 크나큰 '공적' 관심을 받는 독특한 대상-영역으로 구성하는 동시에, 사회의 규율과 제도들이 이미 완성시킨 규율적인 고백기법들을 사용하여 사회적인 것을 통제한다. 하지만 푸코의 설명에 입각할 때, 시민사회에 침투하여 그것을 식민화하는 것은 경제나 국가의 논리가 아니다. 푸코가 볼 때, 기능적 이성이 거꾸로 작동한다. 즉 시민사회의 제도와 관행들이 권력기술을 만들어내면, 그 다음에 국가와 부르주아가 그 기술을 취하여 전면화한다.

이것이 푸코의 권력관계에 대한 분석에서 국가가 차지하는 위치와 관련하여 우리가 지적해온 모호성을 해결할 수 있는 실마리를 제공할 것임이 틀림없다. 푸코가 권력의 탈집중화와 탈제도화를 주장하면서도 국가기구를 규율-규제 권력의 핵심적 소재지로 보기 때문에, 논평자들은 그의 분석 전반에서 국가가 차지하는 위치에 대해 정반대의 해석들을 제시해왔다. 그중에서도 특히 악셀 호네트(Axel Honneth)는 푸코의 탈집중화된 권력이라는 개념을 근거로 하여 그가 국가를 전적으로 무시하고 있다고 비난한다.⁹⁸⁾ 하지만 피터 듀스(Peter Dewes)는 수용소, 진료소, 감옥이라는 다양한 규율제도들을 분석하면서 "푸코가 개입과 행정통제가 처음부터 근대 국가를 규정해왔다는 것을 보여주고 싶어 한다"고 주장한다.⁹⁹⁾ 듀스에 따르면, 푸코의 관심은 국가기관의 사회영역 개입이 직접적인 정치적 지배관계로부터 경제가 해방된 것보다 더 근본적인 근대 사회의 특징이라는 것을 보여주는 것이었다.¹⁰⁰⁾ 어떤 해석자가

---

97) Foucault, *Power/Knowledge*, 101.
98) Honneth, *The Critique of Power*, 157-175.
99) Dewes, *Logics of Disintegration*, 145-146과 여러 곳.

볼 때는 국가는 근대 권력관계에서 어떠한 역할도 하지 않지만, 또 다른 해석자가 볼 때는 국가는 모든 것이다.

푸코는 이러한 모호성에 대해 직접 질문을 받았다. 그의 답변은 국가, 경제, 사회가 근대 사회체계 내에 존재하는 세 가지 별개의 요소들이며, 그것들 각각은 자신만의 권력관계, 규율기술, 작동양식을 가지고 있다고 시사했다.[101] 비록 국가(정부의 행정부)[102]가 사회의 규율권력의 조정 중심지가 되기는 하지만, 즉 비록 국가의 행정기관들이 사회제도에 침투하기는 하지만, 그럼에도 불구하고 그것들은 그것들 나름의 형상과 '상대적 자율성'을 지닌 특수한 내적 권력관계들을 보유한다.[103] 국가가 주권자로서가 아니라 정부로서[104] 사회에 침투하지만, "규율기능이 국가기구에 의해 단번에 몰수되어 흡수되었다고 생각하는 것은 잘못일 것이다."[105] 요컨대 푸코는 국가가 권력관계의 전 영역을 차지할 수 없으며, 단지 하나의 상부구조로서 국가가 관련을 맺고 있는 가족, 지식, 기술, 공장, 섹슈얼리티 등과 연관된 기존의 권력관계에 기초하여 작동할 수 있을 뿐이라고 주장한다. 국가는 무수히 많은 규율기술의 소재지들 중 하나일 뿐이다.

우리는 푸코가 묘사하는 권력양상처럼 그의 목적도 국가가 아니라 사

---

100) Ibid. 이것이 국가개입을 상대적으로 최근의 현상으로 파악하는 고전 자유주의 이론 및 네오마르크스주의 이론과 그의 분석을 구별시켜주는 것이다. 듀스는 삼분 모델을 분명하게 사용하고 있으며, 그의 푸코 해석은 시민사회가 처음부터 권력관계와 지배에 침투당해온 영역이라는 결론에 이른다.
101) Foucault, *Power/Knowledge*, 188.
102) 푸코의 '국가의 정부화'(governmentalization of the state) 이론에 대한 논의로는 Barry Smart, *Foucault, Marxism, and Critique* (London: Routledge, 1983), 119-122를 보라.
103) Ibid., 188.
104) Ibid., 116-119.
105) Foucault, *Discipline and Punish*, 215.

회를 가시화하는 것이라는 데 주목해야 할지도 모른다. 그리고 물론 그가 권력관계가 근대 사회의 어떤 한 장소에만 배타적으로 위치하지도 또 그곳으로부터 나오지도 않는다고 주장하는 것은 옳다. 그렇지만 그의 일부 정식화가 우아함에도 불구하고, 그는 그의 해석자들이 분명하게 제기하는 딜레마를 해결하지는 못한다. 오히려 그는 이율배반적 입장들 모두의 정당함을 인정하는 것처럼 보인다. 그러나 만약 국가가 규율권력의 여러 소재지들 중 단지 하나에 불과하다면, 근대 국가의 의미 자체가 사라진다. 왜냐하면 근대 국가라는 용어는 (합법적인) 전쟁과 폭력수단을 독점하는 데, 그리고 비연방 정치의 경우에는 행정수단을 독점하는 데 성공한 분화된 실체를 지칭하기 때문이다. 이러한 '기구'는 결코 많은 것들 중의 '하나'일 수 없다. 국가주권을 부정하기 위하여 탈집중화된 권력이라는 테제를 사용함으로써, 푸코는 (정반대의 이유 때문임에도 불구하고) 철학적 다원주의자들의 입장을 재생산한다. 그리고 사회에 존재하는 어떤 다른 권력결사체나 권력조직과 유사한 것이 되어버린 국가는 더 이상 결코 국가가 아니라는 카를 슈미트의 반론에 스스로를 노출시킨다. 만약 역으로 국가가 규율권력의 조정 메커니즘이라면, 만약 사회제도가 국가행정에 필요한 지원자이자 보완물이라면, 만약 사람들이 사회제도 내에서 지배에 상응하는 형태들을 발견할 수 있다면, 요컨대 만약 '사회'라는 것이 행정기구가 자신의 역할을 수행하는 장에 해당한다면, 실제로 국가는 또는 적어도 국가의 '논리'나 작동방식은 모든 곳에 존재하게 된다. 그러나 이것은 오직 '전체주의' 체제가 지니는 상징적 의미와 관련해서만 설득력 있는 관념일 뿐이다.[106]

푸코가 두 입장 모두를 유지할 수 있는 까닭은 그가 국가와 사회를 오

---

[106] 푸코식의 관점에서 보면, '전체주의' 또는 근대 '권위주의' 체제들과 서구 민주주의가 정확히 어떻게 구분되는지가 불분명하다.

직 전략적 권력관계라는 관점에서만 바라보기 때문이다.[107] 실제로도 국가, 사회, 경제는 본질적으로 동일한 내적 동학을 지니고 있는, 그리고 앞서 진술했듯이 그것에 상응하는 권력기술을 가지고 있는 세 가지 전략적 장으로 제시된다. 근대 세계는 사회에 침투하는 국가에 의해서도 또는 국가에 침투하여 그것을 통제하는 사회경제적 권력에 의해서도 특징지어지지 않는다. 오히려 근대 세계는 규율적인 권력기술과 전략적인 권력관계가 서로 다른 영역 각각에 침투하는 것과 관련하여 구성된다. 이것이 의미하는 것은 국가, 경제, 사회가 어떤 특정한 형태의 행위, 통합양식 또는 상호작용의 합리성과 관련해서가 아니라 단지 어찌하다 보니 따로따로 분리된 권력의 장소들로 서로로부터 분화된다는 것이다. 이러한 분화는 어떠한 차이도 만들어내지 않는 것으로 보인다.[108]

---

[107] 다음을 보라. Honneth, *The Critique of Power*, ch. 5; Habermas, *The Philosophical Discourse of Modernity*, 266-294. 네오마르크스주의적 설명으로는 Smart, *Foucault, Marxism, and Critique*, 120-122를 보라. 스마트는 사회적인 것에 관한 푸코의 분석과 그의 제자인 동즐로(Donzelot)의 분석 모두에 대해 간략하게 논의한다. 푸코와 동즐로에 따르면, "사회적인 것은 하나의 특정한 역사적 사건―즉 생산적 또는 실증적 권력을 주민에게 행사하는 제도와 기능의 네트워크 또는 중계소가 출현했다는 것―을 의미한다."(122쪽) 사회적인 것의 출현은 경제변동의 결과로부터 '보호되고' 어느 정도의 안전을 보장받아야 하는 삶의 차원들을 지칭한다. 따라서 사회적인 것과 그와 관련된 (출산력, 수명, 건강, 경제활동, 복리, 교육과 같은 인구 차원을 다루는) 수단과 메커니즘들은 사회에서 권력이 개인들에게 행사되는 방식의 변화와 사회 내에 존재하는 하나의 특수한 결속형태를 상징한다. 전자가 행정적·기술관료제적 사회관리 방식을 통해 획득된 지식과 관련이 있는 권력행사라면, 후자, 즉 연대는 통제를 통한 지원―이는 사회복지 프로그램에서 전형적으로 나타난다―을 완곡하게 표현한 것이다. 두 경우 모두에서 '사회적인 것'은 자동적인 그 무엇이 아니라 권력기법의 산물로, 말 그대로 통제기법을 통해 창출되는 대상이다.

[108] 이 모든 것에서 여전히 불분명하게 남아 있는 것은 국가와 부르주아에 의한 권력관계의 전면화가 정확히 무엇을 의미하는가 하는 것이다. 그것은 국가, 사회, 경제의 탈분화에 관한 하나의 이론인가? 아니면 그것은 후기 자본주의 복지국가에 관한 이론인가? 그것은 우리의 관심을 국가 또는 사회 또는 경제의 민주화 프로

시민사회의 부정성과 사회적인 것의 상실

푸코는 우리에게 근대 시민사회의 어두운 면에 관해 심히 혼란스러운 분석을 제시한다. 앞서 지적했듯이, 이제 근대 시민사회의 구성요소—새로운 형태의 개인성, 주체성, 권리, 다원성, 공공성, 합법성, 사회성—의 발전은 "자유를 증진"(마르크스)시키기는커녕 단지 권력관계의 한 가지 결과에 지나지 않는 것으로 등장한다. 요컨대 시민사회는 그것의 부정성과 같은 것이 된다.

이러한 개념이 놓치고 있는 것은 바로 사회적인 것이라는 독특한 개념이다.[109] 이것이 푸코가 우리에게 권리와 민주주의에 관한 그토록 과도하게 일차원적인 논의를 제시하는 진짜 이유이다.[110] 우리의 주장을 펼치기 위해서는 이들 근대 시민사회의 핵심적 구성요소 각각에 대한 푸

젝트로부터 딴 데로 돌려, 정당성 문제를 세력관계의 문제로 얼버무리려는 것은 아닌가? 권력이 전면화된다면, 전면화된 권력에 대한 저항은 어떻게 되는가? 푸코의 텍스트들 속에는 이러한 혼란스러운 질문들에 대한 답변이 전혀 존재하지 않는 것처럼 보인다.

109) 푸코는 사회적인 것을 일단의 권력관계—그 속에서는 전략적 계산의 '상호성'을 통해서만 행위가 조정된다—의 총합으로 축소하는 것처럼 보인다. 그러나 적어도 뒤르켐이 스펜서의 사회계약 모델을 비판한 이래로, 전략적 형태의 상호작용만으로는 사회적 유대 또는 보다 근대적인 용어로 표현하면 사회통합을 유지하는 데 충분하지 않다는 것은 사회학자들에게 이미 분명해졌다. 하지만 만약 과거의 모든 연대, 전통, 자율적 결사체들이 실제로 같은 형태를 하고 있는 것이라면, 만약 규범이 정상화의 도구라면, 사회적 유대가 권력이 아니고 무엇이겠는가? 우리가 앞으로 살펴보듯이, 사회적인 것에 관한 이러한 일면적인 개념은 푸코의 저항이론에서 가장 중요하다. 왜냐하면 이 개념은 그에게 전략적 상호작용의 논리로 환원될 수 없는 연대, 결사체, 사회적 유대의 형태들을 전제로 하는 집합행위의 논리 또는 심지어 그것의 가능성을 설명하는 데 필요한 개념적 수단조차 남겨놓지 않기 때문이다. 역설적이게도 구체제 분석에서 제기되는 국가의 '상실'이 새로운 체제의 논의에서는 사회의 '상실'로 보충된다.

110) 푸코의 저작에 민주주의에 관한 논의가 부재하다는 것에 관해서는 Flynn, "Foucault and the Body Politic," 65-84를 보라.

코의 평가를 다시 검토할 필요가 있다.

우리는 이미 푸코에서 사법적 주체가 단지 규율권력의 조연자에 불과하다는 것을 살펴보았다. 권리를 부여받은 근대의 법적 인간은 자율성을 나타내기는커녕 규율적 통제에 기능적인, 심지어는 그것의 산물인 근대 개인성의 한 가지 차원이다. 규율은 주시, 지속적인 감시, 분류, 분할, 등급 매기기, 검사, 훈련, 평가를 통해 신체에 권력관계를 투여함으로써 사법적 주체의 물질적 대응물을 창조한다.

그러나 근대 개인에 관한 푸코의 계보학은 사법적 주체의 '법적 허구'의 이면을 폭로하는 일에 자신을 한정하지 않는다. 즉 그것은 근대의 자기성찰적 주체성 그 자체에 대한 공격으로 확대된다.[111] 규율관행은 주체를 객관화하여, 그 각각의 부분들이 권력의 한 가지 결과인 일단의 이분법들—즉 미침/제정신, 질병/건강, 범죄자/선량한 시민, 비정상/정상—을 창출한다. 헤겔이 근대 시민사회의 두 가지 핵심적 성과로 파악한 것—법적 인간의 추상적 권리와 도덕적 주체의 주관적 자유의 원리 (이때 도덕적 주체의 의도와 의지는 행위에 대한 판단을 통해 고려되어야 한다)[112]—이 푸코의 손에서는 권력관계의 산물이 된다. 도덕적 주체는 인간을 대상화하는 과학, 즉 범죄학, 사회학, 의학, 심리학, 정신병학, 통계학, 인구학 등의 도움을 받아 감시와 검사를 통해 행사되는 정상화 판단의 결과이다. 게다가 도덕적 주체의 '허위의식' 창출이 가치와 규범의 '내면화'를 통해 이루어지지 않듯이, 이 주체의 해방도 '진정한' 의식의 발전을 통해 이루어질 수 없다. 지식과 자기성찰이 시작되는 곳

---

111) 다음의 글에 제시된 설명을 보라. Dewes, *Logics of Disintegration*, 145-199. 이것은 주체철학에 대한 비판과 연결되어 있다.
112) 이것은 근대 세계의 이 같은 '성과'에 관한 헤겔의 논의에 근거한 것이다. 녹스의 번역본 *Hegel's Philosophy of Right* (Oxford: Oxford University Press, 1952), 75-104를 보라.

에서도 권력은 멈추지 않는다. 오히려 지식, 진리, 주체성, 성찰적 의식은 객관화되고 있는 규율의 공동생산자이자 그 산물이다. 그것들은 간수, 의사, 교사의 정상화 시선과 함께 권력/지식에 종속된 대상이다.

물론 정신 또는 프시케의 경우에도 마찬가지이다. 이것들은 자기인식이라는 해방적 과정의 산물이 아니라 '사목권력'의 산물이다. 교회에 의해 시작된 사목권력의 자기감시, 자기심문, 고백기법과 그것을 통한 자아구성과 자기규율은 근대 문화와 사회 속으로 세속화되고 일반화되어 왔다. 따라서 개인화의 정치적 축은 중세 사회로부터 근대 사회로 이행하는 것과 함께 역전되었다. 개인이나 집단의 권력, 위세, 지위를 반영하는 상승적 개인화가, 규율기법에 의해 예속화되고 또 그것에 종속되어 있는 사람들의 가시성과 단일성을 증가시키는 하강적 개인화로 대체된다. 달리 말해 권력이 점점 더 익명적·기능적이 되어감에 따라, 그러한 권력행사의 대상이 되는 사람들은 점점 더 확고히 개인화되고 가시화되는 경향이 있다.[113] 근대 개인은 규율권력과 사목권력이 결합한 결과로서, 스스로 군인-사제로 기능하는 자기감시적 주체이다.

이러한 개인화 이론은 근대 시민사회에 특유한 새로운 형태의 공공성의 의미와 역할에 분명한 결과를 초래한다. 규율이 탈제도화되어 사회 속에서 자유롭게 돌아다님에 따라,[114] "하찮은 사건, 행위, 행동, 견해들—즉 '발생하는 모든 것'"—이 얼굴 없는 권력의 시선에 의한 편재적 감시에 노출된다.[115] 실제로 개인화 과정처럼 공적인 것과 사적인 것의 관계도 근대 사회의 발전과 더불어 전도된다. 통치권력의 공개적 표현이었던 구경거리 대신에, 이제는 전 주민이 '공적' 시선에 가시화되는 반

---

113) Foucault, *Discipline and Punish*, 193.
114) 규율기법이 특정한 폐쇄된 제도에서 시작되어 그 다음에 탈제도화되어 사회 도처를 자유롭게 돌아다닌다는 것이 푸코의 테제이다(*Discipline and Punish*, 211).
115) Foucault, *Discipline and Punish*, 213-214.

면 권력은 배경 속으로 퇴각한다. 물론 이것이 파놉티콘 은유의 요점이다. 처벌에서 재판으로 공공성이 변화한 것이 의미하는 바는 존엄과 도덕적 자유의 원리가 존중된다는 것이 아니라, 오히려 이제 정의는 더 이상 그것의 실천과 밀접한 관계에 있는 폭력에 대해 공개적인 책임을 지지 않는다는 것이다. 이것은 또한 사회 전체가 (공공성을 통해) 대리로 또는 직접적으로 재판관의 역할을 떠맡고 정상화 판단에 참여한다는 것을 의미한다. 심지어 감옥과 처벌이 공개적인 감시에 노출되게 된 이후에조차, 여전히 공중은 그 정의상 감시자에게 가시성과 통제를 허용하는 처벌기술과 공모하고 있다. 왜냐하면 "규율이 관계적 권력을 작동할 수 있게 만들어주기" 때문이다. "이 관계적 권력은 자신의 메커니즘에 의해 스스로를 유지하고 또 공개행사라는 구경거리를 끊임없이 작동하는 계산된 시선으로 대체시킨다."[116] 우리는 자신의 권력을 과시하는 주권자 대신에, 익명의 구경꾼에게 규율된 주체를 과시하는 감금사회를 가지게 된다. 따라서 만약 규율적인 사목권력에 의해 생산된 개인이 군인-사제와 비슷하다면, 자신 앞에서 권력이 행사되는 것을 보고 있는 공중은 경찰과 거의 구분되지 않는다.[117]

---

116) Ibid., 177.
117) 이에 반해 하버마스가 볼 때 근대 특유의 것은 바로 그 자신의 대의제적 공론장을 가지고 있던 신분사회와 나란히 그리고 그것과는 정반대로 구체제 내에서 근대 국가의 행정기구가 출현한 것이다. 국가주권과 새로운 형태의 부르주아 공론장(개혁가들의 담론은 이 공론장의 일부이다)의 출현이 근대 공적 생활의 두 가지 핵심적인 축을 구성한다. 물론 하버마스도 권력관계가 국가 속에서뿐만 아니라 사회와 경제 내에서도 전개되고 있다는 것을 알고 있다. 게다가 푸코와 마찬가지로 하버마스도 지배로부터 해방된 사회와 사회의 공적 대표자들에 의해 그 권력이 명확히 제한되고 통제되는 국가라는 계몽주의 개혁가들의 꿈이 결코 실현되지 않는다는 것을 인정한다. 그럼에도 불구하고 부르주아 공론장―의회, 법치국가, 권리, 시민사회 내의 공적 공간의 창출―의 '모순적 제도화'는 새로운 지배양상의 단순한 베일이나 담지자 그 이상의 것이다. 국가형성 과정, 아래로부터의 투쟁, 권리의 법적·헌법적 명시화를 통해 구체제 하에서 시작된 국가

따라서 민주화 또는 공중에 의한 행정적 작동의 통제는 자유주의자들이 생각하는 것처럼 결코 권력에 제한을 가하지 못하거나, 아니면 행정적 통제와는 다른 유형의 권력을 발생시킨다. 즉 그것은 단순히 권력의 적절한 작동을 보장할 뿐이다. 공공성을 통한 규율 메커니즘의 민주적 '통제'는 세상이라는 거대한 심판위원회가 그것에 접근할 수 있게 해준다. 하지만 푸코에서 이것은 단지 그 누구라도 학교, 병원, 공장, 감옥이 어떻게 기능하는지를 가서 자신의 눈으로 확인할 수 있다는 것을 의미할 뿐이다.[118] 근대적 공공성은 규율권력과 사목권력에 대해 그 어떠한 대안을 제공하지도 또 제한하거나 도전하지도 못한다.

근대 시민사회의 그 열성적 지지자들이 찬양하는 시민사회의 세 번째 요소인 다원성도 푸코에게서 더 나은 대우를 전혀 받지 못한다. 다원성은 단지 권력관계와 전략들의 많은 소재지로 그리고 기존의 지식-권

와 사회의 분화는 지금의 근대 시민사회의 영역 위에 새로운 자율적인 연대가 출현할 수 있는 새로운 공간을 확립했다. 요컨대 근대 사회에서도 지속되고 있는 주권과 정당성이라는 담론은 시대착오적인 것이 아니다. 이 담론은 두 가지 핵심적인 제도적 사실을 증언한다. 그 하나가 사회와는 별개로 존재하는 중앙집중화된 국가권력이고, 다른 하나는 부르주아 공론장과 개인의 권리의 몇몇 핵심원리들의 제도화이다. 이것들이 근대 시민사회의 틀 내에서 새로운 형태의 결사체, 공론장, 다원성, 연대, 대항권력이 출현할 수 있게 한다. 시민적·정치적·사회적 권리는 단지 권력기법의 개별화만을 표현하는 것은 아니다. 즉 그러한 권리들은 사적 개인들이 한데 모여, 결합하고 소통하고 자신들의 견해를 활자, 예술 또는 토론을 통해 공개적으로 분명하게 표현할 수 있는 어떤 영역, 즉 사회적 영역을 성립시킨다. 후일 갈등하는 집단들과 프로젝트들 간의 투쟁영역이 되는 이 공론장은 적어도 이원적인 것으로 파악되어야만 한다.

하버마스가 부르주아 공론장의 출현, 담론, 구조에만 배타적으로 초점을 맞추어, 그것이 평민, 프롤레타리아, 여성들이 구성하는 결사체 및 공론장의 형태들과 모순적 관계에 있다는 점을 간과하는 오류를 범하고 있다면, 푸코는 공론장의 범주 전체, 그리고 그와 함께 모든 형태의 자율적인 자발적 결사체들을 누락시키는 오류를 범하고 있다.

118) Foucault, *Discipline and Punish*, 207.

력 관계의 산물인 다양한 원자화된 개인으로 환원된다. 그러한 개인들의 담론, 즉 그들의 '합의'는 근대 과학의 담론만큼이나 권력관계의 하나의 도구이다. 즉 그것은 권력대상을 정상화하고 규범화하면서도, 권력대상을 예속상태 속에 계속 유지시키고 또 오직 순전히 전략적인 의미에서만 권력대상을 잠재적인 행위자로 파악한다. 따라서 공공성도 그리고 다원성도 권력에 대한 억제책을 만들어내지 못한다.

그렇다면 우리의 등식의 마지막 항인 사회적인 것은 어떠한가? 앞서 우리는 푸코가 근대 사회에 관한 자신의 분석에서 사회적인 것이라는 개념을 놓치고 있다고 말했다. 엄밀하게 말하면, 그러한 지적은 옳지 않다. 오히려 그는 우리에게 앞서 묘사한 전략적 권력관계의 네트워크와 동일한 사회적인 것의 개념을 제시한다. 이미 지적했듯이, 사회는 다양한 형태의 예속화를 포함하고 있는 기구와 제도의 영역이다. 우리가 알고 있다시피, 푸코에게서 사회통합에 대한 뒤르켐과 파슨스의 이해에 매우 결정적인 사회의 '규범적' 차원은 단지 정상화뿐이다. 사회적 유대는 언어라는 매체, 전통 그리고/또는 전통의 일부와 맺고 있는 성찰적인 담론적 관계를 통해 구성되는 도덕적 약속이나 규범적 합의이기는커녕 서로 뒤얽혀서 서로를 강화하는 전략들의 네트워크이다.[119] 실제로 푸코는 다원성, 공공성, 개인성을 순전히 전략적·기능적 측면에서 조망할 수 있다. 왜냐하면 그의 근대 사회 개념 자체가 행정기술들로 가득 찬 전략적 장이기 때문이다. 그러한 기술들은 개인과 주민들을 평준화하고 개별화하고 정상화하지만, 또한 그들을 위계적인 방식으로 등급화하고 분류하여 제3의 요소—불평등한 권력관계—를 통해서만 그들에게 의사소통을 허용한다. 이것이 바로 수평적이고 자율적인 사회적 상호작용을 대체하는 새로운 계층화 방식이다.

---

119) Foucault, *Power/Knowledge*, 106을 보라.

우리는 이미 민중의 연대가 규율권력의 표적이었다는 점을 살펴보았다. 민중의 연대를 파괴하는 데 성공한 근대 사회는 "더 이상 공동체와 공적인 삶이 아니라 한편에서는 사적 개인이 그리고 다른 한편에서는 국가가 그것의 주요한 요소가 되는 사회이다."[120] 근대 사회에 관한 이러한 이미지는 사회성으로부터 (행정기술을 통한) '위로부터의' 조정 그리고/또는 전략적 상호작용 이외의 그 어떤 의미도 배제한다. 그것은 또한 근대 세계 내에 새로운 형태의 연대와 결사체의 출현을 위한 어떠한 공간의 존재도 부정한다. 실제로 푸코는 규율/사목 권력이 부, 지식, 유용한 개인을 효율적·경제적으로 생산한다는 목적을 위해 폐쇄적인 제도를 넘어 확장되어 완전하고 일관적이고 총체적이 된다고 주장하기 때문에, 그 밖의 어떠한 것도 불가능해 보인다. 사회공간의 규율적 조직화는 소통과 접촉을 증가시키지만, 오직 그 영역을 이미 정찰하고 통제해온 전략과 기구의 틀 내에서 그렇게 할 뿐이다. 자본주의 공장 내의 협업에 관한 마르크스의 관념을 생각나게 하는 푸코의 근대 사회는 전략가의 시선에 의해 사전에 도식화된다. 푸코에 따르면, "고전 시대는 각국이 서로의 경제적·인구학적 힘과 대결하는 데 이용했던 위대한 정치적·군사적 전략의 탄생을 목도했다. 그러나 그 시대는 또한 국가 내에서 신체와 개인의 힘을 통제하는 데 이용되었던 매우 신중한 군사적·정치적 전술의 탄생도 목도했다."[121] 따라서 근대 시민사회는 만인에 대한 각자의 투쟁에 참여하는 개인화된 전략가들로 구성되어 있을 뿐이고, 다른 수단들에 의해 수행되는 전쟁으로 이해되는 권력과 정치로 만연해 있다.[122]

우리가 처음부터 언급했듯이, 시민사회의 부정적 측면과 근대 특유의

---

120) Foucault, *Discipline and Punish*, 216.
121) Ibid., 168.
122) Ibid.; Foucault, *Power/Knowledge*, 208.

지배와 계층화 형태에 관한 분석은 모든 비판이론에서 중요한 요소이다. 실제로 누군가는 이것이 바로 푸코가 의도했던 전부이며, 그렇기에 그가 하나의 일반적인 사회 모델을 제시하고 있다고 비난하는 것은 부당하다고 주장할지도 모른다. 요컨대 누군가는 푸코가 현대적 형태의 권력관계의 논리와 프로젝트——즉 시민사회의 전체가 아니라 부정적 측면——를 분석했다고 주장할 수도 있을 것이다. 아마 그럴지도 모른다. 하지만 푸코의 비판 그 자체가 그가 밝히는 전략적 이성 속에 포획되어버린다는 것은 여전히 사실이다.[123] 왜냐하면 그의 이론적 틀에 기초할 때, 그가 규율권력에 저항하는 투쟁 또는 근대성의 (만약 존재한다면) '긍정적인 측면'을 분석하는 데 기초가 될 수 있는 어떤 다른 행위범주, 즉 어떤 다른 통합 및 상호작용 양식을 지적할 수 없기 때문이다.

푸코의 주장에 따르면, "저항 없는 권력관계는 결코 존재하지 않는다. 즉 저항은 권력관계가 행사되는 바로 그 지점에서 형성되기 때문에 더욱더 실제적이고 효과적이다."[124] 그러나 합법성과 규범성을 정상화와 등치시키고, 주체성을 예속화, 자기성찰, 도덕성, 자기의식과 등치시키고, 정신을 규율/사목 권력의 산물로 보고, 담론과 진리를 행정적 통제전략과 등치시키고, 인간과학을 권력에 복무하거나 아니면 권력의 일부인 규율과 등치시키기 때문에, 푸코에게는 저항을 권력의 대항전략 이상의 어떤 것으로 기술하는 어떠한 개념적 수단들도 존재하지 않는다. 따라서 우리는 계보학적 분석전략의 실제적 취지가 무엇인지 알지 못한다. 그럼에도 불구하고 푸코는 이 전략을 정치참여의 한 가지의 형태로 상정한다.

하지만 한 가지 분명한 것은 푸코가 지극히 단순화된 가치전도를 주장

---

123) 푸코의 비판이 여전히 주체철학에 포획되어 있다고 주장하는 분석으로는 Habermas, *Philosophical Discourse of Modernity*, chs. 9, 10을 보라.
124) Foucault, *Power/Knowledge*, 142.

하고 나선 것은 아니라는 점이다. 계보학적 분석은 새로운 대상과 정체성(동성애자, 히스테리적 여성, 성도착자, 비행, 광기, 섹슈얼리티)을 구성하는 것과 연관된 권력전략과 그것들에 부착되어 있는 경멸적 함의를 폭로한다. 그러나 그러한 분석의 목적이 동성애, 성도착, 범죄, 광기, 섹슈얼리티를 재평가하고 해방시켜 자연스러운 것으로 간주하고, 그리하여 그들 자신의 목소리를 자유롭게 낼 수 있게 하고자 하는 것은 아니다. 그러한 전략은 애당초 그러한 범주화에 의문을 제기하거나 또는 신체, 쾌락, 지식형태들에 대한 권력장악을 영속화하는 기관과 메커니즘을 침식시키는 그 어떠한 일도 하지 못할 것이다. 대신에 계보학은 이를테면 정상인과 성도착자에 관한 도덕적 평가에 도전하고자 할 뿐만 아니라, 마치 섹슈얼리티가 우리가 누구인지를 말해주고 있다는 듯이 우리의 섹슈얼리티를 통해 우리를 이해하라는 요구와 결부된 바로 그 정상화 경향에도 도전하고자 한다.

어쩌면 계보학의 핵심적 취지는 그저 권력/지식 체제의 발생과 관련된 권력전략들을 밝혀내어, 그것들이 취하고 있는 단일한 포괄적 형태를 흔들어놓고 그것의 역사적, 그리하여 우연적 성격을 드러내는 것일지도 모른다. 그러한 프로젝트가 푸코를 프랑크푸르트학파의 비판이론 가까이에 위치시키게 만들었을 수도 있다.[125] 추측컨대 그러한 전략은 전선을 노출시켜 역공을 받게 했을 수도 있다. 실제로 심지어 누군가는 지배의 사회적 발생과 그것의 다양한 소재지에 초점을 맞추는 것을 시민사회 내의 국지적 권력구조와 국가에 의한 그러한 국지적 권력의 전면화/식민화 모두에 대항하는 시민사회지향적 저항전략을 불러일으키기 위한 하나의 시도로 해석할 수도 있다.

하지만 이러한 해석은 푸코의 가차 없는 권력비판이 만들어내는 난점

---

[125] McCarthy, "The Critique of Impure Reason"을 보라.

을 해소하지 못한다. 왜냐하면 푸코는 여전히 불평등한 전략적 권력관계의 논리를 벗어난 행위형태나 '타자성'을 명시적으로 표명할 수 없기 때문이다. 한편에서 그는 담론, 성찰, 진리를 권력전략과 등치시키는 분석을 통해 비판(그 자신의 비판을 포함하여)을 무력화한다. 다른 한편에서 푸코는 발터 벤야민이 그랬던 것처럼 희생자들을 대변할 수도, 또한 헤르베르트 마르쿠제(Herbert Marcuse)가 그랬던 것처럼[126] 규율권력이 억압하는 것에 관한 자연과학주의적 관념을 제공할 수도 없다. 왜냐하면 희생자는 물론 희생자의 프시케가 이미 권력의 산물이기 때문이며, 또한 푸코가 권력관계와 관련된 '억압' 테제를 거부했기 때문이다. 실제로 만약 저항이 권력의 산물 그 자체, 즉 근대 개인의 대항전략일 뿐이라면, 저항을 옹호하는 이유는 무엇인가? 심지어 왜 저항은 흥미롭기까지 한가? 저항은 어떤 차이를 만들어낼 것인가?[127] 성공적인 저항이 만들어낼 수 있는 것이라고는 분명 특정 권력전략을 또 다른 권력전략으로 대체하는 것뿐이다.

요컨대 푸코의 저작 속에는 저항을 여타의 전략적 행위형태나 통제전략과 구분할 수 있는 토대가 존재하지 않는다. 그는 집합행위자들이 표명하는 규범에 호소할 수 없다. 왜냐하면 규범에 대한 어떠한 호소도 권력담론을 재생산하거나 (그리고 저항을 정상화 속에 가두어버리거나) 아니면 단지 또 다른 권력전략을 성립시킬 뿐이기 때문이다. 실제로 푸코는 규범을 통한 행위조정이 본질적으로 전략적이라고 본다. 또한 그는 하버마스가 취한 길을 따라, 의사소통적 상호작용을 대안적인 (보다 공정하고 보다 민주적이고 보다 자유주의적인) 규범과 제도의 이름으

---

[126] Herbert Marcuse, *Eros and Civilization* (Boston: Beacon Press, 1955). 이것은 푸코의 초기 전략이었다. 그러나 나중에 그는 『광기와 문명』에서 이 전략을 버렸다.
[127] 하버마스는 푸코에 대한 자신의 비판에 기초하여 바로 이러한 질문들을 제기했다(*Philosophical Discourse of Modernity*, 284).

로 규범, 제도, 관행에 대한 성찰과 도전을 포함하는 해방적 실천의 핵으로 규명할 수도 없다. 왜냐하면 푸코에서 의사소통이란 단지 정보를 전달하고 (진리주장을 하는 것을 통해) 반대자를 통제하고 무력화하는 한 가지 수단에 불과하기 때문이다. 규범을 성찰의 대상이 되게 하는 이론적 전략은 성찰을 단지 전략으로만 바라보는 이론가에게는 폐쇄되어 있다. 달리 말해 푸코의 범주 틀에 기초할 때, 규율권력에 저항하는 사람들이 어떤 목적 또는 어떤 원리들에 호소하여 우리의 연대를 주장할 수 있을지는 전혀 불확실하다. 그가 우리에게 제시하는 유일한 단서는 "섹슈얼리티의 배치에 반격을 가하기 위한 재집결지는 성적 욕망이 아니라 신체와 쾌락이어야만 한다"는 취지로 약간은 에둘러 표현한 진술들뿐이다.[128] 하지만 푸코 자신이 『섹슈얼리티의 역사』 제2권과 제3권에서 보

---

[128] Foucault, *History of Sexuality*, 157. 우리의 분석은 이 텍스트를 통해 발전한 푸코의 저작에 기초해왔다. 일부 학자들은 그의 『섹슈얼리티의 역사』 제2권과 제3권에서 그의 사고에 또 다른 변화가 있었다고 주장해왔다. Michel Foucault, *The Uses of Pleasure* (New York: Random House, 1990), *The Care of the Self* (New York: Random House, 1988). 일설에 따르면, 이 텍스트들에서 푸코는 자신의 일면적인 자아와 주체 개념을 포기하고 모든 것에 스며들어 있는 권력이라는 자신의 관념을 완화하면서, 사회적인 것에 관한 새로운 개념적 기초를 마련했다고 한다. 이것이 사실일 수도 있지만, 그렇다고 해도 이것이 시민사회에 관한 그의 입장에 대한 우리의 전반적 분석에 거의 어떠한 영향도 미치지는 못한다. 이 두 저작 중 어떤 것도 현대 시기를 다루지 않는다. 제2권이 그리스를 다룬다면, 제3권은 로마를 다룬다. 이 텍스트들은 자아형성 과정과 신체적 쾌락 및 섹슈얼리티 개념에 초점을 맞추고 있다. 하지만 그것들은 3부작 중 제1권에서 푸코가 혹평했던 섹슈얼리티를 열망하는 해석학적 주체를 만들어내지는 않는다. 이 3부작에 흥미로운 통찰들이 존재하기는 하지만, 푸코는 그러한 통찰들이 시사하는 새로운 사고노선을 발전시킬 수 있는 기회를 가지기도 전에 사망했다. 우리는 시민사회를 감금사회로 보는 그의 시민사회에 대한 평가가 자아, 주관성, 사회적인 것에 대한 그의 뒤늦은 통찰이 결실을 맺을 수 있도록 근본적으로 수정되어야만 할 것이라고 믿는다. 이에 대한 비판적 견해로는 다음을 보라. McCarthy, "The Critique of Impure Reason"; Peter Dews, "The Return of the Subject in the Late Foucault," *Radical Philosophy* 51 (Spring 1989).

여주었듯이, 신체도 그리고 그 신체의 쾌락도 결코 단순한 사실성의 문제가 아니다. 왜냐하면 이 둘은 서로 다른 유형의 사회들에서 서로 다른 방식으로이기는 하지만, 지식과 정체성의 대상으로 상징적으로 구성되기 때문이다. 따라서 신체와 그것의 쾌락을 성적 욕망체제와 단절시키는 방식으로 재현하는 것은 아무리 좋게 말하더라도 모호하다. 하지만 이에 대한 언급이 없을 경우, 푸코에게는 권력에 대한 저항이라는 단순한 사실만이 남게 되며, 이 단순한 사실조차 어떠한 규범적 중요성도 지니지 않게 된다. 왜냐하면 이 사실 또한 계보학자의 냉소적인 시선에 포획되어, 권력을 위한 또 다른 전략임이 드러날 것이기 때문이다.

그러나 저항에 가담하는 이유와 관련하여 앞서 제기했던 질문보다도 더 중요한 질문이 있다. 푸코의 분석에 근거할 때, 집합적 수준의 저항이 가능하기는 한 것인가? 그러한 저항은 그 정체성과 연대가 아직까지는 규율기구들에 의해 침투당하지 않은 집단들의 방어적 행위로 이해되거나 아니면 이미 규율기구들의 산물이기에 순전히 전략적인 자기감시적 행위자에 불과한 개인들이 국지적 수준에서 벌이는 대항전략으로 이해될 수밖에 없을 것이다. 첫 번째 경우에서 우리는 순전히 방어적인 태도를 드러내는 전근대적 연대를 발견하게 될 것이다. 반면에 두 번째 경우에서 근대의 반란자들은 어떠한 규범, 제도, 원칙 또는 담론에도 호소하지 못한다. 왜냐하면 그것들은 이미 매수 메커니즘이기 때문이다. 후자는 오직 추상적인 타자성 또는 차이 그 자체에 호소하거나 또는 그것을 표현할 수밖에 없을 것이다. 실제로 푸코의 이론에 입각할 때, 저항하고자 하는 개인들이 어떻게 결집하여 집합행위의 첫 번째 필수조건인 연대와 자율적 집단, 결사체 그리고 집합적 정체성을 형성할 수 있을지는 불명확하다. 신체가 훈련에 다소 저항하고자 할 수도 있고, '주체'가 감시를 피해 나갈 수도 있고, 개인은 생체권력의 조작에 반대하여 투쟁할 수도 있다. 그러나 비록 푸코가 저항의 원초적 활력으로 또 다른 이유와 담론을 상정했다고 하더라도(그는 분명 그렇게 하고 싶어 하지 않는다), 이 것은 근대 지배형태에 도전하는 **집합행위자들**의 출현, 연대, 자원, 집합적 정체성, 프로젝트에 대한 설명으로는 결코 충분하지 못할 것이다. 푸코의 분석은 근대 반란자에게서 이미 반란자를 통제하고 있는 힘이 허용한 것을 제외하고는 반란자를 만들어내는 데 필요한 그 어떠한 제도적, 규범적 또는 개인적 자원도 박탈해버렸다. 구체제에서 비효율적인 불연속적 양태의 권력에 의해 허용되었던 자율적 행위를 위한 전통, 연대, 공간들은 푸코의 연구에서는 그 어떤 근대적 등가물도 발견하지 못한다. 이것은 푸코가 그 밖의 어떤 것을 분석하는 데 전념했기 때문이 아니라, 오히려 근대 권력관계에 대한 계보학적 설명이 자율적인 자발적 결사체 개념 자체를 감금사회에서는 시대착오적인 것으로 만들어버리기 때문이다. **자율성**은 주체철학의 망상이고, **자발적 동의**는 기만적인 사법적 담론의 일부이다. 그리고 사회를 규율적 행정기구가 모든 조직에 대한 모종의 통제(Gleichschaltung)를 통해 구성한 전략적 장으로 간주할 경우, (우리가 보기에는 사회성의 진정한 근대적 차원인) **결사체**는 전혀 존재할 수 없다. 따라서 우리에게 남겨진 것은 권력비판뿐이다. 이 권력비판은 저항이 존재한다고 주장하지만, 저항이 어떻게 가능하고 무엇을 위한 것인지 또는 저항이 왜 우리의 지지를 받을 만한지에 관해서는 결코 말해줄 수 없다.

그렇다면 근대 사회의 규율권력이 근대 시민사회의 영역에서 그 자체로 발생하는 **새로운 연대, 결사체, 운동**에 적대적인 것은 당연한 것 아닌가? 또한 집합행위자들이 만약 집합행위자가 되고자 한다면 그리고 기왕에 집합행위자로 활동하고자 한다면, 그들은 뚜렷한 프로젝트와 새로운 집합적 정체성을 분명하게 표명하고, 특정한 가치와 규범의 이름으로 말해야만 하는 것은 자명한 것 아닌가? 게다가 집합행위자들은 그렇게 하면서, 푸코가 너무도 솜씨 좋게 무력화시켜버린 18세기와 19세기의 민주주의혁명에서 유래하는 바로 그 새로운 전통(또는 담론), 규범, 제도—즉 자유, 정의, 연대, 민주주의 그리고 보다 구체적으로는 의회, 선거, 결사체, 권리 등—에 호소한다. 그러한 제도의 양면성에 관한 분석이 없이는[129] 근대적 형태의 개인화와 자기성찰은 말할 것도 없고, 근대의 사회운동이 지속적으로 출현하여 규율권력에 도전한다는 관념은 이해할 수 없는 것이 될 것이다. 찰스 테일러는 시민적 인문주의(civic humanism)의 전통, 그것이 고무한 운동들, 그리고 그것의 이름으로 창안된 자유제도들과 관련하여 유사한 지적을 한다. 그는 집합적 규율은 두 가지 서로 다른 방식으로, 즉 하나는 지배의 구조로 그리고 다른 하나는 평등한 집합행위의 토대로 기능할 수 있다고 옳게 지적한다. 물론 그러한 규율은 기능상의 변화를 겪으며, 말하자면 평등주의 정치의 토대를 마련하던 것에서 부지불식간에 지배에 복무하는 것으로 변화할 수도 있다. 그러나 근대 권력에 대한 푸코의 분석은 오직 근대성의 부정적 측면만을 폭로함으로써 이러한 과정을 희미하게 만들어버린다. 따라서 그는 "엄청난 단순화"에 일조한다.[130]

근대 시민사회의 분화된 구조—합법성, 공공성, (외부의 규제로부터 자유로운 집회, 결사, 의사소통의) 권리, 그리고 민주적 정당성의 원리—가 자율적 연대, 새로이 창출된 정체성, 전략적 자원과 함께 근대 사회운동의 출현을 가능하게 한 조건이라는 것이 바로 우리의 테제이다.[131] 실제로 우리는 기본권이라는 근대적 개념이 적어도 이 점에서는 테일러가 언급한 시민적 인문주의 전통만큼이나 중요하다고 주장한다.

---

129) 제9장을 보라.
130) Taylor, "Foucault on Freedom and Truth," 82-83.
131) 사회운동은 규범, 집합적 정체성 등을 규정하는 권력을 놓고 투쟁한다는 것 또한 우리의 테제이다. 이러한 집합행위의 논리에 대한 논의로는 제10장의 투렌에 관한 절을 보라.

우리가 이 밖에 다른 어떤 것으로 노동자 운동, 민권운동, 여성운동, 생태운동, 자율성을 위한 지역주의적 투쟁 또는 그 어떤 근대 사회운동, 또는 이 문제에 관한 한 이들 운동에 대항하는 세력들을 설명할 수 있겠는가? 일부 집합행위자들은 권리에 호소하고, 시민사회의 핵심적 규범들을 재해석하여 보다 많은 자율성, 보다 많은 민주주의를 요구할 뿐만 아니라 개인과 집단을 서로 다르지만 동일한 관심과 존경을 받을 만한 가치가 있는 것으로 공식적으로 인정할 것을 요구한다. 그런데 만약 권리와 합법성의 이중성을 이해하지 못한다면, 사람들은 그러한 집합행위자들이 어쨌든 완전히 잘못된, 즉 어쨌든 부적절하고 시대착오적인 원리들과 어리석은 프로젝트를 표명하고 있다는 결론에 도달할 수밖에 없을 것이다.[132] 푸코가 상상할 수 있는 유일한 대안, 즉 전면적 혁명 프로젝트를 거부하기 때문에 그는 악순환에 빠져왔다. 즉 그에게서 사회운동이 표명하는 규범과 프로젝트들은 대항권력의 전략이며, 따라서 다른 권력추구자들의 주장보다 더 대단할 것은 없는 규범적 주장을 하거나 또는 단지 기존 권력담론을 재생산할 뿐이다. 푸코의 이론이 분명 그러하듯이, 이것은 당파적 의도를 지닌 비판이론에게는 하나의 심각한 결함이다.

푸코는 이러한 입장을 적어도 규범과 권리에 관련하여 일관되게 견지할 수 없다는 말을 듣고 있다. 비록 그가 규범성을 정상화로 환원하기는 하지만, 그럼에도 불구하고 그는 항상 근대 권력관계에 관해 불평등하다고 말함으로써 평등한 관계가 바람직하다는 점을 암시한다. 푸코는 항상 평등한 관계를 평준화된 권력의 전략적 장이라는 상(像)을 가지고 기술한다. 그러나 그가 아무리 규범을 경시한다고 하더라도, 그의 전체 분

---

[132] 시민사회 제도의 양면성, 그리고 그러한 이원성과 사회운동 간의 관계에 관한 논의로는 제9장을 보라.

석이 평등이라는 규범에 기대고 있다는 것은 확실하다. 유사하게 그는 권리를 정당성 확립의 측면이 아니라 권리가 예속화를 부추기는 방법과 관련하여 파악해야만 한다고 주장한다.[133] 이것은 부분적으로는 법을 식민화하는 정상화 절차가 권리를 침범하고 그리하여 정당성 문제를 부적절한 것으로 만드는 한에서만 우리 시대에 권리가 재조직화되어왔기 때문이다.[134] 푸코는 심지어 규율 및 그것과 연관된 권력과 지식의 모든 결과에 저항하고자 애쓰는 사람들의 편에서 권리와 정당성 담론을 회복하고자 하는 경향을 지적하기도 한다. 그러나 그는 그것을 막다른 골목으로 본다. 왜냐하면 "규율에 대항하는 주권에 의지해서는 결코 규율권력의 효과를 제한할 수 없기 때문이다."[135] 과거의 시민적·정치적 권리 담론이 시대착오적이라면, 21세기의 새로운 사회적 권리담론은 정상화·식민화된 법의 영역에서 작동한다.

그럼에도 불구하고 심지어 푸코조차도 자신이 규율권력에 대항하는 투쟁을 명시적으로 표현하고자 할 때에는 어쩔 수 없이 권리라는 용어에 의지할 수밖에 없다.

> 만약 우리가 비규율적 형태의 권력을 찾고자 한다면, 또는 더 정확히 말해 규율과 규율권력에 맞서 투쟁하고자 한다면, 우리가 나아가야만 하는 방향은 주권이라는 고래의 권리가 아니라 진정으로 반규율적이지만 동시에 주권이라는 원리로부터도 해방되었을 것임이 틀림없는

---

133) Foucault, *Power/Knowledge*, 96.
134) Ibid., 107. 우리는 '사법적인 것'에 대한 푸코의 전체 논의가 루소에게서 나온 프랑스적 법 개념과 관련해서만 이해될 수 있는 것이 아닌가 생각한다. 법은 일반의지를 분명히 표현하며, 임의적 집행으로부터 개인을 보호한다. 이러한 견해에 입각할 때, 국가에 대항하는 개인의 권리와 법에 대항하는 개인의 권리를 구분해야 할 필요는 거의 없다. 푸코도 이러한 구분을 진지하게 제기한 적은 결코 없다.
135) Ibid., 108.

새로운 형태의 권리의 가능성이다.[136] (강조 첨가)

이것이 바로 그가 문제를 방치한 곳이라는 것은 놀랄 일이 아니다. 푸코는 이 '새로운 형태의 권리'에 대하여 어떤 긍정적인 말도 할 수 없다. 왜냐하면 그가 권리 그리고/또는 법이라는 바로 그 범주로부터 그것의 다차원성을 박탈해버렸기 때문이다. 분명 법이 지배와 통제의 매체로 작동할 수 있고, 몇몇 권리들은 그 권리의 담지자들을 무력화시키는 것처럼 보인다. 그러나 분명 이것은 이야기의 전부 또는 심지어는 그 이야기의 주요 부분도 아니다. 우리가 앞서 지적했듯이, 푸코는 법과 권리의 규범적 차원과 권력부여적 차원을 놓치고 있다. 왜냐하면 마르크스처럼 그도 자유주의적 권리 이데올로기를 액면 그대로 받아들이고는 단지 그것을 기각해버릴 뿐이기 때문이다. 이 설명에 입각할 때, 권리담론은 왕에서 인민으로 전치되어 오늘날 정치적인 것, 국가, 권력과 정반대의 것으로 해석되는 주권-계약-정당성의 담론을 의미한다. 물론 이러한 형태의 권리담론은 이데올로기적이며 받아들일 수 없다. 그러나 권리주장의 개념과 결과에는 또 다른 의미가 있다. 즉 근대 시민사회에서 권리는 도덕적 의무이자 또한 권력도 부여한다. 권리는 개인화할 뿐만 아니라 소통, 결사체, 연대의 매체이기도 하다. 그리고 권리가 반드시 탈정치화하는 것은 아니다. 또한 권리는 사회와 국가 속에서 사적 개인들과 새로운 공적·정치적 영역 간에 지극히 중요한 관계를 만들어낼 수 있다. 근대 규율사회에서 정의와 정당성의 문제가 어쨌든 시대착오적이라는 것은 사실이 아니다. 어떤 권력형태를 취하고 있는가와는 무관하게, 이 문제는 여전히 모든 사회에서 중요하다.

 푸코는 근대 시민사회가 자유, 평등, 민주주의, 정의, 권리, 자율성, 연

---

[136] Ibid.

대라는 그것의 원리와 같은 것이 아니라고 주장한다는 점에서 옳다. 그러나 근대 시민사회는 그것의 지배와 통제 전략과도 같지 않다. 멩겔레(Mengele) 박사는 의학적 지식과 관행의 진리가 아니라 단지 그것들의 악용을 표상할 뿐이다. 즉 정치적 반대자를 처벌하기 위해 정신병원을 이용하는 것은 정신병학이나 정신분석학의 진리가 아니라 그것의 남용이다. (법, 권리, 관습이라는 형태로) 제도화된 규범은 정상화할 뿐만 아니라 권력을 부여하고 특정 제도적 배열을 비판하고 그것에 도전하여 새로운 집합적·개인적 정체성을 창출할 수 있는 관점과 공간을 제공한다. 실제로 담론의 상징적 차원은 담론의 '실제' 기능들로 환원될 수 없다. 시민사회의 제도적 표현은 푸코가 분석한 규율기구 그 이상의 그리고 그것과는 다른 근대적 형태의 사회적인 것을 제공한다. 이 둘은 동행한다. 즉 둘 다 근대적이지만, 그것들은 동일하지도 비슷하지도 않다. 오직 근대성의 어두운 면과 밝은 면을 포괄하기에 충분할 만큼 폭넓은 분석틀만이 근대 시민사회에 활력을 불어넣고 활성화시키고 있는 다수의 중요한 사회운동들 또는 '저항들'을 설명할 수 있다. 그리고 우리가 비옥하지만 위험스러울 정도로 일면적인 푸코의 연구를 그에 상응하는 관점 속에 위치시킬 수 있는 것은 오직 그러한 분석틀 내에서뿐이다.

제7장 체계이론적 비판: 니클라스 루만

우리는 시민사회 개념을 두 가지 원천—즉 개념과 이론의 역사와 사회운동에 대한 자기인식—에서 물려받고 있다. 사회운동의 이데올로기적 신봉자들은 풍부한 해석전통이 아직 다 소진되지 않았다고, 즉 그것이 여전히 현대 사회적 행위자들의 상징적 지향을 위한 적절한 토대가 되고 있다고 확신하는 것처럼 보인다. 이러한 주장은 리델(Riedel), 코젤렉, 아렌트, 그리고 초기 하버마스의 역사주의적 테제에 반대하기 위해 쉽게 동원될 수도 있다. 이 테제에 따르면, 근대 초기에 제시된 시민사회 개념의 적실성은 그 결과가 어쨌든 간에 그것이 기원한 18~19세기에 한정된다. 그럼에도 불구하고 그들이 시민사회 개념에 강한 관심을 가지고 있었다는 것이 자신들의 주장을 부정하는 데 일조하고, 또 그 자체로 그 개념의 부활에 기여했다. 하지만 이러한 비판가들의 주장은 이처럼 쉽게 결말지을 수 있는 것이 아니다. 왜냐하면 시민사회라는 바로 그 개념이 시대착오적이라는 그들의 주장은 현대 사회가 초기 자유주의 시대에 분화된 영역들—특히 국가와 사회라는 영역—을 융합하고 있다는 분석과 연관되어 있기 때문이다. 그들에게 응답하기 위해서는 해석학적 복구 그 이상의 것이 필요하다.

우리는 비판적 해석학조차도 한계가 있다고 매우 확신하기 때문에,[1]

시민사회 개념 역시 적어도 객관화를 지향하는 관점을 통합하는 사회과학적으로 정교화된 이론에 비추어 고찰하는 것이 필수적이라고 믿는다. 개념의 역사와 운동의 자기인식 간의 관계는 의심스러운 이중적 투사에 기초하고 있을 수도 있다. 즉 현대 사회적 행위자들의 자기인식을 이끄는 것과 동일한 바로 그 범주들이 현대의 관심사들로부터 결코 자유롭지 못한 역사가들에 의해서는 과거로 투사되고, 그 다음에 운동의 이데올로기적 신봉자들에 의해서는 자신들의 프로젝트가 지니는 깊이와 역사성을 입증하기 위해 미래로 투사될 수도 있다.[2] 사회이론 또한 해석과 현실참여의 구조를 내면화하고 있지만, 대체로 그러한 구조는 어떠한 역사가나 운동이론가도 기꺼이 달성하려고 하지 않는, 그리고 달성할 수도 없는 근대의 지구적인 사회적 맥락에 대한 객관화를 포함하고 있다. 따라서 정체성 형성의 서사는 서술적이고 설명적인 소재들을 다루는 문제에 직면할 수도 있다.

---

1) 특히 하버마스의 해석학 비판을 보라. Habermas, "A Review of Gadamer's *Truth and Method*," in Fred Dallmayr and Thomas McCarthy, eds., *Understanding and Social Inquiry* (Notre Dame: University of Notre Dame Press, 1977); "The Hermeneutic Claim to Universality," in Josef Bleicher, ed., *Hermeneutics as Method, Philosophy and Critique* (London: Routledge, 1980). 이 논쟁을 요약하고 있는 것으로는 Thomas McCarthy, *The Critical Theory of Jürgen Habermas* (Cambridge: MIT Press, 1978)를 보라. 최근, 디터 미스겔트(Dieter Misgeld), 토머스 매카시, 낸시 프레이저(Nancy Fraser), 한스 요아스(Hans Joas)를 비롯한 몇몇 저자들이 이 논쟁, 특히 체계/생활세계 구분을 둘러싼 논쟁에서 하버마스의 입장에 또다시 도전해왔다. 이에 대해서는 *New German Critique* (no. 35 [Spring-Summer 1985]) 특집호를 보라. 그리고 자신의 비판가들에 대한 하버마스의 응답으로는 Axel Honneth and Hans Joas, eds., *Communicative Action* (Cambridge: MIT Press, 1991)을 보라.
2) 카를 슈미트와 몇몇 사회사가들은 자유주의적 시민사회 개념에서 그러한 이중적 투사가 존재한다는 점을 밝혀왔다. 이를테면 Otto Brunner, *Land und Herrschaft*, 5th ed. (Darmstadt: Wissenschaftliche Buchgesellschaft, 1973)를 보라. 그러나 유사한 난점이 아렌트와 카스토리아디스의 폴리스지향적 개념과 기르케(Gierke), 메이틀랜드(Maitland), 피기스(Figgis) 그리고 라스키(Laski)의 중세주의적 개념에 대

훨씬 더 중요한 것은, 근대 사회과학이 전통적인 정치철학의 범주들에 대해 논쟁적인 태도를 취해왔기 때문에, 우리가 시민사회 개념의 현대적 적용에 반대하는 몇몇 최고의 논의들을 발견하게 되는 곳도 바로 이 맥락이라는 것이다. 따라서 사회과학의 연구결과들과의 대결은 고전적 개념을 구출하거나 부활시키고자 노력하는 사람들에게 중요한 한 가지 시험대가 된다. 우리는 이 시험이 인정될 수 있는 것은 오직 그러한 대결이 체계적 사회이론이 다루고 있는 현대의 발전에 비추어 이론을 재구성할 때뿐이라고 믿는다.

시민사회 개념이 물려받은 현저한 규범적인 유산 때문에, 시민사회의 쟁점을 다루는 체계적 사회이론가를 발견하기는 어렵다. 이를테면 막스 베버의 탁월한 많은 연구들에서도 이 용어나 또는 그 어떤 분명한 대용물도 전혀 언급되지 않고 있다. 텔컷 파슨스와 니클라스 루만은 이러한 경향에서 중요한 예외에 해당한다.[3] 우리는 이미 파슨스의 사회공동체 개념이 뒤르켐의 '사회적인 것'이라는 개념에 의해 풍부해진 헤겔의 시민사회 범주를 현대적 용어로 번역하고자 하는 시도라고 제시했다. 하

해서도 제기되고 있다.

[3] 라인하르트 벤딕스와 S. N. 아이젠슈타트의 연구에서 사용된 시민사회 개념은 지적이며 창조적이다. 그러나 그들 가운데 어느 누구도, 정치이론의 역사와 역사문헌으로부터 직접적으로 양도받은 이 본질적으로 철학적인 개념의 사회과학적 타당성을 고찰하지 않았다. 다음을 보라. Reinhardt Bendix, *Kings and People* (Berkeley: University of California Press, 1978), 357-377, 523ff.; S. N. Eisenstadt, *Tradition, Change and Modernity* (New York: Wiley, 1973), 231ff. 벤딕스는 시민사회를 대체로 몽테스키외의 매개집단(corps intermédiaires)과 동일시했기 때문에, 신분사회와 근대 시민사회를 구분하는 데 일부 어려움을 겪었다. 아이젠슈타트는 매우 놀랍게도 청년 마르크스의 스타일을 따라 시민사회를 계급사회와 동일시하고, 그 결과 새로운 유형의 공론장이라는 차원과 함께 벤딕스가 역설하는 차원을 놓치고 만다. 이들 가운데 어느 누구도 파슨스가 묘사했던 풍부한 궤적을 따라 시민사회 개념을 재구성하지는 못한다. 이것은 아마도 오직 파슨스만이 자신의 개념을 다차원적인 헤겔식 모델과 관련하여 바라보았기 때문일 것이다.

지만 루만은 그러한 파슨스의 조치는 어떠한 일반적인 이론적 정당화도 하지 않은 채 그 자신의 연구가 지닌 체계이론적 가정들과 단절하는 것이라고 옳게 지적한다. 여기에 루만이 왜 시민사회 문제에 대해 의외로 몰두하는지를 알 수 있게 해주는 하나의 단서가 존재한다.[4] 의심할 바 없이 그의 관심은 뒤르켐, 파슨스(그의 주요한 선조인),[5] 하버마스(그의 가장 중요한 경쟁자)와 같은 사회학자들이 여전히 이 '옛 유럽' 실천철학의 주요 개념의 지배를 받고 있다는 확신에서 나온다. 시민사회 개념과 그것의 사회과학적 침전물들에 맞서는 루만의 전략은 그것들과 전통적인 시민사회(societas civilis)를 동일시하고, 그로 인해 근대적 조건에 관한 연구에서 초래되는 그것의 부적실성을 보여주는 것이다.

역설적이게도 전혀 다른 맥락에서 전개된 루만 자신의 고도로 정교화된 분화이론은 이미 분화된 영역들 간의 융합이라는 카를 슈미트의 관념을 이들 영역 간의 점점 더 복잡해지고 있는 투입-산출 관계의 관념으로 대체한다. 이 점에서 루만은 우리에게 매우 중요하다. 왜냐하면 그는 시민사회 개념의 한 가지 측면을 잠재적으로 부활시키고 있기 때문이다.

---

4) 이 문제는 다음과 같은 글들에서도 반복해서 등장한다. "Interaction, Organization, and Society," "Positive Law and Ideology," "Politics as a Social System," "The Economy as a Social System," "World-time and System History," and "The Self-thematization of Society." 이 모든 글들은 Niklas Luhmann, *The Differentiation of Society* (New York: Columbia University Press, 1982; 이하에서는 *Differentiation*로 인용함)에 실려 있다; "Moderne Systemtheorien als Form gesamtgesellschaftlicher Analyse," in Jürgen Habermas and Niklas Luhmann, *Theorie der Gesellschaft oder Sozialtechnologie* (Frankfurt: Suhrkamp, 1971; 이하에서는 *Sozialtechnologie*); "Politische Planung," in Niklas Luhmann, *Politische Planung* (Opladen: Westdeutscher Verlag, 1971; 이하에서는 *Planung*); "Gesellschaft," in Niklas Luhmann, *Soziologische Aufklärung*, vol. 1 (Opladen: Westdeutscher Verlag, 1970; 이하에서는 *Aufklärung* 1); "Die Weltgesellschaft," *Soziologische Aufklärung*, vol. 2 (Opladen: Westdeutscher Verlag, 1982; 이하에서는 *Aufklärung* 2).

5) *Differentiation*, 73, 223.

하지만 그는 이 분화된 영역들 중 하나를 시민사회 또는 사회적인 것 또는 규범적 통합의 모종의 대체물로 이해해야만 한다는 생각을 단호하게 거부한다. '규범적 양식의 기대'의 최후의 중요한 저장소인 법조차도 그의 이론에서 그러한 역할을 수행하지 않는다. 그의 분석에서 사회는 오직 전체만을, 그리고 몇몇 경우에는 심지어 '세계사회'를 의미한다.[6]

물론 루만은 시민사회의 근대 초기 하위범주들 중 많은 것을 체계이론의 영역 위에 '재구성한다.' 하지만 각각의 경우 재구성은 근대 초기의 의도들과 결정적으로 단절한다. 실정법은 그것의 가장 심층적인 토대에서 무규범적인 것으로 파악되고, 결사체는 관료제적 조직으로 이해되고, 여론은 커뮤니케이션 테마의 조작으로 축소된다. 독특하게도 민주주의는 '의미'의 일반적인 사회적-사이버네틱 기능, 즉 축소된 복잡성의 유지와 동일시된다. 체계이론에 기초할 때, 근대 시민사회 개념에서 살아남아 있는 것이라고는 그저 분화라는 사실 그 자체뿐이다.[7] 따라서 루만은 역시 우리에게 중요하다. 왜냐하면 루만이 체계적 사회과학의 수준에서 시민사회 개념의 모든 전통에 대해 매우 포괄적으로 도전하고 있기 때문이다.

실제로 루만 자신의 이론적 가정과 관심을 감안할 때, 시민사회 문제에 대한 그의 몰두는 의아한 일이다. 개념사에 대한 사회학적 해석에서 그가 수행한 활동은 이 분야에서 최고로 평가된다. 그에 따르면, '정치사회'로 번역되는 폴리티케 코이노니아(politike koinonia)는 처음에는 인간발전에서 출현한 특정 진화단계—즉 직접적인 지배-종속 관계에서

---

[6] "Die Weltgesellschaft," *Aufklärung* 2를 보라.
[7] "Interaction, Organization and Society," "Positive Law and Ideology," "Politics as a Social System," "The Economy as a Social System," "The Differentiation of Society," *Differentiation*; "Gesellschaft," *Aufklärung* 1; "Die Weltgesellschaft," *Aufklärung* 2; "Öffentliche Meinung," "Komplexität und Demokratie," *Planung*.

고래의 친족에 기초한 결사체의 중요성과 종교의 권력을 억제하거나 크게 축소시킨 정치적 지배의 구축—를 묘사하고 상세히 설명하기 위한 개념으로 사용되었다.[8] 정치적 업무와 정치적 절차에 관한 제도들은 사회를 재질서화하기 위한 수단이었으며, 그것의 주요한 결과는 "구속력 있는 결정을 통해 갈등을 해결할 수 있는 가능성"이었다. 정치적 지배는 분명 개인으로서의 인간의 해방을 의미했다. 그러나 그것은 또한 정치적으로 규정된 사회적 틀 속으로 개인을 완전히 통합시키는 것을 의미했다.

루만에서 이러한 발전의 '자기주제화'(self-thematization)가 왜 그리스의 도시국가, 특히 아테네의 민주적 폴리스에서만 발생했는지는 다소 불분명하다.[9] 그가 폴리스를 정치적으로 구성된 지배의 한 형태라고 말할 때, 그는 그것을 시민권의 원리에 그저 덧붙일 뿐 그것을 실제로 설명하지 않는다.[10] 루만은 정치적 지배가 오직 지배도구의 사용자들(여기서는 오이코스 가부장-전제군주들)이 공중을 구성하는 경우에만 그 자체로 주제화될 필요가 있고 또 주제화될 수 있다는 점에 주목하지 않는다. 그는 공적 행위보다는 오히려 지배의 차원을 강조한다. 어떠한 정치사회에서도 사실상의 지배는 전체에 대한 부분(그리스 공화정에서는 시민)의 지배이다. 루만이 볼 때, 폴리티케 코이노니아 개념과 연관된 몇 가지 논리적 역설이 그러한 사태의 원인을 추적할 수 있게 해준다. 폴리티케 코이노니아는 그것의 언어적 표현형태 및 그것과 오이코스와의 대립을 통해 다른 무엇보다도 코이노니아의 단지 한 가지 형태에 불과한

---

8) *Planung*, 36; *Differentiation*, 333.
9) *Differentiation*, 335-336.
10) Hannah Arendt, *The Human Condition* (Chicago: University of Chicago Press, 1958)를 보라. 그리고 다음의 책에 실려 있는 아리스토텔레스에 관한 코넬리우스 카스토리아디스의 논문을 보라. *Crossroads in the Labyrinth* (Cambridge: MIT Press, 1984).

것으로 이해될 수 있다. 하지만 그것은 또한 모든 것을 포괄하는 사회체계, 즉 폴리스이기도 하다. 따라서 역설적이게도 전체가 그것의 부분으로 인식되게 된다.[11] 또는 그게 아니면, 전체는 자신의 외부에 부분들, 특히 오이코스를 지니게 된다.[12] 이것이 루만에게 주는 교훈은 확실하다. 즉 스스로를 정치사회로 주제화했던 사회는 스스로를 오인했다. 새로 분화된 정치적 하위체계가 기능적 우위성을 지녔던 것은 오직 사회체계 속에서뿐이었다.[13]

루만이 볼 때, 폴리티케 코이노니아라는 고전적 개념과 연관된 두 번째 난점은 사회를 행위로 파악하고자 하는 시도에 있다. 그에 따르면, 그것이 가능했던 까닭은 아마도 올바르고 정당하고 고결한 행위를 지향하는 것으로 가정되는 정치체계가 사회 전체와 동일시되었기 때문이었다. 똑같이 중요한 것이 정치사회를 하나의 조직체(body)로, 즉 행위할 수 있는 하나의 조합적 통일체로 이해하는 것이다.[14] 이러한 맥락에서 상대적으로 예외적인 분화·전문화된 조직의 존재와 그것이 사회에 미치는 약간의 영향이 그 자체 하나의 조직, 즉 조직체인 하나의 전체로서의 정치사회라는 개념을 가능하게 했다. 물론 실제로도 이 가상의 조직체의 행위와 목표는 지배부문의 행위와 목표였다. 즉 오직 이 부문만이 조직을 구성했다.

루만에 따르면, 폴리티케 코이노니아 그리고 그 후 온갖 형태로 변형

---

11) "Moderne Systemtheorien als Form gesamtgesellschaftlicher Analyse," *Sozialtechnologie*, 7-8; *Aufklärung* 1, 138.
12) *Differentiation*, 161, 295.
13) *Aufklärung* 1, 138; *Differentiation*, 19.
14) *Differentiation*, 78-80, 336-337, 339. 루만은 이러한 견해가 정치적 하위체계를 공통의 사회적 목표를 달성하기 위해 헌신하는 집합행위의 한 형태라고 파악하는 파슨스식 시도 속에서 지속되고 있다고 본다. 그는 가능한 다양한 사회적 용도와 관련한 구속력 있는 결정을 산출하는 것을 권력매체를 중심으로 조직된 정치적 하위체계의 기능으로 대체한다.

된 시민사회 개념들은 그 지배자들의 조직과 그것의 개별 행위자들의 지향의 통합을 도덕과 법(시민사회의 경우에는 도덕화된 법)이라는 규범적 범주들의 측면에서 주제화했다. 정치사회는 "개인 간의 존중 및 상호존경과 관련한 상대적으로 보편적인······ 규칙들"의 제도화를 통해 안정화되었다.[15] 달리 말해 이런 식으로 정치사회의 '일반화된 도덕'이 기본적으로 정치적 권위를 정당화하는 데 기여했다. 그렇기는 하지만 루만은 그것이 정치사회를 규범적 측면에서 이해하는 데 단지 (논리적으로가 아니라) 기능적으로만 필요했다고 주장한다.[16] 어쩌면 그가 염두에 두고 있던 것은, 비록 권력매체가 이미 일반적인 언어 의사소통을 대신하여 의사결정의 전달수단이 되었지만, 여타의 '일반화된 의사소통 매체'가 완전히 발전하지 않았거나 또는 부재했기 때문에, 권력이 이전의 직접적이고 언어적인 형태의 명령과 복종 모델에 불가피하게 지속적으로 의지할 수밖에 없었다는 것일지도 모른다. 하지만 후자는 규범적 형태의 정당화 없이는 작동할 수 없다. 아마도 이 점은 권력매체가 작동하기 위해서는 규범적으로 구성된 언어적 규약이 필요하다는 그의 생각과 연관되어 있을지도 모른다.[17] 원칙적으로 모든 결정의 도식화를 가능하게 하는 옳은 것과 그른 것이라는 이항적 규약은 실제로 작동하고 있는 그대로의 권력을 표현하지는 않는다. 따라서 규범적 언어가 정치적으로 조직화된 사회를 묘사하는 데 반드시 필요한 것은 아니다. 또한 정치사회의 행위자들이 권력체계 내에 스스로 적응하기 위해 규범적 언어를 필요로 하는 것도 아니다. 그러나 법이 아직 실정법으로 수립되어 있지 않을 경우, 그것의 사회적 환경에 권력이 작동하고 정치사회가 작용한다는 것을 표현하기 위해서는 이 도덕주의적-법적 언어가 요구된다. 왜냐

---

15) Ibid., 334-335.
16) *Aufklärung* 2, 51-52.
17) *Differentiation*, 334.

하면 그것의 사회적 환경이 아직은 여타의 기능적으로 교체 가능한 매체들에 의해 정치적 하위체계에 연결되어 있지 않기 때문이다.

따라서 루만의 용어로 표현하면, 권력매체의 제도화는 인지적 양식의 기대가 규범적 양식의 기대를 중요하지만 불완전하게 대체할 수 있게 해준다. 그럼에도 불구하고 사회적 자기성찰의 수준에서는 이제 세속적 도덕성이 사회통합에서 중심적인 역할을 떠맡게 되었다면, 실제로는 첫 번째 "상징적으로 일반화된 의사소통 매체"[18]로 출현한 권력이 사회적 규범 자체에 대한 규범적 태도가 아니라 인지적 태도에 의지하는 하위체계에 처음으로 엄청난 중요성 그리고 사실상 기능적 우위성을 부여하게 되었다. 이 하위체계는 여전히 지배구조와 연계되어 있다. 하지만 이 지배구조는 더 이상은 직접적인 상호작용과 결부되어 있지 않음에도 불구하고, 단지 보편주의적 지향과 상호기대를 일반화하는 것만으로도 행위의 우연성을 축소시킬 수 있다. 그리고 이들 지향과 상호기대는 심지어 경험적 "기대에 어긋날" 때조차 '반사실적으로' 유지된다는 점에서 여전히 규범적이다. 이러한 연계관계는 적어도 기능적 등가물이 등장하여 그것을 대체할 때까지는 기능적으로 필요하다. 왜냐하면 그것이 권력체계로부터 통합의 필요성이라는 짐의 일부를 권력체계에게서 덜어주고, 그럼으로써 (그리고 사회?)가 엄청난 과잉확장 또는 '팽창'하는 것을 막아주기 때문이다.

이러한 맥락에서 볼 때, 우리의 시민사회 개념의 첫 번째 원천인 고대의 실천철학은 정치적인 것의 우위성과 정치의 도덕화 모두를 이론적으로 주제화하고 있었다. 루만에 따르면, 이 철학의 오류가 부분(정치)과 전체(사회), 행위와 체계, (매체로서의) 권력과 (일상적인 언어적 상호

---

[18] 여기서 루만은 돈을 선택하는 것처럼 보이는 파슨스와 하버마스 모두에 반대한다. 따라서 루만은 고대 정치철학에서 등장하는 정치사회의 자기주제화를 액면가치 그 이상으로 취하고 있는 것으로 보인다!

작용과 결부된) 도덕, 그리고 사회적 현실로서의 도덕과 도덕주의자들의 도덕을 혼동하게 해왔다.[19]

부르주아 사회에 대한 이론도 비록 적기는 하지만 유사한 오류들로 인해 유죄판결을 받는다. 비록 과거의 시민사회(societas civilis)가 부르주아 사회(bürgerliche Gesellschaft)라는 범주의 어원학적 기원이기는 하지만, 루만이 볼 때, 후자는 전자를 오직 피상적으로만 개조한 것에 지나지 않는다. 실제로 부르주아 사회에 대한 대안으로 제안된 용어인 '경제사회'가 암시하듯이, 부르주아 사회는 '정치사회'와 유사하지만 동일하지는 않은 하나의 토포스이다. 이 둘은 또한 구조적으로도 상이한 것으로 입증된다.[20] 또다시 루만은 마르크스식 사회이론에 의해 고전적으로 대변되는 경제사회의 자기주제화에서 시작한다. 여기서 경제사회는 새로운 유형의 사회라고 이해된다. 이 사회에서는 생산 그리고 훨씬 더 "물질대사에 기초한 욕구체계"가 정치를 대신하여 중심적인 사회과정이 된다.[21] 역시 마르크스주의를 특징짓는 또 다른 관점에서 보면, 부르주아 사회(bourgeois society)는 이제 재산소유자들(부르주아[bourgeois]라는 의미에서의 Bürger)이 정치적으로 규정된 지배 '부문'(이를테면 시민[citoyen]이라는 의미에서의 Bürger)을 대신하여 지배계층이 된다는 것을 의미한다. (부르주아 경제사회에 관한 이론뿐만 아니라) 마르크스식 경제사회에 관한 이론과 관련한 루만의 의심은 정치사회에 관한 이론으로서의 아리스토텔레스식 정치철학에 대한 그의 비판과 그 궤를 같이한다. 이들 모두는 부분을 전체로 오인하는, 즉 사회의 하위체계를 사회 전체와 동일시하는, 이해할 수 있는 오류를 범하고 있다. 이 오류가 이해할 수 있는 것인 까닭은 이들 하위체계 각각의 출현이 지니는 극적인 성격

---

19) *Differentiation*, 337.
20) Ibid., 193, 338.
21) Ibid., 341-343.

과 이들 체계가 여타 사회영역들과의 관계에서 차지하는 (일시적인) 기능적 우위성 때문이다.[22] 그렇기는 하지만 경제의 경우에서만 이 기능적 우위성을 주장하고, 삶의 모든 영역을 경제로 환원시키지는 말았어야만 했다. 오직 경제의 기능적 우위성 관념만이 정치적 하위체계의 범위와 내적 복잡성이 자본주의 전 시기 동안 지속적으로 성장해왔다는 경험적 사실과 양립할 수 있다.[23] 왜냐하면 기능적 우위성은 단지 주도적 하위체계가 최고의 내적 복잡성을 지니고 있고 또 사회의 새로운 발전단계는 주로 그 영역에서 기원하는 과제와 문제들에 의해 특징지어진다는 것만을 함축하기 때문이다.

따라서 '정치'사회와 '경제'사회는 유사한 형태의 자기주제화와 함께 유사한 분화과정을 표현할 뿐만 아니라 연속적인 진화의 단계들 또한 표현한다. 루만이 볼 때, 이들 사회의 서로 다른 복잡성 수준은 초기의 정치사회와 나중의 보다 복잡한 경제사회 간에 존재하는 다음과 같은 세 가지 구조적 차이를 보여준다. (1) 우위성의 의미변화, (2) 인지적 양식의 기대에 의한 (대부분 또는 부분적으로) 규범적 양식의 기대의 대체 (3) (사회체계는 말할 것도 없이) 하나의 전체로서의 주도적 하위체계 쪽에서 발생하는 행위능력의 상실이 그것이다. 이것들 각각을 차례로 살펴보기로 하자.

첫째, 경제체계와 다른 하위체계들 간의 관계에 관한 논의에서, 우위성은 더 이상 개략적으로라도 권위나 지배의 측면에서 제시될 수 없으며, 오직 경제가 다루는 문제의 중요성에 의해서만 제시될 수 있다. 이러한 차이는 루만이 의사소통 매체로서의 권력과 돈의 구조 간을 구분한 데서 나온다. 여기서 돈은 분화된 경제적 하위체계를 조직하는 매체이

---

22) Ibid., 191, 222, 338.
23) Ibid., 338.

다. 권력의 경우에 선택적 결정은 특정 규약에 따라 그리고 부정적 제재를 고려하여 그러한 특정한 결정을 '하거나' 받아들이도록 동기화된 그 밖의 누군가를 위해 이루어진다. 돈의 경우에 결정은 자기자신을 위해 이루어지고, 타자는 가능한 보상 또는 긍정적 제재를 고려하여 그 나름으로는 상보적인, 그러나 일반적으로는 상이한 결정을 내리도록 동기 지어진다.[24] 첫 번째 경우에는 결정이 전달되지만, 두 번째 경우에는 문제를 처리하기만 하면 된다. 이러한 이유 때문에 경제적 하위체계의 기능적 우위성이 허용하는 사회분화 수준은 '정치사회'에서 가능한 수준보다 훨씬 더 크다. 이 능력은 국가와 사회의 '그릇된 이분법'이라는 측면에서 우선적으로 주제화되는데, 우리는 이 쟁점을 추후에 다루고자 한다.

  둘째, 경제적 하위체계의 우위성은 더 이상 사회통합을 위한 일반화된 도덕을 요구하지 않는다. "사회의 모든 성원의 지지를 받는 도덕을 대신하여 순수한 경제적 기회가 시대를 초월하는 불변하는 것의 지위를 차지할 것으로 보인다."[25] 정치가 여전히 "일종의 도덕적 '엄호물' 또는 정당화"를 (오직 정치가 우위성을 지니는 시기에만?) 필요로 했다면,[26] 경제적 하위체계는 '기능적으로'도 '논리적으로'도, 즉 그것의 표상수준에서도 그것의 작동을 위해서도 그러한 것을 결코 필요로 하지 않는다. 이것이 사실인 것은 경제적 하위체계의 출현이 "규범적 태도로부터 인지적 태도로의 전환"을 수반하기 때문이다. 규범적 기대—즉 반사실적이고 변화된 조건에 적용할 수 없는 기대—는 학습 가능하고 변화에 적응할 수 있는 기대로 대체된다.[27] 경제활동의 도덕적 통합과 그러한 유형의 통합에 대한 사회 일반의 욕구는 경제적 하위체계의 분화와 함께

---

24) Ibid., 205.
25) Ibid., 203-204.
26) Ibid., 340.
27) Ibid., 202.

약해진다. 그러므로 경제적 하위체계가 우위을 차지하게 된 사회는 (뒤르켐과 파슨스의 견해와는 반대로) 점점 더 규범성을 필요로 하지 않거나 그것을 법이라는 단일한 하위체계—이 하위체계의 토대 역시 인지적이 된다—에 한정시킬 수 있다.

마지막으로, 하나의 사회통합 형태로서의 일반화된 도덕의 소멸은 사회가 행위능력을 상실했음을 알려준다(그리고 그것은 부분적으로는 사회의 행위능력 상실에서 기인한다). 시장경제의 지배와 함께 사회적 전체를 하나의 조직체로 이해하는 것은 불가능해진다. "그 누구도 경제의 전권대표임을 주장할 수 없다."[28] 경제체계는 하나의 집합체가 아니다. 따라서 그 누구도 경제체계를 근간으로 하는 사회를 대표할 수 없다. 이 사회를 대표하는 단일한 기관이나 주체성을 밝히고자 하는 어떠한 시도도 진정 부분적 가능성만을 갖는 정치사회를 부당하게 전치시킬 뿐이고, 결국 불가피하게 개념적 신화학에 이르고 만다. 똑같이 중요한 것이 경제사회가 조직들로 하여금 사회의 나머지 부분으로부터 그리고 서로로부터 분화하도록 자극한다는 것이다. 이 과정의 결과, 사회 자체는 더 이상 하나의 조직, 즉 하나의 조직체의 요구를 충족시키는 것으로 보이지도 않는다. 사회 내의 복수의 조직들은 상위조직에 의해서가 아니라 권력과 돈이라는 체계의 매체의 작동에 의해 통합된다. 따라서 루만에서 (상호작용 또는 상호주관성의 관념을 논외로 하면) 경제적 하위체계가 기능적 우위성을 확보하는 쪽으로 이행하는 것은 체계통합이 사회통합을, 그리고 체계가 하나의 이론적 패러다임으로서의 행위를 필연적으로 대체하게 된다는 것을 의미한다. '시민사회'와 '사회공동체' 같은 개념들은 이러한 전환의 명백한 이론적 희생물들이다. 우리는 이 쟁점 역시 추후에 다루고자 한다.

---

[28] Ibid., 338.

루만은 정치사회나 시민사회라는 개념뿐만 아니라 이를 대체하는 개념 또한 시대에 뒤진 것이라고 파악한다. 경제사회 또는 심지어 경제적 하위체계의 우위성조차도 이제는 과거사이다. 이 우위성은 경제적 하위체계의 다양한 '환경'에 대해 순전히 경제적으로는 해결할 수 없는 역기능적 부작용을 초래해왔다.[29] 그의 논의 중 하나에 따르면, 경제의 우위가 막을 내렸을 때, 어떠한 하위체계도 전체를 지배하거나 심지어 전체를 대표할 수조차 없다. 그것보다 앞선 논의에서 루만은 경제와 정치가 의식적인 과학적 통제나 조정에 종속될 수 있는 가능성을 열어놓았다. 그러나 그러한 종속이 하나의 발전단계를 의미할 수 있는 것은, 정치적 하위체계의 완전성이 유지되던 이전의 단계처럼 경제적 하위체계의 완전성이 유지되고 그와 더불어 사회의 분화가 증가되는 경우뿐이다. 소비에트 유형의 사회에서처럼 이 단계에서 과학이라는 하위체계가 우위를 차지할 수도 있겠지만,[30] 정치라는 하위체계가 우위를 차지하지는 못할 것이다. 그러한 사회에서는 과학사회(societas scientifica)라는 개념이 그 사회에 적절한 허위의식 형태를 대표할 것이다. 그렇지만 과학이라는 하위체계를 특징짓는 성찰성의 수준이 새로운 형태의 기능적 우위성을 보다 적절하게 (즉 체계이론적으로) 주제화할 수 있을 것이기 때문에, 이 시기에는 부분이 전체를 대변하는(pars pro toto) 그릇된 실체화를 피할 수 있을 것이다.[31]

우리가 어떤 해석을 선택하든지 간에(그리고 최근의 자기생성체계라는 개념은 분명 첫 번째 것을 가리킨다), 경제적 하위체계의 우위성이 가져오는 세 가지 결과는 근대 사회에 대한 루만의 이해에 지속적으로 적용될 것이다. 루만에게서 분화의 증대, 규범적 통합의 쇠퇴, 사회(또는

---

29) Ibid., 342.
30) Ibid., 225.
31) Ibid., 357ff.

심지어 사회를 대표하는 부분)의 행위능력 소실은 근대 사회, 또는 심지어는 근대 사회의 분화된 하위체계들 중의 하나를 정치사회나 시민사회로 파악하는 것을 정당화할 수 있는 그 어떠한 개념도 불가능하게 만든다. 하지만 하나의 단일한 대행자, 주체 또는 조직으로서의 사회라는 어떠한 유토피아와도 관계가 없는, 이 책에서 전개한 시민사회 개념의 관점에서 볼 때, 슈미트와 아렌트에서 하버마스와 오페에 이르는 사상가들이 발전시킨 융합 주장과 관련하여 루만식의 분화이론은 위협받고 있는 시민사회 개념의 중요한 측면을 쇄신하고 있는 것처럼 보인다. 그러나 루만이 이 융합 테제에 대한 대안을 가장 추상적인 수준에서 제시하기는 하지만, 그것은 적어도 그의 모델 속에서는 어떠한 시민사회 개념에도 이득이 되지 않는다. 그 이유는 그가 국가-시민사회의 이분법을 그릇된 것으로 보고, 그것을 전혀 다르게 구분하는 모델로 대체하고, 또 확장된 분화 모델 속에서조차 규범과 결사체 참여 모두를 통한 사회통합에 초점을 맞추는 어떠한 영역도 포함시킬 필요를 발견하지 못하기 때문인 것으로 보인다.

국가와 사회의 융합에 대한 논의는 항상 다음과 같은 핵심적 모순으로 인해 시달려왔다. 즉 이 테제의 많은 (특히 네오마르크스주의적) 옹호론자들은 자신들이 동일한 시기를 경제와 사회의 재정치화 시기로 그리고 국가의 (자본주의) 경제에 대한 전적인 의존 또는 '적극적 종속'으로부터 '상대적 자율성'과 '소극적 종속'으로 이행하는 시기로 번갈아 묘사할 때, 그러한 모순을 불러낸다.[32] 따라서 그들은 탈분화와 분화를 동시에 주장해야만 한다. 이러한 황당함은 루만에게서는 그의 후기 자유주의적 견해 속에서뿐만 아니라 초기 기술주의적 견해 속에서도 보이지 않

---

32) Claus Offe, *Contradictions of Welfare State* (Cambridge: MIT Press, 1985), 35-64를 보라.

는다. 어떤 경우에 루만은 하나의 기능적 우위성으로부터 또 다른 기능적 우위성으로의 이전, 즉 경제의 기능적 우위성으로부터 과학적 계획의 우위성으로의 이전에 관해 언급하면서, 영역들 사이에서 또는 더 정확히 말하면 하위체계들 사이에서 분화를 확장하곤 한다. 다른 경우에는 그는 분화의 증가가 하위체계의 복잡성을 점차 증대시키는 동시에 이 증대된 복잡성이 분화를 증대시킴에 따라 그에 상응하여 이 하위체계들의 상호 투입-산출 네트워크의 밀도가 점점 더 증가하고, 이것이 외견상 융합처럼 보이게 한다고 말하곤 한다. 루만이 지적하듯이, 정치체계의 자율성이 결코 정치체계의 고립을 의미하는 것은 아니었다. 자율적인 정치체계라면 그 자신의 기준에 따르는 적절한 결정을 내려야만 할 것이지만, 이를테면 경제에서 발생한 사건들이 정치에서의 문제와 동기를 구성하는 데 일조할 수도 있다. 따라서 체계 간 의사소통은 축소되는 것이 아니라 강화된다. "정치의 독자성과 함께 정치의 사회의존성 또한 증가한다."[33] 루만은 우리에게 융합 모델 대신에 분화와 상호의존 모두의 증대에 관한, 즉 다른 체계에 대한 체계의 자기폐쇄와 개방 모두의 증대에 관한 설득력 있는 모델을 제시한다. "하위체계들 사이에서 상호의존성과 독자성이 동시에 증가한다. 원칙적으로 이것이 가능한 까닭은 하나의 하위체계가 의존하면서도 독립적일 수 있는 환경이 증대하고 있기 때문이다."[34]

루만에 따르면, 국가와 사회의 분리에 관한 모든 논의는 분화와 상호의존의 증가라는 이 현상을 잘못 이해해왔다. 그의 테제를 따라 누군가는 융합 주장이 사회적인 것들 간의 더욱 증대된 복잡성—이것이 바로

---

[33] Niklas Luhmann *Legitimation als Verfahren*, 2d ed. (Darmstadt: Luchterhand Verlag, 1975; 이하에서는 *Legitimation*으로 인용함), 160-161.
[34] Niklas Luhmann, *A Sociological Theory of Law* (London: Routledge, 1972; 이하에서는 *Sociology of Law*로 인용함), 149, 283ff.

경제적 하위체계가 우위에 서 있던 단계의 뒤를 잇는 진화단계의 특징이다—을 부분적으로 그릇되게 자기주제화한 것에 불과하다고 말할지도 모른다. 하지만 국가와 시민사회를 대립시키는 표준적인 이분법적 개념에게는 애석하게도, 융합 주장에 대한 이러한 비판이 루만의 견해를 변화시킬 수는 없다. 루만에 따르면, 그러한 융합 주장 또한 경제사회를 특징짓는 역사적으로 새로운 분화 수준에 대한 '허위의식'의 한 형태일 뿐이었다.[35] 허위의식의 한 가지 형태를 비판했다고 해서, 그것이 그 이전의 허위의식 형태를 쇄신할 수는 없다.

그렇다면 국가와 사회의 이분법이 그릇된 것이라고 주장하는 루만의 논거는 무엇인가? 첫째로 그리고 어쩌면 가장 덜 중요한 것으로, 루만은 국가라는 범주가 지나치게 산만하다고 생각한다. 국가는 정부에서 관료제에 이르기까지, 즉 정치체계의 일부에서 그 전체에 이르기까지 모든 것을 의미한다.[36] 하지만 이러한 비판이 국가와 사회 간의 대립을 재정식화하기 위해 정치학에서 사용될 수 있는 그리고 자주 사용되어온 막스 베버의 정의와 같은[37] 상대적으로 엄격한 국가에 대한 정의에 어떻게 적용될 수 있는지는 확실하지 않다. 아마도 루만은 국가를 행정참모들을 통해 주어진 영토 내에서 정당한 폭력수단을 독점적으로 사용하는 하나의 정치조직으로 보는 포괄적인 국가 개념은 정치체계의 내적·조직적 분화를 방해하거나 정치체계를 단순히 그것의 여러 측면들 중의 하나로 축소시킨다고 답변할 것이다.[38]

---

35) *Differentiation*, 340; *Aufklärung* 1, 141.
36) *Differentiation*, 138.
37) Max Weber, *Economy and Society*, vol. 1 (Berkeley: University of California Press, 1978), 54, 56.
38) *Differentiation*, 132. 후기 저작에서는 정치를 민주주의로 이해하는 것과 리더십으로 이해하는 것 각각이 각기 공중환원론 및 정당체계 환원론과 동일시되는 것과 마찬가지로, 정치체계를 국가와 동일시하는 이러한 환원론은 "행정부를 전체로

둘째로 그리고 두 번째로 중요한 것으로, 루만은 그러한 이분법에 상

바라보는" 관점 그리고 심지어는 "관료제의 보호와 차폐"로까지 연결된다. 다음 책에 실려 있는 글들을 보라. Niklas Luhmann, *Political Theory in the Welfare State* (Berlin: de Gruyter, 1990; 이하에서는 *Political Theory*로 인용함), 55, 148. 이 글들 또한 정치학이 아니라 정치이론의 수준에서는 국가에 대해 그리고 국가와 사회의 대립에 대해 말하는 것이 여전히 가능하고 심지어는 어쩔 수 없기까지 하다는 점을 암시하는(109쪽 그리고 각주 100), 비록 반드시 상반되지는 않지만 다소 상이한 개념을 제시한다. 결론은 다음의 글에 제시된 국가 개념과 관련하여 훨씬 더 명시적으로 도출된다. "State and Politics," *Political Theory*, 123, 128, 134, 136, 141-146, 152-153. 이 맥락에서 결정적인 것이 바로 그가 이론을 두 가지 유형으로 구분한 것이다. 정치학 (또는 모든 과학) 이론은 과학이라는 하위체계 속에서 작동하는 연구 프로그램들이라고 언급되고, 그것은 오직 과학적 기준에 의해서만 타당성을 부여받는다. 반면 여기서 정치이론(또는 특정 하위체계에 대한 어떤 다른 '성찰이론')은 그 하위체계 내에서 이루어지는 지적 활동의 한 형태로 제시된다. 그리고 그러한 활동의 기능은 자신의 과정, 즉 여기서는 정치과정에 대한 자기성찰, 자기관찰, 그리고 심지어는 자기비판의 요소들을 구축하는 것이다. 정치이론은 정치학에 의존하지만(정치이론은 정치학의 '지원을 받는다'), 과학적인 개념 형성과 타당화라는 엄격한 한계 내에서 작동할 필요는 없다(*Political Theory*, 24-25, 54-56, 107-109). 성찰이론들의 복잡성 수준은 그것이 다루는 하위체계의 복잡성 수준은 물론 그 하위체계에 관한 '과학적 이론'의 복잡성 수준보다 필연적으로 더 낮을 수밖에 없다(ibid., 118-119, 152). 그럼에도 불구하고 정치학과는 달리 정치이론은 정치체계—정치이론은 정치체계의 하나의 구성요소이다—에서 특정한 역할을 수행할 수 있다. 실제로 그것은 자기관찰을 통해 자기정체성을 형성하는 데서 결정적이다(ibid., 119-120, 136, 153). 이러한 맥락에서 루만은 처음으로 모든 점에서 과학적 이해와 그러한 이해의 적용이 정치적 행위자들의 자기인식보다 정치적 현실에 더 적합하다고 생각하는 과학주의적 오류를 공개적으로 비난한다. 그는 이러한 통찰을 자신의 자기생성체계 이론으로부터 끌어오지만, 이를 통해 해석학적 관점을 자신의 개념에 통합시키는 데까지 나아가지는 않았다. 또한 그는 정치학과 정치이론 간의 쌍방향적 의사소통이 가능한지 그리고 어떻게 가능한지를 보여줄 수도 없었다. 루만에 대한 우리의 소개와 비판은 그가 자신의 과학적 정치분석이라 생각하고 있는 것에 초점을 맞추고 있다. 우리는 우리의 작업이 방금 분명하게 제시한 바로 그 의미에서의 정치이론이라고 생각하지만, 우리는 자신이 『복지국가의 정치이론』(115쪽을 보라)에서 그러한 이론을 산출하는 데 성공하지 못하고 있다고 보는 것에 대해 루만에게 동의한다. 하지만 문제가 되는 것은 그가 뭔가를 암시하는 것처럼 보이는 그의 표현 스타일 그 이상의 것이다.

정된 함의—즉 국가와 사회 (또는 시민사회) 각각은 자신들의 전체 삶과 관련하여 서로 독립적인 일단의 구체적인 인간 개개인들로 구성되어 있다는 것—를 거부한다.[39] 비록 이러한 반대가 사회와 국가를 논쟁적으로 병치시키는 (특히 운동에 만연되어 있는) 많은 견해들에도 적용되지만, 여기서 다루는 보다 정교화된 개념들에 관한 어떠한 조야한 연구조차도 그러한 반대에 대처할 수 있을 것이다. 이를테면 헤겔에서 '신분집단'의 구성원들과 '공직자'들은 비록 상이한 '역할'을 수행하고 상이한 '기능적' 관계에 있지만, 시민사회와 국가 모두에서 발견된다. 하지만 루만은 분화된 정치적 역할이 다양한 사회적 역할과 서로 대조를 이룰 것이며, 이러한 대비는 인간을 단지 두 개의 역할—즉 공적인 것과 사적인 것, 시민과 부르주아, 또는 시민과 인간—로만 분할시키는 방식으로 여전히 폐색되어 있다고 답변할지도 모른다.

이러한 주장은 루만의 마지막 그리고 가장 중요한 반대에 근거하고 있다. 그는 국가 개념과 병치될 때 특히 두드러지는 사회 개념의 산만함을 지적한다. 우리가 '국가'가 무엇을 의미하는지를 알고 있다고 가정할 경우(그리고 루만에게서 국가는 기껏해야 '정치체계'를 의미할 뿐이다!), '사회'라는 용어는 국가를 둘러싸고 있는 환경 모두를 묘사하는 느슨한 용어이다.[40] 스스로를 전체라고 이해하던 고대 정치사회는 자신의 환경을 결코 인식하지 못했지만, 국가가 스스로를 분화된 전체의 일부, 즉 종교적, 문화적, 친족적 역할들과 의미복합체들의 정치적 중립화를 전제로 하는 발전의 일부라는 점을 인식할 수 있을 때, 국가라는 관념은 정치체계의 관점을 드러낸다.[41] 이러한 수준의 자기주제화는 다시 적어도 주요한 논점의 설명에서 경제적인 것의 기능적 우위성이 제도화되어 있음

---

39) *Differentiation*, 140, 378 note 3.
40) Ibid., 236.
41) *Planung*, 54-55.

을 전제로 한다. 그리고 그러한 제도화가 새로운 수준의 사회분화를 가능하게 한다. 그렇기는 하지만 경제적 하위체계조차도 정치적 하위체계의 사회적 환경 전체를 의미하지 않는다. 실제로 법적 하위체계의 분화는 '국가'가 (헌법을 통해) 종교로부터, 그리고 (사법을 통해) 경제로부터 분화되는 것을 가능케 했다.[42] 정치체계의 분화에 대해서는 단지 약간 덜 중요하기는 하지만, 누군가는 동일한 역사적 맥락에서 이루어진 가족, 과학 그리고 문화 또는 예술이라는 하위체계들의 제도화에 대해 말할 수도 있을 것이다. 하나의 단일한 '조직'이나 '집합체' 또는 '영역'이나 '논리' 또는 무엇보다도 '체계'로 환원될 수 없는 이 모든 하위체계들은 이들 각각과 별개의 투입-산출 관계를 가지는 정치체계의 내적으로 역동적이고 분화된 사회적 환경을 구성한다. 게다가 이 하위체계들도 서로 간에 투입-산출 관계를 맺는다. 이 하위체계들은 정치체계와의 관계에서 어떠한 응집적인 실체(루만에서는 체계)도 구성하지 않는다. 따라서 시민사회 관념은 분화 모델에 의해 구원되기보다는 분해된다.[43]

그렇다면 그것에 의해 분해되는 시민사회 개념은 어떤 것인가? 분명 자유주의적 또는 마르크스주의적 이분법 모델은 루만의 비판에 대항하지 못한다. 반면에 헤겔식 이론은 예술이나 과학 또는 가족을 포함하지는 않지만, 내적으로 고도로 분화되어 있었다. 이 모델이 그것의 마르크스주의적 계승자가 했던 것 이상으로 법, 결사체 등등으로부터 경제적

---

[42] *Differentiation*, 128-129.
[43] 루만은 이와 관련된 그의 가장 최근의 주장 속에서는 국가와 사회의 구분에 대해 덜 거부한다. 우리는 이미 정치이론의 수준에서 그가 그러한 구분과 국가라는 개념을 비록 과학적으로 지지할 수는 없지만 (지금까지는) 정치적 하위체계의 자기확인의 대체할 수 없는 부분으로 고려한다는 것을 살펴보았다. 그러나 루만은 이제 심지어 사회과학의 수준에서도 또는 좀 더 정확히 말하면 사회과학의 역사라는 수준에서도 국가와 사회의 구분이 분화된 경제의 발전이라는 관점과 헌법에 의한 정치체계의 한계설정이라는 관점 모두에서 볼 때 사회체계의 분화에 대한 초기 인식을 대표했다는 점을 인정한다. *Political Theory*, 133 and note 28을 보라.

하위체계를 분화시키지 않았다는 반박에 대해서는, 경제와 시민사회를 분리하는 그람시의 대응만으로도 충분해 보일지도 모른다. 이것의 잠재적 결과는 파슨스에게서 가장 분명하게 드러난다. 파슨스는 문화체계와 경제체계를 정치체계와 사회공동체 모두와 구분하고 후자를 사회의 통합적 하위체계로 파악한다. 우리가 강단 사회과학 내에서 이루어진 시민사회 개념의 재구성 중 가장 발전된 것으로 파악하는 것도 바로 사회의 이 마지막 영역, 즉 규범적-법적·결사체적 요소들로 구성되는 영역이다. 루만은 파슨스와 이러한 해석을 공유하지만, 사회체계이론으로부터 그러한 영역—그것이 어떤 모습을 하고 있든 간에—을 모두 제거하기 위해 최선을 다한다.

여기서 루만의 전략은 이중적이다. 첫째, 루만은 정체 내에 정치와 관련된 모든 결사체와 공중을 포함시키는 방식으로 정체를 규정하는 구분선을 설정한다. 따라서 다른 이론가들이 시민사회 속에 뿌리를 두고 있고 국가와 매개관계에 있는 것으로 다루었던 제도들이 이제는 엄격한 의미의 정치체계 내에 위치 지어진다. 하지만 그 과정에서 루만은 이들 제도가 합리적 의사소통과 맺는 관계 그리고 심지어는 그러한 의사소통 과정에 의존하는 파슨스식의 영향력 '매체'와 맺는 관계조차 끊어버린다. 둘째로, 루만은 사회분화에서 법과 권리가 수행하는 기능을 행정적 침투로부터 보호를 필요로 하는 어떤 특정 영역의 제도화가 아니라 오직 정치체계의 (자기)제한하고만 관련되어 있다고 해석한다. 그는 권리 또한 경제적 탈분화 경향으로부터 보호될 수도 있다는 관념을 명시적으로 거부하고, 국가로부터 사적 영역을 보호해야 한다는 표준적인 자유주의적 관념을 강조한다. 이러한 법 모델은 명백히 규범성을 유보한다. 불행하게도 루만 이론의 용어들 내에서는 권력 또는 돈의 모델에 의거하는 매체에 의해 안정화되지 않는 법적 하위체계는 인지적 양식의 기대 또는 보다 구체적으로는 정치체계의 행정적 하위체계에 맞서 그 경계를 유지하기가 쉽지 않다. 이 장의 나머지 부분에서, 우리는 첫째로 정치체계와 시민사회 간의 관계 그리고 둘째로 법체계와 시민사회 간의 관계에 대한 루만의 분석을 보다 상세하게 다루고자 한다.

1. 정치체계의 행정부, 정당, 공중으로의 분화는 파슨스와 루만에서 공통적인 것으로 보인다. 실제로 파슨스의 개념은 루만이 생각하는 것과는 아주 다르다. 파슨스에서 제도로서의 정당과 공중은 정치의 '지원체계' 속에서 하나의 역할을 수행할 수 있다. 왜냐하면 그것들은 사회공동체 속에 뿌리를 두고 있기 때문이다. 이들 제도가 정체 또는 사회공동체에서 차지하는 주요한 위치와 관련하여 다양한 파슨스식 텍스트들 사이에 존재하는 것처럼 보이는 모호성은, 분화와 그러한 분화를 안정화하기 위해 필요한 상호침투 모두를 제시하고 있다는 점에서, 오히려 매개체에 초점을 맞추는 의사헤겔적인 이론적 조치의 한 가지 사례이다.[44] 정치체계의 관점에서 볼 때 공론장에서 작동하는 공중과 정당의 기능이 구속력 있는 결정에 대해 동의와 충성을 발생시키는 것이라고 한다면, 사회공동체의 관점에서 볼 때 그것들의 역할은 기본적으로는 사회통합이고 부차적으로는 국가에 대한 사회통제의 원리를 확립하는 것이다. 우선 무엇보다도 사회공동체 속에 위치하는 공중이[45] 정치체계에 대한 지지를 창출할 수 있는 것은, 그들이 오직 시민사회 내의 관료제적 결사체들보다는 오히려 자율적인 결사체들이 만들어내는 연대의 자원에 의존할 수 있을 때뿐이다.[46] 파슨스가 매스미디어에 의한 조작과 여론창출의 가능성을 인정하기는 하지만, 그는 자율적인 표

---

[44] Talcott Parsons, *Politics and Social Structure* (New York: Free Press, 1969), 208-209.
[45] Ibid., 209, 240.
[46] Ibid., 214, 334.

현과 토론을 향한 훨씬 더 강력한 경향이 그러한 가능성을 좌절시킨다고 믿는다.[47] 파슨스의 개념에서 정치체계는 리더십 하위체계, 행정적 하위체계, 통합적 하위체계 그리고 정당화 하위체계[48] (또는 정부, 관료제, 입법부와 정당 그리고 사법부)로 내적으로 분화되는데, 그중 앞의 두 가지 하위체계가 결정을 내리고 집행하는 역할을 하고, 뒤의 두 가지 하위체계는 그러한 결정에 대하여 정당성을 산출하고 동기를 부여하는 역할을 한다. 그러나 파슨스는 자신이 엘리트민주주의 이론의 **환상**이라고 보는 것, 즉 그러한 자원들이 전적으로 위로부터만 창출될 수 있다는 생각을 공유하지는 않는다. 그는 또한 입법부의 법 제정이 법 또는 심지어 법의 타당성의 유일한 원천이라는 법실증주의의 견해도 받아들이지 않는다. '지원체계'를 정체와 사회공동체 간의 이중교환이라는 측면에서 바라보는 관념 그 자체는 중요한 이율배반을 전제로 한다. 즉 정치권력은 동일한 제도들을 통해 증대되기도 하고 또 진정한 사회통제에 노출되기도 한다.[49]

따라서 그리 일관성이 없기는 하지만 헤겔처럼 파슨스가 정치적 결사체와 공론장 제도들을 국가와 시민사회를 분화시키는 동시에 상호연결시키는 이중적 위치와 관련하여 제시하고 있다고 결론짓는 것은 옳다.

---

47) Ibid., 248-249.
48) 이것은 애석하게도 다음의 글에 모호하게 제시되어 있다. "The Political Aspect of Social Structure and Process," *Politics and Social Structure*, 339-342. 하지만 거기에 제시되어 있는 사분도식은 그의 일반적인 체계건축학에 부합하기 때문에 그의 최종 발언처럼 보인다. 네 가지 하위체계들 중 세 가지 하위체계는 '이중적 상호교환' 과정과 관련되어 있다. 관료제는 경제와, 정당화 또는 입헌적 하위체계는 문화와, 그리고 통합적 또는 결사체적 하위체계는 사회공동체와 상호교환한다. 이 대칭성은 짜증 난다. 왜냐하면 파슨스가 마셜로부터 채택한 성원권의 삼분체계가 지적하듯이, 정체의 모든 하위체계들이 사회공동체와 상호교환하기 때문이다 (시민적 권리와 입헌적 하위체계, 정치적 권리와 결사체적 하위체계, 사회적 권리와 관료제적 하위체계).
49) Parsons, *Politics and Social Structure*, 377.

하지만 루만이 볼 때, 파슨스가 자신의 이원론적인 위상학적 개념의 근거로 삼고 있는 이른바 정치제도의 이중적 역할은 단지 정치에 대한 공식적인 교과서적 해석과 사회과학의 접근대상인 현실 간의 차이를 반영할 뿐이다. 게다가 정치체계의 환경의 분화를 항목별로 반영하는 정치체계의 내적 분화(파슨스, 헤겔)는 그 체계의 자율성을 심각하게 위협할 수도 있다.[50] 정치체계가 자율적이기 위해서는 반드시 시간이 필요하며, 이는 다시 다양한 환경으로부터의 투입에 즉각적으로 반응할 필요가 없는 내적 구조를 전제로 한다. 그러나 환경의 구조가 정치체계 내에서 재생산될 경우 또는 심지어 정체의 하위체계들과 직접 결부되어 그것의 지반이 되고 있을 경우, 그러한 투입에 반응하지 않을 수 없을 것이다. "만약 모든 하위체계가 정치체계 속에 자신의 정당한 대변인을 가지고 있다면, 정치는 계속해서 가능한 일들을 과잉생산하게 될 것이다."[51] 이것은 비(非)결정의 통치 불가능한 형태의 민주주의라는 슈미트식 토포스에 해당하는 루만의 약식표현이다. 하지만 루만의 개념에서 이것이 반드시 현대 정당과 의회제적 제도를 함의하지는 않는다. 그와는 반대로 이들 제도가 적절히 기능할 때, 그것들은 사회와 국가 사이의 가교라는 전통적 기능이나 또는 이들 두 영역의 융합이라는 측면에서 작동하는 것이 아니라, 정치체계 내에서 통치 가능성의 문제를 발생시키는 유형의 투입들과는 분리되어 자율적인 형태로 작동한다.

정치체계의 자율성은 또한 다양한 환경들이 정치체계를 '수용'하느냐에 달려 있다. 하지만 그러한 수용은 다양한 가능한 요구의 원천을 파편화시키는 환경의 분화에 의해 촉진된다. 그러므로 자율성은 주로 정치체계의 내적 과정과 함수관계에 있고, 부차적으로만 다양한 환경과의 교환

---

50) *Differentiation*, 144.
51) *Planung*, 40.

과 함수관계에 있을 수 있다. 실제로 정치체계의 공중, 정치, 행정으로의 내적 분화는 특정 역할들의 결정화를 촉진한다. 그리고 이 역할들은 바람직한 방식으로 환경들을 연결시키는 기능을 하지만, 또한 그러한 연계 관계를 여타의 역할과 분리된 그리고 내적으로 파편화된 형태들에만 제한하는 기능을 하기도 한다. 따라서 복지수혜자, 유권자, 공적인 일에 참여하는 사람은 한편에서는 가족성원, 노동자, 전문가와 분리되고, 그리하여 다른 한편에서는 그들이 모여 하나의 포괄적인 시민의 역할을 수행하지 못한다. 루만이 의사자동적이며 어떠한 동기도 거의 가지지 않는 것으로 반복해서 묘사하는 특정 형태의 정치적 결정이 수용되는 것도 바로 그 무엇보다 이처럼 정치적 역할들이 각기 별개로 특화되기 때문이다. 이 테제는 공론장, 정당정치, 선거, 의회제적 대표제(여기서는 행정의 일부인)를 재정의할 것을 요구한다. 이 모든 것은 한때는 시민사회의 범주에 연결되어 있었지만, 이제는 정치체계 내에 위치한다. 이것은 차이 없는 재분화인가? 민주주의에 대한 루만의 재정의는 그렇지 않다는 것을 우리에게 알려주는 첫 번째 표지이다.

루만에 따르면(여기서 그는 분명 슘페터의 전통을 따르고 있다), 민주주의에 대한 어떠한 규범적 정의—그것이 참여, 대의제 또는 다원적 경쟁 어느 것에 기초하든 간에—도 폐기되어야만 한다. 그 한 가지 이유는 이들 규범적인 정의 각각이 대중의 자치(self-government) 또는 자기통치(self-rule)라는 관념을 실현하고자 노력한다는 것이다. 하지만 이 관념은 실제로 사회의 여타 영역으로부터 분화된 자율적 정치체계의 논리와는 양립할 수 없다. 게다가 결정을 내리는 데 어떤 직접적인 역할을 하거나 아니면 실제 결정을 내리는 사람들을 통제하고 감시하는 식으로 통치업무에 대한 참여를 확장하고자 하는 어떠한 계획도 단지 원칙에 대한 끊임없는 좌절을 불러일으킬 수 있을 뿐이다. 왜냐하면 결정되어야만 하는 것의 양과 복잡성에 비해 참여할 시간이 항상 부족하기 때

문이다.[52]

두 번째 이유는 훨씬 더 폭로적이다. 어떠한 규범적 정의도 그 '기능적 등가물'(특히 소비에트 유형의 일당체제)에 반대하여 자신의 정치체계(이 경우 서구의 다당제)에 대해 선입견을 가질 우려가 있다. 루만이 볼 때, 슘페터식 민주주의 이론의 잔재—즉 경쟁적 정당과 경쟁선거의 존재—조차도 특정 사회의 민주적 성격을 분석하는 데서 단지 부차적인 고려사항일 뿐이다. 대신에 우리는 보다 추상적인 문제에 눈을 돌려 매우 복잡하고 다양한 체계들에 적용할 수 있는 민주주의 개념을 발전시켜야만 한다.[53] 루만은 그러한 정의를 산출한다. 의사결정 과정이 복잡성의 축소, 다시 말해 가능한 사건의 영역으로부터 상대적으로 작은 부분을 선택하고 그 나머지를 제거하는 것을 의미할 때, "민주주의는 의사결정 작업이 계속해서 진행됨에도 불구하고 복잡성을 유지하는 것, 즉 미래를 위해 그리고 또 다른 의사결정을 위해 가능한 한 넓은 선택성의 영역을 계속해서 유지하는 것을 뜻한다."[54]

루만은 이 정의가 민주주의를 그가 말하는 사회체계 자체의 종적 차이(differentia specifica), 즉 그것의 '목적' 그 자체와 연계시키고 있음을 알고 있다. 여기서 사회체계의 목적은 가능성의 지평 내에 이미 제거된 선택지들을 유지시키는 형태로 복잡성을 축소시키는 것으로 이해된다.[55] 하지만 그는 그러한 조치가 모든 사회를 민주적이라고 정의하는 경향이 있다는 것을 깨닫지 못한다. 기껏해야 거기에는 복잡성의 수준에 기본적으로 상응하는 것으로 보이는 정도의 차이가 존재할 수 있을 뿐이다. 실제로 소비에트 유형의 단일 정당에 의해 이데올로기적으로 조종되는 사

---

52) Ibid., 39, 44.
53) Ibid., 35.
54) Ibid., 40.
55) *Sozialtechnologie*, ch. 2를 보라.

회들도 이데올로기가 "교조주의로부터 보호되고 편의주의적으로 실행되는" 한, 따라서 매우 많은 수의 핵심적 가치들 사이에서 우위관계가 계속해서 변화할 수 있는 한, 민주적이라고, 실제로 다당제만큼이나 민주적이라고 반복적으로 선언된다.[56] 루만은 일당 지배가 중요한 사회적 의사소통을 소수의 정치관료 집단에 한정하고 사회의 여타 영역들로 하여금 정치체계의 부차적 기능을 수행하게 함으로써 그러한 영역들을 도구화할 우려가 있다는 점을 인식하고 있다. 이러한 경향은 복잡성의 증대에 반하는 탈분화 경향의 하나이다. 그 당시(1968년)에, 루만은 과연 그답게 일당 체제의 맥락에서는 분화된 경제가 우위성을 회복하는 것이 민주화 작업의 주요한 차원이라고 제시한다.[57] 실제로 그는 이데올로기로부터 '여론'은 물론 사회적 기대와 요구가 해방되고 종속적 다원주의 원리가 급격히 팽창된 것은 그러한 체계의 성격과 양립할 수 없다고 본다.[58] 이러한 제약조건이 소비에트 유형의 사회가 도달할 수 있는 복잡성의 수준에 일정한 관념적 한계가 있음을 보여주기는 하지만, 그것 자체가 그러한 사회를 민주적이라고 규정하는 범위 바깥에 위치시키지는 않는다. 그러한 사회들이 오늘날의 자유민주주의 사회에 대한 기능적 등가물이 되는 것 또한 바로 이러한 의미에서이다. 그렇지만 독자들은 그것이 단지 루만이 서구의 다당제 민주주의에 관한 가능한 한 가장 '각성되고' '현실주의적인' 견해를 채택했기 때문이 아닌가라는 의구심을 쉽게 버리지 못한다.[59]

---

56) *Planung*, 42.
57) Ibid., 43.
58) *Differentiation*, 114-115.
59) 보다 최근에 루만은 더 이상 소비에트 사회의 정치를 일종의 민주적 정부로 이해하는 것을 허용하지 않는 방식으로 민주주의를 재정의했다. 이제 그는 민주주의를 자기생성체계에서 일어나는 자기관찰이라는 일반적 특징에 대한 정치적 (또는 정당정치적—그것이 어떤 것인지는 분명하지 않다) 해석과 동일한 것으로 이해하든가 또는 정치체계의 정치적 하위체계를 여당(또는 정부)과 야당의 측면에서 부호화하는 것과 동일한 것으로 이해한다. 이 두 가지 해석방식은 관련이 있다.

왜냐하면 야당이라는 개념과 관련된 이원적 부호화는 정치에서 자기관찰을 촉진하는 주된 방법으로 보이기 때문이다(우리가 보기에는 옳다). *Political Theory*, ch. 5, ch. 9 그리고 105를 보라. (우리는 루만이 다른 곳에서는 민주주의를 정치체계의 공적 하위체계의 자기관찰 또는 자기성찰이라고 묘사하는 등[ibid., 55] 일관성이 없다는 점은 논외로 하기로 한다. 우리가 보기에 이러한 모호함은 사실 그 자신의 이론보다 더 광범위한 민주주의 이론을 용인한다는 것과 다름없다. 실제로 적어도 하나의 맥락에서는 공중과 정당정치를 연계시키는 두 가지 개념이 '민주주의'라는 표제 아래 포함되어 있는 것으로 보인다[ibid., 125].)

우리가 보기에 정부-야당이라는 부호에 기초하는 새로운 민주주의 개념은 루만 자신이 말하는 의미에서의 정치이론을 위해서는 여전히 협소하고 부적절하다. 정부와 야당의 측면에서 규정된 민주주의 정의는, 특히 동일한 쌍의 개념들이 근대 정치 자체의 부호(근대 전체주의의 아군-적군 부호를 생각한다면, 다소 받아들이기 어렵겠지만)로 규정될 때, 그 특이성을 상실하는 경향이 있다. *Ecological Communication* (Chicago: University of Chicago Press, 1989), 86을 보라. 물론 루만은 정부와 야당의 정치라는 것이 갖는 여전히 다소 예외적인 성격을 인식하고 있다. 그에 대한 응답으로 이제 루만은 부득이하게 정치적 반대 없는 체계를 정부와 피치자로 구성된 위계적 질서로의 복귀로, 그리고 충분하게 분화되지 않아 그 함의상 근대적이지도 않고 민주적이지도 않은 것으로 간주한다. 그럼에도 불구하고 그는 근대의 분화된 정치체계에서는 정치를 구성하는 기본적인 부호와 민주주의를 동일시한다. 그 결과 루만은 우리의 사회유형에서 민주주의의 정도에 대한 모든 의문들을 암묵적으로 배제한다. 그에게서 모든 민주화 프로젝트는 필연적으로 (그리고 많은 관련 사례들에서처럼 단지 경험적으로는 아니지만) 정부와 야당이라는 부호를 폐지하려는 시도가 되며, 따라서 정의상 비민주적인 것이 된다. ("The Theory of Political Opposition" [1987], *Political Theory*, 167, 174-175를 보라.)

이러한 분석은 내재적 비판을 면할 수 없다. 루만은 종래의 정부-피치자 부호가 정부-야당 부호에 의해 대체되는 것이 아니라 보충될 뿐이라고 주장한다. 이 경우에는 민주화의 문제뿐만 아니라 민주주의의 문제도 이 두 가지 부호의 관계, 이들 사이에서 달성되는 균형의 유형 그리고 각각이 우위를 차지하는 조건들과 관련하여 재정의될 수 있다. 루만은 경쟁하는 조직화 부호들(*Macht* [Stuttgart: Enke Verlag, 1975], ch. 3을 보라)을 가지고 그러한 재정의를 잘 수행할 수 있었으며, 또 정치의 공식적 · 비공식적 순환을 분석하는 경우에는(*Political Theory*, 48-50을 보라) 정상성-갈등의 측면에서 그렇게 할 수 있었다. 따라서 민주주의를 그저 정부-야당 부호의 존재와 동일시하는 것은 정부-피치자 부호를 비판으로부터 보호한다. 정치이론의 수준에서 볼 때, 이러한 입장은 생존 가능한 정치적 야당을 지원하지 못하며, 이를테면 키르크하이머가 입증한, 비록 공식적으로는 아니지만 사

루만의 현실주의는 많은 점에서 환영받는다. 이를테면 구조적으로 허용할 수 있는 복잡성을 유지한다는 관점에서 정당의 강령들이 서로 유사해진 것, 그리고 정치적 토론에서 많은 지적 선택지들을 체계적으로 제거한 것이 민주적 선택지의 범위를 축소시키고 있다고 파악하는 것은 유익하다. 행위와 경험을 위해 열려 있는 가능성의 지평과 자신들이 실제로는 "아무것도 변화시킬 수 없다"는 개인들의 현실주의적 인식 간에 존재하는 긴장을 인정하는 것은 훨씬 더 중요하다.[60] 하지만 이 역설을 민주주의로 **규정**하고 무엇인가를 변화시킬 수 있는 능력을 제도화하

실상의 야당의 '소멸'을 가져올 수도 있다. 루만 역시 그럴 수 있다는 것을 인정한다(*Political Theory*, 177).

우리가 보기에 야당의 생존능력 그러므로 민주주의의 생존능력은 오직 정부-야당 부호가 정부-피치자 부호에 대해 확보하는 우위에 달려 있다. 이러한 우위 또는 이 두 부호들 간의 진정으로 균형 잡힌 관계조차도 제3의 부호, 즉 루만이 처음부터 거부한 의회제적 정치와 비의회제적 정치의 부호, 즉 정치사회와 시민사회의 부호의 확립에 의존한다. 하지만 이러한 관념은 두 가지 지점에서 그의 분석 속으로 다시 몰래 숨어 들어온다. 첫째, '기생충'이라는 이미지는 정부와 야당 간 갈등의 의도하지 않은 수혜자로서의 공중을 가리킨다. '공식적인' 정치체계에 의해 배제되어 오직 '미혹적인' 선거정치에만 참여를 허용받은 공중은 자신의 지위를 보호해주는 정부와 권력을 장악하고자 하는 야당이 제공하는 기회 덕택에 '비공식적인' 수준으로 "다시 몰래 숨어 들어온다." 정부와 야당 모두는 공식적인 의사결정체계 외부에서 암암리에 공중에게 호소한다(*Political Theory*, 178-179). 둘째, 야당과 정부의 실질적인 적대관계는 줄어든다. 왜냐하면 위계적 체계가 아니라 양극적 체계를 구성하는 두 요소는 실제로 서로를 전제로 하고 있고 또 가설적으로도 항상 상대방의 위치에 있는 자신을 상상할 수 있기 때문이다. 그러나 루만은 말뿐인 갈등 그리고 심지어 실체 없는 갈등을 산출하는 경향을 지적한다. 그는 그러한 갈등을 '개방성의 한 형태'로 해석하고, 그것을 통해 사회의 이해관계가 한쪽 또는 다른 쪽에 배당되는 것으로 본다(*Political Theory*, 184). 루만은 사회적 이해관계가 실제로 정치체계 외부의 결사체와 조직에 의해 조직되고 표현되지 않는 한, 그리고 그러한 이해관계가 (복잡한 방식으로) 정치체계 안에서 재표현되고 결집되지 않는 한, 정치체계의 갈등은 단지 쇼로 그리고 정치라는 용어가 지닌 부정적인 의미에서 단지 '정치'로 이해되고, 그리하여 그것이 정부와 야당이라는 부호에 심각하게 해로운 결과를 가져올 것이라는 사실에는 주목하지 않는다.

60) *Planung*, 44.

고자 하는 목표를 정의상 부적절하고 시대에 뒤처진 것이라고 선언하는 것은 시기상조이자 독단적이다. 게다가 정치적으로 중요한 의사소통의 확대에 기초하는 모든 개혁시도를 단순히 시간부족을 들어 기각하는 것은 설득력이 없다. 일단 그렇게 되면, 사람들은 루만이 어쨌거나 경제를 개혁한 소비에트 유형의 사회들과 현재 형태의 서구 다당제 체제 모두가 민주화라는 의미에서 자신들의 정치체계를 구조적으로 변형시키고자 하는 시도에 원칙적으로 영향을 받지 않는다고 보고 있다는 인상을 아주 강하게 받게 된다.[61] 그렇다면 서구 사회의 경우에서는 다른 사회들이 강력하게 비판해왔던 사회정치적 상호작용 형태들—특히 대중문화에 동화된 공론장, 탈정치화된 정당, 국민투표적 선거, 의회제의 연출법—이 진정으로 자율적이고 분화된 성숙한 정치체계의 조직요소로 판명을 받게 된다.

하버마스처럼 루만도 자유주의적 공론장 모델은 그것과 논쟁의 소지가 있는 계몽주의적 사회관념—부분이 전체를 대변하는 전(前)체계 이론적 오류의 또 다른 형태—과의 연계관계가 암시하듯이, 역사적으로 단 하나의 시대에만 한정된다고 제시한다. 루만에 따르면, 모든 공론장—고대, 자유주의적 그리고 근대 공론장—은 분화된 사회영역들로부터 요구되는 역할들을 중립화시킨다. 자유주의적 공론장은 이미 기능적으로 분화된 사회의 하위체계들—경제, 정치, 과학, 종교, 가족—로부터 공적 토론을 통해 통합된 소규모 의사소통 집단들의 영역을 분화시켰다. 이 새로운 공론장의 내적 분화는 시대착오적일 정도로 분절적이었지만, 외적으로는 어떤 특정한 기능을 가지지 않는 하나의 분화된 영역이었다. 어떤 기능이 없이도, 새로운 공론장(부분)은 스스로를 사회

---

[61] Jürgen Habermas, *Legitimation Crisis* (Boston: Beacon Press, 1975), 130을 보라. 하버마스의 비판은 계획의 민주화라는 쟁점에 초점을 맞추고 있다. 그러나 우리의 문제는 그게 아니라 시민사회와 그것의 매개체들의 민주화이다.

(전체)로 (잘못) 이해할 수 있었다. 그러나 그러한 일은 그것에 내장된 불안정성으로 인해 오직 일시적으로만 가능했다. 공론장의 역할구조는 그것이 다른 사회영역들을 통제하는 위치에 있다는 것이 아니라 그것이 돈, 권력 등등에 접근할 수 있는 기능적 역할에 전적으로 달려 있었다.[62] 그러므로 하버마스에 반대하여 루만은 기능적으로 미분화된 공론장에서 물려받은 합리적 의사소통 구조가 오늘날 필연적으로 '의식의 구획화'(parcelization of consciousness)에 기초할 수밖에 없는 기능적으로 분화된 조직들 자체 내에서 (민주화 프로그램의 일부로) 부활될 수 있다는 것을 부정한다. 따라서 그는 공론장의 구조적 변형뿐만 아니라 그것의 규범적 가정의 진부화 역시 주장한다.

루만은 자유주의적 관념을 얼마간 구해내고자 애쓰지만, 오직 공론장을 그것의 하위체계들 중 하나인 정치체계 속으로 전치시키는 맥락에서만 그렇게 한다. 이제 중립화는 전체로서의 정치체계가 수행하는 특정한 통합기능이 된다. 즉 정치체계의 역할은 사회의 비정치적 (가족적·상업적·과학적·종교적) 역할들에 의해 또는 심지어 편파적인 정치적 (정당정치적 또는 관료제적) 이해관계들에 의해 결정되지 않는 의사소통 형태를 확립하는 것이다.[63] 이것은 마치 자유주의적 규범을 기능주의적 포장지로 재포장하는 것처럼 들릴 수도 있지만, 두 가지 주요한 차이가 존재한다. 첫째, 중립화의 목적은 이제 국가에 대한 새로운 형태의 사회적 통제를 창출하는 것이 아니라 정치 그리고 특히 결정과정을 사회로부터 분리하는 것이다. 둘째, 중립화 과정은 참여자들 간의 공개적인 상호작용 수준이 아니라 참여자들이 형성하는 다양한 형태의 정치적 의사소통의 암묵적 테마의 형성 수준에서 이루어진다.

---

[62] *Planung*, 10-12, 21.
[63] Ibid., 21.

실제로 여기서 **여론**은 모든 정치적 의사소통이 "도달하기 어려운 공공성"의 측면에서 정의되는 것이 아니라, 제도화된 테마들에 의해 심지어는 비(非)공적 의사소통까지 구조화하는 것으로 정의된다. 이 테마들은 현상학적으로 "의사소통 과정을 통해 공통적으로 받아들여지는 생활세계의 다소 확고한 체계적 경계들로 굳어져서 불분명한 방식으로 전제되어 있는 전이해(preunderstandings)"라고 정의된다.[64] 정치적 의사소통을 구조화하는 것은 분명하게 표현되고 표출되는 의견이 아니라 바로 이 테마들이다. 따라서 여론은 명시적으로 표현된 의견들의 일반화라기보다는 제도화된 테마들, 즉 의사소통의 하위텍스트를 지칭할 뿐만 아니라 후자로부터 자신의 상대적 통일성을 도출한다. 이러한 테마들은 정치적으로 가능한 것의 임의적 성격을 제한함으로써 의사결정에 기여한다. 그러나 그것들은 또한 의사결정 그 자체의 논리와는 다른 논리를 따를 가능성을 남겨놓음으로써, 여기서 정의된 것으로서의 민주주의에 기여한다. 하지만 그것들은 어떤 다른 정의에서는 민주주의 메커니즘의 일부가 아니다. 즉 여론은 "조종 메커니즘의 기능을 양도받지만, 지배의 행사와 의견의 발생을 결정하지는 않고, 어떤 주어진 시기에 가능한 것들의 경계를 설정하는 기능을 한다."[65]

여론의 핵심적 테마로는 다양한 가치들 사이에서의 우위성, 위기의 의미와 인식, 중요한 의사소통의 역할을 수행하는 다양한 개인들의 지위, 사건들의 (상대적) 새로움 그리고 사회적 관련성을 지니는 고통 또는 고통의 대용물(위협, 스트레스, 상실)에 대한 정의와 같은 주제들이 거론된다. 그렇기에 여론의 핵심적 테마들은 궁극적으로는 주목할 자원이 희소한 상황에서 특정한 시기에 어디에 주목할 수 있고 또 심지어는 어

---

64) Ibid., 13.
65) Ibid., 20.

디에 주목해야 하는지를 결정하는 규칙이라고 이해된다. 이들 테마 또는 주목의 규칙은 복잡한 체계들의 조정요구에 따르기 때문에 우연적이고 가변적인 것으로 보인다. 이것들의 발전 원인과 논리는 다소 불확실한 채로 남아 있다. 한편으로 테마의 제도화는 정치체계의 구조에 의존하고, 정치체계는 여론을 규제하지만 여론을 엄격하게 규정하지는 않는다고 언급된다.[66] 정치체계를 전적으로 자율적인 것으로 제시한다는 목적과 부합하는 이 견해는 대체로 정치체계의 구조가 실제로 제도화되는 것을 결정하는 것이 아니라 어떤 테마의 제도화가 가능한지를 결정한다고 암시하는 것으로 보인다. 하지만 여론의 명백한 기능을 감안할 때, 이것은 궁극적으로 정치체계의 구조가 어떤 테마가 가능한지를 결정하고 다시 그것이 어떤 결정이 가능한지를 결정하게 된다는 것을 의미한다. 그렇다면 실제로 정치체계의 구조가 정치적으로 가능한 것이 무엇인지를 결정하고, 여론은 단지 그것이 달성되는 종속적 과정만을 의미할 뿐이다.

다른 한편 루만은 또한 여론이 정치체계의 구조에 대해 중요한 상호효과 또는 피드백(Rückwirkungen)을 가진다고 주장하고 싶어 한다. 그러나 이것은 테마의 가변성에 의해 영향 받지 않을 수도 있는 특수한 형태의 조직양식과 과정―특히 절차주의와 가치중립성―을 발전시킨다. 달리 말해 여론에 대한 반응이 정치체계가 여론에 반응하지 않을 수 있게 하는 형태를 창출하고 유지시킨다.

현재의 맥락에서는 이러한 폭로적 방식의 말하기 또한 중요하다. 왜냐하면 그러한 말하기는 정치체계를 공론장으로부터 보호하는 것이 정치체계의 자율성을 보존하는 것의 일부라는 것을 함축하기 때문이다. 이는 여론이 결국에는 정치적인 것의 비정치적 환경과 관련되어 있었던 것과

---

66) Ibid., 17.

마찬가지이다. 그리고 사실 루만은 여론이 이제 어떠한 일반적인 사회적 기능도 가지지 못한 채 정치체계의 내적 매체, 즉 일상적이고 산만한 사회적 생활세계로부터 완전히 분화된 정치체계 내에서 정치가들이 행하는 상호작용의 언어에 불과한 것으로 축소되었다고 보는 것은 경솔한 판단이라고 생각한다.[67] 이러한 맥락에서 루만은 중립화에 관한 그의 가설을 어쩔 수 없이 다시 진술하고 실제로 부분적으로 포기한다. 공론장에 의해 비정치적 역할이 정치체계 속에서 중립화된다는 것은 여전히 사실이지만, 그것은 정치체계 외부의 정치적 의사소통과 관련해서는 사실이 아니다.[68]

그렇다면 그 자체가 특정한 의사소통 과정과 관련하여 정의되는 정치체계 외부에 정치적 의사소통이 존재할 수 있는가? 루만은 분화가 사회적 의사소통 구조를 찢어내어 자기준거적으로 폐쇄된 하위체계들을 확립시키는 것을 의미하지 않는다고 주장한다. 따라서 여론의 의사소통이 정치적 하위체계에만 배타적으로 할당될 수는 없다. 즉 여론의 테마들은 자신의 비정치적 성격을 의식하고 있는 맥락에서 일어나는 의사소통을 구조화할 수 있을 정도로 상대적으로 맥락자유적인(context-free) 특성을 지닌다.[69] 그러나 이제 비정치적 투입을 중립화하는 것은 공론장의 기능으로 정의될 수 없다. 그 대신에 그리고 다소 놀랍게도 루만은 '매개체'(Vermittlung)의 고전적 기능으로 되돌아간다. 매개체는 정치적 맥락과 비정치적 맥락의 분화와 통합 모두의 측면에서 정의된다. 하지만 매개체라는 표현은 놀랄 만큼 빈곤하다. 그에 따르면, 테마들이 정치적 맥락에서 비정치적 맥락으로 전치될 가능성, 그리고 동일 인물의 서로 다른 역할―정치적 역할과 비정치적 역할―의 활성화가 정치적인 것과

---

67) Ibid., 26.
68) Ibid., 22-23.
69) Ibid., 27.

비정치적인 것 간의 차이를 안정화하는 데 일조한다. 그것의 목적은 여전히 정치체계의 분화와 자율성이다. 그리고 매개체는 중립화에 의해서가 아니라 체계 간 의사소통 과정을 협소하고 정치적으로 관리할 수 있는 통로로 한정시킴으로써 그러한 목적을 달성한다.[70]

이러한 노력에도 불구하고, 루만은 비정치적인 것으로부터 정치적인 것을 완전하게 보호하는 공론장 개념을 제시하지 못한다. 여론의 기원과 논리에 관한 그의 두 번째 모델, 즉 생애주기 모델은 이러한 실패를 이해할 수 있는 하나의 실마리이다. 생애주기 모델에 따르면, 누군가에 의해 '잠재적 국면'에서 표현될 수 있는 테마들이 정치적 테마가 되는 것은 오직 그러한 테마들이 변화하는 테마들을 가지고 정치를 만들어가는 사람들, 즉 정치가들의 손에 들어갈 때뿐이다. 그러나 테마들이 그렇게 될 수 있는지의 여부는 (그리고 어떤 힘을 가지고 그렇게 되는지는) 일반적으로 비정치적인 테마의 공급자들이 가지고 있는 에너지와 이들 공급자들이 특정 테마를 '인기 있고' '유행하게' 만드는 데 성공하는 것에 달려 있다. 이런 일이 발생하고 나면, 권력소유자들은 더 이상 테마를 검열하는 위치에 있지 못하게 된다. 이제 정치가들은 행정부의 결정과정 속에 테마들을 끌어들이거나 가능한 한 오랫동안 그러한 결정을 늦추는 경쟁만을 할 수 있을 뿐이다. 어느 쪽이든 간에 새로움과 관련하여 테마들이 지녔던 중요성은 감소할 것이며, 새로운 테마들이 그 자리를 차지하게 될 것이다.[71] 이 모든 일련의 논의는 루만이 여론 모델을 전(前)정치적

---

70) Ibid., 28. 루만은 자신의 덜 체계적인 분석(그의 '정치이론')의 맥락에서는 엄격한 의미의 정치체계 외부에서 시민사회 범주를 사용하는 것을 훨씬 덜 삼간다. 특히 그는 개인, 법, 여론(이것들이 하버마스의 세 가지 생활세계 영역들인 퍼스낼리티, 사회, 문화에 상응한다는 것에 주목하라)을 엄격한 의미의 정치체계라는 틀 외부에 존재하는 '외면화된' 형태의 정치적 문제 해결방식으로 이해한다. *Political Theory*, 60-62를 보라.

71) Ibid., 18-19.

환경과 연계시키는 것은 실제로 '자유주의적'이라는 토포스 배후에 존재하는 자유주의의 의미를 복원시키는 것이 아니라 오히려 공론장의 비정치적 차원을 상업적 의사소통, 실제로는 조작된 의사소통 메커니즘과 결합시키고 있다는 것을 보여준다. 여기서도 역시 그는 슘페터적 전통을 따르고 있다.

루만은 조작—이는 상호작용과 대조적으로 답변할 수 없는 의사소통의 한 가지 형태로 정의된다—의 불가피한 역할을 부정하는 것처럼 보인다.[72] 그러나 그가 여론을 우회하거나 전술적으로 이용할 가능성을 인정할 때, 그의 분석은 '매개체'에 관한 분석보다도 훨씬 더 상세하고 설득력이 있다.[73] 그의 정의에 따르면, 기술적으로 여론을 우회하는 유일한 방법은 조작이다. 게다가 이러한 여론의 조작형태와 도구화 형태 모두는 정치체계의 내적 과정을 조절하는 방법으로 제시된다. 그럼에도 불구하고 유권자 의지의 의사(擬似)위기, 의사새로움 또는 의사표현의 생산과 같은, 그가 언급하는 기법들은 정치체계가 상업광고의 조작방법을 직접 활용하여 자신의 하위체계들 중 하나를 상업화된 오락으로 전환함으로써 사실상 정치체계를 탈분화시킨다는 것을 보여준다.[74]

의심할 바 없이 루만은 그 어떤 형태의 조작 메커니즘도 여론형성의 가능성을 소진시키지는 못한다고 생각한다. 그럼에도 불구하고 그가 다음과 같은 결론을 내리는 것은 바로 이러한 맥락에서이다. "묘사된 조건 하에서, 즉 정치영역에서 우리가 기대할 수 있는 것은 행동의 가능성을 증대시키는 동시에 적극적인 참여 가능성을 제한하는 것이다." 여론의 전술적 이용을 위해 요구되는 전문화된 기술적 능력 때문에, "참여에 의

---

72) Ibid., 13.
73) Ibid., 24-25.
74) 루만은 한때 한 가지 가능성을 선거와 관련하여 언급한 적이 있다(*Legitimation*, 162를 보라).

한 관리"로 시작한 것이 항상 "관리에 의한 참여"로 끝나고 만다.[75]

분화와 조작적 연계에 관한 모델은 선거와 입법부에 관한 루만의 논의를 관통하며, 분석을 정치체계의 내부로 이동시킨다. 여기서 정치체계와 그것의 공적 하위체계와의 관계는 후자와 사회의 비정치적 영역과의 관계를 복제한다. 보다 정확하게 말하면, 선거정치와 정당구조가 정치체계의 진정한 '정치적' 하위체계를 구성하는 것으로 이해되는 반면, 입법부는 행정적 하위체계 내에 위치지어진다. 전자의 기능은 정치적 지지를 구축하고, 공직자 충원 메커니즘을 제공하고, 갈등과 저항을 관리하고 흡수하는 것이다. 오직 후자만이 의사결정에서 일정한 역할을 수행한다. 그리고 그 역할은 하나의 특수한 조합으로, 즉 실제 의사결정 과정과 의사결정 결과의 '발표' 과정을 분리시켰다가 재결합시키는 것으로 이해된다. 루만은 입법부를 "광의로 이해되는" 행정의 영역에 위치시킴으로써, 공중을 정치체계로 이동시킨 것과 유사한 변화를 정치체계 내에 만들어 낸다. 각각의 경우에서 그는 사회와 국가 사이를 공적으로 매개하는 요소로 전통적으로 이해되던 구조를 행정적 의사결정으로 이해되는 정치체계 자체의 내부에 보다 가깝게 옮겨놓는다.

이러한 이전 속에서도 루만이 공개성의 원리를 완전히 제거할 수 없다는 점이 주목을 끈다. 그것은 선거와 의회에 결부되어 있는 것으로 보인다. 투표자의 분명한 정치적 역할은 실제 투표소에 가는 공적인 일[76]에 참여하는 것과 연관되어 있다. 합의에 도달할 수 있는 테마들을 산출하는 것이 정당정치의 임무 가운데 하나라고 한다면,[77] 정치가들의 이미지 유지는 의회의 임무 가운데 하나이다. 그리고 끝으로, 그는 의회의 회기 동안 공개적으로 제시되는 근거와 논의들은 제기할 수 있는 입장

---

75) *Planung*, 26.
76) *Legitimation*, 158.
77) Ibid., 183.

들의 선택지를 심각할 정도로 축소시킨다고 말한다.[78] 이 모든 것을 고려할 때, 다음의 두 가지 이야기들은 단순히 의사결정 과정을 보여줄 수 있다는 유용성 그 이상을 포함하고 있는 것처럼 보인다. 다시 말해 '공식적인' 국민윤리 교과서의 이야기가 지지를 구축하고 실제적인 비정치적 의사결정 과정을 보호하는 데 중요하다면, (루만 자신의) '현실주의적인' 이야기는 정치체계의 자기성찰(또는 적어도 적절한 과학적 이해)에 중요하다. 특히 축소된 복잡성을 가능한 것들의 영역 속에 유지시키는 민주주의의 기능은 공중뿐만 아니라 정치[79]와 의회[80]에도 할당되는데, 후자는 특히 선거패배나 원내패배에도 불구하고 그 대안들이 살아남아 있는 야당제도와 연계되어 있다.

앞서 말한 바와 같이, 전체로서의 사회체계의 관점에서 볼 때, 정치와 입법부 모두의 본질적 기능은 여전히 정치적 의사결정과 사회적 투입을 분리시킴으로써 정치체계를 분화시키고 그것의 자율성을 보장하는 것이다. 이 문제는 전면적인 분리를 통해서가 아니라 사회를 관리하는 동시에 정치적 지지(전근대적 형태의 정당화의 소실과 함께 '영속하는 문제')를 구축하는 여과와 선별의 과정에 의해 해결된다. 선거절차는 지지의 문제를 (전근대적) 통치자의 비정치적 역할에 의존하던 것에서부터 엄격하게 분화된 투표자들의 정치적 역할에 의존하는 것으로 전환시킨다.[81] 투표자로서의 역할 속에서 개인들은 여타의 사회적 역할이나 지위와는 무관하게 정치체계에 접근하는 것을 보장받으며(보통선거권, 평등한 투표권), 사회적 유대와 사회적 압력의 영향력은 최소화된다(비밀투표).[82] 실

---

78) Ibid., 190.
79) Ibid., 154, 161.
80) Ibid., 200.
81) Ibid., 158.
82) Ibid., 159.

제로 특히 투표자의 원자화된 선택은 여타의 정치적 관련성을 지니는 역할을 포함하여 개인의 삶의 다른 측면에 대해 거의 어떠한 결과도 초래하지 않기 때문에, 어떠한 사회적 책임도 수반하지 않으며 어떠한 사회적 갈등의 원천이 될 수도 없다.[83] 이 점은 정치체계의 자율성을 강화하는 몇 가지 결과를 낳는다. 투표자는 '사회적' 영향력을 행사하지는 않지만, 추측컨대 여론이라는 메커니즘에 의해 내적으로는 정치적 영향력에 더욱더 노출된다. 정치과정에 영향을 미치고자 하는 투표자는 최소한의 비용이 드는 적은 정도의 영향력을 선택하거나(투표), 아니면 막대한 비용이 드는 더 큰 영향력을 선택한다(자발적 결사체, 청원, 신문기고 등등). 그 어떤 영향력 형태도 그것이 의사결정과 분리되어 있음을 감안할 때, 비록 두 번째 선택지가 계속해서 존재하며 민주주의에 기여하기는 하지만, 루만은 사람들이 적어도 "모든 일이 가능하지만 내가 할 수 있는 것은 아무것도 없다"는 의미에서 첫 번째 선택지를 택할 것이라는 점을 의심하지 않는다. 그러나 그 영향력이 제한적이고 최소화된 투표자 역할조차도 정치적 의사소통의 수신자일 뿐 결코 발신자이지는 않은 통치의 대상(Untertan)과 개인을 구별함으로써, 절차를 통한 정당화에 기여한다.[84]

이러한 상황은 특정한 이해관계를 가지고 있는 갈등지향적 집합행위자들에서도 유사하게 나타난다. 루만은 선거가 특정 이해관계를 표현하는 데 적합하지 않다는 견해를 지지한다. 당선자들은 일반화된 지지를 받지만 어떠한 이해관계의 배열에도 얽매여 있지 않기 때문에, 선거과정을 통해 구체적 갈등에 대해 결정을 내리기란 쉽지 않다. 그렇기는 하지만 선거과정은 정치체계가 갈등을 억압하는 것이 아니라 갈등—급진

---

83) Ibid., 169.
84) Ibid., 166-167.

적 저항까지를 포함하여—을 정당이라는 하위체계의 내부로 관리 가능한 형태로 들어오게 만들 수 있게 해준다. 비경쟁적 일당제 선거에 대해 경쟁선거가 가지는 이점이 바로 여기에 있다. 불행하게도 서로 충돌하는 목록들을 가지고 있는 다당제는 강령을 차별화하지 못하는 경향으로 인해 문제를 자동적으로 해결하지는 못한다. 정당이라는 하위체계들의 계속되는 딜레마는 너무 많은 사회적 갈등을 재생산—이는 정치체계의 분화와 안정성을 위협할 수도 있다—하지 않는 동시에 너무나도 많은 갈등을 흡수—이는 정치체계 외부에 관리 불가능한 갈등을 재발시킬 수도 있다—하지도 말아야 한다는 것이다.[85]

과연 그답게 루만은 정치체계가 너무 많은 갈등 또는 너무 적은 갈등이라는 딜레마의 뿔 중 하나에 빠지는 상황에서 무슨 일이 일어나는지에 대해서는 우리에게 거의 아무것도 말해주지 않는다. 입법부가 너무 많은 정치적 갈등을 해결하는 과정에서 일정한 역할을 수행한다고 생각할 수도 있을 것이다. 여기서 루만은 주권의 파편화와 의회의 단순한 쇼로의 전락이라는 카를 슈미트의 테제에 합류한다. 루만에서 이 테제는 의회의 공개회의가 실제 의사결정의 중심인 적이 있었다거나 또는 중심이어야만 한다는 잘못된 가정에 기초하고 있다. 의회, 특히 의회의 본회의는 우리의 공식적인 정치대본에 따라 이루어지는 결정을 상징적으로 표현한다는 의미에서 '단순한 쇼'이자 쇼이어야만 한다. (루만이 제시하는 의미에서의 민주주의에 중요한 기능을 하는) 그러한 쇼는 서로 다른 이해관계, 공개적 갈등, 정치적 퍼스낼리티의 자기표현을 위한 여지를 상대적으로 많이 가지고 있을 수 있다.[86] 하지만 현실주의적인 의사결정 각본의 가장 중요한 요소는 바로 공식적 절차에 의해 보호되고 은

---

85) Ibid., 161-163.
86) Ibid., 174, 190.

폐되는 비공식적 메커니즘들이다. 자유 대의제도(free representation)에 관한 고전 이론조차도 분명하게 파악하고 있었던 것처럼 하나의 전체로서의 의회과정이 사회적 갈등을 반영해서는 안 되지만, 적어도 슈미트가 분석한 형태의 정당체계의 출현은 바로 그것을 하겠다고 위협한다. 루만은 여기서 고전적인 대의제도 원리의 쇠퇴를 암묵적으로 받아들이면서, 의사결정 과정의 자율성이 어느 정도 위험에 처할 수 있음을 인정한다. 그 자신의 표현으로, 정치의 정치적 하위체계와 행정적 하위체계 사이에는 병목현상과 같은 위험이 존재한다.[87] 이 맥락에서 끊임없는 토론이나 갈등에 관한 모델들은 해결책보다는 문제만을 지적한다. 대신에 의사결정과 공식적인 의회제적 절차의 분리—의사결정이 비공식적이고 심지어 비정상적이기까지 한 메커니즘들[88]에 의존한다는 사실은 이를 암시한다—가 잠재적인 병목현상을 해소하고 정치의 영향력을 그것의 적절한 한계 내로 축소시킨다. 비록 다수결 원리라는 공식적 메커니즘이 정치권력을 제로섬 게임으로 전환시킴으로써 실제로 결정을 내리는 사람들의 상호작용과 교섭과정을 크게 단순화시키기는 하지만, 실제적 의사결정은 의회제적 절차가 아닌 다른 곳에서 이루어진다.

따라서 의회주의의 위기와 관련한 종래의 테제는 루만에 의해 공개적인 이해결집 과정과 은밀한 이해결집 과정, 공식적 이해결집 과정과 비공식적 이해결집 과정, 의회제적 이해결집 과정과 기능주의적 이해결집 과정 간에 존재하는 신조합주의적 이원성과 같은 그 무엇을 지적하는 방식으로 변형된다. 하지만 루만은 오늘날의 의회주의에는 새로운 위협이 존재한다는 것을 깨닫기에 충분한 통찰력을 지니고 있다. 의회제의

---

[87] Ibid., 183ff.
[88] 여기에는 상호작용 중에 일어나는 '아군'과 '적군'의 암묵적 구분, 선택된 중요한 사회적 이해당사자들과의 거래, 개인적 관계와 집단관계, 그리고 이미 꾸려지고 관료제적으로 관리되는 정보가 포함된다.

정당성 위기는 너무 많은 사회적 투입과 너무 많은 정당갈등뿐만 아니라 너무 많은 사회적 무관심과 너무 많은 갈등의 흡수에서도 초래될 수 있다. 의사결정 메커니즘을 보호하는 방법이 지나치게 성공적일 수도 있다. 이 경우 만약 "내가 할 수 있는 것은 아무것도 없다"는 감정이 일반적으로 그리고 공공연하게 주제화된다면, 논리적으로 가능한 많은 사회적 대안들이 실제로 가능한 것으로 이어지지 못하게 될 것이다.

이 맥락에서 루만은 자신의 진술 속에 등장하는 진정한 민주적 정당성의 한 가지 요소에 기댈 수 있는 기회를 놓친다. 그의 개념에서 정보가 없는 사람들에게 "정보를 제공"하고, 무관심한 사람들의 활기를 돋우고, 비록 실행 가능성은 그리 없다고 하더라도 민주주의를 어쨌든 현재 존재할 뿐만 아니라 의미를 지니고 있는 열린 가능성의 지평으로 상징화하는 기능을 하는 것은 무엇보다도 선거와 의회라는 연극학적 요소이다. 그러나 루만이 다른 곳에서 지적하듯이, 이러한 논의는 이번에는 예술이나 대중문화 그리고 오락과 관련하여 정치를 탈분화시킬 우려가 있다. 그는 시민은 정치라는 드라마의 몇몇 배우들과 자기를 동일시할 수 있는 정도, 즉 관객(Publikum)이라는 의미에서의 공중의 일부가 되는 정도로 정치에 참여한다고 언급한다.[89] 그러나 사람들이 참여에 위험할 것이 전혀 없다는 것을 깨닫기 시작할 때에도 계속해서 그 쇼를 훌륭하거나 심지어는 즐거운 것으로 유지시키기란 어렵다. 이러한 일련의 논의는 우리로 하여금 급히 루만의 여론개념으로 되돌아가게 한다. 그의 여론개념은 현재 유행하는 테마들의 예측 가능한 진부화에도 불구하고 새로운 것을 만들어내고자 하는 충동, 그리고 심지어는 의사사건, 의사위기, 의사퍼스낼리티를 생산하기 위해 그러한 여론을 조작적으로 활용하는 것을 포함하고 있다.

---

89) *Legitimation*, 194.

하지만 어느 한 지점에서 루만은 다른 곳에서 진부한 것으로 비난했던 또 다른 유형의 현상, 그리고 암묵적으로는 공중 모델에 대해 언급한다. 그에 따르면, 의회의 본회의 동안에는 "그 누구도 자신의 입장을 그 동기나 후원자와는 달리 공개적으로 제시해야만 하고, 따라서 반대자들의 비판에 노출될 수밖에 없다. 이것이 제시 가능한 입장들의 선택지를 제한한다."[90] 루만은 "결정을 위한 논거와 이유(Argumenten und Entscheidungsgründen)의 도움을 받아" 특정 입장을 옹호하고자 하는 그러한 충동이 어디에서 연유하는지를 우리에게 말해주지는 않는다. 그리고 우리는 그가 그것을 말해줄 수 없다고 믿는다. 몇 가지 가능한 답변의 후보들, 이를테면 합리성이라는 기준을 내장하고 있는 정치문화, 또는 인지적 학습뿐만 아니라 규범적 학습을 해온 생활세계, 또는 단지 연출에 불과한 것이 아니라 합리적 담론의 가능성에 따라 조직되거나 또는 대중문화의 하나의 기관으로 조직된 공론장은 원칙적으로 그의 이론으로부터 배제된다.

우리의 논점은 루만의 정치체계에 대한 묘사—그는 정치체계를 정치와 공중이라는 외부 고리에 의해 자신의 자율성과 내적 선택과정을 보호할 수 있는 핵심체계인 행정체계의 우위성에 기초하여 묘사한다—가 지니는 경험적 중요성을 부정하고자 하는 것이 아니다. 오히려 우리의 논점은 루만이 정치체계와 연관시키는 두 가지 시나리오, 즉 '현실주의적' 시나리오와 '공식적' 시나리오 간의 불편한 관계를 드러내는 것이다. 후자가 자신의 역할을 수행하기 위해서는 그것은 자신을 연극적 지위에 한정할 수 없다. 그러나 루만이 자주 진술하듯이, 그 시나리오의 담론적 또는 합리적 요소들이 결정의 자유, 가변성, 사안별 실용주의적 성격에 바람직하지 못한 제약을 가한다고 해서 그러한 요소들을 제거하는

---

90) Ibid., 190(강조 첨가).

것은 정치질서의 절차적 정당성을 위험에 빠뜨릴 수도 있다.[91]

2. 루만은 정치체계 논리의 과도한 확장이 그 체계 자체에 해로울 수 있다는 점을 충분히 인식하고 있다. 사회의 투입으로부터 정치체계가 갖는 자율성에 관한 그의 이론이 자동적으로 정치적 침투로부터 다양한 사회영역의 해방에 관한 이론이 되는 것은 아니다. 실제로 분화된 정치체계는 그 선행자들보다 훨씬 더 강력하며, 더 큰 개입 가능성뿐만 아니라 개입에 대해 더 큰 관심을 가진다. 분명 루만은 만약 현실주의적 민주주의 모델이 작동하고자 한다면 정치적 메커니즘이 사회의 너무나도 많은 부분에까지 확장되지 않도록 신중을 기해야만 한다는 슘페터의 통찰을 받아들인다.[92] 루만은 또한 그러한 제한이 무엇보다도 정치체계의 자기제

---

[91] 나중의 텍스트에서는(*Political Theory*, 48-50), 근대 정치과정의 공식적 형태와 비공식적 형태가 두 가지의 교차하는 순환동학의 측면에서 제시된다. '공식적' 순환에서 공중은 선거를 통해 정당에 영향력을 행사하고, 정당은 입법수단 및 여타 수단을 통해 행정적 결정의 범위와 우선성을 정하며, 행정부는 공중을 자신의 구속력 있는 결정에 종속시킨다. 순환은 이런 식으로 계속된다. '비공식적' 또는 '대항' 순환에서는 행정부가 의회의 정당들을 대신하여 법안을 입안하고, 정당은 유권자의 투표에 영향력을 행사하고, 공중은 "이익집단과 감정적 호소와 같은 다양한 통로를 통해" 행정부에 영향력을 행사한다. 루만은 여전히 정상적인 경우에는 비공식적 모델(이 견해 속에서는 비록 조합주의적·포퓰리즘적 형태로 제한되기는 하지만, '시민사회'를 정치에 포함시킨다)이 우세하다고 주장한다. 그러나 그는 이제는 갈등상황에서는 "법적으로 규정된 권위"에 기초하는 공식적 모델이 우세하다고 주장한다. 우리가 보기에, 이 후자의 최종 결론은 공중을 시민사회와 정치사회 모두의 제도로서 특별한 매개적 역할을 수행하는 것으로 볼 수도 있을 것 같다. 루만에 따르면, 이 두 개의 순환 간에는 균형점이 존재하는데, 그것은 서서히 비공식적 모델 쪽으로 옮겨가고 있다. 이 테제는 공식적 순환형태를 단지 쇼로 환원하는 경향이 있었던 그의 초기 개념의 경우에서보다는 덜 강하지만, 루만을 의회제에 대한 슈미트식 비판과 연결시킨다. 실제로 갈등상황에서 공식적 순환형태가 수행하는 역할을 강조하는 것은 '위급상황'에서는 공식제도들이 부적절하다고 단언했던 슈미트에 대한 슈미트식의 반어적 응답이다.

[92] J. Schumpeter, *Capitalism, Socialism and Democracy*, 3d ed. (New York: Harper &

한이어야만 한다는 것에도 동의한다. 하지만 법실증주의에 대한 슈페터의 견해와는 달리, 루만은 그 메커니즘이 필연적으로 정치적 결정의 산물인 법 제정 메커니즘일 수 있다고 주장한다. 사실 그는 기본권을 정치적인 것이 과도하게 확장되는 것에 대항하는 방어형태로 보는 기능주의적 기본권 이론을 발전시킨다. 이러한 조치는, 만약 그것이 정당화될 수 있다면, 실정법의 제정 그 자체로는 정치권력을 제한하기에 충분하지 못하다는 슈페터식의 염려를 줄이는 데 일조할 수도 있다. 하지만 파슨스와 달리 루만은 규범적 통합과 결사체적 삶이라는 사회의 중심지를 정치체계의 자기제한에 의해 보호되어야만 하는 것의 핵심으로 설정하지 않는다.

파슨스와 루만의 기본권 개념을 비교하는 것은 유익하다. 파슨스의 이론 속에서 권리들은 '민주주의혁명'의 핵심적 가치들 중 하나인 평등에서 유래하는데, 그것들은 정체, 경제 또는 문화로부터 사회공동체의 분화라기보다는 '사회공동체'의 내적 구조와 더 큰 관련성이 있는 것으로 보인다. 마셜의 유명하고 영향력 있는 텍스트를 따라,[93] 파슨스는 시민권을 시민적 권리와 정치적 권리, 그리고 그것들의 사회적 필수조건으로 분해한다.[94] 이 세 가지 요소에 평등하게 참여하는 것이 근대 민주적 사회공동체에 완전히 들어올 수 있는 자격 또는 그것의 성원자격—즉 시민권—을 규정한다.[95] 물론 파슨스는 민주주의혁명 그리고 특히 민주주의혁명의 다른 핵심 가치들인 자유와 우애를 사회공동체와 정체의 대

Row, 1947), 291-292.
[93] T. H. Marshall, "Citizenship and Social Class," *Class, Citizenship and Social Development* (New York: Doubleday, 1964), 71ff.
[94] 파슨스는 마셜과 달리 이러한 사회적 필수조건을 권리라고 부르지 않는다.
[95] Talcott Parsons, *Politics and Social Structure* (New York: Free Press, 1969), 259-260; *The System of Modern Societies* (Englewood Cliffs, NJ: Prentice-Hall, 1971), 81-83.

규모 분화과정과 관련하여 이해한다. 게다가 민주주의혁명의 전사(前史), 특히 영국에서의 법의 발전은 이미 법을 '통치수단'에서 국가와 사회 간의 '매개적 접점'으로 변화시켰다. 특히 (인신보호 영장, 공정한 재판 그리고 임의수색에 대한 보호와 같은) '영국인의 권리'가 확립된 것이 그러한 발전에서 중요한 역할을 수행했다고 일컬어진다.[96] 따라서 파슨스가 권리에 대한 자신의 논의와 관련된 요소들을 집약한 적은 결코 없었지만, 그가 자신의 전체 시민권 복합체와 결부시키고 있는 포함(inclusion)이라는 근본적인 문제를 논외로 하면, 그의 개념이 분화와 통합 모두를 강조한다고 말하는 것은 정당하다. 왜냐하면 시민적 권리들이 분화 속에서 보다 분명한 역할을 수행하고, 또 정치적 권리들이 국가와 사회(정체와 사회공동체)라는 영역 사이에서 새로운 형태의 통합('매개')을 제공하고 있기 때문이다.

　루만이 기본권의 기능을 분화라는 단일한 차원으로 축소시키고자 하는 단호한 시도를 한다는 것은 주목할 만하다.[97] 근대 정치체계와 정치

---

96) Parsons, *The System of Modern Societies*, 62-63를 보라. 또한 포함보다는 분화의 측면에서 시민의 구성요소를 논의하고 있는 것으로는 92-94쪽을 보라.
97) 그리고 이때가 바로 루만이 파슨스의 영향을 가장 크게 받고 있었던 시기이다. Niklas Luhmann, *Grundrechte als Institution* (Berlin: Duncker & Humblot, 1965; 이하에서는 *Grundrechte*로 인용함)을 보라. 분명 그는 당시 파슨스의 1965년 논문 "Full Citizenship for the Negro American?"(*Politics and Social Structure*에 재수록되어 있다)을 입수하지 못했는데, 파슨스가 마셜의 틀을 소개한 것도 바로 이 글이었다. 루만이 파슨스의 권리 개념을 알고 있었든 아니면 몰랐든 간에, 그 자신의 법실증주의의 뿌리가 그에게 무엇보다도 분화의 문제에 주의를 환기시킨 것은 확실하다. 왜냐하면 정치적으로 제정된 법을 통한 정치적인 것의 자기제한은 파슨스에게는 별 관심이 없는 문제였기 때문이다. 마셜과 파슨스로부터 물려받은 포함의 문제는 나중의 저작(*Political Theory*, 34-37)에서 등장한다. 그러나 거기서 포함 개념은 보다 일반적인 사회적 시민권 또는 성원자격을 제공할 수 있는 사회공동체나 그 대용물들과 관련해서가 아니라 정치체계와 관련해서 협의의 의미로 해석된다. 그리고 루만이 복지국가 발전의 맥락에서 정치적 포함의 의미가 급부에서부터 권리로 변화했음을 지적하지만, 그러한 인식조차도 그로 하여금 포함의

권력을 삶의 모든 영역의 정치화를 목표로 하는 잠재적으로 '전체주의적'인 것으로 파악하는 그의 엄격한 '현실주의적' 개념은 이 테제를 근간으로 하고 있다.[98] 하지만 근대 정치체계는 사회분화로 인해 발생한다. 정치체계의 근대성은 분화를 전제로 하며, 이 체계가 사회의 여타 하위체계들을 위해 작동하기 위해서는 권력자원의 경제가 요구된다.[99] 따라서 국가권력에 대한 제한의 확립과 독자화는 포지티브섬 게임(positive-sum game)이다. 기본권의 실제 역사적 기원이 무엇이든지 간에,[100] 국가도 그리고 순수하게 사회적인 영역도 단독으로는 기본권을 산출하지 못한다. 즉 기본권은 비정치적인 것의 자율성과 정치적인 것이 지닌 권력 속에서 획득된다.[101] 따라서 권리의 측면에서의 법실증주의의 논리적 역설—정치적 법 제정을 통한 정치권력의 자기제한은 불가능할 것이라는 역설—은 사회학적으로 해결 가능하다. 기본적인 또는 헌법적인 권리들은 정치 외적인 또는 법률 외적인 질서에 뿌리를 두고 있는 것이 아니라 사회분화의 전제조건이자 그 산물이다. 그러한 권리가

    문제와 권리의 문제를 연계시키게 하지는 않는다. 분명 루만은 마셜이 말하는 시민권의 시민적 차원과 정치적 차원이 아니라 오직 사회적 차원만을 포함과 연계시키고 있을 뿐이다.

98) *Grundrechte*, 24.
99) Günther Teubner, "Substantive and Reflexive Elements in Modern Law," *Law and Society Review* 17, no. 2 (1983): 239-301을 보라. 토이브너는 정치체계가 구속력 있는 결정을 산출하는 기능을 수행하는 것으로부터 초래되는 인플레 경향과 다른 하위체계들과의 복잡한 투입-산출 관계를 관리해야 할 필요성 간에 존재하는 긴장을 지적한다. 그러한 주장 속에서 그러한 긴장을 해소하고 자기제한을 하게 하는 것이 바로 성찰성이다. 우리는 바로 이 자기제한이 루만이 1965년에는 아직 지적하지 못했던 논점인 권리창출의 정치적 측면이라고 생각한다. 우리가 보기에, 기본권은 성찰적 법(토이브너) 또는 제도로서의 법(하버마스)의 가장 훌륭한 예이다.
100) *Grundrechte*, 23.
101) Ibid., 43, 182-183.

사회분화를 안정화하는 유일한 제도는 아니지만, 적어도 오늘날 그러한 권리는 그러한 목적을 위해 필수불가결하다.[102]

따라서 권리구조는 '개인의 자유' 또는 '국가에 대항하는 사회'와 같은 하나의 단일 원리로부터 추론될 수 없다.[103] 또한 권리는 위계질서에 따라 배열될 수도 없다. 그 이유는 기본권이 몇 개의 복합체들로 구성되어 있으며, 각각의 복합체들이 서로 다른 독특한 구조적 필요조건에 따라 정치체계와 하나 또는 다른 하나의 하위체계의 관계를 조절하기 때문이다. 우선 자유의 권리(Freiheitsrechte)는 강한 의미에서의 개인적 자율성이 아니라 개인의 퍼스낼리티(그 자체로 다른 하위체계들에 의해 전제되는 하나의 하위체계) 보호와 관련되어 있으며, 퍼스낼리티 보호는 다시 적절한 자기표현의 조건이 유지되느냐에 크게 의존한다. 이러한 것들은 가시적이고 공개적인 제약, 특히 구속력 있는 결정으로부터의 행위자의 해방 그리고 존엄성의 정수로 정의되는 자기표현의 기본적 견실함에 달려 있다. 루만은 통상적으로 자유라고 간주되는 것 내에서 자아표현의 외적 전제조건과 내적 전제조건 각각과 관련된 자유의 권리와 존엄성의 권리를 구분한다.[104] 국가에 앞서 존재하는 덕목인 자유와 존엄성은 권리의 산물이 아니라 단지 권리에 의해 정치체계로부터 보호될 뿐이다. 엄밀히 말해 자유의 권리는 개인의 행위와 표현을 위한 공간을 보호한다. 이러한 맥락에서 모든 형태의 자유의 권리 중에서도 언론의 자유가 중심적인 것으로 보인다. 루만은 '존엄성의 권리'가 정의 내리고 확립하기 더 어렵다고 본다. 그리고 그는 많은 (특히 자유주의적) 법체계들이 이 권리를 자유의 권리 하에 포섭시키는 일정한 경향이 있다고 지적한다. 그럼에도 불구하고 그는 존엄성의 권리는 원칙적으로 전혀 다

---

102) Ibid., 24, 41.
103) Ibid., 36.
104) Ibid., 63.

른 것으로, 공적 행위의 영역과는 분리되어야만 하는 친밀한 영역의 보호와 관련되어 있는 것으로 간주한다.[105] 이른바 양심의 자유가 이러한 요구사항의 최고의 현대적 실례이다.[106] 양심의 자유 없이는 개인은 스스로를 위해 애써 일관되고 설득력 있는 자기표현을 해야 할 책임을 상실한다.

자유의 경우에서처럼, 루만은 기본권에 의한 존엄성의 보호가 타당성을 지니는 것은 오직 국가로부터의 위협이 발생할 때뿐이라고 본다.[107] 하지만 그는 국가와 사회의 그릇된 이분화는 모든 기본권의 기원을 자유에서 도출하고자 하는 잘못된 자유주의적 시도로 이어질 뿐이라고 믿는다.[108] 그럼에도 불구하고 그는 여타의 사회영역들과 관련한 또 다른 권리복합체들을 안정화시키는 데서 자유의 권리가 지니는 중요성을 지적하지 않을 수 없다고 생각한다. 그리고 이 권리복합체들 모두는 개인이 자신의 퍼스낼리티를 자유롭게 표현할 수 있다는 것을 전제로 한다. 이는 특히 이른바 의사소통의 자유에서 사실인 것처럼 보인다. 그리고 내친김에 지적하면, 루만은 또한 퍼스낼리티와 관련된 권리들은 특정 유형의 의사소통, 즉 타인들이 자유롭고 존엄한 것으로 인정할 수 있는 형태의 자기표현과 관련되어 있다고 본다.

하지만 집회, 결사, 출판, 의사표현의 권리의 경우에 그 맥락은 퍼스낼리티에서 문화로, 즉 주관성에서 상호주관성과 그것의 전제조건으로 바뀐다. 앞서와 마찬가지로 루만은 기본권이 의사소통의 보호와 관련이 있지만, 그것은 오직 국가에 의해 의사소통이 잠재적으로 위협당하는 한에서만 그러하다고 본다.[109] 그는 일단의 의사소통 기능들(문화와 그것의

---

105) Ibid., 73.
106) Ibid., 76.
107) Ibid., 75 그리고 특히 note 60.
108) Ibid., 81.

내면화, 합의의 필요성에 대한 구체적 설명, 접촉의 유동성 그리고 여론의 테마 결정)과 (종교와 신념, 결사와 집회, 출판, 예술, 과학적 연구와 교육 그리고 폭넓은 목록 속에 존재하는 여타의 많은 것들에 관한) 일련의 권리들을 특히 명쾌하게 성공적으로 연계시키지는 못하고 있다. 그렇기는 하지만 논점은 그런대로 분명하다. 즉 그것은 상이한 방식에서이기는 하지만, 근대 국가는 기본권을 통해 부분적으로 안정화될 수 있는 다차원적인 사회적 의사소통의 틀을 필요로 하는 동시에 그것을 잠재적으로 위협하기도 한다는 것이다.

그러한 위협을 하는 것은 정치화 자체가 아니라 국가화이다. 루만이 볼 때, 국가/사회 이분법은 의사소통 권리를 해석하는 데 오해를 불러일으킬 수 있는 토대이다. 왜냐하면 그러한 이분법은 추측컨대 비국가 영역들의 정치적 중립화를 함축하기 때문이다. 정치문제와 정치권력은 정치체계에서뿐만 아니라 보호받는 사회적 의사소통의 틀 속에서도 발생한다. 이러한 사회의 권력은 국가화를 통해 제거되어야 하기보다는 정치체계에 의해 흡수되고 처리되어야만 한다. 심지어 여타의 사회적 영역으로부터 발생하는 정치적 위협을 대가로 해서라도, 국가의 부담을 덜어주는 것은 필수적이다.[110]

퍼스낼리티와 관련된 권리의 경우에서처럼, 여기서도 역시 루만은 의사소통 권리의 우월한 지위를 주장한다. 퍼스낼리티를 포함하여 모든 사회체계와 정체성은 사회적 의사소통 과정을 전제로 하며, 역동적인 근대 정치체계로부터 그 과정을 보호할 것을 요구한다. 이러한 진술에서 경제적 권리는 동일한 근본적 중요성을 가지는 것으로 보이지 않는다. 경제적 권리 자체는 자유로운 퍼스낼리티와 의사소통을 전제

---

109) 사랑에 기초한 결혼—국가가 아니라 가족에 의해 위험에 처하게 된—의 보호에 대해서는 ibid., 96을 보라.
110) Ibid., 95, 99.

로 하지만, (자유주의적·신자유주의적 주장과는 달리) 그 역은 논의되지 않고 있다. 분명 루만은 또한 재산권과 직업의 '자유'를 자유의 권리(Freiheitsrechte)로부터 도출하는 것에 반대한다.[111] 경제의 경우, 보호되어야만 하는 것은 사람이 아니라 역할과 기능이다. 여타의 사회영역들(가족, 종교, 과학 등등)이 경제과정을 방해할 수 있음에도 불구하고, 루만은 기본권이 적실한 경우는 오직 국가가 위협의 원천이 될 때뿐이라고 다시 한 번 더 주장한다. 근대 국가와 분화된 경제질서는 오랫동안 서로의 전제조건이었지만,[112] 그럼에도 불구하고 구속력 있는 결정의 원천으로서의 국가는 경제과정에 직접 개입하는 성향이 있다. 재산권 그리고 계약과 직업의 자유는 경제과정과 역할들의 분화를 보호한다. 그것들은 정의와 부정의의 이름으로가 아니라 불확실성과 무질서로부터 경제를 보호하기 위해 몇몇 개입을 봉쇄한다.[113] 이러한 이유 때문에, 이들 권리는 탈분화 없이 상호의존성을 증대시키는 개입형태들, 그리고 경제적 효율성을 증대시키는 개입형태들과 양립할 수 있으며, 일반적으로 양립할 수 있게 만들어진다.[114]

루만은 국가의 사회개입을 논쟁을 통해 거부하고 있는 고전 자유주의적·신자유주의적 권리관념과는 일정한 거리를 두고 있다. 하지만 그가 기본권이 단지 역사적으로만이 아니라 그 성격상 국가로부터의 보호라는 형태 또는 달리 말하면 국가의 자기제한 형태를 상징한다고 반복적으로 주장하는 한, 그는 이 전통 내에 머물러 있다. 이러한 전통을 선호하는 한 가지 이유는 루만이 권리를 법 제정에 의한 자기제한의 형태로 정의한다는 데 있다. 법실증주의자들에게 그러한 법 제정의 유일한 원천

---

111) Ibid., 107.
112) Ibid., 115.
113) Ibid., 126.
114) *Differentiation*, 212-213.

은 국가이다. 하지만 현재의 맥락에서 이러한 입장은 다음과 같은 역설적인 결과를 초래한다. 즉 그러한 입장에 따르면, 비록 경제의 우위성이 정치체계의 우위성을 대체했고[115] 원칙적으로 정치를 포함하는 여타 사회영역들의 매우 불안정한 경제화가 진정한 위험으로 간주되지만,[116] 경제적 '입헌주의' 형태의 자기제한은 도입될 수도 없고 또 도입되어서도 안 된다.[117] 루만의 틀 속에 경제에 대항하는 권리는 전혀 존재하지 않는다. 이러한 편견은 그로 하여금 매우 역동적인 경제적 하위체계의 위험을 관리하기 위해 정치체계가 그것에 개입하는 것에 점점 더 의존하게 한다(이 입장은 정치적 개입을 내적 기능을 향상하기 위해 고안된 행위들로 제한하고자 하는 그의 의도와는 실제로 양립할 수 없다). 실제로 현재 우리가 알고 있듯이, 1970년대 초반 그가 뒤늦게 기꺼이 지지한 이러한 유형의 정치적 개입은 장기적인 경제적 관점에서 볼 때 부가적인 부정적 부작용을 초래하는 과정에서 역기능적이 될 수 있다.

부분적으로 자기모순적인 이 같은 결과는 한층 더 역설적이다. 왜냐하면 정치체계가 여타 하위체계들이 직면하고 있는 주요 위험들의 원천인 상황에서, 루만이 기본권 관념을 국가의 자기제한에 일관되게 한정시키는 것은 불가능하기 때문이다. 그 적절한 예가 바로 정치적 권리이다. 파슨스에서 정치적 권리는 기본적으로 매개적이고 통합적인 원리를 의미했다. 이러한 해석을 피하는 루만은 파슨스의 관점을 전도시킴으로써 분화에 기초한 그의 일반 개념을 구출해낸다. 하지만 루만에게서 정치적 결사(정당)의 권리와 공무담임권뿐만 아니라 선거권, 비밀투표와 같은

---

115) 루만은 1965년까지는 그가 자신의 1970년의 글 "Wirtschaft als soziales System," *Differentiation*, 190-225에서 그랬던 것만큼 확실하게 이 입장을 지지하지는 않았다(*Grundrechte*, 113 note 13을 보라).
116) *Grundrechte*, 115; *Differentiation*, 201, 210-211.
117) *Grundrechte*, 115.

정치적 권리들은 역설적이게도 (경제적 압력을 포함하여!) 외부의 압력에 대항하는 정치체계의 보호형태들을 의미한다. 그러한 권리들은 궁극적으로 구속력 있는 결정을 내리는 최고 심급, 즉 행정을 분리하여 고립시키는 선택성 메커니즘이다.[118] 우리는 이미 루만의 정치사회학 속에서 이러한 일련의 사고들을 살펴보았다. 루만은 선거가 사회의 갈등, 의사소통, 영향력이 외부에서 정치체계로 진입할 수 있는, 그리고 정치체계의 공적·정치적 하위체계들로부터 행정적 하위체계로 진입할 수 있는 가능한 한 가장 좁은 통로로 유지되어야 한다고 강조한다. 소비에트 유형의 체계와 비교할 때에는[119] 그가 과잉정치화로부터 사회를 보호하고 과잉관료제화로부터 정치체계를 보호하는 데서 정치적 권리가 수행하는 역할에 주목하는 것처럼 보이지만, 그는 서구 자유민주주의와 관련해서는 전적으로 정치적인 것과 행정적인 것의 보호만을 강조한다. 실제로 이 맥락에서 선거절차와 공적-정치적 절차의 보호가 그것 나름의 의미를 갖는 것은 오직 전적으로 내적이고 아무런 통제를 받지 않는 절차에 따라 이루어지는 행정부 결정을 정당화할 때뿐이다.[120]

루만이 정치적 권리를 여타의 사회적 영역에 대한 정치적 영역의 자기제한보다는 정치적 영역의 자기보호로 단언하는 것은 그의 개념 전반뿐만 아니라 그의 권리이론의 국가주의적 측면과도 모순된다. 이러한 긴장은 (헌법을 포함하여) 법 제정을 통해서 정치체계가 자기제한을 하게 되는 적절한 정치적 동기를 발견하고자 하는 법실증주의적 탐색에 의해서는 부분적으로만 설명된다. 정치적 권리를 정치적인 것의 자기보호로 보는 관념은 루만이 국가에 맞서서 사회를 방어하는 관념으로부터 도출된 권리 모델의 부적실성을 입증하는 데 다시 한 번 일조한다. 각각의 권리

---

118) Ibid., 138ff., 151ff.
119) Ibid., 149.
120) Ibid., 140-144.

복합체와 관련해서는 그는 사회와 국가라는 엄격한 이분법적 모델을 비판하기 위해 영역들의 분화가 보호되어야 한다는 관념과 '상호의존적 독립성'(interdependent independence)이라는 관념 모두를 활용했다. 그의 권리 모델에서 분화는 처음에는 그 자체로 상호의존성의 한 가지 형태인 정치적 법의 제정을 통해 작동한다. 우리가 경제적 권리의 경우에 살펴보았듯이, 분화는 새로운 상호관계의 가능성 역시 배제하지 않는다. 하지만 여기서 이러한 고찰이 루만으로 하여금 국가/사회 이분법이 완전히 진부해졌다고 주장하게 하지는 않는다. 대신에 그는 서로와 소통하는 체계들이라는 개념 속에서 일반화를 통해 이 이분법을 보존하는 것에 찬성한다.[121]

이 새로운 모델은 시민사회 개념을 구출하기 위해 고안된 것이 아니라 오히려 그 반대이다. 루만은 특히 하나의 영역에서 서로를 강화하고 안정화하는 규범적 구조, 결사체 형태, 공적 의사소통이 근대 국가 그리고 근대 경제와 대항한다는 관념을 분해시키고자 한다. 분명 퍼스낼리티와 의사소통과 관련한 권리들이 가장 심층적인 수준에서 서로의 전제조건이라는 그의 암시가 그의 엄격한 분화구조의 틀을 관통하고 있다. 어떤 맥락에서는 (비록 모호하기는 하지만) 퍼스낼리티와 의사소통이 비록 상호의존적인 체계들임에도 불구하고 논리적으로 분리되어 있는 것으로가 아니라 서로의 토대로 제시된다. 그러나 그러한 통찰이 보다 심층적인 권리이론의 토대로 기여할 수 있었음에도 불구하고, 루만은 그것을

---

[121] Ibid., 99. 나중의 연구는 두 분화 모델 모두가 사용될 수 있는 가능성, 즉 하나는 정치학의 수준에서, 그리고 다른 하나는 정치이론의 수준에서 사용될 수 있는 가능성을 열어놓는 것처럼 보인다(*Political Theory*, 109 and note 100, 133 and note 28를 보라). 또한 이 두 가지 유형의 이론 구분에 대해서는 앞의 각주 38을 보라. 하나가 관련 참여자들을 심문하고 내부로부터 정치를 관찰하고 비판함으로써 정치에 참여한다면, 다른 하나는 그 영역을 (그것의 자기관찰을 포함하여) 외부로부터 과학적으로 관찰한다.

발전시키지 않는다. 루만에서 기본권은 체계를 분화시키고 분화된 체계를 보호한다. 즉 기본권은 그것이 분화되는 것뿐만 아니라 확립되는 데에도 일조하는 하나의 단일한 통일된 틀 속에 자신의 근거를 가지지 못하며, 또 그 속에서 정당화되지도 못한다.

하나의 예외가 있다면, 그것은 아마도 법체계 자체일 것이다. 그것 외에 권리가 분화되는 데 일조하는 것이 무엇이든지 간에, 권리가 제 기능을 수행할 수 있는 능력은 권리를 자율적으로 해석하고 적용하고 심지어 어쩌면 제정할 수 있는 절차체계의 분화에 달려 있는 것으로 보인다.[122] 만약 권리가 정치체계로부터의 분화를 방어하고자 한다면, 권리 자체가 그 체계로부터 분화되어야만 할 것으로 보인다. 그리고 사실 루만은 (점차 그의 법사회학이 발전함에 따라) 법체계를 사회의 분화된 하위체계 중 하나로 취급하고자 한다. 그에게 권리는 그 나름의 기능을 가지고 있음에도 불구하고 여타의 다른 것들처럼 법제도이기에, 권리는 법이라는 하위체계에 속한다. 루만이 법을 근본적으로 규범적 양식의 기대와 관련되어 있는 것으로 보기 때문에, 우리는 법이라는 하위체계 자체가 (부분적으로는 공유된 기본적인 규범적 구조를 축으로 하여 구성된) 시민사회 개념이 분화되고 남은 잔여물을 의미한다고 가정할 수도 있다. 하지만 우리가 보기에, 그리고 어쩌면 루만 자신의 견해에 비추어 보더라도, 루만이 기도한 시민사회 개념과의 단절은 지나치게 근본적이어서 이러한 해석을 허용하지 않는다. 문제는 그가 시민사회에 반대하는 급진적 캠페인이라는 맥락에서 정치체계로부터 분화된 것으로서의 법체계에 대한 적절하고 일관성 있는 이론을 산출할 수 있는가 하는 것이다.

---

122) 이 논의는 1976년의 글 "The Autonomy of the Legal System," *Differentiation*, 128-129에서 법체계 전반과 관련하여 이루어진다. 게다가 법체계 자율성의 종말―이를테면 법이 정치의 한 세목이 되게 되는(127쪽)―은 전체로서의 사회에 대해 탈분화라는 결과를 가져올 수도 있다고 강력하게 시사한다(130쪽).

뒤르켐과 파슨스의 규범적 통합이론에 관한 루만의 이전의 논박을 감안할 때, 루만이 법사회학에서 규범문제를 재평가하고 또 사회학적 분석에서 규범의 중심적 지위를 회복시킨 것은 주목할 만하다. 이 논쟁은 현재 단지 부분적으로만 가라앉은 상태이다. 그가 규범이 사회구조에서 중요하다고 주장하지만, 규범이 사회구조와 동일하다고 해석하는 것은 규범의 위치를 잘못 이해하는 것이다.[123] 또한 규범과 제도를 동의어로 파악해서도 안 된다. 왜냐하면 모든 제도가 규범을 구현하는 것은 아니며, 모든 규범이 제도화되는 것도 아니기 때문이다. 마지막으로, 사회의 규범적 통합이 공통의 공유된 규범에 기초한다고 가정하는 것은 잘못이다. 모든 분화된 사회에서 규범들은 경쟁상태에 있으며, 중요한 이해관심들이 상충하고 있음을 보여준다.[124] 이 이론에서 오직 규범적 현상의 작은 부분만을 의미할 뿐인[125] 법규범은 규범적 질서를 표현하고 상징화하고 재확인하기보다는 규범적 갈등을 관리하고 안정화하는 결정적 역할을 수행한다.

루만에 따르면, 규범은 "반사실적으로 안정화된 행동에 관한 기대"이다.[126] 법은 **절차**의 측면에서 안정화된 **제도화된** 규범이며, 이 규범의 기

---

123) *Sociology of Law*, 17.

124) Niklas Luhmann, "Normen in soziologischer Perspektive," *Soziale Welt* 8, no. 20 (1969): 40; 이하에서는 "Normen"으로 인용함.

125) 이를테면 ibid., 47-48. 루만은 분화된 하위체계 속에서 포착되지 않는 구조가 상호작용에서 수행하는 역할을 지적하기 위해 자주 일상생활 또는 생활세계라는 개념을 사용한다. 그가 대부분의 규범적 경험과 기대를 반복적으로 위치시키는 곳도 바로 이 수준이다. 유감스럽게도 그의 모델에서 생활세계와 체계의 관계는 명시되지 않고 있으며, 그 용법은 사회체계와 하위체계들에 관한 그의 체계/환경 모델과도 일치하지 않는 것으로 보인다. *Sociology of Law*, 47과 비교해 보라.

126) "Normen," 37; *Sociology of Law*, 33. 푸코와는 달리, 루만은 '규범'(norm)과 '정상화'(normalization)를 구분한다. 정상화는 전(前)규범적인 미분화된 기대구조를 의미하는 것으로, '일탈자'를 다시 순응하게끔 하려는 어떠한 노력도 수반하지 않는다. 왜냐하면 일탈자의 행동을 '심각한 것', '방종한 것' 또는 '불순한 것'

대구조는 기대에서 어긋나는 것을 막아주고 기대에 어긋난 후에는 제재에 의해 복원된다.[127] 이 정의는 여기서는 단지 윤곽만을 제시할 수 있을 뿐인 상세한 이론적 고찰에 기초하고 있다. 복잡성과 우연성의 상황에서 사회적 행위는 기대에 어긋난 것을 처리할 수 있는 보충적 기대구조와 메커니즘들을 통해서만 조정될 수 있다.[128] 루만이 볼 때, 타인의 행위에 대한 개인의 '내적' 기대가 일반적으로 실제 의사소통을 통한 조정을 대신한다. 이러한 내적 기대는 시간집약적인, 그러므로 희소한 자원으로, 즉 소수의 열려 있는 미해결된 상황(일반적으로는 갈등)을 위해 비축해둔 최선의 자원으로 이해된다.[129] 하지만 타인의 행위의 우연성에 대한 하나의 반응인 기대는, 타인도 나와 마찬가지이며 그 나름의 기대를 가지고 있다는 사실에 의해 위험에 처한다. 이것이 이중의 우연성으로 이어질 수도 있다. 즉 각자가 타인의 기대에 어긋날 수 있다. 그러므로 사회적 행위의 조정은 오직 **기대에 대한 기대**가 안정화될 때에만 가능하다.[130]

루만이 말하는 대체로 침묵하는 사회에는 두 개의 그리고 오직 두 개의 기본적인 기대양식만이 존재한다. 하나는 기대의 어긋남에도 불구하고 기대를 학습하고 변화시킬 수 있는 인지적 양식이고, 다른 하나는 학습할 수 없음, 또는 더 정확히 말하면 학습하고 싶어 하지 않음을 포함하는 규범적 양식이다. 개인 정신의 경우에 일반적으로 (거의 병리학적인

으로 판단하지 않기 때문이다. 정상화는 행위라기보다는 상태를 겨냥하며, 따라서 그것은 어떠한 '보편적' 기준도 창출하지 않는다(*Sociology of Law*, 36-37).
127) *Sociology of Law*, 77-80. 이것은 루만의 법에 대한 정의, 즉 법은 "적절하게 일반화된 규범적 행위의 기대"라는 정의를 우리가 보다 낮은 추상화 수준에서 해석한 것이다(77쪽).
128) "Normen," 30-31; *Sociology of Law*, 24ff.
129) "Normen," 32; *Sociology of Law*, 27.
130) *Sociology of Law*, 26.

면역반응을 수반하는 것으로서의 학습이 아니라) 자아정체성을 투사하는 데 필요하지만 매우 불확실한 형태로 간주되는 것이 규범적 기대의 경우에는 사회적으로 안정화되고 보장된 구조가 된다.[131] 심리학적 투사와 사회적 규범 모두의 주요한 목적은 경험적 순응을 확보하기보다는 오히려 정체성과 관련된 기대구조를 안정화하는 것이다. 그러나 심적 투사의 기원과 작동이 전적으로 개인 내부에서 일어나는 일일 수도 있지만, 루만은 규범을 안정화하고 재생산하는 진정으로 외적인 사회적 메커니즘을 지적하는 능력을 지니고 있다.

기원의 문제를 다루는 루만의 방식은 부적절하다. 루만은 자신이 지적할 수 있는 유일한 사회적 규범창출 과정 ― 실제 의사소통과 합의를 통해 규칙을 만들거나 변화시키고 일탈을 정의하는 과정 ― 을 오직 소규모 사회체계에만 특징적으로 나타나는 예외적인 것으로 간주한다. 실제로 규범의 타당성은 추측컨대 규범과 관련된 또는 적어도 동일한 시간지평 내에 존재하는 규범들 모두와 관련된 의사소통이 불가능하다는 것에 달려 있을 것이다.[132]

---

131) "Normen," 33ff.; *Sociology of Law*, 29ff.
132) "Normen," 33; *Sociology of Law*, 30-31. 규범적 학습이 형용모순이라는 루만의 전제에 이의를 제기하는 것은 가능할 뿐만 아니라 결정적이기도 하다(제9장을 보라). 특히 루만이 주변화시킨 의사소통적 규범창출 또는 규범수정이라는 관념은 그러한 논증이 취할 수 있는 방향에 대한 하나의 실마리가 된다. 규범과의 비판적 의사소통이라는 관념과 결부된 반사실성 관념은 피아제-콜버그-하버마스의 도덕발전 모델을 통한 학습과 관련하여 뒷받침될 수 있다. 루만 자신의 규범적 기대양식 모델은 오직 규범에 대한 전통적 또는 관습적 태도와만 동일시될 수 있다. 역설적이게도 경험에 기초한 콜버그의 개체발생 모델이 보여주듯이, 규범에 대한 인지적 태도는 규범발달의 가장 낮은 수준을 나타낸다. 루만에서는 정확이 이러한 태도로 후퇴할 경우에만 학습을 말할 수 있다. 우리가 그에게 답변하는 것이 가능한 경우는 규범에 대한 탈관습적 관계가 규범적 (반사실적) 구조와 양립할 수 있다는 것을 보여줄 수 있을 때뿐이다. 적어도 하버마스에서 반사실성은 이상적인 담론조건의 수준 ― 합의에 도달하는 경험적 과정과 동일시되

사회의 분화는 점점 더 규범적 기대양식과 인지적 기대양식을 분화시킨다. 그것들의 순수한 형태 속에서 각각은 새로운 위험에 노출된다. 하나의 경우에는 사회적 정체성의 경화라는 위험에, 그리고 다른 하나에는 전적으로 우발적인, 따라서 견디기 어려운 미래라는 위험에 노출된다. 이에 대한 근대 사회의 주요한 반응은 탈분화가 아니라 기대에 대한 기대라는 성찰적 구조가 허용하는, '모순배열'(contrary ordering)을 포함하는 조합이다. 특히 우리는 규범적 기대를 인지적으로 예상할 수도 있고, 또 인지적 기대를 규범적으로 예상할 수도 있다.[133] 전자의 조합, 즉 규범적인 것에 대한 인지적 기대는 루만의 법 이론에서 핵심적 중요성을 지닌다.

규범이 법이 되는 것은 규범이 제재와 절차의 측면에서 제도화될 때뿐이다. 제도구축은 규범적 갈등을 관리하는 데 핵심적 역할을 수행한다. 루만은 제도화를 기대가 "제3자의 측에서 이미 예상하고 있는 기대에 대한 기대"에 기초할 수 있는 가능성으로 정의한다.[134] 외부 관찰자와는 다른 제3자는, 비록 동일한 상호작용 구조 속의 알려지지 않은 익명의 성원임에도 불구하고, 잠재적으로 함께 경험하고 함께 기대한다. 역사적으로 제3자의 모습을 구체화하고 있는 것이 재판관의 역할이다. 루만에서 제도는 규범과 마찬가지로 실제 의사소통이나 합의에 의거하지 않는다. 실제의 합의는 드물기 때문에, 제도화는 합의를 경제적으로 이용한다. 제도는 합의를 창출하거나 전제하기는커녕 더 나은 것을 선택한다. 즉 이용 가능한 소량의 합의를 이용하여 그것을 관련 영역들에 퍼뜨린다. 제도가 스스로 작동하기 위해 요구되는 것은 단지 기대에 대한 기

지는 않지만, 그럼에도 불구하고 그러한 과정을 전제로 하는—에서도 지속되는 것으로 보인다(제8장을 보라).
133) *Sociology of Law*, 38-40.
134) Ibid., 49ff.

대 속에서 그와 관련된 제3자들과 합의에 도달할 것이라고 예견하는 것뿐이다. 하지만 이는 좀처럼 검증되지 않는 하나의 추정이다.[135] 경험적인 측면에서 이 개념에는 반대할 만한 것이 거의 없지만, 우리는 다시 한번 더 루만의 반복되는 무능력을 발견하게 된다. 즉 그는 그가 전적으로 무시할 수는 없는 실제 의사소통과 합의구축의 메커니즘을 그의 여타 안정화 메커니즘과 연계시키지 못한다. 그리고 그는 안정화 메커니즘의 존재이유와 관련하여, 일정 정도의 실제적 합의가 합의의 예측 또는 합의의 '성공적인 과대평가'를 그럴듯하게 만드는 데 필요하다는 암시적인 이유 이외에는 어떤 다른 이유도 지적하지 못한다.

제도로서의 법규범의 경우에, 기대를 안정화하기 위해 필요한 실제 메커니즘은 제재와 절차이다. 제재의 중요성은 순응을 유도하는 그것의 부차적인 임무에 있는 것이 아니라 규범의 상징적 복원을 통해 기대에 어긋나는 것을 경감시킬 수 있는 가능성에 있다. 루만에 따르면, 선진사회에서 제재는 '제3자의 추정상의 합의'를 입증하는 유일한 방법이다. 따라서 루만의 법 모델에서 이따금의 강제는 예견된 합의를 상징하며, 그러므로 실제의 합의를 대신할 수 있다. 하지만 이 모델에서 법의 연속적 작동이 주로 강제에 기초하는 것은 아니다. 강제는 바로 그것의 사용에 의해 무디어질 수도 있는 수단이다. 연속성은 전적으로 현재하는, 그렇지만 현재의 참여자들로 구성된 공동체를 넘어서도 존재할 것으로 추정될 수 있는 메커니즘을 통해 제시될 필요가 있다. 분화된 절차가 그러한 역할을 수행하며, 따라서 법의 제도화에서 우위를 차지한다.[136] 연속성을 상징하는 데서 절차가 제재보다 더 나은 까닭은 절차가 결과에 대한 (점점 더 그 가능성이 낮아지고 있는) 동의에서부터 가능한 결과들을 결

---

135) Ibid., 51-52.
136) Ibid., 78-79, 84-85.

정하는 추상적 틀에 대한 (비록 암묵적이기는 하지만) 상호수용으로 관심의 초점을 바꾸어놓을 수 있기 때문이다.[137]

절차는 실정법 출현의 중심적 전제조건이다. 절차는 '규범창출의 규범적 규제'[138]와 관련된 새로운 수준의 성찰성이 작동하는 데 이용될 수 있는 유일한 메커니즘일 뿐만 아니라 법이 종교, 도덕, 과학적 진리로부터 분화되는 것을 가능하게 하는 (의사)매체[139]이기도 하다. 루만에 따르면, 실정법의 중심적 전제는 법 제정을 통한, 즉 절차상으로 정당한 결정을 통한 생산과 변경 가능성이다. 이것은 성찰성을 드러내는 두 가지 방식—하나는 법적이고, 다른 하나는 정치적이다—으로 표현될 수 있다. 즉 규범은 규범형성을 규정하고, 결정은 결정형성을 규정한다. 헌법처럼 규범형성을 인도하는 규범은 여타의 규범들과 마찬가지로 일단의 규범들로 이루어져 있다. 결정형성을 규정하는 결정의 경우도 마찬가지이다. 실정법은 법의 법 외적인 원천이 존재할 가능성, 그리고 심지어는 법 수준에 위계질서가 존재할 가능성을 거부한다는 것을 의미한다. 그럼에도 불구하고 법의 실증성을 규범적으로 타당한 결정만이 법의 유일한 원천임을 의미한다고 해석하는 것은 잘못일 수 있다. 규범, 그리고 심지

---

137) Ibid., 138.
138) *Differentiation*, 95.
139) 이것이 의사매체인 까닭은 루만이 『법사회학』(*Sociology of Law*, 167-168)에서 실제로 선택성 또는 선택적 결정을 절차로 해석하는 것에 어떤 역할도 결코 부여하지 않은 채, 단지 "집합적으로 구속력 있는 결정의 선택"에 관해서만 언급할 뿐이기 때문이다. 실제로 그의 주요 법사회학 저작은 결코 법을 직접적으로 하나의 매체로 다루지 않고 있으며, 따라서 사회의 한 가지 하위체계로서의 법의 지위는 모호하게 남아 있다. 후속 저작들은 이 문제를 보다 분명히 하고 있다. 그는 자기생성적인 자기준거적 하위체계로서의 법이라는 개념 속에서 규범적으로는 폐쇄적이고 인지적으로는 열려 있는 법은 적어도 여타의 자율적인 하위체계들과 전적으로 동등하다고 주장한다. 이를테면 『생태학적 의사소통』(*Ecological Communication*)에서 법을 다루고 있는 장을 보라. 하지만 『정치이론』(*Political Theory*, 82ff.)에서만큼은 법을 돈과 전적으로 유사한 매체로 다루고 있다.

어 잠재적인 법적 규범은 모든 사회영역들로부터 출현한다. 입법은 어딘가 다른 곳에서 잠재적인 법으로 투사되어온 것들 중에서 선택하고, 그 다음에 그 선택을 법으로 비준하는 과정을 포함한다. 이 모델에서는 오직 입법이라는 절차적 여과기를 통과하는 것만이 정당한 법이 된다.[140]

법실증주의에 관한 몇몇 다른 해석들과는 다르게, 루만의 논법은 입법부의 법 제정 이외에도 다른 법창출의 원천이 존재할 수 있는 여지를 남겨놓는다. 그렇게 함으로써 루만은 역사적 법학과 실증법학이 화해할 수 있는 길을 마련하지만, 양 극단에서 미분화된 방식으로 그렇게 한다. 첫째, 루만은 법창출의 적극적인 사회적 원천과 소극적인 사회적 원천을 구분하지 않는다. 이것은 그가 파슨스의 방식대로 문화와 결사체들이 교차하는 조직화된 사회영역에 초점을 맞추기보다는 고립되어 있는 하위체계와 이론적으로 자리매김 되지 못한 막연한 일상생활에 초점을 맞추고 있다는 것과 관련이 있다. 루만은 특정 사회영역 속의 유형 또는 제도들이 법규범으로 전환될 수도 있음을 지적하기는 하지만, 법적 타당성의 수준에서 제기되는 사회적 규범과 사회적 사실 간의 차이에는 주목하지 않는다. 따라서 그는 법적 타당성에 대립되는 것으로서의 규범적 타당성이 입법과는 별개로 생겨날 수 있는 것인지, 그리하여 타당한 규범의 경우에서 입법과정이 보다 높은 타당성의 원천인지 아니면 단지 구속력 있는 가능한 보편화의 한 가지 형태의 원천일 뿐인지에 관한 질문을 회피한다. 가장 중요한 것은 루만이 (그가 기술한 바 있는) 합의도달을 통한 규범창출 과정이 법체계를 위한 규범의 하나의 원천으로서 특별한 역할을 수행하는지의 여부에 대한 질문을 제기하지 않는다는 것이다.

둘째, 실정법의 정치적 성격에 대립하는 것으로서의 실정법의 법적 성격과 관련하여 루만의 틀은 법실증주의를 하나의 전체로 취하는 전통의

---

140) *Sociology of Law*, 160.

틀과 유사한 불확실성을 드러낸다. 여기서의 쟁점은 실정법의 제정과 작동이 정치적 하위체계의 기능인가 하는 것이다. 이는 시민사회의 여타 차원들과 매개체들을 정치적 하위체계 속으로 편입시키는 것을 얼마간 생각나게 한다. 이 주제에 관한 초기 저술(1967년)에서, 루만은 그저 정치적 하위체계가 실정법 메커니즘을 뒷받침하고 관리한다고만 확언하는 경향이 있었다.[141] 루만은 나중의 저술(1976년)에서도 이미 확인한 법적 하위체계의 분화와 자율성과 함께, 여전히 이 두 하위체계들의 제도와 사건의 중첩에 주목하여 특정 정치체, 즉 의회에 의한 입법에 내재하는 법 제정의 어려움을 지적할 수밖에 없었다.[142] 실제로 그러한 중첩은 법을 제정하고 적용하고 집행하는 제도들이 정치라는 중심적인 행정적 의사결정 하위체계의 세 가지 부문(입법부, 행정부, 사법부)임이 판명된다는 데까지 나아간다.[143] 따라서 법체계의 자율성에 대한 그의 주장은 그의 또 다른 초기 서술, 즉 실정법이 '국가'의 법이며 이 법의 "운명은 사회의 정치체계의 운명과 밀접한 관계가 있다"는 서술을 극복하는 데 상당한 곤란을 겪는다.[144]

루만은 제도와 사건을 공유하고 있는 경우에서조차 법체계와 정치체계라는 두 체계의 서로 다른 선택성,[145] 그리고 나중에는 서로 다른 관계, 결합, 배제[146]에 대해 언급한다. 비록 그가 주장하지는 않지만, 누군가는 입법부의 의사결정이 법제화를 위해 규범을 선택하는 반면, 입법절차는 법에 타당성의 구조를 부여한다고 주장할지도 모른다. 끝으로, 법

---

141) *Differentiation*, 104.
142) Ibid., 122, 132.
143) *Sociology of Law*, 188.
144) Ibid., 187.
145) *Differentiation*, 132.
146) Niklas Luhmann, "The Self-Reproduction of Law and Its Limits," in G. Teubner, ed., *Dilemmas of Law in the Welfare State* (Berlin: de Gruyter, 1986), 113.

을 자기생성체계로 보는 루만의 최근 개념에서처럼, 누군가는 법을 규범적으로는 폐쇄적이지만 인지적으로는 개방적인 것으로 고려할지도 모른다. 이 두 차원 중 첫 번째 것이 법의 자율성과 자기재생산을 산출한다면, 두 번째 것은 정치체계에 개방성을 제공할 것이고, 그 속에서 학습이 이루어진다.[147] 이 전략들 중 그 어떠한 것도 결코 법체계를 분화시키고 그것에 자율성을 제공하는 데 성공하지 못하는 이유는 루만의 실정법 개념 속에 그리고 그 개념이 내포하는 인지적 기대양식으로 전환되는 것 속에 깊이 자리 잡고 있다.

> 여기서 실정법은 결정을 통해 존재하게 되고 결정을 통해 변화될 수 있는 하나의 규범체계로 이해된다. 우리는 법이 결정을 내리는 과정에서 목표에 의해 결정되는, 즉 규범에 의해 전혀 구조화되지 않는 하나의 인지적 학습을 발견하게 된다. ……그것에 상응하여 법의 영향을 받는 사람들은 자신들의 기대가 어긋나든 그렇지 않든 간에 항상 법속에서 변화를 학습할 것임이 틀림없다. 그들은 기본적으로 법에 대해 인지적 태도를 취해야만 할 것이다.[148]

여기에 포함되어 있는 것은 단순히 규범적 기대양식으로부터 인지적 기대양식으로의 전환이 아니라 우리로 하여금 규범적 기대양식을 인지적으로 기대하게 하는 조합('모순배열')으로의 전환이다. 실정법이 이 구조를 받아들일 수 있는 것은 법절차와 법역할의 분화 때문이다. 헌법규범을 포함하여 모든 법규범이 일반적으로 변경 가능한 상황 속에서, 자연스러운 태도는 학습의 태도이다. 그러나 실정법이 법으로 남아 있으

---

147) Ibid., 113, 124.
148) "Normen," 47.

려면, 변경 가능성 내에서 자신의 규범적 기능을 보전해야만 한다. 원칙적으로 이것이 가능한 경우는 오직 구조가 구조화되는 상황 속에서 그 구조가 문제시되지 않을 때, 그리고 그러한 상황이 동일한 구조를 의문시하고 그리하여 어쩌면 변화시켰을 여타의 상황들과 구별될 때뿐이다.[149] 실정법 체계 내에서 구조에 대한 규범적 태도를 제도화하는 것이 바로 사법적 절차와 재판관의 역할이다. 물론 법의 명백한 변경 가능성이 전제되어 있음에도 불구하고, 실제로 재판관은 "학습하지 않는 것을 학습해야만 한다." 기대에 어긋난 것을 처리하고 기대를 조정하고 학습실패에 대한 책임을 지는 것은 입법자의 임무이지만, 통상적으로 재판관은 법 위반자로부터 학습하지 않도록 규정지어져 있으며, 위반된 규범에도 불구하고 어떻게 학습하지 말아야만 하는지를 학습한다.[150] 법정에서 이를 지키기 위한 하나의 메커니즘이 역설적이게도 규범에 대한 갈등을 사실에 대한 갈등으로, 즉 규범적 이해관계를 인지적 이해관계로 전환시키는 기법이다. 그렇기에 재판관은 결코 자신의 규범을 비판적인 문제제기에 노출시킬 필요가 없고, 또 대안적인 규범적 기대 때문에 자신의 기대를 저버린 사람으로부터 학습할 필요도 없다.[151]

---

149) *Sociology of Law*, 161-162, 182.
150) Ibid., 182-183.
151) "Norrnen," 46-47. 매우 흥미롭게도, 재판관의 반사실적인 규범적 지향이 법을 하나의 규범체계로 재생산하는 것을 유일하게 보장한다는 루만의 개념은, 법질서에서 재판관(또는 '공직자')은 법의 타당성과 관련하여 (단순한 관찰적 관점이 아니라) 내적-평가적 관점을 취할 수 있어야만 한다는 하트(H. L. A. Hart)의 주장과 유사하다. 그러나 하트와 루만의 차이가 훨씬 더 교훈적이다. 왜냐하면 전자에서 주민들을 공직자와 그 나머지 모두로 분할하는 것은 여전히 법질서를 구성하는 것에 대한 거의 병리적인 극단적 경우를 보여주기 때문이다. 하트는 어떠한 '건강한' 사회에도 그저 특정 법이 지켜지고 시행되고 있는지를 관찰하기만을 원하는 사람들이 있고 그것에 따라 행동하는 사람들이 존재할 것임이 틀림없지만, 많은 일반 사람들("통상적으로는…… 사회의 대다수")은 일반적으로 내적 관점을 취한다고 말한다. H. L. A. Hart, *The Concept of Law* (Oxford: Oxford

규범적 기대와 인지적 기대를 결합시키는 체계를 기본적으로 규범적이라고 묘사하는 것이 여전히 가능한가? 루만이 이 질문을 하지는 않지만, 그는 간접적으로 그것에 답한다. 그는 정당성의 문제를 전체로서의 법체계가 지닌 구속적 성격을 다루는 한 가지 방식으로 도입한다. 여기서도 쟁점은 역시 학습과 비학습, 즉 인지적 기대와 규범적 기대의 조합이다. 결정을 내리는 사람들과 결정에 영향을 받는 사람들 모두가 법적 우연성의 맥락에서 학습을 피할 수 있는 것은 자신들의 위험을 무릅쓸 때뿐이다. 이 맥락에서 정당성은 "어떠한 제3자도 직접적으로 영향을 받는 사람들이 의사결정자가 규범적 기대라고 통보하는 것에 대해 미리 인지적으로 대비할 것이라고 규범적으로 기대한다"고 가정할 수 있는 가능성으로 정의된다.[152] 하나의 가정은 하나의 인지적 기대이다. 정당성은 일련의 인지적 기대들로, 그 속에서는 오직 제3자—재판관—만이 규범적으로 기대할 것이라 기대되며, 심지어 그들이 타자에 대해 갖는 규범적 기대도 단지 타자들이 재판관의 규범적 기대에 인지적으로 순응할 것이라는 것뿐이다. 사회학 문헌에서는 놀랄 것도 없이 루만만이 거의 유일하게 물리력을 정당화의 본질적 요인으로 간주한다.[153] 루만이 그렇게 보는 가장 그럴듯한 이유는 물리력이 재판관들의 종종 잘못되었지만 폐기되지는 않는 기대, 그러므로 잠재적 법위반자들이 인지적으로 순응하게 될 기대의 기초이기 때문이다. 이 개념 속에서 법의 구조

    University Press, 1961), 86-88, 113을 보라. 우리는 하트에서 내적 관점의 의미가 루만에서처럼 반사실적 규범을 유지하기 위해 학습을 다소 관례적으로 꺼려하는 것으로 축소되는 것이 아니라, 탈관례적인 성찰적 태도를 포함하는 비판적-평가적 태도의 측면에서 표현되고 있다는 점에 주목해야 한다. 의심할 바 없이 법의 타당성을 판단하는 경우에 이 둘 모두 그리고 심지어는 이 둘의 조합도 가능하다.

152) *Sociology of Law*, 201.
153) Ibid., 202.

는 오직 인지적 기대에 대한 태도와 재판관의 학습된 허위의식에만 기초한다.

종합해 볼 때, 규범적으로는 폐쇄적이고 인지적으로는 개방적인 자기생성체계로서의 법이라는 관념은 단지 문제에 대한 말뿐인 해결책에 불과하거나 기껏해야 법의 재구성을 위한 규범적 요청사항인 것으로 보인다. 루만이 "입법에 대한 정치적 통제가 존재할지도 모르지만 오직 법만이 법을 변화시킬 수 있다"는 두 가지 전제를 실제로 어떻게 결합시키는지를 알기는 어렵다.[154] 비록 입법조치가 그 나름의 내적 필요조건을 갖추고 있는 법체계 속으로 들어감으로써 법으로 전환되기는 하지만, 기대에 대한 규범적 태도는 기능적으로 필요한 재판관의 허위의식을 유도하는 것 말고는 사회의 나머지 부분들을 위해서는 기능할 수 없는 순수하게 지적인 체계로서의 특성으로만 유지된다. 루만이 돈이나 권력에 비견되는 법의 통합매체를 발견하지 못했기 때문에, 경계유지적인 자기생산적 자율성에 대한 그의 주장은 다소 공허하게 들린다. 따라서 법의 인지적으로 개방적인 차원이 정치체계에 여전히 뿌리를 두고 있고 이것이 다시 법의 규범적 투입을 폐쇄하기는 하지만, 법의 규범적으로 폐쇄된 차원은 사회적 토대 없이는 정지되거나 또는 기껏해야 오직 문화적 영역 속에서만 확립되고 또 제도화되는 폐쇄적인 지배체계들 중의 하나가 되고 말 것이다. 이것은 사회의 행위, 결사체, 의사소통이라는 틀과 법을 구성적으로 연결시키기를 포기한 결과이자 법이 정치체계에 대해 갖는 특권적 관계를 일방적으로 수용한 결과이다. 이러한 결함은 규범창출의 이질적인 사회적 원천들을 확인함으로써 단지 부분적으로만 상쇄될 수 있다.

루만의 자기인식에도 불구하고, 자기생성체계로서의 법이라는 관념

---

154) Luhmann, "The Self-Reproduction of Law," 113.

은 복지국가의 사회개입에 대한 의구심이 증대하는 상황에서 발생한 규범적 요구사항일 수도 있다. 왜냐하면 그러한 상황은 법적 형식성과 자율성의 상실을 수반하는 것처럼 보이기 때문이다. 그러나 하나의 재구성 프로젝트로서조차 정치로부터의 법의 자율성이라는 관념은 법이 대안적 (이를테면 경제적) 도구화의 위험 없이 의지할 수 있는 독자적인 제도적 맥락을 필요로 한다. 이러한 통찰은 시민사회 관념을 요구할 뿐만 아니라 파슨스식으로 사회의 하나의 하위체계로서의 사회공동체라는 용어와는 다른 용어로 시민사회를 재구성할 것 또한 요구한다. 루만의 자기생성성 관념이 정치체계와 여타 사회영역들 간의 관계에 대한 후기 개입주의적 모델에 처음으로 기여할 수 있게 되는 것은 바로 이러한 재구성의 맥락 속에서이다.

찾아보기

ㄱ

가족 223, 225~227, 229, 230, 413~415, 430, 457
감금사회 524, 531, 533
개인 91~93, 110
결사체 282, 283, 307, 428
  결사체 이론 293
  결사체주의 290, 291
경쟁적 정당체계 145
경제 64, 107, 194
  경제사회 65, 108, 548
  경제적 인간 232
  경제적 하위체계 550, 551
경찰 243, 244, 248~250, 514
계급투쟁 309
계보학 494
  계보학적 역사편찬 500
계약이론 481
계약전통 109
고르, 앙드레 132, 140, 189, 194, 195
고전 마르크스주의 이론 187

공공성 238, 253, 256
공동체주의 81, 92, 108, 112, 295, 296
공론장 358, 359, 395, 411, 417, 423, 431~433
  공론장 이론 357, 410
  『공론장의 구조변동』 423, 455, 456
  공론장의 모순적 제도화 429, 430
공적 영역 362, 370
『공화국의 위기』 390
과두정치 447
관료권위주의 체제 148, 152, 155
관료제 241~243, 370
  관료제화된 정당 445
『광기와 문명』 498, 499, 530
교육혁명 268, 271, 272
구트만 92
국가 64, 70, 77, 144, 145, 188, 197, 199, 217, 225, 249, 250, 252, 303, 318, 514~519
  국가 되돌려놓기 188
  국가 없는 사회 323

국가개입주의 455
국가에 대항하는 사회 122, 125, 141, 167, 216, 401, 406, 417
국가와 사회의 이분법 555
국가와 시민사회의 관계 310
국가주의 232, 237, 249
국가주의적 정치문화 133
국가중심적 관점 77
국민국가 278
국민투표 343
권력 358, 480, 482, 483, 489, 490, 550
『권력/지식』 488
권력에의 의지 500
권리 91, 110, 112, 388, 389, 479, 537, 583, 586
권리 테제 91~93, 109
권리담론 484, 485
권리지향적 자유주의 81, 91, 112
규범 594, 597~599
규범적 기대양식 597
『규율과 처벌』 488, 490, 493, 498~500
규율권력 481, 487, 489, 490, 511, 514, 515, 533
그람시 71, 74, 187, 199, 261, 263~265, 300, 302~304, 306~309, 311~313, 315~318, 320, 321, 324, 326, 328~333, 336, 349, 350, 466, 559
근대 공론장 427
근대 국가 258, 259, 364, 411, 418, 455, 519

근대 민주주의 340
근대 사회 266, 527
근대 사회공동체 276, 277, 286
『근대 사회에서의 법』 295
근대 시민사회 64, 321, 521, 527, 538
급진개혁주의 189
급진개혁주의적 정치 313
급진민주주의 108, 146, 164, 198
기능적 탈분화 450
기능적 탈분화 모델 449
기대에 대한 기대 595, 597
기본권 583, 584

ㄴ

네오마르크스주의 77, 187, 194
노동계급 235, 236, 309
『노동계급이여 안녕』 195
노동세계의 민주화 144
노이만, 프란츠 466
녹스 250, 522
니스벳 502
니체 500

ㄷ

다당제적 독재 183
다수결 원리 147, 148
다원주의 77, 346
다원주의적 정당국가 445, 447, 451
다차원적 시민사회 200, 201
달 107, 202
담론윤리 73, 109, 110
대의제 민주주의 342

『대전환』 78, 231
대항 헤게모니 314, 317, 333
데카르트 476
도덕 222, 406
　도덕적 권리 91, 93, 112
　도덕적 자율성 111
　도덕적 주체 522
독일 218, 219, 541, 542, 551
동즐로 520
뒤르켐, 에밀 237, 261, 265, 270, 283, 343, 345, 504, 521, 526, 541, 542, 551, 594
듀스, 피터 517, 518
드워킨 91

ㄹ

라스키 540
라틴아메리카 149, 182, 204
란데스 415
『레스푸블리카』 127
로장발롱 134~140, 144, 146, 190
로크 109, 214~217, 404
롤스 91, 109
뢰벤탈 460
루만, 니클라스 74, 219, 275, 276, 284, 351, 474, 490, 541~545, 547~549, 552~560, 562~569, 571~584, 586~595, 597~605
루소 216, 247, 371, 374
『루이 보나파르트의 브뤼메르 18일』 300
루카치 187, 261

르포르, 클로드 132, 136, 393
리델, 만프레트 219, 539
『리바이어던』 214
리카도 236

ㅁ

마그누스, 알베르투스 210
마르쿠제, 헤르베르트 133, 530
마르크스 187, 198, 199, 212, 231, 235, 240, 241, 260, 263, 296, 300, 306, 308, 317, 322, 327, 356, 364, 369, 386, 391, 423, 424, 431, 435~440, 455, 463, 465, 475, 477, 481, 487, 501, 502, 521, 527, 537, 541
　마르크스식 기능주의 332
　마르크스주의 67, 240
　마르크스주의 이론 185
　마르크스주의적 환원주의 264
마셜 95, 279, 297, 583
마흐니크, 아담 124
매카시, 토머스 540
맥퍼슨 145
메이틀랜드 540
모에르베케, 빌헬름 폰 210
몽테스키외 215, 216, 220, 247, 340, 541
문학공화국 407
문학적 공론장 417, 425, 458
문화적 헤게모니 313, 337
미국 287~290, 368, 376
　미국의 민주주의 376

미국좌파 132
미국혁명 367
미스겔트, 디터 540
미켈스, 로베르토 341
미흐니크 70, 127, 129, 130, 195, 196
민주적 국가주의 141, 145
민주주의 80, 83, 85, 88, 145, 147, 163, 336, 338, 341, 346, 441~443, 452, 563, 565, 566
  민주주의 개념 87, 88, 564
  민주주의 이론 61, 106, 107, 165
  민주주의의 민주화 341
  민주주의의 약속 339, 346
  민주주의혁명 268, 270, 278, 583
민주화 202, 347, 348, 442, 444, 449, 464
밀, J.S. 438, 439

ㅂ

바웬사, 레흐 168
반국가주의 237
반인륜 231, 238, 240
『법사회학』 599
법실증주의 583, 600
『법철학』 70, 220, 222, 257, 260, 261, 306, 399
베버, 막스 67, 261, 296, 398, 459, 512, 541, 555
베일, 피에르 407
베포르트, 프란시스쿠 151, 197
벤담 510
벤딕스, 라인하르트 541

벤야민 356, 410, 463, 530
벨 113
벨라 296
벨러미, 리처드 337
보그스, 칼 306, 313
보나파르티즘 317
보댕, 장 213
보비오, 노르베르토 106, 189, 305, 313, 320, 328, 336, 338~343, 345, 346, 348~350
보이치츠키 127, 193
보편신분 240, 241
복지국가 94~99, 114, 137, 141, 371, 465, 466, 468, 517
  복지국가 대중민주주의 98
  복지국가 위기 논쟁 82
  복지국가 입헌주의 469
  『복지국가의 정치이론』 556
  복지국가주의 143
볼테르 216
부르주아 232, 512, 513
  부르주아 가족 413, 436
  부르주아 공론장 415, 434, 524, 525
  부르주아 공론장 모델 438, 463
  부르주아 모델 265, 435
  부르주아 민주주의 335
  부르주아 사회 232, 357, 423, 548
  부르주아 혁명 418
부시-글룩스만, 크리스틴 304, 330
분화 267, 512, 543
브라질 156, 157, 160
브루너 211

브루니, 레오나르도 210
블루머 393
비브레, 파트릭 132, 134~137, 144, 146
『비판과 위기』 404

ㅅ
『사물의 질서』 476, 493, 498, 500
사법적 권력 개념 485, 490
사법적 권력 모델 478, 487
사적 결사체 456
사적 영역 109, 362, 378
사회 126, 217, 355, 404, 405, 426
    사회계약 174
    사회계약 모델 521
    사회계약 이론 379
    사회공동체 265, 268~270, 273~275, 281, 287, 295, 560
    사회국가 449
    사회국가주의 137, 143
    『사회분업론』 504
    사회운동 75, 76, 103, 107, 136, 146, 274, 309, 350, 390, 392, 393
    사회의 자기조직화로서의 국가 443, 446, 449
    사회적 영역 364, 367, 368
    사회적인 것 357, 363, 520, 521, 526
    사회주의적 민주주의 342
    사회통합 236, 240
    사회통합 이론 503
산업혁명 268, 270
살롱 415, 417

삼분 모델 63, 71, 74
상류사회로서의 사회적인 것 375
『상식』 217
샌델 92
생애주기 모델 573
생체권력 491, 515, 516
『생태학적 의사소통』 599
샤츠키 64
선거 159, 161, 576~578
『섹슈얼리티의 역사』 488, 490, 531
소렐, 조르주 303
소련 168, 169, 172, 179, 302, 311, 312, 322
쇠퇴이론 463
슈미트, 카를 72, 145, 154, 192, 198, 251, 351, 395~399, 401~405, 407~409, 412, 427, 428, 441, 442, 444, 445, 447, 448, 450, 451, 453, 454, 456, 459, 460, 462, 473, 481, 519, 540, 542, 553, 578, 579, 582
슘페터 83, 85, 107, 202, 563, 582, 583
스멜서, 닐 273
스미스, 애덤 217, 233
스타니슈키스 166, 167
스테판 157, 199
스트라우스, 레오 450
스펜서 521
스피박 127
시민권 279, 280
    시민권 복합체 277, 278
시민불복종 75, 76, 379
시민사회 63~66, 68, 70, 71, 102, 105,

106, 111~113, 122, 125, 126, 132~140, 143~146, 148, 149, 155, 157, 158, 161, 165, 170, 171, 194, 196~198, 202, 203, 212, 217, 223, 225~230, 232, 233, 250, 252, 263~265, 300~303, 306, 309, 310, 315, 324, 328, 331, 332, 423, 426, 433, 473, 475
   시민사회 개념 61~63, 66, 68, 69, 71, 72, 79, 107, 114, 116, 148, 151, 193, 194, 207, 208, 220, 230, 295, 423, 431, 433, 539, 546
   시민사회 담론 73, 78, 80, 100
   시민사회 담론의 부활 68
   시민사회 이론 70, 73, 80, 316
   시민사회 회복 프로그램 144
   시민사회의 민주화 103, 106, 346, 347
   시민사회의 부활 149~151
시민적 권리 385, 386
시장경제 196
신보수주의 96, 113, 116, 141
   신보수주의의 문화정치 114
   신보수주의적 시민사회 198
신분제국가 211, 212
신분제의회 250, 252, 255, 259, 397
신자유주의 194
신조합주의 145, 146
신진화주의 124, 125, 127, 174, 189
실정법 599~602
실증법학 600

ㅇ
아도르노 455, 458, 460, 462, 498
아라토 64, 167
아렌트, 한나 72, 351, 355~360, 362, 363, 365~367, 369, 370, 372~374, 376~392, 395, 397, 399, 410~413, 426, 428, 454, 457, 458, 463~465, 473, 539, 540, 553
아리스토텔레스 208, 220, 223, 544
아벤드로트 468
아비네리 235, 261
아이젠슈타트, N. 541
아퀴나스, 토마스 210
알튀세, 루이 304, 328~330, 332, 335, 475
애덤슨, 월터 305, 311, 313, 327
애커만 109
앤더슨, 페리 300, 303, 306, 313, 331, 333~335, 349
엘리트민주주의 65, 106, 202
   엘리트민주주의 모델 80, 83, 84, 86, 104, 105
엥겔스 300, 436
여론 253~255, 421, 570~572, 580
연대 283, 284
   연대주의적 시민사회 195
   연대주의적 시민사회 개념 139
오도넬 70, 151, 154, 155, 165, 196, 198
오스틴 275
오이코스 208, 223, 362, 544
오페, 클라우스 96, 141, 143~147,

194, 195, 197, 202, 456, 457, 553
『옥중수고』 336
요아스, 한스 540
욕구체계 232, 233, 235, 237, 240
웅거 295~299
웨스트민스터 모델 184
윤리적 삶 222~224
의사소통의 권리 389, 464
의사소통행위이론 74
의회 252, 332, 334, 400, 446, 451
   의회국가 446
   『의회민주주의의 위기』 398
   의회전제주의 183
   의회제 국가 401
   의회제 민주주의 203
   의회제적 절대주의 420
   의회주의 396, 401, 441, 579
이데올로기적 국가장치 329, 330, 332, 334
이소노미아로서의 폴리스 359
이익집단 대표제 343
『인간과 시민의 권리선언』 217
『인간의 조건』 358
『인권선언』 279
인륜 222~225, 231
인본주의 493
일팅 257, 259, 260
『임상의학의 탄생』 499
입법국가 400, 451
입헌민주주의 90, 91

ㅈ

자기성찰적 시민사회 모델 164
자기제한적 급진주의 189
자기제한적 민주화운동 104
자기제한적 혁명 102, 125, 189, 192, 193
자발적 결사체 246, 439
자본주의 115, 145
   자본주의 시장경제 513
   자본주의적 사적 소유와 시장논리 69
자유노조 124, 127, 130, 131, 167, 176
자유로운 사회 310, 321
자유민주주의 91, 144, 146~148, 202, 340
자유의 권리 260, 586, 587
자유주의 147, 399, 442, 443, 452
   자유주의 국가 448
   자유주의 정당 444
   자유주의적 공론장 407, 420, 428, 464
   자유주의적 공론장 모델 463, 568
   자유주의적 시민사회 모델 136, 384
   자유주의적 의회주의 397, 442, 442
   자유주의적 환원주의 264
   자유주의적-개인주의적 시민사회 개념 164
   자유주의적-부르주아 공론장 440
저항 528, 530, 532
전체주의 127, 310~312
   전체주의 테제 127
   『전체주의의 기원』 364
   전체주의적-혁명적 정치 313
절대주의적 국가주의 260

절차적 법 297, 298
정당 85, 158, 343, 445, 578
   정당정치 398
정치권력의 폐지로서의 공론장 438
정치부패 371, 372
정치사회 65, 134~137, 139, 144, 147, 157, 158, 194, 197, 198, 252, 303, 328, 426, 546
『정치와 사회구조』 266
정치적 공론장 410, 417, 425~427, 458
정치적 권리 279, 590
정치체계 560~563, 571, 582
정치화된 시민사회 모델 144
제도로서의 시민사회 193
제2의 가족 228, 248
제2의 좌파 132, 137, 140, 143, 144
조절된 사회 323, 325~327
조합 227, 247~249, 251
   조합이론 246, 248, 300, 307
주권 모델 192
주체개념 498
줄리아르, 자크 132
『지식의 고고학』 499, 500
직능대표제 이론 345
직능민주주의 343
직접민주주의 341, 342
집합체들의 집합체 275, 276
집합행위 75, 78, 533

ㅊ

참여민주주의 모델 80, 83, 88
처벌 503, 504, 510

체계이론 543
체계통합 233, 236
추상적 권리 222
친밀성 378

ㅋ

카르도소 70, 158, 164, 165, 196, 199, 204, 205
카스토리아디스, 코르넬리우스 134, 323, 393, 540, 544
칸트 216, 218~220, 224, 500
코라디, 후안 157
코젤렉, 라인하르트 340, 351, 356, 404~409, 412, 416~420, 431, 539
콘체 404
쾨세그 175
쿠론, 야체크 125, 175, 189, 195, 196
쿨만 64
크로체, 베네데토 302
크롤 127
키르크하이머 456, 459, 466, 566
키스 176, 199, 200

ㅌ

타마스 190
탈국가주의적 정치 188
탈동원화된 시민사회 198
탈분화 프로젝트 436
탈정치화된 시민사회 모델 142
탈주술화 67
탈집중화된 권력 517, 519
테일러, 찰스 92, 223, 224, 239, 534

토크빌, 알렉시스 드 102, 105, 133, 134, 178, 199, 244, 248, 253, 260, 261, 263, 286, 290, 291, 308, 324, 369, 376, 381, 425, 428, 443~440, 455, 502
통치 불가능성 113, 447
통치권력 506
통합국가 304
퇴니스 265, 275
투렌, 알랭 128, 132, 534
트로츠키 317

ㅍ

파놉티콘 510, 524
파슨스, 탤컷 71, 104, 237, 261, 264~275, 277~290, 292~300, 490, 526, 541, 542, 551, 559~562, 583, 584, 590, 594, 600
퍼거슨 217, 221
페미아 313
페이트만 89
페인, 토머스 217
페헤르, 페렌크 191
펠친스키 226, 259
포괄정당 145, 453, 459
포스트마르크스주의 185, 187, 188
포스트모더니즘 116
포스트사회민주주의 프로젝트 139
포스트케인스주의 프로젝트 139
포퓰리즘 184
폴라니, 칼 78, 121, 194, 231, 270, 271
폴란드 124, 165, 169, 176, 177, 179, 181, 204
폴록 456
폴리티케 코이노니아 208~210, 212, 218, 543~545
푸코, 미셸 72, 351, 369, 473~479, 481, 483~488, 490, 493, 495, 496, 498~503, 505~519, 521, 522, 524~537
프랑스 132, 134, 135, 216, 418, 419
　프랑스 좌파 133, 137
　프랑스혁명 366
프랑크푸르트학파 187, 454~456
프로이스, 울리히 192
프롤레타리아 민주주의 335
프롤레타리아적 대항 헤게모니 316
프리드먼 296
피기스 540
피히테 218, 219

ㅎ

하버마스, 위르겐 72~74, 109, 189, 233, 237, 261, 270, 296, 327, 351, 356, 358, 362, 378, 395, 397, 409~414, 416~431, 433~440, 454~471, 473, 474, 484, 495, 496, 500, 506, 507, 524, 525, 530, 539, 540, 542, 553, 568, 569
하워드 393
하이만 248
하트 603
행정국가 400
헌법적 권리 278

헝가리 168, 169, 172, 175, 181, 204
헤게모니 302, 305, 314, 317
헤겔 70~72, 198, 199, 216, 218~222, 224~231, 233, 234, 237~248, 250~258, 260, 261, 263~267, 275~277, 286, 300, 306, 307, 309, 332, 334, 350, 355, 399, 402, 413, 439, 466, 522, 557, 561
   헤겔의 사회통합 이론 237

헬러, 아그네스 191
『혁명론』 358, 360, 366, 374
혁명적 국가주의 260
호네트, 악셀 517
호르크하이머, 막스 378, 414, 455, 457, 498
홉스 109, 213, 214, 232, 275, 404
환원론적 기능주의 78
흄 217

지은이 진 L. 코헨

뉴스쿨 대학교에서 박사학위를 취득하고(1979), 현재는 콜롬비아 대학교 정치사상 석좌교수로 있다. 콜롬비아 대학교로 오기 이전에 베닝턴 칼리지(1980-83), 캘리포니아 대학교(버클리, 1984)에서 교수를 지냈다. 그녀는 현대의 정치·법이론, 대륙 정치사상, 현대 문명, 비판이론, 국제정치이론을 강의하고 있으며, 전공은 시민사회, 주권, 인권, 젠더, 종교, 민주적 입헌주의이다. 현재는 지구화 시대의 국가와 인민주권에 관심을 두고 연구하고 있다. 2013년 콜롬비아 대학교 우수교수상과 뉴스쿨 대학교 우수동문상을 수상하기도 했다. 주요 저서로는 『계급과 시민사회: 마르크스적 비판이론의 한계』(Class and Civil Society: The Limits of Marxian Critical Theory, 1982), 『친밀성의 규제: 새로운 법 패러다임』(Regulating Intimacy: A New Legal Paradigm, 1992), 『시민권 패러다임의 변화와 시민의 배타성』(Changing Paradigms of Citizenship and the Exclusiveness of the Demos, 2009), 『지구화와 주권: 합법성, 정당성, 입헌주의에 대한 재고』(Globalization and Sovereignty: Rethinking Legality and Legitimacy and Constitutionalism, 2012) 등이 있다.

지은이 앤드루 아라토

헝가리 부다페스트에서 출생하여, 시카고 대학교에서 박사학위를 취득하고, 현재 뉴스쿨 대학교 사회학과 정치·사회이론 석좌교수로 있다. 콜레주 드 프랑스 초빙교수를 지내기도 했다(2012). 그의 지적 사고는 옛 동유럽 공산주의 국가 대항 지식인들의 사고와 오랜 지적 동료인 진 L. 코헨, 그리고 위르겐 하버마스의 사회학적·철학적 저작에 영향을 받아 틀이 갖추어졌다. 그는 정치사회학, 사회이론, 종교사회학을 가르치고 있으며, 사회·정치사상사, 법·헌법이론, 혁명·급진적 변동의 역사적 문세, 법사회학에 관심을 두고 연구하고 있다. 주요 저서로는 『청년 루카치와 서구 마르크스주의의 기원』(The Young Lukacs and the Origins of Western Marxism, 공저, 1979), 『네오 마르크스주의에서 민주주의이론으로』(From Neo-Marxism to Democratic Theory, 1993), 『시민사회, 헌법, 정당성』(Civil Society, Constitution and Legitimacy, 2000), 『점령하의 헌법 만들기: 이라크의 강요된 혁명 정치』(Constitution Making Under Occupation: The Politics of Imposed Revolution Iraq, 2009) 등이 있다.

옮긴이 박형신

박형신(朴炯信)은 고려대학교 사회학과를 졸업하고
같은 대학교 대학원 사회학과에서 석사와 박사학위를 취득했다.
강원대학교 사회과학연구소 연구교수, 고려대학교 인문대학 사회학과
초빙교수를 지냈다. 현재 연세대학교 사회발전연구소 연구교수로 있으며,
사회이론, 감정사회학, 사회운동 분야의 연구를 진행하고 있다.
주요 저서로 『정치위기의 사회학』 『현대사회의 구조와 변동』(공저),
『새로운 사회운동의 이론과 현실』(공저), 『한국의 종교와 사회운동』(공저),
『열풍의 한국사회』(공저) 등이 있다. 역서로 한길사에서 펴낸
『카를 마르크스의 역사이론』(제럴드 앨런 코헨, 공역)을 비롯해
『정치사회학』(게오르게 A. 쿠르베타리스, 공역), 『감정과 사회학』(잭 바바렛),
『열정적 정치: 감정과 사회운동』(제프 굿윈 외 공편, 공역),
『사회학적 야망』(크리스 실링 외), 『공포정치』(프랭크 푸레디, 공역) 등이 있다.

옮긴이 이혜경

이혜경(李惠京)은 고려대학교 불어불문과를 졸업하고,
같은 대학교 대학원 사회학과에서 석사와 박사학위를 취득했다.
대진대학교 사회복지학과 초빙교수, 서울시립대학교 경제학부 BK21
연구교수를 지냈다. 현재 고려대학교에서 강의하고 있다. 정치사회학,
사회불평등, 사회이론 분야의 연구를 진행하고 있다. 저서로 『사회문제론』(공저)이
있고, 역서로 『사회변동의 비교사회학』(그레이엄 크로우, 공역),
『사회이론의 역사』(알렉스 캘리니코스, 공역)가 있다.
주요 논문으로는 「이데올로기 이론에 관한 사회학적 일 고찰」
「한국 의사집단의 전문직프로젝트에 관한 연구」
「우리나라 지역별 성비불균형과 혼인율: 실증분석」(공저) 등이 있다.

HANGIL GREAT BOOKS 127

시민사회와 정치이론 1

지은이 진 L. 코헨·앤드루 아라토
옮긴이 박형신·이혜경
펴낸이 김언호

펴낸곳 (주)도서출판 한길사
등록 1976년 12월 24일
주소 10881 경기도 파주시 광인사길 37
홈페이지 www.hangilsa.co.kr
전자우편 hangilsa@hangilsa.co.kr
전화 031-955-2000~3 팩스 031-955-2005

인쇄 오색프린팅 제본 경일제책사
제1판 제1쇄 2013년 11월 15일
제1판 제2쇄 2021년 12월 20일

값 35,000원

ISBN 978-89-356-6430-6 94160
ISBN 978-89-356-6427-6 (세트)

● 잘못 만들어진 책은 구입하신 서점에서 바꿔드립니다.

한길그레이트북스 — 인류의 위대한 지적 유산을 집대성한다

1 관념의 모험
앨프레드 노스 화이트헤드 | 오영환

2 종교형태론
미르치아 엘리아데 | 이은봉

3·4·5·6 인도철학사
라다크리슈난 | 이거룡
2005 『타임스』 선정 세상을 움직인 100권의 책
『출판저널』 선정 21세기에도 남을 20세기의 빛나는 책들

7 야생의 사고
클로드 레비-스트로스 | 안정남
2005 『타임스』 선정 세상을 움직인 100권의 책
2008 『중앙일보』 선정 신고전 50선

8 성서의 구조인류학
에드먼드 리치 | 신인철

9 문명화과정 1
노르베르트 엘리아스 | 박미애
2005 연세대학교 권장도서 200선
2012 인터넷 교보문고 명사 추천도서
2012 알라딘 명사 추천도서

10 역사를 위한 변명
마르크 블로크 | 고봉만
2008 『한국일보』 오늘의 책
2009 『동아일보』 대학신입생 추천도서
2013 yes24 역사서 고전

11 인간의 조건
한나 아렌트 | 이진우
2012 인터넷 교보문고 MD의 선택
2012 네이버 지식인의 서재

12 혁명의 시대
에릭 홉스봄 | 정도영·차명수
2005 서울대학교 권장도서 100선
2005 『타임스』 선정 세상을 움직인 100권의 책
2005 연세대학교 권장도서 200선
1999 『출판저널』 선정 21세기에도 남을 20세기의 빛나는 책들
2012 알라딘 블로거 베스트셀러
2013 『조선일보』 불멸의 저자들

13 자본의 시대
에릭 홉스봄 | 정도영
2005 서울대학교 권장도서 100선
1999 『출판저널』 선정 21세기에도 남을 20세기의 빛나는 책들
2012 알라딘 블로거 베스트셀러
2013 『조선일보』 불멸의 저자들

14 제국의 시대
에릭 홉스봄 | 김동택
2005 서울대학교 권장도서 100선
1999 『출판저널』 선정 21세기에도 남을 20세기의 빛나는 책들
2012 알라딘 블로거 베스트셀러
2013 『조선일보』 불멸의 저자들

15·16·17 경세유표
정약용 | 이익성
2012 인터넷 교보문고 필독고전 100선

18 바가바드 기타
함석헌 주석 | 이거룡 해제
2007 서울대학교 추천도서

19 시간의식
에드문트 후설 | 이종훈

20·21 우파니샤드
이재숙
2005 서울대학교 권장도서 100선

22 현대정치의 사상과 행동
마루야마 마사오 | 김석근
2005 『타임스』 선정 세상을 움직인 100권의 책
2007 도쿄대학교 권장도서

23 인간현상
테야르 드 샤르댕 | 양명수
2007 서울대학교 추천도서

24·25 미국의 민주주의
알렉시스 드 토크빌 | 임효선·박지동
2005 서울대학교 권장도서 100선
2012 인터넷 교보문고 MD의 선택
2012 인터넷 교보문고 MD의 선택
2013 문명비평가 기 소르망 추천도서

26 유럽학문의 위기와 선험적 현상학
에드문트 후설 | 이종훈
2005 서울대학교 논술출제

27·28 삼국사기
김부식 | 이강래
2005 연세대학교 권장도서 200선
2012 인터넷 교보문고 필독고전 100선
2013 yes24 다시 읽는 고전

29 원본 삼국사기
김부식 | 이강래

30 성과 속
미르치아 엘리아데 | 이은봉
2005 『타임스』 선정 세상을 움직인 100권의 책
2012 인터넷 교보문고 명사 추천도서
『출판저널』 선정 21세기에도 남을 20세기의 빛나는 책들

31 슬픈 열대
클로드 레비-스트로스 | 박옥줄
2005 서울대학교 권장도서 100선
2005 연세대학교 권장도서 200선
2008 홍익대학교 논술출제
2012 인터넷 교보문고 명사 추천도서
2013 yes24 역사서 고전
『출판저널』 선정 21세기에도 남을 20세기의 빛나는 책들

32 증여론
마르셀 모스 | 이상률
2003 문화관광부 우수학술도서
2012 네이버 지식인의 서재

33 부정변증법
테오도르 아도르노 | 홍승용

34 문명화과정 2
노르베르트 엘리아스 | 박미애
2005 연세대학교 권장도서 200선
2012 인터넷 교보문고 명사 추천도서
2012 알라딘 명사 추천도서

35 불안의 개념
쇠렌 키르케고르 | 임규정
2012 인터넷 교보문고 필독고전 100선

36 마누법전
이재숙·이광수

37 사회주의의 전제와 사민당의 과제
에두아르트 베른슈타인 | 강신준

38 의미의 논리
질 들뢰즈 | 이정우
2000 교보문고 선정 대학생 권장도서

39 성호사설
이익 | 최석기
2005 연세대학교 권장도서 200선
2008 서울대학교 논술출제
2012 인터넷 교보문고 필독고전 100선

40 종교적 경험의 다양성
윌리엄 제임스 | 김재영
2000 대한민국학술원 우수학술도서

41 명이대방록
황종희 | 김덕균
2000 한국출판문화상

42 소피스테스
플라톤 | 김태경

43 정치가
플라톤 | 김태경

44 지식과 사회의 상
데이비드 블루어 | 김경만
2002 대한민국학술원 우수학술도서

45 비평의 해부
노스럽 프라이 | 임철규
2001 『교수신문』 우리 시대의 고전

46 인간적 자유의 본질·철학과 종교
프리드리히 W.J. 셸링 | 최신한

47 무한자와 우주와 세계·원인과 원리와 일자
조르다노 브루노 | 강영계
2001 한국출판인회의 이달의 책

48 후기 마르크스주의
프레드릭 제임슨 | 김유동
2001 한국출판인회의 이달의 책

49·50 봉건사회
마르크 블로크 | 한정숙
2002 대한민국학술원 우수학술도서
2012 『한국일보』 다시 읽고 싶은 책

51 칸트와 형이상학의 문제
마르틴 하이데거 | 이선일
2003 대한민국학술원 우수학술도서

52 남명집
조식 | 경상대 남명학연구소
2012 인터넷 교보문고 필독고전 100선

53 낭만적 거짓과 소설적 진실
르네 지라르 | 김치수·송의경
2002 대한민국학술원 우수학술도서
2013 『한국경제』 한 문장의 교양

54·55 한비자
한비 | 이운구
한국간행물윤리위원회 추천도서
2007 서울대학교 추천도서
2012 인터넷 교보문고 필독고전 100선

56 궁정사회
노르베르트 엘리아스 | 박여성

57 에밀
장 자크 루소 | 김중현
2005 서울대학교 권장도서 100선
2000·2006 서울대학교 논술출제

58 이탈리아 르네상스의 문화
야코프 부르크하르트 | 이기숙
2004 한국간행물윤리위원회 추천도서
2005 연세대학교 권장도서 200선
2009 『동아일보』 대학신입생 추천도서

59·60 분서
이지 | 김혜경
2004 문화관광부 우수학술도서
2012 인터넷 교보문고 필독고전 100선

61 혁명론
한나 아렌트 | 홍원표
2005 대한민국학술원 우수학술도서

62 표해록
최부 | 서인범·주성지
2005 대한민국학술원 우수학술도서

63·64 정신현상학
G.W.F. 헤겔 | 임석진
2006 대한민국학술원 우수학술도서
2005 연세대학교 권장도서 200선
2005 프랑크푸르트도서전 한국의 아름다운 책 100선
2008 서우철학상
2012 인터넷 교보문고 필독고전 100선

65·66 이정표
마르틴 하이데거 | 신상희·이선일

67 왕필의 노자주
왕필 | 임채우
2006 문화관광부 우수학술도서

68 신화학 1
클로드 레비-스트로스 | 임봉길
2007 대한민국학술원 우수학술도서
2008 『동아일보』 인문과 자연의 경계를 넘어 30선

69 유랑시인
타라스 셰브첸코 | 한정숙

70 중국고대사상사론
리쩌허우 | 정병석
2005 『한겨레』 올해의 책
2006 문화관광부 우수학술도서

71 중국근대사상사론
리쩌허우 | 임춘성
2005 『한겨레』 올해의 책
2006 문화관광부 우수학술도서

72 중국현대사상사론
리쩌허우 | 김형종
2005 『한겨레』 올해의 책
2006 문화관광부 우수학술도서

73 자유주의적 평등
로널드 드워킨 | 염수균
2006 문화관광부 우수학술도서
2010 『동아일보』 '정의에 관하여' 20선

74·75·76 춘추좌전
좌구명 | 신동준

77 종교의 본질에 대하여
루트비히 포이어바흐 | 강대석

78 삼국유사
일연 | 이가원·허경진
2007 서울대학교 추천도서

79·80 순자
순자 | 이운구
2007 서울대학교 추천도서

81 예루살렘의 아이히만
한나 아렌트 | 김선욱
2006 『한겨레』 올해의 책
2006 한국간행물윤리위원회 추천도서
2007 『한국일보』 오늘의 책
2007 대한민국학술원 우수학술도서
2012 yes24 리뷰 영웅대전

82 기독교 신앙
프리드리히 슐라이어마허 | 최신한
2008 대한민국학술원 우수학술도서

83·84 전체주의의 기원
한나 아렌트 | 이진우·박미애
2005 『타임스』 선정 세상을 움직인 책
『출판저널』 선정 21세기에도 남을 20세기의 빛나는 책들

85 소피스트적 논박
아리스토텔레스 | 김재홍

86·87 사회체계이론
니클라스 루만 | 박여성
2008 문화체육관광부 우수학술도서

88 헤겔의 체계 1
비토리오 회슬레 | 권대중

89 속분서
이지 | 김혜경
2008 대한민국학술원 우수학술도서

90 죽음에 이르는 병
쇠렌 키르케고르 | 임규정
『한겨레』 고전 다시 읽기 선정
2006 서강대학교 논술출제

91 고독한 산책자의 몽상
장 자크 루소 | 김중현

92 학문과 예술에 대하여·산에서 쓴 편지
장 자크 루소 | 김중현

93 사모아의 청소년
마거릿 미드 | 박자영
20세기 미국대학생 필독 교양도서

94 자본주의와 현대사회이론
앤서니 기든스 | 박노영·임영일
1999 서울대학교 논술출제
2009 대한민국학술원 우수학술도서

95 인간과 자연
조지 마시 | 홍금수

96 법철학
G.W.F. 헤겔 | 임석진

97 문명과 질병
헨리 지거리스트 | 황상익
2009 대한민국학술원 우수학술도서

98 기독교의 본질
루트비히 포이어바흐 | 강대석

99 신화학 2
클로드 레비-스트로스 | 임봉길
2008 『동아일보』 인문과 자연의 경계를 넘어 30선
2009 대한민국학술원 우수학술도서

100 일상적인 것의 변용
아서 단토 | 김혜련
2009 대한민국학술원 우수학술도서

101 독일 비애극의 원천
발터 벤야민 | 최성만·김유동

102·103·104 순수현상학과 현상학적 철학의 이념들
에드문트 후설 | 이종훈
2010 대한민국학술원 우수학술도서

105 수사고신록
최술 | 이재하 외
2010 대한민국학술원 우수학술도서

106 수사고신여록
최술 | 이재하
2010 대한민국학술원 우수학술도서

107 국가권력의 이념사
프리드리히 마이네케 | 이광주

108 법과 권리
로널드 드워킨 | 염수균

109·110·111·112 고야
홋타 요시에 | 김석희
2010 12월 한국간행물윤리위원회 추천도서

113 왕양명실기
박은식 | 이종란

114 신화와 현실
미르치아 엘리아데 | 이은봉

115 사회변동과 사회학
레이몽 부동 | 민문홍

116 자본주의·사회주의·민주주의
조지프 슘페터 | 변상진
2012 대한민국학술원 우수학술도서
2012 인터파크 이 시대 교양 명저

117 공화국의 위기
한나 아렌트 | 김선욱

118 차라투스트라는 이렇게 말했다
프리드리히 니체 | 강대석

119 지중해의 기억
페르낭 브로델 | 강주헌

120 해석의 갈등
폴 리쾨르 | 양명수

121 로마제국의 위기
램지 맥멀렌 | 김창성
2012 인터파크 추천도서

122·123 윌리엄 모리스
에드워드 파머 톰슨 | 윤효녕 외
2012 인터파크 추천도서

124 공제격치
알폰소 바뇨니 | 이종란

125 현상학적 심리학
에드문트 후설 | 이종훈
2013 인터넷 교보문고 눈에 띄는 새 책
2014 대한민국학술원 우수학술도서

126 시각예술의 의미
에르빈 파노프스키 | 임산

127·128 시민사회와 정치이론
진 L. 코헨·앤드루 아라토 | 박형신·이혜경

129 운화측험
최한기 | 이종란
2015 대한민국학술원 우수학술도서

130 예술체계이론
니클라스 루만 | 박여성·이철

131 대학
주희 | 최석기

132 중용
주희 | 최석기

133 종의 기원
찰스 다윈 | 김관선

134 기적을 행하는 왕
마르크 블로크 | 박용진

135 키루스의 교육
크세노폰 | 이동수

136 정당론
로베르트 미헬스 | 김학이
2003 기담학술상 번역상
2004 대한민국학술원 우수학술도서

137 법사회학
니클라스 루만 | 강희원
2016 세종도서 우수학술도서

138 중국사유
마르셀 그라네 | 유병태
2011 대한민국학술원 우수학술도서

139 자연법
G.W.F 헤겔 | 김준수
2004 기담학술상 번역상

140 기독교와 자본주의의 발흥
R.H. 토니 | 고세훈

141 고딕건축과 스콜라철학
에르빈 파노프스키 | 김율
2016 세종도서 우수학술도서

142 도덕감정론
애덤스미스 | 김광수

143 신기관
프랜시스 베이컨 | 진석용
2001 9월 한국출판인회의 이달의 책
2005 서울대학교 권장도서 100선

144 관용론
볼테르 | 송기형·임미경

145 교양과 무질서
매슈 아널드 | 윤지관

146 명등도고록
이지 | 김혜경

147 데카르트적 성찰
에드문트 후설·오이겐 핑크 | 이종훈
2003 대한민국학술원 우수학술도서

148·149·150 함석헌선집 1·2·3
함석헌 | 함석헌편집위원회
2017 대한민국학술원 우수학술도서

151 프랑스혁명에 관한 성찰
에드먼드 버크 | 이태숙

152 사회사상사
루이스 코저 | 신용하·박명규

153 수동적 종합
에드문트 후설 | 이종훈
2019 대한민국학술원 우수학술도서

154 로마사 논고
니콜로 마키아벨리 | 강정인·김경희
2005 대한민국학술원 우수학술도서

155 르네상스 미술가평전 1
조르조 바사리 | 이근배

156 르네상스 미술가평전 2
조르조 바사리 | 이근배

157 르네상스 미술가평전 3
조르조 바사리 | 이근배

158 르네상스 미술가평전 4
조르조 바사리 | 이근배

159 르네상스 미술가평전 5
조르조 바사리 | 이근배

160 르네상스 미술가평전 6
조르조 바사리 | 이근배

161 어두운 시대의 사람들
한나 아렌트 | 홍원표

162 형식논리학과 선험논리학
에드문트 후설 | 이종훈
2011 대한민국학술원 우수학술도서

163 러일전쟁 1
와다 하루키 | 이웅현

164 러일전쟁 2
와다 하루키 | 이웅현

165 종교생활의 원초적 형태
에밀 뒤르켐 | 민혜숙·노치준

166 서양의 장원제
마르크 블로크 | 이기영

167 제일철학 1
에드문트 후설 | 이종훈
2021 대한민국학술원 우수학술도서

168 제일철학 2
에드문트 후설 | 이종훈
2021 대한민국학술원 우수학술도서

169 사회적 체계들
니클라스 루만 | 이철·박여성 | 노진철 감수

170 모랄리아
플루타르코스 | 윤진

171 국가론
마르쿠스 툴리우스 키케로 | 김창성

172 법률론
마르쿠스 툴리우스 키케로 | 성염

173 자본주의의 문화적 모순
다니엘 벨 | 박형신

174 신화학 3
클로드 레비스트로스 | 임봉길

175 상호주관성
에드문트 후설 | 이종훈

176 대변혁 1
위르겐 오스터함멜 | 박종일

177 대변혁 2
위르겐 오스터함멜 | 박종일

178 대변혁 3
위르겐 오스터함멜 | 박종일

●한길그레이트북스는 계속 간행됩니다.